Wilhelm Kisch – Leben und Wirken (1874–1952)

Rechtshistorische Reihe

Band 354

Peter Lang
Frankfurt am Main · Berlin · Bern · Bruxelles · New York · Oxford · Wien

Susanne Adlberger

Wilhelm Kisch – Leben und Wirken (1874–1952)

Von der Kaiser-Wilhelms-Universität Straßburg bis zur nationalsozialistischen Akademie für Deutsches Recht

Peter Lang
Internationaler Verlag der Wissenschaften

Bibliografische Information der Deutschen Nationalbibliothek
Die Deutsche Nationalbibliothek verzeichnet diese Publikation in der Deutschen Nationalbibliografie; detaillierte bibliografische Daten sind im Internet über <http://www.d-nb.de> abrufbar.

Zugl.: München, Univ., Diss., 2007

Diese Arbeit wurde von
Herrn Prof. Dr. Hermann Nehlsen
zur Aufnahme in diese Reihe empfohlen.

Umschlagabbildung:
Justitia – Sinnbild der Gerechtigkeit.
Dieser Bildausschnitt wurde einem Buch aus dem
17. Jahrhundert entnommen.

D 19
ISSN 0344-290X
ISBN 978-3-631-56462-2

www.peterlang.de

Meinen Eltern

Danksagung

Mein erster Dank gilt meinem Doktorvater Herrn Prof. Dr. Hermann Nehlsen, der dieses auch ihm am Herzen liegende Dissertationsthema angeregt und das Entstehen der Arbeit mit großem Interesse verfolgt hat. Darüber hinaus möchte ich mich bei Prof. Dr. Hans-Georg Hermann, ehemaliger Mitarbeiter am Lehrstuhl Prof. Dr. Nehlsen, für seinen allzeit guten Rat bedanken. Herrn Prof. Dr. Ries sei an dieser Stelle für die Erstattung des Zweitberichts gedankt. Eine unentbehrliche „Starthilfe" leistete auch Herr Nikolaus Turner, der mir freundlicherweise sein Material zu Wilhelm Kisch überließ, das er vor Jahren einmal zu sammeln angefangen hatte. Ihm sei auf diesem Wege nochmals herzlichst gedankt.

Meinen Eltern, Rosalie und Lorenz Adlberger, die mir mit ihrer finanziellen Unterstützung diese Dissertation erst ermöglicht haben und die zusammen mit meinen Geschwistern Stephan und Vroni durch ihren moralischen Beistand maßgeblich zum Gelingen beigetragen haben, gebührt verständlicherweise der größte Dank. Herzlich bedanken möchte ich mich auch bei Verena Erhard für die große Mühe des Korrekturlesens und bei Sabine Hagemann für ihre Hilfe beim Layout.

Da diese Arbeit hauptsächlich auf Archivmaterial gestützt ist, gilt ein besonderer Dank all den im Anhang aufgeführten Archiven, Instituten und Bibliotheken mit ihren Mitarbeitern. Stellvertretend, aber vor allem auch wegen ihrer großen Hilfsbereitschaft und ihres Engagements sei Frau Ursula Lochner vom Universitätsarchiv München erwähnt, in dem ich umfangreiche Recherchen durchzuführen hatte. Auch Frau Prof. Dr. Elisabeth Kraus sei nochmals gedankt, die mich in ihrem fakultätsübergreifenden Workshop „Geschichte der Universität München im Nationalsozialismus" zum gleichnamigen Projekt der LMU mit umfangreicher Fachliteratur versorgte und dort Gelegenheit zu wertvollem Gedankenaustausch bot.

Dankbar erwähnt sei als Zeitzeugin noch Frau Tjadina Wegner, die bei Kisch studierte und später zusammen mit ihrem damaligen Mann Prof. Dr. Hans Würdinger zu seinem engeren Bekanntenkreis zählte. Sie konnte mir in einigen Gesprächen kurz vor ihrem Tod noch wertvolle Hinweise und Erklärungen zu Kisch geben und mir einen unschätzbar wichtigen, persönlichen Eindruck von Kisch vermitteln. Auch allen anderen Personen, die bereit waren, mit mir über Kisch zu sprechen und ihre Erinnerungen zu teilen gebührt mein Dank.

Inhaltsverzeichnis

Einleitung

Diese Arbeit über Geheimrat Prof. Dr. jur. Dr. rer. pol. Wilhelm Kisch versucht, das Leben und Wirken des Rechtswissenschaftlers, aber auch des Menschen Wilhelm Kisch nachzuzeichnen. Über diesen zu seiner Zeit sehr einflussreichen und überaus renommierten Rechtslehrer wurde bisher, abgesehen von kleinen Zeitungsartikeln und einigen Nachrufen zu seinem Tod 1952, erstaunlicherweise noch nichts geschrieben. Für ihn gibt es keine Festschriften im klassischen Sinne, das einzige in diese Richtung gehende Werk ist eine nicht mehr erhaltene Sammlung von persönlichen Anekdoten und Begebnissen, die ihm die Juristische Fakultät gemeinsam mit der Juristischen Fachschaft zu seiner Pensionierung 1935 überreicht hatte. Diese Tatsache mutet hinsichtlich seines damaligen Bekanntheitsgrades etwas seltsam an, insbesondere da er Generationen von Juristen in Straßburg und München unterrichtet hatte. Allerdings sind von ihm kaum Schüler im engeren Sinne zu benennen, auch wenn viele seiner Hörer ihn als einen ihrer prägenden Lehrer bezeichneten und noch bezeichnen. Auch Assistenten und wissenschaftliche Hilfskräfte scheint er nicht gehabt zu haben, da er seine Korrekturen immer selbst, ohne Zwischenschaltung einer weiteren Stelle, erledigen wollte. Dazu kommt, dass Kisch Festschriften selbst nicht besonders schätzte und etwaige Versuche zu Lebzeiten unterbunden hatte.

Die vorliegende Arbeit stützt sich hauptsächlich auf Archivmaterial verschiedener Universitäten und Ministerien, sowie der Akademie für Deutsches Recht, außerdem auf Nachlässe und vor allem auf den fast vollständig erhaltenen Briefwechsel 1906 – 1944 Kischs mit seinem Studienfreund Prof. Dr. Heinrich Gerland, Jena, der im Bundesarchiv Koblenz Nachlass Heinrich Gerland liegt. Diese Briefe von Wilhelm Kisch an Heinrich Gerland gewähren den nahezu einzigen Einblick in sein Privatleben, seine politischen Ansichten aber auch in seine Gedanken und Überlegungen zu seiner beruflichen Tätigkeit und stellen daher eine sehr wichtige Quelle aus erster Hand dar. Trotz der mit den Entnazifierungsakten verbundenen Schwierigkeiten der Glaubwürdigkeit musste, mit der gebotenen kritischen Vorsicht, oft auf Kischs darin enthaltene Verteidigungsschrift zurückgegriffen werden, da sie für bestimmte Themen die einzige Überlieferung ist. Von seinem eigenen persönlichen Nachlass ist nur sehr wenig erhalten, da Kisch im Krieg ausgebombt wurde, hauptsächlich einige Fotos, die der Verfasserin freundlicherweise überlassen wurden, und Wertgegenstände. Private Dokumente, Zeugnisse und Briefe sind nicht mehr vorhanden. Wilhelm Kisch verstarb, ebenso wie seine einzige Schwester Elisabeth, ledig und kinderlos. Kontaktaufnahme mit Nachfahren und Verwandten war damit ausgeschlossen. Die seit seinem Tod vergangene sehr lange Zeitspanne machte das Auffinden von Zeitzeugen, also von Schülern, Freunden und Bekannten, aber auch von deren Kindern und Enkeln sehr schwierig. Trotzdem war es aber nicht unmöglich, Kontakte zu Personen zu knüpfen, die Kisch noch persönlich oder zumindest vom Hörensagen gekannt haben. In unerwartetem Umfang konnten noch Erinnerungen und Briefwechsel mit Wilhelm Kisch gesammelt werden. Der besondere Umstand, dass vor einigen Jahren bereits ein Interessierter einige Aussagen zu Wilhelm Kisch von inzwischen verstorbenen Zeitzeugen eingeholt hatte, kam noch glücklich hinzu. Gerade Kischs Eigenheit, sich um seine Schüler und Schülerinnen intensiv zu kümmern und mit ihnen auch lange nach ihrem Abschluss in Kontakt zu bleiben, bot ungeahnte Informationsmöglichkeiten. Dazu kommt als Quelle sein mehr als umfangreiches wissenschaftliches Lebenswerk, von dem im Anhang erstmals eine Bibliographie zusammengestellt wurde. Eine umfassende Würdigung seiner Arbeiten, die sich sowohl im Zivil- und Zivilprozessrecht bewegen, als auch sehr ausführlich dem Versicherungsrecht und dem Gewerblichen Rechtsschutz, dort vor allem dem Patentrecht, gewidmet sind, konnte und sollte im Rahmen dieser Arbeit nicht erreicht werden. Etwas größere Aufmerksamkeit wird auf sein zivilprozessuales Lebenswerk gerichtet, da sich an diesem von Kisch seit Anfang seiner wissenschaftlichen Karriere gepflegten Bereich eine rechtspolitische Entwicklung am besten ablesen ließ und vor allem weil Kisch Mitbegründer und einflussreiches Mitglied der „Vereinigung Deutscher Zivilprozeßrechtslehrer" war.

Die Erinnerung an seine Person schwindet je mehr Zeit vergeht, seine Bücher bleiben aber in den Bibliotheken. Der Schwerpunkt der Arbeit wird daher auf sein Leben und sein akademisches Wirken gelegt. Kisch, ein sprachlich überaus begabter, sehr musikalisch und literarisch gebildeter Mann aus dem damals annektierten Reichsland Elsass-Lothringen lebte während der Kaiserzeit, der Weimarer Republik, dem Dritten Reich und in der Nachkriegszeit in Deutschland. In den ersten drei Zeitaltern war er als Hochschullehrer tätig. Die damit verbundenen Entwicklungen und Probleme anhand einer Biographie nachzuzeichnen, bietet einen zwar notwendigerweise eingeschränkten, aber sehr interessanten Blickwinkel. Die von allen Befragten als erstes gemachte Aussage zu Wilhelm Kisch bezog sich immer auf seine unglaubliche Begabung als Pädagoge. Kisch lehrte an seiner *alma mater*, der Kaiser-Wilhelms-Universität Straßburg sowie an der Ludwig-Maximilians-Universität München und beendete seine aktive, öffentliche Laufbahn als Rechtswissenschaftler an der nationalsozialistischen „Akademie für Deutsches Recht". Gerade sein umstrittenes Engagement im Nationalsozialismus mit seiner Hauptbetätigung als Vizepräsident dieser Akademie wird genauer untersucht und in Zusammenhang mit seinen sonstigen Handlungen, vor allem auch seinem universitären Wirken und seinem frühen Rückzug aus Universität und Akademie, gesetzt. Dabei finden vier Gesichtspunkte besondere Berücksichtigung. Zum einen seine Betitelung als „Graue Eminenz" in der Literatur zur Akademie für Deutsches Recht, seine von vielen Zeitgenossen so bezeichnete Stellung als „Aushängeschild" der Akademie, seine spätere Einschätzung als „gemäßigter Erneuerer" im nationalsozialistischen Rechtsleben sowie seine Position als „Schlüsselfigur" der Verbindung Akademie für Deutsches Recht und Juristische Fakultät München.

Die Arbeit folgt einem chronologischen Aufbau, wobei die einzelnen Kapitel sich fast genau an den vier Zeitepochen orientieren. Eine solche Aufteilung bot sich zum einen schon aus geschichtlich-politischen Gründen an. Zum anderen fielen aber große Zäsuren in Kischs Rechtswissenschaftlerkarriere wie der Wechsel von der Kaiser-Wilhelms-Universität Straßburg zur Ludwig-Maximilians-Universität München und auch die Mitbegründung der und die Tätigkeit für die Akademie für Deutsches Recht als die drei wichtigsten Stationen seines Berufslebens nahezu mit den Systemwechseln zusammen. Abgesehen von der Nachkriegszeit in der Bundesrepublik, in der Kisch kaum mehr tätig war, und wo über ihn auch nur noch wenig bekannt ist, standen die verschiedenen Lebensabschnitte jeweils unter dem prägenden Einfluss der Arbeit an einer dieser drei Institutionen.

1. Kapitel
Berufliches Werden und Wirken im Reichsland Elsass-Lothringen (1874 – 1916)

1. Elternhaus, Kindheit und Jugend (1874 – 1893)

Johann-Baptist Josef Wilhelm Kisch wurde am 12. Dezember 1874 in Diedolshausen (Le Bonhomme), Kreis Rappoltsweiler, im Oberelsass geboren.[1] Seine Eltern, beide aus dem Luxemburgischen, waren nach dem Deutsch-Französischen Krieg 1870/71 nach Elsass-Lothringen ausgewandert, da der Vater „als zweisprachiger Beamter (deutsch/französisch[2]) in die Zollverwaltung des Reichslandes hinübergenommen"[3] wurde. Nach der Annexion Elsass-Lothringens waren die Zollposten zwischen dem Großherzogtum Luxemburg, bis 1867 Teil des Norddeutschen Bundes und schon ab 1842 Mitglied im Zollverein[4], und dem Reichsland überflüssig. Die luxemburgischen Beamten, bislang an der Grenze zwischen dem Großherzogtum Luxemburg und dem französischen Lothringen (Départment de la Moselle) eingesetzt, wurden nun an der neuen Grenze zwischen dem Reichsland und Frankreich stationiert.[5]

Der Vater Johann-Baptist Kisch, geboren am 10. August 1832 in Luxemburg und gestorben am 25. Februar 1902 in Straßburg, kam als Sohn des Landwirts Michael Kisch (1797 – 1835) und seiner Frau Apollonia geb. Huß (1801 – 1868) aus einfachen Verhältnissen. Er trat in den Staatsdienst als Steuersekretär ein und heiratete am 2. Februar 1866 Maria Raus in Frisingen im Großherzogtum Luxemburg. Die Mutter Maria, geboren am 12. April 1839 in Aspelt (Großherzogtum Luxemburg), stammte aus einer Gast- und Landwirtsfamilie. Sie verstarb am 8. Februar 1914 in Straßburg. Kischs Großeltern mütterlicherseits, Jakob Raus (1794 – 1877) und Margaretha Raus, geb. Ney (1802 – 1879)[6], dürfte Wilhelm Kisch kaum gekannt haben, anders als seine fünf Jahre ältere Schwester Elisabeth, geboren am 5. Oktober 1869, die zum Teil in Lu-

---

[1] Personalbogen, *Personalakte KISCH, Archives départementales du Bas-Rhin,(künftig: AdBR) Université Strasbourg, AL 103, Paq. 100, Nr. 485;* THOMANN, Nouveau dictionnaire de biographie alsacienne n 20, Strasbourg 1993, S. 1974; zur Biographie von KISCH vgl. auch KOCH, PETER in: NDB, Bd. 11, Berlin 1977, S. 683; KOSCH, in: Das katholische Deutschland, Biographisches und bibliographisches Lexikon, Bd. 2, Augsburg 1937, S. 484; LÜDTKE, Kürschner's Deutscher Gelehrten Kalender, 4. Jg. Berlin 1931, S. 376; DEGENER, Wer ist's? Unsere Zeitgenossen, 10. Ausgabe, Leipzig 1955, S. 816; KILLY/VIERHAUS, Deutsche Biographische Enzyklopädie, Bd. 5, München 1997, S. 558; MÜLLER in: Bosl's Bayerische Biographie, Regensburg 1983, S. 418.

[2] Amtssprachen im Großherzogtum Luxemburg waren seit 1830 deutsch und französisch. BARTEAU, HARRY C., Historical Dictionary of Luxembourg, London 1996, S. 6.

[3] ZIERSCH, WALTHER, Wilhelm Kisch, Ein Münchner Rechtsgelehrter und Hochschullehrer, in: Münchner Neueste Nachrichten (künftig: MNN) vom 9.9.1931, Nr. 244.

[4] BARTEAU, HARRY C., Historical Dictionary of Luxembourg, London 1996 S. 92, 169, 209.

[5] PENNERA CHRISTIAN, Robert Schuman, La jeunesse et les débuts politiques d'un grand européen, de 1886 à 1924, Èditions Pierron 1985, S. 23.

[6] Daten aus Fragebogen zur arischen Abstammung vom 2. Juni 1933, *Personalakte des Bayerischen Kultusministerium, Bayerisches Hauptstaatsarchiv MK 43875 (künftig: KuMiPA KISCH, BayHStA MK 43875).*

xemburg erzogen wurde.[7] Unter Kischs Vorfahren fanden sich neben Land- und Gastwirten auch Beamte und Lehrer.[8] Er selbst sagte einmal, dass er „als lebenswirklicher Schulmeister von den Vorfahren erblich belastet“ sei.[9] Die Familie Kisch war, wie der überwiegende Teil der Luxemburger[10], von jeher streng katholisch. Viele Verwandte von ihnen waren katholische Ordensleute.[11] Der Name „Kisch“ stammte in seinem Fall nicht aus jüdischer Tradition, wie später im Aufkommen des Nationalsozialismus vermutet wurde und bei anderen Familien oft zutreffend war, so zum Beispiel bei seinem Kollegen und Namensvetter Guido Kisch.[12] Vielmehr soll er sich von der kulinarischen Spezialität „Quiche Lorraine“ herleiten.[13] Ein weiteres kleines unbestätigtes Kuriosum der Familiengeschichte ist die angeblich entfernte Verwandtschaft mütterlicherseits zu dem unter Napoleon berühmten Feldherrn Marschall Ney.[14]

Aus Kischs Kindheit und Jugendzeit ist nicht viel bekannt. Er wuchs in dem kleinen Ort Diedolshausen (LeBonhomme) im Oberelsass auf. Die Lage in Elsass-Lothringen war nach fast zweihundertjähriger Zugehörigkeit zu Frankreich in den ersten Jahren nach der Annexion des Reichslandes 1871[15] eher deutschfeindlich und francophil, insbesondere in der oberen Mittelklasse und der Oberschicht.[16] Die in den letzten zwanzig oder dreißig Jahren vor dem Krieg heranwachsende Generation sprach französisch und hatte die französische Gesellschaftssitten und Kultur im Laufe der Jahre angenommen.[17] Darüber hinaus stimmte der aus dem Deutschen Reich hereinschwappende Kulturkampf[18] mit seinen antikatholischen Maßnahmen die mehrheitlich katholische

---

[7] ZIERSCH, WALTHER, Wilhelm Kisch, Ein Münchner Rechtsgelehrter und Hochschullehrer, in: MNN vom 9.9.1931, Nr. 244; dafür, dass KISCH selbst z. T. in Luxemburg aufgewachsen ist, wie ROBERT REDSLOB, elsässischer, francophiler Student bei KISCH, in: Alma mater, Mes souvenirs des Universités allemandes, Strasbourg 1958, S. 37 schreibt, finden sich ansonsten keine Hinweise.

[8] Das deutsche Führerlexikon, Berlin 1934/35, S. 516.

[9] Zitat KISCH nach ZIERSCH, WALTHER, Wilhelm Kisch, Ein Münchner Rechtsgelehrter und Hochschullehrer, in: MNN vom 9.9.1931, Nr. 244.

[10] BARTEAU, HARRY C., Historical Dictionary of Luxembourg, London 1996, S. 7.

[11] KISCH, Verteidigungsschrift S. 2: u. a. ein Ordensgeneral der Redemptoristen MATTHIAS RAUS, *Spruchkammerakt WILHELM KISCH, Staatsarchiv München, Spruchkammerakte K 880 (künftig: SpKA KISCH, StAM, SpK K 880).*

[12] GUIDO KISCH, 1889 – 1985, Rechtshistoriker, vgl. z.B. LANDAU, PETER, Juristen jüdischer Herkunft im Kaiserreich und in der Weimarer Republik, in: HEINRICHS/FRANZKI/SCHMALZ/STOLLEIS, Deutsche Juristen jüdischer Herkunft, München 1993, S. 167.

[13] REDSLOB, ROBERT, Alma mater, Mes souvenirs des Universités allemandes, Strasbourg 1958, S. 37.

[14] Gespräch vom 24.7.2003 mit Prof. MATTHIAS SCHMOECKEL, Patensohn von ERIKA KÖHLER geb. NEY, Studentin bei Kisch und entfernt verwandt mit ihm.

[15] Abtretung von Elsass-Lothringen durch Frankreich im Frankfurter Friedensvertrag vom 10.5.1871 und Aufnahme in das deutsche Reich durch das Vereinigungsgesetz vom 9.6.1871, RGBl 1871, S. 223 und 212, zitiert nach SCHÄFER, HERWIG, Juristische Lehre und Forschung an der Reichsuniversität Straßburg 1941 – 1944, Beiträge zur Rechtsgeschichte des 20. Jahrhunderts Bd. 23, Tübingen 1999, S. 6f.

[16] SCHWANDER, RUDOLF, Elsaß-Lothringen, in: Süddeutsche Monatshefte, 29. Jg. (1931) S. 161.

[17] ANRICH, GUSTAV, Zwei typische Elsässer, in: Süddeutsche Monatshefte, 29. Jg. (1931) S. 167ff (169f).

[18] Schlagwort für den Konflikt des Preußischen Staates mit der katholischen Kirche, vor allem in den 1870er Jahren. Vgl. KINDER/HILGEMANN, dtv-Atlas zur Weltgeschichte, Bd. II, 23. Auflage München 1989, S. 77.

Bevölkerung feindlich. Gerade die kirchlichen Kreise und Institutionen waren francophil und lehnten das eng mit dem Protestantismus verbundene Deutschtum ab. Mit Abflauen des Kulturkampfes nahmen auch die Ressentiments der Elsässer gegen die Deutschen ab[19], vor allem in den ländlichen Gegenden, in denen zum Teil ohnehin noch deutscher Dialekt gesprochen wurde.[20] Die Familie Kisch, die zwar erst im Zuge der Annexion eingewandert war, aber als Luxemburger nicht aus dem Deutschen Reich stammte, also nicht zu den sogenannten „Altdeutschen" zählte, sondern vielmehr ebenfalls zu den Grenzländern gehörte wie die Elsässer, scheint dem Deutschen Reich positiv gegenüber gestanden zu sein. Der für den Sohn vermutlich nach dem deutschen Kaiser, da keine engeren Familienmitglieder dieses Namens bekannt sind, gewählte Name Wilhelm kann dafür als Indiz gewertet werden. Im Übrigen war der Vater deutscher Beamter und die Familie lebte sozusagen vom Deutschen Reich, was mit Sicherheit Loyalität erzeugte, selbst wenn die Kischs als strenge Katholiken wegen des Kulturkampfes möglicherweise mit den eher francophilen katholischen Elsässern sympathisierten. Wilhelms Muttersprache jedenfalls war deutsch, auch wenn er wie seine Schwester zweisprachig aufgewachsen sein dürfte.[21]

Kischs Elternhaus war durch die Stellung des Vaters als Mittelbeamter bürgerlich geprägt, aber sicher nicht vermögend.[22] Der Vater, gut aber streng, hatte ehrgeizige Pläne mit seinem Sohn. Ein besonders enges Verhältnis zwischen Vater und Sohn bestand aber nicht. Wilhelm, ein eher zarter Junge, hing sehr an seiner Mutter, die eine sehr gütige, feine und humorbegabte Frau war. Von ihr erbte er auch die Liebe zur Musik. Er lernte Klavier und spielte gerne zusammen mit seinem „Mütterchen".[23] Nach einigen Jahren privater Vorbereitung trat er 1886 in das bischöfliche Séminaire in Montigny bei Metz ein.[24] Nach den Plänen seiner Eltern sollte er, wohl einer Familientradition folgend, Priester werden, eine sehr angesehene und gleichzeitig gut finanzierbare Ausbildung zu damaliger Zeit[25], die ihn vermutlich hauptsächlich mit einheimischen Elsässern in Kontakt brachte. Kischs Leben nahm durch den Aufenthalt dort aber eine negative Wendung. Die im Séminaire herrschende Erziehung der Abhärtung war für ihn gesundheitlich abträglich. Die kalten Schlafsäle, gefrorenes Waschwasser, morgendliche Meditationen in eiskalten Sälen, winterliche Spaziergänge und die primitive

---

[19] SCHERER, EMIL CLEMENS, Der Katholizismus in der Reichslandepoche, Süddeutsche Monatshefte, 29. Jg. (1931) S. 191ff.

[20] ANRICH, GUSTAV, Zwei typische Elsässer, Süddeutsche Monatshefte, 29. Jg. (1931) S. 167ff (169f).

[21] ZIERSCH, WALTHER, Wilhelm Kisch, Ein Münchner Rechtsgelehrter und Hochschullehrer, in: MNN vom 9.9.1931, Nr. 244.

[22] KISCH, Verteidigungsschrift, S. 1, *SpKA KISCH, StAM, SpK K 880.*

[23] ZIERSCH, WALTHER, Wilhelm Kisch, Ein Münchner Rechtsgelehrter und Hochschullehrer, in: MNN vom 9.9.1931, Nr. 244.

[24] Personalbogen WILHELM KISCH, *Bundesarchiv Berlin, Akten Berlin Document Center, Wissenschaftler personenbezogene Akten AO 500 (künftig BAB, BDC Wi AO 500).*

[25] REDSLOB, ROBERT Alma mater, Mes souvenirs des Universités allemandes, Strasbourg 1958, S. 35.

Ernährung ließen ihn erkranken. Mit einer Hüftgelenksentzündung[26] kehrte er bereits 1889 im Alter von 14 Jahren in sein Elternhaus zurück.[27] Über ein Jahr ans Bett gefesselt, durchlebte er eine schlimme Zeit.[28] Wilhelm erholte sich wieder, aber durch die Deformierung seines Hüftgelenks kam es in der Folgezeit zu einer starken Verkürzung seines linken Beines und damit zu einer dauerhaften schweren Bewegungshemmung.[29] Diese Behinderung prägte sein Leben nachhaltig und führte zu vielen Einschränkungen und Folgeerkrankungen. Gesundheitlich blieb er immer angeschlagen. Erst als sein Vater 1890 nach Saargmünd (Sarregemuines) in Lothringen versetzt wurde, ging Wilhelm wieder in die Schule ins dortige Gymnasium. Er war kein guter Schüler und hatte schwer zu kämpfen. Bezeichnend ist folgende Anekdote aus seiner Schulzeit:

> „Es war ein stolzer Tag, als er eine griechische Arbeit mit 10 Fehlern und dem Prädikat ‚ungenügend', aber auch mit der hoffnungsvollen Anmerkung nach Hause brachte: ‚Lässt aber schon Fortschritte erkennen!'"[30]

Am liebsten war ihm in der Schule die französische Literatur.[31] Für ein später sich voll entfaltendes und oft gerühmtes Talent Kischs, die Redekunst, legte die Ausbildung am Gymnasium den Grundstein, an dem noch nach französischem System die letzte Klasse die „rhetorische" hieß, und die Rhetorik ein bedeutendes Lehrfach war.[32] Am 27. Juni 1893 machte Wilhelm mit achtzehn Jahren trotz krankheitsbedingter Unterbrechung sein Abitur und erhielt damit die Zugangsberechtigung zur Universität.[33] Mit dem Abiturzeugnis in der Tasche stellte sich für ihn die Frage, was er studieren sollte. Immer noch tief beeindruckt von der französischen Literatur auf dem Gymnasium wollte er romanische Philologie studieren. Aber der Vater entschied anders. Sein Sohn

---

[26] ILSE TJADINA WEGNER, 1913 – 2003, erste Ehefrau seines Schülers Prof. HANS WÜRDINGER und selbst Studentin bei KISCH, sprach von einer Kinderlähmung als Krankheitsursache, Gespräch vom 23.06.2003. KISCH selbst schreibt von einer Hüftgelenksentzündung aus der Jugend als Ursache für seine Beschwerden. Brief KISCH an seinen Studienfreund HEINRICH GERLAND vom 23.8.1938, *Bundesarchiv Koblenz Nachlass HEINRICH GERLAND NL 10, Bd. 18 (künftig: Nachlass GERLAND, BAK NL 10).*

[27] ZIERSCH, WALTHER, Wilhelm Kisch, Ein Münchner Rechtsgelehrter und Hochschullehrer, in: MNN vom 9.9.1931, Nr. 244.

[28] Brief KISCH an GERLAND vom 7.1.1939 und vom 20.2.1939, *Nachlass GERLAND, BAK NL 10, Bd. 18.*

[29] Attest Dr. NEU vom 19.12.45, *SpKA KISCH, StAM, SpK K 880* und Attest Dr. SCHNITTENHELM vom 17.9.1935, *KuMiPA KISCH, BayHStA MK 43875.*

[30] ZIERSCH, WALTHER, Wilhelm Kisch, Ein Münchner Rechtsgelehrter und Hochschullehrer, in: MNN vom 9.9.1931, Nr. 244.

[31] Ebd.

[32] FRIEDLAENDER, MAX, Lebenserinnerungen, S. 133, veröffentlicht auf der Homepage der Bundesrechtsanwaltskammer www.brak.de. FRIEDLAENDER, Rechtsanwalt in München, bezeichnete KISCH später als einen „der wenigen glänzenden Redner, die mir in Deutschland noch bekannt sind." KISCH hatte die Bedeutung seiner schulischen Ausbildung für die Rhetorik ihm gegenüber öfters erwähnt.

[33] ZIERSCH, WALTHER, Wilhelm Kisch, Ein Münchner Rechtsgelehrter und Hochschullehrer, in: MNN vom 9.9.1931, Nr. 244; Fragebogen des Military Government of Germany vom 23.5.1948, *SpKA KISCH, StAM, SpK K 880.*

sollte Rechtswissenschaften studieren, da er die juristische Laufbahn für sicherer hielt.[34] Wilhelm fügte sich seinem Willen.

2. Vom Studenten zum Privatdozenten an der Kaiser-Wilhelms-Universität Straßburg (1893 - 1902)

Wilhelm Kisch immatrikulierte sich am 25. Oktober 1893 an der Kaiser-Wilhelms-Universität in Straßburg für Rechtswissenschaften.[35] Die besonderen Verhältnisse an dieser Universität beeinflussten ihn in mehrfacher Hinsicht nachhaltig. Die Reichsuniversität in Straßburg hatte zu dieser Zeit ihre goldenen Jahre schon fast hinter sich.[36] Eröffnet am 1. Mai 1872 und benannt 1877 nach Kaiser Wilhelm I.[37], sollte sie als moderne deutsche Vorzeigeuniversität, als Zentrum des geistigen Lebens, die kulturelle Eingliederung Elsass-Lothringens fördern.[38] Mit dem Appell an Idealismus und Patriotismus wurden neben vielen sehr jungen Gelehrten auch renommierte Professoren gewonnen wie z. B. Rudolf Sohm, Karl Binding, Paul Laband und Gustav Schmoller für die rechts- und staatswissenschaftliche Fakultät.[39] Es herrschte Pioniergeist und die Professoren waren sich ihrer „nationalen Mission", der Eindeutschung Elsass-Lothringens, bewusst.[40] Allerdings wurden kaum elsässische Professoren berufen und die Universität war als Ganzes auch über die Jahre des Kulturkampfes hinaus ein Hort des Antikatholizismus.[41] Die Professorenschaft lehnte den sich im Reich ausbreitenden Antisemitismus ab und galt entgegen dem reichsweiten konservativen Trend als sehr liberal.[42] Sie hielt nicht viel von äußeren Formen und akademischem Gepränge, Sachlichkeit und Strenge prägten das akademische Leben. Die Universität Straßburg gewann in den ersten zehn Jahren den Ruf einer Arbeitsuniversität und galt vor allem im Ausland als Zentrum der Wissenschaft. Dementsprechend entstanden in Straßburg auch nicht so viele Studentenverbindungen und Burschenschaften, sondern mehr Arbeitsgemeinschaften, Lernkreise und lose Gruppen, deren Mitglieder ein gemeinsames wissenschaftliches Interesse verband. Trotzdem studierten nur wenige El-

---

[34] ZIERSCH, WALTHER, Wilhelm Kisch, Ein Münchner Rechtsgelehrter und Hochschullehrer, in: MNN vom 9.9.1931, Nr. 244.

[35] Matricules générales 1887 – 1896, *AdBR, Université de Strasbourg AL 103 paq. 2.*

[36] CRAIG, JOHN E., Scholarship and Nation Building, The Universities of Strasbourg an Alsatian Society 1870 – 1939, Chicago 1984, S. 135ff.

[37] Bibliothèque Nationale et Universitaire de Strasbourg, L'Université de Strasbourg XIIIe – XX siècle, La Ville, la Région, L'Europe, Exposition 14 octobre – 30 novembre 1988, S. 46ff, SCHÄFER, HERWIG, Juristische Lehre und Forschung an der Reichsuniversität Straßburg 1941 – 1944, Beiträge zur Rechtsgeschichte des 20. Jahrhunderts Bd. 23, Tübingen 1999, S. 6.

[38] CRAIG, JOHN E., Scholarship and Nation Building, The Universities of Strasbourg an Alsatian Society 1870 – 1939, Chicago 1984, S.34.

[39] MAYER, OTTO, Die Kaiser-Wilhelm-Universität Straßburg, Ihre Entstehung und Entwicklung, Berlin 1922, S. 19.

[40] CRAIG, JOHN E., Scholarship and Nation Building, The Universities of Strasbourg an Alsatian Society 1870 – 1939, Chicago 1984, S. 55ff.

[41] Ebd. S. 83; VOGLER, BERNARD Preface, in: JONAS/GERARD/DENIS/WEIDMANN, Strasbourg, capitale du Reichsland Alsace-Lorraine et sa nouvelle université 1871 – 1918, Strasbourg 1995, S. 7ff.

[42] HAMMERSTEIN, NOTKER, Antisemitismus und deutsche Universitäten 1871 – 1933, Frankfurt a. Main 1995, S. 27ff.

sässer dort, die meisten Studenten kamen aus dem Deutschen Reich und, im Vergleich zu den anderen Universitäten im Deutschen Reich überproportional viele aus dem Ausland.[43] Die einheimischen, mehrheitlich katholischen Elsässer selbst standen der Universität eher ablehnend gegenüber, da sie sie als religionsfeindlich und praxisfern ansahen. Nach ihrer Ansicht musste eine Ausbildung weg von der reinen Forschung, also ebenso praxisorientiert wie schnell abzuschließen sein und sich auszahlen.[44] Die eingeschriebenen Elsässer waren damit überwiegend sogenannte „Brotstudenten", den deutschen Studentensitten, vor allem den Burschenschaften und Korps mit Trinkgelagen und Duellieren konnten sie nichts abgewinnen.[45] Zwar wuchs mit der Zeit und der konzilianteren Regierung gegenüber den Elsässern die Zahl der einheimischen, katholischen Studenten, insbesondere in den 90er Jahren, bis sie schließlich um die Jahrhundertwende die Mehrheit stellten,[46] die Eindeutschung der Studenten gelang jedoch nicht sehr gut. Die altdeutschen und die hauptsächlich francophilen elsässischen Studenten blieben, von einigen Ausnahmen, abgesehen jeweils unter sich in ihren eigenen Kreisen.[47]

2.1 Die Studienzeit

Wilhelm Kisch war als „deutschfühlender Elsässer"[48] eine solche Ausnahme und kein typischer elsässischer Student. Die Atmosphäre der Arbeitsuniversität kam ihm entgegen. Er gehörte nie einer Studentenverbindung oder Burschenschaft an[49], und beteiligte sich auch nicht an der von einigen wenigen Elsässern fast übertriebenen Annahme deutscher Studentensitten. Er zählte aber auch nicht zu den „Brotstudenten", vielmehr war er an einer umfassenden, humanistischen Bildung interessiert und nutzte das vielfältige Angebot der Universität gerne aus. Neben Jura belegte er auch Vorlesungen in romanischen Sprachen und Philosophie, sowie in Geographie und Völkerkunde.[50] Die rechts- und staatswirtschaftliche Fakultät der Universität Straßburg, die erste Fakultät im Deutschen Reich, in der der rechtswissenschaftliche und staatswissenschaftliche Fachbereich zusammengenommen war[51], war zu Kischs Studienzeit immer noch

---

[43] CRAIG, JOHN E., Scholarship and Nation Building, The Universities of Strasbourg an Alsatian Society 1870 – 1939, Chicago 1984, S. 75ff.

[44] Ebd. S. 105.

[45] Ebd. S. 122f.

[46] VOGLER, BERNARD, Preface, und JONAS, STÉPHANE, La ville Strasbourg et son université, in: JONAS/GERARD/DENIS/WEIDMANN, Strasbourg, capitale du Reichsland Alsace-Lorraine et sa nouvelle université 1871 – 1918, Strasbourg 1995, S. 7ff und 27ff.

[47] REDSLOB, ROBERT, Alma mater, Mes souvenirs des Universités allemandes, Strasbourg 1958, S. 50.

[48] So beschrieb sich KISCH selbst. Brief KISCH an MENDELSSOHN BARTHOLDY vom 24.3.1907, *Nachlass MENDELSSOHN BARTHOLDY, Staatsbibliothek Berlin, Preußischer Kulturbesitz, Musikabteilung mit Mendelssohnarchiv (künftig: Nachlass MENDELSSOHN BARTHOLDY, SBB PK, Musikabt. Mendelssohnarchiv).*

[49] Fragebogen des Military Government of Germany vom 23.5.1948, *SpKA KISCH, StAM, SpK K 880.*

[50] ZIERSCH, WALTHER, Wilhelm Kisch, Ein Münchner Rechtsgelehrter und Hochschullehrer, in: MNN vom 9.9.1931, Nr. 244; Brief KISCH an GERLAND vom 2.2.1906, *Nachlass GERLAND, BAK NL 10, Bd. 17.*

[51] SCHÄFER, HERWIG, Juristische Lehre und Forschung an der Reichsuniversität Straßburg 1941 – 1944, Beiträge zur Rechtsgeschichte des 20. Jahrhunderts Bd. 23, Tübingen 1999, S. 10.

glänzend besetzt, allen voran mit Paul Laband, führendem Staats- und Verfassungsrechtler der Kaiserzeit.[52] Laband war der renommierteste Professor in der Juristischen Fakultät und seine Vorlesungen zum Staatsrecht oder auch zum Handels-, Wechsel- und Seerecht beeindruckten Wilhelm Kisch sehr.[53] Von Paul Laband abgesehen besuchte er für sein juristisches Studium Vorlesungen des Romanisten Otto Lenel, der Pandektenrecht lehrte, zu damaliger Zeit immer noch Kern der juristischen Ausbildung, Vorlesungen Wilhelm Sickels, Professor für Deutsches Privatrecht, des Straf- und Strafprozessrechtlers Adolf Merkel, Otto Mayers, dem Kisch neben Verwaltungsrecht vermutlich auch seine Kenntnisse im französischen Zivilrecht verdankte, und des Prozessualistens August Sigmund Schultze.[54] Kischs Studienzeit fiel gerade in die Zeit des Entwurfs des neuen Bürgerlichen Gesetzbuches und damit in den Vorabend des großen Umbruchs. Er studierte zwar noch nach dem alten Recht, wurde aber in einigen Vorlesungen schon mit dem geplanten Neuen konfrontiert. Vorherrschende Lehrmeinung in der Methodik war zu dieser Zeit noch die Begriffsjurisprudenz, d. h. die formale, begriffliche Betrachtungs- und Konstruktionsweise[55], wie sie in Straßburg u. a. gerade seine Lehrer Paul Laband oder Otto Mayer[56] vertraten. Auch Kisch wurde ein eifriger Verfechter dieser juristischen Methode. In vielen seiner späteren Werke stehen gerade die logische Konstruktion, die genaue Begriffsbestimmung und ein geschlossenes, lückenloses Rechtssystem im Vordergrund. Um seine Ausbildung zu komplettieren belegte Kisch auch Nationalökonomie bei August Sartorius Freiherr von Waltershausen und Georg Friedrich Knapp.[57] Beim Romanisten Schneegans hörte er Vorlesungen zur französischen und italienischen Literatur[58] und frönte damit seiner Leidenschaft. Kisch las sehr viel und lernte zusätzlich zu seinem perfekten Französisch auch noch fließend Italienisch und etwas Spanisch an der Universität. Seine literarischen

---

[52] PAUL LABAND, 1838 – 1918, Staats- und Verfassungsrechtler, vgl. PAULY, WALTER, Paul Laband. Staatslehre als Wissenschaft, in: HEINRICHS/FRANZKI/SCHMALZ/STOLLEIS, Deutsche Juristen jüdischer Herkunft, München 1993, S. 301ff.

[53] KISCH, Gutachten über den Unterricht im Zivilprozeß, in: WACH/KISCH/MENDELSSOHN BARTHOLDY/STEIN, Der Zivilprozeß, Mannheim 1922, S. 14ff.

[54] ZIERSCH, WALTHER, Wilhelm Kisch, Ein Münchner Rechtsgelehrter und Hochschullehrer, in: MNN vom 9.9.1931, Nr. 244; Verzeichnisse der Vorlesungen, welche an der Kaiser-Wilhelms-Universität Straßburg im Winterhalbjahr 1893/94 – Sommerhalbjahr 1897 gehalten werden, Straßburg 1893 – 1897 jeweils S. 5ff.

[55] NUNN, CHRISTIAN, Rudolf Müller-Erzbach 1874 – 1959, Von der realen Methode über die Interessenjurisprudenz zum kausalen Rechtsdenken, Frankfurt am Main 1998, S. 60.

[56] KISCH selbst nennt diese beiden Namen als Beispiele für Begriffsjuristen im öffentlichen Recht. Bericht mit Benotungsvorschlag zu einer Dissertation bei KISCH vom 22.12.1927, S. 7, *Promotionsakten, UAM L-Np-WS 1927/28*. LABAND wurde die Begriffsjurisprudenz immer vorgeworfen, wenn auch in neuerer Zeit Zweifel daran aufgekommen sind. SCHÄFER, HERWIG, Juristische Lehre und Forschung an der Reichsuniversität Straßburg 1941 – 1944, Beiträge zur Rechtsgeschichte des 20. Jahrhunderts Bd. 23, 1999, S. 13f; PAULY, WALTER, Paul Laband. Staatslehre als Wissenschaft, in: HEINRICHS/FRANZKI/SCHMALZ/STOLLEIS, Deutsche Juristen jüdischer Herkunft, München 1993, S. 301ff.

[57] ZIERSCH, WALTHER, Wilhelm Kisch, Ein Münchner Rechtsgelehrter und Hochschullehrer, in: MNN vom 9.9.1931, Nr. 244.

[58] Ebd. und Verzeichnisse der Vorlesungen welche an der Kaiser-Wilhelms-Universität Straßburg im Winterhalbjahr 1893/94 – Sommerhalbjahr 1897 gehalten werden, Straßburg 1893 – 1897 jeweils S. 18f.

Kenntnisse waren beeindruckend.[59] Vor der Tür des von Professor Schneegans gegründeten Klubs für italienische Konversation „Crocchio italiano“ traf Kisch den deutschen Studenten Karl Voßler[60], der in Straßburg für ein Jahr studierte. Zwischen den beiden entwickelte sich eine Freundschaft, die sich viele Jahre später in München noch vertiefte.[61]

Die gerade nicht angestrebte Trennung der elsässischen und der altdeutschen Studenten wurde von ihnen selbst sehr genau eingehalten, deutlich auch zu sehen im Hörsaal.[62] Die Studenten blieben grundsätzlich bei Ihresgleichen. Allerdings gab es eben auch Elsässer, die dem Deutschtum nahe standen. Wilhelm Kisch, ohnehin genaugenommen kein einheimischer Elsässer, war völlig deutsch gesinnt. Neben Karl Voßler zählte auch Heinrich Gerland, Sohn des deutschen Universitätsprofessors Georg Gerland, zu seinen engsten Studienfreunden, was die Vermutung nahe legt, dass er hauptsächlich in deutschen Kreisen verkehrt haben dürfte. Kisch war ein „deutscher“ Elsässer und galt später z. T. wegen seiner luxemburgischen Abstammung und deutschen Einstellung sogar als Immigrant.[63] Heinrich Gerland[64], geboren am 3. April 1874 in Halle/Saale, war wie Kisch im Elsass aufgewachsen.[65] Er studierte ebenfalls Jura. Sein Vater Georg hatte 1875 einen Ruf auf den neugeschaffenen Lehrstuhl für Geographie in Straßburg angenommen. Georg Gerlands Seminare und Exkursionen wurden von Studenten verschiedener Fachrichtungen besucht[66], unter ihnen auch Kisch.[67] Georg Gerland hatte Kisch gerade wegen seiner umfassenden Bildung und Talente stark beeindruckt und noch viele Jahre nach seinem Tod sprach Kisch von ihm als einem „verehrungswürdigen Mann [...], in welchem sich noch die ganze deutsche Klassik sowohl nach der wissenschaftlichen wie nach der literarischen und musikalischen Seite so

---

[59] REDSLOB, ROBERT Alma mater, Mes souvenirs des Universités allemandes, Strasbourg 1958, S. 35.

[60] KARL VOßLER, 1872 – 1949, bedeutender Romanist und Sprachphilosoph, studierte 1894/95 in Straßburg romanische und germanische Philologie und war ab 1911 Professor in München, vgl. KOCH, HANS-ALBRECHT, Karl Voßler in: KILLY/VIERHAUS, Deutsche Biographische Enzyklopädie, Bd. 10, München 1999, S. 260.

[61] ZIERSCH, WALTHER Wilhelm Kisch, Ein Münchner Rechtsgelehrter und Hochschullehrer, in: MNN vom 9.9.1931, Nr. 244.

[62] REDSLOB, ROBERT Alma mater, Mes souvenirs des Universités allemandes, Strasbourg 1958, S. 50.

[63]Zumindest sah dies ROBERT REDSLOB, späterer Student von KISCH, als einheimischer Elsässer dies so: „Kisch n'était pas le seul, parmi les Allemands immigrés.“ Übersetzung: Kisch war nicht der einzige unter den deutschen Immigranten. REDSLOB, ROBERT Alma mater, Mes souvenirs des Universités allemandes, Strasbourg 1958, S. 37.

[64] HEINRICH GERLAND, 1874 – 1944, Straf- und Prozessrechtler, Studium und Promotion in Straßburg, Habilitation in Jena 1902, 1906 – 1939 Professor in Jena, Mitbegründer der Deutschen Demokratischen Partei, näheres siehe EIßER, GEORG, Heinrich Gerland, in: NDB, Bd. 6, Berlin 1964, S. 306.

[65] Ebd.

[66] GEORG GERLAND, 1833 – 1919, Geograph und Geophysiker, Komponist, Sprachforscher, Ethnologe, Schriftsteller, vgl. ANGENHEISTER, GUSTAV, Georg Gerland, NDB, Bd. 6, Berlin 1964, S. 305.

[67] Brief KISCH an GEORG GERLAND vom 2.2.1906, in dem sich KISCH als „eifriger Schüler“ nicht nur „geduldiger Zuhörer“ bezeichnete. *Nachlass GERLAND, BAK NL 10, Bd. 17.*

harmonisch verkörperte."[68] Kisch verehrte Professor Gerland sehr, aber auch Gerland war von Kisch begeistert und so war Kisch ein gern gesehener Gast im Hause Gerland. Heinrich Gerland schrieb Jahre später an Kisch:

> „In unserer Beziehung spielt ja von früher mein Vater eine Rolle. Wie oft hat er in seiner frohen Art uns als Peripatetiker in den Gängen der Universität begrüsst. Wie gern hat er gehört, wenn ich von Ihnen zu Hause erzählte, und wie lebhaft Anteil hat er an Ihrer ganzen geistigen Entwicklung genommen. Es ist nicht zu viel gesagt, wenn ich Ihnen offen gestehe, dass unser Umgang meinem Vater der liebste von allen meinen Beziehungen war, denn er wusste, dass wir uns auf der Basis wissenschaftlichen Strebens gefunden hatten, die ihm Gewähr für das Leben zu geben schien. Er hat recht behalten."[69]

Die beiden standen, auch nachdem Heinrich Gerland nach Studium und Referendarzeit Straßburg verließ, in regem wissenschaftlichem vor allem aber auch privatem Briefkontakt.[70]

Vermutlich aus finanziellen Gründen verbrachte Kisch seine ganze Studienzeit in Straßburg und studierte nicht wie viele deutsche Studenten damals ein oder mehrere Semester noch an anderen Universitäten, um bestimmte Vorlesungen bei berühmten juristischen Kapazitäten zu hören. Seine Eltern blieben zunächst noch in Saargmünd. Kisch zog in die Kalbsgasse in der Nähe des Münsters in der Altstadt,[71] konnte aber dann bei seinen Eltern wohnen, die ein Jahr später, nach der Pensionierung des Vaters, nach Straßburg ebenfalls in eine Wohnung in der Kalbsgasse umzogen.[72] Die Familie Kisch lebte von der bescheidenen Pension des Vaters. Da das Studium und die Lebenshaltungskosten in Straßburg sehr teuer waren, bewarb sich Wilhelm Kisch um ein Stipendium, wofür ein Antrag zum Nachweis der Bedürftigkeit und ein Gutachten eines Professors der Juristischen Fakultät nötig war.[73] Bereits im Sommersemester 1894 erhielt er eines der begehrten Bismarckstipendien.[74] Dieses Stipendium, das laut Stiftungsurkunde „errichtet ist zum ehrenden und ewigen Gedächtnis der Verdienste, welche der Fürst Bismarck um die Wiedergewinnung der Reichslande und die Errichtung der Straßburger Reichsuniversität sich erworben hat", wurde jährlich an Studenten aller sechs Fakultäten verliehen, und zwar an Studierende, „die eine Unterstützung nötig haben, nur nach Würdigkeit". Es sollte aber „auch Anerkennung von Leistungen sein."

---

[68] Brief KISCH an GERLAND vom 14.2.1933, *Nachlass GERLAND, BAK NL 10, Bd. 17.*

[69] Brief GERLAND an KISCH vom 20.3.1919, *Nachlass GERLAND, BAK NL 10, Bd. 17.*

[70] Dieser Briefwechsel 1906 – 1944 ist wie bereits zitiert (Nachlass GERLAND, BAK NL 10) im Bundesarchiv Koblenz im Nachlass von HEINRICH GERLAND erhalten und insoweit einzige größere originäre Informationsquelle zu KISCHS Privatleben und Ansichten mangels Nachkommen und persönlichen Nachlasses von WILHELM KISCH.

[71] Amtliches Verzeichnis des Personals und der Studenten der Kaiser-Wilhelm-Universität Straßburg für das Winterhalbjahr 1893/94, Straßburg 1893, S. 32; Matricules générales 1887 – 1896, *AdBR Université Strasbourg AL 103 paq. 2* .

[72] ZIERSCH, WALTHER, Wilhelm Kisch, Ein Münchner Rechtsgelehrter und Hochschullehrer, in: MNN vom 9.9.1931, Nr. 244; Amtliches Verzeichnis des Personals und der Studenten der Kaiser-Wilhelms-Universität Straßburg für das Winterhalbjahr 1894/95, Straßburg 1894, S. 32.

[73] HOSEUS, HEINRICH, Die Kaiser-Wilhelms-Universität zu Strassburg, ihr Recht und ihre Verwaltung, Straßburg 1897, S. 261.

[74] WINDELBAND, Jahresbericht 1894/95 in: Das Stiftungsfest der Kaiser-Wilhelm-Universität Straßburg am 1.5.1895, Straßburg 1895, S. 11.

Ihre Empfänger waren stiftungsgemäß zum Stiftungsfest der Universität Straßburg am 1. Mai zu verkünden.[75] Das Stipendium belief sich auf 300 Mark und wurde in vierteljährlichen Raten ausgezahlt.[76] Kisch bekam das Stipendium auch in den darauffolgenden Jahren jeweils zum Sommersemester 1895 und 1896 verliehen,[77] so dass er abgesehen vom ersten Semester, in dem ein Stipendium noch nicht möglich war,[78] sein ganzes Studium lang Bismarckstipendiat war. Dies stellte eine große finanzielle Erleichterung und gleichzeitig auch eine Auszeichnung dar. Ausgezeichnete Leistungen erbrachte Kisch dann auch. Das erste juristische Staatsexamen, bestehend aus einer Hausarbeit aus dem Privat- oder Strafrecht sowie einer mündlichen Prüfung[79], legte er mit der besten Note am 27. Mai bzw. am 3. Juni 1897 am Oberlandesgericht Colmar im Oberelsass ab.[80] Er wurde als Referendar am 14. Juni 1897 vereidigt.[81]

2.2 Referendarzeit und Promotion

Die Referendarzeit verbrachte Kisch in Colmar und Straßburg und konnte derweilen auch weiterhin bei seinen Eltern wohnen. Welchen Stationen er genau zugeordnet wurde, ist nicht bekannt. Wie damals im Elsass üblich, wird er seinen dreieinhalbjährigen Vorbereitungsdienst bei einem Amtsgericht, einem Landgericht, beim Oberlandesgericht Colmar sowie bei einem Anwalt und in der Verwaltung gemacht haben.[82]

Wissenschaftlich beeinflusst wurde Kisch von August Sigmund Schultze[83]. Kischs erste Arbeiten, seine Dissertation, aber auch weitere Aufsätze legen dies nahe, da sie sich thematisch an Schultzes Forschungsschwerpunkten orientierten und seine Theorien stützten. Schultze lehrte Zivilprozess-, Konkurs-, Strafprozess- und Völkerrecht und

---

[75] FICKER, Jahresbericht 1912/13 in: Das Stiftungsfest der Kaiser-Wilhelm-Universität Straßburg am 2.5.1913, Straßburg 1913, S. 13.

[76] Rektor WINDELBAND an Kurator der Universität vom 31.5.1984, *Bismarckstipendium-Stiftung, AdBR Université Strasbourg, AL 103 paq. 316, Nr. 1336.*

[77] FITTING, Jahresbericht 1895/96, in: Das Stiftungsfest der Kaiser-Wilhelm-Universität Straßburg am 1.5.1896, Straßburg 1896, S. 8 und LENEL, Jahresbericht 1896/97, in: Das Stiftungsfest der Kaiser-Wilhelm-Universität Straßburg am 1.5.1897, Straßburg 1897, S. 9f.

[78] HOSEUS, HEINRICH, Die Kaiser-Wilhelms-Universität zu Straßburg, ihr Recht und ihre Verwaltung, Straßburg 1897, S. 261.

[79] REDSLOB, ROBERT, Alma mater, Mes souvenirs des Universités allemandes, Strasbourg 1958, S. 85f.

[80] Vormerkungsbogen vom 20.1.1925, *KuMiPA KISCH, BayHStA MK 43875*; Fragebogen des Military Government of Germany vom 23.5.1948, *SpKA KISCH, StAM, SpK K 880.*

[81] Personalbogen, *PA KISCH, AdBR Université Strasbourg, AL 103 paq. 100, Nr. 485.*

[82] REDSLOB, ROBERT, Alma mater, Mes souvenirs des Universités allemandes, Strasbourg 1958, S. 86.

[83] AUGUST SIGMUND SCHULTZE, 1833 – 1918, ab 1861 zunächst Staatsanwalt und Richter, Offizier im deutsch-französischen Krieg 1870/71, Habilitation 1870, 1871 als Landgerichtsrat an das neugegründete Landgericht Straßburg versetzt, 1872 ord. Prof. an der Universität Straßburg, vgl. DEGENER, HERMANN, Wer ist's? Unsere Zeitgenossen, 4. Ausgabe, Leipzig 1909, S. 339; REDSLOB, ROBERT Alma mater, Mes souvenirs des Universités allemandes, Strasbourg 1958, S. 34.

seine Werke waren hauptsächlich dem Zivilprozessrecht gewidmet.[84] Zu ihm stand Kisch schon seit seiner Studienzeit in einem Lehrer-Schüler-Verhältnis.[85] Schultzes Vorlesungen hatten Kischs Interesse für das Zivilprozessrecht geweckt und er erinnerte sich dankbar an dessen Prozessunterricht.[86] Wie prägend und wichtig dieser für seine Entwicklung waren, schrieb Kisch noch viele Jahre später:

> „Ich habe selbst an mir erfahren, dass ich trotz regelmäßiger Mitarbeit seit Anbeginn des Studiums doch erst in der Prozessvorlesung das Gefühl bekam, Einblick in die Zusammenhänge des Privatrechts gewonnen zu haben."[87]

Bereits im ersten Jahr seiner Referendarzeit wurde Kisch bei Schultze mit seiner Abhandlung „Begriff und Wirkungen der besonderen Streitgenossenschaft"[88] an der Reichsuniversität Straßburg promoviert. Er bestand die mündliche Doktorprüfung am 19. Dezember 1898 mit der glänzenden Gesamtnote „summa cum laude".[89] In seiner Arbeit setzte er sich kritisch mit dem § 62 C.P.O. auseinander. Er untersuchte die von ihm als „besondere", eine deutsche Übersetzung des unter anderem auch von Schultze verwendeten Begriffs der „qualifizierten Streitgenossenschaft"[90], von der allgemeinen Meinung als „notwendige" bezeichnete Streitgenossenschaft, allerdings wie der Titel schon sagt, eng begrenzt auf den Begriff und die Wirkungen, nicht aber deren Voraussetzungen. Kisch war gegen die unter anderem von Wachenfeld[91] befürwortete Abschaffung bzw. Änderung des § 62 C.P.O., der Fälle wirklich notwendig einheitlicher Feststellung verneinte, und stimmte in den Grundgedanken mit der herrschenden Meinung überein, die die Bestimmungen zur Streitgenossenschaft der C.P.O. für gerechtfertigt hielt. [92] Er legte bei seiner Untersuchung die damalig nicht herrschende Prozessauffassung Schultzes zugrunde, der „den Prozess als eine, der Feststellung von Rechtsverhältnissen oder Ansprüchen dienende Mehrheit von Handlungen, zum Teil rechtsgeschäftlichen Charakters betrachtete."[93] Ausgehend von der Streitgenossenschaft als „eine formale Verbindung mehrerer Rechtstreitigkeiten zu einem äusserlich einheitlichen Verfahren" folge gerade aus der „Mehrheit der Rechtstreitigkeiten als

---

[84] Z. B. SCHULTZE, Die rechtliche Stellung des sogenannten Nebenintervenienten im Rechtsstreit, in: ZZP, Bd. 2 (1880) S. 20ff, Das Deutsche Konkursrecht in seinen juristischen Grundlagen, Berlin 1880, Privatrecht und Process in ihrer Wechselbeziehung, Grundlinien einer geschichtlichen Auffassung des heutigen Civilprocessrechts, Freiburg 1883.

[85] Kölner Volkszeitung, Artikel ohne Titel vom 9.8.1916, *Stammakt KISCH, UAM E-II-1991;* Brief GERLAND an KISCH vom 15.1.1918, „Wenn man sich unsere Lehrer überlegt, so waren sie sicherlich sehr bedeutend, aber ob man produktiv sehr viel Anregungen von ihnen gewonnen hat, das lasse ich doch dahingestellt sein, vielleicht Sie von Schulze, ich jedenfalls kaum." *Nachlass GERLAND, BAK NL 10, Bd. 17.*

[86] KISCH, Gutachten über den Unterricht im Zivilprozeß, in: WACH/KISCH/MENDELSSOHN BARTHOLDY/STEIN, Der Zivilprozeß, Mannheim 1922, S. 20: „Und ich persönlich muß in dankbarer Erinnerung des Prozeßunterrichts gedenken, den ich auf der Hochschule habe genießen dürfen."

[87] KISCH, Der Zivilprozeß im Akademischen Unterricht, in: DJZ, 34. Jg. (1929) Sp. 122.

[88] erschienen im Verlag Trübner, Straßburg 1899.

[89] Fragebogen des Military Government of Germany vom 23.5.48, *SpKA KISCH, StAM, SpK K 880.*

[90] KISCH, Begriff und Wirkungen der besonderen Streitgenossenschaft, Straßburg 1899, S. 5, Fn. 1.

[91] WACHENFELD, FRIEDRICH, Die notwendige Streitgenossenschaft des § 59 C.P.O., Hannover 1894.

[92] KISCH, Begriff und Wirkungen der besonderen Streitgenossenschaft, Straßburg 1899, S. 8 und 124.

[93] Ebd. S. 8 Fn. 1.

Regel ihre gegenseitige Unabhängigkeit", wie es auch in § 60 C.P.O. gesetzlich normiert sei. Die §§ 62 und 472 C.P.O. seien die wichtigsten Ausnahmen dieses Grundsatzes. [94] Für Kisch waren bei der besonderen Streitgenossenschaft zwei Begriffsmerkmale zu unterscheiden: „Sie ist einerseits Mehrheit der Prozesse, sie erstrebt andrerseits Gleichheit der Urteile."[95]. Diese Gleichheit der Feststellung erfordere aber auch eine gewisse Gleichheit der Prozesslage.

> „Wie das materielle Recht entweder für alle oder für keinen besteht, so sollen die zu seiner Feststellung führenden Handlungen der einzelnen Genossen entweder für alle wirksam sein oder für keinen einzigen."[96]

Laut Kisch normierte § 62 C.P.O. die prozessualen Wirkungen, die bei Untätigkeit eines Genossen eintreten. Mit der herrschenden Lehre ging er davon aus, dass sich die Handlungen des fleißigen Genossen unmittelbar wie Vertreterhandlungen auswirkten und nicht nur durch Vermittlung des Urteils, dessen Inhalt sie beeinflussten. [97] Ob das Verhalten des „Fleissigen" dann günstig oder ungünstig sei, spiele im Interesse der Vermeidung widersprechender Urteile keine Rolle. Ratio des § 62 C.P.O. war damit für Kisch nicht der Schutz des Säumigen, sondern die Vermeidung eines Urteilswiderspruchs.[98] Er trat damit vor allem Hachenburg[99] entgegen, der nur die versäumnisabwehrende Wirkung der Handlungen des Eifrigen annahm, nicht aber sämtliche Wirkungen.[100] In diesem Teil, der „gelungensten Partie des Buches"[101], kritisierte Kisch die Auffassung Hachenburgs „aus geschichtlichen und begrifflichen Gründen" und glänzte dabei mit fundierten Kenntnissen zum Versäumnisverfahren aus dem französischen *code de procédure civile*, dessen art. 153 Hachenburg als ursprüngliche Quelle des § 62 C.P.O. sah.[102] Darüber hinaus dehnte Kisch im Interesse der gleichen Entscheidung die Vertretung auch auf die partielle Versäumnis aus und damit auf „alle prozessualen Handlungen soweit diese nicht etwa den Rechtsstreit ohne Entscheidungen des materiellen Rechts beenden wie Anerkenntnis, Geständnis oder Verzicht."[103] In § 472 C.P.O., der vom Wortlaut her nur die Eideszu- und zurückschiebung bei der Streitgenossenschaft regelte, sah Kisch eine prinzipielle Regelung für widersprechende Tätigkeiten der Genossen bei „Parteiendispositionen, welche geeignet sind, unmittelbar ganz oder zum Teil die Urteilsgrundlagen festzustellen, insbesondere auf Verzicht, Anspruchsanerkenntnis und Thatsachengeständnis", die im Gegensatz zu den Beweisen „Mittel formeller Feststellung" seien.[104] Dies ergebe sich daraus, dass der in § 472 C.P.O. geregelte Parteieid nicht Beweismittel, sondern auch ein Mittel formeller Fest-

[94] Ebd. S. 3.
[95] Ebd. S. 10.
[96] Ebd. S. 18ff.
[97] Ebd. S. 25ff.
[98] Ebd. S. 54.
[99] HACHENBURG, MAX, Die besondere Streitgenossenschaft Mannheim 1889.
[100] KISCH, Begriff und Wirkungen der besonderen Streitgenossenschaft, Straßburg 1899, S. 27.
[101] SCHRUTKA-RECHTENSTAMM, Rezension: KISCH, Begriff und Wirkung der besonderen Streitgenossenschaft, Straßburg 1899, in: Grünhut's Zeitschrift, Bd. 29 (1902) S. 364ff.
[102] KISCH, Begriff und Wirkungen der besonderen Streitgenossenschaft, Straßburg 1899, S. 28ff.
[103] WACHENFELD, Rezension: KISCH, Begriff und Wirkung der besonderen Streitgenossenschaft, Straßburg 1899, in: ZZP, Bd. 33 (1906) S. 94ff.
[104] KISCH, Begriff und Wirkungen der besonderen Streitgenossenschaft, Straßburg 1899, S. 82.

stellung sei[105], eine Mindermeinung, die auch Schultze vertrat.[106] Im darauffolgenden Jahr veröffentlichte Kisch eine weitere Arbeit zum Zivilprozessrecht, „Der Begriff der Nebenintervention und seine Consequenzen nach deutschem Recht". Wie der Titel schon sagte, ging es wiederum um die genaue Begriffsbestimmung und die rechtliche Einordnung dieser Figur:

> „Während nämlich das Streben der meisten Gelehrten dahin geht, die in unserem Institut zweifellos gebotene Anomalie - [...] - durch Subsumirung unter einen allgemeinen Begriff der Rechtslehre zu mildern, leugnet eine andere Gruppe von Schriftstellern unter Verzicht auf eine weitere Construction die Anwendbarkeit derartiger Begriffe."[107]

In dem Aufsatz verteidigte Kisch die von seinem Lehrer Schultze in einer früheren Abhandlung[108] vertretene sog. „Vertretungstheorie" bei der Nebenintervention und legte dar, dass die positiven Bestimmungen der C.P.O. sich daraus ungezwungen ableiten lassen.[109] Darüber hinaus übte er Kritik am § 64 C.P.O. als eine nicht zweckentsprechende Vorschrift und forderte aus der rechtlichen Natur des Instituts heraus die Unabhängigkeit des Nebenintervenienten.[110] Die Arbeit war ein weiterer Beweis seiner Fähigkeit, den Stoff dogmatisch zu durchdringen und klar darzustellen. Für ihn war der Nebenintervenient

> „ein kraft eigenen Rechtes zur Unterstützung der Hauptpartei als deren Vertreter thätiger Dritter, welcher consequent überall unabhängig von dieser sollte handeln können, nach geltendem Rechte aber nur im Falle des § 66 C.P.O. dazu befähigt ist."[111]

Diese zwei Arbeiten zeigten deutlich seine Hinwendung zur Begriffs- bzw. Konstruktionsjurisprudenz. Die dogmatische Konstruktion und die Einordnung der Institute unter einfache und einheitliche Oberbegriffe standen für ihn im Vordergrund.

> „So lange sich aber ein Rechtsgebilde nicht allen Versuchen juristischer Construction gegenüber spröde zeigt, so lange es sich vielmehr, ohne dass seinem Wesen Gewalt angethan würde, einem Begriffe der allgemeinen Rechtslehre subsumiren lässt, kann als *ultima ratio* der wissenschaftlichen Erkenntnis der Hinweis auf das Machtwort des Gesetzgebers nicht gelten."[112]

2.3 Habilitation

Fast auf den Tag genau zwei Jahre später, am 17. Dezember 1900,[113] habilitierte sich Wilhelm Kisch unter August Sigmund Schultze bereits mit einem Werk zum neuen

---

[105] Ebd. S. 82ff.
[106] Ebd. S. 85 Fn. 1, „Vergl. Schultze a. a. O. In dessen Vorlesungen wird der Eid auch nicht unter den Beweismitteln behandelt."
[107] KISCH, in: Grünhut's Zeitschrift, Bd. 26 (1899) S. 315.
[108] SCHULTZE, AUGUST SIGMUND, Die rechtliche Stellung des sogenannten Nebenintervenienten im Rechtsstreit, in: ZZP, Bd. 2 (1880) S. 20ff.
[109] KISCH, in: Grünhut's Zeitschrift, Bd. 26 (1899) S. 316.
[110] Ebd. S. 342ff.
[111] Ebd. S. 360.
[112] Ebd. S. 317.
[113] Personalbogen, *BAB, BDC Wi AO 500.*

Recht, „Die Wirkungen der nachträglichen eintretenden Unmöglichkeit der Erfüllung bei gegenseitigen Verträgen nach dem Bürgerlichen Gesetzbuche des Deutschen Reichs“. Diese Arbeit war, abgesehen von wenigen Abweichungen und Ergänzungen, die von ihm am 31. Januar 1900 eingereichte und am 1. Mai 1900 im Rahmen des jährlichen Stiftungsfestes gekrönte Lösung der Preisaufgabe der rechts- und staatswissenschaftlichen Fakultät für das Universitätsjahr 1899/1900.[114] Im Jahresbericht 1899/1900 der Universität Straßburg hieß es dazu:

„Die von der Rechts- und staatswissenschaftlichen Fakultät gestellte Aufgabe: ‚Die nachträglich eintretende Unmöglichkeit der ‚Erfüllung bei gegenseitigen Verträgen' ist in einer Arbeit mit dem Motto: ‚*Ultra posse nemo tenetur*' behandelt worden. Der Verfasser hat die schwierige Materie mit Fleiss und Gründlichkeit und reifem Urteil bis in die feineren Einzelheiten durchforscht und hat es verstanden, unter ausgiebiger Benützung der Literatur des bürgerlichen Gesetzbuches und des älteren Rechts sowie der anerkennenswerten Heranziehung der Gerichtsentscheidungen, ein lehrreiches Bild von vielgestaltigen Anwendungen der im Gesetz abstrakt formulierten Rechtssätze zu geben. Die Arbeit ist eine wertvolle Bereicherung der Litteratur und verdient den vollen Preis.“[115]

Gewidmet war sie „in dankbarer Verehrung“ seinem Protektor Schultze. Kischs Werk wurde von der Fachwelt als „zu den allerbesten Erscheinungen des letzten Jahres“ gehörig und als „Zierde der Literatur des neuen Rechtes“ bezeichnet.[116] Auch in dieser Arbeit konzentrierte sich Kisch wieder auf einen von der Preisaufgabe eng begrenzten Stoffbereich, nämlich der nachträglichen Unmöglichkeit bei gegenseitigen Verträgen. Der engen Eingrenzung stand ein reichhaltiges Material an die Übersichtlichkeit etwas beeinträchtigenden Einzelfalluntersuchungen gegenüber, um „die praktischen Folgerungen klarzustellen, zu denen die Anwendung des bürgerlichen Gesetzbuches auf dem behandelten Gebiete führen wird“. Die umfassende Kasuistik stammte vor allem aus deutschen aber auch französischen Sammlungen gerichtlicher Entscheidungen.[117] In der kurzen Einleitung über gegenseitige Verträge wies Kisch auf die sich aus dem Synallagma ergebende Verbindung der Forderungsrechte hin, die sich deshalb nicht nur in ihrer Geltendmachung, sondern auch „in ihrem Bestand bedingen und beeinflussen“.[118] Dies gelte auch für die nachträgliche Unmöglichkeit der Erfüllung. Als Grundsatz dafür ergebe sich:

„Soweit infolge der Unmöglichkeit eine Partei nicht mehr zu leisten braucht, wird die andere gleichfalls frei; soweit dagegen die eine weiter haftet, bleibt auch die andere zur Lei-

---

[114] KISCH, Vorwort, in: Die Wirkungen der nachträglichen eintretenden Unmöglichkeit der Erfüllung bei gegenseitigen Verträgen nach dem Bürgerlichen Gesetzbuche des Deutschen Reichs, Abhandlungen zum Privatrecht und Zivilprozeßrecht des Deutschen Reiches, Bd. VII, Jena 1900.
[115] ZIEGLER, Jahresbericht 1899/1900, in: Das Stiftungsfest der Kaiser-Wilhelm-Universität Straßburg am 1.5.1900, Straßburg 1900, S. 11f.
[116] OERTMANN, PAUL, Rezension: KISCH, Die Wirkung der nachträglich eintretenden Unmöglichkeit der Erfüllung bei gegenseitigen Verträgen nach dem BGB für das Deutsche Reich, Jena 1900, in: Archiv für Bürgerliches Recht, Bd. 20 (1902) S. 83ff.
[117] KISCH, Vorwort, in: Die Wirkung der nachträglich eintretenden Unmöglichkeit der Erfüllung bei gegenseitigen Verträgen nach dem BGB für das Deutsche Reich, Jena 1900.
[118] Ebd. S. 1.

stung verpflichtet. Eine Ausnahme gilt nur im Falle des § 324 B.G.B., indem hier der eine Vertragsteil trotz der Befreiung des anderen seine eigene Leistung bewirken muß."[119]

Nach Vorüberlegungen zum Begriff der Unmöglichkeit ging Kisch bei der Behandlung der vollständigen Unmöglichkeit ausführlich auf die Vorschriften der §§ 323, 324, 325 B.G.B. mit ihren Voraussetzungen und Folgen ein und sparte nicht an Beispielen. Auch die teilweise Unmöglichkeit, die nur bei teilbaren Leistungen denkbar sei, und ihr Verhältnis zur Mängelgewährleistung[120] sowie den Ersatzanspruch nach § 81 B.G.B.[121] bearbeitete er dann in einem zweiten und dritten Abschnitt. Im vierten und letzten Abschnitt beschäftigte sich Kisch mit Sonderfällen wie der Unmöglichkeit bei alternativem Leistungsinhalt, bei einer Mehrheit von Beteiligten, und bei Leistung an Dritte.[122]

Ob Wilhelm Kisch sich auch ohne die Lösung der Preisaufgabe habilitiert hätte bzw. ob er es überhaupt vor hatte, ist nicht bekannt. Der Gewinn der Preisaufgabe war jedenfalls eine glückliche Wendung und der Beginn seiner beruflichen Karriere. Als Privatdozent an der Uni-versität Straßburg mit der *venia legendi* für Bürgerliches Recht begann er zum Sommersemester 1901 nun seine akademische Laufbahn. Seine ersten Vorlesungen, die er ankündigte, waren ein einstündiger Kurs „Besondere Prozessarten und Zwangsvollstreckung" im Sommersemester und vierstündig Bürgerliches Recht, Sachenrecht, im darauffolgenden Wintersemester.[123] Trotzdem legte er am 2. Juni 1901 noch sein Assessorexamen mit bester Note[124] und dem „im Elsaß noch nie dagewesenen"[125] oder zumindest in der Assessorprüfung sehr seltenen[126] Prädikat ‚ausgezeichnet' ab, um sich zunächst alle Optionen offen zu halten. Eine Anstellung im Staatsdienst, um dem Los des möglicherweise unbezahlten „ewigen Privatdozenten" zu entgehen, war damit jedenfalls gesichert. Die sich im Anschluss an sein 2. Staatsexamen in seinem Hörsaal zugetragene Begebenheit erzählte er später immer wieder gerne. Sie spiegelte gleichzeitig sein gutes Verhältnis zu seinen Studenten wider:

> „[...] und seine Studenten trampelten nicht wenig, als er - schon Professor – eines Tages im Frack Kolleg abhielt und erklärte: ‚Gleich muß ich ins Assessorexamen!' Sie tram-

---

[119] Ebd. S. 2.
[120] Ebd. S. 161ff [165, 193].
[121] Ebd. S. 198ff.
[122] Ebd. S. 224ff.
[123] Verzeichnis der Vorlesungen, welche an der Kaiser-Wilhelms-Universität Straßburg im Sommerhalbjahr 1901 gehalten werden, Straßburg 1901 und Verzeichnis der Vorlesungen, welche an der Kaiser-Wilhelms-Universität Straßburg im Winterhalbjahr 1901/02 gehalten werden, Straßburg 1902 jeweils S. 6f.
[124] Z. T. wird, u. a. von ihm selbst der 2.7.1900 als Prüfungsdatum angegeben, Personalbogen *BAB BDC Wi AO 500* und Fragebogen des Military Government of Germany vom 23.5.1948, *SpKA KISCH, StAM, SpK K 880*, allerdings können aus den Umständen und wegen des dreieinhalbjährigen Referendariats nur die Angaben im Vormerkungsbogen vom 20.1.1925, *KuMiPA KISCH, BayHStA MK 43875* zutreffend sein.
[125] Brief JF Erlangen an akademischen Senat vom 4.3.1902 zu Wiederbesetzung Professur HELLWIG mit Fakultätsgutachten, *Personalakte HELLWIG Universitätsarchiv Erlangen A2/1 Nr. H 54, (künftig: PA HELLWIG, UAE A2/1 Nr. H 54).*
[126] Fakultätsantrag an Kurator vom 15.7.1902, *Berufungsakten JF, AdBR Université Strasbourg, AL 103, paq. 73, Nr. 253.*

pelten noch mehr als Kisch in der nächsten Vorlesung nach ‚mit Auszeichnung' bestandenem Examen erschien, und lachend sagte: ‚Sie hätten sich wohl noch mehr gefreut, wenn ich durchgefallen wäre!'"[127]

Neben seinen Vorlesungen hielt Kisch in seinem ersten Jahr auch einen volkstümlichen Hochschulkurs ab über die wichtigsten Verträge nach dem bürgerlichen Recht. Solche Kurse für die Allgemeinheit bot die Universität Straßburg „in Rücksprache mit den Vertretern der verschiedenen Berufsklassen repräsentierenden Vereinen" im Studienjahr 1901/1902 erstmalig an und folgte damit dem Beispiel anderer deutscher Universitäten.[128] Zusätzlich zur verfolgten Bildungsvermittlung wurde damit zugleich aber auch Volksnähe repräsentiert und die nationale Mission vorangetrieben. Literarisch trat Kisch in dieser Zeit, abgesehen von einem Aufsatz über Schadensersatz bei Nichterfüllung eines Vertrages[129], einem z. T. ähnlichen Thema wie seine Habilitationsschrift, besonders mit zahlreichen Rezensionen zu Werken aus dem Bürgerlichen und dem Zivilprozessrecht vor allem in der österreichischen „Grünhut's Zeitschrift für das Privat- und öffentliche Recht der Gegenwart" in Erscheinung[130] und machte damit auf sich aufmerksam. Diese eifrige Publikationstätigkeit zeigte Wirkung. Ein Ruf ließ nicht lange auf sich warten.

3. Ordinarius an der Kaiser-Wilhelms-Universität Straßburg (1902 –1916)

Kisch wurde bereits nach nur gut einem Jahr als Privatdozent an seine *alma mater* als Ordinarius berufen und wirkte dort bis 1916. In diesen Jahren an der doch eher ruhigen Arbeitsuniversität Straßburg schrieb er einige seiner größten Werke im bürgerlichen und prozessrechtlichen Bereich und erwarb sich einen guten Ruf als Lehrer und Rechtswissenschaftler. Wider Erwarten machte nach seinem verheißungsvollen schnellen Berufseinstieg seine akademische Karriere lange Zeit keine Fortschritte. Erst in den Wirren des Ersten Weltkriegs, als die Lage in Straßburg immer unsicherer wurde, erreichte ihn ein Ruf aus München und er verließ seine Heimat noch bevor sie wieder an Frankreich fiel.

3.1 Kischs Berufung

Zunächst erreichte Wilhelm Kisch bereits im Frühjahr 1902 ein Ruf von der Universität Erlangen auf den Lehrstuhl für Zivilprozessrecht und deutsches bürgerliches Recht von Konrad Hellwig[131], der nach Berlin wechselte.[132] Die Juristische Fakultät Erlangen wollte unbedingt einen Dozenten, der Zivilprozessrecht und deutsches Bürgerliches Recht las, was damals eine eher ungewöhnliche Kombination war, da der Zivilprozess

---

[127] Zitiert nach ZIERSCH, WALTHER, Wilhelm Kisch, Ein Münchner Rechtsgelehrter und Hochschullehrer, in: MNN vom 9.9.1931, Nr. 244.
[128] SPITTA, Jahresbericht 1901/1902, in: Das Stiftungsfest der Kaiser-Wilhelms-Universität Straßburg am 1.5.1902, Straßburg 1902, S. 11.
[129] KISCH, Der Schadensersatz wegen Nichterfüllung bei gegenseitigen Verträgen, in: Iherings Jahrbücher, Bd. 44 (1902) S. 68ff.
[130] Vgl. Schriftenverzeichnis im Anhang.
[131] KONRAD HELLWIG, 1856 – 1913, Zivil- und Prozessrechtler.
[132] *PA HELLWIG, UAE A2/1 Nr. H 54.*

normalerweise von den Kriminalisten gelehrt wurde. Aber abgesehen von ihren Vakanzen in diesen Bereichen ging die Fakultät auch davon aus, dass wegen des unmittelbaren Zusammenhangs sich die Fächerkombination Zivilrecht und Zivilprozess gut ergänzte.

> „Da ausschließlich ihm Zivilprozeßrecht als Nominalfach zuerkannt sein soll, war es für uns unumgängliches Erfordernis, vor allem auf erfolgreiche wissenschaftliche Thätigkeit im Bereich des Zivilprozeßrechts das Augenmerk zu richten. Nicht minder mussten wir bestrebt sein, womöglich einen solchen Vertreter des Zivilprozeßrechts zu gewinnen, der neben Zivilprozeß schon bisher das deutsche bürgerliche Recht zu seinen Arbeitsfelde zählte. Freilich würden wir dadurch in der zu treffenden Auswahl beschränkt, denn an den meisten deutschen Universitäten liegt die Vertretung des Zivilprozesses mit in der Hand des Kriminalisten; allein ganz abgesehen davon, dass wir, wie hervorgehoben, eine Verbindung des Zivilprozesses mit dem bürgerlichen Rechte aus äußeren Gründen nicht entbehren können, erblicken wir nach unseren bisherigen Erfahrungen für den Unterricht im Zivilprozeß und für den im Zivilrecht einen ganz besonderen Vorzug darin, dass der Zivilprozeßlehrer seinen Gegenstand in dessen unmittelbaren Zusammenhang mit dem Zivilrecht behandelt."[133]

Kisch war einer der wenigen Vertreter dieser in Mode kommenden Fächerkombination und damit der „vor allem von Konrad Hellwig angebahnten Verbindung von materiellem und prozessualem Recht."[134] Für ihn war diese Kombination nicht zwingend für einen guten Prozessrechtslehrer, auch Kriminalisten und Staatsrechtler könnten aus ihrem Fach heraus genauso wertvolle Ergänzungen im Prozessrecht geben.[135] Aber er betonte durchaus die enge Verknüpfung von Zivilrecht und Prozessrecht; sie war für ihn eine „naturgegebene Beziehung"[136].

> „Da nun der Zweck des Zivilprozesses gerade der ist, dem Privatrecht zur Feststellung, Verwirklichung und Sicherung zu dienen, so ist begreiflich, dass ohne den Prozeß jenes Privatrecht gar nicht richtig zu verstehen ist. Erst in der prozessualen Beleuchtung gewinnt der abstrakte Tatbestand der Privatrechtsnorm plastische Klarheit und lebendige Anschaulichkeit.[...] Erst wenn man das Recht in seiner lebendigen Funktion betrachtet, wie es sich gerade in der prozessualen Durchführung zeigt, gewinnt man Verständnis für die großen Zusammenhänge der Rechtsordnung."[137]

Die Mitglieder der Juristischen Fakultät Erlangen waren von Kischs bisherigem Werdegang und seinen Leistungen sehr beeindruckt und setzten ihn trotz seiner Jugend *pari passu* mit dem Ordinarius Alfred Schultze aus Jena an die erste Stelle.

> „Wie aus dieser Übersicht hervorgeht, hat Kisch in kurzer Zeit bereits eine rege und erfolgreiche literarische Thätigkeit entfaltet, sowohl auf dem Gebiete des Civilprozesses, wie auf dem des bürgerlichen Rechtes. Seine Lehrtätigkeit erstreckt sich auf beide Ge-

---

[133] Brief JF Erlangen an akademischen Senat vom 4.3.1902 zu Wiederbesetzung Professur Hellwig mit Fakultätsgutachten, *PA HELLWIG, UAE A2/1 Nr. H 54*.

[134] KOCH, PETER, Wilhelm Kisch in: NDB, Bd. 11, Berlin 1977, S. 683.

[135] KISCH, Gutachten über den Unterricht im Zivilprozeß, in: WACH/KISCH/MENDELSSOHN BARTHOLDY/STEIN, Der Zivilprozeß, Mannheim 1922, S. 23.

[136] Ebd. S. 17.

[137] KISCH, Der Zivilprozeß im Akademischen Unterricht, in: DJZ, 34. Jg. (1929) Sp. 122.

biete und ist, wie wir von zuverlässiger Seite erfahren eine erfolgreiche, gerühmt wird besonders die Klarheit und Lebendigkeit seines Vortrages.
Trotzdem Schultze bereits Ordinarius ist, haben wir ihn mit Kisch pari passu genannt. In Beziehung auf den Wert der literarischen Production steht Kisch Schultze mindestens gleich. Beachtet man jedoch, dass Schultze sich 1891, Kisch aber 1901 habilitiert hat, so ergibt sich aus jener Gleichwertigkeit ein Vorzug für Kisch. Auch sind wir der Ansicht, dass Kisch ideenreicher und selbständiger ist und dass seine bisherigen Leistungen und seine Persönlichkeit zu großen Erwartungen in Beziehung auf seine Zukunft berechtigen."[138]

Der erste Ruf erging an Kisch, wegen seiner Jugend aber, wie beantragt, zunächst nur als Extraordinariat. Die Juristische Fakultät Straßburg reagierte und beantragte ein Ordinariat für Kisch, da durch seinen Weggang ein schwierige Lage entstünde. Kisch füllte schon seit 1901 als Privatdozent die seit dem Weggang des Kollegen Wlassak bestehende Lücke im Bürgerlichen Recht und wurde von der Fakultät einstimmig als der am besten in den Lehrkörper der Fakultät passende Gelehrte bezeichnet. Sie hielt ihn für vollauf befähigt, die Stelle auszufüllen.[139] Auf ihre Anregung hin erklärte sich die elsass-lothringische Regierung bereit, beim elsass-lothringischen Landesausschuss, die Einrichtung eines Ordinariats für bürgerliches Recht ab 1. April 1903 zu beantragen, da früher keine besoldete Stellung zu bekommen war.[140] Die Neueinrichtung eines Ordinariats war in dieser Zeit durchaus kein einfaches Unterfangen, da die finanzielle Unterstützung der Universität vom Landesausschuss immer wieder in Frage gestellt wurde.[141] Kisch wurde daraufhin ein Extraordinariat ohne Besoldung aber mit Remuneration ab Oktober 1902 angeboten und ein Ordinariat mit Besoldung ab 1. April 1903 in Aussicht gestellt.[142] Dies kam wiederum der Juristische Fakultät Erlangen zu Ohren und sie verstärkte ihre Bemühungen. Über den akademischen Senat beantragte sie am 24. April 1902 beim Bayerischen Kultusministerium[143], Kisch ein Ordinariat mit normalem Anfangsgehalt ab 1. Oktober 1902 anzubieten.[144] Das Staatsministerium besserte aber nur das Anfangsgehalt auf und Kisch lehnte im Hinblick auf das ihm in Aussicht gestellte Straßburger Ordinariat am 9. Mai 1902 die außerordentliche Professur mit einem erhöhten Anfangsgehalt ab.[145] Die Juristische Fakultät Erlangen richtete am 21. Mai 1902 nochmals ein Schreiben an das Bayerische Staatsministerium, das sich mit deren Entschließung vom selben Tag mit der Mitteilung der Ablehnung Kischs kreuzte.

---

[138] Brief JF Erlangen an akademischen Senat vom 4.3.1902 zu Wiederbesetzung Professur Hellwig mit Fakultätsgutachten, *PA HELLWIG, UAE A2/1 Nr. H 54.*

[139] JF Straßburg an Kurator vom 13.04.02, *Berufungsakten JF, AdBR, Université Strasbourg, AL 103, paq. 73 Nr. 253.*

[140] Ministerium für Elsaß-Lothringen an Dekan v. TUHR, 14.04.1902, *Berufungsakten JF, AdBR Université Strasbourg AL 103, paq. 73, Nr. 253.*

[141] CRAIG, JOHN E., Scholarship and Nation Building, The Universities of Strasbourg an Alsatian Society 1870 – 1939, Chicago 1984, S. 162f.

[142] Kurator an KISCH vom 14.4.1902 und vom 14.5.1902, *Berufungsakten JF, AdBR Université Strasbourg AL 103, paq. 73, Nr. 253.*

[143] Zu dieser Zeit eigentlich noch: Bayerisches Staatsministerium des Inneren für Kirchen- und Schulangelegenheiten.

[144] Brief JF Erlangen an akademischen Senat vom 24.04.1902, *PA HELLWIG, UAE A2/1 Nr. H 54.*

[145] Entschließung BayKuMi an akademischen Senat vom 21.05.1902, *PA HELLWIG, UAE A2/1 Nr. H 54.*

„Wir wissen, dass Herr Dr. Kisch eine ordentliche Lehrstelle an unserer Hochschule einer solchen an der Universität Straßburg vorziehen würde. Bei den ausgezeichneten Eigenschaften dieses Gelehrten und der Schwierigkeit geeignete Vertreter für den Zivilprozess und das bürgerliche Recht auf welche Kombination der Fächer die Fakultät [..] besonders Gewicht legen muß, zu erhalten, glaubt die Fakultät an das Königliche Staatsministerium das dringende Gesuch richten zu sollen, [...] der Königliche Staatsminister wolle mit Herrn Dr. Kisch wegen Übernahme einer ordentlichen Professur in erneute Verhandlung eintreten."[146]

Tatsächlich wurde Kisch das Ordinariat in Erlangen noch angeboten, er sah sich jedoch in Straßburg schon als gebunden an.[147] Allerdings verlangte er in Straßburg für die erneute Absage als große „persönliche Beruhigung" und als Ausgleich für das finanzielle Opfer zumindest die sofortige Ernennung zum Ordinarius, wenn er auch bis April 1903 auf die Besoldung verzichten wollte.[148] Im Juli 1902 ergab sich die Lösung dieser heiklen Angelegenheit. Mit Annahme eines Rufes nach Münster durch den Kollegen Heimberger wurde ein strafrechtliches Extraordinariat frei. Die Juristische Fakultät verzichtete auf die strafrechtliche Professur zugunsten eines Ordinariats für Bürgerliches Recht für Wilhelm Kisch.[149] Bereits zum 18. August 1902 wurde er Ordinarius für Bürgerliches Recht an seiner *alma mater*.[150] Die Zeit des unsicheren, brotlosen Privatdozentendaseins hatte damit ein Ende. Sie war für ihn im Gegensatz zu vielen anderen Privatdozenten, so z. B. auch für den zur gleichen Zeit wie Kisch sich habilitierenden Max Ernst Mayer, der noch bis 1910 an der Universität Straßburg Privatdozent blieb[151], ausgesprochen kurz ausgefallen. Kisch wurde damit mit nicht einmal 28 Jahren einer der jüngsten ordentlichen Professoren überhaupt im Deutschen Reich.[152] Die Tradition der Universität Straßburg, überwiegend junge Gelehrte zu berufen, fand darin ihre Fortsetzung.[153]

Besondere Bedeutung erlangte diese Berufung nicht nur wegen der Jugend von Wilhelm Kisch, sondern vor allem auch dadurch, dass er katholisch war. Katholisch wurde als ein „Makel" angesehen, der in diesen Zeiten an den deutschen Universitäten immer noch ins Gewicht fiel, besonders an der Reichsuniversität Straßburg, die einen Hort des Antikatholizismus darstellte. Nur sehr wenige gläubige katholische Professoren

---

[146] Brief JF Erlangen an BayKuMi vom 21.05.1902, *PA HELLWIG, UAE A2/1 Nr. H 54.*

[147] Bemerkung Prorektor vom 16. 06.1902 auf Entschließung des BayKuMi vom 21.5.1902 und Brief BayKuMi an Senat vom 19.07.1902, *PA HELLWIG, UAE A2/1 Nr. H 54.*

[148] KISCH an Kurator vom 3.06.1902, *Berufungsakten JF, AdBR Université Strasbourg AL 103, paq. 73, Nr. 253.*

[149] Fakultätsantrag an Kurator vom 15.7.1902, *Berufungsakten JF, AdBR Université Strasbourg AL 103, paq. 73, Nr. 253.*

[150] Statthalter Graf v. WEDEL an Rektor und Dekan vom 1.9.1902, *PA KISCH, AdBR, Université Strasbourg AL 103, paq. 100, Nr. 485.*

[151] Amtliches Verzeichnis des Personals und der Studenten der Kaiser-Wilhelms-Universität Straßburg für das Sommerhalbjahr 1910, Straßburg 1910, S. 4.

[152] „In memoriam Wilhelm Kisch", in: Münchner Merkur vom 12.03.1952, Nr. 62; REDSLOB, ROBERT, Alma mater, Mes souvenirs des Universités allemandes, Strasbourg 1958, S.36, der allerdings mit „25 Jahren" doch etwas übertreibt.

[153] SCHÄFER, HERWIG, Juristische Lehre und Forschung an der Reichsuniversität Straßburg 1941 – 1944, Beiträge zur Rechtsgeschichte des 20. Jahrhunderts Bd. 23, 1999, S. 10.

wurden dort geduldet und diese zunächst nur auf Extra-Ordinariaten.[154] Den Katholiken wurde damals in universitären Kreisen wegen ihrer Religion immer noch unfreies, abhängiges und eingebundenes Denken, Fremdgeleitetsein und Unbildung nachgesagt.[155] Die Änderung der reichsländischen Politik mit mehr Zugeständnissen für den elsässischen Partikularismus[156] und vor allem der preußischen Hochschulpolitik unter Friedrich Althoff[157] um die Jahrhundertwende zu einer etwas freundlicheren Haltung gegenüber dem Katholizismus[158] mit ihrem Höhepunkt der Einrichtung einer katholischen Fakultät in Straßburg, könnte Kisch hier zu Hilfe gekommen sein. Gerade ein Jahr zuvor hatte Friedrich Althoff, Leiter der Hochschulabteilung im Preußischen Kultusministerium, das auch für Straßburg zuständig war, mit dem Fall Spahn, der Berufung eines Katholiken auf einen Lehrstuhl für neuere Geschichte, in Straßburg noch für großes Aufsehen gesorgt.[159] Kischs Berufung scheint nicht zu einem Eklat geführt zu haben, was vielleicht auch am Fach gelegen haben mag, zumindest ist darüber nichts berichtet. Entscheidend dabei ist natürlich auch, wie Kischs religiöse Einstellung einzuordnen war. Würde man sich an äußerliche Anhaltspunkte orientieren, wäre dies sehr einfach zu beantworten. Laut seinen Studenten erinnerte Kisch damals rein von seinem äußeren Erscheinungsbild und Auftreten, an einen Priester. Immer schwarz gekleidet, Bürstenhaarschnitt[160] und mit dem Benehmen eines Hofgeistlichen, das er sich bewahrt hatte aus der Zeit, als er noch für die Priesterweihe vorgesehen war.[161] Er wurde darüber hinaus von seinem Schüler Robert Schuman[162] als einer der wenigen überzeugten und praktizierenden Katholiken an der Universität Straßburg beschrieben.[163] Kischs katholische Erziehung und sein familiärer Hintergrund haben ihn geprägt, ebenso aber auch sein mit negativen Erinnerungen behafteter Aufenthalt im bischöflichen Séminaire als Kind. Abgesehen von seinen Verwandten, die der katholischen Kirche sehr nahe standen, zählte zu seinen ältesten Freunden aus der Jugendzeit, vermutlich sogar aus dem Séminaire, auch ein Pfarrer im Elsass, zu dem er

[154] HAMMERSTEIN, NOTKER, Antisemitismus und deutsche Universitäten 1871 – 1933, Frankfurt a. Main 1995, S. 29; VOGLER, BERNARD, Preface, in: JONAS/GERARD/DENIS/WEIDMANN, Strasbourg, capitale du Reichsland Alsace-Lorraine et sa nouvelle université 1871 – 1918, Strasbourg 1995; S. 7ff.

[155] HAMMERSTEIN, NOTKER, Antisemitismus und deutsche Universitäten 1871 – 1933, Frankfurt a. Main 1995, S. 27ff.

[156] CRAIG, JOHN E., Scholarship and Nation Building, The Universities of Strasbourg an Alsatian Society 1870 – 1939, Chicago 1984, S. 133ff.

[157] FRIEDRICH ALTHOFF, 1839 – 1908, Mitarbeiter von v. ROGGENBACH bei Gründung der deutschen Reichsuniversität Straßburg, außerord. Professor in Straßburg, aber weiterhin in der Verwaltung tätig, Leiter der Hochschulabteilung im Preußischen Kultusministerium, vgl. SCHNABEL, FRANZ, Friedrich Althoff, in: NDB Bd. 1, Berlin 1953, S. 222ff.

[158] HAMMERSTEIN, NOTKER, Antisemitismus und deutsche Universitäten 1871 – 1933, Frankfurt a. Main, 1995, S. 29.

[159] Ebd.

[160] HEITZ, ROBERT, Souvenirs de jadis et de naguère, Strasbourg 1963, S. 76.

[161] REDSLOB, ROBERT, Alma mater, Mes souvenirs des Universités allemandes, Strasbourg 1958, S. 35.

[162] ROBERT SCHUMAN, 1886 – 1963, franz. Ministerpräsident, franz. Außenminister, „Vater des neuen Europas“, vgl. ROCHEFORT, ROBERT, Robert Schuman, Paris 1968.

[163] PENNERA, CHRISTIAN, Robert Schuman, La jeunesse et les débuts politiques d'un grand européen, de 1886 à 1924, 1985, S. 55 Fn. 26.

später weiter guten Kontakt hielt.[164] In seinen Werken beschäftigte er sich nicht mit religiösen oder kirchlichen Themen und in seinen privaten Briefen schrieb er über seine Religion nur im Zusammenhang mit dem Antikatholizismus der akademischen Welt:

> „Seien Sie versichert, dass es Einen nicht übel verbittern kann, wenn er, ein deutschfühlender Elsässer, als Ultramontaner gestempelt und obgleich er in der Politik die letzte Betätigung erblickt, für die er sich jemals begeistern könnte, als Zentrumsmann gebrandmarkt wird. So geht es mir, weil ich zufällig katholisch bin.[165]

Kisch verheimlichte seine Konfession nicht trotz der ihm entgegengebrachten Vorurteile.[166] Ob allerdings die Religion in seinem Leben eine so bedeutende Rolle gespielt hat, wie bei seiner Schwester Elisabeth, die als sehr fromm galt[167], erscheint eher zweifelhaft. Von einer Freundin der Familie wurde er in seinen späteren Lebensjahren als nicht sehr religiös beschrieben.[168] Er war zwar später in München Mitglied im Katholischen Caritasverband und im Münchner Katholischen Begräbnisverein[169], näheren Kontakt zu einer Pfarrgemeinde scheint er aber nicht gehabt zu haben, da er auf den Hinweis, dass Referenzen von Pfarreien als Leumundszeugnisse im Entnazifizierungsverfahren hilfreich seien, keine geeignete Pfarrei vorweisen konnte.[170] Auch seine Aussagen im Nationalsozialismus zeugen von einer gewissen Distanz der katholischen Religion gegenüber, da er z. B. die deutschfeindliche Stimmung im Ausland auch den katholischen Kreisen zuschrieb:

> „Übrigens soll auch die Stimmung in Belgien trotz der relativ friedlichen Haltung der Zeitungen in weiten Kreisen uns gegenüber nicht sehr freundlich sein, was ja nicht verwunderlich ist, wenn man hört, dass die maßgebenden Parteien Sozialisten, Liberale und Katholiken sind, also die den Deutschen diametral entgegengesetzte Weltauffassung, jede in ihrer Art, verkörpern."[171]

Diese unterschiedlichen Anhaltspunkte legen den Schluss nahe, dass sich entweder seine religiöse Haltung im Laufe seines Lebens, vielleicht auch gerade nach dem Tod seiner von ihm sehr verehrten, vermutlich sehr religiösen Mutter geändert hat, oder er auch früher trotz seines katholischen Hintergrunds schon wenig religiös war und nur Äußerlichkeiten und der damals vorherrschende Antikatholizismus, der ihn ja auch zu

---

[164] Brief KISCH an GERLAND vom 27.12.1934, *Nachlass GERLAND, BAK NL 10, Bd. 17.*

[165] Brief KISCH an MENDELSSOHN BARTHOLDY vom 24.3.1907, *Nachlass MENDELSSOHN, SBB PK, Musikabt. Mendelssohnarchiv.*

[166] Brief KISCH an GERLAND, ohne Datum, vermutlich 1913: „meine von mir übrigens nie verhehlte Eigenschaft als Katholik", *Nachlass GERLAND, BAK NL 10, Bd. 17.*

[167] Zeugnis von FRIEDRICH LENT im Entnazifizierungsverfahren KISCH, *SpKA KISCH, StAM, SpK K 880.*

[168] Gespräch mit Frau TJADINA WEGNER vom 27.07.2003; Sie beschreibt ihn zumindest im Alter als nicht sehr katholisch. Auch in den Briefen an HEINRICH GERLAND ist der katholische Glaube abgesehen in Bezug auf seine karrierehemmende Wirkung nicht thematisiert oder auch nur erwähnt.

[169] Beilage zum Fragebogen des Military Government of Germany vom 10.10.1947, *SpKA KISCH, StAM, SpK K 880.*

[170] Brief KISCH an Rechtsanwalt Dr. OTTO GRITSCHNEDER, Student bei KISCH, vom 5.11.1945, *Privatbesitz GRITSCHNEDER.*

[171] Brief KISCH an GERLAND vom 20.2.1939, *Nachlass GERLAND, BAK NL 10, Bd. 18.*

Unrecht in den Verruf brachte, Ultramontaner[172] zu sein, stärker religiös erscheinen ließen. Wie es sich genau verhielt, muss offen bleiben, festzustellen ist nur, dass Kisch sich zwar selbst als Katholik bezeichnete, auch als solcher galt und in Straßburg mit den Nachteilen lebte, es vor allem später aber keine Hinweise mehr auf eine ausgeprägte religiöse Bindung gibt.

Nicht nur der Katholizismus, der an den meisten deutschen Universitäten ein Problem darstellte, sondern vor allem auch seine Herkunft als gebürtiger Elsässer mit nichtreichsdeutschen Eltern war eine zu umschiffende Klippe bei der Berufung gewesen. Die Professoren der Reichsuniversität Straßburg standen Elsässern prinzipiell skeptisch und ablehnend gegenüber, auch noch zu dieser Zeit, in der sich das politische Klima etwas gebessert hatte und der Trend weg vom elsässischen Protestlertum Richtung Partikularismus gegangen war.[173] Trotzdem blieb die Universität, respektive das Preußische Kultusministerium, misstrauisch und berief nur wenige Elsässer. Ohne vorherige Anstellung in Altdeutschland war die Berufung eines Elsässers, wie später Robert Redslob, Schüler von Wilhelm Kisch und einheimischer Elsässer, erfahren musste, kaum möglich.[174] Kisch musste seine Fakultätskollegen daher nicht nur durch seine wissenschaftliche Fähigkeiten, sondern vor allem auch durch eine gefestigte deutsche Einstellung überzeugt haben. Seine nationale Haltung wurde sicher kritischer und argwöhnischer beäugt als die der altdeutschen Kollegen. Eine tadellose deutsche Gesinnung wurde ihm später immer wieder von seinen Kollegen, die diesen Umstand bei Auskünften über Kisch für erwähnenswert hielten, da er im Elsass geboren sei[175], und auch von seinen Studenten bescheinigt, die ihn aber z. T. ohnehin als deutschen Immigranten einordneten.[176]

Die Berufung Kischs zum Ordinarius, trotz dieses ihm zumindest auf dem Papier anhaftenden doppelten Makels beruhte wahrscheinlich auf dem Zusammenspiel mehrerer Faktoren. Zum einen auf einen sehr engagierten Einsatz der Juristischen Fakultät Straßburg, der auf ein hohes Ansehen und große Beliebtheit bei seinen Kollegen schließen lässt. Sie bezeichneten ihn immerhin als den Gelehrten, der sich am besten

---

[172] Ultramontanismus: polemische Bezeichnung für den politischen Katholizismus in Deutschland.
[173] CRAIG, JOHN E., Scholarship and Nation Building, The Universities of Strasbourg an Alsatian Society 1870 – 1939, Chicago 1984, S. 133ff.
[174] ROBERT REDSLOB, 1882- 1962, Staatsrechtler, vor dem Ersten Weltkrieg Professor in Rostock und nach dem Ersten Weltkrieg in Straßburg, vgl. seine beiden autobiographischen Werke: Alma mater, Mes souvenirs des Universités allemandes, Strasbourg 1958 und Entre la France et L'Allemagne, souvenirs d'un alsacien, Paris 1933 ; FRIEDRICH, MANFRED, Robert Redslob, in: NDB, Bd. 21, Berlin 2003, S. 251.
[175] Brief REHM an Ministerialdirektor WINTERSTEIN vom 9.5.1916, „Kisch ist in Elsaß-Lothringen geboren, aber völlig deutsch gesinnt.", *JF Lehrstellen vol. III, BayHStA MK 69280*; Fakultätsbericht an akademischen Senat vom 6.6.1916: „Er wird als Mann von umfassender allgemeiner Bildung, als pflichttreuer und angesehener Kollege geschildert und seine zuverlässige deutsche Gesinnung betont. Wir halten dies, da Kisch Elsässer ist, besonders zu bemerken für nötig." *JF 1914 – 1922, UAM L-II-25.*
[176] REDSLOB, ROBERT, Alma mater, Mes souvenirs des Universités allemandes, Strasbourg 1958, S. 36f, der ihn als „bon allemand" beschreibt und ihn zugleich auch zu den „immigrés" zählt.

in die Fakultät einfügen würde, und wollten ihn unbedingt halten.[177] Zum anderen ist aber auch zu beachten, dass die Berufung eines Elsässers beim elsass-lothringischen Landesausschuss, der der antikatholischen und in den Berufungen darüber hinaus auch antielsässischen Universität Straßburg nicht unbedingt sehr positiv gegenüberstand, sehr wohlwollend aufgenommen worden war und dass sie aller Voraussicht nach, wenn sich das Problem später nicht mit dem Weggang Heimbergers gelöst hätte, generell zu einer einfacheren Bewilligung eines neuen etatmäßigen Ordinariats geführt hätte. Noch in späteren Jahren wurde der Juristischen Fakultät gerade diese Berufung hoch angerechnet. So wurde 1911 bei Verhandlungen über ein neues strafrechtliches Extraordinariat für das 1902 aufgegebene von Heimberger im Landesausschuss diese Tatsache von einem Abgeordneten vorgebracht:

> „Weil vielfach über die Stellung der Elsässer an unserer Universität geklagt worden ist, will ich doch darauf hinweisen, daß die juristische Fakultät im Jahre 1902 eine außerordentliche Professur für das Strafrecht hat eingehen lassen und an ihrer Stelle eine Professur für bürgerliches Recht errichtet hat, in der Absicht, diese einem elsässischen Dozenten, Professor Kisch, zu übertragen, und ihn so in Straßburg festzuhalten."[178]

Ob also auch taktische Erwägungen hinter der Entscheidung für Kisch standen oder zumindest hinzukamen, schließlich war er als katholischer Elsässer mit deutscher Gesinnung ein überaus geeigneter Kandidat für alle Seiten, insbesondere auch für das Ministerium mit seiner prokatholischen Linie, ist nicht dokumentiert, aber auch nicht von der Hand zu weisen.

Für Kischs eigene Entscheidung, an der Universität Straßburg zu bleiben, waren in erster Linie persönliche Gründe maßgebend. Nach dem Tod seines Vaters am 25. Februar 1902 bot ihm das Ordinariat in Straßburg die Möglichkeit, sich vor Ort um seine Mutter und seine Schwester Elisabeth zu kümmern und für sie zu sorgen. Über sein Verhältnis zum Vater als Erwachsener ist nichts bekannt, auch nicht, ob ihm der Tod seines Vaters sehr nahe gegangen war. Besonders innig dürfte die Beziehung, wie auch schon in seiner Kindheit, nicht gewesen sein. Vater Johann Kisch fand in späteren Briefen mit keinem Wort Erwähnung, anders als die Mutter. Bezeichnenderweise widmete Kisch auch ihr und seiner Schwester Elisabeth im Gegensatz zum Vater jeweils eines seiner Bücher. Er wohnte weiterhin mit Mutter und Schwester zusammen, allerdings nicht mehr in der Kalbsgasse in der Altstadt, sondern zog mit ihnen, seinem neuen Stand angemessen, etwas weiter stadtauswärts in die Schwarzwaldstraße, in die Umgebung des im Jahre 1884 eingeweihten neuen Kollegiengebäudes[179], wo auch einige seiner Professorenkollegen wie Georg Friedrich Knapp, Andreas v. Tuhr oder

---

[177] Brief JF Straßburg an Kurator vom 13.04.1902, *Berufungsakten JF, AdBR Université Strasbourg, AL 103, paq. 73, Nr. 253.*

[178] Landesausschuss von Elsaß-Lothringen 98. Session 1911, Sitzungsbericht vom 6.4.1911, Lesung des Landeshaushaltsetats für das Rechnungsjahr 1911, S. 532, *Berufungsakten JF, AdBR Université Strasbourg, AL 103, paq. 73, Nr. 254.*

[179] DENIS, MARIE-NOELE, Vivre a Strasbourg professeurs et etudiants, in: JONAS/GERARD/DENIS/WEIDMANN, Strasbourg, capitale du Reichsland Alsace-Lorraine et sa nouvelle université 1871 – 1918, Strasbourg 1995, S. 81.

auch Fritz van Calker sich niedergelassen hatten.[180] Diese Viertel der Neustadt, entstanden im Zuge der Stadterweiterung und des Universitätsneubaus[181] und später auch mit einer für den gehbehinderten Kisch wichtigen Trambahnlinie versehen, erfreuten sich bereits seit einigen Jahren großer Beliebtheit bei den deutschen Professoren. Die wenigen einheimischen Professoren blieben vornehmlich in der Altstadt.[182] Der Umzug könnte daher auch eine weitere Manifestierung seiner deutschen Einstellung und seines Selbstverständnisses gewesen sein. Eine eigene Familie gründete Wilhelm Kisch nie. Er lebte mit seiner Mutter und seiner Schwester zusammen und blieb unverheiratet, angeblich eine bewusste Entscheidung wegen seiner Behinderung, da er niemandem zur Last fallen wollte.[183]

3.2 Seine ersten Jahre als Professor (1902 – 1908)

Als Wilhelm Kisch 1902 Ordinarius an der Universität Straßburg wurde, war die Stimmung dort eher verhalten. Die Universität Straßburg hatte 1902 als Zugeständnis an die elsässischen Verhältnisse eine katholische Fakultät erhalten, die im Wintersemester 1903/04 den Betrieb aufnahm. Die Studentenzahlen stiegen dadurch zwar noch, nichtsdestotrotz waren die kommenden Jahre keine guten für die Universität. Der vehemente Widerstand der Universität gegen eine katholische Fakultät hatte sie in Berlin in Ungnade fallen lassen.[184] Mit dem Eingestehen des Scheiterns der nationalen Mission, nahm auch das Interesse und die Unterstützung durch die Reichsregierung deutlich ab. Dazu kam, dass die übrigen deutschen Universitäten sich in dieser Zeit weiter verbesserten. Die Straßburger Universität verlor ihre Sonderstellung und war bis etwa 1908 nur noch eine unter vielen kleineren Provinzuniversitäten. Zusätzliche finanzielle Mittel, um den hohen Standard aufrecht zu erhalten, wurden nicht gewährt. So büßte sie mit dem Qualitätsverlust auch ihre Anziehungskraft auf ausländische Studenten ein.[185]

Wilhelm Kisch las nun regelmäßig im Winterhalbjahr Bürgerliches Recht, dort vor allem Sachenrecht, Familienrecht, aber auch zu den allgemeinen Lehren und den Schuldverhältnissen, sowie einstündig Zivilprozessrecht „Besondere Prozessarten" und im Sommerhalbjahr fünfstündig Zivilprozessrecht und das Nebengebiet „Urheber- und Verlagsrecht". Im Zivilprozessrecht wechselte er sich dabei mit seinem alten Lehrer August Sigmund Schultze ab und übernahm das Praktikum im Zivilprozessrecht ab

---

[180] Amtliches Verzeichnis des Personals und der Studenten der Kaiser-Wilhelms-Universität Straßburg für das Winterhalbjahr 1902/03, Straßburg 1902, S. 5.

[181] JONAS STÉPHANE, La ville de Strasbourg et son université, in: JONAS/GERARD/DENIS/WEIDMANN, Strasbourg, capitale du Reichsland Alsace-Lorraine et sa nouvelle université 1871 – 1918, Strasbourg 1995, S. 25.

[182] DENIS MARIE-NOELE, Vivre a Strasbourg professeurs et etudiants, in: JONAS/GERARD/DENIS/WEIDMANN, Strasbourg, capitale du Reichsland Alsace-Lorraine et sa nouvelle université 1871 – 1918, Strasbourg 1995, S. 63.

[183] Gespräch mit Frau Dr. IRENE WÜRDINGER, Tochter seines Schülers Prof. Dr. HANS WÜRDINGER, am 8.07.2003.

[184] HEUSS-KNAPP, ELLY, Ausblick vom Münsterturm, Erlebtes aus dem Elsaß und dem Reich, Berlin 1934, S. 52f.

[185] CRAIG, JOHN E., Scholarship and Nation Building, The Universities of Strasbourg an Alsatian Society 1870 – 1939, Chicago 1984, S. 161ff.

1905/06 jeweils für die Winterhalbjahre.[186] Zwar hatte Kisch keinen offiziellen Lehrauftrag für Zivilprozessrecht, aber in Übereinstimmung mit seinem Kollegen van Calker führte er dessen Zivilprozessunterricht, da van Calker ab 1902 in der Reichskommission für die Revision des Strafrechts saß.[187] Kisch war bei den Studenten sehr beliebt und seine Vorlesungen dem gemäß auch einigermaßen gut besucht. Gerade wegen seiner ausgezeichneten Französischkenntnisse hatte er auch auf elsässische Studenten eine große Anziehungskraft, die ihn selbst aber nicht als Elsässer, sondern als deutschen Immigranten sahen.[188] Einer seiner elsässischen Studenten, Robert Redslob, später selbst Professor an der Universität Straßburg nach dem Ersten Weltkrieg, schrieb über ihn:

> „Il était dans la faculté une personnalité unique parce qu'il possédait le francais à la perfection, mieux que nous Alsaciens. Il connaissait toutes les finesses de la langue, sa prononciation était impeccable, il aurait pu donner des lecons en Touraine. [...] Cependant son art à parler notre langue faisait qu'on trouvait chez lui comme un îlot de France. Il devenait ainsi un point d'attraction pour la jeunesse alsacienne."[189]

Gerade wegen seines ausgezeichneten Französisch und seiner deutschen Einstellung wurde er als sehr komplexe Persönlichkeit geschildert, die den elsässischen Studenten freundlich gesinnt war, kleine Sticheleien gegen sie später zu Kriegszeiten jedoch nicht ausließ. Davon abgesehen entsprach Kisch noch ganz dem Typus des umfassend gebildeten Gelehrten.[190] Robert Redslob bemerkte dazu: „Sa conversation était brillante et spirituelle. Ses connaissances littéraires étaient immenses.[191] Auch in späteren Jahren wurde Kisch immer ein klassisch-humanistisch geprägtes Wissenschaftsbild in der Tradition von Fichte und von Humboldt nachgesagt. Seine Vorstellung von Universität war die einer *universitas litterarum* und er nannte die Universität den „Palast des Wissens". [192] Er forderte immer wieder dazu auf, das reiche Angebot einer Hochschule zu nutzen, sich allgemein über das jeweilig belegte Fach hinaus zu bilden. Die

---

[186] Verzeichnisse der Vorlesungen welche an der Kaiser-Wilhelms-Universität Straßburg im Winterhalbjahr 1902/1903 – Sommerhalbjahr 1916 gehalten werden, Straßburg 1902 – 1916 jeweils S. 6ff.

[187] Antrag JF vom 28.2.1912 und Erteilung durch Statthalter Graf von Wedel am 29.2.1912, *Berufungsakten JF, AdBR, Université Strasbourg, AL 103 paq. 73 Nr. 254.*

[188] REDSLOB, ROBERT Alma mater, Mes souvenirs des Universités allemandes, Strasbourg 1958, S. 37 „Kisch n'était pas le seul, parmi les Allemands immigrés." Übersetzung: Kisch war nicht der einzige unter den deutschen Einwanderern. Vgl. auch HEITZ, ROBERT, Souvenirs de jadis et de naguère, Strasbourg 1963, S. 76f.

[189] REDSLOB, ROBERT, Alma mater, Mes souvenirs des Universités allemandes, Strasbourg 1958, S. 36, Übersetzung: „Er war in der Fakultät eine einzigartige Persönlichkeit, weil er perfekt Französisch sprach, besser als wir Elsässer. Er kannte alle Besonderheiten der Sprache, seine Aussprache war fehlerlos, er hätte Unterricht geben können in Touraine. [...]Seine Art unsere Sprache zu sprechen bewirkte, dass man sich bei ihm wie auf einer Insel Frankreichs wiederfand. Er wurde folglich ein Anziehungspunkt für die elsässische Jugend."

[190] So auch später im Fakultätsbericht der JF München an akademischen Senat vom 6.6.1916,: „Er wird als Mann von umfassender allgemeiner Bildung, als pflichttreuer und angesehener Kollege geschildert und seine zuverlässige deutsche Gesinnung betont.", *JF 1914 – 1922, UAM L-II-25.*

[191] REDSLOB, ROBERT, Alma mater, Mes souvenirs des Universités allemandes, Strasbourg 1958, S. 35, Übersetzung: Seine Konversation war brillant und geistreich. Seine literarischen Kenntnisse waren immens.

[192] Wilhelm Kisch, in: Frankfurter Zeitung vom 1.1.1936, Nr. 1-2, *Stammakt KISCH, UAM E-II-1991.*

Verbindung der Rechtswissenschaft zu anderen Disziplinen war ihm sehr wichtig.[193] Kischs Vorbild als akademischer Lehrer war der Vater seines Studienfreunds, Professor Georg Gerland, dem er einmal später bestätigte:

> „soeben in den Straßburger Lehrkörper eingetreten, bei einem seiner hervorragendsten Mitglieder Muster und Vorbild für die eigene akademische Thätigkeit suchte und im reichsten Maße fand."[194]

Aber ebenso August Sigmund Schultze hatte Kisch mit seinen Lehrmethoden, gerade mit der Übung an kleinen Fällen, und seinem freundlichen Umgang mit den Studenten beeinflusst, auch wenn Kisch, nie Mitglied einer Studentenverbindung, nicht so sehr den deutschen akademischen Gepflogenheiten nahe stand wie Schultze.[195] Jedenfalls kümmerte auch er sich sehr um seine Studenten und ihr Nöte. Wie bereits die Erlanger Fakultät in ihrem Gutachten feststellte, war Kischs Lehrtätigkeit sehr erfolgreich. Sein Vortragsstil war klar und systematisch. Von der angeblichen Trockenheit des juristischen Stoffes war nichts zu spüren. Kleine Fälle und Anekdoten lockerten den Unterricht auf. Seine kleinen Seitenhiebe auf die Lehrmeinungen anderer Kollegen waren berühmt.[196]

Diese ersten Jahre waren größtenteils mit seiner Lehrtätigkeit und den damit verbundenen Aufgaben wie Referendarstermine, Korrekturen und Stipendienschreiben ausgefüllt. Allerdings hatte sich Kisch bereits noch als Privatdozent für ein großes Unterfangen gewinnen lassen. Er arbeitete an einer systematischen Darstellung des elsass-lothringischen Landesprivatrechts[197] wie es nach den Vorbehalten des Einführungsgesetzes zum Bürgerlichen Gesetzbuch noch Geltung beanspruchte. Das seiner Mutter gewidmete Werk erschien 1905 als zweiter Ergänzungsband[198] zu Dernburgs Lehrbuch „Das bürgerliche Recht des Deutschen Reichs und Preußens" und war damit ein Teil der angestrebten Gesamtdarstellung der im Deutschen Reich noch geltenden Partikularrechte.[199] Auf mehr als tausend Seiten gab Kisch einen umfassenden Überblick über das reichsländische Privatrecht vor allem im Verhältnis zum Reichsrecht und den Übergangsregelungen. Dabei ging er sehr genau auf die geschichtliche Entwicklung

---

[193] Ebd. und z. B. KISCH, Juristische Pädagogik, in: Festschrift für Leo Raape zum 70. Geburtstag, 14. Juni 1948, Hamburg 1948, S. 363ff.

[194] Brief KISCH an GEORG GERLAND vom 2.2.1906, *Nachlass GERLAND, BAK NL 10, Bd. 17.*

[195] KISCH bescheinigte SCHULTZE „als Lehrer größte Erfolge", „Klarheit des Vortrags", „musterhafte Heraushebung des großen Gedankens", „aufopfernde Bemühung in der Anregung, Überwachung und Förderung der Arbeiten ihrer Schüler". KISCH, Rede zum 50. Doktorjubiläum Schultzes, in: Straßburger Akademische Mitteilungen für die Studierenden der Kaiser-Wilhelms-Universität in Straßburg im Elsaß, Straßburg, Sommerhalbjahr 1910 VIII, Nr. 3 vom 12.5.1910, S. 18, *PA SCHULTZE, AdBR Al 103 paq. 119, N. 704;* REDSLOB, ROBERT, Alma mater, Mes souvenirs des Universités allemandes, Strasbourg 1958, S. 34.

[196] HEITZ, ROBERT, Souvenirs de jadis et de naguère, Strasbourg 1963, S. 76.

[197] Brief JF Erlangen an akademischen Senat vom 4.03.1902 zu Wiederbesetzung Professur Hellwig mit Fakultätsgutachten, *PA HELLWIG, UAE A2/1 Nr. H 54.*

[198] KISCH, Elsaß-Lothringisches Landesprivatrecht, Zweiter Ergänzungsband in der Reihe DERNBURG, Das bürgerliche Recht des Deutschen Reichs und Preußens, Halle 1905.

[199] ENDEMANN, Rezension: KISCH, Elsaß-Lothringisches Landesprivatrecht 1905, in: DJZ, 11. Jg. (1906) Sp. 605.

ein. Dies beinhaltete natürlich auch ein intensive Auseinandersetzung mit dem französischen Recht, vor allem dem *code civile*, das bis dahin im Reichsland noch Geltung beansprucht hatte und z. T. noch weiter beanspruchte, bzw. auf bestimmte Rechtsinstitute noch Einfluss nahm. Gerade damit hatte Kisch sich schon in seinem Studium in Straßburg zwangsläufig beschäftigt. Er galt als ausgezeichneter Kenner des französischen Rechts und bot bis 1908 an der Universität Straßburg auch eine z. T. mehrstündige Vorlesung „Elsaß-Lothringisches Privatrecht" an.[200] Der Band war stark praxisorientiert und enthielt wie oftmals bei seinen Arbeiten eine reichhaltige Kasuistik. Auch dieses Werk fand in der Fachwelt wieder großen Anklang und Kisch wurde seinem Ruf als außergewöhnlicher Jurist gerecht.

> „Der Verfasser bewährt sich in diesem ebenso gründlichen wie glänzend geschriebenen Werke aufs Neue den schnell errungenen Ruhm, einer der hoffnungsvollsten und besten unter Deutschlands jüngeren Rechtslehrern zu sein. [...] Das Werk, das die bisherige reichsländische Spezialliteratur weit hinter sich läßt, ist für jeden Juristen in der engeren Heimat des Verfassers einfach unentbehrlich; aber auch darüber hinaus verdient es vollste Beachtung und bereichert den Gedankenschatz der gemeinsamen deutschen Rechtswissenschaft durch manch feinen Gedanken, manch gelungenes Wort zur Konstruktion wie Kritik fremder Ansichten."[201]

Die ihm später, 1908, vom Testamentsvollstrecker Dernburgs angetragene Neuausgabe des Dernburg'schen Werkes lehnte Kisch ab, da er sich aus gesundheitlichen Gründen schonen musste[202] und es ihn im Übrigen auch zu sehr vom Zivilprozess ablenken würde. Er hatte sich zwar noch bis dahin mit dem elsass-lothringischen Landesprivatrecht beschäftigt, gab es aber auf, als er das Landesprivatrecht auch als Vorlesung nicht mehr lesen konnte.[203] In seine Publikationstätigkeit kehrte nach dem Landesprivatrecht eine kleine Ruhepause ein. Abgesehen von einigen wenigen Rezensionen und einem Beitrag für die Festschrift seines Mentors und jetzigen Kollegen August Sigmund Schultze zum 70. Geburtstag im April 1903[204], der auch in einer erweiterten Version als eigenes Buch „Beiträge zur Urteilslehre" gedruckt wurde[205], trat Kisch literarisch bis 1908 nicht mehr in Erscheinung. Er war von seiner Lehrtätigkeit stark in Anspruch genommen, aber vor allem zwangen ihm mehrere Erkrankungen und seine angeschlagene Gesundheit in diesen Jahren immer wieder eine literarische Untätigkeit auf, oder wie er selbst schrieb, eine „geistige Brache".[206]

---

[200] Verzeichnisse der Vorlesungen welche an der Kaiser-Wilhelms-Universität Straßburg im Winterhalbjahr 1903/1904 – Sommerhalbjahr 1908 gehalten werden, Straßburg 1903 – 1908 jeweils S. 6ff.

[201] Kurze Anzeigen: KISCH, Elsaß-Lothringisches Landesprivatrecht, Halle 1905, in: Archiv für bürgerliches Recht, Bd. 26 (1905) S. 368.

[202] Brief KISCH an MENDELSSOHN BARTHOLDY vom 18.5.1908, *Nachlass MENDELSSOHN BARTHOLDY, SBB PK, Musikabt. Mendelssohnarchiv.*

[203] Brief KISCH an GERLAND vom 18.5.1908, *Nachlass GERLAND, BAK NL 10, Bd. 17.*

[204] KISCH, Beiträge zur Urteilslehre, in: Festschrift für August Sigmund Schultze zum 70. Geburtstag, 28.4.1903, gewidmet von der Rechts- und Staatswissenschaftlichen Fakultät der Kaiser-Wilhelms-Universität in Straßburg, Leipzig 1903.

[205] Leipzig 1903.

[206] Brief KISCH an MENDELSSOHN BARTHOLDY vom 6.08.1907, *Nachlass MENDELSSOHN BARTHOLDY, SBB PK, Musikabt. Mendelssohnarchiv.*

3.3 Stille Behaglichkeit und Frustration (1908 – 1914)

In den nächsten Jahren stellten sich eine gewisse Routine und Ruhe ein. Die Vorlesungen und Praktika waren mehr oder minder gut besucht. Die Einkommenslage für die Professoren war ebenso wie die Stimmungslage mäßig. Aber es ging wieder ein wenig aufwärts mit der Universität Straßburg. Eine besondere Auszeichnung erfuhr die Universität durch die Immatrikulation des Sohns des Kaisers Prinz August Wilhelm von Preußen und des kaiserlichen Neffen Prinz Waldemar im Oktober 1907.[207] Sie schien nun wieder mehr Rückhalt in den politischen Reihen zu haben. Mit dem neuen Statthalter Elsass-Lothringens kam es zu einem politischen Kurswechsel. Graf Karl von Wedel legte mehr Wert darauf, die Mittelklasse und die Unterklasse als die francophile Oberschicht zu mobilisieren und war für einen gesunden Partikularismus offen. Mit der neuen Verfassung für das Reichsland 1911 und dem neuen Landtag verbesserte sich die Lage der Universität nochmals. Viele renommierte Berufungen fielen in diese Zeit und auch die Universität näherte sich der Idee der elsässischen Doppelkultur, der Verbindung deutscher und französischer Einflüsse, und der Kosmopolitik an.[208] Für Kischs Karriere hingegen ergaben sich keine weiteren Möglichkeiten, auch wenn er zunächst als so hoffnungsvoller junger Rechtswissenschaftler gehandelt worden war.

3.3.1 Universitätsleben

Wilhelm Kisch hatte sich nach den ersten Jahren in sein Professorendasein eingewöhnt. Er hielt zusätzlich zu seinen Vorlesungen im Zivilprozess- und Bürgerlichen Recht noch Vorträge für Kaufleute, die zum Teil auch außerhalb Straßburgs stattfanden.[209] Nachdem er im Winterhalbjahr 1907/08 für ein Jahr Mitglied des akademischen Senats für die rechts- und staatswirtschaftliche Fakultät gewesen war, fiel turnusgemäß das Dekanat im Sommerhalbjahr 1909 an ihn.[210] Darüber hinaus war er bereits seit 1902 mit der Bibliotheksverwaltung des Juristischen Seminars beauftragt und ab 1909/10 als Seminarvorstand tätig.[211] Er entschied dort über die Neuanschaffungen und führte umfassende Neuerungen ein wie zum Beispiel die Umordnung und die Kennzeichnung der Bücher mit Signaturen.[212] Kisch hatte im Juristischen Seminar ein kleines Studierzimmer, in dem er oft anzutreffen war. Dieser Arbeitsplatz mit seiner Nähe zur Bibliothek und den Hörsälen war für ihn wegen seiner Behinderung von großem Vorteil. Außerdem wurde Kisch von 1909 bis 1914 Mitglied im Kuratorium für das Bismarck-Stipendium, das er selbst vier Jahre lange erhalten hatte.[213] Gesell-

---

[207] Amtliches Verzeichnis des Personals und der Studenten der Kaiser-Wilhelms-Universität Straßburg für das Winterhalbjahr 1907/08, Straßburg 1907, S. 24.

[208] CRAIG, JOHN E., Scholarship and Nation Building, The Universities of Strasbourg an Alsatian Society 1870 – 1939, Chicago 1984, S. 166ff.

[209] Brief KISCH an GERLAND vom 1.11.1907, *Nachlass GERLAND, BAK NL 10, Bd. 17.*

[210] Amtliche Verzeichnisse des Personals und der Studenten der Kaiser-Wilhelms-Universität Straßburg für das Winterhalbjahr 1907/08 – Sommerhalbjahr 1909, Straßburg 1907 – 1909, jeweils S. 2ff.

[211] Amtliche Verzeichnisse des Personals und der Studenten der Kaiser-Wilhelms-Universität Straßburg für das Winterhalbjahr 1902/03 – Sommerhalbjahr 1916, Straßburg 1902 – 1916, jeweils S. 9.

[212] Brief KISCH an GERLAND, 5.1.1907 und o. Dat., vermutlich Herbst 1913, *Nachlass GERLAND, BAK NL 10, Bd. 17.*

[213] *Bismarck-Stipendien-Stiftung, AdBR Université Strasbourg, AL 103 paq 315, Nr. 1336.*

schaftlich bestand eine enge Gemeinschaft unter den Universitätsangehörigen, sie lebten in einer Art Kolonie in dem von ihnen als ungastlich empfundenen Straßburg.[214] Kisch führte ein eher zurückgezogenes Leben. Er war von seiner Arbeit sehr in Anspruch genommen, oft auch gesundheitlich angeschlagen und nahm deshalb am universitären Gesellschaftsleben nicht viel teil. Dazu war ihm seiner Aussage nach auch „Zeit und Nervenruhe zu kostbar".[215] Den Veranstaltungen der „Geselligen Vereinigung der Dozenten" oder auch „Professorium" genannt, schien er, wenn überhaupt, nur sehr selten beizuwohnen.[216] „Einzige Unsolidität", wie er es selbst gerne bezeichnete, war weiterhin der Klub „crocchio italiano" und das Schachspielen mit Heinrich Kremer, einem Freund aus Studientagen.[217] Offizielle Anlässe nahm er zwar wahr, aber sie waren ihm möglicherweise wegen seiner Behinderung nicht angenehm. Ob auch seine Stellung als katholischer Elsässer hier gewisse gesellschaftliche Einschränkungen mit sich brachte, könnte bei der bekannten Abneigung bzw. Voreingenommenheit der Professorenschaft gegen Katholiken und Elsässer, selbst wenn er als Mann mit guter deutscher Gesinnung gesehen wurde, eine Rolle gespielt haben.[218] In einem Brief an einen jüdischen Kollegen sprach er davon, dass es auch „zwischen Schwarzwald und Vogesen" Fanatiker gebe und dass „persönliche Voreingenommenheit", sowohl auf Juden als auch auf Katholiken bezogen, gerade in den wissenschaftlichen Kreisen beheimatet sei.[219]

Seinem früheren Mentor und jetzigen Kollegen August Sigmund Schultze war Kisch weiterhin freundschaftlich verbunden. Zu dessen 50. Doktorjubiläum 1910 organisierte er eine Feier mit Fackelzug der Studentenschaft und verschaffte ihm durch persönliche Intervention beim Statthalter Elsass-Lothringens die Krone zum Roten Adler Orden II. Klasse mit Eichenlaub als Auszeichnung, obwohl Schultze gerade erst zum 50jährigen Amtsjubiläum dekoriert worden war.[220] Kisch hielt auf dieser Feier als Prodekan und ehemaliger Schüler die Laudatio und erinnerte neben dem Wissenschaftler vor allem an den Lehrer Schultze.[221] Als Schultze 1912 im Alter von 79 Jahren emeritierte, wurde Kisch auf Antrag der Fakultät Schultzes Lehrauftrag für Zivilprozessrecht einschließlich Konkursrecht erteilt, da er es faktisch, ohne Lehrauftrag, schon seit 1902 in Vertretung seines Kollegen van Calker gelehrt und sich im literarischen Bereich längst

---

[214] VOGLER, BERNARD Preface, in: JONAS/GERARD/DENIS/WEIDMANN, Strasbourg, capitale du Reichsland Alsace-Lorraine et sa nouvelle université 1871 – 1918, Strasbourg 1995, S. 7.

[215] Brief KISCH an GERLAND vom 25.11.1906, *Nachlass GERLAND, BAK NL 10, Bd. 17.*

[216] Der Name KISCH erscheint bei den in Umlauf gegebenen Einladungen der Vereinigung entweder gar nicht oder unter „Nimmt nicht teil", *Gesellige Vereinigung der Dozenten, AdBR Université Strasbourg, AL 103, paq. 61, Nr. 208.*

[217] Brief KISCH an GERLAND vom 25.11.1906, *Nachlass GERLAND, BAK NL 10, Bd. 17.*

[218] ROBERT REDSLOB, allerdings francophiler Elsässer, berichtete über seine gesellschaftliche Ausgrenzung und die Vorurteile ihm gegenüber in seiner Zeit als Privatdozent in Straßburg, in: Alma mater, Mes souvenirs des Universités allemandes, Strasbourg 1958, S. 102ff.

[219] Brief KISCH an MENDELSSOHN BARTHOLDY vom 24.3.1907, *Nachlass MENDELSSOHN BARTHOLDY, SBB PK, Musikabt. Mendelssohnarchiv.*

[220] Brief KISCH an GERLAND vom 5.05.1910, *Nachlass GERLAND, BAK NL 10, Bd. 17.*

[221] Abgedruckt in: Straßburger Akademische Mitteilungen für die Studierenden der Kaiser-Wilhelms-Universität in Straßburg im Elsaß, Straßburg, SS 1910 VIII, Nr. 3 vom 12.5.1910, S. 18, *PA SCHULTZE, AdBR Université Strasbourg, AL 103, paq. 119, N. 704.*

dafür legitimiert hatte.[222] Zum 80. Geburtstag Schultzes im April 1913 bereitete Kisch eine private Feier mit Kollegen, Freunden und alten Schülern für seinen Mentor vor.[223] Schultze starb hochbetagt nach dem Fall Straßburgs in den Nachkriegswirren im November 1918.[224]

Über Kischs Beziehung zu seinen anderen Kollegen in Straßburg ist nicht viel bekannt. Zum großen, in der Straßburger Juristischen Fakultät alles beherrschenden Paul Laband scheint sein Verhältnis zumindest im wissenschaftlichen Bereich nicht ganz ungetrübt gewesen zu sein. Dazu schrieb einer seiner Schüler in den Kriegsjahren:

> « Ses coupes de patte et de griffe étaient célèbres. Sans jamais élever la voix, affectant au contraire une courtoisie plus mielleuse que jamais, il égratignait au sang ses ennemis, dont le numéro 1 était précisément Laband. C'est ainsi qu'il amait à dire des choses de ce genre : 'Il existe sur cette question trois théories. La première, la seule juste, est la mienne. Une deuxième ne mérite guère qu'on en parle. Quant à la troisième, totalement absurde, elle est due à mon illustre collègue l'Exellence Laband. »[225]

Allerdings tat diese wissenschaftliche Rivalität seinem Respekt Laband gegenüber keinen Abbruch. Kisch sprach in späteren Jahren noch immer von Laband als „unvergeßlichem Lehrer“[226] und schrieb für seine Festschrift zum 70. Geburtstag einen Beitrag über die Bezeichnung der Eidestatsache.[227] Theorienstreite waren für ihn ein typisch deutsches Verhalten.

3.3.2 Der nationale, unpolitische Professor

Im Gegensatz zum eher „unpolitischen Professor“ im übrigen Deutschen Reich, waren viele Professoren in Straßburg politisch sehr interessiert, zumindest an der Politik im Reichsland, und oft auch engagiert.[228] Dies mag sich daraus erklären, dass gerade im Reichsland das Schicksal der Universität mit der Politik eng verbunden war und die „nationale Mission“ so wichtig genommen wurde. So stand Paul Laband als führender Verfassungsrechtler im engen Kontakt mit dem Kaiserhaus und war für sie auch in

---

[222] Antrag JF vom 28.2.1912 und Erteilung durch Statthalter Graf von Wedel am 29.2.1912, *Berufungsakten JF, AdBR, Université Strasbourg, AL 103 paq. 73 Nr. 254.*

[223] Brief KISCH an GERLAND vom 25.4.1913, *Nachlass GERLAND, BAK NL 10, Bd. 17.*

[224] HEINEMANN, HUGO, Totenliste, in: Sozialistische Monatshefte, 1918, S. 1226.

[225] HEITZ, ROBERT, Souvenirs de jadis et de naguère, Strasbourg 1963, S. 76, Übersetzung : Seine Seitenhiebe waren berühmt. Ohne jemals seine Stimme zu erheben, sich im Gegenteil den Anschein einer süßeren Höflichkeit als jemals gebend, verwundete er seine Gegner aufs Blut, von denen die Nummer eins genau Laband war. Er liebte es Sachen dieser Art zu sagen: „Es gibt zu dieser Frage drei Theorien. Die erste, die einzig wahre, ist meine. Die zweite verdient kaum, dass man darüber spricht. Und die dritte, völlig abwegige, ist zurückzuführen auf meinen erlauchten Kollegen, seine Exzellenz Laband.“

[226] KISCH, Gutachten über den Unterricht im Zivilprozeß, in: WACH/KISCH/MENDELSSOHN BARTHOLDY/STEIN, Der Zivilprozeß, Mannheim 1922, S. 22.

[227] KISCH, Die bestimmte Bezeichnung der Eidestatsache, in: Festschrift für Paul Laband, Tübingen 1908.

[228] CRAIG, JOHN E., Scholarship and Nation Building, The Universities of Strasbourg an Alsatian Society 1870 – 1939, Chicago 1984, S. 8.

dynastischen Streitigkeiten tätig.[229] Einige Professoren waren Reichstagsabgeordnete wie z. B. der Strafrechtler Fritz van Calker.[230]

Kisch dagegen zeigte nur sehr geringes Interesse an der Politik bzw. am politischen Geschehen und gehörte sein Leben lang keiner politischen Partei an. Seiner Aussage nach erblickte er „in der Politik die letzte Beschäftigung, für die er sich jemals begeistern könnte".[231] Er erklärte nie eine besondere Affinität zu irgendeiner Partei, auch wenn er per se als Katholik schon im Verdacht stand, Zentrum-Anhänger zu sein[232], war auch sonst nicht politisch aktiv und äußerte sich insbesondere nicht öffentlich zu politischen Ereignissen, anders als sein Studienkollege Heinrich Gerland, späterer Mitbegründer der Deutschen Demokratischen Partei.[233] In Kischs Briefwechsel mit Gerland waren die Reichspolitik und die politischen Ereignisse in Elsass-Lothringen zwar durchaus ein Thema, allerdings lag dies vermutlich an der Initiative und am Einfluss Gerlands. In diesen Briefen kam Kischs parteipolitisch neutrale Gesinnung zum Ausdruck, denn wie viele „Intellektuellen des Mandarinentums"[234] stand er der oftmals von ökonomischen Motiven geprägten Interessenspolitik der Parteien ablehnend gegenüber. Was zählte war die „nationale Sache", das „Ganze", das einen parteiübergreifenden Einsatz erforderte.[235] Die deutsche Stellung in der Weltpolitik war ihm wichtiger als die inneren Streitigkeiten. So gehörte Kisch z. B. mit zu den vielen Professoren, die den umstrittenen Ausbau der Flotte befürworteten und in den Engländern den Erbfeind und eine Bedrohung Deutschlands sahen.[236]

> „Ich habe den Engländern, deren Presse, namentlich Zeitschriften ich auf dem Lesesaal seit Jahren verfolge, eigentlich niemals recht getraut und hatte immer den Eindruck, dass, wenn uns einmal ein Verhängnis droht, es von dort hereinbrechen wird. In der That haben sie uns bisher schon viel geschadet und auch künftig werden sie gerne diese Gelegenheit ergreifen, uns Unangenehmes zu bereiten. Bei diesen Umständen ist es freilich besonders wichtig, dass unsere Presse einen vorsichtigen Ton anschlägt und dass unsere Regierenden ohne darum weniger an der Bereitschaft für alle Fälle vorbereitend zu arbeiten, sich eines korrekten und vor allem gleichmässigen Tones gegenüber England befleissigen. Hoffentlich wird der kommende Reichstag verstehen, wie sehr es darauf ankommt, dass

---

[229] REDSLOB, ROBERT, Alma mater, Mes souvenirs des Universités allemandes, Strasbourg 1958, S. 20.

[230] Brief KISCH an GERLAND vom 11.1.1913, *Nachlass GERLAND, BAK NL 10, Bd. 17.*

[231] Brief KISCH an MENDELSSOHN BARTHOLDY vom 24.3.1907, *Nachlass MENDELSSOHN BARTHOLDY, SBB PK , Musikabt. Mendelssohnarchiv.*

[232] Brief KISCH an MENDELSSOHN BARTHOLDY vom 24.3.1907, *Nachlass MENDELSSOHN BARTHOLDY, SBB PK , Musikabt. Mendelssohnarchiv.* „Zentrum" war die politische Partei der Katholiken, im Parteienspektrum des Kaiserreichs und später auch der Weimarer Republik als konservativ bis Mitte rechts einzuordnen.

[233] EIßER, GEORG, Heinrich Gerland, in: NDB, Bd. 6, Berlin 1964, S. 306.

[234] Zitat aus RINGER, FRITZ, Die Gelehrten. Der Niedergang der deutschen Mandarine 1890 – 1933, Stuttgart 1983, S. 10, der die deutsche Akademikerelite unter diesen Begriff in einer Untersuchung zusammenfasste.

[235] Ebd. S. 125ff.

[236] Ebd. S. 130, 173f.

> wir vor allem unsere Flotte auf der Höhe halten und vermehren. Freilich die Hoffnung dafür scheint mir zur Zeit keine allzustarke zu sein."[237]

Damit war auch er wenigstens zum Teil ein Anhänger der von der Nation begeistert begrüßten wilhelminischen Großmacht-Politik und des Strebens nach Weltgeltung, die Reichskanzler Bismarck mit seiner Sicherungs-Politik abgelehnt hatte und die im Endeffekt zu einer Verschärfung der Beziehungen mit England, zu einer Isolierung Deutschlands und in den Ersten Weltkrieg führte.[238] Bismarck selbst hielt Kisch aber auch Jahre nach seiner Entlassung durch Kaiser Wilhelm II. weiterhin für einen der fähigsten Männer in Staatsgeschäften und einen Meister der Diplomatie.[239] Kisch bezeichnete sich selbst bei solchen politischen Kommentaren spöttisch als „Bierbankpolitiker".[240] Insgesamt hielt er sich aber aus der Politik raus und konzentrierte sich vor allem auf die Wissenschaft. Die Aufgaben eines Wissenschaftlers sah er ohnehin nicht im politischen Bereich[241] und darüber hinaus fühlte er sich schon aus physischen Gründen nicht zu einer politischen Betätigung in der Lage.[242] Sein angegriffener Gesundheitszustand und längere Krankheiten zwangen ihn immer wieder er zu Kuraufenthalten, vor allem in Trois-Epis, Drei-Ähren, ein Kur- und Wallfahrtsort bei Colmar im Elsass. Kisch reiste überhaupt gerne und besuchte in den Ferien unter anderem auch Frankreich, die Schweiz und Italien.[243]

Wenn schon nicht im politischen Bereich, so hatte Wilhelm Kisch durchaus im rechtlichen Bereich mit der Monarchie bzw. den Adelshäusern zu tun. Sein Gutachten zur Thronfolge und eine Denkschrift zum Vormundschaftswesen nach deutschem Recht brachte ihm 1908 das Offizierskreuz des Luxemburgischen Ordens der Eichenkrone.[244] Ob dieser Kontakt über Laband zustande gekommen war, der neben dem deutschen Kaiserhaus auch Kontakt zu ausländischen Regenten hatte und für sie rechtsberatend tätig war[245], steht zu vermuten, ist aber nicht mehr nachzuweisen. Da ihm aus diplomatischen Gründen - seine Dekorierung hätte auch die Dekorierung anderer Kollegen erfordert - im Sommer 1913 bei der Exmatrikulation des Kaisersohns Prinz Joachim von Preußen als Dekan der rechts- und staatswissenschaftlichen Fakultät eine Ehrung versagt blieb[246], erhielt er mit Erlass vom 18. Januar 1914 den preußischen Roten Adler Orden IV. Klasse.[247] Diese Auszeichnung wurde fast routinemäßig an Hochschullehrer nach bestimmter Amtszeit im Rahmen des jährlichen Krönungs- und Ordensfe-

---

[237] Brief KISCH an GERLAND vom 26.12.1906, *Nachlass GERLAND, BAK NL 10, Bd. 17.*

[238] KINDER/HILGEMANN, dtv-Atlas zur Weltgeschichte, Bd. II, 23. Auflage München 1989, S. 75, 109f.

[239] Brief KISCH an GERLAND vom 19.12.1916, *Nachlass GERLAND, BAK NL 10, Bd. 17.*

[240] Z. B. Brief KISCH an GERLAND vom 15.11.1914, *Nachlass GERLAND, BAK NL 10, Bd. 17.*

[241] Z. B. explizit so im Brief KISCH an MENDELSSOHN BARTHOLDY vom 12. 8. 1916, *Nachlass MENDELSSOHN BARTHOLDY, SBB PK , Musikabt. Mendelssohnarchiv.*

[242] Brief KISCH an GERLAND vom 21.5.1919, *Nachlass GERLAND, BAK NL 10, Bd. 17.*

[243] Diverse Briefe KISCH an GERLAND, 1906 – 1916, *Nachlass GERLAND, BAK NL 10, Bd. 17.*

[244] Brief KISCH an GERLAND vom 19.8.1908, *Nachlass GERLAND, BAK NL 10, Bd. 17.*

[245] REDSLOB, ROBERT Alma mater, Mes souvenirs des Universités allemandes, Strasbourg 1958, S. 20, so z. B. LABAND, PAUL Die Thronfolge im Fürstenthum Lippe, Freiburg 1891.

[246] Brief KISCH an GERLAND vom 12.8.1914 *Nachlass GERLAND, BAK NL 10, Bd. 17.*

[247] *Ordensverzeichnis 1913 – 1914, AdBR Université Strasbourg, AL 103 paq. 79-80, Nr. 277.*

stes verliehen[248], könnte aber auch im Zusammenhang mit dem von ihm abgefassten Beitrag „Das Privatrecht und Prozessrecht" in der Festschrift der Rundschau für den deutschen Juristenstand ‚Das Recht' zum 25jährigen Regierungsjubiläum des Kaisers Wilhelm II. 1913 stehen.[249] Die Festschrift war ein von Nationalstolz und monarchietreuen Sentiments geprägtes Werk. Die Verdienste des Kaiser Wilhelm II. um die Rechtseinheit und Rechtsentwicklung im Deutschen Reich wurden wortreich dargestellt und gepriesen.[250] Auch Kisch galt grundsätzlich als ein „treuer Anhänger" des Kaisers.[251] Als die Immatrikulation der Prinzen 1907 zu keiner erhöhten Einschreibungszahl in Straßburg führte, sprach er von einer „bedenklichen Schwächung des monarchischen Gefühls".[252] Als Beamter war er der Zeit entsprechend obrigkeitsloyal eingestellt[253], auch wenn er angeblich „den Lockungen des kaiserlichen Hofes mit feiner Skepsis und nicht ohne gelegentliche Ironie" gegenüberstand, die den elsässischen Einfluss bei ihm zum Vorschein brachte.[254] Übertrieben jubelnder Monarchist war Kisch aber nicht. In seinem Beitrag rühmte er vor allem die hervorragenden Leistungen der Reichsgesetzgebung, Rechtssprechung und der Rechtswissenschaft unter der Regierung Wilhelms II. zur Rechtsvereinheitlichung im Deutschen Reich, insbesondere die Einführung des Bürgerlichen Gesetzbuches, „dem wichtigsten gesetzgeberischen Werke, welches das geeinigte Reich bisher geleistet hatte und auf absehbare Zeit wird leisten können", und weniger deutlich den Kaiser selbst.[255] Kisch legte das Schwergewicht auf das gemeinsam Geschaffene und war mit großem Nationalstolz erfüllt. Tatsache bleibt allerdings, dass er sich als Mitautor gewinnen hatte lassen. In einem umfassenden Überblick zeigte Kisch in seinem Aufsatz die Rechtsentwicklung der letzten 25 Jahre auf, von der damals noch bestehenden Rechtszersplitterung zur Rechtseinheit. Sein ganzer Beitrag war stark national, wenn nicht sogar nationalistisch eingefärbt.

> „Große gesetzgeberische Taten setzen in aller Regel eine Zeit gehobenen nationalen Lebens voraus. Rechtsbildung gilt zwar als Friedenswerk. Und in der Tat mag eine Zeit friedlicher Entwicklung der ruhigen und wohlüberlegten Durchführung legislatorischer Aufgaben förderlich sein, namentlich auf dem Boden des bürgerlichen und des Prozeßrechts. Aber eine großzügige Lösung der Aufgabe wird am besten gewährleistet durch ein starkes vaterländisches Empfinden weiter Volkskreise. Und dieses Empfinden wird erfahrungsgemäß durch nichts stärker entfacht, als durch erfolgreiche Kriegsleitung und Staatenbildung. Ohne die glücklichen Kriege des letzten halben Jahrhunderts wären, auch

---

[248] Mitteilung der Verleihung vom Ministerium für Elsaß-Lothringen an Kuratorium vom 24.1.1914, *Ordensverzeichnis 1913 – 1914, AdBR Université Strasbourg, AL 103 paq. 79-80, Nr. 277.*

[249] KISCH, Das Privatrecht und Prozeßrecht, in: Festschrift der Rundschau für den deutschen Juristenstand zum 25jährigen Regierungsjubiläum Seiner Majestät des Deutschen Kaisers Wilhelm II., Hannover 1913, S. 31ff.

[250] SOERGEL, Vorwort, ebd. S. 4ff.

[251] REDSLOB, ROBERT, Alma mater, Mes souvenirs des Universités allemandes, Strasbourg 1958, S.36, «Il était fidèle sujet de L'Empereur ».

[252] Brief KISCH an GERLAND vom 1.11.1907, *Nachlass GERLAND, BAK NL 10, Bd. 17.*

[253] RINGER, FRITZ, Die Gelehrten. Der Niedergang der deutschen Mandarine 1890 – 1933, Stuttgart 1983, S. 119.

[254] Gutachten Rechtsanwalt STEINEL vom 9.10.1946, *SpKA KISCH, StAM, SpK K 880.*

[255] KISCH, Das Privatrecht und Prozeßrecht, in: Festschrift der Rundschau für den deutschen Juristenstand zum 25jährigen Regierungsjubiläum Seiner Majestät des Deutschen Kaisers Wilhelm II., Hannover 1913 S. 35f.

ganz abgesehen von der dadurch geschmiedeten politischen Einheit Deutschlands, die großen Werke der Gesetzgebung nicht möglich gewesen. [...] In diesem Sinne mag es als ein Symbol erscheinen, daß dieselbe Zeit, in welcher nach glänzenden Siegen die deutsche Armee sich unermüdlich einer Stärkung und Mehrung ihrer Macht zu Lande und zur See gewidmet hat, auch die Erfüllung des alten Traums von der deutschen Rechtseinheit gebracht hat. Vorbei sind die Zeiten, da die deutschen Stämme in ohnmächtiger Zerrissenheit ihr Recht sich von außen herholen mußten. Die einheitliche deutsche Nation hat sich nunmehr ihr eigenes Recht gegeben. Und das Ausland, das uns früher die Gesetze lieh, ist seinerseits zum Schüler und Nachahmer unserer Rechtseinrichtungen geworden. Es gilt heute auch im Gebiete des Rechts der stolze Satz: Germania docet."[256]

3.3.3 Akademischer Alltag

Mit den Jahren entwickelte sich bei Kisch eine gewisse Frustration und er zweifelte immer wieder an seiner Tätigkeit. So schrieb er im Oktober 1910 an Heinrich Gerland:

> „Ich sehe dem kommenden Semester mit demselben Gefühl der müden Verdrossenheit, wie jedem anderen Semester entgegen. Erst wenn Vorlesungen und Übungen wieder im Zuge sind, wird die Laune besser, weil die Hoffnung auf die nächsten Ferien in der Ferne schimmert. Ich lese dasselbe wie sonst im Winter, allmählich schließt sich der Kreis der Lehrtätigkeit zu einem Ganzen zusammen, zu welchen Ergänzungen nicht mehr nötig werden. Ob mir das Praktikum noch viel Zeit zu litterarischer Betätigung in diesem Winter läßt, weiß ich nicht. Inzwischen sind Sie schon ganz in Ihrer praktischen Tätigkeit eingedrungen. Ich kann mir denken, daß Ihnen dieselbe viel Freunde macht. Ich vermisse zuweilen das praktische Wirken und die Aussprache mit Richtern und Anwälten; unsereins kann die Lücke dann nur durch eifriges Lesen von Gerichtsentscheidungen und Vertiefung des mit den Studenten abzuhaltenden Übungen einigermaßen auszugleichen suchen. Aber es bleibt doch ein Manko, denn etwas anderes ist es, eine fertige Entscheidung zu lesen, etwas anderes, an ihrem Zustandekommen mitzuwirken."[257]

Trotz seiner Zweifel und obwohl er sich manchmal eine „Universität ohne Studenten"[258] wünschte, da ihm kaum Zeit zum wissenschaftlichen Arbeiten bleibe, lehrte er doch sehr gerne.

> „Wie schön wär's, wenn man einmal ganz ohne Nebenarbeit ganz der litterarischen Arbeit sich hingeben könnte. Freilich, nach bestimmter Zeit würde man sich, vermute ich, doch wieder nach dem Katheder sehnen."[259]

Kisch galt als begnadeter und sehr engagierter Pädagoge. Für die Zivilprozessrechtsvorlesung bzw. für das Praktikum gab er 1909 eine Fallsammlung „Praktikum des Zivilprozeßrechts" heraus mit 1472 kleinen Fällen, die nahezu das ganze Zivilprozessrecht abdeckten. Das Buch war nicht nur für Studenten, sondern vor allem für die Dozenten als systematischer Leitfaden für die Vorlesung gedacht und bot zahllose Bei-

---

[256] Ebd. S. 59f.

[257] Brief KISCH an GERLAND vom 8.10.1910, *Nachlass GERLAND, BAK NL 10, Bd. 17.*

[258] Brief KISCH an GERLAND vom 13.7.1913, *Nachlass GERLAND, BAK NL 10, Bd. 17.*

[259] Brief KISCH an GERLAND, o. Dat. vermutlich Frühjahr 1913, *Nachlass GERLAND, BAK NL 10, Bd. 17.*

spielfälle zur anschaulichen Darstellung des Stoffes.[260] Noch zwanzig Jahre später erfreute es sich großer Beliebtheit als Lehrmittel und eine Neuauflage des vergriffenen Werkes wurde gefordert.[261] Das Vorwort zeigte sehr gut wie Kisch sich einen Zivilprozessrechtsunterricht vorstellte und worauf es ihm ankam.

„Wie die Erfahrung lehrt, bietet das Verständnis dieser Materie dem Anfänger, welchem die praktische Anschauung des Verfahrens fehlt, ganz besondere Schwierigkeiten. Darum ist einerseits gerade hier die Erläuterung der vorgetragenen Lehrsätze durch eine reiche Fülle von Beispielen unumgänglich; gibt es ja doch nicht wenige Prozeßgebilde, die in ihrer Bedeutung überhaupt erst durch die Kasuistik zu begreifen sind: [...] Und andererseits ist aus dem angegebenen Grunde auf die Anschaulichkeit und Vielseitigkeit der praktischen Übungen ganz besonders Gewicht zu legen [...] Dieselbe [Sammlung] will sich daher nicht beschränken auf verhältnismäßig wenige größere, zur schriftlichen Erledigung bestimmte Fälle, welche in Bearbeitung und Besprechung längere Zeit erfordern, hierbei natürlich ein intensiveres Eindringen in die schwierigeren Fragen der Prozeßtheorie ermöglichen, dafür aber eine etwas einseitige Bevorzugung gewisser Fragen nach sich ziehen. Vielmehr legt sie das Hauptgewicht auf kleinere Fälle, deren einfacher und rasch zu erfassender Tatbestand mündliche Beantwortung erleichtert und deren erhebliche – über das übliche Maß jedenfalls hinausgehende – Anzahl eine gleichmäßigere Berücksichtigung aller Teile des Prozeßgebietes ermöglicht. [...] Namentlich wird durch Benützung kleinerer Fälle, wie ich in mehrjähriger Übung erprobt zu haben glaube, eine anregendere und dabei allseitigere Repetition des Lehrstoffs ermöglicht, zugleich aber auch dem Rechtsbeflissenen ein Bild von dem unendlichen Reichtum möglicher Prozeßgestaltung geboten und sein Interesse für die – sehr zu Unrecht – als spröde und trocken verschrieene Materie geweckt."[262]

Bereits sein Mentor Schultze hatte 1890 ein Fallsammlung für den Zivilprozessunterricht verfasst, anhand derer er auch seine Praktika im Zivilprozess an der Universität Straßburg abhielt.[263] Kisch trat mit seinem Werk in die Fußstapfen seines ehemaligen Lehrers und dessen Lehrmethode, orientierte sich aber zugleich auch an Otto Lenels Praktikum für das Bürgerliche Recht.[264] Darüber hinaus bot er ab 1910 neben seinem Praktikum im Wintersemester nun auch im Sommersemester Anfängerübungen im

---

[260] Rezensionen: SCHULTZE , in: ZZP, Bd. 40 (1910) S. 141; HEINSHEIMER, in: DJZ, 15. Jg. (1910) Sp. 266; HEIMBERGER, in: RheinZ, 3. Jg. (1911) S. 154.

[261] PAGENSTECHER, MAX, Rezension KISCH, Deutsches Zivilprozeßrecht, 4. Auflage, 1929, in: JW, 59. Jg. (1930) S. 119, „Diese kurze Besprechung möchte ich nicht abschließen, ohne der Bitte und der Hoffnung Ausdruck verliehen zu haben, dass eine andere längst vergriffene Schrift des Verfassers [...] in neuer Auflage erscheine, nämlich sein vortreffliches ‚Praktikum des Zivilprozeßrechts'. Seit Erscheinen dieses Buches i. J. 1909 verwende ich es fast ausschließlich in Konservatorien und Praktiken und bin immer wieder darauf zurückgekommen, wenn ich einmal versucht hatte, es durch ein ähnliches Übungsbuch zu ersetzen."

[262] KISCH, Vorwort, in: Praktikum des Zivilprozeßrechts, Leipzig 1909.

[263] Verzeichnisse der Vorlesungen welche an der Kaiser-Wilhelms-Universität Straßburg im Winterhalbjahr 1893/94 – Sommerhalbjahr 1912 gehalten werden, Straßburg 1893 – 1912 jeweils S. 5ff: Ankündigung SCHULTZE: „Civilprozeß-Praktikum mit Benutzung seiner Civilprozeßrechtsfälle, Jena 1890".

[264] LENEL, OTTO, Praktikum des Bürgerlichen Rechts. Praktische Rechtsfragen zum Gebrauch bei Übungen und Vorlesungen, 11. Auflage Leipzig 1929, Brief KISCH an MENDELSSOHN BARTHOLDY vom 26.2.1909, *Nachlass MENDELSSOHN BARTHOLDY, SBB PK, Musikabt. Mendelssohnarchiv.*

Zivilprozess an.[265] Die Gestaltung des Rechtsunterrichts und insbesondere des Zivilprozessrechtsunterrichts beschäftigten Wilhelm Kisch ein Leben lang. Bereits 1912 äußerte er sich in einem Brief an Gerland zu den Reformbestrebungen zu mehr Praxisnähe beim akademischen Unterricht, weitere auch publizierte Stellungnahmen[266] folgten später.

> „Mir sind überhaupt alle diese Versuche, die Praxis vorwegzunehmen, sehr zweifelhafter Natur. Ich meine: Hat man dem Juristenlehrling die strenge logische und methodische Schulung gegeben, so wird er im Leben ohne dadurch gehindert zu sein, die Fülle der Erscheinungen beobachten und meistern können; wirft man ihn gleich auf einen Komplex von Erscheinungen, so wird er vielfach genug zu tun haben, wenn er sie äußerlich schildert; dagegen wird er nicht im Leben die Fähigkeit erlernen können, sie systematisch zu gliedern und zu beherrschen. Er wird ein Stümper bleiben, der am Äußerlichen haftet und über die Betrachtung der Einzelerscheinung die großen Zusammenhänge aus dem Auge verliert. Man erzieht auf diesem Wege nur ‚Falljuristen'. [...] Aber gegen jede Veräußerlichung muß entschieden Front gemacht werden. Der Jurist darf nicht in die Geistesrichtung eines Anwaltsgehilfen getrieben werden. Das Äußerliche bringt ihm schon die Praxis in Hülle und Fülle.[267]

Kisch lag sehr viel an seinen Studenten und daran, ihnen den Stoff möglichst einprägsam zu vermitteln. Neben seinen sonstigen Werken schrieb er auch kleine Lehrbücher, die den Bedürfnissen der Studenten gerecht werden sollten. Sie enthielten, wie z. B. die drei kleinen Bändchen „Deutsches Zivilprozeßrecht I – III", erschienen 1909 und bis 1934 immer wieder verbessert neu aufgelegt[268], einen umfassenden ersten Überblick über das Zivilprozessrecht mit den wichtigsten Regelungen und Zusammenhänge, gingen aber auch z. T. näher auf grundsätzliche Streitfragen ein. Die Bändchen waren bei den Studenten sehr beliebt.[269] Sie waren sowohl eine Hilfe für den ersten Einstieg als auch für ein schnelles Repetieren. Erschienen in der Sammlung Göschen, deren „Zweck und Ziel" es war, „in Einzeldarstellungen eine klare, leichtverständliche und übersichtliche Einführung in sämtliche Gebiete der Wissenschaft und Technik zu geben; in engem Rahmen, auf streng wissenschaftlicher Grundlage"[270], sollten sie darüber hinaus auch für juristische Laien nutzbar sein. Ein ähnlich erfolgreiches Lehrbuch

---

[265] Verzeichnisse der Vorlesungen welche an der Kaiser-Wilhelms-Universität Straßburg im Sommerhalbjahr 1910 – Sommerhalbjahr 1916 gehalten werden, Straßburg 1910 – 1916 jeweils S. 5ff.

[266] KISCH, Gutachten über den Unterricht im Zivilprozeß, in: WACH/KISCH/MENDELSSOHN BARTHOLDY/STEIN, Der Zivilprozeß, Mannheim 1922, S. 14ff; Der Zivilprozeß im Akademischen Unterricht, in: DJZ, 34. Jg. (1929) S. 122; Der Hochschulunterricht im Zivilprozeß, in: LeipzZ, 24. Jg. (1930) S. 1137ff; Die neue bayerische Prüfungsordnung, in: DJZ, 36. Jg. (1931) Sp. 913ff; Die Reform der Juristischen Ausbildung, in: JW, 59. Jg. (1930) S. 2175ff; Wandlungen im Rechtsunterricht, in: MNN vom 26.3.1930, Nr. 83; Zur Reform des Rechtsstudiums, in: DJZ, 35. Jg. (1930) Sp. 795ff.

[267] Brief KISCH an GERLAND, o. Dat. vermutlich 1912, GERLAND war für den Juristentag in Wien mit einem Gutachten zum akademischen Unterricht beauftragt. *Nachlass GERLAND, BAK NL 10, Bd. 17.*

[268] KISCH, Deutsches Zivilprozeßrecht, Band I – III, 1. Auflage Leipzig 1909, - 4. Auflage Berlin 1929 – 34.

[269] Rezensionen, z. B. FREUDENTHAL, in: RheinZ, 2. Jg. (1911) S. 152; MENDELSSOHN-BARTHOLDY, in: Judicium, 2. Jg. (1929/30) S. 193: „Eine neue Auflage des Kisch'schen Grundrisses ist nicht nur von den Studenten stürmisch verlangt worden."; PAGENSTECHER, in: JW, 59. Jg. (1930) S. 119.

[270] Klappentext in KISCH, Deutsches Zivilprozeßrecht Bd. I, 1. Auflage Leipzig 1909.

schrieb Kisch 1924 über das Konkursrecht und widmete es seinen „früheren, gegenwärtigen, künftigen Hörern“.[271]

Zu seinen Studenten hatte Kisch guten Kontakt und kümmerte sich um sie. Gerade wegen seines persönlichen Einsatzes wollten viele Studenten bei ihm promovieren. Sein im nachhinein wohl berühmtester Schüler aus dieser Zeit war der bereits erwähnte spätere französische Außenminister und „Vater des neuen Europas“ Robert Schuman. Dieser immatrikulierte sich im Wintersemester 1906 an der Universität Straßburg[272] und besuchte eifrig die Vorlesungen von Kisch. In den Briefen an seine Mutter berichtet er regelmäßig von Kisch und dessen Vorlesungen.[273] Schuman bestand sein erstes Staatsexamen am 28. Februar 1908 und wurde während seiner Referendarzeit bei Kisch mit der Arbeit „Streitbefangenheit und Rechtsnachfolge als Voraussetzungen der §§ 265 und 266 der Zivilprozessordnung“ promoviert. Er legte die Doktorprüfung am 26. Februar 1910 mit insgesamt „summa cum laude“ ab.[274] Kisch veröffentlichte diese Arbeit 1910 in der von ihm seit 1907 herausgegebenen Reihe „Zivilrechtliche und prozeßrechtliche Abhandlungen“. In seiner Doktorarbeit bedankte Schuman sich noch ausdrücklich:

> „Herrn Professor Dr. Kisch, der durch manchen wertvollen Rat meinen Studiengang förderte und mich auch auf das vorliegende Thema hinwies, spreche ich an dieser Stelle meinen aufrichtigsten Dank aus.“[275]

Schuman war von Kisch begeistert, insbesondere da dieser einer der wenigen katholischen Professoren der Universität Straßburg war. Sie standen in freundschaftlicher Verbindung[276] und hatten zwei damals nicht unbedeutende Gemeinsamkeiten; ihre luxemburgische Abstammung und ihre Konfession.[277] Allerdings entschied sich Kisch für Deutschland und Schuman später für Frankreich.

3.3.4 Hauptbetätigungsfeld Zivilprozessrecht

In seinem Hauptfach Zivilprozessrecht war er in diesen Jahren nicht ganz untätig, wie das „Deutsche Zivilprozeßrecht I – III“ und das „Praktikum des Zivilprozeßrechts“ neben einigen kleineren Abhandlungen und Gutachten zeigen, wenn er auch selbst sehr unzufrieden mit seinem durch viele Erkrankungen unterbrochenem Schaffen

---

[271] KISCH, Grundriß des deutschen Konkursrechts, Mannheim, 1. Auflage 1924 – 12/13. Auflage 1935.
[272] PENNERA CHRISTIAN, Robert Schuman, La jeunesse et les débuts politiques d'un grand européen, de 1886 à 1924, 1985, S. 28.
[273] Ebd. S. 55, Fn. 26.
[274] Ebd. S. 28f.
[275] SCHUMAN, ROBERT, Streitbefangenheit und Rechtsnachfolge als Voraussetzungen der §§ 265 und 266 der Zivilprozeßordnung, Straßburg 1910, S. 86.
[276] PENNERA CHRISTIAN, Robert Schuman, La jeunesse et les débuts politiques d'un grand européen, de 1886 à 1924, Éditions Pierron 1985, S. 29 : « Tout en effectuant sa 'Referendarzeit', il consacra à la rédaction d'une thèse de procédure civile, sous la direction du professor Wilhelm Kisch, un spécialiste réputé de droit civil, avec lequel il se lia d'amitiè. ».
[277] Ebd. S. 23ff.

war.[278] Darüber hinaus hatte Kisch 1907 begonnen, die schon erwähnte Reihe „Zivilrechtliche und prozeßrechtliche Abhandlungen" herauszugeben[279], da er sich durch eine Vereinigung der Literatur einen „neuen Auftrieb zu prozessualischer Forschungsarbeit" versprach.[280] In diesem Zusammenhang entwickelte sich auch eine engere Zusammenarbeit und ein freundschaftliches Kollegenverhältnis mit dem jüdischstämmigen Albrecht Mendelssohn Bartholdy[281], der ihm für diese Reihe seinen Beitrag „Das Imperium des Richters" überließ. Ihr Verhältnis war von großer persönlicher wie auch wissenschaftlicher Wertschätzung geprägt und darüber hinaus verbanden sie ähnliche Erfahrungen mit Vorurteilen hinsichtlich ihrer Religion bzw. Abstammung.[282] Gerade dieser Punkt wurde im vermutlich ersten Brief von Kisch an Mendelssohn gleich explizit angesprochen:

> „Und aus Ihrem Schreiben ersehe ich mit besonderer Freude, daß zwischen uns kein Missverständnis obwaltet und daß unsere gegenseitige Würdigung nicht durch persönliche Voreingenommenheit getrübt wird, wie sie, Gott sei's geklagt, gerade in den Kreisen zu finden ist, in denen sie am wenigsten heimisch werden dürfte, in wissenschaftlichen Kreisen. [...] Übrigens finden sich Fanatiker in allen Lagern und auch außerhalb der bayrischen und sächsischen Mauern kann gesündigt werden. Nämlich auch zwischen Schwarzwald und Vogesen.[...] Was sind wir in mancher Hinsicht kleinlich geworden in Deutschland! Und wie traurig, daß persönliche Vornehmheit und wirklich sachliche Betrachtung so seltene Ware werden."[283]

Kisch erklärte sich als Dank und im Gegenzug für Mendelssohns Beitrag dazu bereit, in dessen neuer mit Josef Kohler[284], Ernst Rabel[285] und Max Pagenstecher[286] ab 1909

---

[278] Diverse Briefe KISCH an MENDELSSOHN BARTHOLDY 1907 – 1910, *Nachlass MENDELSSOHN BARTHOLDY, SBB PK, Musikabt. Mendelssohnarchiv.*

[279] Diese Reihe besteht aus vier Bänden: Bd. 1 FISCHBACH, Das Sammelvermögen 1907, Bd. 2 MENDELSSOHN BARTHOLDY, ALBRECHT, Das Imperium des Richters 1908, Bd. 3 SCHUMAN, ROBERT, Streitbefangenheit und Rechtsnachfolge als Voraussetzungen der §§ 265 und 266 der Zivilprozeßordnung 1910, Bd. 4 FERNAND, SIMON, Die Schadensersatzansprüche bei Körperverletzung und Tötung im Zweikampf, 1913, (Bd. 4 ist auch eine bei KISCH 1912 angefertigte Doktorarbeit).

[280] Brief KISCH an MENDELSSOHN BARTHOLDY vom 24.3.1907, *Nachlass MENDELSSOHN BARTHOLDY, SBB PK, Musikabt. Mendelssohnarchiv.*

[281] ALBRECHT MENDELSSOHN BARTHOLDY, 1874 – 1936, Völkerrechtler und Prozessrechtler, Professor in Würzburg und Hamburg, emigrierte wegen seiner jüdischen Abstammung 1934 nach England.

[282] Vgl. Briefwechsel KISCH – MENDELSSOHN BARTHOLDY 1907 – 1933, *Nachlass MENDELSSOHN BARTHOLDY, SBB PK, Musikabt. Mendelssohnarchiv.*

[283] Brief KISCH an MENDELSSOHN BARTHOLDY vom 24.3.1907, *Nachlass MENDELSSOHN BARTHOLDY, SBB PK, Musikabt. Mendelssohnarchiv.*

[284] JOSEF KOHLER, 1849 – 1919, Universalgelehrter, bekannter Zivilrechtler, u. a. Werke im Gewerblichen Rechtsschutz.

[285] ERNST RABEL, 1874 – 1955, Zivilrechtler, Schwerpunkt Rechtsvergleichung, Professor u. a. in München und Berlin, emigrierte 1939 nach Amerika, vgl. z. B. KEGEL, GERHARD, Ernst Rabel. Vorkämpfer des Weltkaufrechts, in: HEINRICHS/FRANZKI/SCHMALZ/STOLLEIS, Deutsche Juristen jüdischer Herkunft, München 1993, S. 571ff.

[286] MAX PAGENSTECHER, 1874 – 1957, Prozessrechtler, Professor in Lausanne, Halle, Frankfurt am Main und Hamburg. Vgl. SCHUBERT, WERNER Einleitung, in: ders. (Hrsg.) Akademie für deut-

herausgegebenen „Rheinische Zeitschrift für Zivil- und Prozeßrecht" mitzuwirken.[287] Die Herausgeber bezweckten „an Stelle der bisherigen Zeitschrift für französisches Zivilrecht eine neue wissenschaftliche und praktische Zeitschrift treten zu lassen, welche nach den Richtungen wirkt, die seinerzeit besonders mächtig und wohltätig durch Frankreich beeinflusst worden sind"[288], und damit ganz in Kischs Interessens- und Tätigkeitsgebiet lag. Kisch schrieb dafür etliche Rezensionen und Artikel in den kommenden Jahren.[289] Kischs, Mendelssohn Bartholdys und Pagenstechers Zusammenarbeit auf dem Gebiete des Prozessrechts intensivierte sich in den Zwanziger Jahren nochmals stark und gipfelte in der Gründung der „Vereinigung Deutscher Zivilprozeßrechtslehrer" sowie in der gemeinsamen Herausgabe zweier zivilprozessrechtlicher Reihen.[290] Mit Josef Kohler, der auch dem französischen Rechtsgebiet entstammte[291], stand Kisch ebenfalls privat in Briefkontakt.[292]

Als Zivilprozessrechtler verfolgte Kisch natürlich auch die immerwährende Reformdiskussion um die R.C.P.O., besonders den in diesen Jahren schwelenden Streit um eine Beschleunigung bzw. auch Vereinfachung des Verfahrens, vor allem um Amts- oder Parteibetrieb.[293] Abgesehen von der 1908 verfassten kleinen Schrift, „Unsere Gerichte und ihre Reform"[294], in der er die Organisation und Besetzung der Gerichte, also die Gerichtsverfassung, und den Meinungsstand zu deren Reform, nicht aber das Prozessverfahren ausgenommen der Rechtsmittel darstellte,[295] äußerte er sich in diesen Jahren rechtspolitisch nicht. Dies war allerdings nicht sehr erstaunlich, da Kisch kein eifriger Verfechter der Reformbestrebungen war, auch wenn er einige Änderungen befürwortete. Er stand der Reformdiskussion eher skeptisch gegenüber und warnte vor übereilten Änderungen und bloßem „Stückwerk", insbesondere vor einer Reform der Gerichtsverfassung ohne Reform des Gerichtsverfahrens.[296] Vor allem stellte er aber generell die Reformbedürftigkeit in Frage, denn für ihn war die Unzufriedenheit des Volkes mit den Gerichten und ein allgemeines Misstrauen gegen die Rechtspflege nicht erwiesen und insbesondere waren die Empfindungen des deutschen Volkes den Gerichten gegenüber auch nicht anders als in anderen Staaten. Vielmehr

---

sches Recht 1933 – 1945 Protokolle der Ausschüsse, Bd. VI Zivilprozeß und Gerichtsverfassung, Frankfurt am Main 1997, S. 103.

[287] Brief KISCH an MENDELSSOHN BARTHOLDY vom 16.07.1908 und 18.5.1908, *Nachlass MENDELSSOHN BARTHOLDY, SBB PK, Musikabt. Mendelssohnarchiv.*

[288] KOHLER, JOSEF, Einleitung in: RheinZ, 1. Jg. (1909) S. 4.

[289] Siehe Schriftenverzeichnis im Anhang.

[290] Vgl. unten 2. Kapitel, 2.2, Zivilprozessrecht und die Vereinigung Deutscher Zivilprozeßrechtslehrer.

[291] Fakultätsbericht für Nachfolge JOSEF KOHLER, JF Berlin an Preußisches Kultusministerium (künftig: PreußKuMi) vom 8.7.1920, *Anstellung und Besoldung der außerordentlichen und ordentlichen Professoren der juristischen Fakultät Juli 1916 bis September 1921, Geheimes Staatsarchiv preußischer Kulturbesitz (künftig: GStA) Berlin, Rep. 76 V a Sekt. 2 Titel IV.*

[292] Briefwechsel KISCH – KOHLER, 1903 – 1912 nachgewiesen, aber Kriegsverlust, Mitteilung Staatsbibliothek zu Berlin, Preußischer Kulturbesitz, Handschriftenabteilung vom 29.1.2003.

[293] vgl. DAMRAU, JÜRGEN, Die Entwicklung einzelner Prozeßmaximen seit der Reichszivilprozeßordnung von 1877, Paderborn 1975, S. 179ff.

[294] KISCH, Unsere Gerichte und ihre Reform, Leipzig 1908.

[295] Ebd. S. 127.

[296] Ebd. S. 127ff.

gehe die Kritik nur von Teilen der Bevölkerung aus, besonders den „kaufmännischen und industriellen Kreisen“, und ein Misstrauen richte sich, wenn dann vor allem gegen die sachliche Entscheidung, die aber auf dem bürgerlichen Recht beruhe, nicht auf dem Prozessrecht.[297] Zu beachten sei auch, dass den Deutschen im Gerichtswesen die Tradition fehle, schließlich habe man erst ein Menschenalter lang gemeinsame Grundsätze, und dass die Gerichte erst „Vertrauen und Autorität“ gewinnen müssten, um „volkstümlich“ zu werden. Kisch warnte daher vor übereiligen Veränderungen, bevor die Gerichte „festen Fuß fassen konnten“[298] und vor allzu leichter Nachahmung ausländischer Regelungen, die nicht zwangsläufig immer auch in Deutschland passen würden.[299] Im einzelnen befürwortete Kisch die Erweiterung der Zuständigkeit des Amtsgerichts auf Streitsachen bis 600 Mark[300], wie sie dann in der sog. Amtsgerichtsnovelle 1909[301] erfolgte, die Beschränkung der Berufung in Bagatellsachen, allerdings nur bis höchstens 60 Mark[302], und die Vereinheitlichung und Ausweitung der Kaufmanns- und Gewerbegerichte.[303] Eine generelle Laienbeteiligung bei Zivilgerichten lehnte er jedoch wegen der Schwierigkeit der juristischen Fragen[304] ebenso ab wie den verstärkten Einzelrichtereinsatz. Gerade die Kollegialgerichte verteidigte er als „gründlicher“ und „im Ergebnis meist richtiger“ sowie für die Ausbildung von jungen Richtern bedeutend.[305] Auch der Zurückdrängung der Rechtsanwaltschaft als einem wichtigen Organ der Rechtspflege stand er nicht positiv gegenüber.[306] Diese kleine Schrift erschien in der Reihe „Wissenschaft und Bildung, Einzeldarstellungen aus allen Gebieten des Wissens“ und war eher für den Laien als „belehrende Lektüre“, für den Fachmann als „bequeme Zusammenfassung“ und für den Gelehrten als „geeignetes Orientierungsmittel“ geschrieben.[307] Neben den Bändchen „Deutsches Zivilprozessrecht I-III“, deren Einleitung im dritten Band Jahre später als ein vorbildliches Beispiel für die Kunst des Lehrens dargestellt wurde[308], war dies ein weiteres Büchlein, das nicht ohne wissenschaftlichen Anspruch war, aber auch Kischs Talent zu gemeinverständlicher Formulierung und lebendigem Vortrag zeigte.

3.3.5 Karrierefrust und Arbeitseifer

Wider Erwarten hatte Kischs Karriere in den letzten Jahren in Straßburg keine Fortschritte gemacht. Nach seinem schnellen und glänzenden Einstieg in die akademische Welt blieben weitere Berufungen aus. Er war zwar 1905 für eine Professur für Zivil-

---

[297] Ebd. S. 129f.
[298] Ebd. S. 131.
[299] Ebd. S. 132f.
[300] Ebd. S. 138ff [142].
[301] Gesetz vom 1.6.1909, RGBl. 1909, S. 475.
[302] KISCH, Unsere Gerichte und ihre Reform, Leipzig 1908, S. 145f.
[303] Ebd. S. 147.
[304] Ebd. S. 146.
[305] Ebd. S. 134f.
[306] Ebd. S. 142f.
[307] Ebd. Voranzeige und Nachwort.
[308] LUDWIG REINERS führt in seinem Kapitel „Die Kunst zu lehren“ in: ders. Stilkunst. Ein Lehrbuch deutscher Prosa, München 1991, S. 338 – 362, unter dem Punkt „Fragen lebendig machen“ KISCHS Einleitung im dritten Band „Deutsches Zivilprozeßrecht“, der von den Rechtsmitteln handelt, als Paradebeispiel für diese Methode an.

prozess und Bürgerliches Recht in Würzburg und auch 1913 in Berlin wiederum für Konrad Hellwig im Gespräch[309], ein Ruf an ihn erging aber nicht. Auch einige andere Berufungen, die auf ihn passten, gingen an ihm vorüber, obschon er, wie er selbst sagte, nicht ganz „unfleißig" gewesen war.[310] Obwohl er als Katholik immer wieder mit seiner Abstemplung als „Ultramontaner" und der „persönlichen Voreingenommenheit" in den akademischen Kreisen zu kämpfen hatte und dies ihn auch sehr verbitterte[311], sah er trotzdem seine Nichtberufung nicht allein in seiner Eigenschaft als Katholik begründet:

> „So bin ich, wenn ich von mir reden darf, felsenfest überzeugt, daß meine von mir übrigens nie verhehlte Eigenschaft als Katholik (nicht als Ultramontaner), eine Eigenschaft zu deren Verbreitung freilich von Freunden ebensoviel beigetragen wurde wie von Gegnern, niemals der Grund gewesen ist, warum mir ein Ruf entgangen ist, sondern höchstens der Vorwand. Die Gründe liegen immer in anderer Richtung. Fehlte aber dieser Vorwand, so waren tausend andere leicht herzustellen, daß man vermutlich doch nicht komme, daß man unverträglich sei, daß man vorlesungsgierig sei, daß man Doktorfabrikant sei usw. usw. Kurz, um Vorwände ist man nicht verlegen. Und daß man diese nicht verhindern kann (wer hätte nicht gute Freunde, die dafür sorgten), so braucht man sich nicht wundern, wenn die Fakultät andere beruft, als man erwarten durfte. Drum trage ich meinerseits mein Stigma leichten Herzens. Jedem wünsche ich, das Gleiche zu tun."[312]

Was genau Kisch hier als sein Stigma ansah, vermutlich seine Herkunft als Elsässer oder seine Behinderung, ist nicht bekannt. Er richtete sich dauerhaft in Straßburg ein, konzentrierte sich auf seine Arbeit und fand sich mit seinem Schicksal ab:

> „Meine hiesigen Kollegen halten mich – bei der Gleichheit der Fächer – für einen möglichen Nachfolger [für die Professur Hellwig in Berlin]. Ich selbst sehe die Sache viel skeptischer an [...] Komme, was kommen mag; ich rege mich – und das ist wirklich keine Phrase – über die Angelegenheit nicht auf. Sollte wider Erwarten ein Ruf an mich kommen, so wird mir das eine große Genugtuung sein, wenn nicht, mache ich auch keinen Selbstmordversuch; meine hiesige Stellung ist nicht so gestellt, daß ein Wechsel für mich Lebensbedingung wäre; ich kann behaglich arbeiten. [...] Auf jeden Fall entspricht es meinen Ihnen bekannten Anschauungen über akademische Dinge, daß ich in der Angelegenheit keinen Finger rühre und mich namentlich auch durch Andere nicht in empfehlende Erinnerung zu bringen suche."[313]

---

[309] Fakultätssitzung vom 25.11.13, KISCH in engerer Wahl für Nachfolge von HELLWIG, Vorschlagsliste enthielt dann aber RÜMELIN, HEYMANN, V. TUHR, *Juristischen Fakultät, Archiv der Humboldt-Universität Berlin (künftig: UAB) Jur. F. 16/1 Bl. 209 – 212*; Brief KISCH an GERLAND, ohne Datum, vermutlich Herbst 1913, *Nachlass GERLAND, BAK NL 10, Bd. 17.*

[310] Diverse Briefe KISCH an GERLAND, 1906 – 1916, *Nachlass GERLAND, BAK NL 10, Bd. 17.*

[311] Brief KISCH an MENDELSSOHN BARTHOLDY vom 24.3.1907, *Nachlass MENDELSSOHN BARTHOLDY, SBB PK , Musikabt. Mendelssohnarchiv.*

[312] Brief KISCH an GERLAND, o. Dat., vermutlich Frühjahr 1913, *Nachlass GERLAND, BAK NL 10, Bd. 17.*

[313] Brief KISCH an GERLAND, o. Dat., vermutlich Herbst 1913, *Nachlass GERLAND, BAK NL 10, Bd. 17.*

In diesen Jahren der stillen Behaglichkeit schrieb Kisch eines seiner größten zivilprozessualen Werke, „Parteiänderung im Zivilprozeß“[314]. Darin versuchte Kisch die fast einstimmige Ansicht der herrschenden Lehre und des Reichsgerichts, die die Parteiänderung als Klageänderung behandeln, zu widerlegen.[315] Bemerkenswert deutlich war sein Bekenntnis zu und Plädoyer für die Begriffsjurisprudenz im Vorwort, die er selbst als „altmodische Anschauung“ betitelte. Er verteidigte dort noch einmal ganz vehement seine konstruktive Methode gegenüber der aufkommenden Interessensjurisprudenz und setzte sich damit insbesondere in späteren Jahren einer herben Kritik aus.[316] Gerade dieses Vorwort wirkte sich aber nur zwei Jahre darauf entscheidend auf seine Karriere aus. Kisch schrieb:

> „ Er [Der Verfasser/S.A.] gesteht noch immer der altmodischen Anschauung zu huldigen, daß es die Aufgabe der Dogmatik ist, die Fülle der Rechtserscheinungen tunlichst unter einfache und einheitliche Oberbegriffe einzuordnen. Bloße Räsonnements über Zweckmäßigkeit und Interessenslage fördern nicht die Wissenschaft sondern verflachen sie. Wenn irgendwo, so ist es gerade auf dem Gebiete des Zivilprozeßrechtes unerläßlich, die Rechtsdogmatik von der Rechtspolitik zu sondern. Wer nicht Gesetzesvorschläge machen, sondern das geltende Recht auslegen will, der darf nicht vergessen, dass er lediglich den im Gesetze niedergelegten Gedanken aufzudecken hat und an diesen gebunden ist. Sind freilich mehrere Auslegungen möglich, so ist es natürlich erlaubt und geboten, diejenige auszuwählen, die zu dem zweckmäßigsten Ergebnis führt. Mit dieser Anforderung setzt sich aber auch die konstruktive Darstellung des Rechtes durchaus nicht in Widerspruch. Man glaubt sie freilich zu brandmarken, wenn man sie mit dem Namen der Formaljurisprudenz belegt. Als ob praktische Vernunft mit der Logik in Widerspruch stünde! Als ob die althergebrachten allgemeinen Rechtsbegriffe nicht den Niederschlag einer tausendjährigen praktischen Erfahrung darstellten! Als ob nicht die richtige Konstruktion gerade diejenige wäre, die den Lebensbedürfnissen gerecht wird, ohne die durch das Gesetz gezogenen Grenzen zu überschreiten! Demgegenüber scheint mir gerade einige Besonnenheit sehr am Platze gegenüber derjenigen Methode der Rechtsbehandlung, wie sie neuerlich lebhaft befürwortet wird von eifrigen Praktikern und von rasch begeisterten Männern der Wissenschaft, unter denen man merkwürdigerweise einzelnen recht konstruktionsfreudigen Männern begegnet. Soweit sich diese Methode der logischen Fessel entwinden will, führt sie notwendig zur Unsicherheit und Unklarheit. Soweit aber in ihr ein berechtigter Kern steckt, heißt das Postulat vernünftige Rechtsauslegung, also nichts anderes, als was die Meister der Dogmatik von jeher gelehrt und geübt haben. Man vergesse doch nicht, daß (um keinen Lebenden zu nennen) der „Zweck im Recht“ von niemandem energischer betont worden ist, als von einem der glänzendsten Vertreter der juristischen Konstruktion. Auch schon vor der neuen Schule hat man die schutzwürdigen In-

---

314 KISCH, Parteiänderung im Zivilprozeß, Abhandlungen zum Privatrecht und Zivilprozeß des Deutschen Reiches, XXIV. Bd., München 1912.

315 Ebd. S. VII.

316 DE BOOR, HANS OTTO, Zur Lehre vom Parteiwechsel und vom Parteibegriff, Sonderausgabe der Festschrift der Leipziger Juristenfakultät für Dr. Heinrich Siber zum 10. April 1940 Bd. II, Leipzig 1943, S. 43ff (Seitenzahlen nach Festschrift), der ihm Begriffsjurisprudenz in ihrer „positivistischen Prägung“ vorwirft: „Er will konstruieren, ein Wort, das er des öfteren mit ‚prozessual erklären‘ gleichsetzt. [...] Dahinter steht, wenn auch nicht ausdrücklich ausgesprochen, so doch deutlich genug, das Dogma von der Lückenlosigkeit der Rechtsordnung. Zwar ist der Parteiwechsel (außer in den Sonderfällen [...]) im Gesetze nicht geregelt. Aber er muß eben einzuordnen sein, d. h. sich unter irgendwelche positiven Normen bringen lassen. Das Aufsuchen eigener sachgerechter Normen würde der Methode widersprechen, als Ungehorsam gegen das Gesetz empfunden werden.“

teressen nicht aus dem Auge gelassen. Nur hat man davon nicht soviel Aufhebens gemacht."[317]

Kisch untersuchte die gesetzlich nicht ausdrücklich geregelten vier für ihn in Frage kommenden Falltypen, den Kläger- und den Beklagtenwechsel, auch gewillkürter Parteiwechsel genannt, und die Kläger- oder Beklagtenvermehrung, auch Parteierweiterung genannt, und kam dabei zu folgendem Schluss:

> „Sie [Die Arbeit/S.A.] gelangt zu dem Ergebnis, daß der Wechsel der Partei in die beiden Bestandteile einer Klagezurücknahme und einer Klagerhebung zerfällt, daß aber der Hinzutritt eines weiteren Klägers oder Beklagten sich als eine Klagerhebung darstellt, mit welcher sich eine Änderung der ursprünglichen Klage verbinden kann, aber nicht verbinden muß."[318]

Mit dieser Konstruktion, also zwei Prozessen, kam er dann aber folgerichtig zu dem Resultat, dass eine Bindungswirkung an die bisherige Prozesslage für die neue Partei nicht möglich sei, selbst bei beiderseitigem Einverständnis. Allerdings sei die Parteiänderung trotzdem nicht völlig wertlos. Abgesehen von der Ersparnis von Zeit, Mühe und Kosten habe das alte Verfahren wenn auch keinen rechtlichen, so doch tatsächlichen Einfluss, da vielfach die gleichen rechtlichen und tatsächlichen Fragen auftauchen würden und die Parteien sich an früheren Ergebnissen orientieren würden.[319] Kischs „Klagerücknahmetheorie", setzte sich nicht durch und sah sich in späteren Jahren vor allem der Kritik ausgesetzt, dass damit der Zweck der Parteiänderung, die angestrebte Verwertung bisheriger Prozessergebnisse, nicht möglich sei und dass sie die Parteiänderung in der zweiten Instanz nicht erklären könne.[320] Vor allem Hans Otto de Boor griff in seinem Werk, „Zur Lehre vom Parteiwechsel und vom Parteibegriff", neben der Ansicht des Reichsgerichts nicht nur methodisch, sondern auch inhaltlich Kischs Arbeit an und kam zu dem Ergebnis, dass sowohl Kischs Theorie als auch die ebenso formaljuristisch geprägte Auffassung des Reichsgerichts trotz der „Richtigkeit der logischen Subsumption" das Problem nicht zufriedenstellend lösen könnten, „weil die durch sie eingeführten Normen auf den Parteiwechsel nicht passen und die Ergebnisse in entscheidenden Punkten unzweckmäßig, beim Reichsgericht sogar mitunter gröblich ungerecht" seien.[321] Noch in heutiger Zeit findet die „Klagerücknahmetheo-

[317] KISCH, Parteiänderung im Zivilprozeß, Abhandlungen zum Privatrecht und Zivilprozeß des Deutschen Reiches, XXIV. Band, München 1912, S. X/XI.
[318] Ebd. S. VII.
[319] Ebd. S. 140ff und 192ff.
[320] DE BOOR, HANS OTTO, Zur Lehre vom Parteiwechsel und vom Parteibegriff, Sonderausgabe der Festschrift der Leipziger Juristenfakultät für Dr. Heinrich Siber zum 10. April 1940 Bd. II, Leipzig 1943, S.63; ROTH, HERBERT, Gewillkürter Parteiwechsel und Bindung an Prozeßlagen, in: NJW, 41. Jg. (1988) S. 2977ff.
[321] DE BOOR, HANS OTTO, Zur Lehre vom Parteiwechsel und vom Parteibegriff, Sonderausgabe der Festschrift der Leipziger Juristenfakultät für Dr. Heinrich Siber zum 10. April 1940 Bd. II, Leipzig 1943, S. 63.

rie“ als „extremste Position“ in die immer noch währende Diskussion um den gewillkürten Parteiwechsel Eingang.[322]

Ebenfalls von der Begriffsjurisprudenz geprägt war Kischs im gleichen Jahr, 1912, erschienene Monographie „Gattungsschuld und Wahlschuld“[323], worauf auch der Untertitel „Eine begriffliche Abgrenzung“ schon hinweist. Darin untersuchte Wilhelm Kisch das Wesen der sog. „beschränkt-generischen“ Obligation, „die Schuld einer Quantität aus einer individuell bezeichneten Menge“.[324] Er versuchte nachzuweisen, dass in diesen Fällen, wenn nicht eine Wahlschuld gegeben ist, eine Gattungsschuld vorliege und nicht wie auch vertreten wurde, eine Speziesschuld.[325] Auch dieses Werk war wieder nach Kischs Art mit vielen Beispielen gespickt, um die sich ergebenden feinen Einzelheiten zu verdeutlichen. Außerhalb seiner Universitätstätigkeit erstattete Kisch Gutachten und wurde ab 1913 zum Mitglied der literarischen Sachverständigenkammer für Elsass-Lothringen ernannt, in der er sich mit urheberrechtlichen Fragen befasste[326], ein Gebiet, für das er sich bis dahin zwar nicht mit Publikationen, aber zumindest mit seinen Vorlesungen legitimiert hatte.

3.4 Zu Kriegszeiten in Straßburg (1914 – 1916)

Am Vorabend des Ersten Weltkriegs 1913/1914 war Wilhelm Kisch nochmals außer der Reihe das Dekanat zugefallen.[327] Die Universität Straßburg hatte wieder ihr altes Renommee erreicht und zählte zu den angesehensten Universitäten im Deutschen Reich. Sie war immer noch eine Arbeitsuniversität.[328] Gerade aber diese stillen Verhältnisse fand Kisch sehr angenehm.[329] Gleich zu Beginn des Jahres 1914 traf ihn ein schwerer Schicksalsschlag. Seine geliebte Mutter, jahrelang schon gesundheitlich angeschlagen und an starken Asthmabeschwerden leidend, starb am 8. Februar an einer Influenza verbunden mit einer starken Bronchitis.[330] Ihr Tod nahm Kisch und seine Schwester Elisabeth sehr mit.

Die ersten Vorboten des drohenden Krieges zogen auf. Die Julikrise ließ die Kriegsangst wachsen. In Straßburg war die Stimmung angespannt. Man befürchtete eine schnelle Besetzung Elsass-Lothringens durch die Franzosen. Kisch beschloss, trotzdem in Straßburg zu bleiben und die Stellung zu halten. Er schrieb am 30. Juli 1914 an Heinrich Gerland:

---

322 Z. B. ROTH, HERBERT, Gewillkürter Parteiwechsel und Bindung an Prozeßlagen, in: NJW, 41. Jg. (1988) S. 2977ff.

323 KISCH, Gattungsschuld und Wahlschuld, Eine begriffliche Abgrenzung, München 1912.

324 Ebd. S. 1.

325 Ebd. S. 10.

326 Brief KISCH an GERLAND o. Dat., ca. 1913, *Nachlass GERLAND, BAK NL 10, Bd. 17.*

327 Amtliches Verzeichnis des Personals und der Studenten der Kaiser-Wilhelms-Universität Straßburg für das Sommerhalbjahr 1913, Straßburg 1913, S. 2, Brief KISCH an GERLAND, o. Dat. vermutlich Frühjahr 1913, *Nachlass GERLAND, BAK NL 10, Bd. 17.*

328 CRAIG, JOHN E., Scholarship and Nation Building, The Universities of Strasbourg an Alsatian Society 1870 – 1939, Chicago 1984, S. 135ff, 173f.

329 Brief KISCH an GERLAND vom 27.6.1914, *Nachlass GERLAND, BAK NL 10, Bd. 17.*

330 Brief KISCH an GERLAND vom 22.2.1914, *Nachlass GERLAND, BAK NL 10, Bd. 17.*

„Hier wird allgemein das Schlimmste besorgt, und – was eigentlich das Übelste ist – man muß wünschen, daß die Entscheidung jetzt falle und daß nicht ein fauler Stillstand die Gegensätze verkleistere, die dann doch mit fast elementarer Notwendigkeit in einiger Zeit zu einer Auseinandersetzung drängen würden, bei welcher unsere Situation sicherlich ungünstiger wäre. [...] Ich habe nur die eine Furcht, daß S. M. nicht festbleibt und die Nerven verliert. Wenn die Russen den Eindruck gewinnen, daß wir kneifen, dann ist es auf immer vorbei mit dem russischen, französischen, und vor allem österreichischen Respekt. Gegenüber der russischen Mobilmachung gibt es für uns nur eine Antwort.
Ich habe die Absicht hier zu bleiben. Die Franzosen werden wahrscheinlich den Versuch machen, möglichst bald das Elsaß zu okkupieren. Sollte die Belagerung von Straßburg näher rücken, kann man ja immer noch weitere Entschlüsse fassen. Ich glaube aber, soweit läßt man es nicht kommen.“[331]

Mit Kriegsausbruch wurden viele Studenten und Dozenten der Universität Straßburg eingezogen oder meldeten sich freiwillig. Kisch war wegen seiner Behinderung nicht kriegsverwendungsfähig[332], aber er wollte auch seinen Beitrag leisten. Mit etwas Wehmut bemerkte er dazu:

„Wir, die Zurückgebliebenen können nur die Ereignisse von weitem verfolgen, spüren aber doch einen Hauch von all dem Großen, Übermenschlichen, zum Teil auch Unmenschlichen des Krieges. Man sucht in seinem kleinen Bereiche zu helfen, wo es geht. [...] An Konzentration zu juristischer Arbeit ist natürlich nicht zu denken. Der Geist weilt im Felde.“[333]

Auch ihm war bewusst, dass die wissenschaftliche Arbeit in dieser Zeit keine große Bedeutung hatte. Viele Professoren ergriffen die Gelegenheit und engagierten sich jetzt politisch, vor allem propagandistisch an der Heimatfront. Sie sahen darin die Möglichkeit, wieder die geistige Führerschaft im Reich übernehmen zu können.[334] Kisch blieb aber seiner unpolitischen Haltung treu und konzentrierte sich weiterhin auf seine Arbeit und auf die ihm möglichen sozialen Hilfsdienste. Zahlreiche Aufrufe und Gegenaufrufe zur Solidarisierung für bestimmte politische Ziele ergingen an die Professoren, wurden von Kisch aber ignoriert. Seiner Ansicht nach waren die Professoren für diese politischen Aufgaben schlecht geeignet und sollten besser bei ihrer Arbeit bleiben, als ihren guten Namen zu missbrauchen oder missbrauchen zu lassen.[335] Nachdem er zunächst mit einigen anderen Professoren bei der Sortierung der Post geholfen hatte[336], musste er diese Tätigkeit wegen gesundheitlicher Beschwerden aufgeben und beschränkte sich notgedrungen auf eine Betätigung als „Lazarett- und Zigarettenonkel“.[337] Obwohl die Hörsäle zu Lazarette umfunktioniert und angefüllt mit

[331] Brief KISCH an GERLAND vom 30.7.1914, *Nachlass GERLAND, BAK NL 10, Bd. 17.*
[332] Das deutsche Führerlexikon, Berlin 1934/35, S. 516.
[333] Brief KISCH an GERLAND vom 15.11.1914, *Nachlass GERLAND, BAK NL 10, Bd. 17.*
[334] SCHWABE, KLAUS, Wissenschaft und Kriegsmoral, Die deutschen Hochschullehrer und die politischen Grundfragen des Ersten Weltkrieges, Göttingen 1969, S. 21.
[335] Brief KISCH an MENDELSSOHN BARTHOLDY vom 12.8.1916, *Nachlass MENDELSSOHN BARTHOLDY, SBB PK Berlin, Musikabt. Mendelssohnarchiv.*
[336] FICKER, Bericht der Kriegstelle, in: Das Stiftungsfest der Kaiser-Wilhelms-Universität Straßburg am 1.5.1915, Straßburg 1915, S. 24; Brief KISCH an GERLAND vom 15.11.1914, *Nachlass GERLAND, BAK NL 10, Bd. 17.*
[337] Brief KISCH an GERLAND vom 15.11.1914, *Nachlass GERLAND, BAK NL 10, Bd. 17.*

Verletzten waren, wurde entschieden, den Universitätsbetrieb aufrechtzuerhalten und damit ein Zeichen zu setzen.

> „Mit vollem Recht wurde beschlossen zu lesen. Daß der Betrieb aufrechtbleibt, ist gerade in dieser Grenzfestung von symptomatischer Bedeutung und Wichtigkeit. Und es ist so recht deutsche Art, die Friedensbeschäftigung soweit aufrechtzuerhalten, als es irgend geht."[338]

Kisch las aus Platzmangel im juristischen Seminar, aber Hörer gab es ohnehin nur sehr wenige. Er war für die ersten beiden Kriegsjahre 1914 bis 1916 als Vertreter der rechts- und staatwissenschaftlichen Fakultät im Senat. Bereits seit dem Sommerhalbjahr 1914 bekleidete er als Nachfolger von Andreas v. Tuhr das Amt des Syndikus der Universität.[339] Kisch war in den ersten beiden Kriegsjahren zuversichtlich, aber nicht zu euphorisch. Das neue nationale Einheitsgefühl erfasste auch ihn.

> „Und dann muß verstanden werden, was wir an der Masse des deutschen Volkes für einen großartigen Schatz besitzen und es muß den Deutschen zu Bewußtsein kommen, daß es nicht nötig ist, alles andere für überlegen zu halten."[340]

Der Kriegsausbruch war für ihn nur eine Frage der Zeit gewesen. Er glaubte an einen deutschen Sieg[341], auch wenn er gewisse Probleme schon früh erkannte.

> „Mein Eindruck ist, daß ein deutlich charakterisierter Sieg für uns unendlich schwer sein wird, wegen der englischen Reserven. Ich glaube, aber auch andererseits, daß es ebenso schwer sein dürfte, Deutschland niederzuringen."[342]

Seine Einstellung zu England als „Erbfeind", die von der Mehrheit der Professoren geteilt wurde[343], und zu der damit verbundenen Flottenpolitik des Deutschen Reichs verschärfte sich mit Kriegsbeginn. Er äußerte sogar, er würde selbst eine Verständigung mit Frankreich begrüßen, um damit den Weg zu einer Abrechnung mit dem Hauptfeind England frei zu bekommen.[344]

> „Sie [Heinrich Gerland/S.A.] mögen es banal finden, mit dem Strom zu schwimmen. Aber daß England der Erbfeind ist und für ein halbes Jahrhundert bleiben muß, steht mir unverrückbar fest. Wir müssen auf immer den Briten Respekt beizubringen wissen, jetzt oder später. Denn dieser hochmütigen Rasse imponiert nur Stolz und Kraft und Entschiedenheit. Die liebdienerische Unterwürfigkeit, die wir vor dem Krieg nicht genügend ab-

---

[338] Brief KISCH an GERLAND vom 15.11.1914, *Nachlass GERLAND, BAK NL 10, Bd. 17.*

[339] Amtliche Verzeichnisse des Personals und der Studenten der Kaiser-Wilhelms-Universität Straßburg für das Sommerhalbjahr 1914 – Sommerhalbjahr 1916, Straßburg 1914 – 1916, jeweils S. 1-3.

[340] Brief KISCH an GERLAND vom 15.11.1914, *Nachlass GERLAND, BAK NL 10, Bd. 17.*

[341] Brief KISCH an GERLAND vom 28.2.1915: „Ich halte die Fahne bereit." *Nachlass GERLAND, BAK NL 10, Bd. 17.*

[342] Brief KISCH an GERLAND vom 15.11.1914, *Nachlass GERLAND, BAK NL 10, Bd. 17.*

[343] SCHWABE, KLAUS Wissenschaft und Kriegsmoral, Die deutschen Hochschullehrer und die politischen Grundfragen des Ersten Weltkrieges, Göttingen 1969, S. 27ff.

[344] Brief KISCH an GERLAND vom 15.11.1914, *Nachlass GERLAND, BAK NL 10, Bd. 17.*

gestreift hatten, muß aufhören, und wird hoffentlich später nicht wieder in Annäherungsversuchen Ausdruck finden."[345]

Kisch war für den Flottenausbau um jeden Preis, „und wenn wir uns das Brot vom Munde absparen müssen"[346], denn damit sollte die Weltmachtstellung Deutschlands gefestigt werden.[347] Der Krieg war für ihn „der verzweifelte Versuch der ganzen Welt, die neue Weltmacht, die sich aus dem Großstaat Deutschland zu entwickeln begann, mit allen Mitteln zu verhindern".[348] Auch er ließ sich von den militärischen Anfangserfolgen beeindrucken und stimmte zum Teil in die übersteigerte Kriegszielpolitik ein, die unter anderem auf die Beseitigung der englischen Herrschaft in den Kolonien und auf Annexionen gerichtet war.[349] So sah er auch die Notwendigkeit „in englischen Kolonien zu stänkern" und fände es schön, wenn das „Erzbassin von Briey an Lothringen" angeschlossen werden könnte.[350] Damit stand er zunächst den sogenannten „Annexionisten" näher als den „Gemäßigten", die sehr schnell statt äußerer Expansion innere Reformen befürworteten und auf einen Verhandlungsfrieden drängten.[351] Zu den sog. „Alldeutschen" als schärfste Fraktion der Annexionisten mit ihrem übersteigerten Sendungsbewusstsein war Kisch aber nicht zu zählen und auch dem damit verbundenen Militarismus stand er, wie er später schrieb, schon wegen dem früheren strengen Militärregiment in Straßburg fern.[352] Kisch war zwar als Grenzländer vielleicht sogar nationaler eingestellt als viele Reichsdeutsche, schließlich galt es diese deutsche Gesinnung immer wieder zu beweisen, aber gerade auch deswegen zu kosmopolitisch, um diesem übersteigerten Nationalismus anheim zu fallen. Mit längerem Kriegsverlauf und den militärischen Rückschlägen schwand aber bei ihm die Zuversicht auf ein schnelles Kriegsende und er sah die Notwendigkeit, Kompromisse, d. h. Sonderfrieden zu schließen[353] und Konzessionen zu machen, um diesen sinnlosen Krieg zu beenden. Völlig rückte er jedoch von Annexionen nicht ab, denn so schrieb er z. B. noch 1917, dass möglicherweise an Frankreich Zugeständnisse gemacht werden müssen, um die preußische Ausweitung im Osten durchzusetzen.[354] An einen klaren Sieg glaubte Kisch allerdings 1918 nicht mehr, es ging nur noch um Schadensbegrenzung, selbst keine Gebiete abgeben zu müssen, und darum einen möglichst akzeptablen Frieden

[345] Brief KISCH an GERLAND vom 11.2.1915, *Nachlass GERLAND, BAK NL 10, Bd. 17.*
[346] Brief KISCH an GERLAND vom 15.11.1914, *Nachlass GERLAND, BAK NL 10, Bd. 17.*
[347] SCHWABE, KLAUS, Wissenschaft und Kriegsmoral, Die deutschen Hochschullehrer und die politischen Grundfragen des Ersten Weltkrieges, Göttingen 1969, S. 47.
[348] Brief KISCH an GERLAND vom 19.6.1917, *Nachlass GERLAND, BAK NL 10, Bd. 17.*
[349] KINDER/HILGEMANN, dtv-Atlas zur Weltgeschichte, Bd. II, 23. Auflage München 1989, S. 123.
[350] Brief KISCH an GERLAND vom 15.11.1914, *Nachlass GERLAND, BAK NL 10, Bd. 17.*
[351] SCHWABE, KLAUS, Wissenschaft und Kriegsmoral, Die deutschen Hochschullehrer und die politischen Grundfragen des Ersten Weltkrieges, Göttingen 196; SCHWABE geht bei den Hochschullehrern von diesen zwei politischen Gruppierungen aus: die Annexionisten, die auf äußere Expansion und einen Siegfrieden aus waren und die Gemäßigten, die zwar vielleicht auch kleinere Annexionen befürworteten, aber prinzipiell auf einen Verhandlungsfrieden drängten und innere Reformen forderten; so auch TÖPNER, KURT, Zusammenbruch und staatlicher Neuaufbau nach 1918 im Urteil Deutscher Hochschullehrer, Dissertation Erlangen 1966, S. 10f.
[352] Brief KISCH an GERLAND vom 25.6.1922, *Nachlass GERLAND, BAK NL 10, Bd. 17.*
[353] Brief KISCH an GERLAND vom April 1917, *Nachlass GERLAND, BAK NL 10, Bd. 17.*
[354] Brief KISCH an GERLAND vom 14.9.1917 *Nachlass GERLAND, BAK NL 10, Bd. 17.*

auszuhandeln[355], „auch wenn man in der Diplomatie so unten durch sei, wie man nur sein kann“.[356] Er gab vor allem der „hilflos ungeschickten politischen Leitung“ und dem „natürlich gegebenen Mangel an diplomatischem Geschick“ die Schuld an der schlechten Lage. Für ihn war der ganze Krieg ohnehin ein Fiasko der Politik und der Diplomatie.

> „Ist uns das Kriegsglück hold, dann kommt für uns nicht viel positives heraus, weil wir tolpatschige Verhandler sind; im umgekehrten Fall ist nicht auszudenken, was aus uns werden wird. Es ist wirklich, als ob sich die diplomatische Befähigung Deutschlands in dem einen ganz Großen erschöpft hätte.[357]

Besonders beschäftigte ihn verständlicherweise auch die ungewisse Zukunft seiner Heimat Elsass-Lothringen. Wie Wilhelm Kisch vor dem Krieg zur elsässischen Autonomiebewegung gestanden hatte, die sich um die Jahrhundertwende entwickelte, ist nicht genau bekannt. Generell befürchteten aber die Professoren damals, dass durch die Autonomie der elsässisch-katholische Einfluss steigen, damit das Niveau der Universität sich verschlechtern und man als Provinzuniversität enden würde. Bezüglich einer Lösung oder einer Vorgehensweise waren sich die Professoren aber uneins.[358] Kisch war Mitglied der 1906 gegründeten „Wissenschaftlichen Gesellschaft Straßburg“[359], die sich für eine Annäherung der Universität an die elsässische Gesellschaft einsetzte, und er hielt auch außeruniversitäre Vorträge für Kaufleute. Insoweit scheint er eher den „moderaten Professoren“ angehört zu haben, die zwar sehr von der „nationalen Mission“ überzeugt waren, aber diese durch größere offensive Einflussnahme auch im außeruniversitären Bereich umzusetzen und die Lücke zwischen Universität und elsässischer Gesellschaft zu schließen suchten. Die Akzeptanz der Universität sollte durch besseres Eingehen auf die Elsässer gefördert werden. Dem elsässischen Partikularismus standen diese Professoren skeptisch aber nicht völlig ablehnend gegenüber.[360] Im Gegensatz dazu gab es die Gruppe der „chauvinistischen Professoren“, die teils völlig gegen eine Autonomie waren und die preußische Annexion befürworteten und teils die Autonomie nur nach gründlicherer Eindeutschung aber ohne Eingehen auf die elsässische Gesellschaft für möglich hielten, also durch ein eher defensives, wenig kooperatives Verhalten wie bisher.[361]

Zur Einführung der neuen elsass-lothringischen Verfassung 1911, die etwas mehr Autonomie für das immer noch unter Reichsregierung stehende Elsass-Lothringen versprach, schrieb Kisch auf Bitten des Verlegers ein Vorwort zu der von F. F. Heim herausgegebenen Ausgabe des Gesetzes. Er sah die neue Verfassung als bedeutenden Schritt, aber auch als „Bild eines unfertigen, der weiteren Entwicklung harrenden

---

[355] Brief KISCH an GERLAND vom 14.9.1918, *Nachlass GERLAND, BAK NL 10, Bd. 17.*
[356] Brief KISCH an GERLAND vom 19.6.1917, *Nachlass GERLAND, BAK NL 10, Bd. 17.*
[357] Brief KISCH an GERLAND vom 19.12.1916, *Nachlass GERLAND, BAK NL 10, Bd. 17.*
[358] CRAIG, JOHN E., Scholarship and Nation Building, The Universities of Strasbourg an Alsatian Society 1870 – 1939, Chicago 1984, S. 187ff.
[359] Brief KISCH an GERLAND vom 29.12.1908, *Nachlass GERLAND, BAK NL 10, Bd. 17.*
[360] CRAIG, JOHN E., Scholarship and Nation Building, The Universities of Strasbourg an Alsatian Society 1870 – 1939, Chicago 1984, S. 190ff.
[361] Ebd. S. 188ff.

Rechtszustandes". Besonders die Tatsache, dass die Verfassung sozusagen nur auf Widerruf erteilt worden war, lasse Elsass-Lothringen nicht zu einem „wirklichen, vollberechtigten Bundesstaate" werden. Ihm fehle, „was jedem deutschen Bundesstaat eignet, das Recht der Selbstbestimmung und die juristische Garantie gegen eine von außen her kommende Einwirkung auf seine Verfassungsverhältnisse". Dazu bemerkte er mit dem ihm eigenen Humor: „Das Reich hat sie gegeben, das Reich kann sie wiedernehmen." Ob eine andere Regelung opportun gewesen wäre, ließ er aber offen, da es sich um eine politische Entscheidung handele. Wie immer hielt sich Kisch mit politischen Aussagen und Wertungen zurück, es werde vielmehr ein

> „wohltuendes und erfrischendes Gefühl sein, sich von der Leidenschaft erfüllten Luft der Politik auf das stillere und kühlere Feld der Rechtswissenschaft zu flüchten, und sich nach dem aufgeregten Kampf der Geister, der das Zustandekommen des Gesetzes begleitete, nunmehr in Ruhe und Beschaulichkeit auf den gewordenen Rechtszustand zu besinnen."

Nur sein Schlusssatz ließ ein wenig mehr von seiner Einstellung erahnen:

> „Nicht nur jeder Angehörige, sondern auch jeder Freund des schönen Landes muß den aufrichtigsten Wunsch hegen, dass in nicht allzu ferner Zeit das ersehnte Ziel sich erreichen lasse, ohne Schaden für das Reich und zum Segen Elsaß-Lothringens."[362]

Kisch schien also durchaus nicht gegen die Autonomie gewesen zu sein, allerdings erst nach einer noch gründlicheren Eindeutschung im oben dargestellten kooperativen Sinne. Die Belange des Reiches, also die innere Einheit und Sicherheit, standen für ihn vor denen des Reichslandes.

Mit Beginn des Krieges schlug die Stimmung im Reichsland sehr schnell von einer deutschfreundlichen wieder zu ein francophilen um. Die restriktiven Maßnahmen der nervösen Regierung gaben den Elsässern das Gefühl, nur Staatsbürger zweiter Klasse zu sein. Auch viele Professoren taten ihr übriges dazu durch stark propagandistische Aussagen und Handlungen. Die deutschfeindlichere Haltung der Elsässer bewirkte im Gegenzug wiederum bei der Universität einen verschärften Nationalismus.[363] Kischs Aussagen während des Krieges lassen darauf schließen, dass er wie viele Professoren nach Kriegsbeginn[364], als die Lage im Reichsland unsicherer wurde, seine Meinung geändert bzw. verschärft hat und nun sogar für eine Eindeutschung durch Annexion war und die Autonomie verbunden mit einer weiteren „Elsässisierung" des Reichslandes ablehnte.

> „Je mehr ich darüber nachdenke, um so stärker neige ich jetzt der Ansicht zu, daß eine Aufteilung unter deutsche Bundesstaaten viel für sich hat. Dadurch wird der Begriff „Elsaß-Lothringen mit all' der werbenden Kraft, die es für unruhige Elemente im Land hat,

[362] KISCH, Vorwort in: HEIM, FRANZ FELZIAN, (Hrsg.), Das elsass-lothringische Verfassungsgesetz, Straßburg 1911, S. III ff.
[363] CRAIG, JOHN E., Scholarship and Nation Building, The Universities of Strasbourg an Alsatian Society 1870 – 1939, Chicago 1984, S. 195ff.
[364] Ebd. S. 198ff.

radikal beseitigt [...] Mit dem Wegfall des Parlaments würde auch ein Bollwerk des Partikularismus beseitigt; in den Einzellandtagen kommen die Stimmen von der Grenze nicht zur Geltung und Altdeutschland wäre am wirtschaftlichen Aufschwung der [...] Teile stärker beteiligt. Lothringen könnte preußisch, Unter-Elsaß bayerisch, Ober-Elsaß badisch werden. [...] Selbst wenn man sich zu dieser einschneidenden Änderung nicht entschließt, wird immerhin die Sachlage im deutschgebliebenen Reichsland etwas besser geworden sein. Mancher der ganz Schlimmen weilt schon jenseits der Grenze. Andere werden nachfolgen. Die Giftpresse ist ein für allemal erledigt; Vieles was bisher geduldet wurde, wird endgültig unterdrückt werden. Schon jetzt hat die stramme militärische Verwaltung kräftig aufgeräumt. Und die ärgsten Schreier werden, glaube ich, fürderhin den Mund nicht mehr auftun dürfen, ohne von ihren eigenen Landsleuten energisch zur Ordnung gerufen zu werden."[365]

Man war sich in Straßburg einig, dass selbst bei einem Sieg keinesfalls an die Lage vor dem Krieg angeknüpft werden könne. Die einsetzende Hinwendung zur elsässischen Doppelkultur, um nicht zu sagen zu einer Europäisierung, kam nicht mehr in Frage.[366]

Von seinen elsässischen Schülern ohnehin als deutscher Immigrant angesehen, wurde Wilhelm Kisch im Krieg als eine sehr komplexe Persönlichkeit beschrieben, die zwar perfekt und vor allem mit einer gewissen Koketterie mit ihnen französisch sprach, der sie aber zugleich auch ein wenig misstrauisch gegenüber standen. So freute sich Kisch zwar über ihre Teilnahme an seiner Vorlesung in Kriegszeiten, versäumte es aber nicht, ihnen sein Bedauern auszusprechen, dass ihnen ihre Gesundheit immer noch nicht den Dienst mit der Waffe erlaube.[367]

3.5 Abschied von Straßburg

In dieser unsicheren Lage trat etwas völlig Unverhofftes ein, woran Kisch schon lange nicht mehr geglaubt hatte. Mit einem Brief vom 21. Juli 1916 erreichte ihn ein Ruf des Bayerischen Kultusministeriums als Nachfolger von Professor Lothar v. Seuffert mit neugestaltetem Lehrauftrag für Bürgerliches Recht und Zivilprozess an die Ludwig-Maximilians-Universität München.[368] Die Juristische Fakultät München wollte für die Professur v. Seuffert, „einen der großen Traditionen dieses in erster Linie zivilprozeßrechtlichen Lehrstuhls eines v. Planck und v. Seuffert würdigen Nachfolger". Kisch war davon etwas überrascht, da er sich gerade in den letzten Jahren literarisch nicht mehr so sehr dem Zivilprozessrecht gewidmet, sondern sich einem neuen Interessensgebiet, dem Versicherungsrecht, zugewandt hatte.[369] Die Münchner Professoren setzten ihn trotzdem in ihrem Fakultätsvotum an erster Stelle vor Hans Sperl und Leo Rosenberg, und betonten, dass seine Berufung „ihren Wünschen und Erwartungen am

---

365 Brief KISCH an GERLAND vom 11.2.1915, *Nachlass GERLAND, BAK NL 10, Bd. 17.*

366 CRAIG, JOHN E., Scholarship and Nation Building, The Universities of Strasbourg an Alsatian Society 1870 – 1939, Chicago 1984, S. 195ff.

367 HEITZ, ROBERT, Souvenirs de jadis et de naguère, Strasbourg 1963, S. 76 ; ROCHEFORT, ROBERT, Robert Schuman, Paris 1968, S. 39.

368 Brief Kultusminister v. KNILLING an KISCH vom 21.7.1916, *JF Lehrstellen vol. III, BayHStA MK 69280.*

369 Brief KISCH an MENDELSSOHN BARTHOLDY vom 12.8.1916, *Nachlass MENDELSSOHN BARTHOLDY, SBB PK, Musikabt. Mendelssohnarchiv.*

besten entsprechen würde".[370] Gerade seine „altmodische Anschauung", wie Kisch selbst im Vorwort zur „Parteiänderung im Zivilprozeß" geschrieben hatte, also sein Vertreten der Begriffsjurisprudenz, begeisterte die Fakultät und das Vorwort[371] wurde sogar wörtlich zitiert.[372] Außerdem beeindruckte sie zugleich seine Praxisnähe.

> „In Kisch's Ausführungen begegnen wir indes nirgendwo etwa reinen Begriffspielereien. Seine Arbeiten bieten Jurisprudenz, die auch dem praktischen Leben dient, die darum nicht bloß bei Theoretikern, sondern auch in der Praxis ungeteilten Beifall gefunden hat."[373]

Darüber hinaus sprachen auch seine pädagogischen Fähigkeiten ebenso wie schon bei der Berufung nach Erlangen wieder für ihn.

> „Schon die Schriften zeigen, daß deren Verfasser ein guter Lehrer sein muss. Erkundigungen bei verschiedenen Gelehrten, welche mit ihm zusammenwirken, bzw. zusammengewirkt haben, ergaben übereinstimmend, daß Kisch ein vortrefflicher Dozent ist, dessen Vorlesungen von den Studierenden ‚außerordentlich gerühmt' werden, und daß er seine Leute auch wissenschaftlich zu interessieren weiß."[374]

Nur ein kleiner Nebensatz zeigte den Wilhelm Kisch anhaftenden Makel auf.

> „Er wird als Mann von umfassender allgemeiner Bildung, als pflichttreuer und angesehener Kollege geschildert und seine zuverlässige deutsche Gesinnung betont. Wir halten dies, da Kisch Elsässer ist, besonders zu bemerken für nötig."[375]

Auch bei Voranfragen des Bayerischen Kultusministeriums bei seinem Straßburger Kollegen Rehm hatte dieser die deutsche Gesinnung Kischs extra betont.[376] Schon vorab von Gerland über den vakanten Lehrstuhl in München informiert, seine Chancen darauf von ihm selbst aber sofort als aussichtslos eingestuft[377], erreichten ihn zunächst noch vor dem eigentlichen Ruf schon Glückwunschschreiben und Telegramme aus München. Kisch verbrachte eine schlaflose Nacht, bevor dann das offizielle Schreiben eintraf. Er fuhr sofort mit seiner Schwester Elisabeth nach München zu den Verhandlungen und gegebenenfalls zur Wohnungssuche. Die Verhandlungen verliefen zufriedenstellend, die Kollegen und das Ministerium waren sehr zuvorkommend.[378] Straßburg versuchte ihn noch mit einer Gehaltserhöhung zum Bleiben zu bewegen. Aber München bot zum einen das Doppelte des bisherigen Gehalts und zusätzlich die Aussicht auf höhere Hörgeldeinnahmen[379] zum anderen war sie eine der renommiertesten

---

[370] Fakultätsbericht an akademischen Senat vom 6.6.1916, *JF 1914 – 1922, UAM L-II-25.*
[371] Vgl. oben 3.3.5.
[372] Fakultätsbericht an akademischen Senat vom 6.6.1916, *JF 1914 – 1922, UAM L-II-25.*
[373] Fakultätsbericht an akademischen Senat vom 6.6.1916, *JF 1914 – 1922, UAM L-II-25.*
[374] Fakultätsbericht an akademischen Senat vom 6.6.1916, *JF 1914 – 1922, UAM L-II-25.*
[375] Fakultätsbericht an akademischen Senat vom 6.6.1916, *JF 1914 – 1922, UAM L-II-25.*
[376] Brief REHM an wahrscheinlich Ministerialdirektor WINTERSTEIN vom 9.5.1916: „Kisch ist in Elsaß-Lothringen geboren, aber völlig deutsch gesinnt." *JF Lehrstellen vol. III, BayHStA MK 69280.*
[377] Brief KISCH an GERLAND vom 2.7.1916, *Nachlass GERLAND, BAK NL 10, Bd. 17.*
[378] Brief KISCH an GERLAND vom 1.8.1916, *Nachlass GERLAND, BAK NL 10, Bd. 17.*
[379] Schreiben BayKuMi an König LUDWIG III. vom 24.8.1916, *JF Lehrstellen vol. III, BayHStA MK 69280.*

Universitäten im Deutschen Reich und ein Ruf dorthin eine große Auszeichnung. Wie sehr Kisch dann doch die letzten Jahre unter den Nichtberufungen gelitten hatte, zeigt eine kurze Sentenz in seinem Bericht an Gerland.

> „Ich habe tatsächlich in den letzten Jahren mehr als einmal den Gedanken erwogen, die akademische Tätigkeit aufzugeben und in einen praktischen Beruf zu treten, bevor das zunehmende Alter mich ohnehin daran verhindert hätte.“[380]

So national eingestellt wie Kisch auch war, er blieb klarsehend. Er nahm den Ruf nach München an[381], da ihm, wie er auch seinen Kollegen erklärte und dadurch eine Welle der Empörung auslöste, die Zukunft des Reichslandes sehr unsicher erschien.[382] An Gerland schrieb er:

> „Bei dieser Sachlage hätte ich jede Berufung nach Altdeutschland, auch wenn sie weniger günstig, als die nach München gewesen wäre, gerne angenommen. Und ich bin für die eingetretene Wendung der Dinge dem Schicksal unter den gegenwärtigen Zeitumständen doppelt dankbar.“[383]

Kisch wurde bereits am 28. August 1916 vom bayerischen König Ludwig III. zum 1. Oktober 1916 zum ordentlichen Professor für Bürgerliches Recht und Zivilprozessrecht an der Universität München ernannt.[384] Sein Lehrstuhl in Straßburg blieb unbesetzt, weil die Kriegszeiten und die unsichere Zukunft von Elsass-Lothringen eine Berufung nicht aussichtsreich erscheinen ließen.[385] Robert Schuman, mit dem Wilhelm Kisch immer noch in Verbindung stand und dem er von seinem Ruf nach München schrieb, bemerkte zu seinem Weggang sarkastisch: „Die Ratten verlassen das sinkende Schiff.“[386] Trotz der unsicheren Lage trennte sich Kisch nur schwer von seiner Heimat Elsass-Lothringen und von Straßburg, wo er die meiste Zeit seines Lebens verbracht hatte und wie er selbst meinte, „nicht die unglücklichste“.[387] Er war, schrieb der frühere Schüler Robert Redslob, wie viele Immigranten, dem Elsass als seiner Heimat mit allen Fasern des Seins verbunden.[388] Einem elsässischen Schüler, der Kisch das Bedauern der Studenten über seinen Weggang aussprach, antwortete er, halb im Scherz, halb ernst:

---

[380] Brief KISCH an GERLAND vom 1.8.1916, *Nachlass GERLAND, BAK NL 10, Bd. 17.*

[381] Brief KISCH an BayKuMin Dr. v. KNILLING vom 6.8.1916, *JF Lehrstellen vol. III, BayHStA MK 69280.*

[382] REDSLOB, ROBERT, Alma mater, Mes souvenirs des Universités allemandes, Strasbourg 1958, S. 36.

[383] Brief KISCH an GERLAND vom 1.8.1916, *Nachlass GERLAND, BAK NL 10, Bd. 17.*

[384] Brief König Ludwig III. an BayKuMi vom 26.8.1914, *KuMiPA KISCH, BayHStA MK 43875 und JF Lehrstellen vol. III, BayHStA MK 69280.*

[385] Brief KISCH an MENDELSSOHN BARTHOLDY vom 12.8.1916, *Nachlass MENDELSSOHN BARTHOLDY, SBB PK, Musikabt. Mendelssohnarchiv.*

[386] ROCHEFORT, ROBERT, Robert Schuman, Paris 1968, S. 39 „Le rats quittent le naivre.“

[387] Brief KISCH an GERLAND vom 1.8.1916, *Nachlass GERLAND, BAK NL 10, Bd. 17.*

[388] REDSLOB, ROBERT, Alma mater, Mes souvenirs des Universités allemandes, Strasbourg 1958, S.37, « Kisch n'était pas le seul, parmi les Allemands immigrés, qui se soit attaché à l'Alsace par toutes les fibres de son être. »

« Que voulez-vous? Ou bien 'nous' gagnerons la guerre; alors l'Alsace sera sans doute rattachée à la Bavière, et je serai donc dans votre capitale – ou alors, ce qui pourrait également s'imaginer, nous la perdrons, cette guerre, alors l'Alsace sera francaise – et je me sens trop vieux pour faire un réapprentissage. »[389]

[389] HEITZ, ROBERT, Souvenirs de jadis et de naguère, Strasbourg 1963 S. 77, Übersetzung: „Was wollen Sie? Nun entweder wir werden den Krieg gewinnen; dann wird das Elsaß ohne Zweifel an Bayern angeschlossen und ich werde dann in unserer Hauptstadt sein – oder, was ebenso vorstellbar ist, wir verlieren diesen Krieg, dann wird das Elsaß französisch. Und zum Umlernen bin ich zu alt."

2. Kapitel
München – Karriere im ausgehenden Kaiserreich und in der Weimarer Republik (1916 – 1932)

1. Neuanfänge und schwere Stunden (1916 – 1919)

Der Wechsel von Straßburg nach München brachte Wilhelm Kisch zwar in etwas größere Distanz zum Kriegsgeschehen, denn schließlich war Straßburg in exponierter, unsicherer Lage gewesen, allerdings waren auch in München die Auswirkungen des Krieges deutlich zu spüren. Kisch fand sich schnell in seinem neuen Arbeitsumfeld zurecht und fügte sich in die Fakultät und Universität ein. Er gewann bald an Ansehen und zahlreiche Ämter wurden ihm in dieser Anfangszeit zuteil, u. a. wurde er wie in Straßburg Vorstand des Juristischen Seminars und prägte dessen Entwicklung nachhaltig.

Auch privat lebte Kisch sich gut ein, auch wenn er immer wieder das beschauliche Straßburg vermisste. Er fand die „kollegialen Verhältnisse recht angenehm, nicht nur innerhalb, sondern auch außerhalb der Fakultät".[1] Zwar war Kisch nicht verheiratet und hatte auch keine Kinder, wie viele seiner Kollegen, aber mit seiner Schwester als Gastgeberin gewann er schnell Anschluss. Besonders die alte Freundschaft aus Straßburger Studienzeiten mit dem Romanisten Karl Voßler, der seit 1911 ebenfalls Professor an der Münchner Universität war[2], lebte wieder auf. Er wurde Kischs engster und höchst geschätzter Freund in München.[3] Ihre Familien, die Ehefrau Karl Voßlers und Kischs Schwester Elisabeth, eine sehr kultivierte, gebildete Frau, die zuhause mit ihrem Bruder nur französisch sprach[4], verkehrten ebenfalls freundschaftlich miteinander.[5] Voßler, ein hochschulpolitisch engagierter Professor, bekannt durch sein offenes Eintreten gegen den Antisemitismus an der Universität München[6], und Kisch verband vor allem ihr Interesse für romanische Philologie, mit der Kisch sich schon seit seiner Schulzeit und auch verstärkt in seiner Studienzeit beschäftigt hatte und noch weiterhin

---

[1] Brief KISCH an GERLAND vom 19.12.1916, *Nachlass GERLAND, BAK NL 10, Bd. 17.*

[2] KOCH, HANS-ALBRECHT, Karl Voßler in: KILLY/VIERHAUS, Deutsche Biographische Enzyklopädie, Bd. 10, 1999, S. 260.

[3] Gespräch mit ILSE TJADINA WEGNER am 27.7.2003. Einige Postkarten von KISCH an KARL VOßLER sind im *Nachlass VOßLER, Bayerischen Staatsbibliothek München, Handschriftenabteilung, ANA 350, 12a* überliefert. Als ein Indiz für die besonders enge Freundschaft ist dabei die Verwendung des vertraulichen „Du" zu werten.

[4] Gespräch mit ILSE TJADINA WEGNER am 23.06. 2003.

[5] Einladung ELISABETH KISCH an Frau VOßLER, o. Dat, *Nachlass VOßLER, Bayerische Staatsbibliothek München, Handschriftenabteilung ANA 350, 13a.*

[6] KOCH, HANS-ALBRECHT, Karl Voßler in: KILLY/VIERHAUS, Deutsche Biographische Enzyklopädie, Bd. 10, 1999, S. 260. Gerade als Rektor im Jubiläumsjahr 1926 setzte er sich gegen die Ausschließung der jüdischen Verbindungen ein. Vgl. SEIFERT, ARNO In den Kriegen und Krisen des 20. Jahrhundert, S. 351 in: BOEHM/SPÖRL, Ludwig-Maximilians-Universität, Ingolstadt – Landshut – München, 1472 – 1972, Berlin 1972.

beschäftigte.[7] Zu München selbst schrieb Wilhelm Kisch im Dezember 1916 an Heinrich Gerland:

> „München ist eine eigenartige Stadt, in der mancher unausgeglichene Gegensatz zu finden ist. Die Bevölkerung zeigt eine gewisse [...] Derbheit, daneben aber stark demokratische und leidenschaftliche Neigungen; die oberen Kreise sind nicht sehr eifrig, sondern sehr lässig nach innen und außen, große Lebenskünstler, aber nicht wie in Berlin mit der etwas rohen, [...], robusten Formlosigkeit des noch unabgenutzten Emporkömmlings, sonder in der etwas reformierteren, trägeren, unkräftigen aber alles in allem doch geschmackvollen Art, die mit einer größeren Kunsttradition und einem zwar bescheideneren aber älteren Eigenvermögen verbunden ist.“[8]

Kisch erlebte in München das Ende des Ersten Weltkriegs und die damit verbundenen politischen Umwälzungen. Revolution und Räterepublik machten auch vor der Universität nicht halt und verwickelten ihn in ihre Folgen. Als Elsässer traf ihn der Verlust seines Heimatlandes tief und die Niederlage insgesamt war für einen nationalgesinnten Mann wie Kisch ein schwerer Schlag.

1.1 Schnelle Einbindung in Fakultät und Universität

Auch in München waren kriegsbedingt starke Einschränkungen im Universitätsbetrieb unvermeidbar. Kriegsdienst und Heimatdienst leerten die Hörsäle. Nicht nur die Studenten, sondern auch die Professoren waren davon betroffen. Noch bevor Wilhelm Kisch im Oktober mit seiner Schwester Elisabeth und ihrer Haushälterin Fanny Hirschle, die schon seit 1908 bei ihnen beschäftigt war[9], nach München in eine Wohnung in die Franz-Josef-Straße zog, erreichten ihn und Ernst Rabel, der gleichzeitig mit Kisch nach München für den Lehrstuhl Hellmann berufen wurde, Anfragen zur Übernahme der Vorlesungen des zum Militärdienst eingezogenen Leopold Wengers[10]. Beide wollten sich natürlich nicht dem Verdacht aussetzen, sich drücken zu wollen, konnten allerdings eine komplette Übernahme der Vorlesungen nicht zusagen und regten den Antrag auf eine Unabkömmlichkeitserklärung für Leopold Wenger an. Eine solche wurde tatsächlich von der Juristischen Fakultät beantragt und erteilt.[11] Kisch kündigte nun für das Wintersemester 1916/17 als erste Vorlesungen „Deutsches Zivilprozeßrecht I. Teil“, fünf Stunden, zweistündig „Deutsches Zivilprozeßrecht II. Teil“ und „Übungen im Zivilprozeßrecht und im bürgerlichem Rechte mit schriftlichen Arbeiten“ mit je zwei Stunden an.[12] Am 19. Dezember 1916 wurde er vor dem Rektor

---

[7] Postkarte KISCH an VOßLER vom 26.5.1917, *Nachlass VOßLER, Bayerische Staatsbibliothek München, Handschriftenabteilung ANA 350, 12a.*

[8] Brief KISCH an GERLAND vom 19.12.1916, *Nachlass GERLAND, BAK NL 10, Bd. 17.*

[9] Brief KISCH an EVA GERLAND, Frau von HEINRICH GERLAND vom 29.9.1948 *Nachlass GERLAND, BAK NL 10, Bd. 19.*

[10] LEOPOLD WENGER, 1874 – 1953, Rechtshistoriker.

[11] Briefwechsel RABEL und KISCH mit Dekan DYROFF, September 1916, *JF 1914 – 1922, UAM L-II-25.*

[12] Brief BayKuMi an Rektorat vom 4.10.16, *Stammakt KISCH, UAM E-II-1991.*

von Goebel verpflichtet und legte den Dienst- und Verfassungseid ab, ebenso wie das übliche Handgelübde, auswärtige Berufungen anzuzeigen.[13]

Für seine neue Lehrtätigkeit nahm sich Kisch vor, den Betrieb der Übungen, deren Wichtigkeit ihm immer mehr einleuchtete, für seine Fächer etwas in die Höhe zu bringen. Sie schienen ihm an der Münchner Fakultät, da sie hier keine Zwangsübungen waren und viele auswärtige Studenten diese lieber an ihrer Heimatuniversität belegten, etwas stiefmütterlich behandelt zu werden.[14] Ob er gerade deswegen gleich 1917 eine ähnliche Fallsammlung wie sein viel gelobtes „Praktikum des Zivilprozeßrechts" für das bürgerliche Recht herausbrachte, „Fälle aus dem bürgerlichen Recht"[15], kann nur vermutet werden. Er blieb seinem bewährten Konzept treu und gab anhand vieler kleiner Fälle dem System des BGB folgend einen umfassenden Überblick über das Bürgerliche Recht. Die Lebensnähe und Anschaulichkeit wurden wieder gelobt.

> „Das Werk [...] bringt eine die Zahl der Aufgaben noch überschreitende Fülle von Tatbeständen, die dem Verkehr – auch dem neuzeitlichen Verkehr – entnommen sind und fast ausnahmslos das Gepräge des Erlebten – nicht künstlich Erfundenen – tragen."[16]

Die Fälle variierten im Schwierigkeitsgrad und waren zum Teil, extra kenntlich gemacht, auch für die schriftliche Bearbeitung geeignet. Das Buch wurde von vielen, u. a. auch von den Präsidenten des juristischen Landesprüfungsamtes, nicht nur für die Anfängerübungen, sondern vor allem auch für die Übung für Fortgeschrittene und den Referendarsunterricht empfohlen.[17] Noch 1932 erschien die immer wieder erweiterte und verbesserte Sammlung in der 8. Auflage.

In die Fakultät wurde Kisch sehr schnell eingebunden. Er wurde noch 1916 für den verstorbenen Kollegen Hellmann Mitherausgeber der von den Münchner Professoren Leopold Wenger, Reinhard v. Frank[18], Anton Dyroff[19] und Ernst v. Beling[20] herausgegebenen „Kritischen Vierteljahresschrift für Gesetzgebung und Rechtswissenschaft"[21] und betreute dort den Bereich Zivilprozess, Handelsrecht und Nebenfächer.[22] Die Zeitschrift war auf Rezensionen juristischer Fachliteratur spezialisiert. Kisch schrieb selbst immer wieder einige Besprechungen in seinem Bereich und vermittelte Rezensionen an Kollegen. Bereits für das Studienjahr 1918/1919 wurde er zum Dekan der Juristi-

---

[13] Niederschrift vom 19.12.1916, *KuMiPA KISCH, BayHStA MK 43875.*

[14] Brief KISCH an GERLAND vom 19.12.1916, *Nachlass GERLAND, BAK NL 10, Bd. 17.*

[15] KISCH, Fälle aus dem bürgerlichen Recht, Fallsammlung, 1. Auflage 1917 – 8. Auflage 1932 München.

[16] STEUBER, Rezension: KISCH, Fälle aus dem bürgerlichem Recht, 5./6. Auflage 1928, in: JW, 58. Jg. (1929) S. 1868.

[17] so z. B. Rezensionen von FISCHER zur 3. Auflage 1922, in: JW, 51. Jg. (1922) S. 439; STEUBER, Vizepräsident des Landesprüfungsamtes, zur 5./6. Auflage 1928, in: JW, 58. Jg. (1929) S. 1868; SATTELMACHER, Präsident des Landesprüfungsamtes i. R. zur 7./8. Auflage 1932, in: JW, 62. Jg. (1933) S. 2511.

[18] REINHARD v. FRANK, 1860 – 1934, Strafrechtler.

[19] ANTON DYROFF, 1864 – 1948, Staats- Verwaltungs- und Kirchenrechtler.

[20] ERNST v. BELING, 1866 – 1932, Strafrechtler.

[21] Im Bd. 53, (1916) – Bd. 63, (1935) ist KISCH als Mitherausgeber angeführt.

[22] Brief KISCH an GERLAND vom 28.5.1918, *Nachlass GERLAND, BAK NL 10, Bd. 17.*

schen Fakultät gewählt und zugleich zu ihrem Vertreter im Senat für die Jahre 1918/19 und 1919/20.[23]

Aber nicht nur in der Fakultät verschaffte sich Kisch schnell Akzeptanz und Ansehen, sondern auch in der gesamten Universität. Er wurde bereits ab 1917 mit etlichen Ämtern betraut, was abgesehen von zusätzlicher Arbeit mit einer gewissen Wertschätzung verbunden war. So wurde er vom akademischen Senat zum 1. November 1917 als Nachfolger von Karl v. Gareis[24], der emeritierte, zum Stipendienreferenten gewählt.[25] Er glaubte sich des Amtes nicht entziehen zu dürfen, nahm daher die Wahl trotz seiner „nicht unerheblichen Arbeitslast“ und der erst „verhältnismäßig kurzen Zugehörigkeit zu unserer Hochschule“ an und freute sich über das ihm entgegengebrachte Vertrauen.[26] Darüber hinaus wurde er vom akademischen Senat zum Mitglied des Wohnungsbeirats für das im Sommer 1918 neueingerichtete Wohnungsamt bestimmt, der aus dem Rektor, drei Vertretern des Lehrkörpers (Hygieniker, Jurist und Bauverständiger), dem Syndikus und zwei Studentenvertretern bestand.[27] Hinzu kam noch die Vertretung der Juristischen Fakultät in der Honorarienkommission, zu der er im Herbst 1918 ebenfalls in Nachfolge von Karl v. Gareis von der Fakultät gewählt wurde.[28] Alle diese Ämter musste Kisch allerdings bereits im Sommer 1919 wieder niederlegen, da ihm „sein Gesundheitszustand Schonung auferlege“.[29]

1.2 Das Juristische Seminar

Besonders eng verbunden ist Wilhelm Kisch mit der Entwicklung des Juristischen Seminars an der Universität München. Auf Drängen seiner Kollegen übernahm Kisch im Sommer 1917 auch das Amt des Vorstandes des Juristischen Seminars und behielt es bis zum Ende seiner akademischen Tätigkeit 1935. Kisch prägte die Entwicklung des Juristischen Seminars in den nächsten Jahren maßgeblich und setzte sich immer wieder vehement dafür ein. Er beerbte damit den langjährigen Vorstand Karl v. Amira[30], der sich durch eine Bemerkung seines Kollegen Karl Rothenbücher in seiner Geschäftsleitung angegriffen fühlte und sich nicht mehr zur Wiederwahl zur Verfügung stellte. Karl v. Amira ließ sich auch durch mehrfaches Bitten seiner Kollegen nicht umstimmen und brachte selbst Kisch ins Gespräch, da dieser in Straßburg schon etliche Jahre lang Vorstand des Juristischen Seminars gewesen sei.[31] Kisch lehnte zunächst im Vorfeld ab, da er sich in dieser Anfangsphase zur Übernahme dieses Amtes

---

[23] Jahrbuch der Universität München, Bd. 1913 – 1919 und Bd. 1919 – 1925, München 1919/1925.
[24] KARL v. GAREIS, 1844 – 1923, Zivilrechtler, Rechtshistoriker.
[25] Mitteilung Rektorat an JF vom 23.11.17, *JF 1914 – 1922, UAM L-II-25.*
[26] Brief KISCH an Rektor WEIGL vom 3.11.1917, *Stipendienreferenten Generalia 1868 – 1940, UAM I-I-00a.*
[27] Niederschrift der Senatsitzung vom 26.6.1918, Senatsniederschriften 1.1.1918 –31.7.1920, UAM D-III-93.
[28] Wahlaufforderung Rektorat an JF vom 5.10.1918, *JF 1914-1922, UAM L-II-25.* Aus späterem Rücktrittsschreiben ergibt sich der Schluss, dass WILHELM KISCH gewählt wurde.
[29] Brief KISCH an Prorektor vom 13.8.1919, *Stammakt KISCH, UAM E-II-1991.*
[30] KARL v. AMIRA, 1848 – 1930, Rechtshistoriker.
[31] Schreiben v. AMIRA an Dekanat vom 22.5.1917, *JS 1914 – 1922, UAM L-VIII-1 Bd. 1.*

noch nicht in der Lage sah.[32] Noch vor der Wahl wurde eine Kommission eingesetzt, bestehend aus v. Amira, Kisch, Wenger und Rabel, die Vorschläge zur Umgestaltung des Juristischen Seminars erarbeiten sollte. Die Kommission beschloß am 12. Juli 1917 keine Änderungen vorzunehmen und wollte Kisch, der selbst für Ernst v. Beling votierte, der Fakultät als Vorstand präsentieren.[33] Kisch ließ sich überreden und wurde einstimmig gewählt. In einem privaten Brief an v. Amira bedankte sich Kisch nochmals für seine Unterstützung und bat ihn um Ratgebung.[34] Zu Karl v. Amira stand Wilhelm Kisch in einem guten kollegialen Verhältnis auch nach dessen Emeritierung 1923.

Als Vorstand des Juristischen Seminars war Kisch laut Satzung § 8 für die Neuanschaffungen für die Bibliothek, die Erteilung der Zahlungsanweisungen und die Vermittlung des Verkehrs zwischen Seminar, Fakultät und den Universitätsämtern zuständig.[35] Zugleich mit diesem Amt fiel ihm auch das Vorstandszimmer des Juristischen Seminars zu, und er hatte damit wieder wie in Straßburg einen für ihn als Gehbehinderten bequemen Arbeitsplatz mit Bibliothek in der Universität. Auch wenn Kisch zunächst das Amt nicht übernehmen wollte, so lag ihm das Juristische Seminar doch sehr am Herzen. In den kommenden Jahren versuchte er immer wieder Verbesserungen vorzunehmen. Besonders der Raummangel stellte ein großes Problem dar. Bereits 1918 wurde er von der Fakultät beauftragt, eine Denkschrift zur künftigen Ausgestaltung des Juristischen Seminars zu verfassen.[36] Seit seiner Gründung 1881 hatte das Seminar laut Satzung die Aufgabe, „Studierende zu selbständigen Arbeiten im Gebiete der Rechtswissenschaft anzuleiten“. Eine „erfahrungsgemäß“ nur beschränkte Anzahl von Studierenden mit wissenschaftlichen Neigungen sollte „mit größeren Problemen und mit den Methoden wissenschaftlicher Arbeit vertraut gemacht werden“. Dazu wurden wissenschaftliche Übungen von den Mitgliedern der Juristischen Fakultät abgehalten und den Teilnehmern stand eine Präsenzbibliothek zur Verfügung. Finanziert wurde das Seminar durch das Hofmannsche Legat.[37]

Kischs Umgestaltungsvorstellungen gingen in eine etwas andere Richtung. Seiner Ansicht nach hinke man in München mit dem Juristischen Seminar den anderen Universitäten, besonders den größeren, in der Entwicklung hinterher und entspreche nicht mehr den Anforderungen, die die „Aufgaben des Rechtsunterrichts an eine Universität von dieser Bedeutung stellen“. Den Studenten stünden in München nur die Ausleihabteilung der Universitätsbibliothek, der juristische Lesesaal, in dem Monographien fast ganz fehlten, und das Juristisches Seminar, das nur einen Raum und wenig Platz für Bücher habe, zur Verfügung. Der Zweck des derzeitigen Juristischen Seminars, die

---

[32] Mitteilung KISCH vom 5.6.1917, *JS 1914 – 1922, UAM L-VIII-1 Bd. 1.*

[33] Beschluss der Kommission vom 12.7.1917, *JS 1914 - 1922, UAM L-VIII-1 Bd. 1.*

[34] Brief KISCH an v. AMIRA vom 19.7.1917, *Nachlass KARL v. AMIRA, Bayerische Staatsbibliothek München, Handschriftenabteilung, AMIRAIANA VIII.*

[35] Satzung des Juristischen Seminars in der Fassung vom 15.7.1917 abgedruckt bei KISCH, Das Juristische Seminar, in: v. MÜLLER, (Hrsg.) Die wissenschaftlichen Anstalten der Ludwig-Maximilians-Universität zu München, München 1926, S. 25f.

[36] Fakultätsbeschluss vom 13.7.1918, *JS 1914 - 1922, UAM L-VIII-1 Bd. 1.*

[37] KISCH, Das Juristische Seminar, in: v. MÜLLER, (Hrsg.) Die wissenschaftlichen Anstalten der Ludwig-Maximilians-Universität zu München, München 1926, S. 23ff

Anleitung zur wissenschaftlichen Arbeit, käme auch nur einem Bruchteil der Studenten zugute.[38] Nur Teilnehmer der dort stattfindenden wissenschaftlichen Übungen könnten den Seminarraum während der Abhaltung der Kurse und nur zu ihrer Vorbereitung nutzen.[39] Er kam zu dem Ergebnis:

> „Es [Juristisches Seminar/S.A.] ist auf die geistige Elite des juristischen Nachwuchses berechnet, kommt grossen Massen nicht unmittelbar zustatten und entspricht daher nicht, was man an anderen Hochschulen unter Juristisches Seminar zu verstehen sich gewöhnt hat."[40]

Seine Wunschvorstellung war ein eigenes großes Institut, das drei Aufgaben erfüllen sollte, nämlich die „Ausbildung ausgewählter Studenten zu selbständiger wissenschaftlicher Arbeit unter Bereitstellung der Hilfsmittel", „helle, gesunde, freundliche Räume für nützliche Arbeit in vorlesungsfreien Stunden" und eine „Präsenzbibliothek großen Stils".[41] Geplant war eine Aufteilung in vier Abteilungen, eine historische, eine civilistische, eine kriminalistische und eine publizistische. Ein solche Einrichtung habe dann den Vorteil, dass die Lehrkräfte mehr Einfluss auf die Bücheranschaffungen nehmen könnten, dass sie auch eine gewisse Anziehungskraft für neu zu berufende Lehrkräfte ausübe und das allgemeine Interesse wecke, woraus gegebenenfalls auch wieder neue Stiftungen sich ergeben könnten. Um diese Aufgaben zu erfüllen und um auch die durch zunehmende Spezialisierung drohende Zersplitterung zu vermeiden, benötige man geeignete Räumlichkeiten und finanzielle Unterstützung seitens der Universität und der Staatsregierung.[42] Diese in seiner Denkschrift an die Fakultät vorgelegte Neugestaltung fand bei den Kollegen zwar durchaus Beifall, erntete aber auch, wie von Kisch, erbeten Kritik. Eine ziemlich elitäre Gegenposition des Kollegen Kitzinger kreidete gerade die Zugänglichmachung für alle Studenten als nicht opportun an. Das Juristische Seminar sei der „Sammelpunkt einer Elite" und dort sei eine „enge persönliche Gemeinschaft" entstanden. Der Massenbetrieb gefährde die wünschenswerte Weiterentwicklung. Gerade zu finanziellen Notzeiten sei es besser, die beschränkten Geldmittel „in erster Linie einer Auslese von Tüchtigen zukommen zu lassen". Die Schaffung einer Präsenzbibliothek sei besser im Rahmen der Universitätsbibliothek zu verwirklichen oder eben parallel zum Juristischen Seminar.[43] Die Fakultät war geteilter Meinung, wie die einzelnen z. T. extrem konträren Anregungen in die Denkschrift einzuarbeiten seien. Man einigte sich darauf, die Denkschrift in Kischs Fassung beim Ministerium einzureichen und sich bei einer Ablehnung auf die Position Kitzingers zurückzuziehen.[44] Wohl noch während der revolutionären Unruhen 1919 reichte Kisch die Denkschrift beim akademischen Senat auch zur Weitergabe an das Ministerium ein, da gerade „die aus dem Krieg heimgekehrte Studentenschaft mehr als je Gewicht auf den seminaristischen und konservatorischen Betrieb des Studiums wie

[38] Denkschrift KISCH vom 18.10.1918, *JS 1914 – 1922, UAM L-VIII-1 Bd. 1.*
[39] KISCH, Das Juristische Seminar, in: v. MÜLLER, (Hrsg.), Die wissenschaftlichen Anstalten der Ludwig-Maximilians-Universität zu München, München 1926, S.23ff.
[40] Denkschrift KISCH vom 18.10.1918, *JS 1914 – 1922, UAM L-VIII-1 Bd. 1.*
[41] Denkschrift KISCH vom 18.10.1918, *JS 1914 – 1922, UAM L-VIII-1 Bd. 1.*
[42] Denkschrift KISCH vom 18.10.1918, *JS 1914 – 1922, UAM L-VIII-1 Bd. 1.*
[43] Bemerkungen KITZINGER zur Denkschrift vom 4.11.1918, *JS 1914 – 1922, UAM L-VIII-1 Bd. 1.*
[44] Brief KISCH vom 19.3.1919 im Umlauf bei Fakultät, *JS 1914 – 1922, UAM L-VIII-1 Bd. 1.*

auch auf die Veranstaltung möglichst zahlreicher Übungen und Wiederholungskurse lege".[45] Leider blieb die Umsetzung des Unternehmens vor allem wegen der finanziellen Probleme der Nachkriegszeit über die nächsten Jahre hinweg aus, auch wenn Kisch seine Vorstellung vom Juristischen Seminar nie aus den Augen verlor und immer weiter verfolgte. Er selbst versäumte es nie bei seinen späteren Berufungsverhandlungen, sich sein Bleiben mit finanziellen Zuwendungen für das Juristische Seminar vergüten zu lassen[46] und versuchte auch andere Kollegen zu beeinflussen, darauf hinzuwirken.[47] Eine gewisse staatliche Unterstützung bekam das Juristische Seminar ab 1921 in den Inflationszeiten, da mit der Finanzierung durch das Hofmann'sche Legat allein der Betrieb nicht mehr aufrechterhalten werden konnte.[48] In den folgenden Jahren wurden wegen der immer mehr fortschreitenden Spezialisierung zwar noch einige Seminare bzw. Institute für einzelne Disziplinen gegründet, so z. B. 1927 das völkerrechtliche Seminar mit Reinhard v. Frank, das Seminar für bayerische und deutsche Rechtsgeschichte mit Konrad Beyerle[49] und das für Handels- und Industrierecht mit Rudolf Müller-Erzbach[50] als Vorstand[51] oder auch 1930 das strafrechtliche Seminar unter Ernst v. Beling[52], sie lagen räumlich allerdings verstreut und damit für die von Wilhelm Kisch geplante übergreifende Benutzung untauglich.[53]

1.3 Revolution, Räterepublik und Reformen

Zur Zeit der inneren Revolution und des Kriegsendes im Herbst 1918, das ihn in seinen nationalen Hoffnungen schwer traf, war Kisch Dekan der Juristischen Fakultät und Senator im akademischen Senat.[54] In diesen Eigenschaften wurde er auch mit den Auswirkungen der Revolution und vor allem der bayerischen Räterepublik konfrontiert. Die militärische Kapitulation und die Novemberrevolution 1918 berührte die Universität zunächst nicht sonderlich. Die Vorlesungen liefen weiter und der Senat gab

---

[45] Briefentwurf KISCH an Senat vom 29.04.1919, *JS 1914 - 1922, UAM L-VIII-1 Bd. 1.*

[46] Mitteilung BayKuMi an Senat vom 11.10.21: Außerordentlicher Zuschuss in Höhe von 5000 RM an JS wegen Abwendung der Berufung KISCHS nach Berlin, *JS 1914 - 1922, UAM L-VIII-1 Bd. 1.*

[47] So bat KISCH 1933 KARL AUGUST ECKARDT bei seinen Berufungsverhandlungen, einen Zuschuss für den Ankauf der Privatbibliothek von KONRAD BEYERLE zu verlangen. Brief KISCH an Dekan MEZGER vom 29.10.1933, *Erweiterung und Neueinrichtung von Seminaren, UAM L-VIII-2 Bd. 4.*

[48] Mitteilung Verwaltungsausschuss an Dekanat vom 28.6.1922: 6850 RM im Staatshaushalt 1921 und 1922, *JS 1914 – 1922, UAM L-VIII-1 Bd. 1* und vom 9.4.1923: 10000 RM für 1923, *JS 1923 – 1940, UAM L-VIII-1 Bd. 2.*

[49] KONRAD BEYERLE, 1872 – 1933, Rechtshistoriker, Mitverfasser der Weimarer Reichsverfassung, vgl. HENSE, THOMAS, Konrad Beyerle. Sein Wirken für Wissenschaft und Politik im Kaiserreich und Weimarer Republik, Frankfurt am Main 2002.

[50] RUDOLF MÜLLER-ERZBACH, 1874 – 1959, Zivilrechtler, Vorreiter der Interessenjurisprudenz, vgl. NUNN, CHRISTIAN, Rudolf Müller-Erzbach 1874 – 1959, Von der realen Methode über die Interessenjurisprudenz zum kausalen Rechtsdenken, Frankfurt am Main 1998.

[51] Brief BayKuMi an Senat vom 9.3.27, Genehmigung der Errichtung zum 1.4.1927, *Erweiterung und Neueinrichtung von Seminaren 1916 – 1940, UAM L- VIII-2 Bd. 5.*

[52] Brief BayKuMi an Senat vom 22.5.1930, Genehmigung für strafrechtliches Seminar, *Erweiterung und Neueinrichtung von Seminaren 1916 – 1940, UAM L- VIII-2 Bd. 5.*

[53] Schreiben KISCH an Verwaltungsausschuss vom 7.9.1933, *JS 1923 – 40, UAM L-VIII-1 Bd. 2.*

[54] Bestätigung der Senatorenwahl durch König Ludwig III. vom 1.9.1918, *KuMiPA KISCH, BayHStA MK 43875.*

eine Loyalitätserklärung an die Regierung Eisner ab. Organisatorische Aufgaben beherrschten das Tagesgeschäft der Universität, um dem Ansturm der vielen zurückkehrenden Kriegsteilnehmer herzuwerden. Ein Notsemester wurde eingeschoben und Übergangsregelungen und Hilfsmaßnahmen sowie Ergänzungs- und Auffrischungskurse eingeführt.[55]

1.3.1 „Roter und weißer Terror"

Nach dem am 21. Februar 1919 begangenen Mord an Ministerpräsident Kurt Eisner, der am 7. November 1918 in einer ersten Revolution den „Freien Volksstaat Bayern" proklamiert und damit das Ende der Monarchie herbeigeführt hatte, kam es durch die Sozialisten zur „zweiten Revolution" und zur Einrichtung eines Zentralrates als Führung.[56] Noch bevor durch diese am 7. April 1919 die Räterepublik ausgerufen wurde, erkannte man an der Universität bereits die Gefahr einer Reformierung von außen.[57] Auf einer Versammlung zur Neugestaltung der Universität am 2. April 1919 wurde auf Vorschlag Karl Rothenbüchers[58] beschlossen, einen freien Ausschuss zu gründen, auf den ggf. bei Eingriffen von außen verwiesen werden und der Reformvorschläge machen sollte. Dieser Ausschuss trat allerdings nie zusammen.[59] Nur drei Tage später, am 5. April 1919, wurde auf Initiative der Studenten ein sog. „vorläufiger Studentenrat" gebildet, der die Universität im Zentralrat vertreten sollte. Auf der Senatsitzung wurde dieser anerkannt und ihm die Professoren Karl Rothenbücher und Moritz Bonn und als Ersatzmänner Wilhelm Kisch und Moritz Geiger als fachmännische Berater beigegeben, um den Studentenrat bei den Verhandlungen mit dem Zentralrat zu unterstützen. Allerdings wurde Wert darauf gelegt, dass die Professoren dort nicht als Vertreter der Universität bzw. des Senats auftraten, sondern nur als Berater.[60] In einer Besprechung dieses Ausschusses war man sich einig, dass der Studentenrat dem Zentralrat gegen-

---

[55] SEIFERT, ARNO In den Kriegen und Krisen des 20. Jahrhundert, in: BOEHM/SPÖRL, Ludwig-Maximilians-Universität, Ingolstadt – Landshut – München, 1472 – 1972, Berlin 1972, S. 328.

[56] BERNECKER, WALTER L., Die Revolution 1918/1919, Von der Monarchie zur Republik, in: STAMMEN, THEO (Hrsg.), Die Weimarer Republik, Das schwere Erbe Bd. 1, 1918 – 1923, 2. Auflage München 2001, S. 102ff.

[57] Zu den Vorgängen während der Revolution und der Räterepublik an der Münchner Universität vgl. auch TÖPNER, KURT, Zusammenbruch und staatlicher Neuaufbau nach 1918 im Urteil Deutscher Hochschullehrer, Dissertation Erlangen 1966, S. 37ff, der das Geschehen auch aufgrund von Zeitzeugendokumenten nachzeichnet. Dort wurde WILHELM KISCH nicht erwähnt Sein Name taucht aber in einem Bericht KARL ROTHENBÜCHERS über diese Ereignisse auf, auf den die nachfolgenden Ausführungen sich hauptsächlich stützen.

[58] KARL ROTHENBÜCHER, 1880 – 1932, Staats- und Kirchenrechtler, vgl. TÖPNER, KURT, Zusammenbruch und staatlicher Neuaufbau nach 1918 im Urteil Deutscher Hochschullehrer, Dissertation Erlangen 1966, S. 47, Fn. 4.

[59] ROTHENBÜCHER, KARL, Bericht über die Ereignisse an der Münchner Universität in der Zeit der Räterepublik, 1928, S. 6, *Nachlass ROTHENBÜCHER, Max-Planck-Institut für Europäische Rechtsgeschichte, Frankfurt a. Main, NL 1, 270 (künftig Nachlass ROTHENBÜCHER, MPIER NL 1, 270).*

[60] Niederschrift der Senatsitzung vom 5.4.1919, *Senatsniederschriften 1.1.1918 –31.7.1920, UAM D-III-93*; SEIFERT, ARNO, In den Kriegen und Krisen des 20. Jahrhundert, in: BOEHM/SPÖRL, Ludwig-Maximilians-Universität, Ingolstadt – Landshut – München, 1472 – 1972, Berlin 1972, S. 331.

über „als Kulisse“ benutzt werden sollte, um „Ruhe für die Universität“ zu erlangen.[61] Doch dieser Versuch scheiterte, denn bereits am 7. April 1919, mit Ausrufung der Räterepublik, wurde die Universität von einem „revolutionären Hochschulrat“ besetzt und geschlossen. In einer daraufhin einberufenen Studentenversammlung am 8. April 1919 im Großen Hörsaal herrschte große Unruhe und Kisch versuchte zusammen mit Rothenbücher und Prorektor Friedrich v. Müller beruhigend auf die Studenten einzuwirken. Zu einer Entscheidung über die Fortführung der Vorlesungen kam es nicht.[62] Diese wurde auf Vorschlag von Kisch dem Senat übertragen, der die Fortsetzung beschloss.[63] Der revolutionäre Hochschulrat sollte nun als Behörde der neuen Regierung an der Universität tätig werden. Die Universität erkannte dieses Mandat im Gegensatz zur Technischen Hochschule nicht an und beschloss selbst einen „Aktionsausschuss“ mit Vertretern von Ordinarien, Nichtordinarien, Beamten und Studenten zu bilden für die Ausarbeitung von demokratischen Reformvorschlägen.[64] Außerdem stimmten die Dozenten, die bereits vorher eine Solidarisierungserklärung, keine Rufe auf Lehrstühle abgesetzter Kollegen anzunehmen, abgegeben hatten, in einer Versammlung für Streik bei politischer Maßregelung.[65] Wiederum wurde Rothenbücher als Vertreter der Ordinarien und als Ersatzmann Kisch in den Aktionsausschuss gewählt.[66] Der revolutionäre Hochschulrat versuchte noch vergeblich seine Anerkennung durchzusetzen, wurde aber von der Ausrufung der 2. Räterepublik durch die Kommunisten am 13. April 1919 in dieser Besetzung überholt. Die Universität wurde erneut geschlossen, der Senat abgesetzt. [67] Unter Androhung von Gewalt wurde die Herausgabe der Dekanatsschlüssel erpresst und Professoren entlassen und verhaftet bzw. ihre Verhaftung angedroht. Die Senatoren, unter ihnen auch Kisch, tagten heimlich an einem sicheren Ort. Jede Anerkennung und Unterstützung des Hochschulrates wurde verweigert.[68] Der Aktionsausschuss traf sich in den Wochen des, wie es später genannt wurde, „roten

[61] ROTHENBÜCHER, KARL, Bericht über die Ereignisse an der Münchner Universität in der Zeit der Räterepublik, 1928, S. 10, *Nachlass ROTHENBÜCHER, MPIER NL 1, 270.*

[62] Ebd. S. 20.

[63] Niederschrift der Senatsitzung vom 8.4.1919, *Senatsniederschriften 1.1.1918 – 31.7.1920, UAM D-III-93.*

[64] Niederschrift der Senatsitzung vom 9.4.1919, *Senatsniederschriften 1.1.1918 – 31.7.1920, UAM D-III-93;* SEIFERT, ARNO, In den Kriegen und Krisen des 20. Jahrhundert, in: BOEHM/SPÖRL, Ludwig-Maximilians-Universität, Ingolstadt – Landshut – München, 1472 – 1972, Berlin 1972, S. 332.

[65] ROTHENBÜCHER, KARL, Bericht über die Ereignisse an der Münchner Universität in der Zeit der Räterepublik, 1928, S. 28, *Nachlass ROTHENBÜCHER, MPIER NL 1, 270.*

[66] Niederschrift der Senatsitzung vom 12.4.1919, Senatsniederschriften 1.1.1918 – 31.7.1920, UAM D-III-93.

[67] ROTHENBÜCHER, KARL, Bericht über die Ereignisse an der Münchner Universität in der Zeit der Räterepublik, 1928, S. 28ff, *Nachlass ROTHENBÜCHER, MPIER NL 1, 270.*

[68] Brief KISCH an GERLAND vom 10.5.1919, *Nachlass GERLAND, BAK NL 10, Bd. 17.*

Terrors“ mehrmals und setzte seine Reformarbeit fort, auch nach Einmarsch der Reichstruppen, der als „weißer Terror“ betitelt wurde.[69]

Zur universitären Reformarbeit schrieb Kisch fast begeistert an Gerland: „Wir haben seit Wochen schon fleißige und – wie mir scheint - gute Arbeit getan und der alma mater schon manchen Zopf abgeschnitten. Weitere folgen!“[70] Wofür Kisch genau bei diesen Reformen eingetreten ist, ist nicht bekannt, auch nicht sein Beitrag oder Einfluss. Mit seinem Amt als Senator und Dekan sowie als Mitglied diverser Ausschüsse, war er jedenfalls eng mit den Auswirkungen der Räterepublik auf die Universität in Kontakt gekommen. Verantwortung zu übernehmen scheute er sich nicht. Gerade auch der Umgang mit den Studenten lag ihm sehr gut. Er trat allerdings bereits im Juni 1919 vom seinem Amt als Stellvertreter im Aktionsausschuss, wie auch im Verlaufe des Sommers von seinen übrigen Ämtern zurück, da ihm die zahlreichen Belastungen zu viel wurden, und er sich aus gesundheitlichen Gründen gezwungen sah, sich auf seine Lehrtätigkeit und seine akademischen Hauptämter zu beschränken. Dem Vorsitzenden des Aktionsausschusses Karl Rothenbücher, der bei den Reformen federführend war, sicherte er weiterhin seine volle Unterstützung im Senat zu.[71] Allerdings verlor dieser Ausschuss im Laufe der Zeit und besonders durch die durch Kultusminister Franz Matt 1920 erlassene neue Universitätssatzung, die z. B. eine Senatserweiterung mit Vertretern der Nichtordinarien, Beamten und Studenten vorsah, insgesamt aber die Privilegien der Ordinarien wahrte, an Bedeutung.[72]

Kischs Einsatz um die Belange der Universität blieb aber nicht ohne Folgen. Auch in den nächsten Jahren wurde Kisch immer wieder in Krisensituationen wie dem Hitlerputsch als Berater des Rektors herangezogen und für verantwortungsvolle Aufgaben ausgewählt[73] und bereits 1922, nach nur sechs Jahren Universitätszugehörigkeit, wur-

---

[69] Protokolle der Sitzungen z. B. vom 16.4.1919, 17.4.1919, 18.4.1919, 19.5.1919, *Universitätsreform Aktionsausschuss, UAM Sen 728/1, 1;* BERNECKER, WALTER L., Die Revolution 1918/1919, Von der Monarchie zur Republik, in: STAMMEN, THEO (hrsg.), Die Weimarer Republik, Das schwere Erbe Bd. 1 1918 – 1923, 2. Auflage München 2001, S. 102ff; TÖPNER, KURT, Zusammenbruch und staatlicher Neuaufbau nach 1918 im Urteil Deutscher Hochschullehrer, Dissertation Erlangen 1966, S. 51.

[70] Brief KISCH an GERLAND vom 10.5.1919, *Nachlass GERLAND, BAK NL 10, Bd. 17.*

[71] Brief KISCH an ROTHENBÜCHER vom 15.6.1919, *Universitätsreform Aktionsausschuss, UAM Sen 728/1,1.*

[72] SEIFERT, ARNO, In den Kriegen und Krisen des 20. Jahrhundert, in: BOEHM/SPÖRL, Ludwig-Maximilians-Universität, Ingolstadt – Landshut – München, 1472 – 1972, Berlin 1972, S. 333.

[73] So wurde er z. B. 1920 zum Vertrauensmann eines jungen Privatdozenten benannt gegen den wegen öffentlicher Beleidigung und Verleumdung der philosophischen Fakultät in einem Zeitungsartikel, in dem er sie der Parteilichkeit bei Verleihung des Titels eines außerordentlichen Professors bezichtigte, ein akademisches Ermittlungsverfahren lief. KISCH, der das Amt nur auf eindringliches Ersuchen des Rektors übernommen hatte, sah sich aber gezwungen, 1921 sein Mandat niederzulegen, da sich der Privatdozent nach anfänglicher Kooperation sehr widerspenstig und uneinsichtig zeigte und weitere Artikel veröffentlichte, was zu einem großen Aufruhr in der Universität führte. Vgl. *Beschwerdesachen von Dozenten und Beamten, UAM D-XV-23d.*

de ihm das Rektorat angeboten[74], das er allerdings ebenfalls aus Gesundheitsgründen ablehnen musste.

1.3.2 Reformeifer

Auch bei einer weiteren Reformdiskussion, nämlich der Reform des juristischen Studiums und vor allem der bayerischen Prüfungsordnung standen Kisch und Rothenbücher nur wenig später zusammen wieder an vorderster Front. Die bayerische Staatsregierung beabsichtigte, zur Universitätsschlussprüfung, also zum 1. Staatsexamen, Praktiker als Prüfer heranzuziehen. Kisch und Rothenbücher waren, wie viele ihrer Kollegen, vehement dagegen und Kisch wurde beauftragt eine Eingabe dagegen vorzubereiten.[75] Trotzdem ergingen am 27. Dezember 1919 und am 5. Januar 1920 neue Prüfungsverordnungen, laut denen sowohl Justiz- als auch Verwaltungsbeamte zur Schlussprüfung hinzugezogen wurden.[76] In der nächsten Fakultätssitzung am 11. Januar 1920, bei der auch Ministerialrat Schmitt anwesend war, kam es zu einer heftigen Debatte. Ministerialrat Schmitt versuchte zu vermitteln und erklärte, dass die Regelung, die eine Aufteilung der Prüfungszeit pro Fach hälftig auf einen Professor und einen Praktiker vorsah, auf Druck der sozialistischen Regierung und als Zugeständnis an den Richterverein erfolgt war. Die Professoren protestierten lebhaft gegen diese neue Regelung und Rothenbücher und Kisch erklärten, sich von der Teilnahme an der Prüfung entheben lassen zu wollen. Die Reaktion der anderen Professoren war ähnlich, wenn z. T. auch nicht ganz so heftig. Dieser Boykott sorgte nun im Kultusministerium wiederum für Verstimmung. Minister Matt bestellte umgehend Kisch und Rothenbücher zusammen mit Dekan Rabel zu einem Krisengespräch ein. Das Schreiben an Dekan Rabel lässt den Grad der Verärgerung erahnen:

> „Nach Mitteilung des Vorsitzenden der Prüfungskommission sollen die Herren Prof. Dr. Kisch und Dr. Rothenbücher die Mitwirkung bei der z.Zt. stattfindenden Universitätsschlußprüfung ablehnen. Da eine Störung der Prüfung nicht nur bei den Beteiligten, sondern auch in der Öffentlichkeit peinlichstes Aufsehen hervorrufen müsste, werden Euer Hochwohlgeboren ersucht, sich mit den beiden genannten Herren am Mi. 14. Januar in meinem Geschäftszimmer zu einer Besprechung einfinden zu wollen. Bei der Eilbedürftigkeit der Sache werden Euer Hochwohlgeboren weiter ersucht, den genannten Herren die Einladung gefälligst auf kürzestem Weg vermitteln lassen zu wollen. "[77]

Bei diesem Gespräch zwischen Kultusminister Matt, den Ministerialräten Hauptmann und Schmitt sowie Rabel, Kisch und Rothenbücher kam man zu einem Kompromiss. Kisch und Rothenbücher stellten sich wieder für die Universitätsschlussprüfung zur Verfügung und das Kultusministerium sagte zu, sich für eine Abänderung der Prüfungsordnung einzusetzen und die Teilnahme nur noch eines Praktikers in die Wege zu

---

[74] KISCH, Verteidigungsschrift, S. 3, *SpKA KISCH, StAM, SpK K 880;* erwähnt aber ohne Jahreszahl, ZIERSCH, WALTHER Wilhelm Kisch, Ein Münchner Rechtsgelehrter und Hochschullehrer, in: MNN vom 9.9.1931 Nr. 244.

[75] Protokolle der Fakultätssitzungen am 18.10.1919 und 30.10.1919, *Protokolle JF 1910 – 1944, UAM L-V-2.*

[76] Protokoll der Fakultätssitzung am 9.1.1920, *Protokolle JF 1910 – 1944, UAM L-V-2.*

[77] Schreiben Kultusminister MATT an Dekan RABEL, *KuMiPA KISCH, BayHStA MK 43875.*

leiten.[78] Die Wogen waren wieder geglättet, aber Kisch beteiligte sich in den kommenden Jahren immer wieder an den Studienreformdiskussionen, da ihm die juristische Ausbildung und die Studenten sehr am Herzen lagen. Mit Karl Rothenbücher verband Wilhelm Kisch im Laufe der Jahre eine über das Kollegenverhältnis hinausgehende Freundschaft. Als Rothenbücher 1927 einen Ruf an die Handelshochschule Berlin erhielt, bemühte sich Kisch nicht nur als Prodekan[79], da Rothenbücher zu dieser Zeit selbst Dekan war, sondern auch in persönlichen Briefen erfolgreich darum, ihn zum Bleiben zu bewegen.[80] Er widmete ihm nach dessen frühem Tod 1932 eines seiner Bücher.[81]

1.3.3 Republikskepsis und Rechtsruck

Die Zeit der Revolution, vor allem aber der Räterepublik und die damit verbundenen chaotischen Zustände hatten auch Wilhelm Kisch erschreckt. Dass es soweit kommen konnte, lag für ihn darin begründet, dass zum einen in Bayern die Aufstellung von Freikorps oder einer Reichswehr verhindert worden sei, zum anderen München von jeher eine Sammelstelle der slawischen Welt gewesen sei und die regierenden Männer nach der Revolution „die Einwanderung russischer (fast ausnahmslos jüdischer) Agitatoren nach Bayern gefördert" hätten. Die Diktatur der „russischen Juden" sei durch „die vollkommene Apathie des Bürgertums, das in Lebensfreudigkeit und ‚Gemütlichkeit' alle Energie eingebüßt habe, und in der bodenlosen Dummheit der Arbeitermassen, die ohne jede Kritik auf die Versuchungen der Demagogen hereinfielen", erleichtert worden.[82] In seiner und überhaupt in der öffentlichen Wahrnehmung damals war die Revolution, die neue Regierung im Reich und vor allem in Bayern die Räterepublik eng mit den in der Politik im Vergleich zu früheren Zeiten in hoher Prozentzahl vertretenen Juden verbunden, was dazu führte, dass sie kollektiv und undifferenziert dafür verantwortlich gemacht wurden. Besonders die Schrecken der Räterepublik führten auch in München zum Auftauchen des sog. Pogromantisemitismus, zum Sichtbarwerden des in Deutschland in den bürgerlichen Schichten weit verbreiteten latenten Antisemitismus und insgesamt zu einem Ruck nach rechts.[83] Vor allem vertieften diese Vorgänge auch Kischs Angst vor dem linken Radikalismus. Hauptfeind wurde der

---

[78] Protokoll der Fakultätssitzung vom 17.1.1920, das allerdings von einem Gespräch am 12.1.1920 berichtet. *Protokolle JF 1910 – 1944, UAM L-V-2.*

[79] Brief Prodekan KISCH an ROTHENBÜCHER vom 21.7.1927, *Nachlass ROTHENBÜCHER, MPIER NL 1, 278.*

[80] Brief KISCH an ROTHENBÜCHER vom 10.8.1927, mit der Anrede „Lieber Freund", KISCH bat ROTHENBÜCHER, ihn zu informieren, wann er wieder in München sei. Er wollte für die entscheidenden Tage aus seinem Urlaub aus Hohenschwangau heimkommen, um nötigenfalls beim Ministerium noch vorsprechen zu können und auch KARL VOßLER, derzeitiger Rektor und guter Freund von KISCH, bei Bedarf dazu zu bitten. *Nachlass ROTHENBÜCHER, MPIER NL 1, 278.*

[81] „Dem Andenken an Karl Rothenbücher", in: KISCH, Beiträge zum Schiedsverfahren, Klagerücknahme, Klageänderung, Widerklage, Klageverbindungen, Mannheim 1933.

[82] Brief KISCH an GERLAND vom 10.5.1919, *Nachlass GERLAND, BAK NL 10, Bd. 17.*

[83] HECHT, CORNELIA, Deutsche Juden und Antisemitismus in der Weimarer Republik, Bonn 2003, S. 76ff; VULETIC, ALEKSANDAR-S., Zwischen Normalität und Vertreibung: Die deutschen Juden in den zwanziger und dreißiger Jahren, in: MICHALKA, WOLFGANG/VOGT, MARTIN (Hrsg.), Judenemanzipation und Antisemitismus in Deutschland im 19. und 20. Jahrhundert, Eggingen 2003, S. 117 – 137.

Kommunismus, so dass Kisch wie ein Großteil der Bevölkerung und wie z. T. auch die Justiz in den nächsten Jahren sozusagen „auf dem rechten Auge blind war" und allem, was sich dem Kampf gegen dem Kommunismus verschrieben hatte, mit einem gewissen Wohlwollen gegenüberstand. Die Wiederherstellung der Ordnung und der Kampf gegen den Kommunismus nicht nur mit Waffen, sondern vor allem auch durch Aufklärung[84] hatte für Wilhelm Kisch oberste Priorität.

> „Daß innerhalb der Universität, wie übrigens im ganzen öffentlichen Leben, eine weitgehende Demokratisierung eintreten muß, darüber werden Sie mit mir einverstanden sein. Die Glanzzeit des Geheimrats ist und bleibt vergangen! Seien wir froh, wenn wir das Aufkommen der Pöbelherrschaft verhindern, die wir in München ausgekostet haben, und die den Untergang aller Kultur heraufführen würde."[85]

Diese Bemerkung deutet darauf hin, wo Kisch politisch beheimatet war. Er war kein überzeugter Republikaner, sah jetzt aber immerhin die Notwendigkeit einer Demokratisierung, um den „Bolschewismus" zu verdrängen. In Kriegszeiten war er zwar auch für eine Neuorientierung im Inneren gewesen, die allerdings nicht zu einer „allzu großen Orientalisierung" führen sollte. Der „wachsende Einfluss der Plutokratie in Deutschland, namentlich auch der fremdrassigen" war für ihn damals ein „sehr bedenkliches Symptom".[86] Für ihn lag das Übel im Materialismus, der durch zu schnell erworbenen Reichtum schon vor dem Krieg großgezogen worden sei und jetzt noch schlimmer werde. Früher zu Zeiten des wirtschaftlichen und politischen Aufschwungs sei Geld noch nicht so wichtig gewesen. Die Konzentrierung auf kapitalistische Interessen müsse aufhören.[87] Eine antisemitische Färbung seiner Aussagen, die mit „Orientalisierung" und „fremdrassig" auf die Juden anspielten und dem damaligen Zeitgeist entsprachen[88], ist nicht zu leugnen.

Mit seiner Ansicht zu den inneren Verhältnissen stimmte Kisch mit vielen seiner Kollegen überein, die sich durch die Industrialisierung und die dadurch bedingte gesellschaftliche Umstrukturierung bedroht fühlten und Angst um ihre elitäre Stellung hatten. Die vordringliche Beachtung bzw. Konzentrierung auf wirtschaftliche Interessen war diesen ein Dorn im Auge und Schuld am inneren Niedergang.[89] Kisch war es aber weniger auf die Änderung der Regierungsform angekommen als auf die Änderung der Verhältnisse generell, denn Forderungen nach einer parlamentarischen Demokratie, wie oft von den „Gemäßigten" verlangt, hatte er nicht geäußert. Mit der Reichsregierung war er hauptsächlich im außenpolitischen Bereich nicht zufrieden gewesen. Vielmehr hatte er in der Uneinigkeit der Parteien eine innere Schwächung gesehen, die sich nach außen negativ manifestierte. Der Krieg war für ihn „ein Beweis, daß Bismarcks Werk nur durch einen Mann von seiner Bedeutung, nicht durch Durch-

---

[84] Brief KISCH an GERLAND vom 10.5.1919, *Nachlass GERLAND, BAK NL 10, Bd. 17.*
[85] Brief KISCH an GERLAND vom 21.5.1919, *Nachlass GERLAND, BAK NL 10, Bd. 17.*
[86] Brief KISCH an GERLAND vom 23.1.1918, *Nachlass GERLAND, BAK NL 10, Bd. 17.*
[87] Brief KISCH an GERLAND vom 23.1.1918, *Nachlass GERLAND, BAK NL 10, Bd. 17.*
[88] RINGER, FRITZ, Die Gelehrten. Der Niedergang der deutschen Mandarine 1890 – 1933, Stuttgart 1983, S. 124f.
[89] Ebd. S. 202f und im Nachwort von GOLDSCHMIDT, DIETER, S. 451f.

schnittsmänner vor starker Gefährdung gesichert werden könne“ gewesen.[90] Der parlamentarischen Demokratie der Weimarer Republik stand er dementsprechend skeptisch gegenüber wie auch seine späteren Aussagen dazu noch darlegen werden.

Dazu kam seine Verbitterung über den Verlust seiner Heimat Elsass-Lothringen mit dem Versailler Vertrag, den er später in seinen Vorlesungen gerne als Beispiel für sittenwidrige Verträge anführte.[91] Der „schändliche Raub des Gotteslandes Elsaß, seiner unvergesslichen Heimat“ nach dem Ersten Weltkrieg war für ihn der „herbste Schmerz in seinem Leben“.[92] Durch seinen vorzeitigen Wechsel von Straßburg nach München blieb ihm allerdings das Schicksal vieler Straßburger Professoren erspart, schmählich vertrieben zu werden und sich auf die schwierige Suche nach einer neuen Stelle begeben zu müssen. In voller Solidarität bemühte sich Kisch seinen ehemaligen Kollegen zu helfen. So setzte er sich als Dekan 1919 für die Berufung des Juristen Fritz van Calker[93] nach München ein[94] und beriet den Straßburger katholischen Theologen Albert Ehrhard[95] in Gehaltsfragen und zum weiteren beruflichen Vorgehen in dieser Notlage.[96] Ehrhard war wie Kisch gebürtiger Elsass-Lothringer[97] und musste sich nach dem Ersten Weltkrieg zwischen Frankreich und Deutschland entscheiden. Kischs Haltung dazu kam eindeutig in seinem Brief zum Ausdruck und bestätigte seine absolut deutsche Gesinnung und seinen Nationalismus:

> „Die Art, wie die Franzosen im Elsaß hausen, bestätigt durchaus den Eindruck der Brutalität, die unter der phrasenhaften Liebenswürdigkeit jenes Volkes sich verbirgt. Daß Sie sich und dem Deutschtum treu geblieben sind, kann nur Jeden mit Hochachtung erfüllen. Ich kann Sie versichern, daß ich genau den gleichen Weg eingeschlagen hätte. Und es wird sich zeigen, daß Sie auch diesen Entschluß nicht werden zu bereuen brauchen.“[98]

Kisch schloss sich später auch der „Losen Vereinigung der ehemaligen Straßburger Studenten und Dozenten“ an, die in Frankfurt am Main 1928 gegründet wurde und u. a. als Zweck die Pflege der Straßburger Überlieferungen und Erinnerungen und der

---

[90] Brief KISCH an GERLAND vom 19.6.1917, *Nachlass GERLAND, BAK NL 10, Bd. 17.*

[91] Erinnerung von Dr. OTTO GRITSCHNEDER, Student bei KISCH, Tonbandaufnahme vom 29.2.2004, *Privatbesitz Verfasserin.*

[92] zitiert nach: Geheimrat Dr. Kisch, 50. Geburtstag, in: MNN vom 14.12.1924, Nr. 341, *Stammakt KISCH, UAM E-II-1991.*

[93] FRITZ VAN CALKER, 1864 – 1957, Strafrechtler, 1896 ord. Prof. Straßburg, 1922 ord. Prof. Universität München, Technische Hochschule München, vgl. Personenanhang bei BÖHM, HELMUT, Von der Selbstverwaltung zum Führerprinzip, Die Universität München in den ersten Jahren des Dritten Reiches (1933 – 1936), Berlin 1995, S. 604.

[94] Brief Dekan KISCH an BayKuMi vom 10.3.1919, *JF 1914 - 1922, UAM L-II-25.*

[95] ALBERT EHRHARD, 1862 – 1940, Katholischer Theologe, Kirchenhistoriker, Byzantinist, Professor u. a. in Straßburg, Freiburg und Bonn., vgl. HENGESTENBERG, WILHELM, Albert Ehrhard, in: NDB, Bd. 4, Berlin 1959, S. 357.

[96] Brief KISCH an EHRHARD vom 31.12.1918, *Byzantinisches Institut Abtei Scheyern, Nachlass EHRHARD.*

[97] Geboren in Herbitzheim bei Metz.

[98] Brief KISCH an EHRHARD vom 31.12.1918, *Byzantinisches Institut Abtei Scheyern, Nachlass EHRHARD.*

persönlichen Beziehungen aus der alten Straßburger Studentenzeit hatte.[99] 1931 beteiligte er sich mit einem Artikel zum deutschen Recht in Elsass-Lothringen an einer Ausgabe der Süddeutschen Monatshefte, die dem früheren Reichsland Elsass-Lothringen gewidmet war.[100] Kisch hoffte immer auf eine Wiedergewinnung Elsass-Lothringens, auch wenn er sich später weigerte, eine vage elsässische Autonomiebewegung unter der französischen Herrschaft zu unterstützen.[101] Kisch sah sich selbst natürlich als Elsässer, aber auch oder vor allem als Deutschen. Die schon früher gemachte Unterscheidung und Distanzierung von den „Elsässern", die sich gegen das Deutschtum und das Deutsche Reich gewehrt hatten und nun nach dem Krieg wieder freudig zu Frankreich gingen und sich ihnen andienten, verstärkte sich im Laufe seiner Münchner Jahre noch. Mit einer gewissen Genugtuung und fast Schadenfreude konstatierte Kisch später, dass „der Elsässer" von den Franzosen, trotz seiner Andienung gedemütigt, wieder mit „so unverkennbarer Überheblichkeit und so geringem Vertrauen behandelt wurde", und bedauerte zugleich, „daß wir als Deutsche von diesen Stimmungen nichts profitieren" und „dass der Elsässer seine üble Laune vielfach wieder gegen uns richtet".[102]

2. Erfolg- und arbeitsreiche Krisenjahre (1919 – 1924)

Die ersten Jahre der Weimarer Republik waren für Wilhelm Kisch neben den politischen und wirtschaftlichen Krisen, vor allem der Inflation, mit vermehrter akademischer und wissenschaftlicher Arbeit angefüllt. Darin spiegelte sich vielleicht sogar ein wenig seine nationale Haltung wider. Der Wiederaufbau und das Wiedererstarken Deutschlands musste durch Arbeit und Disziplin vorangetrieben werden. Bezeichnend dafür ist auch eine von Golo Mann[103] überlieferte Bemerkung Kischs zu seinen Studenten, als wegen einer Feier nur wenige Studenten in der Vorlesung erschienen: „Merken Sie denn nicht, dass es wieder losgeht? Daß man uns nicht hochkommen lassen will? Wie können Sie dann Ihr Studium so wenig ernst nehmen?"[104] Golo Mann, der Kisch in seinen Erinnerungen als „höchst patriotisch" wie „ja nun die gewaltige Mehrheit der Münchner Professoren damals" bezeichnete,[105] schrieb dazu: „Indem wir

---

[99] Wissenschaftliches Institut der Elsaß-Lothringer im Reich an der Universität Frankfurt a. M., (Hrsg.), Bericht über die erste Zusammenkunft der „Losen Vereinigung der ehemaligen Straßburger Studenten und Dozenten" in Frankfurt a.M. vom 8. bis 10. Juni 1928.

[100] KISCH, Das deutsche Recht in Elsaß-Lothringen, in: Süddeutsche Monatshefte, 29. Jg. (1931) S. 178f.

[101] Brief KISCH an GERLAND vom 20.8.1927 und vom 8.9.1927, *Nachlass GERLAND, BAK NL 10, Bd. 17.*

[102] Brief KISCH an GERLAND vom 9.7.1928, *Nachlass GERLAND, BAK NL 10, Bd. 17.*

[103] GOLO MANN, 1909 – 1994, Historiker, Schriftsteller, Sohn des Literaturnobelpreisträgers THOMAS MANN.

[104] zit. nach MANN, GOLO, Erinnerungen und Gedanken – Eine Jugend in Deutschland, Frankfurt am Main 1986, S.209f. GOLO MANN hörte bei WILHELM KISCH ein Kolleg „Einführung in die Rechtswissenschaft".

[105] Brief GOLO MANN an NICOLAS TURNER vom 27.11.1989, *Privatbesitz TURNER.*

eine Stunde schwänzten, hatten wir uns gegen die Nation und ihren Freiheitskampf vergangen.“[106]

Kisch avancierte zu einem der beliebtesten und auch einflussreichsten Lehrer an der Münchner Universität. Seine Vorlesungen zogen nicht nur Jurastudenten, sondern Studenten aller Fachrichtungen an. Er engagierte sich in diesen Jahren auch wieder vermehrt in seinem Hauptfach Zivilprozessrecht. Zusammen mit Max Pagenstecher, Albrecht Mendelssohn-Bartholdy und Leo Rosenberg gründete er die „Vereinigung Deutscher Zivilprozeßrechtslehrer“ und machte sich vor allem in der Studienreformdiskussion gegen die Zurückdrängung des Zivilprozessrechtsunterrichts stark. Die seit langem schwelende Reform des Zivilprozessrechts selbst war ebenfalls ein Thema für ihn, auch wenn er sich eher selten dazu äußerte. Daneben lag sein Forschungs- und Veröffentlichungsschwerpunkt weiterhin im Versicherungsrecht.[107] Dazu publizierte er nicht nur, sondern er begann diesen Bereich auch an der Münchner Universität auszubauen im Zusammenarbeit mit dem Versicherungswissenschaftlichen Seminar der Staatswissenschaftlichen Fakultät. Kisch beschäftigte sich darüber hinaus verstärkt mit Urheber- und Patentrecht und machte sich dort schnell einen Namen. Auch diese Disziplin, an Universitäten ein eher weniger beachtetes Gebiet, versuchte Kisch in München zu fördern und zu etablieren. Dieses große Engagement führte zu Aufmerksamkeit und Ansehen in der akademischen Welt. In diesen Jahren erreichten ihn gleich drei ehrenvolle Berufungen aus Würzburg, Berlin und Prag. Seine akademische Karriere war auf dem Höhepunkt.

2.1 Der Lehrer Wilhelm Kisch

Nicht nur seine wissenschaftlichen Werke zeichnen Wilhelm Kisch aus, noch wichtiger war sein Talent als akademischer Lehrer. Ebenso wie in Straßburg wurde Kisch in München schnell zu einem der beliebtesten Dozenten an der Universität. Viele seiner ehemaligen Studenten berichteten dies später einmütig und auch in Zeitungsartikeln aus dieser Zeit wurde es immer wieder besonders hervorgehoben.[108] Kisch selbst sah im akademischen Unterricht den Schwerpunkt seiner Tätigkeit. Wieso ihm der Rechtsunterricht so wichtig war, zeigt eine Äußerung von ihm, die inhaltlich so des öfteren in seinen Ausführungen zu finden ist:

> „Nach meiner Meinung sind Institutionen des Rechtes überhaupt, namentlich der Rechtspflege, genau so viel und so wenig wert, wie die Menschen, die sie handhaben oder von ihnen Gebrauch machen.“[109]

---

[106] MANN, GOLO, Erinnerungen und Gedanken, Eine Jugend in Deutschland, Frankfurt am Main 1986, S. 209f.
[107] Vgl. Schriftenverzeichnis im Anhang.
[108] ZIERSCH, WALTHER, Wilhelm Kisch, Ein Münchner Rechtsgelehrter und Hochschullehrer, in: MNN vom 9.9.1931, Nr. 244; Im Kolleg bei Geheimrat Kisch, in: Süddeutsche Sonntags-Post vom 19.2.1933, *BayHStA Sammlung Personen 5165*; Wilhelm Kisch, in: Frankfurter Zeitung vom 1.1.1936, Nr. 1–2, *Stammakt KISCH, UAM E-II-1991.*
[109] KISCH, Empfiehlt sich die Einführung der vollen Berufung im zivilrechtlichen Verfahren?, in: Zweiter Deutscher Juristentag in der Tschechoslowakei, Gutachten, Prag 1925, 217 – 237.

Für Wilhelm Kisch hing die Qualität des Rechtssystems daher maßgeblich von den Menschen selbst ab, insbesondere von den Juristen, was im Rückschluss wiederum zum Erfordernis einer möglichst guten Ausbildung führte und seine Motivation und sein Engagement erklärte. Kischs Vorlesungen waren sehr gut besucht. Die geräumigen Hörsäle der Universität wie das Auditorium Maximum oder die Große Aula, in die seine großen Vorlesungen und Übungen wegen des immensen Andrangs gelegt wurden, waren oft bis auf den letzten Platz besetzt.[110] Um ihm mit seiner Gehbehinderung den Weg zur Großen Aula zu erleichtern, soll der erste Aufzug in der Universität München eingebaut worden sein.[111] Wegen dieser Gehbehinderung trug Wilhelm Kisch, der mühsam an einem Stock ging, bei seinen Vorlesungen auch keinen Talar wie sonst üblich,[112] und saß in einem Stuhl hinter dem Katheder. Seine Vorlesungen wurden fast so etwas wie „Kult" und blieben im Gedächtnis. „Sie müssen unbedingt Kisch hören.", soll den Erstsemestern geraten worden sein.[113] Aber auch höhere Semester kamen noch gerne zur Wiederholung in seine Vorlesung. Kisch verstand es, seine Hörer zu fesseln und für die Rechtswissenschaft zu begeistern.[114] Golo Mann, der bei ihm eine „Einführung in die Rechtswissenschaft" hörte, bezeichnete ihn später in seinen Erinnerungen als „witzigen und leicht dämonischen Lehrer".[115] Kischs Charisma war beeindruckend.

> „Es war deutlich, er war schon bei der Formulierung seines ersten Satzes und mit diesem hatte er stets bereits die Aufmerksamkeit seines Auditoriums. Seine körperliche Gehbehinderung vergaß jeder, der mit ihm sprach, zu lebhaft und faszinierend war sein Gesichtsausdruck."[116]

Die Studenten respektierten und verehrten ihn sehr. Seine Vorlesungen blieben vielen in guter Erinnerung:

> „Das amphitheatralisch aufgebaute Auditorium reichte deshalb für seine BGB-Vorlesung gerade noch aus; wenn er unter der Eingangstüre erschien und dort Halt machte, um die nur innerhalb des Vorlesungsraumes von ihm gemiedene Zigarette im Aschenbecher ab-

---

[110] Brief Prof. Dr. HERRMANN SCHULTZE VON LASAULX, Student bei Kisch in den zwanziger Jahren, an NICOLAUS TURNER vom 29.11.1989; Notiz zum Gespräch Dr. FRITZ OSTLER, Student bei KISCH ab 1926 und später sein Rechtsanwalt im Spruchkammerverfahren, mit NICOLAUS TURNER vom 27.3.1991, *Privatbesitz TURNER;* KRULL, BERTHE, Zwischen Hörsaal und Bühne: Studentin in München, Berlin und Frankfurt, in: NASS, KLAUS OTTO (Hrsg.), Elsie Kühn-Leitz, Mut zur Menschlichkeit, Bonn 1994, S. 24ff.

[111] Gespräch mit ILSE TJADINA WEGNER am 23.6.2003.

[112] Notiz zum Gespräch Dr. FRITZ OSTLER mit NICOLAUS TURNER vom 27.3.1991, *Privatbesitz TURNER.*

[113] Im Kolleg bei Geheimrat Kisch, in: Süddeutsche Sonntags-Post vom 19.2.1933, *BayHStA Sammlung Personen 5165.*

[114] WOHLHAUPTER, EUGEN, Vom tätigen Leben, Bilder einer Erinnerung, o.Dat., S. 41:„Es geschieht aber niemandem etwas zuleide, wenn man feststellt, daß es Wilhelm Kisch war, der uns mit seinem Allgemeinen Teil und seinen Schuldverhältnissen für das BGB nicht nur, sondern für die Rechtswissenschaft überhaupt gewonnen hat.", *UAM Slg. XX O13.*

[115] MANN, GOLO, Erinnerungen und Gedanken, Eine Jugend in Deutschland, Frankfurt am Main 1986, S. 210.

[116] Brief Prof. Dr. HERMANN SCHULTZE v. LASAULX an NICOLAUS TURNER vom 29.11.1989, *Privatbesitz TURNER.*

zulegen brach bereits der akademische Applaus aus, der an den Holzvorderwänden jeder einzelnen Sitzreihe solchen Lärm erzeugte, dass bei den noch offenen Türen des Erdgeschosses und des 1. Stocks dieser „Lärm" durch das ganze „Hohe Haus" zu hören war und jeweils andauerte, bis Kisch, wegen eines Hüftleidens mit Stock gehend, am Vorlesungstisch Platz genommen hatte. Gleich am 2. Mai 1927 erlebte ich dies in seiner Vorlesung „BGB -Allgemeiner Teil" erstmals und er sprach dabei zu den vielen Neuen mit seiner scharfen und klaren Stimme folgende Worte, die ich mir im Stenogramm festhalten konnte: ‚Es wurde zu irgendeiner Zeit, an irgendeinem Ort und in irgendeinem Lande von irgendeinem Propheten gesagt: „Löse die Schuhe von deinen Füßen; denn dieser Boden ist heilig!" und so sage ich zu Ihnen, meine Herren, ‚dieser Boden, den sie heute betreten ist heilig.' Während im ganzen Auditorium Totenstille herrschte, weil wohl jeder etwas von der Heiligkeit des Augenblicks aber wohl auch etwas von der Bedeutung des Mannes verspürte, der diese Worte sprach, ließ dieser sich weiter vernehmen: ‚Und wenn Ihnen, meine Herren, jemand sagt, das juristische Studium sei trocken, so ist das Unsinn. Das sind Leute, die von der Juristerei nichts verstehen, Arbeiten Sie sich ein in Ihr Fach und Sie werden wie ich sagen: Das juristische Studium ist das Schönste, das ich mir denken kann.'"[117]

Gerade sein kurzweiliger, klarer Vortragsstil wurde von allen gerühmt. Kisch sprach in freier Rede[118], aber so druckreif, dass eine genaue, übrigens auch geforderte Mitschrift zu einem umfassenden Skript führte, das den Repetitor ersetzte.[119] Seine Vorlesung wurde von seinem Studenten und späteren Kollegen Eugen Wohlhaupter[120] so beschrieben:

> „Diese [Die Vorlesung/S.A.] war eine Verbindung eines sonnenklaren Diktats mit einer lichtvollen und beispielsgewürzten Erläuterung, die auch feinen Humor nicht verschmähte. Diese Methode, welche von der passiven Rezeptivität des Studenten zum Aktivismus hinführt und so erwärmt und belebt, ist mir stets als die beste erschienen, zumal Kisch, und wenn selbst eingeschobene Stunden dazu helfen mussten, mit seinem Stoff stets fertig wurde."[121]

Dass Kisch die Begriffsjurisprudenz vertrat, schlug sich auch in seiner Vorlesung nieder. Sie war streng gegliedert, schematisch aufgebaut und bot den Studenten klare Definitionen und Strukturen. Die begriffliche Schulung war für ihn sehr wichtig, die genaue Begriffsbestimmung stand im Vordergrund, da damit das juristisch logische Denken stehe und falle.[122] Der Student brauche ein geschlossenes System und eine sichere theoretische Grundlage, denn ansonsten bestehe die Gefahr, dass „statt mit

---

[117] Auszug aus privaten Erinnerungen von Rechtsanwalt Dr. FRITZ OSTLER geschickt am 10.4.1991 an NICOLAUS TURNER, *Privatbesitz TURNER.*

[118] Brief Prof. Dr. HERMANN SCHULTZE v. LASAULX an NICOLAUS TURNER vom 29.11.1989, *Privatbesitz TURNER.*

[119] Brief ERICH EYERMANN, ehemaliger Präsident des bayerischen Verwaltungsgerichtshofs an NICOLAUS TURNER vom 21.9.1990, *Privatbesitz TURNER.*

[120] EUGEN WOHLHAUPTER, 1900 – 1946, Student bei Kisch 1920 – 24, Privatdozent für Deutsche Rechtsgeschichte, Privatrecht und Kirchenrecht an der LMU 1929 – 1934, Professor in Greifswald und Kiel, vgl. WOHLHAUPTER, EUGEN, Vom tätigen Leben, Bilder einer Erinnerung, o.Dat, *UAM Slg. XX O13.*

[121] Ebd. S. 42.

[122] KISCH, Juristische Pädagogik, in: Festschrift für Leo Raape zum 70. Geburtstag, Hamburg 1948, S. 364f.

scharfen und klaren Begriffen" der Student mit den „verschwommenen Erwägungen seines Rechtsgefühls" hantiere.[123] Wilhelm Kisch war mit Leib und Seele Lehrer. Der Unterricht lag ihm sehr am Herzen und besonderen Wert legte er auf die Anschaulichkeit. Die Fähigkeit zur Veranschaulichung war für ihn die wichtigste Eigenschaft eines Rechtslehrers, wie er später einige Jahre vor seinem Tod zur Pädagogik schrieb:

> „Die Rechtsnorm ist abstrakt. Daher muß sie, wenn sie nicht ein blasses Schemen bleiben soll, dem Rechtsjünger anschaulich gemacht werden. [...] Schwierig aber, weil sich die Rechtssätze in der bloßen Welt der Vorstellung bewegen, und weil der juristische Unterricht daher nicht oder nur wenig mit sinnvollem Anschauungsmittel arbeiten kann, wie etwa der medizinische oder naturwissenschaftliche.[...] Dies alles muß der Dozent als lebendige Wirklichkeiten vor dem geistigen Auge seines Hörers plastisch erstehen lassen. Fehlt ihm die Gabe solcher Veranschaulichung, so wird er nie ein guter Rechtslehrer."[124]

Sein Vortrag war mit vielen, witzigen Anekdoten und Beispielen aus dem Leben angereichert, denn schließlich berühre das Recht nahezu fast alle Bereiche des menschlichen Lebens. Nichts ersetzt seiner Meinung nach „den pädagogischen Wert des mündlich erzählten Beispielfalles" und zwar

> „des möglichst naheliegenden, handgreiflichen, frappanten, seinetwegen scherzhaften oder gar grotesken Beispielfalles, sofern er nur den Sinn und die praktische Tragweite der scheinbar theoretischen und abstrakten Norm blitzartig beleuchte".[125]

Anschaulichkeit war für ihn alles und seine gewählten Beispielfälle über banale Begebenheiten des Alltags waren immer witzig verpackt. Zu dieser Methode schrieb er selbst: „Und nur Böswilligkeit oder Beschränktheit kann annehmen, dass ein solches Vorgehen des Lehrers der Würde der Wissenschaft nicht zieme."[126] Einige seiner kleinen Anekdoten, die er in seinen Vorlesungen immer an den gleichen Stellen zu wiederholen pflegte, sind noch überliefert. So fragte er gerne seine Hörer bei dem dem Vater zustehenden Namensgebungsrecht für das Kind, wie das Kind heiße, wenn die Mutter Argobar und der Vater Adolf als Namen wolle. Auf die rechtlich korrekte Antwort seiner Zuhörerschaft, nämlich Adolf, bemerkte er immer nur knapp: „Meine Herren, sie haben keine Ahnung vom Leben!"[127]

Mit seiner Art Vorlesung zu halten, machte Kisch sich aber nicht nur Freunde. Sein Kollege Rudolf Müller-Erzbach z. B. fühlte sich vom begeisterten Trampeln der Studenten, das von Kischs auflockernden Anekdoten hervorgerufen wurde, gestört, wenn er in angrenzenden Räumen unterrichten musste.[128] Zu ihm war aber das Verhältnis ohnehin nicht ungetrübt. Mit Kisch als Anhänger der Begriffsjurisprudenz und Müller-

---

[123] KISCH, Wandlungen im Rechtsunterricht, in: MNN vom 26. März 1930, Nr. 83.

[124] KISCH, Juristische Pädagogik, in: Festschrift für Leo Raape zum 70. Geburtstag, Hamburg 1948, S. 363ff.

[125] KISCH, Wandlungen im Rechtsunterricht, in: MNN vom 26. März 1930, Nr. 83.

[126] Ebd.

[127] Gespräch mit Professor MATTHIAS SCHMOECKEL, Patensohn von ERIKA KÖHLER, Studentin bei KISCH, am 24.7.2003.

[128] Gespräch mit CHARLOTTE HILDMANN, Tochter von RUDOLF MÜLLER-ERZBACH, am 17.2.2003.

Erzbach, einem Vertreter der Interessensjurisprudenz, trafen sowohl im fachlichen Bereich als auch im persönlichen Bereich zwei sehr verschiedene Persönlichkeiten aufeinander.[129] Die beiden gerieten im Wintersemester 1927/28 im Rahmen einer Bewertung einer Dissertation aneinander, als Müller-Erzbach eine bei Kisch geschriebene, stark begriffsjuristisch geprägte Doktorarbeit als Koreferent in seinem Mitbericht deswegen, nur „um keine Ungerechtigkeit gegen ihren Verfasser zu begehen", gerade noch zuließ und als Note für die Arbeit ein *rite* vorschlug[130]. Kisch fühlte sich wohl auch selbst dadurch angegriffen und sah sich zu einer rhetorisch glänzenden, zum Teil sehr ironisierenden Verteidigungsschrift veranlasst, in der er sich vor allem gegen die Austragung von „Kontroversen über wissenschaftliche Methoden auf dem Rücken des Doktoranden" unter Vernachlässigung der Objektivität aussprach und sich zugleich nochmals gegen die Abwertung und völlige Verdammung der Begriffsjurisprudenz wortreich verwahrte. Er sah sie nach wie vor als gleichberechtigte Methode an, die von vielen namhaften Wissenschaftlern vertreten worden sei und noch offen vertreten werde, selbst wenn man, wie er schrieb, inzwischen sich vom Vorwurf der Formaljurisprudenz immer etwas unliebsam berührt fühle. Gerade aber die Objektivität im wissenschaftlichen Bereich war für ihn eine Grundsatzfrage, die für die Fakultät von größter Bedeutung sei. Er schlug mindestens *magna cum laude* vor und erinnerte an die auch bisher in der Fakultät gepflegte Toleranz in der Methodenfrage.[131] Die Abstimmung ergab mit neun zu drei Stimmen die Gesamtnote *magna cum laude.*[132]

Kischs Art zu unterrichten unterschied sich insgesamt stark vom damals durchwegs noch üblichen Vorlesungsstil, sie war bereits wesentlich moderner. Er sprach in freier Rede und las nicht nur monoton aus einem Manuskript vor. Zwar verteilte er keine Unterlagen, brachte aber eine Art vorlesungsbegleitende Skripten, „Grundriß zur Vorlesung über Schuldverhältnisse"[133] und „Grundriß zur Vorlesung über die allgemeinen Lehren des bürgerlichen Rechtes"[134] heraus, die nicht im Buchhandel erschienen, sondern im Bücheramt des Allgemeinen Studentenausschusses erhältlich waren.[135] Diese Grundrisse enthielten jeweils eine genaue Gliederungsübersicht der Vorlesung am Anfang und im Weiteren jedoch nur noch zu schwierigen oder nicht vorgetragenen Passagen, kurz zusammengefasst, Begriffsdefinitionen und Voraussetzungen der einzelnen Rechtsinstitute bzw. die wichtigsten Punkte zu den einzelnen Themen. Alles andere sollte in der Vorlesung selbst vom Studenten mitnotiert werden, da die Vorlesung von Kisch gerade auch zum leichten Mitschreiben konzipiert sei, wie er einleitend in

---

[129] NUNN, CHRISTIAN, Rudolf Müller-Erzbach 1874 – 1959, Von der realen Methode über die Interessenjurisprudenz zum kausalen REchtsdenken, Frankfurt am Main 1998, S. 121.

[130] Mitbericht vom 23.11.1927 und Benotungsvorschlag o. Dat. von MÜLLER-ERZBACH, *Promotionsakten Wintersemester 1927/28, UAM L-Np-WS 1927/28.*

[131] Verteidigungsschrift mit Benotungsvorschlag KISCH vom 22.12.1927, *Promotionsakten Wintersemester 1927/28, UAM L-Np-WS 1927/28.*

[132] Mitteilung des Dekans RIEZLER über Abstimmungsergebnis vom 9.2.1928, *Promotionsakten Wintersemester 1927/28, UAM L-Np-WS 1927/28.*

[133] Erscheinungsjahr wahrscheinlich 1920.

[134] München 1922 und/oder 1931.

[135] THIEME, HANS, Student bei KISCH und später selbst Rechtswissenschaftler, Vorlesungsmitschrift KISCH, BGB Allgemeiner Teil, Sommersemester 1926, Einführung, *Privatbesitz TURNER.*

der ersten Stunde darzulegen pflegte.[136] Darüber hinaus verwies er zum Nacharbeiten oder auch zur kurzen Illustration auf praktische Beispielfälle aus seinen dafür herausgegebenen Sammlungen „Fälle aus dem bürgerlichen Recht" und „Praktikum des Zivilprozeßrechts". Sein Vorlesungsstil inspirierte auch Studenten und spätere Kollegen zur Nachahmung, die in dieser Art zu unterrichten, viele Vorteile sahen:

> „So nahm ich mir für die Vorlesungen vor, die erprobte Methode meines Lehrers Kisch: gedrängtes Diktat und anschließende Besprechung, anzuwenden. Die möglichen Einwände gegen das Diktieren: Zeitverlust, Überflüssigkeit angesichts der Lehrbücher scheinen mir nicht durchschlagend. Der Zeitverlust wurde aufgehoben durch den Gewinn an Aktivitätsbewusstsein des in den Vorlesungen oft passiv gestimmten Studenten, und zumindest für die dogmatischen Vorlesungen wird heute jeder anerkennen, daß es ein auf der Höhe der Zeit stehendes Lehrbuch kaum mehr geben kann, daß man aber auch die Einzelheiten, zum Beispiel im Familienrecht, nach einmaligen Hören unmöglich in exakter Weise behalten kann."[137]

Wilhelm Kisch äußerte sich mehrfach in seinem Leben zum akademischen Unterricht und zur juristischen Pädagogik. Für ihn bestanden die zwei Hauptaufgaben des Rechtsunterrichts in der Vermittlung des Rechtsstoffes und der Rechtsanwendung, wobei er im Laufe der Jahre die stärkere Gewichtung auf der Rechtsanwendung sah. Noch in seinem Vortrag 1922 „Gutachten über den Unterricht im Zivilprozeßrecht" wurde die Rechtserkenntnis als Hauptaufgabe des akademischen Unterrichts bezeichnet.

> „Der akademische Unterricht hat ganz andere Ziele, schon um deswillen, weil sein Schwergewicht nicht auf dem Gebiete der Rechtshandhabung, sondern auf demjenigen der Rechtserkenntnis liegt."[138]

Doch bereits 1930 in seinem Zeitungsartikel „Wandlungen im Rechtsunterricht" sprach auch er davon, dass sich dieses Verhältnis inzwischen geändert habe und es nun darauf ankomme, sie zueinander ins richtige Verhältnis zu bringen.[139] 1948 nannte er es schließlich die wichtigste Aufgabe des Rechtsunterrichts und bemerkte dazu: „Mangel an positivem Wissen kann jederzeit ausgeglichen werden, Mangel an juristischer Methode dagegen nicht."[140] Dabei sei es aber nicht Aufgabe der Hochschule, „fertige Meister" hervorzubringen, sondern nur den Weg zur praktischen Handhabung zu zeigen. Die Kunst der Rechtsanwendung müsse dann durch stetiges Üben ein Leben lang vervollkommnet werden.[141] Den einzelnen Lehrveranstaltungen schrieb er zur

---

[136] Ebd.

[137] WOHLHAUPTER, EUGEN, Student bei Kisch 1920 – 24, später Privatdozent an der LMU, Vom tätigen Leben, Bilder einer Erinnerung, o.Dat., S. 63f, *UAM Slg. XX O13.*

[138] KISCH, Gutachten über den Unterricht im Zivilprozeßrecht, in: WACH/KISCH/MENDELSSOHN BARTHOLDY/STEIN, Der Zivilprozeß, Mannheim 1922, S. 15.

[139] KISCH, Wandlungen im Rechtsunterricht, in: MNN vom 26. März 1930, Nr. 83.

[140] KISCH, Juristische Pädagogik, in: Festschrift für Leo Raape zum 70. Geburtstag, Hamburg 1948, S. 366f.

[141] Ebd. und KISCH, Wandlungen im Rechtsunterricht, in: MNN vom 26. März 1930, Nr. 83, wobei er hier immer noch von der Intensität der Übung hinter seinen Ansichten von 1948 etwas zurückbleibt und davon spricht, die Methode der Rechtsanwendung „nur insoweit zu üben, als es zum Verständnis dieser Methode nötig und nützlich ist".

Erfüllung dieser Aufgaben unterschiedliche Zwecke zu. Die Vorlesung war für ihn das wichtigste Instrument zur Stoffvermittlung und er versäumte es auch nicht dies seinen Hörern in der ersten Stunde eindringlich einzubläuen.[142] Dabei komme es bei der Masse des Stoffes vor allem auf die richtige Auswahl und die Herausarbeitung der Grundsätze an. Daneben müsse eine Anleitung zum juristisch-logischen Denken erfolgen, insbesondere die begriffliche Schulung sowie eine Einführung in die juristische Systematik, d. h. die Stellung der einzelnen Rechtsnorm in der gesamten Rechtsordnung und ihre Zusammenhänge. Die historische Entstehungsgeschichte des Rechtssatzes sei dabei ebenso wenig außer Acht zu lassen wie die Betrachtung des dahinterstehenden Zwecks. Gerade letzteres zeige die Verbindungen und Wechselwirkungen mit den übrigen Gebieten des sozialen Lebens, der Politik, der Ethik, der Wirtschaft etc. und widerlege damit das Vorurteil der Weltfremdheit und der Trockenheit der Jurisprudenz. Zugleich werde damit auch das Interesse an anderen Fächern und Disziplinen geweckt und die dem Juristen so unentbehrliche allgemeine Bildung gefördert.[143] In den Konversatorien bzw. Wiederholungskursen solle dann die Anleitung zum systematischen Aneignen des Stoffes und seiner Wiedergabe in geeigneter Ausdrucksweise erfolgen sowie schon die Lösung kleiner Fälle.[144] Die Anleitung zur Rechtsanwendung, also die Vermittlung der allgemeinen Regeln zum Auffinden der richtigen Norm, zu ihrer Auslegung und zum Subsumieren des konkreten Falls unter den gesetzlichen Tatbestand, zusammengenommen die juristische Methode, diene im besonderen Maße der Vorbereitung auf die Praxis. Gerade das Praktikum oder die Übung, die „hohe Schule“ der Rechtsanwendung, sei dafür vorgesehen, da dort schwierigere Rechtsfälle schriftlich oder mündlich zu bearbeiten sind. Seminare schließlich seien für eine kleine wissenschaftlich interessierte Elite und böten die Möglichkeit zur Befassung mit Einzelproblemen.[145] Ergänzend empfahl Kisch ganz im Sinne seiner Devise der Veranschaulichung und der Praxisnähe Besichtigungen von Unternehmen und sonstige Exkursionen sowie besonders eindringlich Praktika der Studenten in den Ferien bei Gerichten, Anwälten oder Firmen, wie es heute inzwischen Pflicht für die Studenten ist.

Von dieser „technischen“ Seite des Rechtsunterrichts abgesehen, gehörte für ihn auch eine sog. „menschlich-ethische“ Seite zur Rechtserziehung. „Der wahre Jurist ist nicht bloß, wie er vielfach in verzerrtem Bilde erscheint, der Mann des kühlen Kopfes, sondern auch der Mann des warmen Herzens“, schrieb Wilhelm Kisch.[146] Der Rechtslehrer müsse die ihm anvertraute Jugend zu anständigen Menschen, zu „freien, selbstän-

---

[142] THIEME, HANS, Vorlesungsmitschrift KISCH, BGB Allgemeiner Teil, Sommersemester 1926, Einführung, *Privatbesitz TURNER*.

[143] KISCH, Wandlungen im Rechtsunterrichts, in: MNN vom 26. März 1930, Nr. 83; KISCH, Juristische Pädagogik, in: Festschrift für Leo Raape zum 70. Geburtstag, Hamburg 1948, S. 363ff.

[144] KISCH, Wandlungen im Rechtsunterricht, in: MNN vom 26. März 1930, Nr. 83.

[145] Ebd.

[146] KISCH, Juristische Pädagogik, in: Festschrift für Leo Raape zum 70. Geburtstag, Hamburg 1948, S. 368.

digen, pflichtbewußten und charaktervollen Persönlichkeiten"[147] erziehen, wobei es dafür kein besseres Rezept gebe, als das „eigene Beispiel"[148].

Nicht nur sein Vorlesungsstil, sondern auch sein Umgang mit den Studenten unterschied sich von dem manch anderer Professoren. Wie er selbst schrieb, stehe er zu ihnen wie ein „älterer Kamerad" oder „väterlicher Freund"[149] ohne dabei aber eine gewisse Distanz zu verlieren. Sein ausgeprägtes physiognomisches Gedächtnis kam ihm dabei sehr zustatten. Er kannte viele seiner Hörer mit Namen und wusste trotz der großen Hörerzahlen, wer seiner Vorlesung das letzte Mal ferngeblieben war. So zeigte er immer Interesse an seinen Studenten und baute ein persönliches Verhältnis zu ihnen auf.[150] Dazu soll er einst auch bemerkt haben: „Das Gefühl enger Verbundenheit mit meinen jungen Hörern hat mich in meiner ganzen akademischen Tätigkeit von jeher am meisten beglückt."[151] Besonders zeichnete ihn sein Engagement für seine Hörer und Hörerinnen aus. Er kümmerte sich, auch privat, um sie und ihre Anliegen, war an ihrem Schicksal interessiert und half mit Rat und Tat, wo nötig und möglich, sei es nun mit Empfehlungsschreiben[152], Vermittlung von Praktika oder auch bei persönlichen, wirtschaftlichen oder rechtlichen Problemen.[153] Kisch empfing sie sowohl in der Universität als auch oftmals bei sich zuhause, und bekam, weil seine Vorlesungen zu den „besuchtesten der Fakultät gehören" und er daher „im weiteren Umfang als andere Dozenten", um Rat ersucht wurde, noch ein Extra-Empfangszimmer bewilligt[154]. Auch nach ihrem Abschluss oder nur einem Universitätswechsel hielt er weiterhin mit vielen persönlichen oder brieflichen Kontakt. Er war ein Freund der Jugend, auch wenn er immer Respektsperson blieb.[155] Darüber hinaus wurde nicht nur sein pädagogisches Talent von den Studenten bewundert, sondern vor allem auch die Person Wilhelm Kisch:

> „Beschäftigten wir uns schon als Studenten viel mit der Persönlichkeit von Wilhelm Kisch, über den es eine Fülle von Anekdoten gab, so wurde der volle Gewinn dieser geistreichen, feinsinnigen, liebenswürdigen Persönlichkeit, die etwas Klassisches an sich

---

[147] KISCH, Wandlungen im Rechtsunterricht, in: MNN vom 26. März 1930, Nr. 83.

[148] KISCH, Juristische Pädagogik, in: Festschrift für Leo Raape zum 70. Geburtstag, Hamburg 1948, S. 368.

[149] Ebd. S. 367.

[150] Im Kolleg bei Geheimrat Kisch, in: Süddeutsche Sonntags-Post vom 19.2.1933, *BayHStA Sammlung Personen 5165;* Wilhelm Kisch, in: Frankfurter Zeitung vom 1.1.1936, Nr. 1–2, *Stammakt KISCH, UAM E-II-1991.*

[151] zit. nach NOCKHER, Professor Dr. Wilhelm Kisch, in: München-Augsburger Abendzeitung vom 12.12.1934, Nr. 338, *Stadtarchiv München, Zeitungsausschnitte Nr. 263, Wilhelm Kisch.*

[152] Z. B. Brief KISCH an MENDELSSOHN BARTHOLDY vom 21.5.1919, in dem er ihn um die Aufnahme einer seiner Hörer als Doktoranden bat. *Nachlass MENDELSSOHN BARTHOLDY, SBB PK, Musikabt. Mendelssohnarchiv.*

[153] NOCKHER, Professor Dr. Wilhelm Kisch, in: München-Augsburger Abendzeitung vom 12.12.1934, Nr. 338, *Stadtarchiv München, Zeitungsausschnitte Nr. 263, Wilhelm Kisch;* Gespräch mit ILSE TJADINA WEGNER vom 23.06.2003. KISCH beriet sie in der Angelegenheit ihrer Volljährigkeitserklärung.

[154] Bestätigung BayKuMi an akademischen Senat vom 23.12. 1920, *Stammakt KISCH, UAM E-II-1991.*

[155] Brief ERICH EYERMANN, ehemaliger Präsident des bayerischen Verwaltungsgerichtshofs an NICOLAUS TURNER vom 21.9.1990, *Privatbesitz TURNER.*

hatte, doch erst dem Privatdozenten und jungen Professor zuteil, der bei seinen späteren Aufenthalten in München den Besuch bei Kisch kaum je versäumte."[156]

Die Studenten verehrten ihn sehr und für viele, wie z. B. für Elsie Kühn-Leitz wurde er Vorbild und Leitfigur.[157] Wie beliebt Wilhelm Kisch bei seinen Studenten war, zeigten auch die Feierlichkeiten um seinen 50. Geburtstag am 12. Dezember 1924. Hunderte seiner Studenten und Studentinnen versammelten sich im festlich geschmückten *Auditorium Maximum* an diesem Tag und begrüßten ihn stürmisch mit akademischen Applaus. Ein Ehrengeschenk wurde dargebracht und ein Vertreter der Studenten hielt eine Rede. Am Abend veranstaltete die Studentenschaft unter Organisation seines Schülers Hans Würdinger[158] als höchste zu vergebende Auszeichnung einen Fackelzug zu Kischs Wohnung in der Franz-Josef-Straße mit Musikkapelle und Chargierten. Anwesend waren auch Rektor Leopold Wenger und die Kollegen Anton Dyroff, Konrad Beyerle und Karl Rothenbücher. Die ganze Veranstaltung hatte stark nationales Gepränge. Nach dem Lied „Burschen heraus" sprach Kisch nochmals zu den Studenten, betonte das gute Verhältnis von Lehrern und Schülern und endete mit dem pathetischen Satz: „Treue um Treue". Es folgte ein „Hoch" auf Vaterland und *alma mater*.[159]

2.2 Zivilprozessrecht und die „Vereinigung Deutscher Zivilprozeßrechtslehrer"

Zwar hatte Wilhelm Kisch in den letzten Straßburger und ersten Münchner Jahren abgesehen von ein paar Rezensionen und Urteilsbesprechungen nicht mehr sehr viel zum Zivilprozessrecht veröffentlicht, jedoch blieb er in diesem Bereich nicht untätig. In den Jahren nach dem Krieg arbeitete er an einem Lehrbuch für Zivilprozessrecht, das allerdings wegen der damalig zu hohen Verlegerkosten nie gedruckt wurde.[160] Darüber

---

[156] WOHLHAUPTER, EUGEN, Vom tätigen Leben, Bilder einer Erinnerung, o.Dat., S. 42, *UAM Slg. XX O13*. Ähnlich auch TETZNER, HEINRICH, Wilhelm Kisch, in: JR, 6. Jg. (1952) S. 238: „der Hauptreiz, die die Berührung mit diesem seltenen Manne gab, war das Beispiel, das die Erkenntnis nacherleben ließ, daß das höchste Glück der Menschenkinder doch die Persönlichkeit ist."

[157] KRULL, BERTHE, Zwischen Hörsaal und Bühne: Studentin in München, Berlin und Frankfurt, in: NASS, KLAUS OTTO (Hrsg.), Elsie Kühn-Leitz, Mut zur Menschlichkeit, Bonn 1994, S. 24ff: „In den Münchner Jahren wurde der bekannte Rechtslehrer, Geheimrat Professor Kisch, dessen Vorlesungen überlaufen waren (auch das Auditorium Maximum war bei ihm bis auf den letzten Platz besetzt), zu Elsies Leitfigur." ELSIE KÜHN-LEITZ, 1903 – 1985, Juristin, Vorkämpferin für die Deutsch-Französische Völkerverständigung, Präsidentin der Deutsch-Französischen Gesellschaft, verbunden mit Konrad Adenauer und Albert Schweitzer, Mitbegründerin der hessischen CDU.

[158] HANS WÜRDINGER, 1903 – 1989, Zivilrechtler, Jurastudium 1922 – 1926 in München, Promotion bei KISCH 1927, Habilitation bei BEYERLE und MÜLLER-ERZBACH 1932, Ordinarius in Göttingen, Breslau, Wien, Hamburg, vgl. KIM, HYUNG-BAE/V. BIEBERSTEIN, WOLFGANG (Hrsg.) Zivilrechtslehrer deutscher Sprache Lehrer – Schüler – Werke, Seoul, München 1988, S. 502, 518; Gespräch mit ILSE TJADINA WEGNER, 1. Ehefrau WÜRDINGERS, am 23.06. 2003.

[159] vgl. Geheimrat Dr. Kisch 50. Geburtstag, in: MNN vom 14.12.1924, Nr. 341; 50. Geburtstag von Geheimrat Dr. Kisch in: München-Augsburger Abendzeitung vom 16.12.1924, Nr. 344, *Stammakt KISCH, UAM E-II-1991*.

[160] Brief KISCH an GERLAND vom 25.6.1922: „Aus den gleichen Gründen[hohe Verleger- und Herstellungskosten/S.A.] schläft meine Darstellung des Zivilprozesses seinen gesunden Schlaf in mehreren Schubladen.", *Nachlass GERLAND, BAK NL 10, Bd. 17*. KISCH hat 1941 ein Teilmanuskript dieses unveröffentlichten Werkes auf Bitten des Direktors Prof. Dr. KIRCHNER der Universitätsbibliothek geschenkt, da er alle seine sonstigen veröffentlichten Manuskripte nach Druck bereits ver-

hinaus war Kisch Mitbegründer der wissenschaftlichen Organisation „Vereinigung Deutscher Zivilprozessrechtslehrer“, und engagierte sich dort sehr. Zusammen mit den anderen Gründungsmitgliedern Mendelssohn Bartholdy, Pagenstecher, Rosenberg[161] und in Zusammenarbeit auch mit Wach[162] bildete er einen einflussreichen Kreis in der Zivilprozessrechtswissenschaft dieser Zeit. An den Prozessreformdiskussionen beteiligte er sich publizistisch allerdings nur sehr eingeschränkt.

2.2.1 Die Gründung der „Vereinigung Deutscher Zivilprozeßrechtslehrer“

Die Zusammenarbeit Kischs im zivilprozessrechtlichen Bereich mit Mendelssohn Bartholdy setzte sich auch nach dem Ersten Weltkrieg fort. Mendelssohn Bartholdy schlug Kisch im Mai 1920 die Gründung einer Arbeitsgemeinschaft im Zivilprozessrecht vor. Auch Kisch war der Meinung, dass die Behandlung der Zivilprozessrechtswissenschaft ein Skandal sei und dass vor allem auch der Degradierung zum Nebenfach und dem Verlust der zivilprozessrechtlichen Lehrstühle entgegengewirkt werden müsse. Darüber hinaus hegte man die Hoffnung, als geschlossene Gruppe eher Einfluss auf die bevorstehende Prozessreform nehmen zu können, „die man anscheinend unter Ausschluss der wissenschaftlichen Öffentlichkeit zu betreiben sich bemüht“. Kisch erklärte sich daher sofort bereit mitzuhelfen und einen Aufruf mitherauszugeben.[163] In den nächsten Wochen wurden der Aufruf und die genaue Ausgestaltung der Arbeitsgemeinschaft ausgearbeitet.[164] Zusammen mit den Professoren Max Pagenstecher aus Frankfurt, und Leo Rosenberg aus Gießen, gründeten die beiden schließlich im Juli 1920[165] in Würzburg die „Vereinigung Deutscher Zivilprozeßrechtslehrer“. Der erste Satz des Gründungsberichts vom geschäftsführenden Sekretär Mendelssohn-Bartholdy zeigt nochmals den dahinterstehenden Gedanken:

> „In der Erwägung, daß die Notlage der wissenschaftlichen Arbeit zu engstem Zusammenschluß der Fachgenossen in wirksamer Arbeitsgemeinschaft mahnt und daß besonders auf

---

nichtet hatte. Brief KISCH an KIRCHNER vom 27.10.1941, *Universitätsbibliothek München, Handschriftenabteilung.*

[161] LEO ROSENBERG, 1879 – 1963, Prozessrechtler, vgl. SCHWAB, KARL-HEINZ, Leo Rosenberg. Der große Prozeßualist, in: HEINRICHS/FRANZKI/ SCHMALZ/STOLLEIS, Deutsche Juristen jüdischer Herkunft, München 1993, S. 667ff.

[162] ADOLF WACH, 1843 –1926, Prozessrechtler, vgl. auch UNGER, DAGMAR, Adolf Wach (1843 – 1926) und das liberale Zivilprozessrecht, Berlin 2005

[163] Brief KISCH an MENDELSSOHN BARTHOLDY vom 15.5.1920, *Nachlass MENDELSSOHN BARTHOLDY, SBB PK, Musikabt. Mendelssohnarchiv.*

[164] Brief KISCH an MENDELSSOHN BARTHOLDY vom 24.5.1920, der einige Bemerkungen und Vorschläge zu MENDELSSOHNS Aufrufentwurf enthält. *Nachlass MENDELSSOHN BARTHOLDY, SBB PK, Musikabt. Mendelssohnarchiv.*

[165] SCHIMA geht in seinem Rückblick auf die Geschichte der Vereinigung in der Zeitschrift Judicium 1. Jg. (1928) S. 178 von 1919 aus. WOLFRAM HENCKEL in seinem Beitrag „Zur Geschichte der Zivilprozeßrechtslehrervereinigung 1920 – 1933 in: HOLZHAMMER/JELINEK/BÖHM, Festschrift für H.W. FASCHING zum 65. Geburtstag, Wien 1988, S. 213ff (Fn. 1) schließt aus dem Gründungsbericht ohne Datum von ALBRECHT MENDELSSOHN BARTHOLDY, abgedruckt am Ende des 10. Bandes der Rheinischen Zeitschrift für Zivil- und Prozeßrecht des In- und Auslandes, 10. Jg. (1919/1920) S. 401ff, dass die Gründung erst 1920 erfolgt ist. Aus KISCHS Brief an MENDELSSOHN BARTHOLDY vom 29.7.1920 geht eindeutig hervor, dass die Gründung erst im Sommer 1920 erfolgte. *Nachlass MENDELSSOHN, SBB PK, Musikabt. Mendelssohnarchiv.*

dem Gebiet der Zivilprozeßrechtslehre zu längst vorhandenen Mißständen, die nur durch übereinstimmenden Willen aller überwunden werden können, neuerdings manche schwer erträgliche Hemmungen der Forschung und Lehre getreten sind, haben sich im Juli [...] zur Gründung eines Verbandes zusammengefunden [...].“[166]

Den von den Gründern ausgehenden Einladungen zum Beitritt kamen viele bekannte Zivilprozessrechtslehrer nach. Mitglieder wurden zunächst u. a. Adolf Wach, Friedrich Stein, Heinrich Gerland, Rudolf Schmidt, Guido Kisch, Friedrich Lent, Richard Schmidt, Paul Oertmann, und weitere namhafte Wissenschaftler folgten in den kommenden Jahren. Geplant war auch der Beitritt der österreichischen Kollegen, der von Franz Klein[167] initiiert wurde.[168] Der Schwerpunkt des Betätigungsfeldes der Vereinigung war der Zivilprozessrechtsunterricht. Ihm galt ihr Hauptinteresse.

„Die Vereinigung will dem akademischen Nachwuchs vor allem dienen. Sie wird ihre Mitglieder zu einheitlichem Willen zusammenzufassen suchen, wo durch sachlich begründete Vorstellung bei Regierung und Parlament und durch eindringliche Mahnung an die Hörer dem Verfall der Lehrstühle, der ungebührlichen Verkürzung der Lehrzeit und anderer Schädigung entgegenzuwirken ist. Sie will ihren Mitgliedern Gelegenheit zum Gedankenaustausch und zur Mitteilung von Erfahrungen im Zivilprozeß-Unterricht geben.“[169]

Daneben beschäftigte sich die Vereinigung natürlich vor allem auch mit der ZPO-Reform. Gerade die wissenschaftlichen Erkenntnisse sollten dabei stärkere Berücksichtigung finden. Zusätzlich zu diesen zwei Hauptbetätigungsbereichen sollte auch der Überblick über die erscheinende zivilprozessrechtliche Literatur verbessert werden, wofür jedes Mitglied zur halbjährlichen Abgabe eines Verzeichnisses der von ihm „veröffentlichten Schriften, Abhandlungen und Rezensionen aus dem Gebiete des Zivilprozesses“ verpflichtet wurde.[170] Organ der Vereinigung wurde die u. a. von Mendelssohn Bartholdy und Pagenstecher schon seit 1909 herausgegebene „Rheinische Zeitschrift für Zivil- und Prozeßrecht“.[171] Das Wiederherstellen des Ansehens der deutschen Prozessrechtswissenschaft im Ausland und die Pflege der Kontakte zu ausländischen Kollegen, die durch den Krieg stark gelitten hatten, waren ein weiteres Anliegen der Vereinigung.[172]

---

[166] MENDELSSOHN BARTHOLDY, ALBRECHT, Die Begründung eines wissenschaftlichen Verbandes Deutscher Zivilprozeßrechtslehrer, in: RheinZ, Bd. 10 (1919/20) S. 401.
[167] FRANZ KLEIN, 1854 – 1926, Prozessrechtler, „Vater“ der österreichischen Zivilprozessordnung.
[168] MENDELSSOHN BARTHOLDY, ALBRECHT, Die Begründung eines wissenschaftlichen Verbandes Deutscher Zivilprozeßrechtslehrer, in: RheinZ, Bd. 10 (1919/20) S. 401.
[169] Ebd. S. 402.
[170] Daraus wurde dann ein Gesamtverzeichnis angefertigt, das an die Mitglieder verschickt und in der Rheinischen Zeitschrift veröffentlicht werden sollte, durchgeführt aber nur für 1914 – 1920, 1921 und 1922 – 1924, vgl. HENCKEL, WOLFRAM, Zur Geschichte der Zivilprozeßrechtslehrervereinigung 1920 – 1933, in: HOLZHAMMER/JELINEK/BÖHM, Festschrift für H. W. FASCHING zum 65. Geburtstag, Wien 1988, S. 213ff Fn. 1f.
[171] Ab dem Bd. 11, (1921/22) trug die Rheinische Zeitschrift den Untertitel „Organ der Vereinigung Deutscher Zivilprozeßrechtslehrer“.
[172] MENDELSSOHN BARTHOLDY, ALBRECHT, Die Begründung eines wissenschaftlichen Verbandes deutscher Zivilprozeßrechtslehrer, in: RheinZ, 10. Jg. (1919/20) S. 403.

Gleich die erste Tagung der Vereinigung am 15. und 16. Oktober 1921 in Leipzig beschäftigte sich sowohl mit dem akademischen Unterricht im Zivilprozess als auch mit den Reformbestrebungen. Im Raum stand ein auf Anregungen von Ernst Zitelmann beruhender Entwurf des preußischen Kultusministerium zur Neuordnung des Rechtsstudiums. Er sah ein sechssemestriges Hauptstudium mit Referendarsexamen als Abschluss vor, daran anschließend die Referendarsausbildung und daran wiederum anschließend ein einjähriges Nachstudium.[173] Dabei sollte im Hauptstudium der Zivilprozessrechtsunterricht zurückgedrängt werden und verstärkt erst nach der Praxis im Nachstudium erfolgen. Sowohl Adolf Wach in seinem Referat, „Die Neuordnung des Rechtsstudiums und der Zivilprozeß" als auch Kisch in seinem Vortrag „Gutachten über den Unterricht im Zivilprozeßrecht" sprachen sich gegen eine solche Umgestaltung aus.[174] Kisch legte sehr ausführlich seine Meinung zum Zivilprozessunterricht dar und ging dabei zunächst in seinem Vortrag auf das eigentliche Ziel des Zivilprozessunterrichts ein, nämlich „dem Staat und dem Volk taugliche mittelbare und unmittelbare Organe der Rechtspflege zu liefern" und ihnen „für ihre künftige prozessuale Wirksamkeit eine brauchbare Grundlage und gute Kenntnisse zu gewähren", keinesfalls aber „ausgebildete Prozeßtechniker zu schaffen" wie oftmals in der Praxis erwartet werde. Der Schwerpunkt des akademischen Unterrichts liege dem gemäß auf der „Rechtserkenntnis" nicht auf der „Rechtshandhabung".[175] Kisch war aber der Ansicht, dass das Zivilprozessrecht eben nicht nur in der Praxis kennen gelernt werden kann, sondern es auch einer theoretischen Grundlage für den praktischen Vorbereitungsdienst bedürfe. Er schrieb dem akademischen Unterricht vier Aufgaben zu, die durch seine Zurückdrängung nicht mehr erfüllt werden könnten. Zum einen eine prozessdogmatische, also die Vermittlung des positiven Stoffs und zugleich auch die Schulung des juristischen Denkens, insbesondere der „dogmatischen begriffsbildenden Methode", für die gerade das Zivilprozessrecht sehr geeignet sei, und zum anderen die prozesssystematische Aufgabe, die die Stellung der Prozessinstitute in der gesamten Rechtsordnung darstellen solle und vor allem in ihrer „naturgegebenen" Verbindung zum Zivilrecht, wodurch auch erst das materielle Recht richtig zu verstehen sei.[176] Die dritte Aufgabe, die praktische oder teleologische, solle die Hintergründe und Zweckmäßigkeitserwägungen beleuchten und vereine sowohl Prozesspolitik, Prozesspraxis als auch Prozesskritik. Die Vermittlung der Prozessgeschichte sah Kisch als vierte und vor allem auch für eine Reformarbeit eminent wichtige Aufgabe.[177] Vor allem war er aber für einen „Sachkenner" als Lehrer, wofür Praxis alleine noch nicht ausreiche, und gegen die Gewohnheit, das Zivilprozessrecht als „quantité négligeable" zu behandeln und als „Füllsel des Lehrauftrages zu vergeben".[178] Gegen das Nachstudium brachte er

[173] RÜMELIN, Rezension: WACH/KISCH/MENDELSSOHN BARTHOLDY/STEIN, Der Zivilprozeß, Berlin 1922, in: AcP, Bd. 121 (1923) S. 141; HENCKEL, WOLFRAM, Zur Geschichte der Zivilprozeßrechtslehrer-vereinigung 1920 – 1933, in: HOLZHAMMER/JELINEK/BÖHM, Festschrift für H. W. FASCHING zum 65. Geburtstag, Wien 1988, S. 214.
[174] in: WACH/KISCH/MENDELSSOHN BARTHOLDY/STEIN, Der Zivilprozeß, Mannheim 1922, S. 7ff und 14ff.
[175] KISCH, Gutachten über den Unterricht im Zivilprozeßrecht, in: WACH/KISCH/MENDELSSOHN BARTHOLDY/STEIN, Der Zivilprozeß, Mannheim 1922, S. 14f.
[176] Ebd. S. 16f.
[177] Ebd. S. 18f.
[178] Ebd. S. 23.

viele Gründe vor. Abgesehen vom Kostenfaktor und der Mehrbelastung für die Hochschullehrer zum einen die fehlende Einheitlichkeit der akademischen Ausbildung, die zu Lücken und unnötigen Wiederholungen führen würde, zum anderen den Schaden für die Ausbildung im bürgerlichen Recht, die sich erst mit dem Zivilprozessrecht vervollständige. Für ihn war die Idee ein Auswuchs der „Reformwut" und völlig unnötig, wenn man die bis jetzt gegebenen Möglichkeiten besser ausschöpfen würde.

Eine auf der Versammlung gefasste Resolution war nicht ganz so deutlich. Sie forderte, „bei Besetzung der Lehrstühle möglichst überall für die Vertretung des Zivilprozessrechts einen durch seine wissenschaftliche Arbeiten erprobten Fachmann" zu berufen und auch im Hauptstudium „sowohl die theoretische Ausbildung im Zivilprozeßrecht, wie auch die Schulung in einem zivilprozessualen, das bürgerliche Recht mitumfassenden Praktikum" zu ermöglichen. Die Frage des Nachstudiums wurde offen gelassen.[179] Die Umfrage zum Unterricht im Zivilprozessrecht über Stundenzahl, Abhalten von prozessualen Übungen und möglichen besonderen Schwierigkeiten bei der Auffassung des Prozessrechts ergab bei den Mitgliedern 1923 allerdings eine Bestätigung der Ansichten von Wach und Kisch.[180] Die auf der zweiten Tagung am 23./24. April 1923 in Frankfurt gefasste erneute Entschließung gegen die Zurückdrängung des Zivilprozessrechtsunterrichts[181] konnte den Erlass der neuen preußischen Ausbildungsordnung im August 1923 aber auch nicht verhindern. [182]

2.2.2 Zivilprozessreform und Emminger-Novelle 1924

An der dritten Tagung, die auf Einladung Gerlands 1924 in Jena stattfand, nahm Wilhelm Kisch nicht teil. Sie wurde nur von sehr wenigen Mitgliedern besucht, da sie sehr kurzfristig einberufen werden musste. Einziger, aber gewichtiger Tagesordnungspunkt war die durch „Verordnung über das Verfahren in bürgerlichen Rechtsstreitigkeiten" vom 13. Februar 1924 aufgrund des Ermächtigungsgesetzes vom 8. Dezember 1923 erlassene Novelle der ZPO[183], die sog. Emminger-Novelle oder -Verordnung[184], mit der vor allem zur Beschleunigung des Verfahrens der Amtsbetrieb zulasten des Parteibetriebs und die Eventualmaxime, soweit in der ZPO verwirklicht, gestärkt wurde.[185] Die Meinungen zur Novelle inhaltlich waren geteilt. Jedoch wurde auf der Tagung eine Entschließung verabschiedet, der sich viele nicht anwesende Mitglieder später

---

[179] genauer Wortlaut bei NUSSBAUM, Vereinigung Deutscher Zivilprozeßrechtslehrer, in: JW, 51. Jg. (1922) 15f, und RheinZ, 11. Jg. (1921/22) S. 336.

[180] MENDELSSOHN BARTHOLDY ALBRECHT, Der akademische Unterricht im Zivilprozeß, in: RheinZ, 12. Jg. (1923) S. 216f.

[181] genauer Wortlaut bei GOLDSCHMIDT, JAMES, Die Vereinigung Deutscher Zivilprozeßrechtslehrer, in: DJZ, 28. Jg. (1923), Sp. 351.

[182] HENCKEL, WOLFRAM, Zur Geschichte der Zivilprozeßrechtslehrervereinigung 1920 – 1933, in: HOLZHAMMER/JELINEK/BÖHM, Festschrift für H. W. FASCHING zum 65. Geburtstag, Wien 1988, S. 218.

[183] Ebd. S. 216 und Fn. 18.

[184] benannt nach dem Reichsjustizminister EMMINGER, RGBL. I, 1924, S. 135.

[185] DAMRAU, JÜRGEN, Die Entwicklung einzelner Prozeßmaximen seit der Reichszivilprozeßordnung von 1877, Paderborn 1975, S. 280ff und 335ff.

anschlossen, unter ihnen auch Kisch.[186] In dieser Entschließung ging es hauptsächlich um das Zustandekommen der Novelle, bei dem sich die Zivilprozessrechtslehrer übergangen fühlten, und um die Verletzung des Rechtsstaatprinzips. So hieß es unter anderem:

> „Die ungewöhnliche Art, in der die Reichsregierung die neuesten Änderungen des Gerichtsverfahrens in überstürzter Weise durchgeführt hat, rechtfertigt einen ungewöhnlichen Schritt der Abwehr. Die in Jena versammelten Zivilprozessrechtslehrer legen einmütig Verwahrung ein sowohl gegen die Form des Zustandekommens der neuen Notverordnung als auch gegen ihren Inhalt.
> [...]
> 2. Sie legen Verwahrung dagegen ein, daß das Reichjustizministerium der Wissenschaft die öffentliche Beurteilung der Entwürfe unmöglich gemacht hat. Die vertrauliche Befragung der Richter und Anwaltorganisationen steht in einem auffallenden Gegensatz zu der Tatsache, dass den berufenen Vertretern der Prozeßrechtswissenschaft keine Gelegenheit zur Stellungsnahme gegeben worden ist.[187]

Ein derartig einschneidendes Vorgehen bei der ZPO aufgrund der Notgesetzgebung war von den Prozessrechtlern nicht erwartet worden noch dazu nicht unter ihrer eigenen fast vollständigen Übergehung und führte daher zu dieser herben Kritik.[188]

Wilhelm Kisch hatte zu Reformfragen und -diskussionen generell eine eher ablehnende Haltung und hatte sich seit 1908 dazu auch nicht mehr literarisch geäußert. Er war der Ansicht, dass die Institutionen des Rechts nur so viel oder wenig wert seien, wie die sie handhabenden oder nutzenden Menschen. Aus diesem Grund schien ihm „die objektiven Einrichtungen eines Staates weniger wichtig als die Subjekte, denen sie anvertraut sind". Die Vor- und Nachteile bestimmter Einrichtungen könnten nur relativ bewertet werden und sind abhängig vom „Kulturstand" der Bevölkerung, so dass, wie er auch 1908 zur unreflektierten Übernahme ausländischer Regelungen schon geschrieben hat, nicht überall alle Einrichtungen gleich nützlich seien.[189]

Inhaltlich schien Kisch mit den Änderungen z. B. zum Novenrecht in der Berufungsinstanz durchaus überein zustimmen. Denn nur ein Jahr später verwies Kisch in seinem schriftlichen Gutachten „Empfiehlt sich im Zivilprozeß die Einführung der vollen Berufung" für den 2. Deutschen Juristentag 1925 in Brünn in der Tschechoslowakei diesbezüglich gerade auf die Regelung der deutschen Zivilprozessrechtsordnung. Er schlug im Unterschied zur österreichischen ZPO die volle Berufung mit den sich aus der geänderten deutschen ZPO ergebenden Einschränkungen vor[190] und lehnte damit aber

---

[186] HENCKEL, WOLFRAM, Zur Geschichte der Zivilprozeßrechtslehrervereinigung 1920 – 1933, in: HOLZHAMMER/JELINEK/BÖHM, Festschrift für H. W. FASCHING zum 65. Geburtstag, Wien 1988, S. 219.
[187] Sonderheft der Rheinischen Zeitschrift 1924, S. 126f, zit. nach HENCKEL, WOLFRAM, Zur Geschichte der Zivilprozeßrechtslehrervereinigung 1920 – 1933, in: HOLZHAMMER/JELINEK/BÖHM, Festschrift für H. W. FASCHING zum 65. Geburtstag, Wien 1988, S. 217.
[188] DANNREUTER, DIETER, Der Zivilprozeß als Gegenstand der Rechtspolitik im Deutschen Reich 1871 – 1945, Frankfurt 1987, S. 350 und 357ff.
[189] KISCH, Empfiehlt sich die Einführung der vollen Berufung?, Zweiter Deutscher Juristentag in der Tschechoslowakei, Prag 1925, S. 217 –237.
[190] Ebd. S. 236f.

auch die in dieser Zeit oft diskutierte verstärkte Wiedereinführung der Eventualmaxime ab. Denn mit einer beschränkten Berufung, also mit völligem Ausschluss neuen Vorbringens in der Berufungsinstanz als besonderen Anwendungsfall der Eventualmaxime, sah er die materielle Gerechtigkeit gefährdet, da damit den Parteien eine zweite Tatsacheninstanz genommen werde. Die damit bezweckte Konzentration und Beschleunigung des Verfahrens hielt er für zweifelhaft, da mit solchen Regelungen im Gegenzug die Überlastung der ersten Instanz und damit auch eine Verlängerung drohe. Für ihn war dies von einem höheren Standpunkte aus alles eine Auswirkung der modernen Tendenz, den Parteieinfluss zurückzudrängen und die Richterstellung zu stärken, oder wie er schrieb, „die Ablösung des früheren prozessualen Manchestertums durch eine Art von aufgeklärtem Staatsabsolutismus, nur dass der letztere jetzt aber unter der aktuelleren Flagge des sozialen Gesichtspunktes segele".[191] Auch wenn er grundsätzlich die Beschleunigung der Verfahren guthieß, dürfe dies nicht auf Kosten der materiell richtigen Entscheidung gehen. Kisch stand, wie seine Formulierungen zeigen, insgesamt der Neigung dieser Zeit, den Prozess weniger den Privatinteressen, sondern mehr den öffentlichen Belangen und dem Wohlfahrtsgedanken unterzuordnen[192], skeptisch gegenüber. Seiner Ansicht nach diene der Prozess immer noch „in erster Linie dem Schutze der Privatrechte einzelner", wenn auch staatliche Belange zu beachten seien.[193] Allerdings sah Kisch auch die Missbrauchsgefahr bei voller Berufung und schlug deshalb eine individuell besser handzuhabende Zurückweisungsbefugnis nicht -pflicht des Richters bei grobfahrlässig oder schikanös zur Prozessverschleppung zurückgehaltenem Prozessmaterial wie § 529 Abs. 2 ZPO vor, ebenso wie die von ihm eigentlich nicht so favorisierte Berufungsbegründungspflicht mit der Folge einer Präklusion verspäteten Vorbringens bei Unterlassen aus grober Fahrlässigkeit.[194] Seine Empfehlung auf volle Berufung wurde vom Juristentag angenommen, für die Abwehrmaßregeln gegen Missbrauch der Berufung sollte auf die Regelung der österreichischen ZPO für die Zurückweisung verspäteten Vorbringens zurückgegriffen werden mit der Verschärfung der Zurückweisungsbefugnis zur Zurückweisungspflicht.[195]

Auch in einer Besprechung der Rede „Rechtspolitik und Doktrin in der bürgerlichen Rechtspflege", gehalten von Max Rümelin bei der akademischen Preisverleihung am 6. November 1926, äußerte sich Kisch später positiv zum Inhalt der Novelle von 1924, weniger aber zu ihrem Zustandekommen, und wies wiederum auf die subjektiv-persönliche Komponente in der Rechtspflege hin. So schrieb er:

---

[191] Ebd. S. 226ff.

[192] SCHUBERT, WERNER, Einleitung, in: ders. (Hrsg.) Akademie für Deutsches Recht 1933 – 1945, Protokolle der Ausschüsse, Bd. VI, Zivilprozeß und Gerichtsverfassung, Frankfurt am Main 1997, 10ff.

[193] KISCH, Empfiehlt sich die Einführung der vollen Berufung?, Zweiter Deutscher Juristentag in der Tschechoslowakei, Prag 1925, S. 227.

[194] Ebd. S. 234f.

[195] DAMRAU, JÜRGEN, Die Entwicklung einzelner Prozeßmaximen seit der Reichszivilprozeßordnung von 1877, Paderborn 1975, S. 355, und v. STAFF, Vom zweiten deutschen Juristentag in der Tschechoslowakei, Volle oder beschränkte Berufung im zivilrechtlichen Verfahren?, in: ZZP, Bd. 50 (1926) S. 69ff [81].

„So muß ich, um nur Einzelheiten zu erwähnen, meinerseits gestehen, daß ich die Novellengesetzgebung in ihren positiven Normierungen nicht gar so ungünstig beurteilen kann, wenngleich ich allerdings die stückweise, flickwerkartige Vornahme der Prozeßreform grundsätzlich für weniger glücklich halte, als einen Neubau von Grund auf; allerdings verkenne ich nicht, daß vielleicht die dringende Notlage ein so langes Zuwarten nicht gestattet hätte. [...] Überhaupt glaube ich, daß unsere ZPO in der gegenwärtigen Gestalt einem klugen, tüchtigen und energischen Richter viel mehr Möglichkeiten der Einwirkung gewährt, als man gemeinhin annimmt, wie denn überhaupt die objektive Ausgestaltung des Prozeßinstitutes weniger wichtig ist, als die Beschaffenheit der es handhabenden Menschen."[196]

Nicht nur durch eigene Veröffentlichungen und durch die Gründung und Mitarbeit an der „Vereinigung Deutscher Zivilprozeßrechtslehrer" engagierte sich Kisch im zivilprozessualen Bereich, sondern auch durch die Herausgabe zweier zivilprozessrechtlicher Reihen. Zusammen mit seinen Kollegen Mendelssohn-Bartholdy und Pagenstecher gab er von 1923 bis 1937 im J. Bensheimer Verlag die Reihe „Beiträge zum Zivilprozeß" heraus, in der 17 Bände mit verschiedensten prozessualen Themen erscheinen, u. a. auch von Kisch selbst „Beiträge zum Schiedsverfahren: Klagerücknahme, Klageänderung, Widerklage, Klageverbindungen" im Jahr 1933. Konkret auf die Reformbestrebungen bezogen, riefen diese drei Prozessrechtslehrer gemeinsam mit Adolf Wach noch die rechtsvergleichende Reihe „Das Zivilprozeßrecht der Kulturstaaten, Eine Vorarbeit zur deutschen Prozeßreform", ebenfalls ab 1923 bis 1932 im J. Bensheimer Verlag, ins Leben.[197] Schon viel früher als „notwendige Vorarbeit zur Reform"[198] zusammen auch mit dem 1919 verstorbenen Josef Kohler geplant, aber durch den Ersten Weltkrieg und seine Folgen verzögert, sollte das „Zivilprozeßrecht der Gegenwart in seinem Funktionieren unter verschiedenen sozialen Formen und Bedingungen, geordnet nach den Kulturstaaten"[199] dargestellt werden. In den erscheinenden vier von ursprünglich sieben angedachten[200] Bänden wurde das Zivilprozessrecht der Schweiz, Schwedens und Finnlands, Österreichs und Dänemarks behandelt unter kräf-

[196] KISCH, Rezension: RÜMELIN, MAX, Rechtspolitik und Doktrin in der bürgerlichen Rechtspflege, Rede gehalten bei der akademischen Preisverteilung am 6. November 1926, Tübingen 1926, in: AcP, Bd. 129 (1928) S. 246ff.

[197] Briefe KISCH an MENDELSSOHN BARTHOLDY vom 6.7.1921, in dem er sich für das Angebot zur Mitherausgeberschaft, initiiert von WACH, bedankt. *Nachlass MENDELSSOHN BARTHOLDY, SBB PK, Musikabt. Mendelssohnarchiv.*

[198] LEVIN, Rezension: WREDE, Das Zivilprozeßrecht Schwedens und Finnlands, Reihe: Das Zivilprozeßrecht der Kulturstaaten, Eine Vorarbeit zur deutschen Prozeßreform, hrsg. WACH/KISCH/MENDELSSSOHN BARTHOLDY/PAGENSTECHER, in: JW, 54. Jg. (1925) S. 727.

[199] Vorwort WACH/KISCH/MENDELSSSOHN BARTHOLDY/PAGENSTECHER, in: HEUSLER, Der Zivilprozeß der Schweiz, Mannheim 1923.

[200] Ebd.

tiger finanzieller Druckkostenhilfe der einzelnen Länder wie in den Vorworten für die Schweiz und Finnland extra betont wurde.[201] Ziel war es, durch die Darstellung

> „als beachtenswerte Mahnung und Führung zu den Arbeiten am künftigen deutschen Prozeßgesetzbuch, die solcher Richtung gebenden Hinweise aus gesicherten Bezirken der Rechtspflege um so dringender bedürfen, je mehr ihnen hastige oder unbedachte Maßnahmen des politischen Notstands in Deutschland vorzugreifen und den Weg zu verlegen drohen"[202],

Einfluss auf die Reformarbeiten zu nehmen.

2.3 Neue Betätigungsfelder und Interessen

Kischs Forschungsinteressen hatten sich in den letzten Jahren auch immer mehr dem Privatversicherungsrecht und dem gewerblichen Rechtsschutz zugewandt. Schon in Straßburg hatte Kisch seit Beginn seiner Lehrtätigkeit eine Vorlesung zum Urheber- und Verlagsrecht abgehalten und war ab 1913 Mitglied der literarischen Sachverständigenkammer Elsass-Lothringens gewesen[203], für die er kleine Gutachten zum Urheberrecht schrieb. Im gleichen Jahr erschienen die ersten Aufsätze zum Versicherungsrecht von ihm. Nachdem 1908 das neue Versicherungsvertragsgesetz erlassen worden und 1910 in Kraft getreten war, bot sich dort ein großes Betätigungsfeld. Seine Aufsätze beschäftigten sich zunächst hauptsächlich mit zivilrechtlichen Rechtsinstituten wie dem Nießbrauch oder dem Vertrag zugunsten Dritter im Zusammenhang mit dem Versicherungsrecht.[204] In den Nachkriegsjahren begann Kisch sich verstärkt mit diesen Rechtsbereichen zu befassen und vor allem die beiden Fächer Versicherungsrecht und Gewerblicher Rechtsschutz auch an der Münchner Universität zu etablieren.

2.3.1 Versicherungsrecht

Nachdem er in den vergangenen Jahren nur kleinere Aufsätze zum Versicherungsrecht publiziert hatte, brachte Wilhelm Kisch 1920 den zweiten Band „Lehre von der Versicherungsgefahr"[205] seines auf mehrere Bände angelegten „Handbuch des Versicherungsrechts" heraus. Ihm folgte 1922 der dritte Band „Lehre von dem Versicherungsinteresse"[206]. Die angekündigten weiteren Bände, auch der erste, erschienen nicht

---

[201] HEUSLER, Der Zivilprozeß der Schweiz, 1923, WREDE, Das Zivilprozeßrecht Schwedens und Finnlands, 1924, KLEIN, Der Zivilprozeß Österreichs, 1927, MUNCH-PETERSEN, Der Zivilprozeß Dänemarks, 1932, MUNCH-PETERSEN, Kopenhagen, war seit 1925 auch korrespondierendes Mitglied der Vereinigung der deutschen Zivilprozeßrechtslehrer, vgl. HENCKEL, WOLFRAM, Zur Geschichte der Zivilprozeßrechtslehrervereinigung 1920 – 1933, in: HOLZHAMMER/JELINEK/BÖHM, Festschrift für H. W. FASCHING zum 65. Geburtstag, Wien 1988, S. 219.

[202] Vorwort WACH/KISCH/MENDELSSSOHN BARTHOLDY/PAGENSTECHER, in: WREDE, Das Zivilprozeßrecht Schwedens und Finnlands, Mannheim 1924.

[203] Brief KISCH an GERLAND ca. 1913, *Nachlass GERLAND, BAK NL 10, Bd. 17.*

[204] Siehe Schriftenverzeichnis im Anhang.

[205] KISCH, Handbuch des Privatversicherungsrechts, Lehre von der Versicherungsgefahr Bd. II, München 1920.

[206] KISCH, Handbuch des Privatversicherungsrechts, Lehre von dem Versicherungsinteresse Bd. III, München 1922.

mehr, so dass dieses umfassend konzipierte Werk unvollendet blieb.[207] Die Gründe dafür sind nicht bekannt, dürften aber wahrscheinlich wirtschaftlicher Natur gewesen sein, da in der Nachkriegszeit Publikationen nur schwer finanzierbar waren. In diesen beiden Abhandlungen versuchte Kisch eine klare und gründliche Herausarbeitung der beiden Grundbegriffe des Versicherungsrechts „Gefahr" und „Interesse", denn gerade in der Dogmatik sah er noch großen Handlungsbedarf im Versicherungsrecht. Seiner Ansicht nach war man im Versicherungsrecht noch weit von der vollen Klarheit über grundlegende Versicherungsbegriffe entfernt und gerade deswegen war das Versicherungsrecht als junges Rechtsgebiet so attraktiv und wissenschaftlich lohnenswert.[208] Kischs Betätigungsfeld und auch sein Interesse am Versicherungsrecht lagen gerade in diesem Bereich und in der Verbindung des Versicherungsrechts zu seinem Hauptfach Bürgerliches Recht, insbesondere in der Anwendung der allgemeinen Sätze des bürgerlichen Rechts auf das Versicherungsrecht.[209] Natürlich setzte er sich mit solchen Ansätzen und begrifflicher Methodik auch im Versicherungsrecht dem Vorwurf der „Formaljuristerei" und der „theoretischen Übertreibung" aus.[210] Dieser Vorhaltung stand aber Kischs vehementer Einsatz für mehr Praxisbezug der Versicherungswissenschaft und für eine engere Zusammenarbeit zwischen Wissenschaft und Praxis gegenüber.[211]

Diesem Zweck hatte sich auch der seit 1899 bestehende „Deutsche Verein für Versicherungswissenschaft" verschrieben, in dem Kisch Mitglied war. Er war als eine Institution konzipiert, die alle Zweige der Versicherungswissenschaft beheimatete und vor allem die Theorie und Praxis des Versicherungswesens verknüpfen sollte. In diesem Verein waren und sind sowohl Versicherungswissenschaftler als auch namhafte Praktiker verbunden.[212] Kisch war nicht nur einfaches Mitglied, sondern auch im leitenden Ausschuss tätig[213] und engagierte sich sehr durch Veröffentlichungen in dessen Publikationsreihe wie z. B. „Die Taxierung des Versicherungswertes" oder auch „Die

---

[207] HAGEN, OTTO, Rezension: KISCH, Handbuch des Privatversicherungsrechts, 2. Bd. Die Lehre von der Versicherungsgefahr, in: JW, 49. Jg. (1920) S. 949.

[208] KISCH, Aufgaben der versicherungsrechtlichen Wissenschaft, in: Hanseatische Rechts-Zeitschrift, 1. Jg. (1917/18) Sp. 131ff; KISCH, Versicherungswissenschaft und Versicherungspraxis, in: MANES, ALFRED (Hrsg.), Die Jubiläumstagung des Vereins zur Feier der 25. Wiederkehr seines Gründungstages 1899, 26. September 1924, Veröffentlichungen des Deutschen Vereins für Versicherungswissenschaft, Heft 34, Berlin 1924, S. 40f.

[209] KISCH, Eine Anregung an die Versicherungspraxis, in: ZfgVw, Bd. 24 (1924) S. 15, Fn. 1.

[210] Ebd.

[211] Ebd. und DORN, Versicherungswissenschaft, MANES, ALFRED, (Hrsg.), Versicherungslexikon 3. Auflage Berlin 1930, Sp. 1857: „So hat z. B. als führender Gelehrter auf dem Gebiet des Versicherungsrechts namentlich Kisch eindringlich und sachkundig geworben für den engeren Zusammenhang zwischen Theorie und Praxis."

[212] KOCH, PETER, Geschichte der Versicherungswissenschaft in Deutschland, Karlsruhe 1998, S. 168f.

[213] Abbildung Ausschusssitzung bei der Jubiläumsfeier 1. Oktober 1924, in: MANES, ALFRED (Hrsg.), Die Jubiläumstagung des Vereins zur Feier des 25. Wiederkehr seines Gründungstages 1899 26. September 1924, Veröffentlichungen des Deutschen Vereins für Versicherungswissenschaft, Heft 34, Berlin 1924. Genauere Daten seiner Mitgliedschaft und Tätigkeit konnten auch trotz Nachfrage beim Deutschen Verein für Versicherungswissenschaften wegen der unvollständigen Quellenlage nicht mehr festgestellt werden.

mehrfache Versicherung desselben Interesses". Außerdem schrieb er zahlreiche Artikel[214] für die vom langjährigen Vorstand des Vereins und führenden deutschen Versicherungswissenschaftler Alfred Manes herausgegebene „Zeitschrift für die gesamte Versicherungswissenschaft" sowie auch für das von diesem betreute Standardwerk „Versicherungslexikon", u. a. zu dem von ihm bereits in seinen Handbüchern behandelten Begriffen „Versicherungsgefahr" und „Versicherungsinteresse".[215] An der Festschrift des Vereins anlässlich der 25jährigen Vorstandstätigkeit von Alfred Manes 1927 beteiligte sich Wilhelm Kisch mit einer Abhandlung zum Versicherungsschein.[216] Zum 25jährigen Gründungsjubiläum des Vereins selbst schon 1924 verfasste er eine Monographie über den Schiedsmann im Versicherungsrecht[217], in der er diese Institution, die nur spärlich geregelt war und bis dahin auch kaum wissenschaftlich behandelt wurde, mit Hilfe der allgemeinen Grundsätze des Verfahrensrecht zu durchdringen versuchte und eine genaue Abgrenzung zum Schiedsrichter vornahm, dessen Rechtsstellung trotz der Verschiedenheit dieser Institutionen in manchen Bereichen ähnlich war.[218] Darüber hinaus hielt er auf der Jubiläumstagung eine viel bejubelte Rede zum Thema „Versicherungswissenschaft und Versicherungspraxis", die gerade den Vereinszweck, die Zusammenarbeit und Verbindung dieser Bereiche, behandelte.[219] Das Verhältnis der Versicherungspraxis zur Versicherungswissenschaft war damals noch nicht sehr gut und von Kampf und allenfalls „kühler Hochachtung" geprägt.[220] Die Versicherungswissenschaft, bestehend aus vielen verschiedenen Wissenszweigen wie Medizin, Mathematik, Wirtschaft und Recht, steckte vergleichsweise noch in den Anfängen.[221] Kischs Ansicht nach unterschied man dabei die „reine Wissenschaft", die allgemeingültige Schlüsse mit wissenschaftlichen Methoden ziehen sollte, von der „angewandten Wissenschaft", die aufgrund allgemeiner Fachkenntnisse Einzelpunkte klären sollte, also gutachtlich tätig sein. Für eine bessere Zusammenarbeit sollte die Versicherungswissenschaft mehr Fühlung zur Praxis nehmen und auf der anderen Seite die Versicherungspraxis die Wissenschaft aber auch verstärkt teilhaben lassen und sich mehr ihrer Erkenntnisse bedienen. Er verlangte ein „zielbewußtes Zusammenwirken, Verträglichkeit und Einigkeit" und verband diese Forderung auch

---

[214] s. Schriftenverzeichnis im Anhang.

[215] KISCH, Artikel zu Gefahr, Interesse, Mitversicherung, Rettungspflicht in: MANES, ALFRED, (Hrsg.), Versicherungslexikon 3. Auflage Berlin 1930.

[216] KISCH, Die Ausstellung des Versicherungsscheins, in: Festgabe für Alfred Manes aus Anlaß seiner 25jährigen Tätigkeit als Vorstand des Deutschen Vereins für Versicherungs-Wissenschaft, S. 125ff, Berlin 1927.

[217] KISCH, Der Schiedsmann im Versicherungsrecht zugleich ein Beitrag zum bürgerlichen Recht, Versicherungswissenschaftliche Abhandlungen Bd. 4, Mannheim 1924.

[218] HAGEN, OTTO, Rezension: Kisch, Der Schiedsmann im Versicherungsrecht, Mannheim 1924, in: JW, 54. Jg. (1925) S. 726.

[219] In: MANES, ALFRED (Hrsg.), Die Jubiläumstagung des Vereins zur Feier der 25. Wiederkehr seines Gründungstages 1899, 26. September 1924, Veröffentlichungen des Deutschen Vereins für Versicherungswissenschaft, Heft 34, Berlin 1924, S. 35ff.

[220] Ebd. und KISCH, Eine Anregung an die Versicherungspraxis, in: ZfgVw, Bd. 24 (1924) S. 15ff; DORN, Versicherungswissenschaft, in: MANES, ALFRED, (Hrsg.), Versicherungslexikon 3. Auflage Berlin 1930, Sp. 1857.

[221] Zur Geschichte vgl. DORN, Versicherungswissenschaft, in: MANES, ALFRED, (Hrsg.), Versicherungslexikon 3. Auflage Berlin 1930, Sp. 1849ff; KOCH, PETER, Geschichte der Versicherungswissenschaft in Deutschland, Karlsruhe 1998.

gleich mit einem Appell an den Patriotismus, denn schließlich könne man sich „in unserem äußerlich und innerlich, politisch und seelisch schwer darniederliegenden Vaterlande“, „den Luxus des Kampfes um des Kampfes willen nicht mehr leisten“.[222]

Wie er sich eine solche Zusammenarbeit vorstellte, hatte er schon kurz vorher in einem Beitrag „Eine Anregung an die Versicherungspraxis“ in der „Zeitschrift für die gesamte Versicherungswissenschaft“ dargelegt.[223] Er regte an, die Versicherungsunternehmen sollten die Theoretiker nicht erst im Rechtsstreit, sondern schon vorher einbinden und ihnen mehr Einblick in die Praxis verschaffen durch eine Art Praktikum oder Volontariat. Dort könnten sich die Theoretiker dann durch Beratungen und Begutachtungen von Verträgen, Entwürfen etc. einbringen, womit eine Art „Kautelarjurisprudenz des Versicherungswesen“ geschaffen werden könnte. Ein solches Arrangement, natürlich unentgeltlich ausgestaltet, hätte für beide Seiten große Vorteile. Darüber hinaus sollte die Versicherungspraxis auch mehr die Wissenschaft unterstützen durch direkte finanzielle Bezuschussung für Publikationen oder indirekt durch die Einrichtung von Bibliotheken in den einzelnen Unternehmen. Auch die Förderung der Ausbildung im Versicherungswesen an den Hochschulen legte er den Versicherungsunternehmen nahe, wobei er nicht nur finanzielle Hilfe für die Seminare und Institute meinte, sondern auch Zurverfügungstellen von Materialien, Dissertationsthemen etc.[224] Kisch hatte selbst einige dieser Vorschläge in München wohl in Zusammenarbeit mit der Münchner Rückversicherungs-Gesellschaft[225], mit deren Vorstandsmitglied Wilhelm Kißkalt[226] er gut bekannt war, schon umgesetzt. Ob er allerdings tatsächlich eine solche Art Praktikum bei einem Versicherungsunternehmen gemacht hat, wie in einem Nachruf behauptet wird[227], war nicht mehr zu verifizieren. Seine Kontakte erwiesen sich jedenfalls auch im Hinblick auf seine versicherungsrechtliche Lehre als nützlich.

---

[222] KISCH, Versicherungswissenschaft und Versicherungspraxis, in: MANES, ALFRED (Hrsg.), Die Jubiläumstagung des Vereins zur Feier der 25. Wiederkehr seines Gründungstages 1899 26. September 1924, Veröffentlichungen des Deutschen Vereins für Versicherungswissenschaft, Heft 34, Berlin 1924, S. 35ff.

[223] Bd. 24 (1924) S. 15ff.

[224] Ebd.

[225] Sie ist wohl auch gemeint, als KISCH in seinem Aufsatz „Anregung an die Versicherungspraxis“ eine sehr bekannte Rückversicherungsgesellschaft mit süddeutschem Sitz erwähnt, die bereits vorbildlich eine eigene Bibliothek aufgebaut hatte.

[226] WILHELM KIßKALT, 1873 – 1958, Jurist, 1909 – 1938 Vorstandsmitglied, ab 1938 (stellvertretender) Aufsichtsratsvorsitzender, ab 1950 Ehrenvorsitzender der Münchner Rückversicherungs-Gesellschaft, Mitbegründer und Mitglied der Akademie für Deutsches Recht im Nationalsozialismus. Vgl. SCHUBERT, WERNER, Einleitung, in: ders. (Hrsg.) Akademie für Deutsches Recht 1933 – 45 Protokolle der Ausschüsse Bd. I, Aktienrecht, Berlin 1986, S. LVI.

[227] TETZNER, HEINRICH, Wilhelm Kisch 1874 – 1952, in: JR, 6. Jg. (1952) S. 238: „Nichts lag ihm ferner, als ein Thema zu behandeln ohne die tatsächlichen Verhältnisse genau zu übersehen, und so arbeitete Kisch damals in einer Versicherungsgesellschaft, um die technischen Einzelheiten im Überblick kennen zu lernen. Er erzählte gerne aus dieser seiner ‚Lehrzeit‘ kleine Erlebnisse.“

An der Universität München war Wilhelm Kisch zusammen mit Wilhelm Silberschmidt[228] 1922 zum Mitglied in der Kommission für die Diplom-Prüfung für Versicherungsverständige für den Bereich Versicherungsrecht und Handel- und Wechselrecht ernannt. Gleichzeitig war ihnen damit die Prüfungsbefugnis erteilt worden.[229] Die beiden begannen ab dem Sommersemester 1922, nachdem Kisch im November 1921 eine von ihm schon lange gewünschte Lehrbefugnis für das Privatversicherungsrecht im Rahmen der Berufungsverhandlungen an die Universität Berlin erhalten hatte[230], „Wissenschaftliche und praktische Übungen im Versicherungsrecht" abzuhalten[231], in enger Zusammenarbeit mit dem versicherungswissenschaftlichen Seminar, das diesbezüglich eine Art Koordinierungsfunktion einnahm.[232] Bereits seit dem Wintersemester 1911/12 war das vormalige „Seminar für Statistik" zum „Seminar für Statistik und Versicherungswissenschaft" an der Universität München erweitert worden, womit die Grundlage für eine versicherungswissenschaftliche Ausbildung geschaffen worden war.[233] Kisch begann nun neben seiner Lehrtätigkeit zugleich als Vorstand des Juristischen Seminars die versicherungsrechtliche Abteilung weiter auszubauen und erhielt dafür ebenfalls durch geschicktes Verhandeln bei seinen Berufungen nach Berlin 1921 und Prag 1924 weitere Mittel zur Anschaffung versicherungsrechtlicher Literatur sowie eine Erhöhung des dafür vorgesehen jährlichen Zeitschriftenetats. Er beeinflusste in den nächsten Jahren mit seinem Engagement die versicherungsrechtliche Entwicklung an der Universität München maßgeblich und wurde „überragender Vertreter des Faches Versicherungsrecht an der Universität München"[234]. Bedeutende Versicherer wie Emil Frey und Hans Möller zählten zu seinen Hörern.[235] Viele Studenten promovierten auf seine Anregung hin bei ihm im Versicherungsrecht.[236] Ihnen konnte Kisch z. T. durch seine guten Kontakte zur Münchner Rückversicherung und anderen Versicherungsunternehmen Praktika für Dissertationen oder sogar Arbeits-

---

[228] WILHELM SILBERSCHMIDT, 1862 – 1939, Richter, Honorarprofessor für Bürgerliches Recht, Handels- und Sozialrecht, entbunden 1933 wegen seiner jüdischen Abstammung, vgl. GÖPPINGER, HORST, Juristen jüdischer Abstammung im Dritten Reich, München 2. Auflage 1990, S. 228 und BÖHM, HELMUT, Von der Selbstverwaltung zum Führerprinzip. Die Universität München in den ersten Jahren des Dritten Reiches (1933 – 1936), Berlin 1995, S. 617.

[229] Mitteilung BayKuMi an Rektorat, 19.1.1922, *Prüfung für Versicherungsverständige, UAM Sen 640.*

[230] Mitteilung BayKuMi an Senat, 11.10.1921, *FakPA KISCH, UAM L-IX–31.*

[231] Vorlesungsverzeichnis der Universität München, Sommerhalbjahr 1922, München 1922.

[232] KOCH, PETER, 75 Jahre Versicherung an der Universität München, in: Versicherungswirtschaft, 1986, S. 1506.

[233] Bekanntmachung des BayKuMi vom 17.1.1911, *Prüfung für Versicherungsverständige, UAM Sen 640*; Das Seminar für Statistik und Versicherungswissenschaft, in: v. MÜLLER, Die wissenschaftlichen Anstalten der Ludwig-Maximilians-Universität München, München 1926, S.33, zit. nach KOCH, PETER, 75 Jahre Versicherung an der Ludwig-Maximilians-Universität in München, München, S. 4.

[234] Ebd.

[235] KOCH, PETER, Geschichte der Versicherungswissenschaft in Deutschland, Karlsruhe 1998, S. 151.

[236] z. B. PANHOLZER, JOSEF, „Die schuldhafte Herbeiführung des Versicherungsfalles nach dem Recht der Schadensversicherung", und REUSS, JOSEPH, „Der Wert im deutschen Reichsgesetze über den Versicherungsvertrag, insbesondere der Wert von Sachen", geben beide in der Eidesstattlichen Erklärung an, das Thema von KISCH gestellt bekommen zu haben bzw. das Thema auf Anregung von KISCH gewählt zu haben. *Promotionsakten UAM L-Np-Sommersemester 1922.*

stellen beschaffen.[237] Überhaupt hatte Kisch sehr gute Verbindungen zur gesamten Versicherungsbranche und war ein gefragter Gutachter zu versicherungsrechtlichen Fragen.[238]

Entgegen seiner eigenen Ankündigung 1924, dass ihn seine Studien in der nächsten Zeit in eine andere Richtung treiben würden[239], blieb er auch in den nächsten Jahren dem Versicherungsrecht verbunden und nahm doch etwas mehr Einfluss auf die Praxis, als er selbst einmal den Ehrgeiz zu haben vorgab oder in früheren Jahre vielleicht auch hatte.[240] Im Nachruf der Zeitschrift „Versicherungswissenschaft" zu seinem Tod 1952 wurde er nach Ritter, Bruck und Hagen als letzter „grand old man" des Versicherungsrechts gewürdigt.[241] Hatte er noch 1924 in einem Aufsatz die Einbindung von mehr Theoretikern in den Versicherungsbeirat des Reichsaufsichtsamts für Privatversicherung gefordert[242], wurde er selbst 1925 und nochmals 1930 jeweils für fünf Jahre zum Mitglied ernannt[243], sowie 1931 zusätzlich noch in den durch die Neufassung des Versicherungsaufsichtsgesetzes eingeführten Bausparkassenbeirat berufen. In diesen Gremien, die grundsätzlich nur beratende Funktion hatten, deren Anhörung aber in bestimmten Fällen für das Reichsaufsichtsamt gesetzlich vorgeschrieben war, wurde Stellung genommen zu versicherungsrechtlichen und –technischen Fragen, entweder durch Einzelgutachten von Mitgliedern auf Ersuchen des Amtes oder mündlich in Gesamtsitzungen. Die Mitgliederzahl war auf 60 bzw. 20 beschränkt und berufen wurden Fachmänner aus der Praxis oder eben auch aus der Theorie, wenn sie wie Kisch praktische Erfahrungen durch z. B. Gutachtertätigkeit mitbrachten.[244] Diese ehrenamtlichen Tätigkeit war für Kisch mit einigem Aufwand verbunden, da er des öfteren zu Sitzun-

---

[237] z. B. HERMANNSDORFER „Wesen und Behandlung der Rückversicherung", Eidesstattliche Versicherung vom 18.10.1920, „Auf meinen Wunsch nach einer Arbeit aus dem Versicherungsrecht wurde mir dieses Thema u. a. auf Versicherungsrecht bezüglichen von Herrn Professor Dr. Kisch zur Auswahl gestellt. Herr Professor Kisch hatte die Liebenswürdigkeit, den Fortgang der Arbeit mit Interesse zu folgen. Herr Prokurist Haack und Herr Dr. Obermayer von der Münchner Rückversicherungsgesellschaft führten mich in die Technik der Rückversicherung auf Anweisung der Herren Generaldirektoren Carl Ritter v. Thieme und Wilhelm Kißkalt ein", *Promotionsakten, UAM L-Np-Wintersemester 1920/21*; auch ERICH EYERMANN, ehem. Präsident des bayerischen Verfassungsgerichtshofes berichtete von einem Kommilitonen, der von KISCH an die Allianz empfohlen wurde und dort später Generaldirektor wurde. Brief ERICH EYERMANN an NICOLAS TURNER vom 21.9.1990, *Privatbesitz TURNER.*

[238] Nur wenige der Gutachten sind bekannt. Weder von der Münchner Rückversicherung noch von der Allianz waren dazu Informationen zu erhalten. Erwähnt werden sie nur in seiner Privatkorrespondenz mit HEINRICH GERLAND. *Nachlass GERLAND, BAK NL 10, Bd. 17.*

[239] KISCH, Eine Anregung an die Versicherungspraxis, in: ZfgVw, Bd. 24 (1924) S. 15, Fn. 1. Schon 1920 hatte er davon gesprochen, sich nach seinem „versicherungswissenschaftlichen Wälzer" wieder ausschließlich der Prozesstheorie zu widmen. Brief KISCH an MENDELSSOHN BARTHOLDY vom 15.5.1920, *Nachlass MENDELSSOHN BARTHOLDY, SBB PK, Musikabt. Mendelssohnarchiv.*

[240] KISCH, Eine Anregung an die Versicherungspraxis, in: ZfgVw, Bd. 24 (1924) S. 15, Fn. 1.

[241] Prof. Dr. Wilhelm Kisch, in: Versicherungswirtschaft, 1952 S. 150.

[242] KISCH, Eine Anregung an die Versicherungspraxis, in: ZfgVw, Bd. 24 (1924) S. 15, Fn. 1.

[243] Brief KISCH an BayKuMi vom 10.8.1925 und 7.8.1930, *KuMiPA KISCH, BayHStA MK 43875.*

[244] SEIDLER, KURT, Die Aufgabe des Versicherungsbeirats und des Beirats für Bausparkassenwesen im Wandel der Zeit, in: Veröffentlichungen des Bundesaufsichtsamtes für das Versicherungs- und Bausparwesen, 7. Jg. (1958) S. 287ff; PETERSEN, Aufsichtsamt, in: MANES, ALFRED, (Hrsg.), Versicherungslexikon 3. Auflage Berlin 1930, Sp. 191ff.

gen des Beirats nach Berlin fahren musste und immer wieder mit Erstellung von Gutachten für den Beirat beauftragt wurde.[245] Daneben schrieb er dennoch weiterhin zahllose Aufsätze und Urteilsbesprechungen und begann 1928 eine Beitragsreihe in der „Juristischen Rundschau für Privatversicherung" zum Versicherungsverein auf Gegenseitigkeit, einer möglichen Rechtsform in der Versicherungswirtschaft, die er bis zur Einstellung der Zeitschrift 1941 fortführte.

2.3.2 Gewerblicher Rechtsschutz

In seinem zweiten Nebengebiet, dem Gewerblichen Rechtsschutz und dort insbesondere dem Patentrecht, zu dem ihn schon Jahre lang „eine innere Neigung führte", engagierte sich Wilhelm Kisch in diesen Jahren ebenfalls vermehrt. Obwohl, wie er selbst schrieb, z. B. das Patentrecht, im Gegensatz „zur Größe und Wichtigkeit seines Gegenstandes" als Nebenfach ein „bescheidenes und beschauliches Dasein fristet", stellte es für ihn eine überaus interessante Herausforderung dar, wegen seiner Zusammenhänge zu den verschiedensten Rechtsgebieten wie z. B. dem Privatrecht, der Verwaltungsgerichtsbarkeit oder auch dem Strafrecht. Zum besseren Verständnis der Materie beschäftigte er sich privat mit Naturwissenschaften und hatte z. B. selbst chemische Studien betrieben.[246]

Seit dem Winterhalbjahr 1918/19 gab Kisch in München jeweils im Winterhalbjahr eine einstündige Vorlesung „Deutsches Erfinder- Urheber- und Verlagsrecht", die er ab dem Sommersemester 1922, da ihm gleichzeitig mit dem Lehrauftrag für Privatversicherungsrecht am 11. Oktober 1921 auch ein dotierter Lehrauftrag für Erfinderrecht erteilt wurde[247], in Deutsches Erfinderrecht, (Patent- Gebrauchs- und Geschmacksmusterrecht) im Sommersemester und Urheber- und Verlagsrecht im Wintersemester aufteilte und später mit verschiedenen Bezeichnungen wie „Gewerbliches Urheberrecht" bis zu seiner Pensionierung fortsetzte.[248] Für das Urheberrecht machte er sich auch im Juristischen Seminar stark und erhielt zu seinem Lehrauftrag auch noch Mittel zur Anschaffung von Literatur in diesem Bereich.[249] Er baute dort eine industrierechtliche Abteilung auf und verschaffte der Universität München als einer von sehr wenigen den Ruf, auch dieses Nebengebiet zu pflegen.[250] Spenden der 1922 gegründeten

---

[245] vgl. z. B. Brief KISCH an GERLAND vom 29.12.1927, *Nachlass GERLAND, BAK NL 10, Bd. 17.*

[246] KISCH, Vorwort, Handbuch des deutschen Patentrechts, Bd. 1, Mannheim 1923; Protokoll der Sitzung des Ausschusses für gewerblichen Rechtsschutz der Akademie für Deutsches Recht vom 13.1.1934, SCHUBERT, WERNER, (Hrsg.), Akademie für deutsches Recht 1933 – 1945 Protokolle der Ausschüsse, Bd. IX , Ausschüsse für den gewerblichen Rechtsschutz, für Urheber- und Verlagsrecht sowie Kartellrecht, 1934 – 43, Frankfurt am Main, 1999, S. 5.

[247] Brief BayKuMi an Akademischen Senat vom 11.10.1921, *FakPA KISCH, UAM L-IX-31.*

[248] Vorlesungsverzeichnis der Universität München, Winterhalbjahr 1918/1919 – Winterhalbjahr 1934/35, München 1918 – 1934.

[249] Brief BayKuMi an Akademischen Senat vom 11.10.1921, *FakPA KISCH, UAM L-IX-31.*

[250] MITTELSTAEDT, Rezension: KISCH, Handbuch des Deutschen Patentrechts, Mannheim 1923, in: GRUR, 28. Jg. (1923) S. 229ff.

„Gesellschaft der Freunde und Förderer der Universität München"[251] sowie aus der Wirtschaft halfen ihm dabei.[252]

1922 veröffentlichte Kisch erstmals etliche Aufsätze zum Patentrecht in verschiedenen Zeitschriften, so z. B. „Erfinderrecht aus fremder Erfindertat" in der Zeitschrift „Gewerblicher Rechtschutz und Urheberrecht"[253] oder „Abhängige Erfindungen" in der „Juristischen Wochenschrift"[254]. Sie waren aber nur Vorarbeiten im Rahmen des sich zu dieser Zeit schon in Arbeit befindliche „Handbuch des deutschen Patentrechts"[255], erster Band einer auf fünf Bände angelegten Reihe zum Gewerblichen Rechtschutz, das 1923 erschien. Die geplanten anderen Bände zum Recht des Gebrauchs- und Geschmacksmusters, der Warenzeichen und des unlauteren Wettbewerbs, die einen Gesamtüberblick über das Industrierecht vervollständigen sollten[256], wurden von Kisch aber selbst nicht mehr geschrieben und auch nicht mehr herausgegeben. Der Titel seines Buches entsprach dem Titel des 1900 vom Vorreiter in diesem Rechtsbereich, Josef Kohler, verfassten großen Werk zum Patentrecht und wurde z. T. auch als eine Art Nachfolgewerk gesehen.[257] Kisch selbst wollte dieses Werk und vor allem auch seinen Verfasser, mit dem er näher bekannt gewesen war[258], nicht angreifen oder mit ihm in Konkurrenz treten, sah aber durch die Entwicklung der letzten Jahre einen Bedarf für ein neue monographische Darstellung. Mit diesem Handbuch versuchte Kisch aus den mannigfachen Erscheinungen aus den verschiedenen Rechtsgebieten, die sich im Patentrecht vereinen, ein „einheitliches geschlossenes Bild" zu formen. Auch hier trat der Dogmatiker wieder hervor, der eine systematische Darstellung mit der Herausarbeitung der Grundbegriffe anstrebte. Kisch konzipierte sein Werk zum Patentrecht nicht als Kommentar und auch nicht als einführende systematische Darstellung, sondern versuchte über die Grundzüge hinaus eine vertiefte wissenschaftliche Behandlung der Grundbegriffe, die trotzdem mit Rechtssprechung versehen, praxistauglich sein sollte.[259] In drei Anhängen seines Buches wurden dafür auch die Bestimmungen des Versailler Vertrages zum Patentrecht, ausländische Patentgesetze und das deutsche Recht abgedruckt. Immer wieder publizierte Kisch in den nächsten Jahren kleinere Aufsätze und Urteilsbesprechungen zum Patentrecht, vor allem in der „Juristischen Wochenschrift", sowie auch international in der in der Schweiz erscheinenden Zeitschrift „La

---

[251] 1922 gegründete Gesellschaft, in der auch KISCH natürlich Mitglied war. Vgl. Bericht der Gesellschaft der Freunde und Förderer der Universität München (Münchner Universitätsgesellschaft) 1922 – 26, München 1926.

[252] KISCH, Vorwort, in: Handbuch des deutschen Patentrechts, Bd. 1, Mannheim 1923.

[253] 27. Jg. (1922) S. 21ff.

[254] 51. Jg. (1922) S. 1177ff.

[255] KISCH, Handbuch des deutschen Patentrechts, Bd. 1, Mannheim 1923.

[256] Ebd. Vorwort.

[257] ENDEMANN, Rezension: KISCH, Handbuch des Deutschen Patentrechts, Mannheim 1923, in: JW, 58. Jg. (1927) S. 88.

[258] Briefwechsel KISCH – KOHLER, 1903 – 1912 nachgewiesen, aber Kriegsverlust, Mitteilung Staatsbibliothek zu Berlin, Preußischer Kulturbesitz, Handschriftenabteilung vom 29.1.2003.

[259] KISCH, Vorwort, in: Handbuch des deutschen Patentrechts, Bd. 1, Mannheim 1923. Sehr kritisch zu dieser Konzeption des Buches, äußerte sich SELIGSOHN in seiner Rezension in: Zeitschrift für das gesamte Handels-recht und Konkursrecht, Bd. 87 (1924) S. 349ff. Er attestierte KISCH außerhalb der Praxis zu stehen, viele scholastische Distinktionen, übermäßige Systematik und wenig tiefschürfendere Erkenntnisse bei den Grundbegriffen.

Propriété industrielle, Revue officielle du bureau international pour la protection de la propriété industrielle" mehrfach den Lettre d'Allemagne, den Bericht aus Deutschland.[260] Auch in der Jubiläumsschrift zum 50jährigen Bestehen des Reichspatentamtes 1927 war Kisch mit einem Aufsatz vertreten.[261] Größere Monographien erschienen aber nicht mehr. Er blieb dem Gewerblichen Rechtsschutz verbunden, erstattete weiterhin auch Gutachten für Unternehmen[262], wurde 1931 zum Mitglied der Sachverständigenkammer für Werke der Tonkunst berufen[263] und trat später im Dritten Reich nochmals verstärkt in diesem Bereich hervor als kurzfristiger Vorsitzender des „Deutschen Vereins für gewerblichen Rechtsschutz und Urheberrecht" und mit einigen Artikeln zum neuen Patentrecht.

2.4 Falscher Nationalismus und Antisemitismus

Gerade in den Anfangszeiten wurde die Weimarer Republik nicht nur von wirtschaftlichen Krisen, wie der Inflation, die auch Kisch als Beamten mit festem Gehalt schwer traf, sondern vor allem auch durch politische Ereignisse, wie dem Hitlerputsch 1923 in München, erschüttert. Bei den Vorgängen und Geschehnissen in Zusammenhang mit dieser Krise zeigt sich exemplarisch, dass Wilhelm Kisch größtenteils dem Bild des „typischen Professors" dieser Zeit im Sinne eines nationalen, unpolitischen, antidemokratischen und obrigkeitsstaatlich denkenden, loyalen Beamten und Akademikers[264] entsprach, der zwar auf der einen Seite den aufkommenden Nationalsozialismus als zu radikal und primitiv abtat, wenn auch der nationale Einschlag für ihn begrüßenswert war, auf der anderen Seite sich aber auch nicht für die Demokratie der Weimarer Republik einsetzte, sondern ihr kritisch und ablehnend gegenüberstand.[265] Seine Aussagen im privaten Briefwechsel mit Gerland in diesen Krisenjahren unterstützen dieses Einschätzung noch. Auch vereinzelte Ansätze zu einem latenten Antisemitismus sind bei ihm zu konstatieren, der sich allerdings nur auf einer abstrakten, unpersönlichen Ebene bewegte und vor allem im wirtschaftlich politischen Bereich begründet war, auf seine persönlichen Bekanntschaften und Kontakte im akademischen Umfeld aber keine Auswirkungen hatte, sondern im Gegenteil dort sein Missfallen erregte und seine Hilfsbereitschaft herausforderte.

---

[260] s. Schriftenverzeichnis im Anhang.

[261] KISCH, Bereicherungsanspruch bei gutgläubiger Patentverletzung, in: ISAY (Hrsg.) Abhandlungen zum Arbeitsgebiete des Reichspatentamtes, Festgabe zur Feier des 50jährigen Bestehens des Reichspatentamtes, Berlin 1927, S. 92ff.

[262] Vgl. Brief KISCH an GERLAND vom 8.10.1927, *Nachlass GERLAND, BAK NL 10, Bd. 17.*

[263] Brief BayKuMi an Bayer. Justizministerium vom 15.4.1931, *KuMiPA KISCH, BayHStA MK 43875.*

[264] HEIBER, HELMUT, Universität unterm Hakenkreuz. Teil 1 Der Professor im Dritten Reich, München 1991, S. 37.

[265] GRÜTTNER, MICHAEL, Machtergreifung als Generationskonflikt. Die Krise der Hochschulen und der Aufstieg des Nationalsozialismus, in: VOM BRUCH/KADERAS, (Hrsg.), Wissenschaften und Wissenschaftspolitik: Bestandsaufnahmen zu Formationen, Brüchen und Kontinuitäten im Deutschland des 20. Jahrhunderts, Stuttgart 2002, S. 339 – 353.

2.4.1 Die Universität und der Hitlerputsch 1923

Vom Rektor v. Kraus als Berater hinzugezogen, wurde Kisch direkt in das Geschehen an der Universität nach dem gescheiterten Hitlerputsch involviert. Nach der Niederschlagung des Hitlerputsches am 9. November 1923 war die Stimmung gegenüber der Regierung von v. Kahr bei den Studenten sehr angespannt. Die Situation drohte zu eskalieren.[266] Nachdem eine erste Demonstration am 10. November 1923 gescheitert war, teilte Kisch den versammelten Studenten am 12. November 1923 um 10 Uhr die Erlaubnis des Rektorats zu einer Versammlung im Lichthof der Universität mit[267], zu der man sich auf Ersuchen des Polizeipräsidenten entschlossen hatte, um die Studenten von der Straße und damit vor Zusammenstößen mit der Reichswehr fernzuhalten.[268] Die Versammlung lief aber völlig aus dem Ruder. Nicht nur Studenten, sondern auch andere Personen waren anwesend, und es kam zu wüsten Beschimpfungen und Hetzreden. Nach Rektor v. Kraus und Ferdinand Sauerbruch versuchte Kisch mit seiner ganzen Autorität die Studenten zu beruhigen. Er erinnerte sie an ihren dem Rektor geleisteten Handschlag und rief zu Ruhe und Ordnung auf.[269] Aber auch ihm, der ansonsten großen Einfluss auf die Studenten hatte, gelang die Beruhigung nicht wirklich. Die Professoren wurden ausgepfiffen und niedergeschrieen.[270] Ob Kisch tatsächlich, wie berichtet wurde,

> „in seiner unnachahmlichen Art – er ging damals schon am Stock – und mit seinen unvergeßlichen Augen nur wenige Worte zu der aufgeregten Studentenschaft gesagt und damit die Situation vollkommen in die Hand bekommen hat“,

erscheint insoweit zweifelhaft, als die weiteren Eskalationen dagegen sprechen, und wird allenfalls nur für kurze Zeit zutreffend gewesen sein.[271] Mit Beschluss des Senats vom 12. November 1923 wurde die Universität geschlossen und ein studentischer Ordnungsdienst eingerichtet. Zugleich erklärte man die Versammlung aber zu einer „vaterländischen Kundgebung“ und sah von einer Verfolgung der Verantwortlichen, auch dem Leiter, ab.[272] In einem besonderen Schreiben dankte der Rektor auf Beschluss des Senats den Kollegen, unter anderem auch Kisch, „welche sich in diesen Tagen dafür eingesetzt haben, daß sich unsere Jugend von der Straße und den Gefah-

---

[266] SEIFERT, ARNO, In den Kriegen und Krisen des 20. Jahrhundert, in: BOEHM/SPÖRL, Ludwig-Maximilians-Universität, Ingolstadt – Landshut – München, 1472 – 1972, Berlin 1972, S. 336.

[267] Bericht „Studentische Kundgebung“, in: München-Augsburger Abendzeitung vom 13.11.1923, S. 1, *Studentenversammlung im Lichthof, UAM G XVI 22/2. Fasc.*

[268] Schreiben Rektorat an BayKuMi vom 15.12.1923, *Studentenversammlung im Lichthof, UAM G XVI 22/2. Fasc.*

[269] Gutachten Staatsekretär HUGO GEIGER vom 13.1.1947, der als Augenzeuge der Versammlung beiwohnte, *SpKA KISCH, StAM, SpK K 880.*

[270] Die Hetze in München, in: Bayerischer Kurier Nr. 316 vom 13. November 1923, Vorgänge an der Universität und Verhalten der Studierenden anlässlich der politischen Unruhen/Hitlerputsch 1923/24, UAM G XVI 22/1. Fasc.

[271] Berichten nach soll es WILHELM KISCH mit wenigen Worten gelungen sein, die Studenten zu beruhigen. Brief Frau DR. TULA HUBER-SIMONS an NICOLAS TURNER vom 12.12.1990, *Privatbesitz TURNER.*

[272] Niederschriften der Senatssitzungen vom 12.11.1923 und vom 14.11.1923, *Studentenversammlung im Lichthof, UAM G XVI 22/2. Fasc.*

ren fernhielt".[273] Erst nach verschärfter Aufforderung des Kultusministeriums, die Verantwortlichen zu bestrafen[274], wurde der studentische Versammlungsleiter vorgeladen und zur Rede gestellt wegen eines von ihm verfassten, aber ohne sein Wissen gedruckten Zeitungsberichts im „Oberbayer". Außerdem sorgte ein Artikel in der „Deutschen Hochschulzeitung", zugleich als „Organ der bayerischen Studentenschaft" bezeichnet, im nachhinein noch für Aufregung mit seinen Angriffen gegen die Regierung. Kisch wurde in beiden Fällen vom Rektor als Berater herangezogen und schrieb zu letzterem sogar ein Gutachten, konnte aber keinen Grund zum Einschreiten konstatieren, sondern stellte dem studentischen Versammlungsleiter, Student bei ihm, vielmehr ein positives Leumundszeugnis aus.[275] Die disziplinarische Untersuchung endete mit einem Freispruch.

Diese sehr wohlwollende Haltung bei der Untersuchung entsprach der Einstellung der Senatsmehrheit und im Großen und Ganzen der der Universität[276], die anscheinend auch Kisch teilte. Die Vorfälle an der Universität wurden von ihr nur als eine vaterländische Kundgebung und als ein „Überschäumen des edlen nationalen Empfindens"[277] abgetan. Der rechtsradikalen, völkischen Einstellung der Mehrheit der Studenten wurde nichts entgegengesetzt. Wie Kisch den Hitlerputsch und die darauf folgenden universitären Vorgänge beurteilte, ist auch in einem Gutachten in seinem Entnazifizierungsverfahren beschrieben, laut dem er in seinem Seminar gesagt haben soll, „die Herren Studenten täten besser, zu arbeiten und zu studieren, als sich an Putschen zu beteiligen".[278] Trotz des mit einem solchen Gutachten intendierten Zwecks, dürfte dies unter Berücksichtigung seiner sonstigen Aussagen zur Politik Kischs Meinung gewesen sein. Für ihn zählten die Wiederherstellung der Ordnung und einer Einheit in Deutschland, der gemeinsame Wiederaufbau und im Endeffekt natürlich ein Erstarken der deutschen Nation.[279] Die Lösung liege in Deutschland, „weniger reden und mehr arbeiten" und vor allem „keine Unwürdigkeiten nach außen", waren für ihn die Devisen, die auch in seiner Mahnung an die Studenten zum Ausdruck kamen.[280] Dass

---

[273] Dankesbrief Rektor v. KRAUS an KISCH vom 16.11.1923, *Studentenversammlung im Lichthof, UAM G XVI 22/2. Fasc.*

[274] Brief BayKuMi an Rektor v. KRAUS vom 29.11.1923 und 22.1.1924, *Studentenversammlung im Lichthof, UAM G XVI 22/2. Fasc.*

[275] Brief Rektorat an BayKuMi vom 15.12.1923 und 25.3.1924, *Studentenversammlung im Lichthof, UAM G XVI 22/2. Fasc.*

[276] SEIFERT, ARNO In den Kriegen und Krisen des 20. Jahrhundert, S. 337, 351 in: BOEHM/ SPÖRL, Ludwig-Maximilians-Universität, Ingolstadt – Landshut – München, 1472 – 1972, Berlin 1972.

[277] Brief Rektor v. KRAUS an KISCH vom 3.10.1924, *Stammakt KISCH, UAM E-II-1991.*

[278] Gutachten SIEGFRIED ORTH, Doktorand und Schüler bei Wilhelm Kisch in den zwanziger Jahren, 23.4.1946, *SpKA KISCH, StAM SpK K 880.*

[279] Z. B. von ihm auch im übertragenem Zusammenhang in seinem Vortrag „Versicherungswissenschaft und Versicherungspraxis", in: MANES, ALFRED (Hrsg.), Die Jubiläumstagung des Vereins zur Feier der 25. Wiederkehr seines Gründungstages 1899, 26. September 1924, Veröffentlichungen des Deutschen Vereins für Versicherungwissenschaft, Heft 34, Berlin 1924, S. 35ff. Dort forderte er ein „zielbewußtes Zusammenwirken, Verträglichkeit und Einigkeit" zwischen Theorie und Praxis, denn schließlich könne man sich „in unserem äußerlich und innerlich, politisch und seelisch schwer darniederliegenden Vaterlande", „den Luxus des Kampfes um des Kampfes willen nicht mehr leisten".

[280] Brief KISCH an GERLAND vom 25.6.1922, *Nachlass GERLAND, BAK NL 10, Bd. 17.*

Kisch dann 1935 in der Zeitschrift der Akademie für Deutsches Recht, einer nationalsozialistischen Einrichtung, deren Vizepräsident er 1934 wurde, einen Nachruf auf den beim Marsch auf die Feldherrnhalle gefallenen Juristen Theodor von der Pfordten veröffentlichte[281], passt auf den ersten Blick nicht zusammen, erklärt sich aber aus seiner späteren Haltung zum Nationalsozialismus.

2.4.2 Kischs Misstrauen gegenüber der Weimarer Republik

Wilhelm Kisch war selbst sehr patriotisch und national eingestellt, insoweit ist sein Wohlwollen gegenüber den Studenten zu erklären, so wie es überhaupt gegenüber rechter Gewalt in dieser Zeit üblich war. Nach den Revolutionserlebnissen und der Räterepublik in München war er aber nicht für einen erneuten Umsturz[282], auch wenn er der Weimarer Republik nicht sehr positiv gegenüber stand. Dafür war Kisch zu obrigkeitsloyal eingestellt. Seiner später im Nationalsozialismus geäußerten Ansicht nach stand ein Beamter zum Staat in einem engeren Verhältnis als die sonstige Volksgenossen und war im höheren Maße gehalten, dem Staat die Treue zu wahren und seine Aufgaben positiv zu fördern. Damit schied aber auch öffentliche Kritik und vor allem ein Agieren gegen den bestehenden Staat aus.[283] Kisch hatte zur Abwendung der Räterepublik und des Bolschewismus durchaus die Notwendigkeit einer Demokratisierung gesehen und ihm war auch klar, dass das Kaiserreich der Vergangenheit angehörte.[284] Seine Skepsis gegen die neue Staatsform war wohl gerade im Hinblick auf die drohenden und bereits „gekosteten“ Alternativen zu Anfang nicht so ausgeprägt, sondern wurde wahrscheinlich erst mit dem Versailler Friedensvertrag und den damit verbundenen immer größer werdenden innen- und außenpolitischen Problemen vertieft, denn in seinen Briefen 1919/1920 an seinen Studienkollegen Gerland, der Mitbegründer und stellvertretender Vorsitzender der Deutschen Demokratischen Partei war[285], äußerte er noch keine scharfe Kritik am neuen Staat. Vielmehr bestärkte er Gerland in seinem Streben nach aktiver politischer Mitwirkung, bekannte aber gleichzeitig sein eigenes, eigentlich zu missbilligendes, Desinteresse an der Politik.[286] Kisch selbst war allerdings kein Republikaner und nicht einmal einer der sogenannten „Vernunftrepublikaner“, die die Weimarer Republik notgedrungen akzeptierten, sie ihn gewissen Grenzen unterstützten und sich offen für sie stark machten wie Gerland. Er war vielmehr, wie viele der unpolitischen Professoren, in die große „Partei der Parteilosen“ einzuordnen sein, die zwar aus Beamtenloyalität heraus die Republik tolerierte, ohne sie aber wirklich zu mögen oder zu unterstützen, und die ihr mit Skepsis und Misstrauen gegenüberstand.[287] In den politischen und wirtschaftlichen Krisenzeiten der noch kommenden Jahre war für Kisch die Demokratie der Grund für die schlechte Lage:

---

[281] KISCH, Zum Andenken an Theodor von der Pfordten, in: ZAkDR, 2. Jg. (1935) S. 801.
[282] Brief KISCH an GERLAND vom 4.11.1923, *Nachlass GERLAND, BAK NL 10, Bd. 17.*
[283] KISCH, Der deutsche Rechtlehrer, München 1939, S. 50, 68.
[284] Brief KISCH an GERLAND vom 21.5.1919, *Nachlass GERLAND, BAK NL 10, Bd. 17.*
[285] EIßER, GEORG, Heinrich Gerland, in: NDB, Bd. 6, Berlin 1964, S. 306.
[286] Brief KISCH an GERLAND vom 8.1.1920, *Nachlass GERLAND, BAK NL 10, Bd. 17.*
[287] HEIBER, HELMUT, Universität unterm Hakenkreuz. Teil 1 Der Professor im Dritten Reich, München 1991, 36ff.

> „Was ich von der Einführung des Parlamentarismus in Deutschland immer befürchtet habe, ist in unerwartet rascher und gründlicher Weise eingetreten: Desorganisation und Demoralisation."[288]

Der Einfluss des althergebrachten Obrigkeitsstaatsdenkens und das Fehlen von demokratischen Traditionen waren bei ihm deutlich spürbar. Auch er sah die vermeintliche Lösung der Probleme eher in einer autoritären Führung, wenn er auch nicht der Monarchie selbst, sondern den guten alten Zeiten nachtrauerte und sich dabei selbstironisch als „*Laudator temporis acti*" bezeichnete.[289] So schrieb er zur steigenden Inflation, die ihn als Beamten schwer traf, an Gerland, der 1924 für die DDP im Reichstag saß, aber noch im gleichen Jahr frustriert aufgab und austrat:[290]

> „Wenn der Staat es nicht fertig bringt, der Teuerung Einhalt zu gebieten, so hat er seine eigene Unfähigkeit dokumentiert, und es bleibt tatsächlich nur die Diktatur. Ob nicht ein paar kluge und energische Köpfe, denen man die weitesten Vollmachten gäbe, schließlich mehr erreichen würden, als diese elenden Kompromisse nach allen Richtungen."[291]

Kisch war zwar durchaus der Meinung, dass das parlamentarische System auch gute Seiten hatte, hielt es aber jedenfalls in diesen Katastrophenzeiten für nicht adäquat. Das Reich werde nicht von oben, sondern von unten regiert, und die Regierung werde gezwungen, mit Interessensverbänden zu paktieren. Er schloss auch eine militärische Diktatur als *ultima ratio* nicht aus, obwohl er als Elsässer in Straßburg mit dem Militär schlechte Erfahrung gemacht hatte. Ein Heer könne in dieser Situation der inneren Unruhe, der Streiks und Aufstände die Ordnung wiederherstellen und eine Regierung von oben garantieren.[292] Allerdings könne dies nicht durch Revolution und Putschversuche erreicht werden. Damit zeigte sich aber auch, dass Kisch mit dem alten bürgerlichen Nationalismus und nicht mit dem neuen revolutionären Nationalismus sympathisierte.[293] Mit der langsamen Konsolidierung der wirtschaftlichen und politischen Verhältnisse Mitte der zwanziger Jahre arrangierte sich auch Kisch besser mit dem System und seine Kritik nahm ab, wenn er auch weiter skeptisch blieb.

2.4.3 Kischs Haltung zur NSDAP und zum Antisemitismus

Der NSDAP und Hitler selbst stand Wilhelm Kisch ablehnend gegenüber und wie so viele andere unterschätzte er sie, wenn er 1922 schrieb: „Allzu große Entwicklung wird sie kaum annehmen, da ihr der geschlossene und wohlorganisierte Block der Sozialisten feindlich gegenüber steht." Er hielt sie für eine Partei, die zu konstruktiver Regierungsarbeit nicht in der Lage sei, „zu positiv aufbauender Arbeit ist sie völlig unfähig", und nur von „demagogisch begabten Einzelpersönlichkeiten" lebe.[294] Wie

---

288 Brief KISCH an GERLAND vom 1.1.1921, *Nachlass GERLAND, BAK NL 10, Bd. 17.*
289 Brief KISCH an GERLAND vom 1.1.1921, *Nachlass GERLAND, BAK NL 10, Bd. 17.*
290 EIßER, GEORG, Heinrich Gerland, in: NDB, Bd. 6, Berlin 1964, S. 306.
291 Brief KISCH an GERLAND vom 1.1.1921, *Nachlass GERLAND, BAK NL 10, Bd. 17.*
292 Brief KISCH an GERLAND vom 25.6.1922, *Nachlass GERLAND, BAK NL 10, Bd. 17.*
293 BERNECKER, WALTER L., Unruhen, Streiks, Fememorde, Die innenpolitische Entwicklung, in: STAMMEN, THEO (Hrsg.), Die Weimarer Republik, Das schwere Erbe Bd. 1, 1918 –1923, 2. Auflage, München 2001, S. 238.
294 Brief KISCH an GERLAND vom 28.12.1922, *Nachlass GERLAND, BAK NL 10, Bd. 17.*

tief die Angst vor linkem Radikalismus saß, zeigt sich auch darin, dass Kisch der NSDAP insoweit einen gewissen Nutzen zugestand, als viele Arbeiter, die früher Kommunisten gewesen seien, jetzt in dieser Bewegung seien und dass durch die NSDAP vielleicht eine Absplitterung im Sozialismus erleichtert werde. Auch den „nationalen Einschlag" hielt er für positiv, da „kraft dessen allmählich vielleicht die Arbeiter sich über die Notwendigkeit einer einheitlichen Front gegen das Ausland besinnen werden".[295] Um den Antisemitismus der Nationalsozialisten machte sich Kisch damals keine Sorgen, da er „weil er so laut ist, ziemlich ungefährlich" sei.[296]

Die Ablehnung bzw. wohl auch die Unterschätzung dieses lauten, militanten Radau-Antisemitismus war in bürgerlichen Kreisen oft der Fall, da er mehr den Arbeiterschichten zugeordnet wurde und als zu radikal und nicht „anständig" galt.[297] Der zugleich vor allem auch in akademischen Kreisen weit verbreitete, stille, latente Antisemitismus[298], war Kisch zwar bewusst, spielte aber zumindest in seinem akademischen und persönlichen Umgang keine Rolle, sondern er missbilligte ihn sogar.[299] Diesbezüglich mag Kisch von seiner Zeit an der Straßburger Universität geprägt gewesen sein, die von ihrer Gründung an jüdische Gelehrte akzeptiert und an der es kaum Antisemitismus gegeben hatte, was in der damaligen akademischen Welt eine seltene Ausnahme darstellte.[300] Darüber hinaus war er selbst als katholischer Elsässer mit vielen Vorurteilen konfrontiert gewesen. Von ihm selbst sind keine diskriminierenden Handlungen oder antisemitische Äußerungen gegen Kollegen und Studenten bekannt. In Straßburg war Kisch zunächst Student bei und später Kollege von Paul Laband und Otto Lenel gewesen und hatte an Labands Festschrift mitgeschrieben. Auch für die Beförderung des Strafrechtlers Max Ernst Mayer zum außerordentlichen Professor, damals viele Jahre Privatdozent an der Universität Straßburg, hatte er sich als einer von wenigen bereits 1904 eingesetzt und sie 1910 als Dekan nochmals befürwortet.[301] Kisch arbeitete eng mit Albrecht Mendelssohn Bartholdy zusammen, war ihm freundschaftlich verbunden, gründete mit ihm 1920 die „Vereinigung Deutscher Zivilprozeßrechtslehrer" und zusammen fungierten sie auch als Herausgeber im Zivilprozessrechtsbereich. Er schrieb in Heinrich Dernburgs Reihe „Das bürgerliche Recht des Deutschen Reichs und Preußens" den zweiten Ergänzungsband „Das elsaßlothringische Landesprivatrecht". In München hielt Kisch gemeinsam mit seinem jüdi-

---

[295] Brief KISCH an GERLAND vom 28.12.1922, *Nachlass GERLAND, BAK NL 10, Bd. 17.*
[296] Brief KISCH an GERLAND vom 28.12.1922, *Nachlass GERLAND, BAK NL 10, Bd. 17.*
[297] KUNKEL WOLFGANG, Der Professor im Dritten Reich, in: Die deutsche Universität im Dritten Reich, Vortragsreihe Universität München, München 1966, S. 108. RINGER, FRITZ, Die Gelehrten. Der Niedergang der deutschen Mandarine 1890 – 1933, Stuttgart 1983, S. 128f.
[298] Ebd. S. 126ff.
[299] Brief KISCH an MENDELSSOHN BARTHOLDY vom 24.3.1907 zu antisemitisch motivierten fachlichen Beurteilungen: „Was sind wir in mancher Hinsicht kleinlich geworden in Deutschland! Und wie traurig, daß persönliche Vornehmheit und wirklich sachliche Betrachtung so seltene Ware werden." *Nachlass MENDELSSOHN BARTHOLDY, SBB PK Musikabt. Mendelssohnarchiv.*
[300] HAMMERSTEIN, NOTKER, Antisemitismus und deutsche Universitäten 1871 –1933, Frankfurt a. Main 1995, S. 29.
[301] Antrag der Staats- und rechtswissenschaftlichen Fakultät der Kaiser-Wilhelms-Universität gezeichnet von KNAPP, LABAND, LENEL, KISCH, REHM an den Kurator vom 1.4.1904 und Schreiben Dekan KISCH an Rektor NEUMANN vom 16.2.1910, *Acta betreffend Beförderungen zu Professoren, AdBR Université Strasbourg, AL 103, paq. 61 Nr. 207.*

schen Kollegen Wilhelm Silberschmidt Vorlesungen und Seminare zum Versicherungsrecht und setzte sich z. B. 1919 als Dekan für die Übertragung eines Lehrstuhls für strafrechtliche Hilfswissenschaften, sowie Militärstrafrecht und Militärstrafprozessrecht an seinen Kollegen Kitzinger ein.[302] Bekannt ist ein Vorgang in einer Vorlesung, der zwar in den Überlieferungen in zeitlicher Einordnung divergierte, aber nicht nur in seinen Entnazifizierungsgutachten[303], sondern auch in persönlichen Erinnerungen[304] später sehr ähnlich erwähnt ist und seine judenfreundliche und antinationalsozialistische Einstellung nachweisen sollte. Nachdem Kisch in einem Zeitungsartikel als jüdischer Rechtslehrer bezeichnet worden war, soll er, laut Entnazifizierungsgutachten seines Hörers und späteren Professors Karl Engisch, in seiner Vorlesung dazu Stellung bezogen und gesagt haben:

> „Er halte es für keine Schande, Jude zu sein, müsse allerdings für seine Person erklären, daß er keiner sei. Die Annahme, dass er einer sei, sei wohl nur daraus herzuleiten, dass in der Bibel Kisch Saul aussende, um Esel zu suchen. Werde Kisch heute dem Saul befehlen Esel zu suchen, so werde er ihm den Rat geben, solchen in den Münchner Redaktionen nachzuspüren."[305]

Die andere Überlieferung spricht nicht von einem Zeitungsartikel, sondern von einem Gerücht, und führt Kamele statt Esel an, ist von der Aussage her aber gleich, so dass zumindest davon auszugehen ist, dass sich ein solcher Vorfall tatsächlich ereignet hat. Ob ihm diese deutliche Aussagekraft bezüglich des Antisemitismus beizumessen ist, wie es von den jeweiligen Personen beabsichtigt war, erscheint fraglich, allerdings ist er zumindest als eine Kritik am aufkommenden Nationalsozialismus zu werten.

Im Widerspruch zu dieser judenfreundlichen, neutralen Haltung im persönlichen, akademischen Umfeld stehen die vereinzelten antisemitischen Aussagen in seinen privaten Briefen an Gerland. Auch Kisch konnte sich in einem gewissermaßen abstrakt-allgemeinen Bereich nicht völlig von den damals herrschenden Vorurteilen und vor allem wirtschaftlich motivierten antisemitischen Klischees freimachen. So hatte er z. B. Angst vor einer allzu großen „Orientalisierung", einer „fremdrassigen Plutokratie" und sah die Schuld für die Räterepublik bei den „russischen Juden".[306] Solche Aussagen tauchten in politischen oder wirtschaftlichen Krisenzeiten auf, wo generell ein Anwachsen des Antisemitismus zu beobachten war. Tatsächlich gingen allgemein in den Jahren der politisch-wirtschaftlichen Konsolidierung ab 1924 die antisemitischen Angriffe etwas zurück und verstärkten sich ab der Weltwirtschaftskrise Anfang

---

[302] Brief KISCH an Akademischen Senat vom 28.4.1919, *JF Lehrstellen vol. III, BayHStA MK 69280.*

[303] KARL ENGISCH datiert den Vorfall Anfang der Zwanziger Jahre in seiner Studienzeit bei KISCH. Gutachten KARL ENGISCH vom 27.2.47, *SpKA KISCH, StAM, SpK K 880.*

[304] ERICH EYERMANN, ehem. Präsident des bayerischen Verwaltungsgerichtshof, datiert den Vorfall in die Studienzeit seines Bruders, so ca. um 1931 herum. Brief ERICH EYERMANN an NICOLAS TURNER, 21.9.1990, *Privatbesitz TURNER.*

[305] Gutachten KARL ENGISCH vom 27.2.47, *SpKA KISCH, StAM, SpK K 880.*

[306] s. o. 2. Kapitel, 1.3.3.

der dreißiger Jahre wieder.[307] Auch von Kisch sind in dieser Konsolidierungsphase, soweit ersichtlich, keine antisemitischen Äußerungen zu finden. Erst 1931 tauchen vereinzelt wieder Bemerkungen gegen die „Mitbürger mosaischen Glaubens" und ihrer Eigenschaft „als fleißige Bienen auch aus der Blüte unserer Pleite Goldhonig zu saugen" in seinen Briefen auf.[308] Sein persönlicher Umgang mit jüdischen Kollegen, wie z. B. dem mit ihm gemeinsam das Versicherungsrecht lehrenden Silberschmidt oder auch dem langjährigen mit ihm zivilprozessualen Bereich eng verbundenen Mendelssohn Bartholdy, war davon aber nicht beeinflusst. In keiner der vorliegenden Erinnerungen seiner Studenten, Freunde und sonstigen Zeitgenossen wird er als antisemitisch bezeichnet oder werden antisemitische Äußerungen erwähnt. Sein Engagement für jüdische Kollegen und Studenten im Dritten Reich relativiert die Bedeutung dieser Aussagen im Hinblick auf seine Handlungen etwas, auch wenn es hier wiederum um den persönlichen Bereich ging.

Ein weiteres Indiz dafür, dass Wilhelm Kisch trotz der erwähnten Äußerungen damals nicht ausgeprägt antisemitisch war, war seine Freundschaft mit Karl Voßler, die sich besonders in den zwanziger Jahren noch intensivierte.[309] Voßler war ein erbitterter Gegner des Antisemitismus, er war deshalb auch für den „Verein zur Abwehr des Antisemitismus" tätig und einer der wenigen Professoren, die den Antisemitismus an den Universitäten öffentlich anprangerten. Antisemitismus tolerierte er nicht[310], so dass eine enge Freundschaft zwischen ihm und Kisch bei einer stark antisemitischen Haltung Kischs wohl ausgeschlossen gewesen wäre. Nichtsdestotrotz trug eine Einstellung wie Kisch sie an den Tag legte zumindest dazu bei, das Klima der verheerenden gesellschaftlichen Tolerierung des Antisemitismus zu fördern.

2.5 Berufungen nach auswärts

In diesen schwierigen Jahren wurde Wilhelm Kisch die berufliche Anerkennung zu teil, die ihm in Straßburg so lange verwehrt geblieben war. Seine Arbeit und sein großes wissenschaftliches Engagement wurden in der akademischen Welt honoriert und es erreichten ihn in nur vier Jahren drei Berufungen an andere namhafte Universitäten. Höhepunkt dabei war die Berufung an die Universität Berlin. Diese Berufungen waren, sogar bei Ablehnung, mit einem nicht unerheblichen Prestige- und Ansehensge-

---

307 VULETIC, ALEKSANDAR-S., Zwischen Normalität und Vertreibung: Die deutschen Juden in den zwanziger und dreißiger Jahren, in: MICHALKA, WOLFGANG/VOGT MARTIN (Hrsg.), Judenemanzipation und Antisemitismus in Deutschland im 19. und 20. Jahrhundert, Eggingen 2003, S. 117 – 137; RINGER, FRITZ, Die Gelehrten. Der Niedergang der deutschen Mandarine 1890 – 1933, Stuttgart 1983, S. 128.

308 Brief KISCH an GERLAND o. Dat 1931, *Nachlass GERLAND, BAK NL 10, Bd. 17.*

309 KISCH und VOßLER wechseln in ihrer Korrespondenz von einem anfänglichen „Sie" in diesen Jahren zu einem sehr vertrauten „Du". , *Nachlass VOßLER, Bayerische Staatsbibliothek München Handschriftenabteilung ANA 350, 12a.*

310 BEHREND,MICHAEL, Wissenschaft und Tagespolitik. Unruhen und Konflikte im Vorfeld der nationalsozialistischen „Machtergreifung", unveröff. Magisterarbeit, München, 1999, S. 71f; Als Rektor im Jubiläumsjahr 1926 setzte VOßLER sich auch gegen die Ausschließung der jüdischen Verbindungen ein. Vgl. SEIFERT, ARNO, In den Kriegen und Krisen des 20. Jahrhundert, S. 351, in: BOEHM/SPÖRL, Ludwig-Maximilians-Universität, Ingolstadt – Landshut – München, 1472 – 1972, Berlin 1972.

winn verbunden und selbst Kisch, der an und für sich ein sehr bescheidener und zurückhaltender Mann war und großen Rummel um seine Person nicht mochte[311], war stolz darauf. Besonders deutlich manifestierte sich in den starken Abwehrbemühungen der Universität München und des Bayerischen Kultusministeriums die große Wertschätzung, die Kisch schon nach nur relativ kurzer Zeit in München genoss.

2.5.1 Würzburg

Zunächst wurde Kisch vom bayerischen Kultusminister Matt am 20. Juni 1920 mitgeteilt, dass er an die Universität Würzburg für die Nachfolge von Mendelssohn Bartholdy berufen wurde und zwar als „an einziger Stelle vorgeschlagen".[312] Kisch war dies von Mendelssohn Bartholdy, der ihn empfohlen hatte, privat schon mitgeteilt worden und er hatte diesem schon seine generelle Bereitschaft signalisiert.[313] In seiner Antwort an das Ministerium am 3. Juli 1920 bot Kisch an, bevor er eine endgültige Entscheidung treffen wollte, Verhandlungen zu führen, und bekräftigte dabei, dass er „die Berufung in Erwägung zu ziehen entschlossen" sei.[314] Am 5. Juli 1920 teilte er die Berufung sowohl dem derzeitigen Rektor der Universität München Müller als auch dem Dekan der Juristischen Fakultät Leopold Wenger mit.[315] Beide waren sehr bestürzt und wendeten sich umgehend an Kultusminister Matt.[316] Die Juristische Fakultät schickte sofort eine Abordnung ins Ministerium, die sich für das Halten von Kisch in München einsetzen sollte. Die Kisch entgegengebrachte Wertschätzung zeigt sich sehr gut an den Briefen von Dekan Wenger an ihn und auch am Brief des Rektors Müller an Minister Matt.[317] Dekan Wenger schrieb dabei sowohl im Namen der Kollegen als auch im Namen der Studierenden:

> „Ihre freundliche Mitteilung von dem an Sie ergangenen Ruf nach Würzburg und die Bedenkzeit, die Sie sich vorbehalten haben, hat in der Fakultät allseitige wahre Bestürzung hervorgerufen. Die Hochschätzung und Zuneigung, die Ihnen sämtliche Mitglieder der Fakultät entgegen bringen, ist zu groß und offenkundig, als daß es erst dieses Anlasses bedürfte, um sie Ihnen, lieber Kollege, auszudrücken. Es scheint ganz unmöglich, Sie zu missen; als Gelehrter, Lehrer, Fakultätskollege, Seminarvorstand, Träger akademischer Ämter in jeder Beziehung gehören Sie ja, so kurz Ihre Anwesenheit in München ist, zu den stärksten Pfeilern der Fakultät und Universität. Gleich uns würden es alle Fakultäten und alle unsere Studierenden als einen gar nicht zu verwindenden Verlust empfinden,

---

[311] So lehnt KISCH z. B. eine kleine Feier ihm zu Ehren anlässlich der Ablehnung der Berufung nach Berlin ab. Brief KISCH an Dekan ROTHENBÜCHER vom 28.10.1921, *FakPA KISCH, UAM L-IX-31*.

[312] Brief Kultusminister MATT an KISCH vom 20.6.1920, *KuMiPA KISCH, BayHStA MK 43875*.

[313] Brief KISCH an MENDELSSOHN BARTHOLDY vom 15.5.1920, *Nachlass MENDELSSOHN BARTHOLDY, SBB PK, Musikabt. Mendelssohnarchiv*.

[314] Brief KISCH an Kultusminister MATT vom 3.7.1920, *KuMiPA KISCH, BayHStA MK 43875*.

[315] Brief KISCH an MÜLLER vom 5.7.1920, *Stammakt KISCH, UAM E-II-1991*; Brief KISCH an WENGER, vom 5.7.1920, *FakPA KISCH, UAM L-IX-31*.

[316] Niederschrift der Senatsitzung vom 14.7.1920, „Der Rektor gibt der Hoffnung Ausdruck, daß auch Prof. Dr. Kisch, der einen Ruf nach Würzburg erhalten habe, der Universität erhalten bleibe, er, der Rektor, habe in diesem Sinne beim Ministerium bereits Schritte getan." *Senatsniederschriften 1.1.1918–31.7.1920, UAM D-III-93*.

[317] Brief WENGER an KISCH vom 5.7.1920, *FakPA KISCH, UAM L-IX-31*; Brief MÜLLER an Kultusminister MATT vom 7.7.1920, *KuMiPA KISCH, BayHStA MK 43875*.

wenn Sie uns wirklich verlassen wollten. Sogleich heute mittags hat eine Abordnung der Fakultät bei Herrn Minister Matt vorgesprochen, um die Bitte vorzutragen, daß alles versucht werden möge, um Sie zum Verbleiben zu bewegen. Erfreulicherweise hat sich der Herr Minister, der von der ganz gleichen Überzeugung wie wir erfüllt ist, daß wir Sie nicht verlieren dürfen, unser Anliegen in der entgegenkommendsten Weise aufgenommen. Dies hat uns in der Hoffnung bestärkt, daß es den Bemühungen doch noch gelingen werde, Sie unserem Kreise zu erhalten."[318]

Und auch Rektor Müller wies nochmals in seinem Brief auf die besondere Bedeutung und Wichtigkeit Kischs für die gesamte Universität München hin, die dieser sich in der doch sehr kurzen Zeit schon erworben hatte:

„Ich halte es für meine Pflicht darauf hinzuweisen, dass Kisch nicht nur in der Juristischen Fakultät, sondern in der ganzen Universität und besonders im Senat die allergrößte Hochachtung genießt und daß es mit mir die Angehörigen aller Fakultäten auf das Tiefste bedauern würden, wenn wir Herrn Prof. Kisch verlieren sollten. Er hat unter anderem an der Reorganisation der Universität hervorragendsten Anteil genommen, und er hat durch sein maßvolles gerechtes und zielbewußtes Vorgehen unserer Uni die größten Dienste erwiesen. Wie müssen auch weiter auf die aktive Teilnahme dieses unseres Vertrauensmannes rechnen können und würden seinen Weggang gerade in dieser Zeit des Überganges als eine kaum zu ersetzende Lücke empfinden. Es sei ferner darauf hingewiesen, dass Kisch auch seitens der Studenten das größte Vertrauen genießt und zu den beliebtsten Lehrern der Juristischen Fakultät gehört. Ich bin dessen sicher im Namen und im Interesse der ganzen Universität zu sprechen, wenn ich bitte, daß uns Kisch erhalten bleibe. Dabei verkenne ich nicht, daß für eine stille Gelehrtennatur eine Universität wie Würzburg sehr viel größere Anziehungskraft besitzt als die Universität München, wo der Gelehrte durch die große Zahl der amtlichen Verpflichtungen von seiner wissenschaftlichen Arbeit in störender Weise abgezogen wird."[319]

Kisch war durchaus geneigt nach Würzburg zu wechseln und Rektor Müller hatte in seinem letzten Satz im Brief an das Ministerium gerade den Gesichtspunkt angesprochen, der Kisch vielleicht dazu veranlassen hätte können, zu gehen. Denn über die vielen Verpflichtungen und über die nur gering bemessene Zeit zur wissenschaftlichen Arbeit beklagte sich Kisch immer wieder.[320] Seiner beruflichen Idealvorstellung entsprach eigentlich mehr eine Stelle wie in Würzburg, die ihn möglichst wenig mit Verwaltungsgeschäften belasten, nicht übermäßige Vorlesungen erfordern, sondern ihm Zeit und Muße für literarisch-wissenschaftliche Arbeit und vielleicht auch intensivere Seminararbeit mit einigen Schülern bieten sollte.[321]Finanzielle Gesichtspunkte und das Fehlen einer für ihn als Gehbehinderten passenden Wohnmöglichkeit[322], ebenso aber auch der Einsatz der Münchner Universität, die darin zum Ausdruck kommende Wertschätzung und vor allem das gute Verhältnis zu Kollegen und Studenten bewegten

[318] Brief WENGER an KISCH vom 5.7.1920, *FakPA KISCH, UAM L-IX-31.*
[319] Brief MÜLLER an Kultusminister MATT vom 7.7.1920, *KuMiPA KISCH, BayHStA MK 43875.*
[320] Diverse Briefe KISCH an GERLAND, *Nachlass GERLAND, BAK NL 10, Bd. 17.*
[321] Brief KISCH an MENDELSSOHN BARTHOLDY vom 15.5.1920, *Nachlass MENDELSSOHN BARTHOLDY, SBB PK Musikabt. Mendelssohnarchiv.*
[322] Brief KISCH an MENDELSSOHN BARTHOLDY vom 29.7.1920, *Nachlass MENDELSSOHN,BARTHOLDY, SBB PK Musikabt. Mendelssohnarchiv.*

Kisch letztendlich zum Bleiben.[323] Er verhandelte sehr zäh mit dem Ministerium und bekam eine nicht unwesentliche Gehaltserhöhung und eine einmalige Zulage für das Juristische Seminar in Höhe von 5000 Mark. Von der von ihm gewünschten Verleihung des Titels „Geheimer Justizrat" wurde allerdings noch abgesehen, da zu dieser Zeit die Verleihungsmodalitäten nicht ganz geklärt waren.[324]

2.5.2 Berlin

Zur gleichen Zeit, im Juli 1920, war Wilhelm Kisch auch dem Preußische Kultusministerium für eine neue Professur für Sozialrecht an der Universität Berlin an erster Stelle vorgeschlagen, die die Juristischen Fakultät Berlin aber lieber als eine „Professur für modernes Wirtschaftrecht auf civilistischer Grundlage" in Nachfolge von Josef Kohlers Ordinariat geführt haben wollte. Die Fakultät verwies in ihrem Bericht auf die Qualifikationen Kischs durch seine Schriften sowohl für das bürgerliche Recht, das Handelsrecht als auch das Zivilprozessrecht, das aushilfsweise auch mitunterrichtet werden sollte, ebenso wie für das Arbeitsrecht, das Kisch im „Elsaß-Lothringischen Landesprivatrecht" mitbehandelt hatte, und das Sozialversicherungsrecht, das auf das Engste mit dem von Kisch gepflegten Privatversicherungsrecht zusammenhing.[325] Das Preußische Kultusministerium setzte sich aber über diesen Vorschlag hinweg und berief den bisherigen außerplanmäßigen Extraordinarius Kaskel, den die Fakultät für diese Professur gerade nicht vorschlagen wollte, zum außerordentlichen Professor, da es den Schwerpunkt dieses Lehrstuhls auf dem Arbeitsrecht sah und dafür einen das Arbeitsrecht besonders vertretenden Gelehrten besetzen wollte. Gleichzeitig wurde die Juristische Fakultät zu neuen Vorschlägen für die Besetzung der Professur von Josef Kohler aufgefordert.[326] In einem darauf antwortenden Bericht an das Ministerium im Dezember 1920 hielt die Fakultät nach nochmaliger Abschätzung weiterhin an Kisch als ihrer ersten Wahl für die Nachfolge Kohlers fest, an zweiter Stelle wurde erneut Reichel, an dritter Stelle Lehmann genannt.[327] Aber auch dieses Mal folgte das Ministerium den Vorschlägen nicht und berief Martin Wolff, als „eine aus ständiger Berufspraxis unterrichtete, geeignete Persönlichkeit" mit der Begründung, dass durch das Ableben Professor Dickels die Möglichkeit sich ergeben habe, eine voll einzustellende Lehrkraft für bürgerliches Recht und Zivilprozessrecht zu berufen, so dass bei der Nachfolge Kohlers das Schwergewicht auf die Vertretung des bürgerlichen Rechts und

[323] Mitteilung der Ablehnung, Brief KISCH an Ministerialdirektor HAUPTMANN vom 28.7.1920, *KuMiPA KISCH, BayHStA MK 43875.*

[324] Briefe Ministerialdirektor HAUPTMANN an KISCH vom 15.7.1920 und 30.7.1920, *KuMiPA KISCH, BayHStA MK 43875.*

[325] Bericht der JF Berlin an Preußisches Kultusministerium (künftig: PreußKuMi) vom 8.7.1920, *PreußKuMi, Anstellung und Besoldung der außerordentlichen und ordentlichen Professoren der juristischen Fakultät Juli 1916 bis September 1921, GStA Berlin, Rep. 76 V a Sekt. 2 Titel IV* und *Juristische Fakultät, UAB Jur. F. 496, Blatt 256* und Protokoll der Fakultätssitzung vom 15.6.1920, *Juristische Fakultät, UAB Jur. F. 17, Blatt 98.*

[326] Mitteilung PreußKuMi an JF Berlin vom 3.12.1920, *PreußKuMi, Anstellung und Besoldung der außerordentlichen und ordentlichen Professoren der juristischen Fakultät Juli 1916 bis September 1921, GStA Berlin, Rep. 76 V a Sekt. 2 Titel IV.*

[327] Brief JF Berlin an PreußKuMi vom 13.12.1920, *Juristische Fakultät, UAB Jur. F. 496, Blatt 317, 322.*

des Handelsrechts und nicht auf das Zivilprozessrecht gelegt werden könne.[328] Kisch hatte von seiner Nominierung, aber auch von seiner Ablehnung im Ministerium erfahren. Sie betrübte ihn in seiner derzeitigen Münchner Stellung nicht wirklich und so schrieb er etwas süffisant an Heinrich Gerland:

> „Vielleicht haben Sie inzwischen gehört, daß mich Herr Becker, der Hochschulgewaltige, als Nachfolger Kohlers abgelehnt hat. Fast hätte ich, wenn's nicht so maßlos eingebildet klänge, gesagt: ‚Geschieht ihm recht!'"[329]

Aber die Berliner Juristische Fakultät wollte Kisch unbedingt haben und ließ nicht locker. Etwas verstimmt schlugen sie ihn erneut im Juni 1921 nun für die Nachfolge des Lehrstuhls von Dickel vor und zwar einstimmig als einzigen Kandidaten.

> „Die Fakultät hat Prof. Kisch bereits zweimal in ihren Berichten vom 8.7.20 und vom 13.12.20 an erster Stelle für die Kohlersche Professur vorgeschlagen. Sie gestattet sich, für seine Schriften und für seine Leistungen auf diese Berichte, insbesondere auf den Bericht vom 8.7.20 Bezug zu nehmen. [...] Nachdem nun aber durch die Berufung Martin Wolffs das Handelsrecht besetzt ist, wird kaum zu bestreiten sein, daß nach den diesmal in erster Linie zu berücksichtigenden Gebieten des bürgerlichen Rechts und des Zivilprozeßrechts Professor Kisch erstklassige Leistungen aufzuweisen hat. [...] Da die Fakultät der Ansicht ist, daß Prof. Kisch wie kein zweiter auf die für ihn in Aussicht genommene Stelle passt, und daß er sie wie kein zweiter ausfüllen würde, bittet sie um die Erlaubnis, ihn als einzigen vorschlagen zu dürfen. [...] Die Fakultät hebt hervor, daß der Beschluß, Kisch und zwar als einzigen vorzuschlagen, einstimmig gefaßt worden ist.[330]

Nur gut eine Woche später, nachdem durch die Emeritierung Stammlers ein weiterer Lehrstuhl freigeworden war, beantragte die Juristische Fakultät in Abänderung ihres Berichts vom 6. Juni 1921 Kisch als Nachfolger für Stammler zu berufen, da das von Kisch in erster Linie vertretene bürgerliche Recht auch Hauptfach von Stammler war, und die Besetzung des Lehrstuhls Dickels bis auf weiteres auszusetzen.[331] Diesmal endlich folgte das Ministerium dem Vorschlag der Juristischen Fakultät und am 24. Juni 1921 erreichte Kisch in München der Ruf an die Berliner Universität.[332] Kisch antwortete umgehend, dass er durchaus geneigt sei, den Ruf anzunehmen, machte aber die Annahme natürlich von einer Reihe von Faktoren wie Wohnungsfrage, Gehalt, der genaueren Umgrenzung des Lehrauftrags sowie der Arbeits- und Forschungsmöglichkeiten abhängig. Er wollte, wenn nicht unbedingt anders erwünscht, aber zu Verhandlungen nach Berlin erst im September kommen, da er einen Wechsel schon zum Wintersemester „weder im Interesse der Münchner Fakultät für tunlich, noch im Interesse

---

[328] Mitteilung PreußKuMi an JF Berlin vom 7.1.1921, *Preußkumi, Anstellung und Besoldung der außerordentlichen und ordentlichen Professoren der juristischen Fakultät Juli 1916 bis September 1921, GStA Berlin, Rep. 76 V a Sekt. 2 Titel IV.*

[329] Brief KISCH an GERLAND vom 7.4.1921, *Nachlass GERLAND, BAK NL 10, Bd. 17.*

[330] Entwurf Brief JF Berlin an PreußKuMi vom 6.6.1921, *Juristische Fakultät, UAB Jur. F. 496, Blatt 367.*

[331] Brief JF an PreußKuMi vom 14.6.1921, *Juristische Fakultät, UAB Jur. F. 496, Blatt 370* und *PreußKuMi, Anstellung und Besoldung der außerordentlichen und ordentlichen Professoren der juristischen Fakultät Juli 1916 bis September 1921, GStA Berlin Rep. 76 V a Sekt. 2 Titel IV.*

[332] Brief KISCH an Dekan der JF Berlin vom 24.6.1921, *Juristische Fakultät, UAB Jur. F. 496, Blatt 383.*

für die Berliner Fakultät für nötig" hielt.[333] Das Bayerische Kultusministerium wurde am gleichen Tag noch informiert[334] und bot Kisch ebenfalls Verhandlungen an für ein Verbleiben.[335] Auch Gerland gratulierte umgehend, riet aber dringend von der Annahme des Rufes ab:

> „[...] ich glaube nicht, daß ich Ihnen anraten kann, den Ruf anzunehmen. Berlin ist Berlin und wirklich nicht gerade sehr erfreulich. Man soll ferner in den Verwaltungsgeschäften und Fakultätsangelegenheiten direkt ertrinken[...] Die Reisen von der Wohnung bis zur Universität sind ungeheuerliche, und die Wohnungsverhältnisse sind so schwierig als möglich, ganz abgesehen von den schwindelnden Preisen, die gezahlt werden müssen. [...] ich glaube, wenn man die Wahl zwischen München und Berlin hat, kann es eigentlich keinen Augenblick zweifelhaft sein, wohin die Waagschale ausfällt. [...] so würde ich Ihnen raten, sich das Bleiben in München so teuer als möglich vergüten zu lassen, aber unter allen Umständen in München zu bleiben. [...] und wer von Strassburg und München her eine gewisse Kultur gewohnt ist, kommt mit Anschauungen, die doch für Berlin nicht ganz passen."[336]

Kisch fuhr dann doch bereits vom 4. – 7. Juli 1921 zu Verhandlungen nach Berlin und war von den dortigen Verhältnissen wider Erwarten durchaus angetan, besonders durch die sich dort bietenden außeruniversitären Betätigungsmöglichkeiten.

> „Die Kollegen waren – wie das in dieser akademischen Verlobungszeit ja immer ist – sehr entgegenkommend und herzlich, das Ministerium ist in seinen Angeboten recht anständig vorgegangen. Und vor allem erweckt die Stadt den Eindruck einer ungeheuren Vitalität und Energie. Man hat den Eindruck, dort eine Fülle von Anregungen und Wirkungsmöglichkeiten vor sich zu haben. Es ist auch nun einmal die – wenigstens äußerlich betrachtet – erste Fakultät des Reiches. Ich nehme an, daß man sich dort mit den Jahren eine [..] Wirksamkeit schaffen könnte, u. manche nützliche und anregende Beziehung zu den verschiedensten Persönlichkeiten u. Organisationen gewinnen könnte. Endlich ist nicht aus dem Auge zu lassen, daß dort ganz andere Gelegenheit zu konsultativer Praxis sich eröffnet als in dem doch peripherisch gelegenen München."[337]

Nach seiner Rückkehr begannen nun verstärkt die Verhandlungen mit der Bayerischen Unterrichtsverwaltung und auch die Universität schaltete sich wieder ein. Rektor v. Frank betonte in einem Brief an Kultusminister Matt die Bedeutung eines Verbleibens Kischs für die Universität München und für das Prestige der bayerischen Universitäten insgesamt. [338] Ihre sehr hohen Gehaltsangebote stürzten sowohl das Preußische und als auch das Bayerische Kultusministerium in Schwierigkeiten und beide mussten bei ihren Finanzministerien Rücksprache halten, ob solche Summen genehmigt werden würden. Beide Finanzministerien stimmten zwar notgedrungen zu, betonten aber aus-

---

[333] Brief KISCH an Dekan der JF Berlin vom 24.6.1921, *Juristische Fakultät, UAB Jur. F. 496, Blatt 383* und Protokoll der Fakultätssitzung vom 28.6.1921, *Juristische Fakultät, UAB Jur. F. 17, Blatt 139.*
[334] Briefe KISCH und PreußKuMi an BayKuMi vom 24.6.1921, *KuMiPA KISCH, BayHStA MK 43875.*
[335] Brief BayKuMi an KISCH vom 27.6.1921, *KuMiPA KISCH, BayHStA MK 43875.*
[336] Brief GERLAND an KISCH vom 25.6.1921, *Nachlass GERLAND, BAK NL 10, Bd. 17.*
[337] Brief KISCH an GERLAND vom 14.7.1921, *Nachlass GERLAND, BAK NL 10, Bd. 17.*
[338] Brief Rektor v. FRANK an KuMin MATT vom 12.7.1921, *KuMiPA KISCH, BayHStA MK 43875.*

drücklich die Ausnahmestellung eines solchen Angebots.[339] So schrieb der bayerische Finanzminister:

> „Obwohl ich nun, wie schon im Falle [...] erwähnt, an sich der Meinung bin, daß auf allzu hohe Forderungen nicht eingegangen und lieber die Neubesetzung einer Professur in Kauf genommen werden soll, teile ich im gegenwärtigen Falle die Ansicht des Staatsministerium für Unterricht und Kultus, daß wegen der ganz besonderen Sachlage versucht werden muß, Prof. Kisch in München zu halten. Dazu bestimmt mich einmal die Erwägung, dass Kisch als Gelehrter wie als Lehrer wohl unbestritten als eine allererste Kraft auf seinem Gebiete gelten darf und daß nur sehr schwer ein gleichwertiger Ersatz für ihn unter Aufwendung von geringeren Mitteln zu gewinnen wäre, dann aber auch der Gedanke, dass im Interesse des Ansehens der ersten bayerischen Hochschule die Abwanderung eines solchen Gelehrten nach Berlin, wenn irgend möglich vermieden werden muß."[340]

Beiderseits wurden keine Kosten und Mühen gescheut, Kisch zu binden. Trotzdem lag das bayerische Angebot noch um 14 000 Mark unter dem preußischen. Kisch erklärte sich aber zum Bleiben bereit, wenn das Angebot noch einmal aufgestockt werde und vor allem, wenn ihm der Titel „Geheimer Rat" verliehen werden würde.[341] Dieser Titel bedeutete Kisch wegen des Ansehens gegenüber Studenten und jüngeren Kollegen sehr viel.[342] Im Bayerischen Kultusministerium wurden alle Hebel in Bewegung gesetzt, um eine solche Auszeichnung verleihen zu dürfen. Da an und für sich die Verleihung „Geheimer Rat", wie seit 1. Juli 1921 vom Ministerrat beschlossen, an Universitätsprofessoren nicht „tunlich" sei, wurde versucht, beim Justizministerium die Verleihung des Titels „Geheimer Justizrat" zu erwirken.[343] Vom Justizministerium kam eine Zustimmung, wobei wiederum der Ausnahmefall betont wurde, da der Titel eigentlich nur an verdiente Rechtsanwälte und Notare verliehen werde. Wegen Kischs Zugehörigkeit zur juristischen Prüfungskommission und da es zugleich im Interesse der bayerischen Rechtspflege liege, wurde die Anfrage aber bejaht. Im Weiteren kam es auch noch nach der Zusage des Kultusministeriums an Kisch zu einem regen Briefwechsel verschiedener bayerischer Ministerien untereinander sowie mit dem Reichsinnenministerium. Inhaltlich tendierte die Korrespondenz trotz der bereits gegebenen Zusage eigentlich zu einer Nichtverleihung.[344] Kisch nahm das bayerische Angebot an und lehnte am 24. September 1921 den Berliner Ruf endgültig ab. Leicht fiel ihm dies nicht vor allem wegen der großen Möglichkeiten an der Berliner Universität, der kollegialen Verhältnisse und der einfacheren Kontakte zum Patentamt und Reichsaufsichtsamt für Privatversicherung, die in Berlin ihren Sitz hatten. Aber gerade wegen seiner bekannten Bewegungshemmungen und der misslichen Wohnungsverhältnisse sowie wegen des Mangels an einem eigenen Arbeitsraum in der Berliner Universität

---

339 Briefwechsel BayKuMi mit BayFinMi, vom 26.7.1921 und 4.8.1921, *KuMiPA KISCH, BayHStA MK 43875*; PreußKuMi mit PreußFinMi vom 12.7.1921 und 2.8.1921, *PreußKuMi, Anstellung und Besoldung der außerordentlichen und ordentlichen Professoren der juristischen Fakultät Juli 1916 bis September 1921, GStA Berlin, Rep. 76 V a Sekt. 2 Titel IV.*

340 Brief BayFinMin an BayKuMin vom 4.8.1921, *KuMiPA KISCH, BayHStA MK 43875.*

341 Brief KISCH an BayKuMi vom 16.8.1921, *KuMiPA KISCH, BayHStA MK 43875.*

342 Brief KISCH an BayKuMi vom 20.8.1921, *KuMiPA KISCH, BayHStA MK 43875.*

343 Brief BayKuMi an BayJuMi vom 22.8.1921, *KuMiPA KISCH, BayHStA MK 43875.*

344 Briefwechsel August und Dezember 1921, *KuMiPA KISCH, BayHStA MK 43875.*

sah er sich dazu gezwungen.[345] Für sein Bleiben in München erhielt Kisch nun eine fürstliche Gehaltserhöhung und einen von ihm schon lange angestrebten besoldeten Lehrauftrag für Erfinder- und Privatversicherungsrecht ab dem Winterhalbjahr 1921/22. Darüber hinaus hatte Kisch bei seinen Verhandlungen wiederum das Juristische Seminar nicht vergessen. Es bekam 5000 Mark für die Anschaffung von Lehrmitteln aus dem Versicherungs- und Urheberrecht sowie eine Aufstockung des jährlichen Zeitschriftenetats für diese Gebiete auf 800 Mark.[346] Die Verleihung des Titels „Geheimer Justizrat" erfolgte wegen einiger Schwierigkeiten erst im Dezember 1921.[347] Nicht nur das großzügige Angebot des Ministeriums, sondern vor allem auch „die ausserordentlich angenehmen Beziehungen zu den Herren der Fakultät", wie er in der Mitteilung der Ablehnung an Dekan Rothenbücher schrieb, seien für seine Entscheidung ausschlaggebend gewesen.[348]

2.5.3 Prag

Durch die Ablehnung des Berliner Rufes, den Kisch als „ Höhepunkt seiner akademischen Laufbahn" bezeichnete[349], war er nun aber nicht, wie er befürchtet hatte, für den Rest seiner Tage an München gebunden.[350] 1924 bekam er noch einmal die Möglichkeit, die Universität zu wechseln, als ihn im Sommer ein Ruf von der Universität Prag erreichte.[351] Kisch einigte sich diesmal aber sehr schnell mit dem Bayerischen Kultusministerium auf eine Gehaltserhöhung und auf weitere Zuwendungen für das Juristische Seminar für versicherungsrechtliche Literatur und verzichtete auf Verhandlungen mit der Prager Hochschulverwaltung.[352] Besonders gelobt wurde diesmal in den Briefwechseln und auch im Dankesschreiben des Rektors v. Kraus an Kisch seine Eigenschaft als akademischer Lehrer und sein großer und günstiger Einfluss auf die Studentenschaft[353], wohl bezugnehmend vor allem auf die studentischen Vorfälle im Anschluss an den Hitlerputsch im November 1923, bei denen Kisch mäßigend einzugreifen versucht hatte. So schrieb Rektor v. Kraus in einem sehr überschwänglichen Brief:

> „Unsere akademische Jugend hängt mit Liebe und Verehrung an Ihnen, da sie mit jenem Instinkt, der eine glückliche Gabe der Jugend ist, fühlt, daß Sie ihr ein wahrer Freund

---

[345] Briefe KISCH an Dekan JF Berlin und PreußKuMi, *Juristische Fakultät, UAB Jur. F. 496, Blatt 383ff.*

[346] Brief BayKuMi an Akademischen Senat vom 11.10.1921, *FakPA KISCH, UAM L-IX-31.*

[347] Brief BayKuMi an KISCH vom 6.12.1921, *KuMiPA KISCH, BayHStA MK 43875.*

[348] Brief KISCH an Dekan ROTHENBÜCHER vom 24.9.1921, *FakPA KISCH, UAM L-IX-31;* so hat sich z. B. KARL v. AMIRA persönlich nochmals mit einem Telegramm an WILHELM KISCH gewandt, als dieser bei Verhandlungen in Berlin war. Vgl. Dankesbrief KISCH an v. AMIRA vom 5.7.1921, *Nachlass v. AMIRA, Bayerische Staatsbibliothek München, Handschriftenabteilung, AMIRAIANA VIII.*

[349] Briefe KISCH an PreußKuMi, *Juristische Fakultät, UAB Jur. F. 496, Blatt 385ff.*

[350] Brief KISCH an GERLAND vom 6.10.1921, *Nachlass GERLAND, BAK NL 10, Bd. 17.*

[351] Mitteilung KISCH an Dekan BEYERLE vom 30.8.1924, *FakPA KISCH, UAM L-IX-31.*

[352] Briefwechsel KISCH mit BayKuMi, August und September 1924, *KuMiPA KISCH, BayHStA MK 43875.*

[353] Brief BayFinMi an BayKuMi, *KuMiPA KISCH, BayHStA MK 43875.*

sind, Verständnis für ihre Wünsche und Sorgen haben und das gelegentliche Überschäumen ihres edlen nationalen Empfindens mit weiser Nachsicht beurteilen."[354]

Diese fast wohlwollenden Formulierungen zu den damaligen Ausschreitungen zeigen nochmals, wo die Universität als Ganzes oder zumindest die Senatsmehrheit politisch stand. Die rechtsradikal ausgerichtete Studentenschaft wurde insgesamt von dem etwas gemäßigter völkisch eingestellten Lehrkörper, mit großer Nachsicht behandelt.[355] Nach 1924 erreichten Kisch keine Rufe an andere Universitäten mehr. Mit den Ablehnungen der Rufe, nun auch noch dem aus Prag, dürfte er deutlich nach außen seine Präferenz für München als seine Lebensstellung signalisiert haben. Weitere Berufungen schienen wohl zwecklos. Kisch war zwar insoweit ein Opfer seiner Behinderung und der äußeren Umstände, aber insgesamt sehr zufrieden mit seiner Wahlheimat. Bedauern wie früher über ausbleibende Rufe äußerte er nicht mehr.

3. Von den goldenen Jahren bis zum Untergang der Weimarer Republik (1925 - 1932)

Nach den turbulenten Jahren kehrte nun zumindest kurzzeitig etwas Ruhe ein, bis die Weltwirtschaftskrise und damit die verbundenen politischen Schwierigkeiten, das Ende der Weimarer Republik einläuteten. Wilhelm Kisch, am Höhepunkt seiner Karriere, war sowohl im universitären als auch im außeruniversitären Bereich stark eingespannt und arbeitete viel. Neben seiner Lehrtätigkeit publizierte er weiterhin Aufsätze im Versicherungsrecht und im Urheber- und Patentrecht und war in zahlreichen Ausschüssen und Gremien tätig. In die Zivilprozessreform kam Ende der zwanziger Jahre wieder Bewegung und die von ihm mitbegründete „Vereinigung Deutscher Zivilprozeßrechtslehrer", als deren „geistiger Führer" im Hintergrund er immer noch galt[356] und deren Auflösung er 1928 nochmals durch geschicktes Taktieren verhindern konnte, erfuhr dadurch nochmals einen Aufschwung. Auch die geplante Studienreform beschäftigte ihn als Lehrer mit Leib und Seele in dieser Zeit sehr.

3.1 Universitäre und außeruniversitäre Betätigung

Da nun München als seine Lebensstellung mehr oder weniger fest stand, stürzte Kisch sich wie gewohnt in die Arbeit. Kisch war in diesen Jahren sehr beschäftigt. Die Studentenzahlen stiegen an, vor allem in der Rechtswissenschaft, und das bedeutete gerade für ihn als beliebter Lehrer viel Arbeit. Semester für Semester fielen Hunderte Praktikumsklausuren, Hörgeldbefreiungs- und Stipendienprüfungen an sowie von Zeit zu Zeit die Referendarsexamensklausuren im Zivilrecht bzw. Zivilprozessrecht. Trotzdem weigerte er sich beharrlich, einen Assistenten einzustellen, und korrigierte alle Arbeiten selbst, da er das „Dazwischenschieben einer Instanz zwischen Dozenten und Hörer" sehr bedauerlich fände. Für ihn war und blieb „das Schönste" an seinem Berufe „die Lehrtätigkeit und der unmittelbare lebendige Verkehr mit der sich immer erneu-

---

[354] Brief Rektor v. KRAUS an KISCH, 3.10.1924, *Stammakt KISCH, UAM E-II-1991.*
[355] SEIFERT, ARNO, In den Kriegen und Krisen des 20. Jahrhundert, in: BOEHM/SPÖRL, Ludwig-Maximilians-Universität, Ingolstadt – Landshut – München, 1472 – 1972, Berlin 1972 S. 335, 351.
[356] Brief GERLAND an KISCH vom 26.2.1929, *Nachlass GERLAND, BAK NL 10, Bd. 17.*

ernden Jugend“, auch wenn er sich manchmal über den Arbeitsanfall beklagte.[357] Zu seiner Lehrtätigkeit kamen die üblichen akademischen Ämter wie das Dekanat 1925/26 und die Senatorenwürde 1926 – 28, Disziplinausschuss und Mitgliedschaft im Ausschuss für gemeinverständliche Vorträge.[358] Die Folge dieser Arbeitsbelastungen war, wie er scherzhaft einmal schrieb, eine „schriftstellerische Impotenz“.[359] Dies traf allerdings nur auf Monographien und größere Werke zu. Aufsätze zum Versicherungsrecht, zum Patent- und Urheberrecht, Urteilsbesprechungen und sonstiges verfasste er in dieser Zeit weiterhin in großer Zahl, wenn er auch dabei, wie er schrieb, auf alte Bestände zurückgriff.[360] Darüber hinaus übernahm Kisch in diesen Jahren die ständige Mitarbeit und Mitherausgeberschaft in den Zeitschriften „Zentralblatt für Handelsrecht“ und „Versicherungspraxis“ sowie die Leitung der deutschen Abteilung für die in Habana in spanischer Sprache ab 1932 erscheinende Prozessrechts-Zeitschrift „Revista de derecho processal civil“, der er sich nicht entziehen zu können glaubte, insbesondere im Hinblick auf einen anzustrebenden Export der deutschen Wissenschaft.[361] Immer wieder spielte ihm aber seine angeschlagene Gesundheit einen Streich und er musste krankheitsbedingt pausieren.[362] Zur Erholung reiste Wilhelm Kisch in den Ferien für einige Wochen meist nach Hohenschwangau in das Hotel „Alpenrose“ oder auch nach Meran.[363] Dort fand er bei gutem Essen und Trinken, eine Vorliebe, die er seiner auch französisch geprägten Herkunft verdankte, bei Bootsfahrten und gelegentlicher Arbeit die für seine schwache Gesundheit nötige Ruhe von den Strapazen des Semesters. Als sehr gut bezahlter Professor gehörte Kisch dem gehobenen Bürgertum an und pflegte den für seinen Stand üblichen Lebenswandel. Solche Reisen waren damals ebenso Statussymbol für das gehobenen Bürgertum, wie auch seine Teppich- und Porzellansammlung. Er ging viel ins Theater und in die Oper und verkehrte gerne in vornehmen Lokalen. 1930 zog er mit seiner Schwester Elisabeth und ihrem Faktotum Fanny Hirschle von seiner alten Wohnung in der Franz-Josef-Straße in eine andere in der Leopoldstraße 7.[364]

3.1.1 Studienreformen

Als ab 1929 die Vereinheitlichung bzw. die Reform des juristischen Studiums wieder verstärkt ins Gespräch kam, gab es besonders zu den Vorschlägen des Preußischen Kultusministeriums eine hitzige Diskussion unter den Rechtslehrern, die vom Inhalt her an Aktualität nichts eingebüßt hat. Wilhelm Kisch, dem der akademische Unterricht sehr wichtig war, schaltete sich engagiert in dieses Thema ein und veröffentlichte

---

[357] Brief KISCH an GERLAND vom 25.1.1929, *Nachlass GERLAND, BAK NL 10, Bd. 17.*

[358] Jahrbuch der Universität München Bd. 1925/26, Bd. 1926/27, München 1925/26.

[359] Brief KISCH an GERLAND o. Dat. wahrscheinlich 1927, *Nachlass GERLAND, BAK NL 10, Bd. 17.*

[360] Brief KISCH an GERLAND vom 25.1.1929, *Nachlass GERLAND, BAK NL 10, Bd. 17.*

[361] Brief KISCH an GERLAND vom 23.10.1931 und 24.10.1931, *Nachlass GERLAND, BAK NL 10, Bd. 17.*

[362] Brief KISCH an GERLAND z. B. vom 18.8.1926, vom 17.5.1930 und vom 15.2.1931, *Nachlass GERLAND, BAK NL 10, Bd. 17.*

[363] Brief KISCH an GERLAND z. B. vom März 1927, 20.8.1927, 1.9.1928 etc. *Nachlass GERLAND, BAK NL 10, Bd. 17.*

[364] Brief KISCH an GERLAND o. Dat. 1930, *Nachlass GERLAND, BAK NL 10, Bd. 17.*

gleich mehrere sehr kritische Aufsätze[365], in denen er die preußische Denkschrift scharf angriff und zum gemeinsamen Vorgehen gegen die dort vorgeschlagenen Änderungen aufrief, auch wenn diese die außerpreußischen Fakultäten eigentlich nicht bzw. nur indirekt betrafen. Die Denkschrift sah wegen der großen Zahl der Studenten, ihrer Abwanderung zu Repetitorien und wegen ihrer z. T. fehlenden Befähigung in der Praxis u. a. die Kürzung und genaue Festlegung der Vorlesungsstunden und dafür die Einführung von Besprechungs-, Vertiefungs- bzw- Wiederholungsstunden vor, mehr Vermittlung von allgemeiner Bildung, stärkere Heranziehung von Praktikern und die Einführung eines sog. Zulassungsscheins, einer Art Zwischenprüfung, die zur Teilnahme an den Vorgerücktenübungen berechtigte.[366] Kisch konstatierte auch Defizite in der juristischen Ausbildung, aber er lehnte eine stärkere Verschulung, worauf die Reform hinauslaufen würde, und auch noch intensiveren Praxisbezug ab, da es nicht Aufgabe der Universität sei, fertige Praktiker hervorzubringen. Die vorhandenen Lehrmethoden, richtig genützt, seien ausreichend. Nicht nur wie bereits dargelegt bei Rechtseinrichtungen[367], sondern auch in der akademischen Ausbildung hing für Kisch wieder vieles von den beteiligten Personen ab, sowohl von den Professoren mit verschieden ausgeprägter Lehrbegabung als auch von den Studenten mit unterschiedlicher „Arbeitslust und Intelligenz".[368] Von der Beschneidung der Vorlesungsstunden hielt Kisch überhaupt nichts, da gerade die Vorlesung das „A und O der akademischen Ausbildung" sei und dort neben den Grundbegriffen auch die so wichtige allgemeine Bildung vermittelt werde. [369] Die Besprechungsstunden entbehrten für ihn an praktischer Durchführbarkeit bei den gegebenen großen Hörerzahlen und auch von der Einführung von Wiederholungskursen im Stile von Repetitorien versprach sich Kisch nichts, da es unfleißige Studenten nicht vom Besuch des Repetitoriums abhalten würde und im Übrigen die universitären Einrichtungen allein die erfolgreiche Ablegung des Examens für mittelmäßig begabte, fleißige Studenten durchaus ermöglichten.[370] Die durch die Reform angestrebte genaue Reglementierung des Umfangs, Gegenstands und auch der Lehrmethode des Unterrichts stehe nicht im Einklang mit der Freiheit der Lehre und sei grundsätzlich Sache der Dozenten selbst. Das Ergebnis wäre nur ein Herunterdrücken der Rechtsfakultäten auf das „Niveau rein fachlicher Paukanstalten" und bloßer Fachschulen.[371] Ein so schulmäßiges System würde die Studenten gerade nicht zum selbständigen Arbeiten erziehen. Auch gegenüber der verstärkten Einbindung von Praktikern war Kisch sehr skeptisch, da die Kunst des Unterrichtens auch pädagogisches Geschick und langjährige Erfahrung voraussetze, und im Übrigen dies, soweit opportun, bereits von den Universitäten selbst schon gemacht werde. Durch die vorgeschlagenen Veränderungen würde für Kisch aber sowohl in die Freizügigkeit des

[365] KISCH, Zur Reform des Rechtsstudiums, in: DJZ, 35. Jg. (1930) Sp. 795ff; Die Reform der juristischen Ausbildung, in: JW, 59. Jg. (1930) S. 2175ff; Wandlungen im Rechtsunterricht, in: MNN vom 26. März 1930, Nr. 83.
[366] Preußischen Denkschrift zur juristischen Studienreform 1930, *Studienreform 1930 und 1933, UAM L-N-23d.*
[367] s. o. 2. Kapitel 2.1.
[368] KISCH, Wandlungen im Rechtsunterricht, in: MNN vom 26. März 1930, Nr. 83.
[369] KISCH, Zur Reform des Rechtsstudiums, in: DJZ, 35. Jg. (1930) Sp. 795ff.
[370] KISCH, Die Reform der juristischen Ausbildung, in: JW, 59. Jg. (1930), S. 2175ff.
[371] KISCH, Zur Reform des Rechtsstudiums, in: DJZ, 35. Jg. (1930) Sp. 795ff.

Juristentums, in die geplante Vereinheitlichung der Juristenausbildung als auch möglicherweise in die verfassungsmäßig garantierte Lehrfreiheit eingegriffen.[372]

Besonderes Augenmerk legte er in zwei weiteren Aufsätzen noch auf den Unterricht im Zivilprozessrecht, zu dem er bereits 1922 umfassend Stellung genommen hatte.[373] Mit den z. T. gleichen Argumenten wie damals verwahrte er sich gegen die geplante Kürzung des Zivilprozessunterrichts im Rahmen der Reform und betonte dabei nachhaltig die Bedeutung des Zivilprozessrechts für das Bürgerliche Recht. Er äußerte Unverständnis darüber, dass im Hinblick auf mehr Praxisnähe gerade das Prozessrecht als Alltagsgeschäft der Praktiker zurückgedrängt werden sollte, und verwies nochmals auf die Wichtigkeit einer theoretischen Grundlage im Zivilprozessrecht.[374] Auch die „Vereinigung Deutscher Zivilprozeßrechtslehrer" warnte in einer öffentlichen Erklärung vor der „Verstümmelung" des Prozessrechtsunterrichts.[375]

Nachdem 1931 tatsächlich der sog. Zulassungsschein durch Preußen zum Sommersemester 1932 eingeführt worden war[376], setzte die Juristische Fakultät München eine interne Kommission unter dem Vorsitz von Kisch ein, die u. a. die daraus resultierenden Probleme für Studienortwechsler behandeln sollte.[377] Die neue Prüfungsordnung in Bayern vom 1. April 1931 machte dazu keine Aussagen, wichtigste Änderung darin war die Verkürzung des Jurastudiums auf sieben Semester.[378] Gleichzeitig erfolgten intensive Beratungen mit den anderen nichtpreußischen Fakultäten, um ein einheitliches Vorgehen zu erreichen.[379] Kisch, respektive die Kommission, wollte eigentlich an einer Nichteinführung eines Zulassungsscheins festhalten, da dies zu unnötigem Examensdrill, zum Zurücktreten der Wissenschaftlichkeit und starker Arbeitsbelastung der Dozenten führe, selbst wenn es der „Ausschaltung ungeeigneter Elemente" diene.[380] Trotzdem einigte man sich notgedrungen Anfang 1933 unter dem Dekanat Kischs, der zu einer ausdrücklich persönlichen Stellungnahme ins Kultusministerium einbestellt wurde[381], mit der bayerischen Unterrichtsverwaltung und dem Justizmini-

---

[372] Ebd.

[373] KISCH, Gutachten über den Unterricht im Zivilprozeßrecht, WACH/KISCH/MENDELSSOHN BARTHOLDY/STEIN, Der Zivilprozeß, Mannheim 1922, S. 14ff.

[374] KISCH, Der Zivilprozeß im akademischen Unterricht, in: DJZ, 34. Jg. (1929) Sp. 121ff; Der Hochschulunterricht im Zivilprozeßrecht, in: LeipzZ, 24. Jg. (1930) Sp. 1137ff.

[375] Erklärung des Vorstandes der Vereinigung Deutscher Zivilprozeßrechtslehrer zur Denkschrift des Preuß. Ministers für Wissenschaft, Kunst und Volksbildung i.S. der Reform des juristischen Studiums in Preußen, in: DJZ, 35. Jg. (1930) Sp. 746.

[376] Mitteilung BayKuMi an JF vom 12.6.1931, *Studienreform 1930 und 1933, UAM L-N-23 d.*

[377] Weitere Mitglieder waren MÜLLER-ERZBACH und NAWIASKY, vgl. Mitteilung ROTHENBÜCHER an DEKAN NEUMEYER vom 3.4.1931, *Studienreform 1930 und 1933, UAM L-N-23 d.*

[378] KISCH, Die neue bayerische Prüfungsordnung, in: DJZ, 36. Jg. (1931) Sp. 913ff.

[379] Bericht JF an BayKuMi vom 6.7.1931 über Beratung der nichtpreußischen Rechtsfakultäten am 27.6.1931 in Würzburg und weiteres Vorgehen, *Studienreform 1930 und 1933, UAM L-N-23 d.*

[380] Berichte des Ausschusses zur Beratung der Frage der Einführung einer juristischen Vorprüfung in Bayern vom 8.6.1931 und o. Dat. ca. 1932, *Studienreform 1930 und 1933, UAM L-N-23 d.*

[381] Bericht Dekan KISCH an weitere Fakultät vom 2.3.1933 über Besprechung im BayKuMi mit dem Zweck der Unterrichtung und ausdrücklich um seine persönliche Meinung zu erfahren, *Studienreform 1930 und 1933, UAM L-N-23d.*

sterium auf die Einführung einer Zwischenprüfung. Zur Umsetzung kam es allerdings nicht mehr, da das Vorhaben wegen des Regierungswechsels zurückgestellt wurde.

3.1.2 Kisch als Schiedsrichter – Der Wittelsbacher Ausgleichsfonds

Schon jahrelang beschäftigte sich Wilhelm Kisch im Prozessrecht mit dem schiedsgerichtlichen Verfahren, insbesondere mit der Anwendung von Vorschriften der ZPO auf das Schiedsverfahren, für das nur wenige positivrechtliche Bestimmungen bestanden. 1933 veröffentlichte er dazu in der von ihm mitherausgegebenen Reihe „Beiträge zum Zivilprozeß" die Abhandlung „Beiträge zum Schiedsverfahren, Klagerücknahme, Klageänderung, Widerklage, Klageverbindungen".[382] Schon ab 1918 hatte Kisch Anmerkungen zu Reichsgerichtsurteilen in diesem Rechtsgebiet für die „Juristische Wochenschrift", herausgegeben vom Deutschen Anwaltsverein, zu schreiben begonnen[383] und war selbst auch immer wieder als Schiedsrichter in solchen außergerichtlichen Schiedsverfahren tätig gewesen.[384] Eine besondere Ehre war ihm 1920 zuteil geworden, als er für ein Amt am deutsch-französischen Schiedsgerichtshof vorgeschlagen wurde, der im Rahmen des Versailler Friedensvertrags zu errichten war. Auf Anfrage des Bayerischen Justizministeriums hatte die Juristische Fakultät ihn und Ernst Rabel benannt[385], die, wie gefordert, „nach Rechtskenntnissen, praktischer Erfahrung, Beherrschung der fremden Gerichtssprache und Art des Auftretens höchsten Anforderungen genügen" und damit für ein Amt am Schiedsgerichtshof in Frage kämen.[386] Zu einer Berufung von Kisch kam es allerdings nicht, da Fritz van Calker, ehemaliger Straßburger Kollege von Kisch und an der Technischen Hochschule München lehrend, bereits vom Bayerischen Justizministerium für den deutsch-französischen Schiedsgerichtshof vorab verbindlich angefragt worden war.[387] Rabel hingegen wurde 1921 zum deutsch-italienischen Schiedsgerichtshof bestellt.[388]

Höhepunkt Kischs praktischer Tätigkeit als Schiedsrichter war 1928 die Berufung als Obmann in das Schiedsgericht für das Verfahren des vormaligen Bayerischen Königshauses und Wittelsbacher Ausgleichsfonds gegen den bayerischen Staat. Nach Abdankung des Königshauses im Rahmen der politischen Umwälzungen 1918 war im Januar 1923 zwischen dem bayerischen Staat und dem vormaligen Bayerischen Königshaus ein Vertrag über die vermögensrechtliche Auseinandersetzung geschlossen worden. Dabei war der sog. Wittelsbacher Ausgleichsfonds eingerichtet worden, eine Stiftung des öffentlichen Rechts, dessen Nutzungen den Mitgliedern des Königshauses zu-

---

[382] Beiträge zum Schiedsverfahren, Klagerücknahme, Klageänderung, Widerklage, Klageverbindungen, Beiträge zum Zivilprozeß Bd. 13., hrsg. KISCH/MENDELSSOHN BARTHOLDY/PAGENSTECHER, Mannheim 1933.
[383] vgl. z. B. in: JW, 47. Jg. (1918) S. 137; JW, 48. Jg. (1919) S. 45, 109, 249, 574.
[384] Z. B. Brief KISCH an GERLAND vom 7.4.1921: „Nachher war ich einige Tage als Obmann eines Schiedsgerichts in Stuttgart." *Nachlass GERLAND, BAK NL 10, Bd. 17.*
[385] Brief JF an BayJuMi vom 2.3.1920, *Wiederbesetzung Professur Rabel, UAM L-X-4c Bd. 2.*
[386] Brief BayJuMi an JF vom 27.2.1920, *Wiederbesetzung Professur Rabel, UAM L-X-4c Bd. 2.*
[387] Interne Anfrage Dekan Rabel an Fakultät o. Dat. *Wiederbesetzung Professur Rabel, UAM L-X-4c Bd. 2.*
[388] Brief BayKuMi an akad. Senat vom 11.6.1921, *Wiederbesetzung Professur Rabel, UAM L-X-4c Bd. 2.*

kommen und ihren standesgemäßen Lebensunterhalt sichern sollte. Das vormalige Bayerische Königshaus machte 1928 nun eine Aufwertungsforderung in Millionenhöhe geltend und rief dafür, wie im Vertrag vereinbart, ein Schiedsgericht an.[389] Das Schiedsgericht bestand laut § 18 des Vertrages aus je einem vom bayerischen Staat und vom Chef des Bayerischen Königshauses benannten Mitglied sowie dem vom jeweiligen Dekan der Juristischen Fakultät der Universität München ausgewählten Obmann.[390] Der damalige Dekan Erwin Riezler entschied sich für Kisch, der das Amt annahm.[391] Einige Monate später, als die Schiedssache publik wurde, wurde der bayerische Justizminister Franz Gürtner[392] in einem Artikel der Münchner Post verdächtigt, bei dieser Ernennung „merkwürdigerweise" völlig „unmotiviert" mitgewirkt zu haben[393], wogegen sich Riezler und Gürtner aber verwahrten[394]. Ob diese Anschuldigung zugleich auch Zweifel an der Neutralität Kischs zugunsten des Bayerischen Königshauses andeuten sollten, ist nicht ganz klar, zugunsten des bayerischen Staats aber jedenfalls kaum, da zum Schluss des Artikels die Befürchtung geäußert wurde, dass das Bayerische Königshaus immer noch sehr gute Beziehungen habe. Kisch selbst wurde aber nicht erwähnt und es gab auch keine weitere Berichterstattung dazu.[395] Die beiden bayerischen Mitglieder Wilhelm Kisch als Obmann und der Senatspräsident am Bayerischen Obersten Landgericht Alexander Gerber als Vertreter des bayerischen Staats verzichteten auf ihr Honorar und übernahmen die Aufgabe ehrenamtlich, was sich für das Mitglied der Klagepartei Dr. Oskar Mügel wegen der Homogenität des Schiedsgerichts nicht ganz unproblematisch darstellte.[396] Das Schiedsgericht sprach der Klagepartei mit dem Anspruch auf Nachzahlung vom 100.000 Reichsmark nur einen Bruchteil der geforderten Summe zu.[397]

3.2 Weitere Entwicklung der „Vereinigung Deutscher Zivilprozeßrechtslehrer" und die Zivilprozessrechtsreformen

Nach der Teilreform der ZPO durch die Emminger-Novelle 1924 beherrschte in den nächsten Jahren vor allem die Verstärkung der Eventualmaxime die Prozessreformdis-

[389] Schiedsklage vom 23.5.1928, *Schiedssache des vorm. Königshauses und des Wittelsbacherausgleichsfonds gegen bayer. Staat (künftig: Schiedssache WAF), BayHStA MF 70357.*

[390] „Übereinkommen über die vermögensrechtliche Auseinandersetzung zwischen dem bayerischen Staat und dem vormaligen Königshause", *Schiedssache WAF, BayHStA MF 70357.*

[391] Brief RIEZLER an BayFinMi vom 24.3.1928 und 18.4.1928, *Schiedssache WAF, BayHStA MF 70357.*

[392] FRANZ GÜRTNER, 1881 – 1941, Bayerischer Justizminister 1922 – 1932, Reichsjustizminister von 1932 – 1941, Vgl. GRUCHMANN, LOTHAR, Justiz im Dritten Reich 1933 – 1940. Anpassung und Unterwerfung in der Ära Gürtner, München 1988.

[393] Die Aufwertungsansprüche der Wittelsbacher, in: Münchner Post vom 13.12.1928, Nr. 289.

[394] Brief RIEZLER an GÜRTNER vom 14.12.1928, *Auseinandersetzung mit dem vorm. Bayr. Königshaus, Vollzug 1923 – 1931, BayHStA MJu 13615*, und Brief GÜRTNER an RIEZLER vom 17.12.1928, *Schiedssache WAF, BayHStA MF 70357.*

[395] Eine Möglichkeit, die KISCH vielleicht in für die Öffentlichkeit etwas zweifelhaftes Licht rücken hätte können, war die Tatsache, dass er schon jahrelang ausgedehnte Urlaubsaufenthalte im Hotel Alpenrose in Hohenschwangau verbrachte, das zum Wittelsbacher Ausgleichsfonds gehörte, und die dortige Atmosphäre, wie berichtet wurde, damals immer noch Wittelsbacher Tradition atmete.

[396] Brief GERBER an BayFinMi vom 3.7.1928, *Schiedssache WAF, BayHStA MF 70357.*

[397] Schiedsspruch vom 8.3.1929, *Schiedssache WAF, BayHStA MF 70357.*

kussion[398], aber auch weiterhin die Beschleunigung des Verfahrens und das Verhältnis der Parteien und des Richters. Die Schiffer'schen Reformvorschläge ebenso wie der Entwurf des Reichsjustizministeriums 1931 beschäftigten Kisch und die ganze Vereinigung. Obwohl Kisch kein offizielles Amt in der Zivilprozessrechtslehrer-Vereinigung bekleidete und sich weitestgehend im Hintergrund hielt, war er maßgeblich an der Bewältigung einiger Krisen beteiligt, die die Vereinigung Ende der Zwanziger Jahre erschütterten und ihr Fortbestehen in Frage stellten.

3.2.1 Die Tagungen der „Vereinigung Deutscher Zivilprozeßrechtslehrer"

Kisch, der sich bereits in seinem Gutachten auf dem 2. Deutschen Juristentag in der Tschechoslowakei grundsätzlich gegen die Eventualmaxime in Form der beschränkten Berufung, aber zustimmend zu diesbezüglichen Missbrauchsvorschriften im Berufungsrecht der ZPO geäußert hatte, hielt auf der vierten Jahrestagung der „Vereinigung Deutscher Zivilprozessrechtslehrer" vom 21. – 24. April 1925 in München, deren Planung und Vorbereitung hauptsächlich er selbst inne hatte[399] und die dem Rechtsmittelsystem gewidmet war, erneut einen Vortrag über das *ius novorum* im Berufungsverfahren, der sich in den Grundgedanken mit diesem Gutachten deckte.[400] Weitere Vorträge zu verschiedenen ausländischen Rechtsmittelsystemen standen noch auf dem Programm, ebenso wie, als Reaktion auf den Erlass der preußischen Ausbildungsordnung vom 11. August 1923, wieder der akademische Zivilprozessunterricht.[401] Außerdem wurden auf dieser Tagung einige ausländische Prozessrechtler, wie z. B. Professor Munch-Petersen aus Kopenhagen oder Professor Chiovenda aus Rom, als korrespondierende Mitglieder aufgenommen und damit endlich die internationale Zusammenarbeit verwirklicht.[402] An der fünften Tagung vom 18. – 20. Oktober 1926 in Berlin[403] beteiligte sich Kisch, der wegen einer schmerzhaften Schulterverletzung und seiner Antipathie gegen große Versammlungen eigentlich nicht kommen wollte[404], nicht mit einem Fachvortrag, hielt stattdessen aber auf der Abendveranstaltung des Berliner Anwaltsvereins eine seiner bekannten rhetorisch brillanten Reden zum Gedenken an die großen Prozessrechtler und Mitglieder der Vereinigung: Adolf Wach, von Kisch als „weiser Nestor der Prozeßwissenschaft" bezeichnet und Franz Klein, „der vor-

---

398 vgl. DAMRAU, JÜRGEN, Die Entwicklung einzelner Prozeßmaximen seit der Reichszivilprozeßordnung von 1877, Paderborn 1975, S. 351ff.

399 Brief KISCH an MENDELSSOHN BARTHOLDY vom 24.1.1925, *Nachlass MENDELSSOHN BARTHOLDY, SBB PK Musikabt. Mendelssohnarchiv.*

400 Vortrag wurde deshalb nicht erneut gedruckt, wie die übrigen Vorträge auf dieser Tagung, die in der RheinZ, Bd. 14 (1926) zu finden sind.

401 Bericht zur Tagung, in: DJZ, 30 Jg. (1925) Sp. 875f.

402 HENCKEL, WOLFRAM, Zur Geschichte der Zivilprozeßrechtslehrervereinigung 1920 – 1933, in: HOLZHAMMER/JELINEK/BÖHM, Festschrift für H. W. FASCHING zum 65. Geburtstag, Wien 1988, S. 218f.

403 Hauptthema dort war eigentlich das Konkurs- und Vergleichsrecht sowie das Eheverfahren, daneben aber erneut aus gegebenem Anlass der Zivilprozessrechtsunterricht. Vgl. BLOMEYER, Tagungsbericht Vereinigung Deutscher Zivilprozeßrechtslehrer, in: DJZ, 31. Jg. (1926) Sp. 1622ff.

404 Briefe KISCH an GERLAND vom 18.8.1926 und 9.10.1926, *Nachlass GERLAND, BAK NL 10, Bd. 17.*

wärtsstürmende Achill der Prozeßgesetzgebung".[405] Er würdigte ausführlich ihre Persönlichkeiten und ihre Verdienste um die Prozessrechtswissenschaft und die Prozessreformen. Die Rede wurde 1927 vom Berliner Anwaltsverein herausgegeben und zählte „zu den Perlen juristischer akademischer Reden", wie der Berichterstatter der Tagung Blomeyer schrieb.[406] Sie war allerdings auch die letzte auswärtige Rede für die nächsten Jahre, zu der Kisch sich bereit erklärte, da er sich in Berlin eine böse Bronchitis geholt hatte und von da an beschloss, als „Wanderredner" aufzuhören.[407] Zahlreiche Anfragen für Reden z. B. in den Staatswissenschaftlichen Gesellschaften in Jena und Berlin, den Juristischen Gesellschaften Berlin und Wien lehnte er in nächster Zeit aus gesundheitlichen Gründen ab, da er mit „Körper- und Nervenkraft haushalten" müsse.[408] Nur in München, wo die für ihn so beschwerliche Anreise entfiel, machte er hin und wieder eine Ausnahme für die Juristische Studiengesellschaft. In dieser 1919 gegründeten Gesellschaft[409] hielt Kisch gelegentlich noch Vorträge[410], bei denen sich sein rhetorisches Talent voll entfalten konnte. Ein Zuhörer von damals, der Rechtsanwalt Max Friedlaender[411], beschrieb in seinen Lebenserinnerungen ein Referat Kischs zur Aufwertung im Versicherungsrecht so:

> „[...] einer der glänzendsten rednerischen Leistungen, die ich je gehört habe; er sprach über dieses äußerst schwierige Gebiet eine Stunde, ohne auch nur einen Zettel in der Hand zu haben, und so vollendet in Stil und Darstellung, daß man die Rede ohne Änderung hätte drucken können und jeder Satz klar und unmittelbar verständlich war."[412]

Zeitweise gehörte Kisch auch dem Vorstand der Juristischen Gesellschaft an, der regelmäßig aus dem Oberlandesgerichtspräsidenten und einem Universitätsprofessor bestand und war 1927 und 1930 als stellvertretender Vorsitzender tätig.[413]

---

[405] KISCH, Adolf Wach/Franz Klein, Vortrag gehalten bei der Gedenkfeier des Berliner Anwaltvereins anlässlich der Tagung der Vereinigung Deutscher Zivilprozeßrechtslehrer am 18. Oktober 1926, hrsg. vom Berliner Anwaltsverein 1927, S. 14. Für FRANZ KLEIN schrieb KISCH auch noch einen Nachruf „Ein großdeutscher Jurist Franz Klein" 1928 in den MNN, Nr. 250.

[406] BLOMEYER, Tagungsbericht Vereinigung Deutscher Zivilprozeßrechtslehrer, in: DJZ, 31. Jg. (1926) Sp. 1622.

[407] Brief KISCH an GERLAND vom 17.5.1930, *Nachlass GERLAND, BAK NL 10, Bd. 17.*

[408] Brief KISCH an GERLAND vom 17.5.1930, *Nachlass GERLAND, BAK NL 10, Bd. 17.*

[409] Gründungsbericht Juristische Studiengesellschaft München, in: JW, 48. Jg. (1919) S. 86f.

[410] z. B. Die Aufwertung im Versicherungsrecht am 10.3.1926; Die soziale Bedeutung des Zivilprozesses am 11.1.1928; 50 Jahre Zivilprozeß am 30.10.1929, Einladungen dazu in: *Juristische Studiengesellschaft München, BayHStA MK 40519.*

[411] MAX FRIEDLAENDER, 1873 – 1956, Rechtsanwalt, Kommentator der Rechtsanwalts- und Rechtsanwaltsgebührenordnung, Mitbegründer des Bayrischen Anwaltsverbandes, Vorstandsmitglied des Deutschen Anwaltsvereins, 1938 Emigration wegen seiner jüdischen Abstammung nach England. Vgl. auch HAAS, EBERHARD/EWIG, EUGEN, Max O. Friedlaender. Wegbereiter und Vordenker des Anwaltsrechts, in: HEINRICHS/FRANZKI/SCHMALZ/STOLLEIS, (Hrsg.), Deutsche Juristen jüdischer Herkunft, München 1993, S. 555ff.

[412] FRIEDLAENDER, MAX, Lebenserinnerungen, S. 109f, veröffentlicht auf www.brak.de.

[413] Ebd.; Brief KISCH an GERLAND vom 28.12.1927, *Nachlass GERLAND, BAK NL 10, Bd. 17*; diverse Einladungen, *Juristische Studiengesellschaft München, BayHStA MK 40519.*

3.2.2 Krisen der „Vereinigung Deutscher Zivilprozeßrechtslehrer"

Die „Vereinigung Deutscher Zivilprozeßrechtslehrer" entwickelte sich weiter und hatte 1928 bereits 51 Mitglieder.[414] Kisch war immer noch maßgeblich an der Vereinigung beteiligt, auch wenn er kein offizielles Amt bekleidete. Seine hohe Stellung und sein Einfluss zeigten sich an den Ereignissen, die der sechsten Jahrestagung in Wien 1928 vorausgingen und sich dort in einigen Veränderungen niederschlugen. In der Osterzeit 1928 erreichte Kisch ein Brief von seinem Kollegen Rosenberg, in dem dieser ihm mitteilte, dass eine Reihe von Kollegen, besonders jüngere, mit der Vereinigung höchst unzufrieden seien, dass also sozusagen eine „Palastrevolution", wie Kisch es nannte, drohe, und bat ihn, sich dafür einzusetzen, dass den Beschwerden abgeholfen und der Vereinigung neues Leben eingeflößt werde.[415] Ein Auflösungsantrag, Austritt en bloc oder auch die Gründung einer neuen prozesswissenschaftlichen Vereinigung würden angeblich angedacht. Als Gründe für die Unzufriedenheit führte Rosenberg u. a. an, dass die Vereinigung erfolglos sei, da der Zivilprozessunterricht zurückgehe und die Zivilprozessprofessuren verschwänden, dass wahllos Mitglieder aufgenommen würden, die sich nicht im Prozessrecht legitimiert hätten sowie dass die Vereinigung sich freiwillig als Helferin den Ministerialinstanzen für die Reform zur Verfügung gestellt hätte. Außerdem erhielten die jüngeren Kollegen keine Chancen z. B. bei Referaten. Kisch wollte nun vor allem vermeiden, dass solche ihm selbst höchst unangenehme Streitigkeiten, die für ihn vor allem auf persönlichen Unstimmigkeiten unter den Mitgliedern und enttäuschten Karrierehoffnungen beruhten, auf der ersten in Österreich stattfindenden Tagung ausgetragen und breitgetreten wurden und versuchte vorab eine möglichst harmonische Lösung zu finden. Er schrieb sehr ausführlich an Rosenberg und empfahl die Aufstellung einer Satzung und die Erweiterung des Vorstandes, um alle verschiedenen Richtungen in der Vereinigung zu berücksichtigen. Zur Ausarbeitung eines Satzungsentwurfs sowie einer Protesterklärung wegen der Behandlung der Professur von Max Pagenstecher traf sich Kisch mit Rosenberg, Pagenstecher und dem jüngeren Kollegen Groh Anfang August in Frankfurt. Albrecht Mendelssohn-Bartholdy war krankheitsbedingt verhindert. Als Mitglieder des Vorstandes schwebten ihm persönlich zwingend, wie er an Gerland schrieb, Pagenstecher und Mendelssohn-Bartholdy vor, die bisher die Arbeit erledigt hätten, damit diese sich nicht zurückgesetzt fühlten und damit jeder Anschein vermieden werde, dass die „Palastrevolution" zu einem Umsturz führe. Weiterhin schlug er für den Vorstand seinen österreichischen Kollegen Sperl, Rosenberg als „Wortführer der Opposition" und als Vertreter der Nichtordinarien Groh vor, worauf er sich aber nicht „kaprizieren" wollte.[416] Seine eigene Mitgliedschaft im Vorstand lehnte er auch auf mehrmaliges Drängen seiner Gründungskollegen kategorisch ab. Diese Personen wurden dann auf der Wiener Tagung vom 27. – 29. Oktober 1928 gewählt, plus als sechstes Mitglied

[414] SCHIMA, HANS, Vereinigung Deutscher Zivilprozeßrechtslehrer, Tagung in Wien vom 27. – 29. Oktober 1928, in: Judicium, 1. Jg. (1928) S. 178ff.

[415] Brief KISCH an GERLAND vom 1.9.1928, der einen genauen Bericht der Ereignisse enthält. *Nachlass GERLAND, BAK NL 10, Bd. 17.*

[416] Brief KISCH an GERLAND vom 1.9.1928, *Nachlass GERLAND, BAK NL 10, Bd. 17.*

Gerland[417], wahrscheinlich, um die von Kisch schon befürchtete Kritik an der Überrepräsentierung von Vertretern der Kombination Bürgerliches Recht und Zivilprozessrecht zu mildern, und der anderen Fächerzusammensetzung, den Kriminalisten, die anscheinend als Mitglieder nicht unumstritten waren, zu ihrem Recht zu verhelfen. Für Kisch war es, wie er auch schon in seinem „Gutachten zum Unterricht im Zivilprozeß" geschrieben hatte, völlig egal, welche Fächer man außer Zivilprozessrecht vertrat, Hauptsache man vertrat auch Zivilprozessrecht.[418]

Die Wiener Tagung stand, von organisatorischen Fragen abgesehen, unter dem Thema der deutsch-österreichischen Rechtsangleichung. Kisch hielt selbst keinen Vortrag, fuhr aber hin, um die „Krise" im Auge zu behalten und Pagenstecher und Mendelssohn-Bartholdy den Rücken zu stärken, aber auch um den österreichischen Kollegen die Ehre zu erweisen. Auf der Tagung wurde einstimmig der in der Krisensitzung in Frankfurt ausgearbeitete Entwurf der Satzung verabschiedet, die im Zweiten Weltkrieg allerdings verloren ging. Nur die Zweckbestimmung in § 1

> „die Wissenschaft des Zivilprozeßrechtes im weitesten Sinne zu fördern, auf die ausreichende Berücksichtigung des Zivilprozeßrechtes im akademischen Unterricht und bei Prüfungen hinzuwirken, sowie schließlich der Wissenschaft gebührenden Einfluß auf die Gesetzgebung in Fragen der Zivilrechtspflege zu sichern" [419],

ist überliefert. Die internen Streitigkeiten schienen zunächst beigelegt. Die nächste Sitzung war für 1929 vorgesehen.

Aber auch in den folgenden Jahren kam es immer wieder zu Krisensituationen, in denen Kisch mehr oder weniger aktiv eingriff oder zumindest beratend im Hintergrund stand. So gab es z. B. Missstimmung wegen des den Mitgliedern aufoktroyierten Zwangsabonnements der 1928 neugegründeten Zeitschrift „Judicium, Vierteljahresheft für die gesamte Zivilrechtspflege" als „Organ der Vereinigung Deutscher Zivilprozeßrechtslehrer", die damit die „Rheinische Zeitschrift für Zivil- und Prozeßrecht" als Vereinszeitschrift ablöste. Herausgegeben wurde diese von Kisch, Lucas, Mendelssohn-Bartholdy, Pagenstecher, Sauerländer, Sperl und Volkmar und war ganz der „reinen Wissenschaft des Zivilprozesses" gewidmet.[420] Auch hier wurde Kisch von mehreren Kollegen wieder um Vermittlung angegangen.[421] Eine grundlegendere Problematik tauchte 1931 nochmals auf, als es zu einem Streit über die Aufnahme eines Kriminalisten kam. In § 2 der Satzung war auf Bestreben von Rosenberg auf der Wiener Tagung das Aufnahmeverfahren insoweit verschärft worden, als Regelungen getroffen wurden, die denjenigen „Kriminalisten und Zivilisten, die den Zivilprozeß le-

---

[417] HENCKEL, WOLFRAM, Zur Geschichte der Zivilprozeßrechtslehrervereinigung 1920 – 1933, in: HOLZHAMMER/JELINEK/BÖHM, Festschrift für H. W. FASCHING zum 65. Geburtstag, Wien 1988, S. 221.

[418] Brief KISCH an GERLAND vom 1.9.1928, *Nachlass GERLAND, BAK NL 10, Bd. 17.*

[419] SCHIMA, HANS, Vereinigung Deutscher Zivilprozeßrechtslehrer, Tagung in Wien vom 27. – 29. Oktober 1928, Judicium, 1. Jg. (1928) S. 180; HENCKEL, WOLFRAM, Zur Geschichte der Zivilprozeßrechtslehrervereinigung 1920 – 1933, in: HOLZHAMMER/JELINEK/BÖHM, Festschrift für H. W. FASCHING zum 65. Geburtstag, Wien 1988, S. 221.

[420] Schriftleitung JW, Rezension: Judicium 1. Jg. (1928) Heft 1 und 2, in: JW, 58. Jg. (1929) S. 843.

[421] Brief KISCH an GERLAND vom 2.7.1929, *Nachlass GERLAND, BAK NL 10, Bd. 17.*

diglich als Nebenfach ansehen und nicht eine grössere literarische Tätigkeit auf diesem Gebiete entfaltet hätten“, die Aufnahme zur Gewinnung von mehr Stoßkraft verwehren sollten.[422] Wiederum drohte das Auseinanderfallen der Vereinigung und Wilhelm Kisch versuchte im Hintergrund die aufgeregten Gemüter, insbesondere seinen Studienfreund und Vorstandsmitglied Gerland, selbst Strafrechtler, zu beruhigen, der die Kriminalisten benachteiligt sah.[423] Der Streit wurde beigelegt und es kam nicht, wie befürchtet, zu einer Auflösung.

3.2.3 Kischs Reformhaltung in der „Vertrauenskrise der Deutschen Justiz“

Nicht nur Streitigkeiten beschäftigten die Zivilprozessrechtslehrer-Vereinigung und ihre Mitglieder in diesen Jahren, sondern auch die Prozessreform. Man sprach Ende der Zwanziger Jahre nachgerade von einer „Vertrauenskrise der Deutschen Justiz“ und die Reformdiskussionen wurden sehr intensiv geführt. Wilhelm Kisch hielt im Januar 1928 einen Vortrag in der Juristischen Studiengesellschaft in München zu „Die soziale Bedeutung des Zivilprozesses“, der auch im ersten Heft der neugegründeten Zeitschrift „Judicium“ abgedruckt wurde.[424] Kisch ging dabei auf die gegenseitige Beeinflussung von Gesellschaftsform und Zivilprozess, dessen soziale Funktionen und die an diesen zu stellenden sozialen Anforderungen ein. Er sah den Prozess als Bild der jeweiligen sozialen Verhältnisse. Der Prozess der deutschen Zivilprozessordnung sei „der auf das Gerichtsverfahren übertragene manchesterliche Gedanke des freien Spiels der Kräfte“ und solle für alle gleich zugänglich sein.[425] Die neuen Bestrebungen nun, oder wie er sie nannte, „alten Gedanken in etwas verändertem Gewande“, die Einzelinteressen und das Privatrecht hinter das allgemeine Interesse und das öffentliche Recht zurückzudrängen und den Prozess als Wohlfahrtseinrichtung zu sehen, lagen für ihn in den neuesten sozialen Entwicklungen begründet. [426] Der Prozess wirke seiner Ansicht nach im Gegenzug auch auf das soziale Leben ein und habe eine wirtschaftliche ebenso wie eine rechtsbefriedigende Bedeutung. Zugleich schrieb Kisch ihm aber auch eine rechtskorrigierende und –entwickelnde Funktion zu neben der offensichtlichsten, nämlich dem Schutz subjektiver Privatrechte. Damit stellte er auch eine „Garantie für die Respektierung der fremden Rechtssphäre“ dar.[427] Demgegenüber barg der Prozess auch Gefahren und Nachteile wie eine Verschärfung der Gegensätze, das Prozessrisiko, Kosten, die zu lange Dauer etc., deren Beseitigung Aufgabe des Staates sei. Zur Lösung dieser Aufgabe machte Kisch allerdings nur allgemeine Vorschläge und verwies vor allem auf eine taktvolle, energische Prozessleitung. Das angestrebte Ziel eines Prozesses, der für alle gleich zugänglich sei, sah er in Deutschland nicht verwirklicht, und die Annahme eines solchen gehe für ihn an der tatsächlichen Lebenswirklichkeit vorbei. Zur Abhilfe schlug er den Ausbau unentgeltlicher Rechtsbelehrung und –beratung durch den Staat vor und regte an, sozialem Ungleichgewicht dadurch

---

[422] Genauer Wortlaut von § 2 ist nicht überliefert. Inhalt und Zweck aus Brief KISCH an GERLAND vom 15.2.1931, *Nachlass GERLAND, BAK NL 10, Bd. 17.*

[423] Brief KISCH an GERLAND vom 15.2.1931 und vom 1.3.1931, *Nachlass GERLAND, BAK NL 10, Bd. 17.*

[424] Judicium, 1. Jg. (1928) S. 1ff.

[425] Ebd. S. 4.

[426] Ebd. S. 5.

[427] Ebd. S. 5ff.

entgegenzutreten, dass betroffene Bürger sich organisieren sollten in der Art von Interessensvereinigungen oder Standesorganisationen. Auch die Richter, die sich idealer Weise aus „möglichst verschiedenen Volksschichten rekrutieren", könnten durch ihre Prozessleitung eine „etwaige soziale Übermacht des Gegners" ausgleichen unter Wahrung der Unparteilichkeit. Ein besonderes Anliegen war ihm noch die Überwindung der Abneigung der Bevölkerung gegen den Prozess und die Herstellung eines gewissen Vertrauens in die Rechtspflege. Ein soziale Rechtspflege hing für ihn zum einen von sozialen Rechtseinrichtungen ab, zum anderen mehr aber noch von ihren Organen, denn wie er schon öfter geschrieben hatte, „wichtiger als die Institutionen sind die Menschen, die sie handhaben". In diesem Aufsatz klang bereits das an, was er ein Jahr später in einer weiteren Abhandlung zum Zivilprozess deutlicher machte, dass nämlich der deutsche Prozess ein Kind seiner Zeit und an und für sich nicht schlecht sei, gewisse wirtschaftliche, politische und soziale Umstände aber zu Problemen geführt hätten, die mit maßvollen Reformen unter Hochhaltung der Qualität der Rechtspflege zu lösen seien, wobei besonderes Augenmerk auf den Richtern liege.

1928/29 sorgte der Entwurf des ehemaligen Reichsjustizministers Eugen Schiffer[428] „Die Deutsche Justiz"[429] zur Umgestaltung weniger des Zivilprozessverfahrens als vielmehr der Justizorganisation für Aufmerksamkeit in der Öffentlichkeit, einigen Aufruhr unter den Juristen und für eine neuentfachte bzw. vertiefte Reformdiskussion. Die Vorschläge Schiffers sollten eigentlich auf der 7. Jahrestagung 1929 diskutiert werden, die in Hamburg geplant war. Kisch weigerte sich aus gesundheitlichen Gründen, dafür einen Vortrag zu übernehmen[430], schrieb aber für eine Besprechungsreihe im „Judicium", die die Zivilprozessreformdebatte in den Reihen der Vereinigung wieder anregen sollte[431], einen einleitenden kritischen Aufsatz zum Schiffer'schen Entwurf, in dem er dessen Reformvorschläge scharf kritisierte und den Wunsch aussprach, dass diese Vorschläge keine Verwirklichung fänden.[432] Die zu einem Abbau der Justiz und damit zu einer Kostenersparnis bestimmten Änderungen, wie die Unklagbarkeit von Ansprüchen bis 20 Mark, wie die Unterscheidung zwischen niederer und höherer Gerichtsbarkeit durch Einführung einer Rechtspflegerinstanz, die Ansprüche bis zu 50 Mark entscheiden solle, wie die Beschränkung der Rechtsmittel sowie den verstärkten Einsatz von Einzelrichtern lehnte er ab.[433] Kisch bezweifelte schon, dass damit überhaupt finanzielle Einsparungen zu erzielen seien, sah in den Reformen aber jedenfalls eine Bedrohung für die Qualität der Rechtspflege und eine Einschränkung des Rechtsschutzes, die nicht zu rechtfertigen seien mit finanziellen Erwägungen. Das Kollegialsystem und die unbeschränkten Rechtsmittel böten größere Gewähr für die materielle Richtigkeit der Entscheidung, und durch die Unklagbarkeit von Ansprüchen bis 20 Mark werde vielen Forderungen der Rechtschutz entzogen, was zu sachli-

---

[428] EUGEN SCHIFFER, 1860 – 1954, Jurist, Politiker (DDP), zeitweise Reichsfinanzminister bzw. Reichsjustizminister in der Weimarer Republik, vgl. RAMM, JOACHIM, Eugen Schiffer. Wegbereiter der Justizreform, in: HEINRICHS/ FRANZKI/SCHMALZ/STOLLEIS, (Hrsg.), Deutsche Juristen jüdischer Herkunft, München 1993, S. 455ff.

[429] SCHIFFER, EUGEN, Die deutsche Justiz. Grundzüge einer durchgreifenden Reform, Berlin 1928.

[430] Brief KISCH an GERLAND vom 17.5.1930, *Nachlass GERLAND, BAK NL 10, Bd. 17.*

[431] Die Schiffer'schen Vorschläge zur Justizreform, Vorbemerkung, in: Judicium, 2. Jg. (1929/30) S. 3.

[432] KISCH, Allgemeine Bemerkungen, in: Judicium, 2. Jg. (1929/30) S. 3ff.

[433] Ebd. S. 6ff.

cher Ungerechtigkeit führe.[434] Die Qualität der Rechtspflege stand für Kisch jedenfalls über fiskalischen Erwägungen. Darüber hinaus warf er Schiffer auch eine „völlige Mißachtung des sozialen Gedankens" vor und stellte fest, dass „der demokratische Zug unserer Zeit [...] gebieterisch die Einrichtungen der Rechtspflege in gleicher Art und Güte jedem aus dem Volke zugänglich zu machen", fordere. Besonders die Einführung einer niederen und höheren Gerichtsbarkeit schade der „Volkstümlichkeit der Justiz", für die es gerade auf den Kontakt des Richters mit der breiten Masse der „kleinen Leute" ankomme.[435] Als einzigen Verdienst Schiffers sah er die Lenkung des Interesses einer breiten Öffentlichkeit auf die Probleme der Justizreform an.[436] Obwohl der Zivilprozessrechtslehrer-Vereinigung dieses Thema sehr wichtig war, sie auch Angst davor hatte, dass die Schiffer'schen Vorschläge durchdringen könnten und obwohl Gerland Kisch „als geistigen Führer" der Vereinigung besonders drängte, sich für eine Tagung zu diesem Thema einzusetzen[437], wurde die Tagung weder 1929 noch 1930 abgehalten. Man beschloss, erst die Ergebnisse der vom Reichsjustizministerium einberufenen Kommission zur Zivilprozessrechtsreform abzuwarten, die ein baldiges Vorlegen eines Entwurfs ankündigte.[438]

Ende 1929 beteiligte sich Wilhelm Kisch nochmals an der Reformdiskussion. Zum 50jährigen Bestand der Reichsjustizgesetze hielt er am 30. Oktober 1929 einen Vortrag „50 Jahre Deutsche Zivilprozeßordnung" vor der Juristischen Studiengesellschaft München, der ohne einen Abschnitt zum Schiffer'schen Reformentwurf wiederum in der Zeitschrift „Judicium" abgedruckt wurde.[439] Darin gab er seine Einschätzung der ZPO und ihrer Reformbedürftigkeit ab, machte dabei seiner Reformeinstellung gemäß aber keine konkreten Vorschläge. Für ihn hatte sich die ZPO, geprägt vom französischen *Code de procédure civile*, als Ausdruck des damalig herrschenden liberalen und individualistischen Zeitgeists mit der Betonung der Privatinteressen und der scharfen Abgrenzung der Machtbefugnisse des Gerichts als Staatsgewalt gegenüber dem rechtssuchenden Bürger, nicht schlecht bewährt. Ausgestattet mit den Grundprinzipien Mündlichkeit, Unmittelbarkeit und Öffentlichkeit, wie sie „für ein modernes Gerichtswesen angemessen" seien, dem Verhandlungsgrundsatz und zugleich aber einer aktiveren und stärkeren Richterstellung als im französischen Recht werde durch die ZPO der Rechtsschutz in Deutschland vereinheitlicht und erhöht.[440] Trotz einiger Mängel (Möglichkeit zur Prozessverschleppung, zu geringer Einfluss des Richters und Übertreibung des Mündlichkeitsgrundsatzes) gewährleiste der deutsche Prozess seiner Ansicht nach „unter normalen Verhältnissen die Möglichkeit gründlicher und sorgfältiger Prüfung und Nachprüfung der Sache".[441] Die Gründe für die gerade in Deutschland herrschende scharfe Kritik an der Rechtspflege lagen für Kisch nicht in erster Li-

[434] Ebd. S. 13ff.
[435] Ebd. S. 19.
[436] Ebd. S. 21.
[437] Brief GERLAND an KISCH vom 26.2.1929 und vom 2.7.1929, *Nachlass GERLAND, BAK NL 10, Bd. 17.*
[438] GROH, Vereinigung Deutscher Zivilprozeßrechtslehrer. Tagung in Darmstadt am 16. und 17. September 1932, in: Judicium, 4. Jg. (1932) Sp. 251ff.
[439] Judicium, 2. Jg. (1929/30) S. 249ff.
[440] Ebd. S. 252f.
[441] Ebd. S. 255.

nie am System der ZPO, sondern an der deutschen „Rechthaberei und Zanksucht“, an politischen und wirtschaftlichen Umständen wie z. B. der Inflation, der Industrialisierung oder dem enormen Bevölkerungswachstum, und z. T. auch an durchaus verständlichem menschlichem Versagen, das zu einer Erschwerung der Rechtspflege führe. Die „Vertrauenskrise der deutschen Justiz“ war für ihn mehr auf politische und wirtschaftliche Gründe zurückzuführen und gab „kein zutreffendes Bild unserer Zustände“ ab.[442] Zwar sah Kisch auch Fehler in der ZPO, eine Reformierung helfe aber seiner Ansicht nach weniger schnell der Vertrauenskrise ab als eine Verbesserung der wirtschaftlichen und politischen Verhältnisse.[443] Für eine Neukodifikation, die er der Novellengesetzgebung auf jeden Fall vorzog, machte er keine konkreten Vorschläge, da dies seiner Ansicht nach den Praktikern zustehe und nicht den Theoretikern, die mehr für die Grundgedanken, den dogmatischen Gehalt oder die geschichtlichen Zusammenhänge zuständig seien und weniger für die Ausgestaltung der technischen Einzelheiten. Handlungsbedarf sah er hauptsächlich bei der Zusammenarbeit von Gericht und Parteien, bei der Fürsorge für den Prozess des „kleinen Mannes“, bei der Schaffung von mehr Flexibilität und Konzentrierung ohne Gefährdung der Qualität und bei der sozialeren Ausgestaltung der Zwangsvollstreckung.[444] Bei aller Reformierung müsse aber seiner Überzeugung nach an einer Reihe von großen Gedanken der bisherigen Prozessgesetzgebung festgehalten werden: Mündlichkeit, Öffentlichkeit, Unmittelbarkeit, wohlbewährter Anwaltszwang, Verhandlungsmaxime, freie Beweiswürdigung, Kollegialgerichte, Drei-Instanzen-System und die volle Berufung.[445]

Betrachtet man seine drei Aufsätze zum Zivilprozess und zu dessen Reformierung in dieser Zeit der „Vertrauenskrise der deutschen Justiz“, bekannte sich Wilhelm Kisch mit seinen Ausführungen zu den Grundlagen des herkömmlichen Prozessrechts und zu einer gemäßigten Reformhaltung.[446] Er vertrat die Beibehaltung der ZPO in ihren Grundsätzen, aber zugleich auch, den neuen Verhältnissen angepasst, eine sozialere Ausgestaltung und damit insgesamt eine liberal-soziale Prozessauffassung. Besondere Betonung legte Wilhelm Kisch immer wieder auf die personelle Komponente der Rechtspflege, also auf die Qualität der sie handhabenden Personen, insbesondere des Richters, und verwies dadurch indirekt auf die große Bedeutung einer guten akademischen Ausbildung vor allem im Prozessrecht, für die er sich in der zur gleichen Zeit heftig diskutierten Reform des juristischen Studiums einsetzte.[447]

3.2.4 Der Entwurf 1931

Als 1931 der Reformentwurf des Reichsjustizministeriums zum Zivilprozessrecht veröffentlicht wurde, der in Fortführung der Novelle von 1924 wieder Regelungen zur

---

[442] Ebd. S. 258.
[443] Ebd. S. 259.
[444] Ebd. S. 261.
[445] Ebd. S. 262f.
[446] SCHUBERT, WERNER, Einleitung, in: ders. (Hrsg.) Akademie für Deutsches Recht 1933 – 1945, Protokolle der Ausschüsse, Bd. VI, Zivilprozeß und Gerichtsverfassung, Frankfurt am Main 1997, 42ff.
[447] vgl. KISCH, Der Zivilprozeß im akademischen Unterricht, in: DJZ, 30 Jg. (1929) Sp. 121ff; Der Hochschulunterricht im Zivilprozeßrecht, in: LeipzZ, 24. Jg. (1930) Sp. 1137ff.

Konzentration und Beschleunigung des Verfahrens und zur Stärkung der Richterstellung enthielt[448], kam nochmals Bewegung in die Reformdiskussion. Die mehrfach verschobene und für Herbst 1931 geplante Tagung der Zivilprozessrechtslehrer-Vereinigung in Hamburg wurde erneut verlegt, um ausreichend Vorbereitungszeit für eine fundierte, wissenschaftliche Tagung zu diesem Thema zu gewährleisten. Kisch, der zunächst an der Sitzung festhalten wollte, um mündlich über das weitere Vorgehen und die Organisation zu beraten, stimmte im Hinblick auf die wirtschaftliche Lage einer Verlegung bei. Resultierend aus der Weltwirtschaftskrise hatten auch die Professoren als Beamte durch die Notverordnungen des Reichskanzlers Brüning im Rahmen seiner Deflationspolitik empfindliche Gehaltseinbußen erlitten, die die Reisemöglichkeiten und -bereitschaft der Mitglieder beschränkte.[449] Kisch schätzte im Übrigen ohnehin die Bedeutung und die mögliche Einflussnahme der Wissenschaft durch diese Tagung auf die Zivilprozessrechtsreform wesentlich geringer ein als seine Kollegen.[450] Er selbst äußerte sich öffentlich nur zu Einzelproblemen des Entwurfs und trat dabei nur in eine sachlich-dogmatische Kritik ein, nicht oder nur äußerst begrenzt in eine rechtspolitische. So unterzog er das Mahnverfahren[451], das Schiedsgerichtsverfahren[452] und die Regelungen zu den Parteien[453] im Entwurf einer kritischen Würdigung und brachte in diesem Rahmen selbst einige geänderte Formulierungsvorschläge für Vorschriften ein. Insgesamt konnte sich seiner privat geäußerten Meinung nach, „der Entwurf durchaus sehen lassen", wenn er auch „alles andere als die große Justizreform" sei. Für ihn wurde allerdings im Entwurf auf die theoretischen Grundlagen zu wenig Wert gelegt. Trotzdem sei z. B. die neue Zwangsvollstreckung durchaus „durchdacht nur eben wenig kunstvoll", und im Erkenntnisverfahren seien die Änderungen sowieso nicht allzu grundsätzlich. Im Übrigen war er weiterhin der Ansicht, dass „mit noch so schönen Rechtsnormen allein die Verbesserung des Verfahrens nicht zu erreichen ist", sondern dass „alles auf die Organe ankommt", Richter wie Anwälte.[454] Auf der letztlich dann in Darmstadt als zentralerem Ort stattfindenden Tagung der Zivilprozessrechtslehrer-Vereinigung im September 1932 hielt der hauptverantwortliche Ministerialdirektor Volkmar aus dem Reichsjustizministerium das Hauptreferat zum Reformentwurf.[455] In der danach abgehaltenen Diskussion äußerte sich Kisch nochmals zum Problem der zu geringen Berücksichtigung der Prozessrechtswissenschaft, wobei er sich ausdrücklich gegen den Vorwurf der Verstimmung verwahrte:

---

[448] vgl. SCHUMANN, Einleitung II, Rz. 128ff, in: STEIN/JONAS, Kommentar zur Zivilprozeßordnung, 20. Auflage Tübingen 1984, SCHUBERT, WERNER, Einleitung, in: ders. (Hrsg.) Akademie für Deutsches Recht 1933 – 1945, Protokolle der Ausschüsse, Bd. VI, Zivilprozeß und Gerichtsverfassung, Frankfurt am Main 1997, 11ff.

[449] Brief KISCH an GERLAND vom 6.12.1930 und GERLAND an KISCH vom 16.8.1931, *Nachlass GERLAND, BAK NL 10, Bd. 17.*

[450] Brief KISCH an GERLAND o. Dat. 1931 und GERLAND an KISCH vom 16.8.1931, *Nachlass GERLAND, BAK NL 10, Bd. 17.*

[451] KISCH, Das Mahnverfahren im Zivilprozeßentwurf, in: LeipzZ, 25. Jg. (1931) S. 1353ff.

[452] KISCH, Der Entwurf einer ZPO. Das Schiedsgerichtsverfahren, in: JW, 60. Jg. (1931) S. 3508ff.

[453] KISCH, Parteien, Prozessverbindungen und Parteiänderung im Zivilprozeßentwurf, in: Judicium, 3. Jg. (1931) S. 235ff.

[454] Brief KISCH an GERLAND o.Dat 1931, *Nachlass GERLAND, BAK NL 10, Bd. 17.*

[455] GROH, Vereinigung Deutscher Zivilprozeßrechtslehrer. Tagung in Darmstadt am 16. und 17. September 1932, Judicium, 4. Jg. (1932) Sp. 251ff.

„Die Klagen über die zu geringe Heranziehung der Ergebnisse der Arbeiten der Prozeßtheorie durch den Entwurf entspringen nicht dem Gefühl der Verstimmung, sondern der Empfindung, daß bei manchem Instituten die gesetzliche Regelung eine einheitliche wissenschaftliche Grundauffassung nicht erkennen läßt."[456]

Seine weiteren Ausführungen enthielten seine auch bisher vertretenen Ansichten zum Zivilprozessrecht, wie z. B. die Befürwortung der vollen Berufung. Zum Schluss schlug er allerdings noch „eine zusammenfassende systematische kritische Durcharbeitung des Entwurfs" durch die „Prozeßtheorie" vor, die eine „einheitliche Grundlage für weitere Verhandlungen und für die Gestaltung der neuen Prozeßgesetzgebung schaffen könnte".[457] Eine solche kritische Durcharbeitung wurde von der Zivilprozessrechtslehrer-Vereinigung dann auch ins Auge gefasst und sollte als Propaganda für die wissenschaftlichen Reformwünsche im „Judicium" erscheinen.[458] Im Zuge der politischen Umwälzungen kam es dazu nicht mehr, ebenso wie der Entwurf 1931 nie umgesetzt wurde, wenn er auch die weitere Gesetzgebung und Reformdiskussion im Zivilprozessrecht beeinflusste und prägte, selbst im Nationalsozialismus.[459]

3.3 Der fast willkommene Weg in die Diktatur

Nachdem die Weimarer Republik und die Wirtschaft sich nach den anfänglichen Krisenjahren etwas stabilisiert hatten, nahm Kischs Kritik am Parlamentarismus ab und es manifestierte sich immer wieder nur seine generell ablehnende Haltung gegen die Sozialisten und vor allem die Kommunisten sowie sein dringender Wunsch auf Wiedererlangung der nationalen Größe. Gerade im außenpolitischen Bereich sah Kisch dabei aber große Defizite, denn anstatt ihre Kräfte nach außen zu projizieren, erblickten seiner Meinung nach die Deutschen ihr Hauptziel darin, „sich gegenseitig die Köpfe einzuschlagen".[460] Hauptfeind war für ihn jetzt, wohl wegen seiner Herkunft als Elsässer und dem Versailler Vertrag, Frankreich. Daneben war er sehr verbittert und enttäuscht darüber, dass die Deutschen „als geschlagenes wehrloses Volk immer noch so verhasst" im Ausland seien.[461] Besonders groß schien ihm in der Bündnispolitik die Gefahr „den Fehler der nachbismarckschen Zeit zu machen", „zwischen zwei Möglichkeiten zu pendeln"[462] und „sich wieder zwischen dem östlichen und westlichen Stuhl auf den Boden zu setzen". Dies würde zu einer Isolierung führen und Deutschland eine aktive Rolle in der europäischen bzw. Weltpolitik verwehren.[463]

Mit dem Einsetzen der Weltwirtschaftskrise 1929/30 spitzte sich die wirtschaftliche Lage auch in Deutschland zu und infolgedessen ebenso die bereits angeschlagenen

---

[456] Ebd. Sp. 291f.
[457] Ebd.
[458] Brief KISCH an GERLAND vom 24.1.1933, *Nachlass GERLAND, BAK NL 10, Bd. 17.*
[459] SCHUMANN, Einleitung II, Rz. 128ff, in: STEIN/JONAS, Kommentar zur Zivilprozeßordnung, 20. Auflage Tübingen 1984 und SCHUBERT, WERNER, Einleitung, in. ders. (Hrsg.) Akademie für Deutsches Recht 1933 – 1945, Protokolle der Ausschüsse, Bd. VI, Zivilprozeß und Gerichtsverfassung, Frankfurt am Main 1997, 11ff.
[460] Brief KISCH an GERLAND vom 19.5.1931, *Nachlass GERLAND, BAK NL 10, Bd. 17.*
[461] Brief KISCH an GERLAND vom 9.7.1928, *Nachlass GERLAND, BAK NL 10, Bd. 17.*
[462] Brief KISCH an GERLAND vom 11.8.1932, *Nachlass GERLAND, BAK NL 10, Bd. 17.*
[463] Brief KISCH an GERLAND vom 15.2.1931, *Nachlass GERLAND, BAK NL 10, Bd. 17.*

politischen Verhältnisse. Es kam zu einer zunehmenden Radikalisierung, Hitler und die NSDAP gewannen an Stimmen und Einfluss, Höhepunkt waren die Reichstagswahlen im Juli 1932, bei denen die NSDAP mit Abstand stärkste Partei wurde.[464] Nachdem in den Reichstagswahlen 1928 die Sozialisten wieder Zuwachs und die bürgerlichen Parteien hohe Verluste verzeichnet hatten[465], sah Kisch diese Entwicklung trotzdem mit einiger Besorgnis, wenn er auch grundsätzlich den Ruck nach rechts begrüßte und Genugtuung darüber empfand.[466] Allerdings war er auch nach dem ersten Wahlerfolg im September 1930 weiterhin der Meinung, dass die NSDAP „nicht über die Köpfe verfügt“, um im Reichstag etwas zu erreichen.[467] Die NSDAP war für ihn vor allem im wirtschaftspolitischen Bereich auch im Hinblick auf das Ausland wegen ihrer sozialistischen Ausrichtung in diesen Notzeiten problematisch.[468] So schrieb er einmal, was viele konservative Kräfte damals ebenso sahen[469]: „Schade, daß bei dieser Partei der Sozialismus so sehr den Nationalismus zu überwuchern scheint.“[470] Kisch befürchtete, dass „das Bürgertum seine Dämmerung erleben“ würde, ähnlich „wie vor einem Jahrhundert der Adelsstand“.[471] Eine Regierungsbeteiligung der NSDAP, „um ihren Teil der Verantwortung zu übernehmen“, wäre für ihn möglich gewesen, wenn die Partei „einen guten Teil ihres extremen Wirtschaftsprogramms umrevidiert“ hätte, aber „nicht ohne das sehr nötige und heilsame Gegengewicht“[472], wie es auch die Zähmungs- und Integrationsstrategien der konservativen Kreise für den Nationalsozialismus vorsahen. Durch eine Miteinbeziehung glaubten die Politiker, die NSDAP mit der Verantwortung für unpopuläre Maßnahmen mitbelasten und damit ihren Anhängern entfremden zu können bzw. die „braune Bewegung in kontrollierbare Bahnen zu lenken“.[473] Die Aushebelung des Parlamentarismus, die mit den mit Hilfe des Notverordnungsartikels 48 der Weimarer Reichsverfassung ab 1930 regierenden Präsidialka-

---

[464] FALTER, JÜRGEN W., Die Wahlen des Jahres 1932/33 und der Aufstieg totalitärer Parteien, in: HOLTMANN, EVERHARD, Die Weimarer Republik. Das Ende der Demokratie, Bd. 3, 1929 – 33, 1. Auflage München 1995, S. 271 – 314.

[465] JASPER, GOTTHARD, Die große Koalition 1928 – 1930, in: HOLTMANN, EVERHARD, Die Weimarer Republik. Das Ende der Demokratie, Bd. 3, 1929 – 33, 1. Auflage München 1995, S. 19 – 56.

[466] Brief KISCH an GERLAND vom 12.4.1932, *Nachlass GERLAND, BAK NL 10, Bd. 17.*

[467] Brief KISCH an GERLAND vom 15.2.1931, *Nachlass GERLAND, BAK NL 10, Bd. 17.*

[468] Brief KISCH an GERLAND vom 12.4.1932: „Sollte sogar die NSDAP maßgebenden Einfluß bekommen, so ist mit der Gewährung von Krediten im In- und Ausland nichts mehr und dann sehe ich hinsichtlich unserer Mark sehr pessimistisch in die Zukunft.“ *Nachlass GERLAND, BAK NL 10, Bd. 17.*

[469] SCHILDT, AXEL, Das Kabinett Kurt von Schleicher in: HOLTMANN, EVERHARD, Die Weimarer Republik. Das Ende der Demokratie, Bd. 3, 1929 – 33, 1. Auflage München 1995, S. 391 – 444.

[470] Brief KISCH an GERLAND vom 24.6.1932, *Nachlass GERLAND, BAK NL 10, Bd. 17.*

[471] Brief KISCH an GERLAND vom 11.8.1932, *Nachlass GERLAND, BAK NL 10, Bd. 17.*

[472] Brief KISCH an GERLAND vom 24.12.1931, *Nachlass GERLAND, BAK NL 10, Bd. 17.*

[473] Brief KISCH an GERLAND vom 12.6.1932: „Jedenfalls ist der Nationalsozialismus auf dem besten Wege, sich durch die bevorstehenden weiteren Kürzungen der Beamtengehälter und durch sonstige Belastungen, für die man die jetzt regierenden Herren nebst Hintermännern verantwortlich machen wird, einen nicht unbeträchtlichen Teil seiner Anhängerschaft zu entfremden.“ *Nachlass GERLAND, BAK NL 10, Bd. 17*; SCHILDT, AXEL, Das Kabinett Kurt von Schleicher, in: HOLTMANN, EVERHARD, Die Weimarer Republik. Das Ende der Demokratie, Bd. 3, 1929 – 33, 1. Auflage München 1995, S. 391 – 444.

binetten verbundenen war[474], problematisierte Kisch nicht. Vielleicht war er auch wie Gerland der Ansicht, dass dies begreiflich genug sei, „wenn man sieht, wie sich das Parlament in der letzten Zeit benommen und blamiert hat".[475] Kisch sah in Reichskanzler Brünings Deflationspolitik, auch wenn er als Beamter von den Gehaltskürzungen stark betroffen war, und die Regierung von den Sozialdemokraten toleriert werden musste, durchaus positive Ansätze zur Sanierung der Finanzen und damit zum wirtschaftlichen Aufschwung.[476] Weniger begeistert war Kisch als Akademiker und Angehöriger des Bildungsbürgertums von der Regierung von Papen ab Juli 1932, die ihm zu sehr durch die Großgrundbesitzer und die Schwerindustrie beeinflusst zu sein schien.[477] Das Präsidialkabinett unter General von Schleicher Ende 1932 mit der Reichswehr als machtvollen Unterstützung schätzte er als eine starke Regierung wieder positiver ein.[478] Wichtig war für ihn immer die Rückkehr zu „Ruhe und Stetigkeit" und zu gesicherten wirtschaftlichen Verhältnissen[479], die seiner Ansicht nach auch die rechte Radikalisierung abflauen lassen würde.[480] Dass mit den Präsidialregierungen auch die Auflösung der Weimarer Republik begann und die Weichen zur Diktatur gestellt wurden, war ihm anscheinend nicht ganz klar oder im Hinblick auf eine starke Regierung, die Deutschland wieder zu innen- und auch außenpolitischer Größe führen sollte, sogar willkommen. Dem wiedererstarkten Nationalsozialismus stand Wilhelm Kisch, „so wenig er auch mit gewissen Programmpunkten einverstanden" war[481], nicht völlig ablehnend gegenüber im Hinblick auf dessen nationale Ausrichtung, wenn er ihn zugleich auch aus eher wirtschaftlichen Gründen für bedrohlich hielt. Auch er unterschätzte sowohl Hitler selbst als auch die gesamte Lage, als er ihn 1932 schon vor der Zurückweisung durch Reichspräsident Hindenburg in einem Brief an Gerland als nicht fähig bezeichnete, Reichskanzler zu werden bzw. zu bleiben. Zugleich beschrieb er aber dabei unbewusst schon die kommenden Szenarien mit:

> „Ich habe den Eindruck, daß Hitler in einer gewissen Zwickmühle steckt. Macht er nicht mit, wirft man ihm Mangel an Verantwortlichkeit vor, macht er mit, so bedeutet dies – das ist meine [...] Überzeugung – der Anfang seines Abstiegs. Der Mann hat weder das geistige Format noch die Nerven um Reichskanzler zu spielen. Versucht er es doch, so wird er, glaube ich, recht bald genötigt sein, mit Hilfe seiner Anhänger seine Unzulänglichkeit durch Gewaltstreiche zu maskieren."[482]

---

[474] SCHAEFER, RAINER, Parlamentarische Lähmungskrise und Etablierung der Präsidialkabinette, ebd. S. 315 – 354.
[475] Brief GERLAND an KISCH vom 16.8.1931, *Nachlass GERLAND, BAK NL 10, Bd. 17.*
[476] Brief KISCH an GERLAND vom 17.7.1931 und vom 24.12.1931, *Nachlass GERLAND, BAK NL 10, Bd. 17.*
[477] Brief KISCH an GERLAND vom 12.6.1932, *Nachlass GERLAND, BAK NL 10, Bd. 17.*
[478] Brief KISCH an GERLAND vom 26.12.1932, *Nachlass GERLAND, BAK NL 10, Bd. 17.*
[479] Brief KISCH an GERLAND vom 1.11.1932, *Nachlass GERLAND, BAK NL 10, Bd. 17.*
[480] Brief KISCH an GERLAND vom 15.2.1931, *Nachlass GERLAND, BAK NL 10, Bd. 17.*
[481] Brief KISCH an GERLAND vom 12.4.1932, *Nachlass GERLAND, BAK NL 10, Bd. 17.*
[482] Brief KISCH an GERLAND vom 11.8.1932, *Nachlass GERLAND, BAK NL 10, Bd. 17.*

3. Kapitel
Rechtswissenschaftler im Nationalsozialismus (1933 – 1945)
Zwischen Anpassung und Ablehnung

1. Dekan in den ersten Monaten des Umbruchs

In seiner Eigenschaft als Dekan für das Studienjahr 1932/33 war Wilhelm Kisch nach der Machtergreifung der Nationalsozialisten verstärkt mit den die Universitäten betreffenden Änderungen der neuen Regierung und den damit verbundenen Vorfällen und Unruhen befasst. Er musste als Vertreter der Fakultät mit den von den neuen Machthabern umbesetzten zuständigen Ministerien in Verhandlungen treten und die Besprechungen führen. Hans Schemm[1], neuer bayerischer Kultusminister und überzeugter Nationalsozialist, versuchte, die Hochschulen im Sinne des Nationalsozialismus umzugestalten[2], und auch der neue bayerische Justizminister Hans Frank[3] mischte sich in die Angelegenheiten der Juristischen Fakultät ein. Erster spürbarer personalpolitischer Einschnitt war das am 7. April 1933 erlassene „Gesetz zur Wiederherstellung des Berufsbeamtentums", das die Säuberung der Beamtenschaft von Nichtariern, § 3 BBG, und politisch Unzuverlässigen, § 4 BBG, vorsah und gemäß der 3. Durchführungsverordnung vom 6. Mai 1933 auch für die Hochschullehrer galt, die in den Ruhestand zu versetzen und denen die Lehrbefugnis zu entziehen war.[4] Darüber hinaus wurde Kisch vor allem mit den in der Fakultät gerade vorherrschenden Berufungsproblemen und mit Reformfragen konfrontiert, bei denen sich die nationalsozialistische Einflussnahme deutlich bemerkbar machte. Getragen von einer gewissen Genugtuung über die „nationale Erhebung" und der Hoffnung auf „nationale Revolution" hatte Kisch zunächst an das Verständnis des neuen Regimes für die Universität geglaubt.[5] Wie viele der Hochschullehrer hatte er „auf die Fortsetzung der gewohnten wissenschaftlichen Arbeit in einer institutionell unveränderten Universität, eingebettet jedoch in einen Staat, den sie als national verstehen wollten"[6] gehofft, so wie er allgemein auf den mä-

---

[1] HANS SCHEMM, 1891 – 1935, Volksschullehrer, Gauleiter und bayerischer Kultusminister 1933 – 1935, vgl. UNGER, MICHAEL, Anhang Biogramme, S. 753, in: RUMSCHÖTTEL, HERMANN/ ZIEGLER, WALTER, Staat und Gaue in der NS-Zeit Bayerns 1933 – 1945, München 2004; zu SCHEMM auch KÜHNEL, FRANZ, Hans Schemm, Gauleiter und Kultusminister (1891 – 1935), Nürnberg 1985.

[2] WILLOWEIT, DIETMAR, Nationalsozialistische Hochschul- und Wissenschaftspolitik in Bayern, in: Tradition und Perspektive, 150 Jahre Bayrisches Kultusministerium, München 1997, S. 157ff.

[3] HANS FRANK, geb. 23.5.1900, hingerichtet am 16.10.1946 in Nürnberg, Studium der Rechtswissenschaften 1919 – 1923 u. a. in München, Rechtsanwalt, Gründer des Bundes Nationalsozialistischer Deutscher Juristen (BNSDJ) und der Akademie für Deutsches Recht, bayr. Justizminister 1933/34, Reichsjustizkommissar, Reichsminister ohne Geschäftsbereich ab 1934, 1939 – 1945 Generalgouverneur in Polen. Vgl. SCHUBERT, WERNER, Einleitung, in: ders. (Hrsg.) Akademie für Deutsches Recht 1933 – 45, Protokolle der Ausschüsse Bd. I, Aktienrecht, Berlin 1986, S. LVI; dazu auch SCHUDNAGIES, CHRISTIAN, Hans Frank. Aufstieg und Fall des NS-Juristen und Generalgouverneurs, Frankfurt am Main 1989.

[4] RGBl. I, 1933, S. 175 und 245.

[5] Brief KISCH an GERLAND vom 2.4.1933, *Nachlass GERLAND, BAK NL 10, Bd. 17.*

[6] LANGEWIESCHE, DIETER, Die Universität Tübingen in der Zeit des Nationalsozialismus: Formen der Selbstgleichschaltung und Selbstbehauptung, in: Geschichte und Gesellschaft, Zeitschrift für Historische Sozialwissenschaft, 23. Jg. (1997) S. 618ff.

ßigenden Einfluss einiger Regierungsmitglieder setzte.[7] Aber auch er erkannte die Gefahren für die Universität und hatte Angst vor einschneidenden Maßnahmen, die die von ihm so hochgeschätzte deutsche Universität, in deren System und Umfeld er sein Leben lang verankert war, völlig umgestalten würden.[8] Bereits Anfang April 1933 äußerte er, natürlich nur privat, diesbezüglich Befürchtungen:

> „Wir können nur wünschen, daß die traditionelle Stellung der Hochschule und der Hochschullehrer, auf welche sich zum Teil das Ansehen der deutschen Wissenschaft in der Welt aufbaut, nicht grundstürzenden Änderungen zum Opfer fällt. Es wäre ja auch eine Ironie, wenn die Universität, die an dem neuen und gesunden Geist das wesentliche Verdienst hat, nicht das volle Verständnis der neuen Regierung fände."[9]

Auf der einen Seite als Jurist vom positivistischen Rechtsdenken geprägt[10], traditionell obrigkeitsloyal eingestellt wie die meisten Beamten einschließlich der Hochschullehrer[11] und wie sie größtenteils „eher autoritär als demokratisch denkend"[12] stand Kisch dem neuen Regime zwar nicht vorbehaltlos gegenüber, akzeptierte aber seinen Herrschaftsanspruch.[13] Seiner Ansicht nach verlangte die Treuepflicht des Beamten die Mitarbeit und Indienststellung für den neuen nationalsozialistischen Staat, zumindest solange man in dessen Diensten stand, und öffentliche Kritik war ohnehin nicht er-

---

[7] Brief KISCH an GERLAND vom 14.2.1933: „Solange freilich Männer wie Neurath, Korsigk und Gürtner im Ministerium sitzen, scheint mir ein gewisser Faktor der Besonnenheit noch mitzuspielen." *Nachlass GERLAND, BAK NL 10, Bd. 17.*

[8] Brief KISCH an GERLAND vom 2.4.1933 und 5.7.1933, *Nachlass GERLAND, BAK NL 10, Bd. 17.*

[9] Brief KISCH an GERLAND vom 2.4.1933, *Nachlass GERLAND, BAK NL 10, Bd. 17.*

[10] KISCH ging davon aus, dass Recht, abgesehen vom Gewohnheitsrecht, nur das vom Staat, Inhaber der Staatsmacht, kraft seines Willensentschluss als Gesetzgeber und ohne übergeordnete Bindungen wie einem Naturrecht gesetzte Recht, also das Gesetz, sei: „Welche Gemeinschaft kann Recht schaffen? An sich jede, welche die Kraft hat, sich Geltung zu erzwingen. Die wichtigste ist der Staat: das meiste Recht ist daher staatliches Recht. Vgl. KISCH, Grundriss zur Vorlesung über die allgemeinen Lehren des bürgerlichen Rechtes, München 1922 und 1931, S. 11. Dazu auch WEINKAUFF, HERMANN, Die deutsche Justiz und der Nationalsozialismus, Ein Überblick, in: WEINKAUFF/WAGNER, Die Deutsche Justiz und der Nationalsozialismus, Quellen und Darstellungen zur Zeitgeschichte Bd. 16/1, Stuttgart 1968, S. 28ff.

[11] HEIBER, HELMUT, Universität unterm Hakenkreuz. Teil 1 Der Professor im Dritten Reich, München 1991, S. 37; BENZ, WOLFGANG, Von der Entrechtung zur Verfolgung und Vernichtung. Jüdische Juristen unter dem nationalsozialistischen Regime, in: HEINRICHS/FRANZKI/SCHMALZ/STOLLEIS, Deutsche Juristen jüdischer Herkunft, München 1993, S. 813ff.

[12] WILLOWEIT DIETMAR, Nationalsozialistische Hochschul- und Wissenschaftspolitik in Bayern, in: Tradition und Perspektive, 150 Jahre Bayrisches Kultusministerium, München 1997, S. 157ff [161]; vgl. auch LANGEWIESCHE, DIETER, Die Universität Tübingen in der Zeit des Nationalsozialismus: Formen der Selbstgleichschaltung und Selbstbehauptung, in: Geschichte und Gesellschaft, Zeitschrift für Historische Sozialwissenschaft, 23. Jg. (1997) S. 618ff.

[13] So verteidigte KISCH sich in seinem Entnazifizierungsverfahren gerade auch mit dem Hinweis darauf: „Schließlich darf für eine gerechte Würdigung meiner Bereitschaft nicht unberücksichtigt bleiben, daß im Frühjahr 1933 die neue Regierung, aus regelgerechten Wahlen hervorgegangen [...], daß ein aktiver Beamter vermöge seiner besonderen Bindungen an den legalen Staat zur offenen Obstruktion umso weniger Anlaß hatte, als ja auch die ausländischen Staaten durch Fortsetzung ihrer Beziehungen zu Deutschland zur Stärkung des nationalsozialistischen Regimes beitrugen." Verteidigungsschrift S. 5, *SpKA KISCH, StAM SpK K 880.*

laubt.[14] Auf der anderen Seite erfüllte ihn als Ordinarius zugleich das tiefe Misstrauen bzw. die Abneigung dieses Standes gegen staatliche Eingriffe in die Korporation Universität, die die traditionellen Privilegien wie Wissenschaftsfreiheit, akademische Selbstverwaltung oder Personalpolitik betrafen, und er war zu deren Verteidigung bereit.[15] Es galt die deutsche Universität und eng verbunden damit, sein eigenes Leben in der alten Gestalt zu bewahren. Dabei spielten weniger politische Gründe eine Rolle als eine generelle „Reformresistenz“ sowie ein Festklammern am bisherigen Besitzstand, die vielen Ordinarien zu eigen waren, und ihnen den Ruf einbrachten, „reaktionär“ zu sein.[16] Ausgehend von dieser widerstreitenden Einstellung war sein Führungsstil als Dekan von Vorsicht, Zurückhaltung und strenger Sachlichkeit geprägt und vereinte Elemente der Selbstbehauptung mit Kooperation. Keine öffentliche Kritik an den Bestimmungen selbst und den dahinter stehenden nationalsozialistischen Ideologien wie dem Rassegedanken, sondern vor allem fachliche und juristisch sachliche Argumentation kennzeichnete sein Vorgehen. Er protestierte z. B. ebenso wenig wie die meisten seiner Kollegen laut gegen das Berufsbeamtengesetz und stellte seine generelle Anwendung nicht in Frage. Vielmehr versuchte er, sich gerade bei den Berufungen mit den neuen Verhältnissen zu arrangieren und die Änderungen in den eng gesteckten Grenzen des ihm wohl möglich und aussichtsreich Scheinenden zu verhindern. Sein Verhalten entsprach damit den Maximen der gesamten Universität, die auf „institutionelle Selbstbehauptung durch Traditionswahrung“ zielten.[17] Dennoch trat Kisch für seine jüdischen und politisch missliebigen Kollegen ein. Schließlich waren die Betroffenen nicht anonyme Juden, sondern Bekannte, wenn nicht sogar Freunde aus der akademischen Welt, und dort zumindest lehnte Kisch den Antisemitismus ab. Sein Einsatz hob sich vom stillschweigenden Dulden der Mehrheit der Professoren ab, die oftmals ohnehin durch das Freiwerden von Stellen auf Karriere- und Aufstiegschancen spekulierten, und war ein Hilfeversuch. Die Vergeblichkeit dieses Versuchs war im Endeffekt allerdings vorgezeichnet, denn ein allgemeiner, starker, möglicherweise wir-

---

[14] So noch KISCH, Der deutsche Rechtslehrer, München 1939, S. 50ff.

[15] LANGEWIESCHE, DIETER, Die Universität Tübingen in der Zeit des Nationalsozialismus: Formen der Selbstgleichschaltung und Selbstbehauptung, in: Geschichte und Gesellschaft, Zeitschrift für Historische Sozialwissenschaft, 23. Jg. (1997) S. 618ff; WILHELM, JÜRGEN, Die Stammeskultur der Ordinarienuniversität, in: BAETHGE, MARTIN/EßBACH, WOLFGANG (Hrsg.), Soziologie: Entdeckungen im Alltäglichen, Hans Paul Bahrdt. Festschrift zu seinem 65. Geburtstag, Frankfurt 1983, S. 477 – 495.

[16] Ebd.

[17] LANGEWIESCHE, DIETER, Die Universität Tübingen in der Zeit des Nationalsozialismus: Formen der Selbstgleichschaltung und Selbstbehauptung, in: Geschichte und Gesellschaft, Zeitschrift für Historische Sozialwissenschaft, 23. Jg. (1997) S. 618ff; GRÜTTNER, MICHAEL, Machtergreifung als Generationskonflikt. Die Krise der Hochschulen und der Aufstieg des Nationalsozialismus, in: VOM BRUCH,/KADERAS, (Hrsg.), Wissenschaften und Wissenschaftspolitik: Bestandsaufnahmen zu Formationen, Brüchen und Kontinuitäten im Deutschland des 20. Jahrhunderts, Stuttgart 2002, S. 339 – 353; Für München, BÖHM, HELMUT, Von der Selbstverwaltung zum Führerprinzip. Die Universität München in den ersten Jahren des Dritten Reiches (1933 – 1936), Berlin 1995, S. 121ff.

kungsvoller Protest seitens der akademischen Welt blieb aus.[18] Kischs Engagement beschränkte sich dabei nicht nur auf die Juristische Fakultät, die unter seinem Dekanat, von den personellen Änderungen abgesehen, eine Kontinuität im Lehrbetrieb wahren konnte.[19] Auch in der Universität allgemein war er als juristischer Berater tätig und half, den drohenden Eingriffen zur ideologischen Umgestaltung zu begegnen, sie abzuwehren oder zumindest abzuschwächen. Seine Betätigung war damit so gestaltet, dass sie dazu führen konnte, den Argwohn von nationalsozialistischen Kreisen zu wecken, wenn das bei seinem Ansehen und seiner Stellung auch kein besonders großes Risiko bedeutet haben mag. Ein solcher Argwohn schlug sich gewöhnlich hauptsächlich in negativen Beurteilungen für Berufungen nieder[20], die bei Kischs Lebensstellung in München ohnehin nicht mehr in Frage kamen.

1.1 Sein Einsatz für die jüdischen und politisch verfolgten Kollegen

In der Juristischen Fakultät waren Kischs Kollegen Hans Nawiasky[21], Karl Neumeyer[22], Wilhelm Silberschmidt[23] und Karl Loewenstein[24] vom „Gesetz zur Wiederherstellung des Berufsbeamtentums" betroffen. Als das Gesetz in den Semesterferien erlassen wurde, befand sich Kisch auf Anraten seines Arztes wegen schlechten gesundheitlichen Zustands auf Kur in Baden-Baden.[25] Erstes Opfer war Hans Nawiasky, ein Verfechter der Weimarer Republik und harscher Gegner des Nationalsozialismus,

[18] GRÜTTNER, MICHAEL, Machtergreifung als Generationskonflikt. Die Krise der Hochschulen und der Aufstieg des Nationalsozialismus, in: VOM BRUCH/KADERAS, (Hrsg.), Wissenschaften und Wissenschaftspolitik: Bestandsaufnahmen zu Formationen, Brüchen und Kontinuitäten im Deutschland des 20. Jahrhunderts, Stuttgart 2002, S. 339 – 353; BENZ, WOLFGANG, Von der Entrechtung zur Verfolgung und Vernichtung. Jüdische Juristen unter dem nationalsozialistischen Regime, in: HEINRICHS/FRANZKI/SCHMALZ/STOLLEIS, Deutsche Juristen jüdischer Herkunft, München 1993, S. 813ff.

[19] BÖHM, HELMUT, Von der Selbstverwaltung zum Führerprinzip. Die Universität München in den ersten Jahren des Dritten Reiches (1933 – 1936), Berlin 1995, S. 225.

[20] HEIBER, HELMUT, Universität unterm Hakenkreuz. Teil I Der Professor im Dritten Reich, München 1991, S. 215ff [225].

[21] HANS NAWIASKY, 1880 – 1961, Staats- und Verwaltungsrechtler, vgl. HERRMANN, FLORIAN, Hans Nawiasky, in: NEHLSEN/BRUN (Hrsg.), Münchner rechtshistorische Studien zum Nationalsozialismus, Frankfurt am Main 1996, S. 411 – 444.

[22] KARL NEUMEYER, 1869 – 1941 (Selbstmord), Völkerrechtler, vgl. VOGEL, KLAUS, Karl Neumeyer: In den Tod getrieben, in: LANDAU/NEHLSEN, Große jüdische Gelehrte an der Münchner Juristischen Fakultät, Münchner Universitätsschriften, Ebelsbach 2001, S. 97 – 111.

[23] WILHELM SILBERSCHMIDT, 1862 – 1939, Richter, Honorarprofessor für Bürgerliches Recht, Handelsrecht und Sozialrecht, vgl. GÖPPINGER, HORST, Juristen jüdischer Abstammung im Dritten Reich, München 2. Auflage 1990, S. 228; BÖHM, HELMUT, Von der Selbstverwaltung zum Führerprinzip. Die Universität München in den ersten Jahren des Dritten Reiches (1933 – 1936), Berlin 1995, S. 617.

[24] KARL LOEWENSTEIN, 1891 – 1957, Privatdozent in München für allgemeine Staatslehre, deutsches und ausländisches Staatsrecht sowie Völkerrecht, 1934 Professur für Staatslehre an der Yale-Universität in New-Haven, 1956/57 Honorarprofessur in München, vgl. *Stammakt LOEWENSTEIN, UAM E-II-2308.*

[25] Brief KISCH an GERLAND vom 2.4.1933, *Nachlass GERLAND, BAK NL 10, Bd. 17.*

gegen den schon seit März ein politisch motiviertes Untersuchungsverfahren lief.[26] Er wurde schon am 20. April 1933 beurlaubt, Nachfragen seitens der Fakultät blieben erfolglos. Kisch versuchte als Dekan vergeblich Einsicht in die polizeilichen Untersuchungsakten zu bekommen.[27] Die endgültige Entlassung erfolgte mit Schreiben vom 7. August 1933 zum 16. August 1933 wegen politischer Unzuverlässigkeit gemäß § 4 BBG[28], wobei in früheren Schreiben auch die Einschlägigkeit von § 3 BBG erwähnt war.[29] Wegen der schwerwiegenden und stark forcierten Vorwürfe schien eine weitere Fürsprache aussichtslos.[30] Ob Kisch wie in seinem Entnazifizierungsverfahren angegeben, Nawiasky bei seinen Gehaltsangelegenheiten nach seiner Entlassung beraten und geholfen hat[31], konnte nicht mehr festgestellt werden. Nawiasky hatte zwar tatsächlich Probleme mit seiner Pension[32], in seinem Entlastungszeugnis für Kisch ist davon aber nichts erwähnt.[33] Über das reine Kollegenverhältnis hinaus hatten die beiden wohl keinen engeren Kontakt.[34]

Wesentlich nachdrücklicher, weil Kisch es wahrscheinlich für aussichtsreicher hielt oder weil sie ihm persönlich näher standen, setzte er sich für den Ordinarius für Internationales Privatrecht, Völkerrecht und Rechtsvergleichung Karl Neumeyer und für den Honorarprofessor Wilhelm Silberschmidt ein. Am 19. Mai 1933 fand im Kultusministerium auf Bitten von Kisch eine Besprechung zu Fakultätsangelegenheiten zwischen ihm und Ministerialrat Albin Decker statt. Im Nachgang dieser Unterredung, in der die Absicht des Ministeriums zum Ausdruck kam, Silberschmidt zur Aufgabe seiner Lehrtätigkeit zu bewegen, schrieb Kisch, nicht in seiner Eigenschaft als Dekan, sondern als Privatperson, ohne Wissen Silberschmidts am 20. Mai 1933 einen Brief an

[26] BÖHM, HELMUT, Von der Selbstverwaltung zum Führerprinzip. Die Universität München in den ersten Jahren des Dritten Reiches (1933 – 1936), Berlin 1995, S. 120f. Bereits 1931 war der Titularordinarius für Verwaltungsrecht Opfer von Studentenkrawallen geworden, vermutlich angestiftet vom Nationalsozialistischen Deutschen Studentenbund, die seine Entlassung herbeiführen sollten. Vgl. HERRMANN, FLORIAN, Hans Nawiasky, in: NEHLSEN/BRUN (Hrsg.), Münchner rechtshistorische Studien zum Nationalsozialismus, Frankfurt am Main 1996, S. 416ff.
[27] Ebd.
[28] Schreiben BayKuMi an Senat vom 7.8.1933, *Stammakt NAWIASKY, UAM E-II 2556.*
[29] Schreiben BayKuMi an Rektorat vom 30.6.1933, *KuMiPA NAWIASKY, BayHStA MK 44070*, zit. nach HERRMANN, FLORIAN, Hans Nawiasky, in: NEHLSEN/BRUN (Hrsg.), Münchner rechtshistorische Studien zum Nationalsozialismus, Frankfurt am Main 1996, S. 426.
[30] BÖHM, HELMUT, Von der Selbstverwaltung zum Führerprinzip. Die Universität München in den ersten Jahren des Dritten Reiches (1933 – 1936), Berlin 1995, S. 121.
[31] KISCH, Verteidigungsschrift S. 17, *SpKA KISCH, StAM SpK K 880.*
[32] BÖHM, HELMUT, Von der Selbstverwaltung zum Führerprinzip.Die Universität München in den ersten Jahren des Dritten Reiches (1933 – 1936), Berlin 1995, S. 120.
[33] Zeugnis NAWIASKY vom 4.4.1946, *SpKA KISCH, StAM SpK K 880.*
[34] Gespräch mit ILSE TJADINA WEGNER vom 27. 7. 2003.

Decker[35], in dem er sich persönlich für Silberschmidt verwendete. Kisch hielt mit Silberschmidt zusammen schon seit Jahren versicherungsrechtliche Übungen ab.[36] Im Brief lobte Kisch ausführlich Silberschmidts tadellose Persönlichkeit und seine ausgeprägte nationale Gesinnung[37] und verwies auf die bereits schwere Belastung von Silberschmidt durch die Maßnahmen der letzten Zeit, die auch seine vier Kinder, alles Akademiker, beträfen. Im Falle der Unvermeidbarkeit der Maßregel „aus Gründen des Staatswohls" wies er auf die Unannehmlichkeiten für die Studenten, den einheitlichen, individuell gestalteten Aufbau der Vorlesungen und das Problem eines Ersatzes für Silberschmidt hin, wenn dieser mitten im Semester gezwungen wäre, seine Lehrtätigkeit einzustellen. Deshalb schlug Kisch vor, gegebenenfalls mit der Verhängung dieser Maßnahme zumindest bis zum Ende des Semesters zu warten[38], eine Argumentation, die er später auch noch in offiziellen Schreiben der Fakultät für Silberschmidt und auch für Neumeyer benutzte. Dieser persönliche Einsatz half aber nichts. Kisch wurde am 31. Mai 1933 telefonisch von Decker mitgeteilt, dass die Ministerialentschließung vom 24. Mai 1933 weiterhin gelte.[39] In der Entschließung waren Silberschmidt und auch Neumeyer zur Erklärung, ob sie arischer Abstammung seien, und im Falle der Verneinung zur Einstellung ihrer Vorlesungen zu Beginn der Pfingstferien aufgefordert worden.[40] Trotz dieser eindeutigen Absage schrieb Kisch als Dekan am selben Tag eine Eingabe der Fakultät an das Kultusministerium, in der er nochmals, bzw. für Neumeyer erstmals, auf die Einheitlichkeit der Vorlesung, die Nachteile für die Studenten und den fehlenden Ersatz für die betroffenen Kollegen hinwies und für die Weiterführung der Vorlesungen zumindest im Sommersemester plädierte.[41] Er selbst schloss darin die Übernahme der Übungen im Privatversicherungsrecht, die Silberschmidt in diesem Semester allein abhielt, wegen der Belastungen mit den Dekanatsgeschäften von vornherein aus. Zugleich leitete Kisch einen an ihn gerichteten Brief Neumeyers an das Kultusministerium weiter, der die Bitte um Klärung enthielt, ob es sich bei der Anweisung um ein dienstliches Verbot oder die Veranlassung zur freiwil-

---

[35] DECKER war schon vor 1933 im Kultusministerium gewesen, insoweit aus KISCHS Sicht vielleicht noch ein Beamter der alten Schule und daher in gewisser Weise als Adressat vertrauenswürdig, was auch seine spätere Verdrängung unter ADOLF WAGNER 1941 aus dem Ministerium bestätigte, da DECKER sich immer geweigert hatte, der NSDAP beizutreten. Vgl. MÜLLER, WINFRIED, Das Bayerische Staatsministerium für Unterricht und Kultus, in: RUMSCHÖTTEL, HERMANN/ZIEGLER, WALTER, Staat und Gaue in der NS-Zeit Bayern 1933 – 1945, München 2004, S. 197 – 215 [210].

[36] Brief KISCH an Ministerialrat DECKER vom 20.5.1933, *KuMiPA SILBERSCHMIDT, BayHStA MK 17986.*

[37] Brief KISCH an Ministerialrat DECKER vom 20.5.1933: „Wie jeder, der ihn kennt bestätigen kann, war er nicht nur ein außerordentlich gewissenhafter und eifriger richterlicher Beamter, zuletzt als Rat am Bayerischen Obersten Landgerichte, sondern er ist auch ein Mann von besonders ehrenhafter und von ausgeprägter nationaler Gesinnung." *KuMiPA SILBERSCHMIDT, BayHStA MK 17986.*

[38] Brief KISCH an Ministerialrat DECKER vom 20.5.1933, *KuMiPA SILBERSCHMIDT, BayHStA MK 17986.*

[39] Notiz DECKER auf Brief KISCH, als „gesehen" abgezeichnet von KuMin SCHEMM, *KuMiPA SILBERSCHMIDT, BayHStA MK 17986.*

[40] BayKuMi an Rektorat vom 24.5.1933, *KuMiPA SILBERSCHMIDT und KuMiPA NEUMEYER, BayHStA MK 17986 und 17878.*

[41] Dekan KISCH an BayKuMi vom 31.5.1933, *FakPA SILBERSCHMIDT und NEUMEYER, UAM L-IX-66 und L-IX-52.*

ligen Einstellung handle[42], nicht ohne den Brief vorher aber noch mit Zustimmung Neumeyers etwas in der Formulierung zu entschärfen. Er empfahl Neumeyer, die folgende Passage zu streichen, da er anscheinend glaubte, ein zu harter Konfrontationskurs wäre der Sache nicht dienlich:

> „Sollte das Schreiben im letzteren Sinne [freiwillige Einstellung/S.A] zu verstehen sein, so bin ich zu meinem Bedauern nicht in der Lage, einem solchen Wunsche nachzukommen, und dies umso weniger, als mir nach § 3 Abs. 2 des Gesetzes zur Wiederherstellung des Berufsbeamtentums vom 7. April 1933 ein Recht darauf zusteht, meine Lehrtätigkeit fortzusetzen, mir auch ein anderer Grund, der der Fortsetzung meiner Lehrtätigkeit entgegenstehen könnte, nicht bekannt ist."[43]

Das Vorgehen zeigte teilweise Wirkung, denn mit Schreiben vom 2. Juni 1933 erlaubte Kultusminister Schemm Karl Neumeyer, wohl auf Veranlassung des Hochschulreferenten Ministerialrat Decker hin wegen der großen Hörerzahl und des fehlenden Ersatzes[44], seine Vorlesung nach Pfingsten fortzusetzen.[45] Aber bereits am zweiten Tag nach den Ferien, dem 13. Juni 1933, kam es zu einem Zwischenfall in der Vorlesung. Der Vorsitzende der Juristischen Fachschaft erklärte am Anfang der Vorlesung den Anwesenden, „den Hörern werde zum Teil nicht bekannt sein, dass Prof. Neumeyer Jude sei; unter diesen Umständen werde kein deutscher Studierender sich nur fünf Minuten weiter die Vorlesung über Völkerrecht anhören wollen"[46], und forderte sie zum Gehen auf. Daraufhin verließen die Studenten den Hörsaal. Während der Räumung erschien Dekan Kisch, der diese Aktion in seinem Bericht an das Ministerium als eine „Verletzung der studentischen Disziplin" und als Widerspruch zu Neumeyers gesetzlichem Recht auf Fortsetzung seiner Tätigkeit verurteilte[47], und bat die Studenten wieder in den Hörsaal. Dort erklärte er, dass die Vorlesung ausfalle, die Fakultät aber jede Verantwortung von sich weise, wenn sie in Zukunft nicht mehr stattfinden könnte.[48] Am selben Tag erfolgte prompt telefonisch die Anweisung zur Einstellung der Lehrtätigkeit Neumeyers wegen zu befürchtender Unruhen[49], wie sie auch vom Kreis Bayern der Deutschen Studentenschaft vom Kultusministerium in ihrem

---

[42] Brief NEUMEYER an KISCH vom 30.5.1933, *FakPA NEUMEYER, UAM L-IX-52 und BayHStA MK 17878.*

[43] Brief KISCH an NEUMEYER vom 1.6.1933, *FakPA NEUMEYER, UAM L-IX-52.*

[44] Im späteren Bericht des Kreises Bayern der Deutschen Studentenschaft an das BayKuMi vom 13.6.1933 wird Ministerialrat DECKER als treibende Kraft hinter der Aufhebung des Verbots dargestellt: „Herr Ministerialrat Decker veranlaßte jedoch Prof. Neumeyer, seine Vorlesungen wieder aufzunehmen, da über 100 Studenten die Vorlesungen belegt hatten und ein anderer Herr die Vorlesungen nicht abhalten könne." *KuMiPA NEUMEYER; BayHStA MK 17878.*

[45] Schreiben KuMin SCHEMM an Rektorat vom 2.6.1933, *FakPA NEUMEYER, UAM L-IX-52.*

[46] Schreiben Dekan KISCH an BayKuMi vom 16.6.1933, *FakPA NEUMEYER, UAM L-IX-52.*

[47] Schreiben Dekan KISCH an BayKuMi vom 16.6.1933, *FakPA NEUMEYER, UAM L-IX-52.*

[48] Bericht des Kreises Bayern der Deutschen Studentenschaft an das BayKuMi vom 13.6.1933, *KuMiPA NEUMEYER, BayHStA MK 17878.*

[49] Schreiben Dekan KISCH an v. FRANK vom 26.6.1933, *FakPA NEUMEYER, UAM L-IX-52.*

Bericht zu den Ereignissen gefordert worden war.[50] Kisch, respektive die Juristische Fakultät, reagierte am nächsten Tag mit zwei Eingaben auf dieses Verbot. Zum einen bat Kisch sehr geschickt ganz grundsätzlich um die Klärung der Frage, „ob beabsichtigt ist, nicht-arischen Hochschullehrern, denen das Gesetz die Fortdauer ihrer amtlichen Tätigkeit gewährleiste, durch dienstliche Verfügung die Ausübung unmöglich zu machen", schließlich falle Neumeyer, der schon vor dem Stichtag 1. August 1914 Beamter gewesen war, unter den Ausnahmetatbestand § 3 Abs. 2 BBG. Darüber hinaus seien andere Gründe gegen ihn der Fakultät nicht bekannt.[51] Zugleich ersuchte Kisch um die Weiterleitung an höhere Stellen wie den bayerischen Ministerpräsidenten und den für die Ausführung des Gesetzes zuständigen Reichsinnenminister, um diese vom Gesetz nicht gedeckte Ausweitung zu Gehör zu bringen, was der Rektor der Universität jedoch verweigerte.[52] In einem zweiten Schreiben lehnte Kisch die fernmündliche Anfrage nach Eignung des bei Neumeyer und Riezler beschäftigten Assistenten Swoboda als Ersatz kategorisch ab mit dem Hinweis, dass dieser weder promoviert noch habilitiert sei und die Juristische Fakultät generell nur habilitierte Gelehrte mit selbständigen Vorlesungen betraue.[53] Diese Ersatzlösung war mit einiger Wahrscheinlichkeit bereits länger im Ministerium im Gespräch und Kisch hatte die Ablehnung möglicherweise schon im Vorfeld mit Ministerialrat Decker besprochen, denn schließlich wurde Decker in dem der Eingabe vorausgehenden Bericht der Studentenschaft, die erstaunlich gut über die internen Vorgänge informiert war, mit Einwendungen konkret gegen Swoboda zitiert.[54] Allerdings brach diese Argumentationslinie zusammen, als bekannt wurde, dass der emeritierte Kollege v. Frank, ohne Wissen um die Umstände[55], für Swoboda ein positives Zeugnis ausgestellt hatte. Das Kultusministerium übertrug daraufhin Swoboda die Fortsetzung der Vorlesung.[56] Kisch fragte sofort bei v. Frank nach und bot in Konsequenz dieses peinlichen Vorfalls seinen Rücktritt als Dekan an, blieb dann aber auf Bitten von Kollegen, des Rektors und auch von Ministerialrat Decker im Amt, um die Situation nicht weiter zu komplizieren.[57] Nachdem sich

---

[50] Bericht des Kreises Bayern der Deutschen Studentenschaft an das BayKuMi vom 13.6.1933, *KuMi-PA NEUMEYER; BayHStA MK 17878.* Der zeitliche Ablauf und die Umstände der ganzen Aktion sind nicht genau nachzuvollziehen, allerdings liegt eine geplante Kooperation von Studentenschaft und Kultusministerium nahe. So auch BÖHM, HELMUT, Von der Selbstverwaltung zum Führerprinzip. Die Universität München in den ersten Jahren des Dritten Reiches (1933 – 1936), Berlin 1995, S. 127ff.

[51] Schreiben Dekan KISCH an Rektorat bzw. BayKuMi vom 14.6.1933, *FakPA NEUMEYER, UAM L-IX-52.*

[52] Schreiben Dekan KISCH an v. FRANK vom 26.6.1933, *FakPA NEUMEYER, UAM L-IX-52.*

[53] Schreiben Dekan KISCH an BayKuMi vom 14.6.1933, *FakPA NEUMEYER, UAM L-IX-52.*

[54] Bericht des Kreises Bayern der Deutschen Studentenschaft an das BayKuMi vom 13.6.1933, *KuMi-PA NEUMEYER, BayHStA MK 17878.*

[55] SWOBODA soll ohne Rückfrage und ohne Wissen der Fakultät mit dem Syndikus EINHAUSER verhandelt und von v. FRANK ein positives Zeugnis erbeten haben, ohne dass dieser von den Umständen Kenntnis hatte. Schreiben Dekan KISCH an v. FRANK vom 26.6.1933, *FakPA NEUMEYER, UAM L-IX-52*; HELMUT BÖHM, in: Von der Selbstverwaltung zum Führerprinzip. Die Universität München in den ersten Jahren des Dritten Reiches (1933 – 1936), Berlin 1995, S. 127ff, geht davon aus, dass dies auch Teil der vom Kultusministerium geplanten Aktion zur Absetzung NEUMEYERS war, die es anscheinend unbedingt erreichen wollte.

[56] Schreiben BayKuMi an Rektorat vom 19.6.1933, *FakPA NEUMEYER, UAM L-IX-52.*

[57] Schreiben Dekan KISCH an v. FRANK vom 26.6.1933, *FakPA NEUMEYER, UAM L-IX-52.*

nun mit dem Einsetzen von Swoboda die Haltung des Kultusministeriums deutlich manifestiert hatte und das Rektorat eine Weiterleitung der Anfrage abgelehnt hatte, versuchte Kisch nochmals selbst beim Reichsinnenministerium zu intervenieren durch Vermittlung des Vorsitzenden des Bayerischen Hochschullehrerbundes Herwart Fischer. Auch ihn bat er um Klärung einer „grundsätzlich wichtigen Frage" zur Handhabung des neuen Gesetzes. Wie vorsichtig dabei taktiert wurde, zeigt die abschließende Bemerkung im Brief:

> „Ich brauche nicht zu bemerken, dass die Klärung, um deren Herbeiführung wir Sie bitten, lediglich jene grundsätzliche Frage selbst betrifft, nicht dagegen den Einzelfall Neumeyer, der nur den zufälligen äusseren Anlass zur Aufwerfung derselben gegeben hat. Ebenso bedarf es keiner Hervorhebung, dass unsere Anregung lediglich der pflichtgemässen Sorge um die sachlichen Belange des Unterrichts entspringt."[58]

Erfolg hatte allerdings auch dieses Vorgehen nicht. Die Nachfrage beim Reichsinnenministerium brachte auch nur die Mitteilung, dass selbst bei einem Hinausgehen über die reichsgesetzliche Regelung durch ein Landesministerium die Kompetenz bei diesem läge und ein Einschreiten dagegen nicht möglich sei.[59] Im Vorlesungsverzeichnis zum Wintersemester 1933/34 wurde Neumeyer nicht mehr aufgeführt. Neumeyer erfuhr davon selbst erst aus dem Vorlesungsverzeichnis und fragte bei Dekan Kisch nach den Gründen der Ungleichbehandlung, wo doch andere Kollegen in der gleichen Lage lesen dürften.[60] Kisch leitete das Schreiben an das Kultusministerium versehen mit der Bitte um Aufklärung weiter, da auch die Fakultät ein Interesse daran habe, über etwaige persönliche Bedenken gegen eines ihrer Mitglieder unterrichtet zu sein.[61] Im Ministerium hatte man inzwischen auch erkannt, dass sich die Maßnahme nicht auf das Berufsbeamtengesetz stützen ließ[62], und so wurde Neumeyer zum 1. November 1933 in den einstweiligen Ruhestand aufgrund des bayerischen Beamtenrechts versetzt, das eine solche Maßnahme gegen einen Beamten vorsah, wenn „ohne sein Verschulden Umstände vorliegen, durch die seine amtliche Wirksamkeit auch auf einer anderen Stelle nicht nur vorübergehend gestört wäre". Begründung dafür war die Weigerung der Studenten, Vorlesungen Neumeyers weiterhin zu besuchen.[63] Zwei Jahre später, als Neumeyer schon in den dauernden Ruhestand versetzt war[64], versuchte Kisch ihm nochmals durch Vermittlung beim Kultusministerium zu helfen: Als Neumeyer einer Einladung für Vorlesungen in Den Haag bei der Académie de Droit International nachkommen wollte, wurde ihm von der Académie mitgeteilt wurde, dass ihm ihrer

---

[58] Schreiben Dekan KISCH an FISCHER vom 22.6.1933, *FakPA NEUMEYER, UAM L-IX-52.*

[59] Schreiben FISCHER an KISCH vom 11.7.1933, *FakPA NEUMEYER, UAM L-IX-52.*

[60] Schreiben NEUMEYER an Dekan KISCH vom 2.10.1933, *FakPA NEUMEYER, UAM L-IX-52.*

[61] Schreiben Dekan KISCH an BayKuMi vom 7.10.1933, *FakPA NEUMEYER, UAM L-IX-52.*

[62] Handschriftliche Bemerkung auf Rückseite des Schreibens BayKuMi an Akademischen Senat betreffs Inruhestandsversetzung NEUMEYER vom 28.10.1933, *KuMiPA NEUMEYER, BayHStA MK 17878.*

[63] Schreiben BayKuMi an Akademischen Senat vom 28.10.1933, *KuMiPA NEUMEYER, BayHStA MK 17878*; detaillierter zum Fall Neumeyer, vgl. VOGEL, KLAUS, Karl Neumeyer: In den Tod getrieben, in: LANDAU/NEHLSEN, Große jüdische Gelehrte an der Münchner Juristischen Fakultät, Münchner Universitätsschriften, Ebelsbach 2001, S. 97-111 m.w.N.

[64] Schreiben BayKuMi an Rektorat vom 23.101934 mit der dauernden Inruhestandsversetzung zum 1.11.1934, *Stammakt NEUMEYER, UAM E-II-2567.*

Anfrage beim Auswärtigen Amt nach die Ausreise dazu verweigert werde.[65] Kisch fragte telefonisch bei Ministerialrat Müller wegen des Sachverhalts an, wurde aber von diesem auf den schriftlichen Weg verwiesen.[66] Die schriftliche Nachfrage Neumeyers blieb natürlich erfolglos, denn die Sache war längst auf höherer Ebene diplomatisch geregelt worden, indem die Einladung ohne Wissen Neumeyers schon zurückgezogen worden war.[67]

Für Wilhelm Silberschmidt blieb es gleich von Anfang an bei der Einstellung der Vorlesungen vom 24. Mai 1933[68] und am 11. Juli 1933 wurde ihm die Lehr- und Prüfungsbefugnis mit sofortiger Wirkung entzogen. Der persönliche Einsatz Kischs hatte nichts genützt. Zwei inhaltlich gleiche Schreiben von Silberschmidt im August an die Juristische Fakultät, in denen er sich auf seine Stellung als Beamter bereits seit 1887 und damit auf den Ausnahmetatbestand des § 3 Abs. 2 BBG berief und seine nationale Gesinnung nachzuweisen suchte[69], wurden von Kisch über das Rektorat an das Kultusministerium weitergeleitet und mit der Bitte um wohlwollende Prüfung und dem Hinweis versehen: „Die darin vorgebrachten rechtlichen Gesichtspunkte scheinen der Juristischen Fakultät durchaus beachtenswert."[70] Silberschmidt hatte darin noch darzulegen versucht, dass die an ihn erst in den zwanziger Jahren und damit nach dem Stichtag des 1. August 1914 verliehene Honorarprofessur nur eine Ehre an unwiderrufliche Beamten sei und nicht eine eigene widerrufliche Beamtenstellung begründe, so dass diese ihm als eigentlich unwiderruflichem Beamten nicht entzogen werden könne.[71] Mit seiner rechtlichen Argumentation drang er nicht durch, und die Entschließung vom 11. Juli 1933 wurde am 12. September 1933 nochmals bestätigt.[72]

Auch dem im Sommersemester 1933 auf eigenen Wunsch zur Fertigstellung einer wissenschaftlichen Arbeit beurlaubten Privatdozenten Karl Loewenstein stand Kisch wohlwollend gegenüber und unterstützte ihn. Als dieser im Herbst 1933 einen Ruf in die USA erhielt, die Fakultät darüber informierte und einen Antrag auf Beurlaubung für zwei Jahre stellte[73], teilte Kisch seinen Kollegen mit:

> Es ist mir eine besondere Freude, den Mitgliedern der engsten Fakultät von dem vorstehenden Schreiben Mitteilung zu machen. Ich habe das Gesuch des Herrn Kollegen Loe-

---

[65] Schreiben NEUMEYER an BayKuMi vom 2.7.1935 mit Bezugnahme auf die Unterredung KISCH mit MÜLLer, *KuMiPA NEUMEYER, BayHStA MK 17878.*

[66] Handschriftliche Bemerkung MÜLLER vom 4.7.1935: „Ich verweise Herrn Geheimen Rat Kisch, der mich fernmündlich anrief, auf den schriftlichen Weg.", *KuMiPA NEUMEYER, BayHStA MK 17878.*

[67] Vgl. *KuMiPA NEUMEYER, BayHStA MK 17878.*

[68] Schreiben BayKuMi an Rektorat vom 19.6.1933, *KuMiPA SILBERSCHMIDT, BayHStA MK 17986.*

[69] Brief SILBERSCHMIDT an JF vom 1.8.1933 und vom 25.8.1933, *PA NEUMEYER, BayHStA MK 17986 und FakPA SILBERSCHMIDT, UAM L-IX-66.*

[70] Antrag KISCH an Rektorat vom 27.8.1933, *FakPA SILBERSCHMIDT, UAM L-IX-66.*

[71] Brief SILBERSCHMIDT an JF vom 1.8.1933 und vom 25.8.1933, *KuMiPA SILBERSCHMIDT, BayHStA MK 17986 und FakPA SILBERSCHMIDT, UAM L-IX-66.*

[72] Schreiben BayKuMi an Rektorat vom 12.9.1933, *FakPA SILBERSCHMIDT, UAM L-IX-66.*

[73] Brief LOEWENSTEIN an Dekan KISCH vom 7.10.1933, *FakPA LOEWENSTEIN, UAM L-IX-43.*

wenstein dem Ministerium gegenüber befürwortet, allerdings ohne besondere Hoffnung auf Erfolg.[74]

Loewenstein war Kisch für sein Wohlwollen und seine Hilfe sehr dankbar[75], wurde aber umgehend mit Entschließung vom 11. Oktober 1933 ebenfalls entlassen.

Darüber hinaus setzte sich Kisch auch außerhalb der Fakultät für betroffene Kollegen ein. Nachgewiesen ist der Fall des Professors für Astronomie und Direktors der Sternwarte Alexander Wilkens. Dieser war durch Denunziation in den Verdacht gekommen, nicht jederzeit rückhaltlos für den neuen nationalsozialistischen Staat einzutreten. Er wurde wegen politischer Unzuverlässigkeit gemäß § 4 BBG entlassen.[76] Schon zu Beginn des Ermittlungsverfahrens gegen Wilkens im August 1933 hatte Kisch ihn als „Jurist und Mensch auf das freundlichste beraten“[77], ihm bei der präzisen Formulierung der Eingaben geholfen[78] und stellte sich nach Erlass der Maßnahme für deren Anfechtung als Leumundszeuge für Wilkens nationale Gesinnung zur Verfügung.[79] Im Gegensatz zu seinen Fakultätskollegen kannte Kisch Wilkens vorher nicht einmal sehr gut[80], so dass für seine Hilfe keine persönlichen Motive, sondern wohl seine generelle Missbilligung dieser Eingriffe in die Universität und sein ausgeprägtes Gerechtigkeitsempfinden ausschlaggebend waren. Leider blieb auch dieser Einsatz erfolglos, was ihn aber nicht daran hinderte, später noch jüdischen Studenten oder Ehemaligen zu helfen wie z. B. Erich Eyermann. Eyermann, der nach dem Krieg Präsident des Bayerischen Verfassungsgerichtshofes wurde, war 1925 – 1929 Student bei Kisch gewesen. Durch die „Nürnberger Gesetze“ wurde seine berufliche Laufbahn beendet. Ihm gab Kisch ein ausgezeichnetes Empfehlungsschreiben an einen Züricher Professor mit, als Eyermann versuchte, in der Schweiz beruflich unterzukommen.[81] Seinem ebenfalls betroffenen befreundeten Kollegen Albrecht Mendelssohn Bartholdy gegenüber äußerte er schriftlich sein Mitgefühl und sein Unverständnis für diese Maßnahmen. Im gleichen Brief bat er ihn um Kontakte für eine Emigration seines früheren Schülers Dr. Ernst Hirsch in ein aufnahmebereites Land, da Hirsch bereits 1933 als Rechtsanwalt nicht mehr praktizieren konnte.[82]

---

[74] Handschriftliche Notiz Dekan KISCH vom 10.10.1933, *FakPA LOEWENSTEIN, UAM L-IX-43.*

[75] Brief LOEWENSTEIN an Dekan KISCH vom 7.10.1933, *FakPA LOEWENSTEIN, UAM L-IX-43.*

[76] Vgl. dazu BÖHM, HELMUT, Von der Selbstverwaltung zum Führerprinzip. Die Universität München in den ersten Jahren des Dritten Reiches (1933 – 1936), Berlin 1995, S. 118f.

[77] Schreiben WILKENS an Rektor ESCHERICH vom 29.11.1933, *Stammakt WILKENS, UAM E-II-3583.*

[78] Zeugnis WILKENS vom 2.12.1947, *SpKA KISCH, StAM SpK K 880.*

[79] Schreiben WILKENS an BayKuMi vom 22.4.1934, *Stammakt WILKENS, UAM E-II-3583.*

[80] Zeugnis WILKENS vom 2.12.1947, *SpKA KISCH, StAM SpK K 880.*

[81] Brief EYERMANN an TURNER vom 21.9.1990, *Privatbesitz TURNER*; FRÖHLER, LUDWIG, Erich Eyermann, in: Juristen im Portrait, Verlag und Autoren in 4 Jahrzehnten, Festschrift zum 225jährigen Jubiläum des Verlages C.H. Beck, München 1988, S. 302ff.

[82] Brief KISCH an MENDELSSOHN BARTHOLDY vom 18.9.1933, *Nachlass MENDELSSOHN BARTHOLDY, SBB PK Musikabt. Mendelssohnarchiv.*

1.2 Berufungen unter Kisch

Berufungsfragen beschäftigten Wilhelm Kisch schon seit Beginn seiner einjährigen Amtsperiode im Herbst 1932. Zum Wintersemester 1932/33 war Edmund Mezger[83] für den im Mai 1932 verstorbenen Strafrechtler Ernst v. Beling in die Fakultät gekommen[84] und zugleich lief damals die Berufung für einen Nachfolger für Reinhardt v. Frank, der zum 1. April 1933 emeritierte und dessen Lehrstuhl nach erfolgreichen Verhandlungen wunschgemäß von Franz Exner[85] übernommen wurde.[86] Vakant waren zu Beginn der nationalsozialistischen Herrschaft 1933 noch die staatsrechtliche Professur des im Oktober 1932 verstorbenen Karl Rothenbüchers[87] und der Lehrstuhl für Deutsche und Bayerische Rechtsgeschichte des im April 1933 verstorbenen Konrad Beyerle.[88] Darüber hinaus liefen bereits seit Oktober 1932 Verhandlungen für die Besetzung eines neu geschaffenen Lehrstuhls für Rechtsphilosophie und Völkerrecht mit dem Wiener Professor Alfred Ritter von Verdross.[89] Wie vorsichtig man schon zu Anfang vorging, um die seit langem in Aussicht genommenen Kandidaten auch unter der neuen Herrschaft durchzusetzen, zeigt ein Brief von Kisch an Verdross im Vorfeld von dessen im Endeffekt erfolglosen Verhandlungen[90] mit dem neuen Kultusminister Schemm im März 1933:

> „Sollte die Unterredung keinen anderen Zweck haben als die Frage der Lehrfreiheit aufzurollen, so möchte ich ohne natürlich ihrer Entscheidung vorgreifen zu wollen, persönlich bezweifeln, ob gerade dieses Unterhaltungsthema dem Herrn Kultusminister sehr erwünscht sein wird, namentlich dann, wenn ihm in dieser Richtung für einen Einzelfall besondere Garantien angesonnen würden. Ich glaube meinerseits, daß die Lehrfreiheit, soweit sie, wie bei Ihnen selbstverständlich, auf dem Boden einer positiven Staatsgesinnung ausgeübt wird, von dem neuen Regime nicht das Geringste zu befürchten hat. Auf der anderen Seite habe ich die Besorgnis, daß die grundsätzliche Aufrollung dieser Frage, die wir Wissenschaftler als problematisch gar nicht ansehen dürfen, vielleicht eher schaden als nützen könnte."[91]

Ganz überzeugt war Kisch aber selbst nicht von dieser Zusicherung, dass vom neuen Regime nichts zu befürchten sei, auch wenn er der politischen Entwicklung zwar mit gemischten Gefühlen[92], aber in Bezug auf ihren nationalen Einschlag eher positiv gegenüber stand. Denn privat schrieb er an seinen Kollegen Gerland nur einige Tage später von seiner Angst vor „grundstürzenden Änderungen".[93] Die Einmischung und

---

[83] EDMUND MEZGER, 1883 – 1962, Strafrechtler, vgl. z. B. TELP, JAN, Ausmerzung und Verrat. Zur Diskussion um Strafzwecke und Verbrechensbegriffe im Dritten Reich, Frankfurt 1999.
[84] *Wiederbesetzungsakte Professur v. BELING, UAM L-X-2b Bd. 2.*
[85] FRANZ EXNER, 1881 – 1947, Strafrechtler, Kriminalwissenschaftler.
[86] *Wiederbesetzungsakte Professur v. FRANK, UAM L-X-2a Bd. 1/I.*
[87] *Wiederbesetzungsakte Professur ROTHENBÜCHER, UAM L-X-3c Bd. 1.*
[88] *Wiederbesetzungsakte Professur BEYERLE, UAM L-X-4g Bd. 2.*
[89] *Neubesetzungen, UAM L-X-2a Bd. 1/II.*
[90] Brief VERDROSS an KISCH, August 1933, in dem er seine Ablehnung des Rufes mitteilt, da die Verhandlungen zu keinem Ergebnis geführt haben. *Neubesetzungen UAM L-X-2a Bd. 1/II.*
[91] Brief Dekan KISCH an VERDROSS vom 31.3.1933, *Neubesetzungen, UAM L-X-2a Bd. 1/II.*
[92] Brief KISCH an GERLAND vom 24.1.1933 und 14.2.1933, *Nachlass GERLAND, BAK NL 10, Bd. 17.*
[93] Brief KISCH an GERLAND vom 2.4.1933, *Nachlass GERLAND, BAK NL 10, Bd. 17.*

die Maßnahmen seitens des nationalsozialistischen Regimes ließen mit dem Erlass des „Gesetzes zur Wiederherstellung des Berufsbeamtentums" vom 7. April 1933 nicht lange auf sich warten.

Durch die lückenhafte Besetzung der Fakultät bot sich nun eine willkommene Möglichkeit für den zuständigen Minister Hans Schemm und auch für den Justizminister Hans Frank, der nachdrücklich seine Beteiligung an den Besetzungen mit Schreiben vom 3. Juni 1933 an das Kultusministerium und an die Juristische Fakultät verlangte[94], ihre Vorstellungen einer nationalsozialistischen Rechtswissenschaft durch personelle Maßnahmen umzusetzen.[95] Hans Frank hatte ausgeführt, dass die Justizverwaltung wegen der nationalen Erhebung und dem damit verbundenen Ziel, ein neues deutsches Recht zu schaffen, besonderes Interesse an der Juristenausbildung habe, und dass diese nicht nur eine wissenschaftliche Aufgabe sei.[96] Er machte in seinem Schreiben auch gleich einige Vorschläge zu Besetzungen der Juristischen Fakultät München. Wegen der zu erwartenden „vollständigen Umwälzung" des Staats- und Verfassungsrechts legte er besonderen Wert darauf, für München zwei exponierte Vertreter des Staatsrechts im nationalsozialistischen Sinne zu gewinnen. Carl Schmitt[97] und Otto Koellreutter[98] sollten als Nachfolger für Rothenbücher bzw. auf eine neugeschaffene staatsrechtlichen Professur, hervorgegangen aus der Umwandlung der außerordentlichen Professur von Nawiasky, dessen endgültige Entlassung anscheinend zu diesem Zeitpunkt schon beschlossene Sache war, nach München geholt werden. Bei der Nachfolge Konrad Beyerles erklärte Frank sich mit dem Wunschkandidaten der Fakultät, dessen jüngerem Bruder Franz Beyerle[99], einverstanden.[100] Im Vorfeld dieses Schreibens hatte ein Gespräch zwischen Frank und Dekan Kisch stattgefunden, wie sich aus einem Rundbrief Kischs an die engste Fakultät zu der auch im Schreiben Franks enthaltenen Aussage über ein baldiges Ausscheiden Karl Neumeyers ergibt:

> „Ich bemerke dabei, daß die von mir blau angestrichene Stelle offenbar auf einem Mißverständnis beruht, welches sich aus Anlaß der mit mir gepflogenen Besprechung eingeschlichen hat. Der „Lehrstuhl für Völkerrecht und Rechtsphilosophie" der allenfalls für eine staatsrechtliche Besetzung in Frage kommen könnte, ist natürlich nicht der Lehrstuhl des Herrn Kollegen Neumeyer (andere Fächerzusammensetzung), sondern der umgebildete Lehrstuhl für welchen die Fakultät Herrn v. Verdross ins Auge gefaßt hatte. Daß in unserer Besprechung irgendwie von einem Ausscheiden des Herrn Kollegen Neumeyer

---

[94] Schreiben FRANK an BayKuMi vom 3.6.1933, *JF Lehrstellen vol. III, BayHStA MK 69280* und in Abschrift an Dekan KISCH, *Wiederbesetzung von Professuren an der JF, UAM L-X-5 Bd. 2.*

[95] Vgl. dazu und zum folgenden BÖHM, HELMUT, Von der Selbstverwaltung zum Führerprinzip. Die Universität München in den ersten Jahren des Dritten Reiches (1933 – 1936), Berlin 1995, S. 454ff.

[96] Schreiben FRANK an BayKuMi vom 3.6.1933, *JF Lehrstellen vol. III, BayHStA MK 69280* und in Abschrift an Dekan KISCH, *Wiederbesetzung von Professuren an der JF, UAM L-X-5 Bd. 2.*

[97] CARL SCHMITT, 1888 – 1985, Staatsrechtler, vgl. z. B. QUARITSCH, HELMUT, (Hrsg.), Complexio Oppositorium. Über Carl Schmitt, Berlin 1988.

[98] Zu KOELLREUTTER, 1883 – 1972, Staatsrechtler, vgl. SCHMIDT, JÖRG, Otto Koellreutter 1883 – 1972. Sein Leben, sein Werk, seine Zeit, Frankfurt am Main, 1995.

[99] FRANZ BEYERLE, 1885 –1977, Rechtshistoriker, vgl. DÜRSELEN, FLORIAN G., Franz Beyerle 1885 – 1977. Leben, Ära und Werk eines Rechtshistorikers, Frankfurt 2005.

[100] Schreiben FRANK an BayKuMi vom 3.6.1933, *JF Lehrstellen vol. III, BayHStA MK 69280* und in Abschrift an Dekan KISCH, *Wiederbesetzung von Professuren an der JF, UAM L-X-5 Bd. 2.*

auch nur andeutungsweise die Rede gewesen wäre, trifft selbstverständlicherweise nicht zu. Ich habe dann auch sofort Anlaß genommen, [...] den Irrtum aufzuklären."[101]

Inwieweit Kisch in diesem Gespräch Einfluss nehmen konnte und auch tatsächlich Einfluss nahm auf Hans Frank und dessen Vorgehen und Vorstellungen ist nicht bekannt. Allerdings könnte die Verehrung Hans Franks für Kisch als seinem früheren Lehrer während seines rechtswissenschaftlichen Studiums in München[102] durchaus Auswirkungen gehabt haben, wenn sie auch nicht überschätzt werden sollte. Franks Ehrgeiz, die besten Köpfe im nationalsozialistischen Sinne an die Münchner Fakultät zu holen, war sehr bestimmend. Ein Ruf erging jedenfalls bald an die von Hans Frank vorgeschlagenen Kandidaten Schmitt und Koellreutter. Schmitt wurde als Nachfolger Rothenbüchers und Koellreutter auf den für ihn neugeschaffenen Lehrstuhl für Staatsrecht berufen, obwohl sich für beide im laufenden Berufungsverfahren für Rothenbücher in der Fakultät keine Mehrheit gefunden hatte, sondern vielmehr im Fakultätsvotum Smend und Heckel genannt worden waren.[103] Carl Schmitt, nur von der Hälfte der Ordinarien unterstützt, schien der Fakultät wohl zu politisch engagiert zu sein, und Koellreutter war ihrer einstimmigen Ansicht nach ohnehin erst nach Schmitt zu nennen.[104] Kisch bemühte sich dennoch pflichtgemäß als Dekan, den Weg für eine Berufung Schmitts auf den Lehrstuhl Rothenbüchers zu ebnen.[105] Schmitt lehnte aber trotz großer Bemühungen seitens der bayerischen Unterrichtsverwaltung und Franks ab, so dass doch der von der Fakultät an zweiter Stelle gesetzte Johannes Heckel 1934 Nachfolger Rothenbüchers wurde. Bei der Berufung Koellreutters auf den staatsrechtlichen Lehrstuhl zum Wintersemester 1933/34 gab es keine offizielle Beteiligung der Fakultät im Sinne eines Fakultätsvotums.[106] Wie sich aber aus einem privaten Brief Kischs ergibt, war er als Dekan ins Berufungsverfahren involviert. Er verhandelte Ende Juli

---

[101] Rundbrief KISCH an Mitglieder der engsten Fakultät vom 12.6.1933, *Wiederbesetzung von Professuren an der JF, UAM L-X-5 Bd. 2.*

[102] FRANK, HANS, Im Angesicht des Galgens, München 1953, S. 176.

[103] Fakultätsvotum vom 24.5.1933 und Nachtrag vom 2.6.1933, *Wiederbesetzung Professur ROTHENBÜCHER, UAM L-X-3c Bd. 1.*

[104] So BÖHM, HELMUT, Von der Selbstverwaltung zum Führerprinzip. Die Universität München in den ersten Jahren des Dritten Reiches (1933 – 1936), Berlin 1995, S. 455f mit Verweis auf das Fakultätsvotum vom 24. Mai 1933 und Protokoll der Fakultätssitzung vom 1. Mai 1933.

[105] Brief SCHMITT an KISCH vom 16.10.1933 mit einem Dank für ein Gespräch in Leipzig und für das Wohlwollen und die kollegiale Güte in den Verhandlungen und Besprechungen. *Wiederbesetzungsakte ROTHENBÜCHER, UAM L-X-3c Bd. 1.* SCHMITT hat von 1908 – 1910 in Straßburg studiert, 1910 dort promoviert und sich 1916 habilitiert. Er wird KISCH daher auch zumindest lose gekannt haben. Ob KISCH für oder gegen ihn gestimmt hatte, ist nicht dokumentiert. Vgl. auch Brief FRANK an KISCH vom 29.8.1933 mit Anlage Schreiben an preußischen Ministerpräsident GÖRING vom 2.8.1933, in dem er von einem durch KISCH unterbreiteten Anliegen bzgl. der Berufung SCHMITTS spricht und GÖRING um dessen Freigabe bittet. Der vorausgehende Brief KISCHS an FRANK mit seinem genauen Anliegen vom 7.8.1933 fehlt. *Wiederbesetzungsakte ROTHENBÜCHER, UAM L-X-3c Bd. 1.* Vgl. auch TOMMISSEN, PIET, Bausteine einer wissenschaftlichen Biographie. Periode: 1888 – 1933, in: QUARITSCH, HELMUT, (Hrsg.), Complexio Oppositorium. Über Carl Schmitt, Berlin 1988, S. 71 – 100.

[106] Zumindest ist im Universitätsarchiv München keine Akte zur Berufung KOELLREUTTERS vorhanden. Vgl. auch BÖHM, HELMUT, Von der Selbstverwaltung zum Führerprinzip. Die Universität München in den ersten Jahren des Dritten Reiches (1933 – 1936), Berlin 1995, S. 457.

1933 selbst mit Koellreutter. Im August schrieb er dazu aus seinem Urlaub in Hohenschwangau:

> „Der nächste Tag war mit den inzwischen aufgehäuften Dekanatsrückständen aufgefüllt. Zugleich mußte ich mit dem nach München berufenen Kollegen Franz Beyerle verhandeln, an demselben Abend noch mit Ihrem bisherigen Kollegen Koellreutter, von dem ich übrigens einen recht günstigen Eindruck erhalten habe.“[107]

Kisch selbst scheint zumindest ab diesem Zeitpunkt nicht gegen Koellreutter gewesen zu sein, wenn ihn auch die Fakultät im Fakultätsvotum für die Nachfolge von Rothenbücher nicht in Betracht gezogen hatte.[108]

Auch im Wiederbesetzungsverfahren für die Professur Konrad Beyerles war Kisch in die Verhandlungen mit Franz Beyerle miteinbezogen. Nach einem Gespräch im August standen die beiden, die sich auch privat gekannt haben[109], während der Verhandlungen in Briefkontakt, durch den Beyerle Kisch über die Vorgänge auf dem Laufenden hielt.[110] Nach dem Scheitern der Verhandlungen, offiziell wegen finanzieller Divergenzen, inoffiziell standen wohl im nationalsozialistischen Sinne geeignetere Kandidaten zur Verfügung[111], schrieb Beyerle erbost an Dekan Kisch von einer „unwürdigen Komödie“ und fügte seinen Antwortbrief an das Kultusministerium bei, für den Fall, dass er Kisch und der Fakultät bei der Instruktion des zweiten Kandidaten Heinrich Mitteis[112] behilflich sein könnte.[113] Dazu kam es aber unter dem Dekanat Kisch nicht mehr. Zunächst begannen nämlich im Herbst Berufungsverhandlungen mit Karl August Eckardt[114]. Zwar fand erneut keine formelle Beteiligung der Fakultät statt, bekannt war es ihr jedoch, denn Kisch nahm schon Ende Oktober, noch vor Ergehen des Rufes, Kontakt zu Eckardt auf, um ihn dazu zu bewegen, bei seinen Berufungsverhandlungen auch eine Zusage für finanzielle Hilfe für den Ankauf der Bibliothek des

---

[107] Brief KISCH an GERLAND vom 2.8.1933, *Nachlass GERLAND, BAK NL 10, Bd. 17.*

[108] Nach dem Krieg bezeichnete KISCH KOELLREUTTER als von den Münchner Kollegen mit Parteibuch am ehesten dem Nationalsozialismus Nahestehenden. Brief KISCH an EVA GERLAND vom 27.2.1946, *Nachlass GERLAND, BAK NL 10, Bd. 19.*

[109] Brief FRANZ BEYERLE an KISCH vom 29.8.1933 aus Hohenschwangau, regelmäßiger Urlaubsort von KISCH, in dem er sein Bedauern darüber ausdrückt, KISCH dort nicht habe begrüßen zu können. *Wiederbesetzung Professur BEYERLE, UAM L-X- 4g Bd. 2.*

[110] Brief FRANZ BEYERLE an KISCH vom 29.8.1933, 30.8.1933 und 2.9.1933, *Wiederbesetzung Professur BEYERLE, UAM L-X-4g Bd. 2.*

[111] BÖHM, HELMUT, Von der Selbstverwaltung zum Führerprinzip. Die Universität München in den ersten Jahren des Dritten Reiches (1933 – 1936), Berlin 1995, S. 458.

[112] HEINRICH MITTEIS war im Fakultätsvotum *pari passu* mit HANS ERICH FEINE an zweiter Stelle genannt. Fakultätsvotum vom 23.5.1933, *Wiederbesetzung Professur BEYERLE, UAM L-X-4g Bd. 2.* Zu MITTEIS, 1889 - 1952, Rechtshistoriker, vgl. auch, BRUN, GEORG, Leben und Werk des Rechtshistorikers Heinrich Mitteis unter besonderer Berücksichtigung seines Verhältnisses zum Nationalsozialismus, Frankfurt am Main 1991.

[113] Brief FRANZ BEYERLE an KISCH vom 30.8.1933 und vom 2.9.1933, *Wiederbesetzung Professur BEYERLE, UAM L-X-4g Bd. 2.*

[114] KARL AUGUST ECKARDT, 1901 – 1979, Rechtshistoriker, Referent in der Hochschulabteilung des REM, vgl. NEHLSEN, HERMANN, In memoriam Karl August Eckardt, in: SZGerm, Bd. 104 (1987) S. 497 – 536 und ders., Karl August Eckardt, in: NEHLSEN/BRUN (Hrsg.), Münchner rechtshistorische Studien zum Nationalsozialismus, Frankfurt am Main 1996, S. 181 – 225.

verstorbenen Konrad Beyerle zu verlangen.[115] Da Eckardt aber vom Preußischen Kultusministerium nicht freigegeben wurde, erging Anfang 1934 ein Ruf an Heinrich Mitteis, der allerdings München bereits nach einem Jahr Lehrtätigkeit wieder verließ.[116]

Kisch war damit zwar in die personelle Umgestaltung der Juristischen Fakultät miteinbezogen, maßgeblichen Einfluss konnte er aber unter den gegebenen Umständen selbst kaum nehmen, wenn man von einigen erfolglosen Hinweisen an die Wunschkandidaten für ihre Verhandlungen mit dem Ministerium absieht. Dass eine Fakultätsbeteiligung ohnehin nicht erwünscht war und in Zukunft auch nicht mehr allzu schwer ins Gewicht fallen würde[117], war ihm bewusst:

> „Ich habe übrigens das Gefühl, daß auch die Ferien etwas turbulent sein werden, u. z. um deswillen, weil die meisten Reformen an den Universitäten in organisatorischer, beamtenrechtlicher und persönlicher Hinsicht (Lehrstuhlbesetzungen) in diese Zeit verlegt werden, vielleicht nicht ohne Absicht, weil wir in alle Ecken Deutschlands verstreut sein werden und insofern nicht als störende Hemmung empfunden werden."[118]

Kisch und die Juristische Fakultät versuchten in dieser Zeit zumindest, ihr Recht auf Beteiligung zu wahren, selbst wenn es nur hinter den Kulissen und inoffiziell ablief. Offene Beschwerden sind nicht bekannt, die Fakultät machte anscheinend „gute Miene zum bösen Spiel", um überhaupt beteiligt zu bleiben. Dass sich die Vorstellungen von Frank und Schemm nur zum Teil verwirklichen ließen, lag an äußeren Umständen wie den Absagen der in Aussicht genommenen Kandidaten, war aber eigentlich kein Verdienst der Fakultät. Am Ende von Kischs Dekanat im Herbst 1933 waren daher noch drei Lehrstühle unbesetzt, die Professur für Internationales Recht von Karl Neumeyer miteingerechnet.

Berufungsprobleme gab es allerdings nicht nur in der Juristischen Fakultät, sondern ebenso in anderen Fakultäten. Auch in diesen Zeiten wurde Kisch, der in der Universität schon öfters als juristischer Beirat des Rektors tätig gewesen war[119], bei schwierigen Fällen herangezogen. So beriet er z. B. als juristischer Beirat des Rektors Escherich die Philosophische Fakultät als diese sich 1934 wegen der Übergehung ihrer Vorschläge bei der Berufung eines Nachfolgers für den Botaniker v. Wettstein mit einer sehr deutlichen Protesterklärung an das Kultusministerium wenden wollte. In einer Besprechung einer Abordnung der Philosophischen Fakultät mit Rektor Escherich, regte Kisch einige Änderungen an[120], die ganz seinem sonstigen vorsichtigen und diplomatischen Vorgehen in diesen diffizilen Fällen entsprachen. So wurde daraufhin

[115] Brief KISCH an Dekan MEZGER vom 29.10.1933, *Erweiterung und Neuerrichtung von Seminaren, UAM L-VIII-2 Bd.4.*

[116] Dazu vgl. BÖHM, HELMUT, Von der Selbstverwaltung zum Führerprinzip. Die Universität München in den ersten Jahren des Dritten Reiches (1933 – 1936), Berlin 1995, S. 458ff.

[117] Brief KISCH an GERLAND vom 4.9.1933, *Nachlass GERLAND, BAK NL 10, Bd. 17.*

[118] Brief KISCH an GERLAND vom 5.7.1933, *Nachlass GERLAND, BAK NL 10, Bd. 17.*

[119] Vgl. z. B. Vorfälle nach dem Hitlerputsch, s. o. 2. Kapitel 2.4.1.

[120] Bericht Dekan SCHMAUSS an Mitglieder der Fakultät vom 14.11.1934, „Auf Wunsch des juristischen Beirats (Herrn Kisch), dem sich auch einige andere Kollegen anschlossen", *Nachfolger v. Wettstein, UAM OC-X-5d.*

ein wohl zu harsch empfundener Satz gestrichen[121] und ein anderer auf die ganze Universität hin erweitert:

> „Aber wir vermögen nicht stillschweigend die völlige Ausschaltung unseres Rates und unserer Erfahrung hinzunehmen, *umsomehr als der Fall an unserer Universität nicht vereinzelt liegt,* weil wir das starke Gefühl der Verantwortung um die Zukunft unserer Hochschule und der deutschen Wissenschaft nicht in uns zu unterdrücken vermögen."[122]

Trotz einer vorher gegebenen Zusage, die Erklärung an das Kultusministerium weiterzuleiten, nahm Rektor Escherich davon später Abstand, da er den Fall nicht mehr für solche Ausführungen geeignet hielt[123], so dass es nie zu einer Eingabe kam.[124]

1.3 Nationalsozialistische Universitätsreformen

Mit Fragen der Studien- und Hochschulreform im neuen Staat wurde Wilhelm Kisch ebenfalls befasst bzw. wurde von diesbezüglichen Maßnahmen betroffen. So wurde er z. B. zum Mitglied des universitätseigenen Ausschusses für die Reform der Hochschule berufen, der aus zwölf hauptsächlich nicht der Partei nahestehenden Professoren bestand, die sich alle schon früher mit Hochschulfragen beschäftigt hatten. Kisch war schon im Reformausschuss 1919 in und nach der Räterepublik gewesen, speziell bereits jahrelang in die Reformdiskussionen für das juristische Studium involviert und hatte dazu etliche Aufsätze publiziert.[125] Allerdings ist von der Arbeit des Universitätsreformausschusses, die eher in traditionell sachlichen Bahnen verlaufen sein soll, kein Ergebnis bekannt bzw. die Arbeit wurde ohnehin durch die Entwicklungen von außen überholt.[126]

Im Juni hatte die Juristische Fakultät noch turnusgemäß die Wahlen zu den akademischen Ämtern durchgeführt. Als Dekan des nächsten Jahres wurde Erwin Riezler bestimmt. Kisch wurde als Senator vorgeschlagen sowie zugleich als Vertrauensmann zur Rektorwahl neben Riezler.[127] Doch liefen im Hintergrund bereits die Vorbereitungen und Maßnahmen für die Gleichschaltung der Universitäten und die Aufhebung ihrer Selbstverwaltung. Mit Ministerialentschließung vom 28. Juni 1933 wurde angewiesen, den Rektor, die Senatoren und die Dekane nicht mehr zu wählen, weil eine

---

[121] „Es kann kein Zweifel darüber bestehen, daß bei der Auswahl des neu ernannten Ordinarius durch das Ministerium die fachliche Leistung und der wissenschaftliche Rang der in Betracht stehenden Gelehrten nicht ausschlaggebend gewesen sind." Siehe Bericht Dekan SCHMAUSS an Mitglieder der Fakultät vom 14.11.1934, *Nachfolger v. Wettstein, UAM OC-X-5d.*

[122] Bericht Dekan SCHMAUSS an Mitglieder der Fakultät vom 14.11.1934, *Nachfolger v. Wettstein, UAM OC-X-5d.*

[123] Brief Rektor ESCHERICH an Dekan SCHMAUSS vom 23.11.1934, *Nachfolger v. Wettstein, UAM OC-X-5d.*

[124] Näheres dazu vgl. BÖHM, HELMUT, Von der Selbstverwaltung zum Führerprinzip. Die Universität München in den ersten Jahren des Dritten Reiches (1933 – 1936), Berlin 1995, S. 466ff.

[125] S.o. und Schriftenverzeichnis im Anhang.

[126] BÖHM, HELMUT, Von der Selbstverwaltung zum Führerprinzip. Die Universität München in den ersten Jahren des Dritten Reiches (1933 – 1936), Berlin 1995, S. 100.

[127] Protokoll der Sitzung der engsten Fakultät vom 14.6.1933, *Protokolle JF 1910 – 1944, UAM L-V-2.*

Verfassungsänderung bevorstehe.[128] Mit Erlass der „Vorläufigen Vorschriften zur Vereinfachung der Hochschulverwaltung“ am 28. August 1933 wurde das Führerprinzip zum 15. Oktober 1933 eingeführt. Der Rektor wurde auf Vorschlag des Senats vom Kultusministerium bestimmt, und dieser wiederum ernannte die Senatoren und Dekane.[129] Kisch wurde nicht mehr zum Senator berufen, statt dessen vertraten Fritz van Calker und der zugleich zum Dekan ernannte Edmund Mezger die Juristische Fakultät. Auch das Prodekanat für das Studienjahr 1933/34 ging nicht wie sonst traditionell üblich an Kisch als scheidenden Dekan. Mit Ablauf der Amtszeit am 1. April 1934 wurde Mezger als Dekan erneut bestätigt und sollte selbst seinen ständigen Vertreter bestimmen. Mezger wollte zunächst Kisch oder Müller-Erzbach ernennen, sah aber nach Rücksprache mit dem Rektor davon ab und schlug den neuberufenen Otto Koellreutter vor, der dann auch vom Ministerium bestätigt wurde.[130] Kisch wollte diese Vorgänge später als Beweis für ein gegen ihn gehegtes Misstrauen der Nationalsozialisten gewertet wissen.[131] Seine Einschätzung war vermutlich z. T. zutreffend. Generell waren die Verantwortlichen nämlich darauf bedacht, dem Nationalsozialismus für gewöhnlich näherstehende jüngere Professoren[132] zu ernennen. Gerade von Otto Koellreutter erhoffte sich das Kultusministerium viel und wollte ihn deswegen wohl auch fördern.[133]

Dass Kisch nicht als überzeugter Nationalsozialist galt, ist nachvollziehbar. Er gehörte mit seinen knapp 60 Jahren der Generation der alten Ordinarien an, die tendenziell ohnehin als reaktionär verschrieen waren[134], hatte sich im Hinblick auf den Nationalsozialismus früher nie hervorgetan und war auch kein Parteimitglied. Sein Engagement in der Akademie für Deutsches Recht ab Mitte 1933 und seine Beziehungen zu Hans Frank scheinen ihm hier nichts genützt zu haben. Sein Alter allein kann es andererseits aber nicht gewesen sein, das seine erneute Ernennung verhinderte, da z. B. an seiner Stelle mit Fritz van Calker ein ebenfalls zu den älteren Fachvertretern zählender

---

128 Brief KISCH an GERLAND vom 5.7.1933, *Nachlass GERLAND, BAK NL 10, Bd. 17.*

129 WILLOWEIT, DIETMAR, Nationalsozialistische Hochschul- und Wissenschaftspolitik in Bayern, in: Tradition und Perspektive, 150 Jahre Bayrisches Kultusministerium, München 1997, S. 157ff; BÖHM, HELMUT, Von der Selbstverwaltung zum Führerprinzip. Die Universität München in den ersten Jahren des Dritten Reiches (1933 – 1936), Berlin 1995, S. 150ff.

130 Ebd. S. 162f. Kurzfristig scheinen KISCH und MÜLLER-ERZBACH aber die Vertretung innegehabt zu haben, denn in Abwesenheit MEZGERS kontaktierte im April 1934 die JF München wegen einer Anfrage der JF Halle zunächst KISCH und MÜLLER-ERZBACH, nicht aber KOELLREUTTER. Brief JF an Dekan MEZGER vom 25.4.1934, *Auskünfte in Berufungsfragen, UAM L-X-5 Bd. 4.*

131 KISCH, Verteidigungsschrift S. 16, *SpKA KISCH, StAM SpK K 880.*

132 GRÜTTNER, MICHAEL, Machtergreifung als Generationskonflikt. Die Krise der Hochschulen und der Aufstieg des Nationalsozialismus, in: VOM BRUCH/KADERAS, (Hrsg.), Wissenschaften und Wissenschaftspolitik: Bestandsaufnahmen zu Formationen, Brüchen und Kontinuitäten im Deutschland des 20. Jahrhunderts, Stuttgart 2002, S. 339 – 353.

133 BÖHM, HELMUT, Von der Selbstverwaltung zum Führerprinzip. Die Universität München in den ersten Jahren des Dritten Reiches (1933 – 1936), Berlin 1995, S. 163.

134 GRÜTTNER, MICHAEL, Machtergreifung als Generationskonflikt. Die Krise der Hochschulen und der Aufstieg des Nationalsozialismus, in: VOM BRUCH/KADERAS, (Hrsg.), Wissenschaften und Wissenschaftspolitik: Bestandsaufnahmen zu Formationen, Brüchen und Kontinuitäten im Deutschland des 20. Jahrhunderts, Stuttgart 2002, S. 339 – 353.

Kollege zum Senator ernannt worden war.[135] Völlig auszuschließen ist daher eine Auswirkung seiner Tätigkeit als Dekan nicht, in der er sich zwar als kooperativ gezeigt hatte, aber versucht hatte, nationalsozialistische Maßnahmen abzuwehren. Allerdings muss auch berücksichtigt werden, dass Kisch sich sicherlich nicht besonders für den Erhalt seiner Ämter eingesetzt haben wird, da ihm solche Verwaltungsgeschäfte immer schon eher lästig waren und nur kostbare Zeit beanspruchten.[136]

Die Universitätsreformen waren für Kisch nur die notwendige Folge der nationalsozialistischen Politik und sie erstaunten ihn nicht. Schon früh sah er ihre genaue Ausgestaltung voraus und erkannte, dass sie sich folgerichtig in den Zug der Entwicklung eingliedern würden: „Schwächung der Selbstverwaltung, straffe Zentralisierung, Stärkung des staatlichen Einflusses, namentlich staatliche Auswahl der Funktionäre."[137] Letztendlich schätzte Kisch die Reformen aber in gewissem Umfang zutreffend[138], doch nicht als so einschneidend ein:

> „Wir haben eine neue Universitätsverfassung erhalten, die auf dem sogenannten Führerprinzip aufgebaut ist, im übrigen aber, wenn die richtigen Persönlichkeiten bestimmt werden, materiell keine allzu starke Abweichung vom bisherigen Zustand zu bedeuten braucht."[139]

Trotzdem veränderte sich damit die Universität, und der Nationalsozialismus gewann immer mehr an Einfluss durch die Studenten- und Dozentenschaften. Die alte, Kisch vertraute Ordinarienuniversität verlor ihre Machtstellung.[140]

Die Juristische Fakultät, die gerade noch mit der alten Besetzung des Kultusministeriums über die neue Ausgestaltung des juristischen Studiums in Verhandlungen gestanden hatte, wurde Mitte April über das Kultusministerium mit Reformvorschlägen aus dem Justizministerium verbunden mit einer Denkschrift eines Parteifreundes Franks, dem Rechtsanwalt Rudolf Bechert, konfrontiert. Gefordert wurde die Zurückdrängung des römischrechtlichen und die Verstärkung des deutschrechtlichen Unterrichts sowie die Ausbildung in Rassenkunde.[141] Da Dekan Kisch und viele andere Fakultätsmitglieder in den Semesterferien waren, bat man um mehr Zeit für die sehr kurzfristig geforderte Stellungnahme.[142] Kisch schickte erst Anfang Juli 1933 eine von Leopold

---

[135] Vorlesungsverzeichnis der Universität München, Wintersemester 1933/34, München 1933.

[136] So z. B. Brief KISCH an MENDELSSOHN BARTHOLDY vom 15.5.1920, *Nachlass MENDELSSOHN BARTHOLDY, SBB PK Musikabt. Mendelssohnarchiv.*

[137] Brief KISCH an GERLAND vom 5.7.1933, *Nachlass GERLAND, BAK NL 10, Bd. 17.*

[138] WILLOWEIT, DIETMAR, Nationalsozialistische Hochschul- und Wissenschaftspolitik in Bayern, in: Tradition und Perspektive, 150 Jahre Bayrisches Kultusministerium, München 1997, S. 157ff.

[139] Brief KISCH an GERLAND vom 4.9.1933, *Nachlass GERLAND, BAK NL 10, Bd. 17.*

[140] GRÜTTNER, MICHAEL, Machtergreifung als Generationskonflikt. Die Krise der Hochschulen und der Aufstieg des Nationalsozialismus, in: VOM BRUCH/KADERAS, (Hrsg.), Wissenschaften und Wissenschaftspolitik: Bestandsaufnahmen zu Formationen, Brüchen und Kontinuitäten im Deutschland des 20. Jahrhunderts, Stuttgart 2002, S. 339 – 353.

[141] Schreiben BayKuMi an Dekanate der Juristischen Fakultäten vom 13.4.1933, *Studienreform 1930/33, UAM L-N-23d.*

[142] Schreiben Prodekan an BayKuMi vom 18.4.1933, *Studienreform 1930/33, UAM L-N-23d.*

Wenger und Rudolf Müller-Erzbach[143] sehr geschickt formulierte Erklärung gegen die Vorschläge.[144] Darin wurde das Römische Recht, vor allem auch die römische Rechtsgeschichte, als ein auch heute noch wichtiges und lehrreiches Fach verteidigt und sein Nutzen herausgestellt für den neuen Staatsaufbau und die internationale Verständigung im Rechtsbereich. Des weiteren wurde aber auch darauf hingewiesen, die konkrete Ausgestaltung des Unterrichts der Fakultät selbst zu überlassen. Die Kompetenz von Bechert zur Kritik wurde offen angezweifelt. Andererseits wurde diplomatisch auch die „wertvolle Unterstützung des Justizministeriums" im Kampf gegen Bestrebungen, die Universitäten zu „bloßen Fachschulen" umzugestalten, ausdrücklich betont.[145] Die Juristische Fakultät war auf eine Reformdiskussion vorbereitet, die bereits jahrelang im Raum stand. Die von Hans Frank angestrebte umfassende Reformierung erfolgte aber nicht, geändert wurden zunächst nur die Bestimmungen zur Universitätsschlussprüfung[146], die sich auf die Stundenpläne durch Aufnahme einer Pflichtvorlesung in Rassenhygiene und durch die Zurückdrängung des römisch-rechtlichen Unterrichts auswirkten.[147] Dass Kisch auch persönlich hinter der Fakultätserklärung zu den Änderungen und ihrer Argumentation vor allem im Hinblick auf die Zurückdrängung des römischen Rechts stand, ergibt sich neben seiner Unterschrift unter der Erklärung und deren Unterstützung u. a. auch aus einer Aussage im Rahmen eines Interviews mit einem Vertreter der Deutschen Studentenzeitung 1934:

> „Gerade wir als aufbauende Nation können ungeheuer viel vom Römischen Recht lernen. [...] Selbstverständlich lehne ich die Bedeutung von antiquarischen Kuriositäten ab. Wir sollen überhaupt aus der Geschichte für uns lernen, was nötig ist, und dabei gibt uns doch der aufbauende römische Staat von damals auch heute noch manche Richtlinie."[148]

Im selben Interview äußerte Kisch sich aber zugleich positiv über die neue Studentenerziehung mit ihrem Arbeitsdienst, Lagern, wehrsportlichen Übungen und politischer Schulung[149], und begrüßte diese „Aktivierung", denn schließlich solle das Studium auch Charaktererziehung sein und nicht nur wie früher oft „reine Geistesakrobatik". Besinnung auf die Grundzüge, daneben ausgiebige körperliche Ertüchtigung sei bei weitem besser. Auch von der Fachschaftsarbeit, die eine „fachlich-politische Schulung" bewirken sollte[150], zeigte er sich begeistert, denn sie ermögliche jedem Stu-

[143] Dankbrief Dekan KISCH an MÜLLER-ERZBACH und WENGER vom 10.7.1933, *AkDR, UAM L-N-3c.*

[144] Schreiben Dekan KISCH an BayKuMi vom 10.7.1933, *Studienreform 1930/33, UAM L-N-23d.*

[145] Denkschrift Juristische Fakultät zu Reformen, *Studienreform 1930/33, UAM L-N-23d.*

[146] Verordnung über die Vorbedingungen für den höheren Justiz- und Verwaltungsdienst vom 17.7.1933, BayGVBl 1933, S. 193.

[147] vgl. näheres BÖHM, HELMUT, Von der Selbstverwaltung zum Führerprinzip. Die Universität München in den ersten Jahren des Dritten Reiches (1933 – 1936), Berlin 1995, S. 223ff.

[148] KISCH im Interview mit KREIENBERG, ROLF, Vizepräsident Geheimrat Kisch: Wesen und Aufgaben der Akademie für Deutsches Recht. Eine Unterredung mit dem Gelehrten, in: Deutsche Studenten-Zeitung, Nr. 13 vom 28.6.1934, *BayHStA Sammlung Personen 5165.*

[149] BÖHM, HELMUT, Von der Selbstverwaltung zum Führerprinzip. Die Universität München in den ersten Jahren des Dritten Reiches (1933 – 1936), Berlin 1995, S. 281ff.

[150] BÖHM, HELMUT, Von der Selbstverwaltung zum Führerprinzip. Die Universität München in den ersten Jahren des Dritten Reiches (1933 – 1936), Berlin 1995, S. 316ff.

denten, sein Studium auf nationalsozialistischer Grundlage aufzubauen.[151] Kisch formulierte seine Antworten auf die verschiedenen Fragen sehr vorsichtig. Sie enthalten auch viele Gedanken, die er schon vor Jahren geäußert hatte z. B. zur Charaktererziehung als Aufgabe des Studiums. Nichtsdestotrotz war seine öffentlich kund gegebene Meinung pro-nationalsozialistisch eingefärbt. Sätze wie „stehe ich auf dem Standpunkt, daß er [der Student/S.A.] alle sieben Semester nationalsozialistischer Jurist sein soll", sprechen eine deutliche Sprache. Nach außen präsentierte er sich damit politisch angepasst.

Im Rahmen der Studienreformbestrebungen tauchte auch unweigerlich erneut die Zurückdrängung des Zivilprozessrechtsunterrichts auf, die schon mehrfach im letzten Jahrzehnt diskutiert worden war. Auch dieses Mal meldete Kisch sich mit einem inhaltlich seinen früheren Aussagen entsprechenden, streng sachlichen Aufsatz zu Wort und setzte sich für die Beibehaltung, wenn nicht sogar Erweiterung des akademischen Unterrichts im Zivilprozessrecht ein.[152] Der Zivilprozessrechtslehrer-Vereinigung, eigentlich berufenes Organ in dieser Angelegenheit, riet er allerdings von einer Stellungnahme zu diesem Thema ab, wohl wegen der nichtarischen Vorstandsmitglieder Rosenberg und Mendelssohn Bartholdy.

> „Völlig einig bin ich mit Ihnen darüber, daß unsere Prozeßvereinigung sich bei ihrer bekannten Zusammensetzung zur Zeit möglichst still und bescheiden verhalten sollte. Eine von ihr ausgehende Kundgebung würde, so fürchte ich, der Sache zunächst mehr schaden als nützen."[153]

Der Reformeifer ließ mit der Zeit nach bzw. wurde ohne große Beteiligung und Berücksichtigung der Rechtswissenschaftler in den Reichsministerien entschieden. Erst mit der neuen Justizausbildungsordnung vom 22. Juli 1934 bzw. den „Richtlinien für das Studium der Rechtswissenschaft" vom 18. Januar 1935 erfolgten reichsweit einschneidende Änderungen in der juristischen Ausbildung.[154]

---

[151] KISCH im Interview mit KREIENBERG, ROLF, Vizepräsident Geheimrat Kisch: Wesen und Aufgaben der Akademie für Deutsches Recht. Eine Unterredung mit dem Gelehrten, in: Deutsche Studenten-Zeitung, Nr. 13 vom 28.6.1934, *BayHStA Sammlung Personen 5165*.

[152] KISCH, Die Ausbildung im Zivilprozeßrecht, in: Deutsches Recht, 3. Jg. (1933) S. 203ff.

[153] Brief KISCH an GERLAND vom 2.8.1933, *Nachlass GERLAND, BAK NL 10, Bd. 17.* GERLAND war seit 1928 Mitglied im Vorstand der Vereinigung.

[154] BÖHM, HELMUT, Von der Selbstverwaltung zum Führerprinzip. Die Universität München in den ersten Jahren des Dritten Reiches (1933 – 1936), Berlin 1995, S. 415f.

2. Kischs Tätigkeit in der Akademie für Deutsches Recht

Eine eindeutigere Stellung im Hinblick auf den Nationalsozialismus bezog Wilhelm Kisch mit seiner Mitarbeit in der Akademie für Deutsches Recht.[155] Mit diesem Einsatz trat er aus der Menge der älteren Ordinarien hervor, die sich in der Regel nicht mehr so deutlich und öffentlich für den Nationalsozialismus einsetzten.[156] Kisch war vier Jahre lang als Vizepräsident unter Präsident Hans Frank für die Akademie tätig. Vier Gesichtspunkte verdienen dabei eine besondere Betrachtung. Zum einen seine Betitelung als „éminence grise" in der Literatur zur Akademie für Deutsches Recht[157], seine von vielen Zeitgenossen so bezeichnete Stellung als „Aushängeschild" der Akademie und als „Feigenblatt" Hans Franks[158], seine spätere Einschätzung als „gemäßigter Erneuerer" bei den nationalsozialistischen Reformdiskussionen[159] sowie seine Position als „Schlüsselfigur" der Verbindung Akademie für Deutsches Recht und Juristische Fakultät München.[160]

Kischs eigener Aussage nach wollte er mit seiner Tätigkeit eine gemäßigte Richtung der Rechtserneuerung unterstützen und zu radikale Reformen verhindern.[161] Sein engagierter Einsatz in den ersten Jahren lässt aber den Schluss zu, dass er trotz seiner mäßigenden Absichten der Idee einer Rechtsakademie, der völkischen Rechtserneuerung und damit dem nationalsozialistischen Staat zumindest am Anfang nicht ableh-

---

[155] LASCH, KARL, Die Akademie für Deutsches Recht, in: FRANK, HANS (Hrsg.), Nationalsozialistisches Handbuch für Recht und Gesetzgebung, München 1935, S. 1572ff; GAUWEILER, OTTO, Rechtseinrichtungen und Rechtsaufgaben der Gesamtbewegung, München 1939; WERHAN, WALTER/FENSCH, ELSA Bestand R 61, Akademie für Deutsches Recht, Findbücher zu Beständen des Bundesarchivs Bd. 9, 2. Auflage Koblenz 1976, S. I-XXIV; ANDERSON, DENNIS LEROY, The Academy for German Law, 1933 – 1944, New York 1987; PICHINOT, HANS-RAINER, Die Akademie für Deutsches Recht. Aufbau und Entwicklung einer öffentlich-rechtlichen Körperschaft des Dritten Reichs, Kiel 1981.

[156] GRÜTTNER, MICHAEL, Machtergreifung als Generationskonflikt. Die Krise der Hochschulen und der Aufstieg des Nationalsozialismus, in: VOM BRUCH/KADERAS, (Hrsg.), Wissenschaften und Wissenschaftspolitik: Bestandsaufnahmen zu Formationen, Brüchen und Kontinuitäten im Deutschland des 20. Jahrhunderts, Stuttgart 2002, S. 339 – 353.

[157] ANDERSON, DENNIS LEROY, The Academy for German Law, 1933 – 1944, New York 1987, S. 105.

[158] Brief Dr. FRITZ OSTLER an Prof. Dr. HERMANN NEHLSEN vom 12.01.1989, *Leopold-Wenger-Institut für Rechtsgeschichte, LMU.* Aktennotiz vom Gespräch NICOLAUS TURNER mit Dr. FRITZ OSTLER am 27.3.1991: „Hans Frank war ein unbedeutender Anwalt, daher diente ihm Kisch als Feigenblatt." *Privatbesitz NICOLAUS TURNER*; Gespräch mit ILSE TJADINA WEGNER vom 23.06.2003.

[159] So für seine Auffassung der Prozessrechtsreformen, POPP, HANS, Die nationalsozialistische Sicht einiger Institute des Zivilprozeß- und Gerichtsverfassungsrechts, Frankfurt am Main 1986S. 59; ähnlich SCHUBERT, WERNER, Einleitung, in: ders., (Hrsg.), Akademie für deutsches Recht 1933 – 1945, Protokolle der Ausschüsse, Bd. VI Zivilprozeß und Gerichtsverfassung, Frankfurt am Main 1997, S. 4.

[160] Auch BÖHM, HELMUT, Von der Selbstverwaltung zum Führerprinzip. Die Universität München in den ersten Jahren des Dritten Reiches (1933 – 1936), Berlin 1995, S. 382f bezeichnet ihn als „Vermittler".

[161] KISCH, Verteidigungsschrift S. 4ff, *SpKA KISCH, StAM SpK K 880.*

nend gegenüberstand[162], sondern ihm vielmehr positive Aspekte abgewinnen konnte. Sehr pathetisch, national und fast euphorisch sprach Kisch über die Akademie und deren Zweck der Rechtserneuerung z. B. auf einer Vollsitzung der Akademie im März 1934:

> „Mit dem Gefühl des Dankes und des Stolzes haben wir erlebt, daß die, die wir riefen, alle kamen mitzuschaffen an dem gemeinsamen Werke, durchdrungen von dem Gefühl, daß es eine Aufgabe von unerhörter Schönheit und Größe ist, unserem deutschen Volke, welches allen Schicksalsschlägen seiner Geschichte zum Trotz, aus der ungeschwächten Gesundheit seines Blutes, aus der frommen Einfalt seines Gemütes, aus der Kraft und Tiefe seines Wesens, aus der Fülle seiner reichen Gaben und aus dem Glauben an seine Gott gewollte Sendung immer wieder den Weg zum Aufstieg gefunden hat, diesem einzigartigen, in aller Schlichtheit herrlichem Volke ein Recht zu schenken, das seiner Art entspricht und seiner Größe würdig ist."[163]

2.1 Die Gründung der Akademie

Die Akademie für Deutsches Recht wurde am 26. Juni 1933 im Bayerischen Justizministerium auf Initiative des Hausherrn Hans Frank, zum damaligen Zeitpunkt Reichsjustizkommissar, Reichsleiter der Rechtsabteilung der NSDAP und Führer des Bundes Nationalsozialistischer Deutscher Juristen (BNSDJ)[164], unter Einbeziehung wirtschaftlicher und wissenschaftlicher Kreise gegründet. Zur konstituierenden Sitzung waren neben dem Reichsgeschäftsführer des BNSDJ Wilhelm Heuber, Karl Lasch[165], enger Mitarbeiter von Hans Frank, dem Bankier August von Finck, den Generaldirektoren Wilhelm Kißkalt und Wilhelm Arendts auch Wilhelm Kisch und von der Staatswirtschaftlichen Fakultät Otto von Zwiedineck-Südenhorst eingeladen.[166] Nach Franks nach dem Krieg in Haft im Rahmen der „Nürnberger Prozesse" niedergeschriebenen Erinnerungen hatte er seine Idee einer Rechtsakademie bereits im Vorfeld mit seinem von ihm sehr verehrten, früheren Rechtslehrer Wilhelm Kisch besprochen und die Sat-

---

[162] KISCH betonte nach dem Krieg noch die Verdienste der Rechtsakademie. KISCH, Fünfzig Jahre Bürgerliches Gesetzbuch, in: NJW, 3. Jg. (1950) S. 1ff.

[163] KISCH, Die bisherige Arbeit der Akademie für Deutsches Recht, 3. Vollsitzung vom 17. März 1934, in: JAkDR, 1. Jg. (1933/34) S. 164ff [171].

[164] Zum BNSDJ, 1936 umbenannt in NS-Rechtswahrerbund vgl. HEUBER, WILHELM, Der Bund Nationalsozialistischer Deutscher Juristen und die Deutsche Rechtsfront, in: FRANK (Hrsg.) Nationalsozialistisches Handbuch für Recht und Gesetzgebung, München 1935, S. 1566ff; GAUWEILER, OTTO, Rechtseinrichtungen und Rechtsaufgaben der Gesamtbewegung, München 1939; SUNNUS, MICHAEL, Der NS-Rechtswahrerbund 1928 – 1945. Zur Geschichte der nationalsozialistischen Juristenorganisation, Frankfurt am Main 1990.

[165] KARL LASCH, geb. 29.12.1904, Studium der Volkswirtschaft, Wintersemester 1931/32 Studium der Rechtswissenschaft in München, zugleich tätig bei der Allianz, ab 26.6.1933 Geschäftsführer der Akademie, 12.2.1934 Direktor der Akademie, Dez. 1934 Promotion unter unlauterer Heranziehung von Preisaufgaben aus der Akademie, 1936 Amtsleiter des Reichsrechtsamts, 28.10.1939 Gouverneur des Distrikts Radom, August 1941 Gouverneur des Distrikts Galizien, 9.5.1942 Anklage wegen Korruption, Devisenvergehen, Schiebergeschäften etc., 3.6.1942 hingerichtet auf Befehl Himmlers ohne Urteil, vgl. PRÄG/JACOBMEYER, (Hrsg.), Das Diensttagebuch des deutschen Gouverneurs in Polen 1939 – 1945, Stuttgart 1975, S. 949.

[166] Die Gründung am 26. Juni 1933, in: JAkDR, 1. Jg. (1933/34) S. 7.

zung ausgearbeitet[167], was von Kisch im Entnazifizierungsverfahren allerdings bestritten wurde. Kisch gab an, zuvor keinen Kontakt zu Hans Frank gehabt und in keiner Verbindung zu ihm gestanden zu haben, schon gar nicht in einem später immer wieder erwähnten engeren Lehrer-Schüler-Verhältnis aus den Münchner Studienzeiten Franks.[168] Dies kann nur insoweit richtig sein, als dass „kein Kontakt" sich rein auf Angelegenheiten der Akademie bezog, denn als Dekan hatte er zumindest Anfang Juni eine Unterredung mit Hans Frank über Berufungsfragen in der Juristischen Fakultät gehabt.[169] In Kischs privaten Briefen ist von der Akademie erstmals im Juli 1933 die Rede, Hinweise auf eine Tätigkeit seinerseits bereits im Vorfeld enthalten sie nicht, ebenso wenig wie die Berichterstattung zur Gründung im „Völkischen Beobachter", die die Vorarbeiten einem „engeren Führerstab" zuschreibt[170], so dass gerade im Hinblick auf die Entstehungssituation von Franks Erinnerungen Zweifel an seinen Aussagen gerechtfertigt sind. Außerdem bestanden vor der Gründungsversammlung wohl keine Satzungen, denn der organisatorische Teil der Gründung wurde ebendort Lasch übertragen und für eine Besprechung der Satzungen erst ein Termin im September in Aussicht gestellt.[171] Gründe, wieso Kisch privat das Wissen von und die Mitarbeit bei der Akademie für Deutsches Recht verschweigen sollte, insbesondere nach öffentlicher Bekanntgabe, sind nicht ersichtlich, allerdings hatte er z. B. die Gründungsversammlung in seinen Briefen auch nicht erwähnt.[172]

Zutreffend war aber, dass Frank zumindest Kisch sehr verehrte[173], ob nur aus den Gründen heraus, aus denen Kisch allgemein von seinen Studenten sehr verehrt wurde, nämlich wegen seiner Eigenschaft als hervorragender Lehrer und väterlicher Freund[174] oder ob sich diese Verehrung auch auf ein besonders positiv hervorstechendes Übungszeugnis von Kisch unter Franks ansonsten nur mittelmäßigen Studienzeugnissen begründete[175], muss offen bleiben. Allein diese Verehrung dürfte aber kaum der einzige Grund für die Einladung an Kisch gewesen sein, der seinerseits diese nur auf seine Eigenschaft als damaliger Dekan zurückführte[176], wobei sein ebenfalls eingela-

---

[167] FRANK, HANS, Im Angesicht des Galgens, München 1953, S. 176, „Ich schrieb meinem verehrten Lehrer, Geheimrat Kisch, entwickelte ihm meine Idee und in einer ersten gemeinsamen Besprechung legten wir die Satzungen einer solchen Akademie fest."

[168] KISCH, Verteidigungsschrift, S. 1, *SpKA KISCH, StAM, SpK K 880.*

[169] Vgl. oben 3. Kapitel, 1.2.

[170] Der Bericht „Die Akademie für Deutsches Recht gegründet" im Völkischen Beobachter vom 28. Juni 1933, Nr. 179 bleibt diesbezüglich auch vage, da er schreibt: „Die Vorarbeiten wurden im wesentlichen von dem engeren Führerstab geleistet." KISCH findet in dem Bericht namentlich überhaupt keine Erwähnung.

[171] Die Gründung am 26. Juni 1933, in: JAkDR, 1. Jg. (1933/34) S. 9.

[172] DENNIS LEROY ANDERSON, in "The Academy for German Law, 1933 – 1944" , New York 1987, S. 45ff geht unter Bezugnahme auf diese Stelle bei FRANK von einer maßgeblichen Mitarbeit vor und in den ersten Monaten nach der Gründung aus.

[173] FRANK, HANS, Im Angesicht des Galgens, München 1953, S. 176.

[174] Vgl. dazu 2. Kapitel 2.1 Der Lehrer Wilhelm Kisch.

[175] *Nachlass HANS FRANK, BAK NL 110, Bd. 7* enthält ein Zeugnis von KISCH vom 26.2.23 für FRANK: Übungen im Bürgerlichen Recht für Vorgerückte mit schriftlichen Arbeiten „mit vorzüglichem Eifer und Erfolg besucht", Zensur für zwei schriftliche Arbeiten: „vorzüglich". Sonstige im Nachlass enthaltene Zeugnisse FRANKS waren alle schlechter ausgefallen.

[176] KISCH, Verteidigungsschrift, S. 1, *SpKA KISCH, StAM, SpK K 880.*

dener Kollege aus der Staatswirtschaftlichen Fakultät Otto Zwiedineck-Südenhorst zu dem Zeitpunkt nicht Dekan seiner Fakultät war. Frank, bis zur Machtübernahme durch Hitler zwar ein treuer Parteigenosse, aber nur ein mittelmäßiger Anwalt, brauchte für die von ihm angestrebten Zwecke ein „Aushängeschild", eine Person mit großem wissenschaftlichem Renommee und Einfluss in der juristischen Welt. Sowohl innerhalb als auch außerhalb der Akademie scheint diese Erklärung weit verbreitet gewesen zu sein.[177] Diesen Anforderungen entsprach Kisch nun auf das Beste. Gerade bei den Professoren, insbesondere bei den älteren Ordinarien, die dem Nationalsozialismus bisher größtenteils skeptisch gegenübergestanden waren und gegenüberstanden[178], musste Kisch als unpolitischer und bis zu diesem Zeitpunkt auch rein wissenschaftlich orientierter Kollege Vorbild- und Integrationswirkung entfalten und die Akademie als wissenschaftliche Einrichtung legitimieren.[179] Für die jüngeren, oftmals aber nicht nur aus Karrieregründen dem Nationalsozialismus wesentlich näherstehenden Fachvertretern[180], war er zumindest noch eine zu respektierende Größe, und auch in der Rechtspraxis war Kisch als akademischer Lehrer und als Versicherungs- und Patentrechtler mit seiner Gutachtertätigkeit in der Wirtschaft eine angesehene Persönlichkeit. Dass dieser Plan aufging, belegt ein Auszug aus einem Artikel zu seinem 60. Geburtstag im Dezember 1934:

> „Wenn die Akademie für Deutsches Recht nunmehr vor dem In- und Ausland eine unbestrittene Stellung als Stätte unbestechlicher, sachlich wertvoller Forschung und Rechtsschöpfung im Sinne der nationalsozialistischen Weltanschauung einnimmt, so dankt sie dies nicht zuletzt dem Ansehen und der Persönlichkeit ihres Vizepräsidenten."[181]

Hans Frank führte in der Gründungsversammlung aus:

[177] Niederschrift der Sitzung der Klassensekretäre der AkDR vom 19. – 21.3.1937: Passage zur umgehenden Neubesetzung von Wilhelm Kischs Position nach seinem Rücktritt: „Zum andern, weil die Akademie zu ihrer Repräsentation nach aussen in Unterstützung des Präsidenten einer allgemein anerkannten und angesehenen Persönlichkeit des wissenschaftlichen Lebens bedarf."; *BAB AkDR R 61, 71*; Brief Dr. FRITZ OSTLER an Prof. Dr. HERMANN NEHLSEN vom 12.01.1989, *Leopold-Wenger-Institut für Rechtsgeschichte, LMU;* Gespräch mit ILSE TJADINA WEGNER vom 23.06.2003.

[178] GRÜTTNER, MICHAEL, Machtergreifung als Generationskonflikt. Die Krise der Hochschulen und der Aufstieg des Nationalsozialismus, in: VOM BRUCH/KADERAS, (Hrsg.), Wissenschaften und Wissenschaftspolitik: Bestandsaufnahmen zu Formationen, Brüchen und Kontinuitäten im Deutschland des 20. Jahrhunderts, Stuttgart 2002, S. 339 – 353.

[179] PETER LANDAU beschreibt KISCHS Wirkung bei der Proklamation der Akademie auf dem Juristentag wie folgt: „Es wirkte beruhigend, wenn ein Geheimrat wie Wilhelm Kisch erklärte, daß in der Akademie ‚Männer der Rechtswissenschaft prüfen würden, was aus dem Schatz alten deutschen Rechtsguts der Gegenwart erhalten oder wiedergegeben werden könne'." LANDAU, PETER, Die deutschen Juristen und der nationalsozialistische Juristentag in Leipzig 1933, in: Zeitschrift für neuere Rechtsgeschichte, 16. Jg. (1994) S. 370ff [386].

[180] GRÜTTNER, MICHAEL, Machtergreifung als Generationskonflikt. Die Krise der Hochschulen und der Aufstieg des Nationalsozialismus, in: VOM BRUCH/KADERAS, (Hrsg.), Wissenschaften und Wissenschaftspolitik: Bestandsaufnahmen zu Formationen, Brüchen und Kontinuitäten im Deutschland des 20. Jahrhunderts, Stuttgart 2002, S. 339 – 353.

[181] Wilhelm Kisch, 60. Geburtstag, in: MNN vom 12.12.1934, Nr. 346, *SpKA KISCH, StAM SpK K 880.*

„Es besteht ein dringendes staatspolitisches Bedürfnis für eine Organisation, welche die Erneuerung des Deutschen Rechts im Sinne der nationalsozialistischen Weltanschauung nach den Grundsätzen strenger wissenschaftlicher Methode vorzubereiten berufen ist. Ich habe mich daher entschlossen eine Akademie für Deutsches Recht ins Leben zu rufen."[182]

Die Anwesenden sagten ihre Unterstützung zu und wurden aufgefordert, aus ihrem Berufskreis geeignete Persönlichkeiten zur Mitarbeit an der Akademie zu benennen. Die Anzahl der Mitglieder aus Praxis und Theorie sollte beschränkt sein, um einen gewissen elitären Charakter zu wahren, und ihre Arbeit sollte in Ausschüssen streng nach dem Führerprinzip erfolgen. Im Gründungsprotokoll wurde als Zweck der Akademie „die Zusammenfassung und Führung aller rechts- und staatswissenschaftlichen Lehrkräfte und die Neugestaltung der rechts- und staatswissenschaftlichen Lehrweisen und Lehrmittel" z. B. durch Einflussnahme auf die Berufungen der Lehrkräfte oder ihre Schulung in nationalsozialistischer Weltanschauung genannt.[183] Die später hauptsächlich rechtspolitische Ausrichtung mit aktiver Mitarbeit durch Gutachten und Stellungnahmen an der Gesetzgebung war aber ebenfalls schon fester Bestandpunkt der Planungen.[184] Zur leichteren Erfüllung dieser Aufgaben sollten als erstes alle rechts- und staatswissenschaftlichen Fakultäten der deutschen Hochschulen eingegliedert werden.[185] Die Finanzierung der Akademie sollte durch Spenden aus einem „Gönnerkreis aus Wissenschaft, Wirtschaft und Staatsführung" gesichert werden.[186]

2.2 Kischs „Werbemaßnahmen" und Aufbauarbeit für die Akademie in der Gründungsphase

Kischs dokumentierte Mitarbeit, abgesehen von der Anwesenheit auf der Gründungsversammlung, begann bereits im Juli 1933 und intensivierte sich über den Sommer immer mehr. Frank bezog Kisch zunächst vor allem in die Rekrutierung der Hochschullehrer mit ein und übergab ihm damit eine Aufgabe, die Kischs Stellung als „Aushängeschild" bestätigte. Darüber hinaus wurde er auch in die Planung der konkreten Ausgestaltung integriert. Frank baute Kisch kontinuierlich als zweiten Mann hinter sich und als Vertreter der Wissenschaft in der Akademie auf, was darin gipfelte, dass Kisch sogar die Eingangsrede zur Proklamation der Akademie für Deutsches Recht auf dem Deutschen Juristentag in Leipzig im Oktober 1933 hielt. Von da ab war der Schritt zum Stellvertreter Franks in der Akademie nicht mehr weit und geradezu vorgezeichnet.

2.2.1 Beitritt der Münchner Juristischen Fakultät

Kischs erster Beitrag in der Aufbauarbeit war die Gewinnung der Unterstützung der Juristischen Fakultät München für die Akademie. Ein Vertreter Franks war am 7. Juli 1933 an Kisch herangetreten und hatte ihm in dessen Auftrag mitgeteilt, dass Frank

[182] Die Gründung am 26. Juni 1933, in: JAkDR, 1. Jg. (1933/34) S. 7ff.
[183] Akademie für Deutsches Recht, in: Deutsches Recht, 3. Jg. (1933) S. 91f.
[184] Die Gründung am 26. Juni 1933, in: JAkDR, 1. Jg. (1933/34) S. 7ff; Die Akademie für Deutsches Recht gegründet, in: Völkischer Beobachter vom 28. Juni 1933, Nr. 179.
[185] Ebd.
[186] Akademie für Deutsches Recht, in: Deutsches Recht, 3. Jg. (1933) S. 91f.

größten Wert auf die Mitarbeit der Fakultäten in der Akademie lege.[187] Daraufhin muss Kisch schnell gehandelt und seine Kollegen überzeugt haben, soweit sie überhaupt einer Überzeugung bedurften, denn die Rechtswissenschaftliche und zugleich auch die Staatswirtschaftliche Fakultät der Universität München erklärten bereits am 8. Juli 1933 als erste Fakultäten Deutschlands ihre uneingeschränkte Bereitschaft zur Mitarbeit an der Akademie für Deutsches Recht.[188] Als Erklärung gaben sie an, dass sie sich der „Mitwirkung an den Aufgaben jener Organisation nicht glaubten entziehen zu sollen“[189]; eine Begründung, die Kisch auch persönlich propagierte, denn so schrieb er privat dazu an Gerland:

> „Ich bin der Meinung, daß wir uns als Wissenschaftler der Mitarbeit in einer solchen Organisation nicht versagen können, und demgemäß hat meine Fakultät ebenso wie die hiesige Staatswirtschaftliche, ihre Bereitschaft kundgegeben. Die gleiche Frage wird wohl in nächster Zeit an die übrigen rechtswissenschaftlichen Fakultäten herantreten und ich bin persönlich der Meinung, daß sie sämtlich beitreten werden.“

Dass Kisch in seiner offiziellen Eigenschaft als Dekan selbst dabei mithelfen und die anderen deutschen Fakultäten kontaktieren würde, war zu diesem Zeitpunkt anscheinend noch nicht geplant, sollte sich aber bald zeigen. Letztendlich bedeutete der Beitritt der Fakultäten eigentlich nach dem bisherigen Zweck der Akademie an der eigenen Entmachtung mitzuwirken[190], denn schließlich wollte die Akademie maßgeblich Einfluss auf bis dahin der vor allem den Fakultäten unterliegenden Rechte und Aufgaben wie z. B. Berufungsvorschläge oder Lehrmethoden nehmen. Wie wertvoll diese Bereitschaft zur Zusammenarbeit für Franks Planungen war, zeigte seine Antwort auf den Beitritt:

> „Daß sich die juristische Fakultät München geschlossen bereit erklärt hat, der Einladung der Akademie für deutsches Recht Folge zu leisten und an deren Aufgaben nach besten Kräften sachlich mitzuarbeiten, ist für den Juristenbund eine große Freude deshalb, weil München nach dem Wunsche des Führers der NSDAP Vorort des wissenschaftlichen Kampfes um die Rechtsreform sein soll. Die Münchner juristische Fakultät wird daher an den Aufgaben der Akademie für Deutsches Recht ganz besonders beteiligt sein.“[191]

2.2.2 Reichsweite Mobilisierung der rechtswissenschaftlichen Fakultäten

Kisch schickte im August in seiner Eigenschaft als Dekan ein Rundschreiben an die anderen rechtswissenschaftlichen Fakultäten des Reiches. Darin lud er sie, im Namen und Auftrag Franks, zum Beitritt zur Akademie für Deutsches Recht ein.[192] Wie seine

[187] Brief KISCH an GERLAND vom 9.7.1933, *Nachlass GERLAND, BAK NL 10, Bd. 17.*
[188] Brief Dekan KISCH an Bayerisches Justizministerium vom 10.7.1933 mit Bestätigung der Drahtung vom 8.7.1933, *AkdR, UAM L-N-3c*; Dankbrief FRANK an Staatswirtschaftliche Fakultät vom 10.7.1933, *AkdR, UAM M-N-3c.*
[189] Brief Dekan KISCH an Dekan der JF Tübingen vom 17.7.1933, *AkdR, UAM L-N-3c.*
[190] PICHINOT, HANS-RAINER, Die Akademie für Deutsches Recht. Aufbau und Entwicklung einer öffentlich-rechtlichen Körperschaft des Dritten Reichs, Kiel 1981, S. 9.
[191] Brief FRANK an Dekan KISCH vom 10.7.1933, *BNSDJ, UAM L-N-3b.*
[192] Rundschreiben Dekan KISCH an rechtswissenschaftliche Fakultäten vom 18.8.1933, *AkDR, UAM L-N-3c.*

privaten Briefe auch in diesem Zusammenhang bezeugen, entsprach der Inhalt der Schreiben seiner persönlichen Ansicht.[193] Kisch hielt es für eine Pflicht mitzuarbeiten und sah darin wohl die Möglichkeit, der Wissenschaft, die seinen bisherigen Erfahrungen nach z. B. in der Zivilprozessrechtslehrer-Vereinigung beim ZPO-Entwurf von 1931 oder bei verschiedenen Studienreformbestrebungen, so wenig Berücksichtigung und Anerkennung erfahren hatte, maßgeblichen Einfluss zu verschaffen, so dass „in Gesetzgebung, Verwaltung und namentlich auch Rechtsunterricht Ersprießliches herauskommen mag". Es sollte das Bestreben der Hochschullehrer sein, „in der neuen Organisation festen Fuß zu fassen, damit nichts Wichtiges ohne oder gar gegen uns zustande kommt." Deswegen sah er es als Pflicht an, sich für die Akademie in der Anfangsphase einzusetzen, damit die Hochschullehrer „als Vertreter der Wissenschaft die ersten sind, die als Mitarbeiter in Betracht kommen."[194] In seinem Rundschreiben legte Kisch nochmals ausführlich die immer umfassenderen Ziele der Akademie dar, die neben der Rechtsreform „unter Hervorkehrung des deutschrechtlichen Gedankenguts", Begutachtung von Gesetzesentwürfen, die Reform des Rechtsunterrichts „unter Betonung des erziehlichen Gesichtspunktes und unter Anstrebung der besten Auslese nach geistigen und charakterlichen Merkmalen", auch die Pflege von Auslandsbeziehungen, Wissenschaftsförderung, Gutachter- und Beratertätigkeit vorsahen. Er appellierte an das Pflichtbewusstsein und stellte fest, dass man sich seines Erachtens als Rechtsfakultät nicht der Pflicht entziehen könne, den eigenen „sachkundigen Einfluss in die Wagschale zu werfen". Außerdem stellte er den Fakultäten als praktischen Vorteil die Geltendmachung von Einfluss vermittels der Akademie auf Lehrstuhlbesetzungen und Lehrpläne in Aussicht. [195] Zum Schluss sprach er noch das heikle Thema der Parteizugehörigkeit an, das die Gemüter der sich größtenteils unpolitisch verstehenden und generell parteipolitische Bindungen meidenden[196] Professorenschaft bewegte.[197] Er legte klar, dass auch bei korporativem Beitritt der Fakultät zur Akademie der persönliche Beitritt der einzelnen Hochschullehrer zum BNSDJ erwartet werde, wobei dafür die Parteizugehörigkeit keine Voraussetzung sei, „wohl aber die weltanschauliche Verbundenheit mit deren Programm".[198] Gerade auf diesen Satz im Rundbrief berief sich später ein Kollege von ihm an der Universität Göttingen, Herbert Meyer, um einer Aufforderung zum Beitritt zur NSDAP nicht Folge leisten zu müssen.[199] Kisch selbst weigerte sich ebenfalls vehement, der Partei beizutreten und erfuhr deswegen später seinen Aussagen nach als Vizepräsident verstärkt Anfeindungen.[200] Im Programm des

[193] In mehreren Briefen von KISCH an GERLAND spricht er von einer Pflicht der Wissenschaftler zum Beitritt zur Akademie und auch zum BNSDJ. KISCH an GERLAND vom 9.7., 4.9. und 13.9.1933, *Nachlass GERLAND, BAK NL 10, Bd. 17.*

[194] Brief KISCH an GERLAND vom 4.9.1933, *Nachlass GERLAND, BAK NL 10, Bd. 17.*

[195] Rundschreiben Dekan KISCH an rechtswissenschaftliche Fakultäten vom 18.8.1933, *AkDR, UAM L-N-3c.*

[196] HEIBER, HELMUT, Universität unterm Hakenkreuz. Teil 1 Der Professor im Dritten Reich, München 1991, 35ff.

[197] Brief Dekan KISCH an Dekan JF Tübingen vom 17.7.1933. KISCH machte darin auf Anfrage seines Kollegen zu diesem Punkt schon Ausführungen mit ähnlichem Inhalt. *AkDR, UAM L-N-3c.*

[198] Rundschreiben Dekan KISCH an rechtswissenschaftliche Fakultäten vom 18.8.1933, *AkDR, UAM L-N-3c.*

[199] BECKER/DAHMS/WEGELER, Die Universität Göttingen unter dem Nationalsozialismus. Das verdrängte Kapitel ihrer 250jährigen Geschichte, München 1987, S. 98.

[200] KISCH, Verteidigungsschrift, S.13, *SpkA KISCH, StAM, SpK K 880.*

Deutschen Juristentags in Leipzig im Herbst 1933 wurde sein Name zwar mit dem Kürzel „Pg.“ für Parteigenosse abgedruckt[201], ein Eintritt in die Partei ist aber nie erfolgt.[202] Mitglied des BNSDJ wurde er Anfang 1934.[203] Im Schlusssatz erinnerte Kisch seine Kollegen nochmals an die auch bei den Professoren als Beamte bestehende Treuepflicht und traditionelle Loyalität[204], als er schrieb, der Betritt dürfe „umso mehr erwartet werden, als die deutschen Rechtslehrer kraft ihres Amtes verpflichtet sind, dem Staate zu dienen, der nunmehr der totale auf nationalsozialistischer Grundlage ist.“[205] Damit brachte er aber auch einen seiner persönlich wichtigsten Gründe für seine Mitarbeit zum Ausdruck, die Pflicht eines Beamten, seinem Staat zu dienen und bei der Erfüllung seiner Aufgaben, hier der Rechtserneuerung, zu unterstützen.[206]

Mit diesem Einsatz war Kisch mit der Münchner Juristischen Fakultät im Hintergrund sowohl Vorreiter als auch eine Art Werbeträger für die Akademie und damit an der Mobilisierung der entsprechenden Fakultäten der anderen deutschen Universitäten zur Mitarbeit beteiligt. Zahlreiche Antwortbriefe gingen auf das Rundschreiben ein, worin entweder die Mitarbeit zugesagt oder auch der bereits vollzogene Beitritt bestätigt wurde.[207]

Im Namen und Auftrag von Frank übernahm Kisch in der Folgezeit auch die Organisation einer Sondertagung der Dekane der rechts- und staatswissenschaftlichen Fakultäten des Reiches für den in Leipzig vom BNSDJ geplanten Deutschen Juristentag vom 30. September bis 3. Oktober 1933, auf dem die offizielle Proklamation der Akademie für Deutsches Recht stattfinden sollte. Dadurch wurde Kisch, wenn auch in anderer Form und von anderen Veranstaltern doch noch in die Organisation des Juristentages 1933 involviert, der ursprünglich, wie schon 1932 traditionell vom Verein „Deutscher Juristentag“ geplant, 1933 in München stattfinden sollte und für den in München auch bereits ein Organisationsausschuss u. a. mit Kisch gebildet worden war. [208] Diese Veranstaltung war aber im Vorfeld von der Ständigen Deputation des Deutschen Juristentages, der seine Tätigkeit während des Nationalsozialismus einstellte, vertagt worden[209], da man es offiziell nicht für angebracht erachtete, „inmitten einer

[201] Einladung zum Deutschen Juristentag, 4. Reichstagung des BNSDJ in Leipzig, 30. September – 3. Oktober 1933, *Einladungen zu Kongressen, UAM L-N-12a.*

[202] Meldebogen vom 4.5.1946, *SpkA KISCH, StAM, SpK K 880.*

[203] Schreiben Dekan MEZGER an Gauobmann STOCK vom 20.10.1933 betreffs Einreichung der Aufnahmegesuche von KISCH, MEZGER und EXNER für den BNSDJ, *BNSDJ, UAM L-N-3b.*

[204] HEIBER, HELMUT, Universität unterm Hakenkreuz. Teil 1 Der Professor im Dritten Reich, München 1991, S. 37.

[205] Rundschreiben Dekan KISCH an rechtswissenschaftliche Fakultäten vom 18.8.1933, *AkDR, UAM L-N-3c.*

[206] Dieser Anschauung war KISCH auch nach seinem eigenen Ausscheiden immer noch. Vgl. KISCH, Der deutsche Rechtslehrer, München 1939, S. 68.

[207] Diverse Antwortbriefe, z. B. JF Köln vom 15.9.1933, „Beitritt vollzogen auf Anregung vom 18.8.1933 hin“, *AkDR, UAM L-N-3c.*

[208] Niederschrift über die Vorbesprechung für den Deutschen Juristentag am 13.12.1933, *Stadtarchiv München Bürgermeister und Rat Nr. 841.*

[209] Vgl. zum DJT und zum Juristentag 1933, LANDAU, PETER, Die deutschen Juristen und der nationalsozialistische Juristentag in Leipzig 1933, in: Zeitschrift für neuere Rechtsgeschichte, 16. Jg. (1994) S. 373 – 390.

noch völlig im Fluss befindlichen, grundlegenden Umgestaltung des deutschen Staats- und Rechtslebens einen juristischen Kongress rein wissenschaftlichen Charakters abzuhalten".[210] Kisch sah im Hinblick auf die aktuellen Fragen der Rechtsreform, der Studienreform, der Mitarbeit an der Akademie für Deutsches Recht und der Lehrstuhlbesetzungen eine dringende Notwendigkeit für ein solches Treffen der Dekane.[211] Da, wie zunächst geplant, keine Zeit für eine Sachdiskussion im Rahmen der Sondertagung blieb, sondern der Inhalt sich im Laufe der Organisation darauf reduzierte, „die Bereitwilligkeit der deutschen Rechts- und Staatswissenschaftlichen Fakultäten zur Mitarbeit an den Aufgaben des neuen Staates feierlich kundzugeben", schlug er in seinen Rundschreiben ein inoffizielles Treffen der Dekane während des Juristentages vor.[212] Wegen des engen Zeitplans wurde für die Sondertagung im Endeffekt nur ein zeitlicher Rahmen von einer Viertelstunde eingerechnet, innerhalb der auf Wunsch der Veranstalter nur Kisch als Vertreter der Dekane eine kurze Ansprache halten sollte.[213]

2.2.3 Organisatorische Konzeption der Akademie und ihre Umsetzung

Im Laufe des Sommers verstärkte sich Kischs Mitarbeit an der Akademie zunehmend. Er arbeitete zusammen mit Frank und Lasch, wie von ersterem angekündigt[214], auch am inneren Aufbau und der konkreten Ausgestaltung der Akademie.[215] In einem Manuskript „Bemerkungen über die Organisation der Akademie für Deutsches Recht"[216] vom 14. September 1933 machte Kisch genaue Ausführungen zu seinen Vorstellungen einer Organisation der Akademie. Bereits der erste Satz, aus dem er dann weitere Folgerungen entwickelte, zeigt deutlich seine Einstellung:

> „Die Akademie muß nach dem Totalitätsgrundsatz nicht nur die umfassendste, sondern im Interesse ihrer Durchschlagskraft und im Interesse der Vermeidung von Doppelarbeit die alleinige Organisation für die gemeinsame Pflege des deutschen Rechts und der deutschen Wirtschaft sein."[217]

Dazu schlug Kisch als erstes die Auflösung der bestehenden wissenschaftlichen Vereinigungen wie der Vereinigung der Staatsrechtslehrer, der Handelsrechtslehrer oder

---

[210] Brief Ständige Deputation des DJT an Oberbürgermeister FIEHLER vom 6.5.1933, *Stadtarchiv München Bürgermeister und Rat Nr. 841.*

[211] Dekan KISCH an Dekane der rechts- und staatswissenschaftlichen Fakultäten vom 8.9.1933, *Einladungen zu Kongressen, UAM L-N-12a.*

[212] Dekan KISCH an Dekane der rechts- und staatswissenschaftlichen Fakultäten vom 18.9.1933 und 23.9.1933, *Einladungen zu Kongressen, UAM L-N-12a.*

[213] Dekan KISCH an Dekane der rechts- und staatswissenschaftlichen Fakultäten vom 26.9.1933, *Einladungen zu Kongressen, UAM L-N-12a.*

[214] „Ich werde mir erlauben, mich gelegentlich mit Ihnen, hochverehrter Herr Geheimrat, wegen des Ausbaues der Akademie für deutsches Recht in Verbindung zu setzen. Genehmigen Sie den Ausdruck meiner vorzüglichsten Hochachtung. Ihr ergebenster Hans Frank", Brief FRANK an Dekan KISCH vom 10.7.1933, *BNSDJ, UAM L-N-3b.*

[215] ANDERSON, DENNIS LEROY, The Academy for German Law, 1933 – 1944, New York 1987, S. 47ff.

[216] *BAB AkDR R 61, 5.*

[217] KISCH, Bemerkungen über die Organisation der Akademie für Deutsches Recht, S. 1, *BAB AkDR R 61, 5.*

auch der von ihm mitbegründeten Vereinigung Deutscher Zivilprozeßrechtslehrer und die Eingliederung ihrer Mitglieder in die Akademie vor, ebenso wie die Einverleibung der einzelnen Juristischen Gesellschaften. Er forderte darüber hinaus eine straff organisierte und zentralisierte Struktur und sah die Letztentscheidungskompetenz in Verwaltungs-, aber auch rechtlichen Sachfragen ganz der nationalsozialistischen Ideologie entsprechend beim Führer der Akademie, also bei Frank. Um nach außen eine starke Einheit zu verkörpern, sollte unter allen Umständen vermieden werden, dass widersprüchliche Äußerungen und auch solche, die nicht von den einzelnen Fachvertretern verantwortet werden könnten, an die Öffentlichkeit gelangen könnten. Dazu sollten nur „verantwortliche Mitglieder" in maßgebliche Stellungen kommen, die sowohl ihrerseits eine sorgfältige Personalauswahl treffen sollten als auch eine einheitliche Linie verfolgen.[218] Diese sehr restriktive, nach Zensur klingende Forderung schränkte Kisch etwas weiter hinten in seinem Bericht allerdings auf „rechtspolitische und gesetzgeberische Vorschläge, die unter der Autorität der Akademie" veröffentlicht werden sollten, ein und betonte nochmals die wissenschaftliche Selbständigkeit der Mitglieder.[219] Kisch schlug als Einteilung der Akademie verschiedene Fachgruppen vor, die jeweils ein Rechtsgebiet bearbeiten würden, und gemäß ihrer Verantwortung auch verschiedene Arten von Mitgliedern aus Wissenschaft und Praxis. Darüber hinaus regte er die Bildung eines Kuratoriums aus prominenten Vertretern aus Politik, Wirtschaft, Wissenschaft, der juristischen Praxis an, das nach außen eine breite Zustimmung in diesen Kreisen vermitteln und wohl auch für Spenden und Stiftungen zur Finanzierung der Akademie sorgen sollten. Die Akademie sollte mit diesem Konzept unter eine straffe wissenschaftliche und auch organisatorische Führung gestellt werden.

Einige von Kischs Ideen und Vorschlägen, die z. T. nicht originär von ihm stammten[220], immerhin aber von ihm mitbefürwortet wurden, fanden dann auch so oder in ähnlicher Form Niederschlag in der Satzung der Akademie, die schließlich dem von Frank initiierten Gesetz zur Verleihung der Rechte einer öffentlichen Körperschaft in Bayern vom 22. September 1933[221] beigefügt war. So gab es z. B. einen kuratoriumsähnlichen Führerrat und vier Arten von Mitgliedern, von ordentlichen, außerordentlichen über fördernde zu korrespondierenden, je nach Grad der Einbindung und Verantwortung.[222] Auch der Forderung nach verantwortlichen Mitgliedern wurde später bei der Besetzung der Positionen Rechnung getragen, wenn das auch vielleicht von Kisch nicht unbedingt im Sinne von nationalsozialistischer Zuverlässigkeit gemeint gewesen war. In politisch sensiblen Bereichen wie dem Öffentlichen Recht und dem Strafrecht wurden zuverlässige, dem Nationalsozialismus deutlich nahestehende Per-

[218] Ebd. S. 2.
[219] Ebd. S. 7.
[220] Z. B. das Führerprinzip als Organisationsform war ja vorgegeben und bereits auf der Gründungsversammlung verkündet worden. Vgl. Die Gründung am 26. Juni 1933, in: JAkDR, 1. Jg. (1933/34) S. 7ff.
[221] BayGVBl. 1933/34, S. 277.
[222] ANDERSON, DENNIS LEROY, The Academy for German Law, 1933 – 1944, New York 1987, S. 47ff.

sonen wie Helmut Nicolai[223] und Roland Freisler[224] als Abteilungsleiter berufen.[225] Nachdem zunächst noch mehr Betonung auf die Gleichschaltung der rechts- und staatswissenschaftlichen Fakultäten und die Reformierung der rechts- und staatswissenschaftlichen Ausbildung im nationalsozialistischen Sinne gelegt worden war, verlagerte sich schnell der Schwerpunkt auf die Rechtsgestaltung und Rechtserforschung, da Frank die Vorteile einer Zusammenarbeit mit den Professoren und das darin liegende Potential in seinem Kampf um die Erneuerung des Rechts im nationalsozialistischen Sinne erkannt hatte[226], und sich die Fakultäten mit ihrem Beitritt ohnehin bereits kooperativ gezeigt hatten. In der Satzung wurde als Aufgabe der Akademie festgelegt,

> „die Neugestaltung des deutschen Rechtslebens zu fördern und in enger dauernder Verbindung mit den für die Gesetzgebung zuständigen Stellen das nationalsozialistische Programm auf dem gesamten Gebiete des Rechtes und der Wirtschaft zu verwirklichen".[227]

Dies sollte unter Anwendung „wissenschaftlicher Methoden" erfolgen, wie es ausdrücklich dort vermerkt war. Dabei waren im einzelnen die Mitarbeit bei und die Begutachtung von Gesetzesentwürfen, die Veranstaltung wissenschaftlicher Tagungen, die Reform der juristischen und wirtschaftswissenschaftlichen Ausbildung ebenso wie die finanzielle Wissenschaftsförderung, die Veröffentlichungen und die Pflege von Beziehungen zu gleichartigen Organisationen im Ausland genannt.[228]

2.2.4 Die Proklamation der Akademie auf dem Deutschen Juristentag in Leipzig

Am 2. Oktober 1933 erfolgte auf dem Deutschen Juristentag in Leipzig, der auch von Adolf Hitler und zahlreichen anderen Parteigrößen besucht wurde[229], die offizielle Proklamation der Akademie für Deutsches Recht. Tags zuvor hatte unter der Ägide von Wilhelm Kisch die von ihm vorbereitete Sondertagung der rechts- und staatswissenschaftlichen Dekane der deutschen Universitäten stattgefunden, auf der er als deren Vertreter in deren Namen unter anderem folgende Erklärung abgab:

---

[223] HELMUT NICOLAI, 1895 – 1955, nationalsozialistischer Staatsrechtler und Heimatforscher, Ministerialbeamter im Reichsinnenministerium, vgl. SCHMOECKEL, MATTHIAS, Helmut Nicolai, in: NDB Bd. 19, Berlin 1999, S. 204f.

[224] ROLAND FREISLER, 1893 – 1945, Strafverteidiger, NSDAP-Abgeordneter, Staatssekretär im RJM ab 1934, Präsident des NS-Volksgerichtshof ab 1942, vgl. BUCHHEIT, GERD, Richter in roter Robe. Freisler, Präsident des Volksgerichtshofs, München 1968; ORTNER, HELMUT, Der Hinrichter Roland Freisler, Wien 1993.

[225] ANDERSON, DENNIS LEROY, The Academy for German Law, 1933 – 1944, New York 1987, S. 51; PICHINOT, HANS-RAINER, Die Akademie für Deutsches Recht. Aufbau und Entwicklung einer öffentlich-rechtlichen Körperschaft des Dritten Reichs, Kiel 1981, S. 19ff.

[226] HATTENHAUER, HANS, Die Akademie für Deutsches Recht (1933 – 1944), in: JuS, 26. Jg. (1986) S. 680ff.

[227] Satzung der Akademie für Deutsches Recht, in: JAkDR, 1. Jg. (1933/34) S. 249ff.

[228] Ebd.

[229] BAYERLE, GEORG, Der große Juristentag in Leipzig, in: Deutsches Recht, 3. Jg. (1933), S. 194ff; DANCKELMANN, Der Deutsche Juristentag in Leipzig, in: DJZ, 38. Jg. (1933) Sp. 1313ff; vgl. auch LANDAU, PETER, Die deutschen Juristen und der nationalsozialistische Juristentag in Leipzig 1933, in: Zeitschrift für neuere Rechtsgeschichte, 16. Jg. (1994) S. 373 – 390.

„In dieser feierlichen Stunde [...] geloben die deutschen Lehrer der Rechts- und Staatswissenschaften dem neuen Staat ihre Treue und ernsthafte Mitarbeit, zum Ruhme deutscher Wissenschaft, zum Segen der deutschen rechtsbeflissenen Jugend, zum Heile des deutschen Volkes und Reichs."[230]

Dieses Bekenntnis zeigt wie der ganze Juristentag, der auch als „Zeugnis der geistigen Kapitulation des deutschen Juristenstandes" bezeichnet wird[231], zum einen die bei vielen, sehr national eingestellten Professoren anfänglich bestehende Euphorie und Aufbruchsstimmung sowie auch ihre Bereitschaft zur „Selbstmobilisierung". Am Aufbau eines neuen Deutschlands, an der „nationalen Erneuerung" wollten sie sich beteiligen und fühlten sich offenbar durch das vermeintliche Einbezogenwerden wieder wichtig, da gerade in der Weimarer Republik bei den Rechtswissenschaftlern der Eindruck entstanden war, dass ihr Sachverstand bei der Gesetzgebung nicht ausreichend berücksichtigt worden und ihr Prestige insgesamt gesunken war.[232] Die Möglichkeit an einer von vielen gewünschten und lange schon geforderten Rechtserneuerung teilzunehmen, dürfte viele fasziniert haben. Zum anderen war ihre begeisterte Beteuerung wohl auch ein Ausdruck der unter den Hochschullehrern bestehenden Unsicherheit hinsichtlich der eigenen Zukunft. Die Angst vor „grundstürzenden Veränderungen" der Stellung der Hochschulen und Hochschullehrer ging um[233], insbesondere da schon einige Einschnitte in die Selbstverwaltung der Universitäten erfolgt waren. Die Professoren wollten damit ein Zeichen setzen, die eigene Wichtigkeit betonen und hofften wohl durch die Mitarbeit einen gewissen Einfluss auf das eigene Schicksal nehmen zu können, z. B. auf die zu dieser Zeit heftig diskutierten Studien- und Ausbildungsreformbestrebungen.[234] Daneben waren die älteren Ordinarien aber auch ganz allgemein bemüht, die Akzeptanz der neuen Machthaber als treue Volksgenossen zu gewinnen, denn die wenigsten unter ihnen waren „alte Kämpfer" und Parteigenossen. Gekränkt von dem Vorwurf, sehr spät erst zur „Bewegung" gestoßen zu sein, keinen Anteil an der Revolution gehabt zu haben und überhaupt reaktionär eingestellt zu sein, versuchten viele jetzt ihre treue Gesinnung und ihre Bereitschaft zur Mitarbeit zu beweisen.[235]

Diese Gründe waren auch bei Kisch mitentscheidend für sein Engagement im Nationalsozialismus, konkret in der Akademie für Deutsches Recht. Gerade die Nichtberücksichtigung der Wissenschaft hatte er als Mitglied der „Vereinigung Deutscher Zivilprozeßrechtslehrer" bei den Prozess- und Studienreformen in der Weimarer Repu-

---

230 KISCH, Rede zur Sondertagung der juristischen und staatswissenschaftlichen Dekane der deutschen Universitäten, in: SCHRAUT, RUDOLF (Hrsg.), Deutscher Juristentag 1933. 4. Reichstagung des BNSDJ. Ansprachen und Fachvorträge, Berlin 1933, S. 33 – 35.

231 LANDAU, PETER, Die deutschen Juristen und der nationalsozialistische Juristentag in Leipzig 1933, in: Zeitschrift für neuere Rechtsgeschichte 16. Jg. (1994) S. 373 – 390.

232 Ebd. und ANDERSON, DENNIS LEROY, The Academy for German Law, 1933 – 1944, New York 1987, S. 250.

233 Brief KISCH an GERLAND vom 2.4.1933 und 5.7.1933, *Nachlass GERLAND, BAK NL 10, Bd. 17.*

234 Vgl. dazu v. a. für die LMU München, BÖHM, HELMUT, Von der Selbstverwaltung zum Führerprinzip. Die Universität München in den ersten Jahren des Dritten Reiches (1933 – 1936), Berlin 1995, S. 222ff.

235 HEIBER, HELMUT, Universität unterm Hakenkreuz. Teil I Der Professor im Dritten Reich, München 1991, S. 499f.

blik mehrfach erfahren und auch kritisiert.[236] Privat äußerte auch er immer wieder Bedenken hinsichtlich der Zukunft der Hochschulen und seinem eigenen Schicksal als Hochschullehrer.[237] So lobte er zum einen den „neuen und gesunden Geist", an dem die Universitäten wesentlichen Verdienst haben[238], zum anderen verunsicherten ihn aber z. B. die Eingriffe in die Selbstverwaltung der Universitäten wie die Abschaffung der Rektor-, Dekan- und Senatswahlen, der neue Einfluss der Studentenschaft auf die Berufungen oder die erneut zur Debatte stehende Zurückdrängung des Zivilprozessrechts-Unterrichts.[239] Klarsehend und zweifelsohne die Gefahren erkennend hatte er dazu im Juli 1933 geschrieben:

> „Es ist klar, daß in einer Zeit, die große Parteigebilde zerstört hat, die Volksvertretung so gut wie ausgeschaltet hat, die Länder zurückgedrängt, die evangelische Kirche von Grund aus umorganisiert, das Beamtenrecht entscheidend reformiert hat, nun vor den Universitäten nicht Halt machen wird."[240]

Zugleich war auch Kisch von dem den Professoren entgegengebrachten Misstrauen und der Geringachtung ihrer nationalen Einstellung gekränkt und hoffte, dass ihre jetzigen Bemühungen um den neuen Staat anerkannt werden würden.[241] Schließlich hatte er, wie die meisten Professoren, die Weimarer Republik abgelehnt und eine autoritäre Staatsführung begrüßt.[242]

Bei der Proklamation der Akademie für Deutsches Recht selbst hielten neben Frank als Schlussredner sowohl zunächst Kisch, der einleitend die Aufgaben und die Bedeutung der Akademie darlegte,[243] als auch der Nationalökonom v. Zwiedineck-Südenhorst[244] als Vertreter der Wirtschaftswissenschaften eine Rede. Während Kisch mehr auf organisatorische Fragen einging, nicht ohne aber auch programmatische und propagandistische Aussagen zu treffen und fast begeistert die Vorzüge der Akademie zu loben, kündigte Frank in seiner Proklamationsrede den „volks- und rasseverwurzelten Aufbau einer Rechtsordnung" an und beschwor den Kampf gegen das Eindringen fremden Rechts, insbesondere des römischen Rechts, zugunsten eines deutschen Rechts.[245] Kisch charakterisierte in seiner Ansprache die Akademie als „wissenschaftliche Zen-

---

[236] Vgl. dazu 2. Kapitel, 2.2 und 3.2.
[237] z. B. Brief KISCH an GERLAND vom 5.7.1933, *Nachlass GERLAND, BAK NL 10, Bd. 17.*
[238] Brief KISCH an GERLAND vom 2.4.1933, *Nachlass GERLAND, BAK NL 10, Bd. 17.*
[239] Brief KISCH an GERLAND vom 5.7.1933 und vom 2.8.1933, *Nachlass GERLAND, BAK NL 10, Bd. 17.*
[240] Brief KISCH an GERLAND vom 5.7.1933, *Nachlass GERLAND, BAK NL 10, Bd. 17.*
[241] KISCH erwähnte diese Problematik immer wieder. Z. B. KISCH, Die Abteilung für Rechtsforschung der Akademie für Deutsches Recht, S. 16: „So kränkend es die Älteren unter uns empfinden müssen, wenn ihnen gar zu oft und gar zu deutlich vorgehalten wird, daß sie einer vergangenen Epoche verschrieben sind, daß sie zum größten Teile während der Kampfjahre nicht zu den tragenden Kräften des großen Umschwungs gehört hätten [...]." *BAB AkDR R 61, 71;* ähnlich auch KISCH, Der deutsche Rechtslehrer, München 1939, S. 75.
[242] Vgl. oben 2. Kapitel 2.4.3 und 3.3.
[243] KISCH, Rede zur Proklamation der Akademie für Deutsches Recht, in: JAkDR, 1. Jg. (1933/34) S. 12ff.
[244] VON ZWIEDINECK-SÜDENHORST, OTTO, Rede zur Proklamation der Akademie für Deutsches Recht, Ebd. S. 17ff.
[245] FRANK, HANS, Rede zur Proklamation der Akademie für Deutsches Recht, Ebd. 24ff.

tralstelle [...] für die Mitarbeit an der Umgestaltung und Fortbildung des deutschen Rechtes im Sinne der Weltanschauung des neuen Reiches". Der nationalsozialistischen Volks- und Gemeinwohl-Ideologie entsprechend propagierte er

> „[...] die Schaffung eines Rechtes, welches sich besinnt auf die Urkräfte der deutschen Volksseele und welches keinen anderen Gegenstand und keinen anderen Zielpunkt kennt, als das Wohl und die Größe des Deutschen Volkes".

Die Wissenschaft sollte wieder

> „[...] auf die Einfachheit, auf die Lebensnähe, auf die Volksverbundenheit des deutschen Rechtes bedacht sein und für die klaren und großlinigen Gedanken des Gemeinwohls und der Gerechtigkeit einen ebenso klaren und volkstümlichen Ausdruck suchen".[246]

Neben den bereits in der Satzung verankerten Aufgaben der Unterstützung der Gesetzgebung, der Studien- und Ausbildungsreform sowie der Pflege der Beziehungen zu ähnlichen Organisationen des Auslandes, die übrigens dazu beitragen sollte,

> „[...] dem gegenwärtig anscheinend mit Blindheit geschlagenen Auslande die Augen zu öffnen, daß unser neuer Staat kein Feind, sondern ein Förderer der Weltkultur und des friedlichen Zusammenarbeitens der Nationen sein wird",

stellte er eine weitere vor, die bis dahin noch nicht erwähnt worden war und auch später hauptsächlich nur von Kisch zu den Aufgaben der Akademie gezählt wurde. Seiner Ansicht nach war die Akademie auch dazu bestimmt, „das juristische Gewissen des deutschen Volkes" zu werden und eine „gewisse Kontrollfunktion über das Rechtsleben übernehmen"[247], also eine Art Petitionsstelle für das Volk; ein Streben, das in der praktischen Umsetzung sehr schnell problematisch wurde, da das Reichsjustizministerium verständlicherweise keine Einmischung in die Rechtspflege duldete.[248] Nichtsdestotrotz liefen bei der Akademie über die Jahre hinweg zahlreiche und wie Kisch in einer Rede 1936 ausführte, rührende aber z. T. auch komische Beschwerden und Hilfsersuchen ein, die, soweit sie nicht rechtshängig oder bereits gerichtlich entschieden und damit erneut zu Problemen mit der Justiz führen hätten können, beratend bearbeitet wurden.[249] Kisch beendete seine Rede mit einem rhetorischen Kotau für „den

---

[246] KISCH, Rede zur Proklamation der Akademie für Deutsches Recht, Ebd. 12f.

[247] Ebd. S. 15ff.

[248] dazu der Fall HANISCH, ein wegen tätlichen Angriffs auf einen jüdischen Fahrgast verurteilter Taxifahrer, der von der Akademie die Unrechtmäßigkeit dieser Verurteilung bestätigt bekam, worauf das Reichsjustizministerium mit dem Hinweis auf eine „einmalige Entgleisung" der Akademie die Sache bewenden ließ, aber doch deutlich gemacht hatte, solche Einmischung nicht zu tolerieren. Bearbeitet hatte diesen Fall Dr. REBER, der dem stellvertretenden Präsidenten KISCH als Assistent zugeteilt war (vgl. Organisationsplan der Akademie S. 34, *BAB AkDR, R 61, 1*). Ob KISCH selbst an dieser Sache beteiligt war, ist nicht bekannt, aber möglich, schließlich gründete sich diese Tätigkeit der Akademie vermutlich vor allem auf seine Idee. Vgl. PICHINOT, HANS-RAINER, Die Akademie für Deutsches Recht. Aufbau und Entwicklung einer öffentlich-rechtlichen Körperschaft des Dritten Reichs, Kiel 1981, S. 64ff; HATTENHAUER, HANS, Die Akademie für Deutsches Recht (1933 – 1944), in: JuS, 26. Jg. (1986) S. 683.

[249] KISCH, Rede „Die Arbeiten der Akademie für Deutsches Recht" auf dem Internationalen Kongreß für gewerblichen Rechtsschutz, in: ZakDR, 3. Jg. (1936) S. 610ff [614].

großartigen Umschwung unseres öffentlichen Lebens unter der Führung des Volkskanzlers Adolf Hitler", ohne den die Gründung der Akademie nicht zu denken gewesen wäre.[250] Im weiteren Verlauf des Abends wurden die ersten Mitglieder der Akademie ernannt, zu denen natürlich auch Kisch gehörte.[251]

2.3 Vizepräsident und „Graue Eminenz" der Akademie

Kischs Stellung als eine Art organisatorisch-wissenschaftlicher Berater bzw. Verantwortlicher manifestierte sich auch in den folgenden Monaten des Aufbaus. Er wurde stärker in Anspruch genommen und in die Organisation und Aufgaben der Akademie involviert als ihm bei seinem gesundheitlichen Zustand genehm war.[252] Frank ernannte ihn zu seinem Stellvertreter und zum Abteilungsleiter für das Bürgerliche Recht.[253] Mit der von Frank angestrebten nationalen Etablierung der Akademie durch die Erhebung zur Reichskörperschaft, verbunden allerdings mit der Unterstellung unter die Aufsicht des Reichsjustiz- und des Reichsinnenministeriums, mit Gesetz nebst neuer Satzung vom 11. Juli 1934 wurde Kisch dann Vizepräsident.[254] In dieser Eigenschaft wurde er zu den Sitzungen des Führerrates eingeladen[255] bzw. war automatisch Mitglied von dessen Nachfolgeorgan Präsidium, das den Präsidenten bei seinen Aufgaben unterstützen und beraten sollte.[256] Darüber hinaus übernahm Kisch auch den Vorsitz im Ausschuss für Bürgerliche Rechtspflege[257] und im Unterausschuss Vergleichsrecht[258] und wurde Mitglied des Versicherungsrechtsausschusses.[259] Seine Teilnahme im von Frank gegründeten, stark rassenideologisch geprägten Ausschusses für Rechtsphilosophie, der allerdings nur unregelmäßig zusammentrat und nach einigen Jahren wieder eingestellt wurde[260], ist ungeklärt.[261] Dass Kisch diese Ämter unbedingt ange-

---

[250] KISCH, Rede zur Proklamation der Akademie für Deutsches Recht, in: JAkDR, 1. Jg. (1933/34) S. 17.

[251] Liste der Ernannten bei DANCKELMANN, Der Deutsche Juristentag in Leipzig, in: DJZ, 38. Jg. (1933) Sp. 1319f.

[252] Diverse Briefe KISCH an GERLAND z. B. vom 7.1.1934, in denen er sich über die mit der Arbeit für die Akademie verbundenen Anstrengungen vor allem physischer Natur beklagt. *Nachlass GERLAND, BAK NL 10, Bd. 17.*

[253] Sitzung der Ausschussvorsitzenden vom 6. Dezember 1933, in: JAkDR, 1. Jg. (1933/34) S. 65.

[254] RGBl. I, 1934, 605f.

[255] Einladung KERRL an KISCH vom 19.12. 1933 für Führerratssitzung am 21.12.1933, *BAB AkDR R 61, DZA Bestand Potsdam 30.13, 15.*

[256] KISCH, Verteidigungsschrift S. 6, *SpKA KISCH, StAM SpK K 880*; Verwaltungsanordnung vom 1.4.1937, in: ZAkDR, 4. Jg. (1937) S. 405f.

[257] Gliederung der Akademie für Deutsches Recht, in: Deutsches Recht, 3. Jg. (1933) 205f.

[258] Die erste Jahrestagung der Akademie für Deutsches Recht, in: ZakDR, 1. Jg. (1934) S. 119ff [122].

[259] SCHUBERT, WERNER (Hrsg.), Akademie für deutsches Recht 1933 – 1945, Protokolle der Ausschüsse, Bd. XIII, Ausschüsse für Versicherungswesen/-recht und für Versicherungsagenten- und Versicherungsmaklerrecht 1934 – 1943, Frankfurt am Main 2002.

[260] ANDERSON, DENNIS LEROY, The Academy for German Law, 1933 – 1944, New York 1987, S. 347. Eingestellt wurde der Ausschuss 1938, vgl. *BAB AkDR R 61, 29.*

[261] KISCHS Name findet sich im Ausschussverzeichnis Rechtsphilosophie, *BAB AkDR R 61, 106.* Allerdings wird er von CARL EMGE in dessen Beitrag „Das Problem einer deutschen Rechtsphilosophie", in: FRANK, HANS, (Hrsg.), Nationalsozialistischen Handbuch für Recht und Gesetzgebung, München 1935, S. 29 – 32, der über den Ausschuss berichtet und die Mitglieder aufführt, nicht mitaufgezählt. Von einer Tätigkeit KISCHS in diesem Ausschuss ist nichts bekannt, so dass allenfalls

strebt hatte, erscheint zweifelhaft, obwohl ihn die damit verbundenen Möglichkeiten durchaus gereizt haben werden. Vielmehr konnte und wollte er sie wohl Frank gegenüber nicht ablehnen, hoffte aber eigentlich schon ab Übernahme auf eine Möglichkeit zum Rücktritt und plante seinen eigenen privaten Aussagen Ende 1933 nach zumindest nur eine kurze Betätigung seinerseits:

> „Sie haben völlig recht, daß mir, wonach mir wenig gelüstet, eine Last auferlegt ist, die wenigstens für die nächste Zeit Kraft in Anspruch nimmt. Wenn ich glaubte, mich dieser Aufgabe nicht entziehen zu sollen, so wurde mir der Entschluß etwas erleichtert durch die stillgelegte Hoffnung, daß ich, wenn die neue Institution einigermaßen richtig funktioniert und die Arbeiten in Gang gekommen sind, einer jüngeren und leistungsfähigeren Kraft Platz machen kann. Einstweilen ist es noch ganz gut, daß ältere Fachvertreter mittun, welche gegenüber gar zu stürmischen und radikalen Reformbestrebungen ein retardierendes Element darstellen."[262]

In der Literatur zur Akademie für Deutsches Recht wird Kisch als „éminence grise" der Akademie betitelt.[263] Die Entscheidungsmacht lag in der streng nach dem Führerprinzip organisierten Akademie zwar allein bei Frank[264], so dass diese Bezeichnung von Kisch etwas übertrieben erscheinen mag, aber im organisatorischen Bereich und im laufenden Betrieb bis zu seinem Rücktritt als Vizepräsident 1937 nicht ganz von der Hand zu weisen ist. Richtig an dieser Beschreibung dürfte jedenfalls sein, dass Kisch immer versuchte, sich im Hintergrund zu halten und von dort aus die Arbeit der Akademie in wissenschaftliche Bahnen zu lenken. Trotz des Fehlens satzungsmäßig festgeschriebener eigener Aufgaben und Befugnisse nahm er über Vorschläge, Ratschläge und Anregungen an Frank mittelbar Einfluss auf die Akademie. Gerade bei der Zentralisierung der wissenschaftlichen Arbeit durch die Angliederung und Einbindung von Fachvereinigungen spielte er eine maßgebliche Rolle. Von ihm stammen wichtige Konzepte zur Organisation und Ausgestaltung[265] und zusammen u. a. mit Heinrich Lange, zeichnete er auch für die tiefgehende Neustrukturierung der Akademie 1936/37 verantwortlich[266], die eine stärkere Berücksichtigung und Betonung der Rechtswissenschaft gegenüber der Rechtspolitik erreichen sollte.

2.3.1 Aufgaben als Vizepräsident

Kischs Aufgaben als Vizepräsident waren vor allem wissenschaftlich-organisatorischer Natur. Er beschäftigte sich mit der konkreten Ausgestaltung der Akademie-

---

von einer als Vizepräsident vielleicht rein nominellen oder nur sehr kurzen Mitgliedschaft in diesem FRANK so wichtigen Ausschuss auszugehen ist.

[262] Brief KISCH an GERLAND vom 10.12.1933, *Nachlass GERLAND, BAK NL 10, Bd. 17.*

[263] ANDERSON, DENNIS LEROY, The Academy for German Law, 1933 – 1944, New York 1987, S. 105.

[264] KISCH „Bemerkungen über die Organisation der Akademie für Deutsches Recht" vom 14.9.1933, S. 2, *BAB AkDR R 61,5.*

[265] Z. B. KISCH „Bemerkungen über die Organisation der Akademie für Deutsches Recht" vom 14.9.1933, *BAB AkDR R 61,5* und vermutlich auch Organisationspläne, vgl. ANDERSON, DENNIS LEROY, The Academy for German Law, 1933 – 1944, New York 1987, S. 107.

[266] Diverse Briefe zur Neustrukturierung von KISCH, LANGE u. a. an FRANK 1936/37, *BAB, AkDR, R 61, 71.*

arbeit, während Frank sich mehr um die politischen und repräsentativen Aufgaben kümmerte. Frank überließ es Kisch, sich um die organisatorischen Dinge zu kümmern und sie, wie den Aufbau der Akademie und den Ablauf und Stand der Ausschussarbeiten, der Öffentlichkeit vorzustellen und darzulegen. So erklärte z. B. Kischs Rede auf der 1. Vollsitzung im November 1933 die Organisation der Ausschussarbeit, für die zwar das Führerprinzip wie für die Akademie insgesamt gelten sollte, die aber dem Vorsitzenden hinsichtlich Methode und Gegenstand freie Hand lassen sollte.[267] Auf der 3. Vollsitzung im März 1934[268] ebenso wie auch auf dem „Internationalen Kongreß für gewerblichen Rechtsschutz“ 1936[269] erstattete Kisch ausführlich Bericht über die Akademie und ihre bisherige Arbeit. Er verwies dabei immer auf die angestrebte Wissenschaftlichkeit der Arbeitsweise in der Akademie und verlangte Besonnenheit bei der Rechtserneuerung.[270] Bereits im Dezember 1933 schlug Kisch die Gründung eines Publikationsorgans vor, wie es dann 1934 mit der „Zeitschrift der Akademie für Deutsches Recht“ auch verwirklicht wurde.[271] Welche der geäußerten Ideen und Pläne originär von Kisch stammen und was ihm vorgegeben wurde, ist im nachhinein nicht mehr genau feststellbar. Im Großen und Ganzen entsprachen die in seinen Reden enthaltenen Richtlinien und Pläne aber den Grundzügen seiner Ausarbeitung „Bemerkung über die Organisation der Akademie für Deutsches Recht“[272] vom September 1933.

Wie Frank Kischs Rolle sah, zeigt sich in einem Dank Franks an ihn auf der 3. Vollsitzung am 17. März 1934:

> „Es ist mir eine tiefempfundene Pflicht, Ihnen, Herr Geheimrat, von ganzem Herzen dafür zu danken, daß Sie in diesen Monaten des Aufbaues der Akademie Ihre so herrliche Kraft unserem Werke zur Verfügung gestellt haben. Ich möchte nur wünschen, daß auch weiterhin gerade Ihr Wirken der Akademie erhalten bleiben möge, denn wir alle – und ich kann das am besten beurteilen – wir wissen in Ihnen den treuen Mentor, den Führer in allen Dingen, in denen ich als Präsident nicht einschreiten kann, und ich kann offen gestehen: dieses Werk wäre mir nicht geglückt, wenn mir nicht das Schicksal Sie mit übergeben hätte.“[273]

Die Aufgaben als Vizepräsident waren mit viel Arbeit verbunden. In der Anfangsphase der Akademie musste Kisch zu zahlreichen organisatorischen Besprechungen nach Berlin reisen[274] und auch später, 1935, als die Verwaltung der Akademie nach Berlin

---

[267] 1. Vollsitzung vom 5. November 1933, in: JAkDR, 1. Jg. (1933/34) S. 33ff [50ff].

[268] KISCH, Die bisherige Arbeit der Akademie für Deutsches Recht, in: JAkDR, 1. Jg. (1933/34) S. 164ff.

[269] Internationaler Kongress für gewerblichen Rechtsschutz (Rede zu AkDR) in: ZAkDR, 3. Jg. (1936) 605ff (610f). Die Rede ist nahezu inhaltsgleich als eigenes Sonderbändchen „Die Arbeiten der Akademie für Deutsches Recht“ nochmals auch in Englisch und Französisch erschienen.

[270] Z. B. KISCH, Rede auf der Arbeitstagung der Akademie für Deutsches Recht vom 26.5.1934, in: JAkDR, 1. Jg. (1933/34) S. 188ff.

[271] Sitzung der Ausschussvorsitzenden vom 6. Dezember 1933, in: JAkDR, 1. Jg. (1933/34) S. 65ff [69].

[272] *BAB AkDR R 61, 5.*

[273] 3. Vollsitzung vom 17. März 1934, in: JAkDR, 1. Jg. (1933/34) S. 136ff [172].

[274] Brief KISCH an GERLAND vom 3.12.1933, *Nachlass GERLAND, BAK NL 10, Bd. 17.*

verlegt wurde in ein eigens dafür erworbenes Gebäude am Leipziger Platz[275], war seine Anwesenheit dort verständlicherweise öfter vonnöten. Zur Konstituierung der Fachausschüsse wohnte Kisch vielen verschiedenen Ausschusssitzungen als Vertreter des Präsidenten bei, überbrachte Grußworte und wurde auch später weiterhin zu den Sitzungen eingeladen.[276] Ihm wurden als Vizepräsidenten die Protokolle der einzelnen Sitzungen übersandt, und er war damit über die Inhalte und Fortschritte der Fachausschüsse genau informiert.[277] Als Abteilungsleiter Bürgerliches Recht unterstanden ihm ohnehin die zivilrechtlichen Ausschüsse, aber auch z. B. über die Arbeit des Strafrechtsausschusses wurde er auf dem Laufenden gehalten.[278] Bei vielen Gelegenheiten musste Kisch als Vertreter von Frank Sitzungen leiten, Reden halten oder Gäste begrüßen, da Frank, von seinen vielen Ämtern in Anspruch genommen, nicht immer anwesend war.[279]

Eigenständige, offizielle Befugnisse hatte Kisch als Vizepräsident laut Satzung aber nicht. Streng nach Führerprinzip oblagen alle Entscheidungen dem Präsidenten und nur in dessen Abwesenheit war der Vizepräsident verantwortlich.[280] Er konnte selbst also keine Personalentscheidungen treffen, aber wie auch von ihm in seinem Entnazifizierungsverfahren eingeräumt, trotzdem Vorschläge für Ernennungen machen, die von Frank in der Regel auch angenommen wurden.[281] Immer wieder nutzte er angeblich seine Rücktrittsdrohung, um bestimmte Maßnahmen und Entscheidungen durchzusetzen, so dass er faktisch seine Vorstellungen wenigstens zum Teil verwirklichen konnte.[282] Damit gab Kisch selbst in seinem Entnazifizierungsverfahren, obwohl seine Aussagen als Verteidigung gedacht waren, aber einen gewissen Einfluss zu, der die Bezeichnung als „Graue Eminenz“ in der Zusammenschau mit seinen anderen Betätigungen und Maßnahmen zu rechtfertigen geeignet ist. Dass sein Rat Frank viel wert war, zeigen die zahlreichen Danksagungen und lobenden Erwähnungen Kischs in

---

[275] PICHINOT, HANS-RAINER, Die Akademie für Deutsches Recht. Aufbau und Entwicklung einer öffentlich-rechtlichen Körperschaft des Dritten Reichs, Kiel 1981, S. 57ff.

[276] So beteiligte sich KISCH z. B. in der konstituierenden Sitzung des Aktienrechtsausschusses vom 6.1.1934 und überbrachte Grußworte. Vgl. SCHUBERT, WERNER, (Hrsg.), Akademie für deutsches Recht 1933 – 1945, Protokolle der Ausschüsse, Bd. I, Ausschuss für Aktienrecht, Berlin, 1986, S. 3ff; Auch am Versicherungsrechtsausschuss nahm er teil. Vgl. SCHUBERT, WERNER (Hrsg.), Akademie für deutsches Recht 1933 – 1945, Protokolle der Ausschüsse, Bd. XIII, Ausschüsse für Versicherungswesen/-recht und für Versicherungsagenten- und Versicherungsmaklerrecht 1934 – 1943, Frankfurt am Main 2002, S. 3ff.

[277] Diverse Briefe von und an Kisch betreffs Einladungen oder Übersendung von Protokollen verschiedener Ausschusssitzungen, *BAB AkDR R 61, DZA Bestand Potsdam 30.13,13, 17, 34, 36.*

[278] Akte Strafrechtsausschuß, *BAB AkDR R 61, DZA Bestand Potsdam 30.13,15.*

[279] Z. B. KISCH, Tischrede auf der 10. Vollsitzung am 28.2.1936, in der er die „schlechte Tradition“ FRANKS bemängelte, in großer Regelmäßigkeit die Gäste von ihm begrüßen zu lassen, *BAB AkDR, R 61, 9.*

[280] Satzung der Akademie für Deutsches Recht, in: JAkDR, 2. Jg. (1935) 187ff.

[281] KISCH, Verteidigungsschrift S. 7. Dort beruft er sich auf seine Beteiligung zur Ernennung von BRUNS, DERSCH, EXNER, FISCHER, KOHLRAUSCH, LEHMANN, LENT, MITTEIS, NIPPERDEY, PAGENSTECHER, HEYMANN, RICHARD SCHMIDT, RAAPE, WENGER, STAMMLER, HECK, SIBER, *SpKA KISCH, StAM SpK K 880.* Für einige dieser Professoren liegt tatsächlich ein Vorschlagsschreiben an FRANK von KISCH, LANGE, WEBER vom 28.8.1936 vor. *BAB AkDR R 61, 71.*

[282] KISCH, Verteidigungsschrift S. 7ff, *SpKA KISCH, StAM SpK K 880.*

Franks Reden[283] und das Festhalten Franks an Kisch als Vizepräsident auch gegen parteipolitische Widerstände und Anfeindungen wegen Kischs fehlender Parteizugehörigkeit.[284]

Zusammen mit Karl Lasch, Verwaltungsdirektor der Akademie und rechte Hand von Frank, der die laufenden Geschäfte der Akademie leitete und damit großen Einfluss hatte, zeichnete Kisch für die innere Organisationsstruktur der Akademie verantwortlich.[285] Nachdem Anfang 1934 schon viele Ausschüsse fast überstürzt ihre Arbeit aufgenommen hatten aus der Begeisterung für die Rechtserneuerung und vielleicht auch aus der Angst heraus, übergangen zu werden, stand diesem Eifer und der Hektik zu dieser Zeit noch kein adäquates einheitliches logistisches System gegenüber. Es fehlte ein bürokratischer Apparat, der die praktischen und organisatorischen Voraussetzungen für die Ausschussarbeit schuf. Um die „für den Neuaufbau des Staates und Rechtes dringlichsten Gegenstände in Behandlung nehmen zu können"[286], hatte man Abstriche in der geplanten systematischen Bearbeitung des Rechts gemacht, die nun Ende 1934 durch die Schaffung einer Verwaltungsabteilung und einer wissenschaftlichen Abteilung endlich besser umgesetzt werden sollte. Die wissenschaftliche Abteilung war mit den Ausschüssen zuarbeitenden Referendaren, jungen Rechtsanwälten und Rechtswissenschaftlern besetzt, die die Vor- und Nacharbeiten für die Ausschüsse leisteten.[287] Kischs Verhältnis zu Lasch[288] war seinen eigenen Aussagen nach nicht unbelastet, und er charakterisierte ihn im nachhinein als eine Art Gegenspieler mit eigenen Interessen.[289] Die Zusammenarbeit scheint allerdings in weiten Teilen trotzdem einigermaßen geklappt zu haben, da, nachdem Kisch und Lasch die Anfangsorganisation übernommen hatten, auch bei der späteren grundlegenden Umstrukturierung der Akademie Lasch eng mit Kisch und Lange gearbeitet und das Vorhaben auch unterstützt hat.[290] In seinem Brief an Lasch 1935 betitelte Kisch ihn noch mit „Sehr verehr-

---

[283] Z. B. FRANK: „Ich glaube, Ihr Wirken in der Akademie verdient es, daß man es einmal deutlich ausspricht: ohne Sie, Herr Geheimrat, würde die Akademie nicht den hohen Stand erreicht haben, auf dem sie sich heute befindet.", Arbeitstagung der Akademie für deutsches Recht am 26. Mai 1934, in: JAkDR, 1. Jg. (1933/34) S. 191f.

[284] Brief KISCH an GERLAND vom 12.9.1937, in dem er über seinen Nachfolger EMGE schreibt, dass dieser nicht unter vielerlei Hemmungen stehe, wie er selbst, u. a. auch eine längere Parteizugehörigkeit habe. *Nachlass GERLAND, BAK NL 10, Bd. 18.* Ausführlich dazu auch in seiner Verteidigungsschrift für das Spruchkammerverfahren, die insoweit vielleicht übertrieben, aber trotzdem nach den damaligen Umständen prinzipiell glaubwürdig ist. *SpKA KISCH, StAM SpK K 880.*

[285] ANDERSON, DENNIS LEROY, The Academy for German Law, 1933 – 1944, New York 1987, S. 105.

[286] KISCH, Die bisherige Arbeit der Akademie für Deutsches Recht, im Rahmen der 3.Vollsitzung am 17. März 1934, in: JAkDR, 1. Jg. (1933/34) S. 164ff.

[287] ANDERSON, DENNIS LEROY, The Academy for German Law, 1933 – 1944, New York 1987, S. 103ff.

[288] Entgegen ANDERSON, DENNIS LEROY, The Academy for German Law, 1933 – 1944, New York 1987, S. 45, hat auch nicht KISCH LASCH auf der Gründungsversammlung als Geschäftsführer vorgeschlagen, sondern HEUBER. Vgl. FRANK, Im Angesicht des Galgens, München 1953, S. 176, auf den ANDERSON sich irrtümlich auch bezieht.

[289] KISCH berief sich später darauf, dass LASCH Briefe von ihm an FRANK unterschlagen hätte, seinen Namen missbraucht und überhaupt gegen ihn eingestellt gewesen wäre. Verteidigungsschrift S. 6, 11, *SpKA KISCH, StAM SpK K 880.*

[290] Briefwechsel LANGE – LASCH 1936 – 37, *BAB AkDR R 61, 86.*

ter, lieber Herr Direktor!", sprach von „unseren vertrauensvollen, persönlichen Beziehungen" und von seiner Freude über ein baldiges Wiedersehen in München.[291] Später aber deutete einiges darauf hin, dass Kisch ihm nicht mehr so positiv gegenüberstand.[292] Auch das Bekanntwerden der unzitierten Verwendung von an die Akademie eingesandten Preisarbeiten als Grundlage für seine eigene Doktorarbeit durch Lasch[293], mag dazu noch beigetragen haben.

Als Vizepräsident traf Kisch die Kritik von außen und innen für die mangelnden Fortschritte in der Arbeit der Akademie.[294] Interne Schulen- und Theorienstreitigkeiten[295] ebenso wie externe Kompetenzstreitigkeiten mit dem Reichsjustizministerium[296] und auch dem BNSDJ[297] prägten den Akademiealltag und nahmen ihn stark in Anspruch. Da die Akademie sehr unterschiedliche Mitglieder hatte, was Alter, NS-Affinität, wissenschaftliche Ausrichtung, berufliche und politische Stellung und Motivation her betraf, und es keineswegs eine ausgewiesene einheitliche nationalsozialistische Rechtslehre oder -methode für die völkische Rechtserneuerung gab[298], waren interne Streitigkeiten vorprogrammiert.[299] Nach außen war Kisch bemüht, das Verhältnis zum Reichsjustizministerium einigermaßen gut zu gestalten und sich zu arrangieren.[300] Er betonte in seinen Reden immer wieder, dass die Akademie nicht in die Kompetenzen der Gesetzgebung, respektive des Reichsjustizministeriums eingreifen, sondern nur unterstützend tätig sein wolle[301], wenn ersteres auch von Frank de facto trotzdem an-

[291] Brief KISCH an LASCH vom 21. und 22.9.1935, *Nachlass FRANK, BAK NL 110, 26.*

[292] Z. B. Brief GERLAND an KISCH vom 21.12.1937, in dem er über die von ihnen beiden befürwortete Ernennung EMGES zum Senator der Deutschen Akademie schreibt, zugleich aber die Befürchtung äußerte, dass dadurch die „Frage Lasch", also dessen Ernennung, auch wieder auftauchen könnte. *Nachlass GERLAND, BAK NL 10, Bd. 38.*

[293] HATTENHAUER, HANS, Die Akademie für Deutsches Recht (1933 – 1944), in: JuS, 26. Jg. (1986) S. 680ff.

[294] Brief KISCH an GERLAND vom 23.2.1935, *Nachlass GERLAND, BAK NL 10, Bd. 17.*

[295] Vgl. z. B. Brief LANGE an LASCH vom 12.3.1936, *BAB AkDR R 61, 86;* HATTENHAUER, HANS, Die Akademie für Deutsches Recht (1933 – 1944), in: JuS, 26. Jg. (1986) S. 680ff.

[296] PICHINOT, HANS-RAINER, Die Akademie für Deutsches Recht. Aufbau und Entwicklung einer öffentlich-rechtlichen Körperschaft des Dritten Reichs, Kiel 1981, S. 77ff; HATTENHAUER, HANS, Die Akademie für Deutsches Recht (1933 – 1944), in: JuS, 26. Jg. (1986) S. 680ff.

[297] Niederschrift der Sitzung der Klassensekretäre vom 19. – 21. März 1937, in der erwähnt ist, dass RITTERBUSCH, Leiter der Reichsfachgruppe Hochschullehrer im BNSDJ, Leute in Anspruch nimmt, die auch für die Akademie arbeiten, und dadurch Verwirrung stiftet. *BAB AkDR R 61, 71.*

[298] RÜTHERS, BERND, Entartetes Recht. Rechtslehren und Kronjuristen im Dritten Reich, München 1988, S. 20.

[299] Brief LANGE an LASCH vom 18.3.1936. Darin werden mehrere Ausschüsse erwähnt, in denen es Oppositionen oder persönliche Streitigkeiten gab und Krisen drohten, so z. B. im Zivilprozessrecht. *BAB AkDR R 61, 86.*

[300] Niederschrift der Sitzung der Klassensekretäre vom 19. – 21. März 1937, S.4, in der ein Briefwechsel KISCHS mit GÜRTNER erwähnt ist bzgl. einer engeren Zusammenarbeit zur Reform des Bürgerlichen Rechts, der aber erfolglos war. *BAB AkDR R 61, 86.*

[301] Z. B. Rede KISCH, Die bisherige Arbeit der Akademie für Deutsches Recht, auf der „3. Vollsitzung am 17.3.1934", in: JAkDR, 1. Jg. (1933/34) S. 164ff; KISCH, Die Abteilung für Rechtsforschung der Akademie für Deutsches Recht, *BAB AkDR R 61, 71.*

gestrebt und versucht wurde.[302] Mit der Akademie für Deutsches Recht hatte Frank sich eine eigene Institution schaffen wollen, um an der Rechtserneuerung im nationalsozialistischen Sinne teilzuhaben, nachdem entgegen seinen Erwartungen das von ihm angestrebte Amt des Reichsjustizminister nicht an ihn, sondern an Franz Gürtner gegangen war. Seine Position als bayerischer Justizminister war nur ein zeitlich bedingtes Trostpflaster und bot ebenso wie seine sonstigen Ämter nicht den Einfluss auf die Gesetzgebung, den er sich erwünscht hatte.[303]

2.3.2 Die Zentralisierung der Fachvereinigungen

Die von Kisch in seinem Manuskript „Bemerkungen über die Organisation der Akademie für Deutsches Recht"[304] angedachte Auflösung und Eingliederung der fachwissenschaftlichen Vereinigungen kamen im Dezember 1933 ins Laufen. Einen genauen Plan zur Umsetzung dieses Vorhabens scheint es aber nicht gegeben zu haben, denn Kisch sprach Anfang Dezember noch von einem Aufleben der Vereinigungen „in irgendeinem noch genauer zu bestimmenden Zusammenhang in der Akademie".[305] Auf Weisung von Frank schickte Kisch nur knapp eine Woche später eine Aufforderung an die wissenschaftlichen Vereinigungen, dass die Vorstände sich über eine Auflösung schlüssig werden möchten und zugleich wurde eine Eingliederung oder ein Neuaufbau im Rahmen der Akademie in Aussicht gestellt. Kisch versprach sich von der Konzentration der Kräfte neue Antriebe und Förderung der Wissenschaft. Er ging von einer allgemeinen Bereitschaft zur Auflösung und Rekonstruktion in der Akademie aus, was aber nicht ganz zutreffend war.[306] Die meisten Vereinigungen passten sich zwar irgendwie an, lösten sich auf oder stellten zumindest ihre Tätigkeit ein, wenn sie es nicht schon getan hatten[307], aber nicht alle rekonstruierten sich wieder wie geplant in der Akademie.[308]

2.3.2.1 Die „Vereinigung Deutscher Zivilprozeßrechtslehrer"

Über die von ihm selbst mitbegründete Zivilprozessrechtslehrer-Vereinigung hatte Wilhelm Kisch sich schon im September Gedanken gemacht, gerade auch im Hinblick auf die nichtarischen Vorstandsmitglieder Albrecht Mendelssohn Bartholdy oder Leo Rosenberg. Schon damals hatte er eine Auflösung in Betracht gezogen.

---

[302] FRANK versuchte 1936 ein Empfehlungsschreiben von HITLER zu erlangen, in dem die Ministerien angewiesen werden sollten, alle Gesetzesvorlagen zur gutachtlichen Stellungnahme zunächst an die Akademie zu leiten. Er scheiterte kläglich. Vgl. HATTENHAUER, HANS, Die Akademie für Deutsches Recht (1933 – 1944), in: JuS, 26. Jg. (1986) S. 680ff.

[303] ANDERSON, DENNIS LEROY, The Academy for German Law, 1933 – 1944, New York 1987, S. 42ff; HATTENHAUER, HANS, Die Akademie für Deutsches Recht (1933 – 1944), in: JuS, 26. Jg. (1986) S. 680f.

[304] *BAB AkDR R 61, 5.*

[305] Brief KISCH an GERLAND vom 3.12. 1933, *Nachlass GERLAND, BAK NL 10, Bd. 17.*

[306] Brief KISCH an GERLAND vom 10.12.1933, *Nachlass GERLAND, BAK NL 10, Bd. 17.*

[307] Brief KISCH an GERLAND vom 5.9.1933 mit der Information von MÜLLER-ERZBACH, dass die Handelsrechtslehrer-Vereinigung „entschlafen" sei, *Nachlass GERLAND, BAK NL 10, Bd. 17.*

[308] WERHAN/FENSCH, Bestand R 61, Akademie für Deutsches Recht, Findbücher zu Beständen des Bundesarchivs Bd. 9, 2. Auflage Koblenz 1976, S. XI mit einer Übersicht der angeschlossenen Vereinigungen.

„[...] sehr z u erwägen, ob nicht lieber auflösen, da ja künftig die Möglichkeit besteht, daß innerhalb der Deutschen Akademie wieder Fachgruppen gebildet werden, von denen eine den Zivilprozeß betreffen könnte. Durch Auflösung würden wir um die leidige Nichtarierfrage herumkommen.“[309]

Sollte eine Auflösung nicht in Frage kommen, sollte zumindest auf Veranlassung eines Ariers der gesamte Vorstand „sua sponte“ zurücktreten und ohne Nichtarier neu konstituiert werden, vermutlich um keinen Angriffspunkt zu liefern. Die Einhaltung der offiziellen Judenpolitik und Rassengesetzgebung des Nationalsozialismus scheint Kisch hier unumgänglich und unvermeidbar gewesen zu sein, wenn er sie diesbezüglich auch nicht befürwortet haben mag. Größere moralische Bedenken oder Kritik wurden aber nicht oder zumindest nicht schriftlich geäußert, sondern nur rücksichtslos anmutende Lösungen gesucht, wie in vielen anderen Vereinigungen auch. Auch die Zeitschrift der Vereinigung „Judicium“ war mit ihrem Mitherausgeber Mendelssohn Bartholdy ein großes Problem, dessen Lösung Kisch ggf. in der Nachahmung der Vorgehensweise verschiedener anderer Zeitschriften wie z. B. dem von Kisch mitherausgegebenen „Zentralblatt für Handelsrecht“ sah, die ihr Erscheinen eingestellt hatte und diese Einstellung mit technischen Gründen gerechtfertigt hatte.[310] Eine endgültiges Vorgehen wurde zu diesem Zeitpunkt aber noch nicht beschlossen. Erst im Dezember schickte Kisch im Rahmen seiner Rundbriefaktion auch an Pagenstecher ein Schreiben, das zur Folge hatte, dass entschieden wurde, einen Auflösungsantrag zu stellen.[311] Die weitere Entwicklung ist unbekannt, die Vereinigung trat erst in der Nachkriegszeit wieder zusammen.[312] Ein konkreter Neuaufbau in der Akademie fand nicht statt[313], Kisch nahm aber als Zugeständnis in seinen Ausschuss für Bürgerliche Rechtspflege die Mitglieder Pagenstecher und Lent[314] auf, wie bereits vorher von ihm angedacht.[315]

2.3.2.2 „Deutsche Arbeitsgemeinschaft für gewerblichen Rechtsschutz und Urheberrecht“

Noch bei einer weiteren Fachvereinigung war Wilhelm Kisch intensiver in die Umgestaltungsvorgänge involviert. Allerdings hatte der „Deutsche Verein für den Schutz des gewerblichen Eigentums“ bereits im Mai 1933 begonnen, „sich den Ergebnissen

[309] Brief KISCH an GERLAND vom 5.9.1933, *Nachlass GERLAND, BAK NL 10, Bd. 17.*
[310] Brief KISCH an GERLAND vom 5.9.1933, *Nachlass GERLAND, BAK NL 10, Bd. 17.*
[311] Brief GERLAND an KISCH vom 5.12.1933, *Nachlass GERLAND, BAK NL 10, Bd. 17.*
[312] HENCKEL, WOLFRAM , Zur Geschichte der Zivilprozeßrechtslehrervereinigung 1920 – 1933, in: HOLZHAMMER/JELINEK/BÖHM, Festschrift für H. W. Fasching zum 65. Geburtstag, Wien 1988, S. 214ff.
[313] vgl. Liste bei WERHAN/FENSCH, Bestand R 61, Akademie für Deutsches Recht, Findbücher zu Beständen des Bundesarchivs Bd. 9, 2. Auflage Koblenz 1976, S. XI.
[314] FRIEDRICH LENT, 1882 – 1960, Prozessrechtler, Studium z. T. in Straßburg, Habilitation dort bei SCHULTZE 1909, Professor in Jena und Erlangen Vgl. SCHUBERT, WERNER, Einleitung, in: ders. (Hrsg.) Akademie für deutsches Recht 1933 – 1945, Protokolle der Ausschüsse, Bd. VI Zivilprozeß und Gerichtsverfassung, Frankfurt am Main 1997, S. 101. LENT scheint KISCH enger verbunden gewesen zu sein, denn er schrieb für KISCH auch einen Nachruf, vgl. JZ, 7. Jg. (1952) S. 349f.
[315] Ebd. und Brief KISCH an GERLAND vom 3.12.1933, *Nachlass GERLAND, BAK NL 10, Bd. 17* .

der nationalsozialistischen Revolution anzupassen".[316] Nachdem die jüdischen Vorstandsmitglieder Isay und Mintz ihre Ämter niedergelegt hatten, begann die Selbstumgestaltung in die „Deutsche Arbeitsgemeinschaft für gewerblichen Rechtsschutz und Urheberrecht" mit neuer Satzung, die die BNSDJ-Mitgliedschaft oder deren Vorbedingungen für die Aufnahme voraussetzte, also damit faktisch nur Ariern zugänglich war.[317] Nach dem Rücktritt des provisorischen neuen 1. Vorsitzenden Queck im Oktober 1933 wandte die Arbeitsgemeinschaft sich an Kisch, um ihn für den Vorsitz zu gewinnen. Kisch erklärte sich zur Übernahme bereit und wurde auf der außerordentlichen Hauptversammlung am 20. Dezember 1933 zum 1. Vorsitzenden eingesetzt gemäß § 9 der neuen Satzung von der Akademie für Deutsches Recht, der die Arbeitsgemeinschaft mit dieser Klausel schon maßgeblichen Einfluss zugestand. Kisch als Vorsitzender wiederum ernannte die weiteren Mitglieder des Gesamtvorstands.[318] Er blieb aber nur bis Mitte 1934 1. Vorsitzender und gab dann wegen Arbeitsüberlastung, wie bereits von vornherein angekündigt, sein Amt wieder ab, nicht ohne das Vorstandsmitglied der I.G. Farbenindustrie AG v. Knieriem als neuen Vorsitzenden gewonnen zu haben.[319] Über Kischs Tätigkeit in und für die Arbeitsgemeinschaft ist nichts bekannt, allerdings wurde ihm bei seinem Ausscheiden sehr überschwänglich gedankt, da die Bedeutung der Arbeitsgemeinschaft im neuen Reich, ausschließlich dem Wirken Kischs zuzuschreiben sei.[320] Wegen seiner großen Verdienste, die nicht an der kurzen Zeitspanne zu bemessen seien, wurde ihm die Ehrenmitgliedschaft verliehen.[321] Die Arbeitsgemeinschaft blieb bis Ende 1935 noch unabhängig und wurde dann wegen der zahlreichen personellen und sachlichen Überschneidungen der Akademie- und der Fachausschüsse der Arbeitsgemeinschaft der Akademie für Deutsches Recht „eng angegliedert". Frank übernahm zwar die Ehrenpräsidentschaft, engerer Kontakt bestand aber vermutlich zu Vizepräsident Kisch, der z. B. diese Ehrung für Frank entgegennahm[322], zeitweise in den Ausschüssen für gewerblichen Rechtsschutz mitarbeitete[323] und auch 1936 bei den Vorbereitungen des „Internationalen Kongresses für Gewerblichen Rechtsschutz" als Leiter der wissenschaftlichen Vorbereitungsarbeiten seitens der maßgeblich mitbeteiligten Akademie eingesetzt war.[324] Nach dem Zweiten Weltkrieg 1966 wurde auf der Festsitzung zum 75jährigen Bestehen der nun „Deutschen Vereinigung für gewerblichen Rechtsschutz und Urheberrecht" ausdrücklich an Wilhelm Kisch erinnert, dem die Möglichkeit zur Weiterarbeit im Nationalsozialismus zu verdanken sei und der es übernommen habe, die Arbeitsgemeinschaft „an

---

[316] Hauptversammlung der Deutschen Arbeitsgemeinschaft für gewerblichen Rechtsschutz und Urheberrecht e.V. vom 15. November 1934, in: GRUR, 40. Jg. (1935) S. 30ff.

[317] Satzungen § 4, in: GRUR, 39. Jg. (1934).

[318] Ebd.

[319] An alle Mitglieder!, in: GRUR, 39. Jg. (1934), S. 331.

[320] Ebd.

[321] Hauptversammlung der Deutschen Arbeitsgemeinschaft für gewerblichen Rechtsschutz und Urheberrecht e.V. vom 15. November 1934, in: GRUR, 40. Jg. (1935) S. 30ff.

[322] Bericht über die Versammlung der Deutschen Arbeitsgemeinschaft für gewerblichen Rechtsschutz und Urheberrecht, in: GRUR 41. Jg. (1936) S. 2ff.

[323] Vgl. SCHUBERT, WERNER, (Hrsg.), Akademie für deutsches Recht 1933 – 1945 Protokolle der Ausschüsse, Bd. IX , Ausschüsse für den gewerblichen Rechtsschutz, für Urheber- und Verlagsrecht sowie Kartellrecht, 1934 – 43, Frankfurt am Main, 1999; Gutachten Prof. WALTER FISCHER vom 28.3.1946, *SpKA KISCH, StAM K 880.*

[324] Internationaler Kongreß für gewerblichen Rechtsschutz, in: ZAkDR, 3. Jg. (1936) S. 387f.

die Akademie für Deutsches Recht lose anzugliedern, die viele Ausschüsse, zum Teil unpolitischer Art, gehabt habe".[325]

2.3.2.3 „Deutscher Verein für Versicherungswissenschaft"

Zum „Deutschen Verein für Versicherungswissenschaft" wurden ebenfalls Verbindungen hergestellt. Hans Ullrich, Ausschussvorsitzender in diesem Verein, wurde zugleich zum Vorsitzenden des Ausschusses für Versicherungsrecht in der Akademie ernannt.[326] Dass darüber hinaus weitere Verflechtungen seitens der Akademie über Kisch gesucht wurden, zeigt ein Brief eines Assistenten der Akademie an Direktor Lasch, der über eine Sitzung der Assistenten berichtet, in der die Besetzung des Präsidentenposten des versicherungswissenschaftlichen Vereins zur Sprache kam und als optimaler Kandidat Geheimrat Kisch bezeichnet wurde, der jedoch aus gesundheitlichen Gründen kaum zur Verfügung stehen werde.[327] Natürlich steht dabei zu beachten, dass Kisch nicht nur wegen seiner Stellung als Vizepräsident hier im Gespräch war, sondern vermutlich vor allem wegen seiner langjährigen Mitarbeit im Verein und seiner Kompetenz im Versicherungsrecht. Bezeichnend ist aber, dass diese Idee von einem Sekretär der Akademie in einer Akademiesitzung geäußert wurde.

Die Zentralisierung der wissenschaftlichen Arbeit, wie sie in der Denkschrift Kischs zur Organisation der Akademie für Deutsches Recht gefordert war[328], wurde schon sehr früh in Angriff genommen und umgesetzt, und Kisch als Vizepräsident der Akademie war darin jedenfalls bei den vorgenannten Vereinigungen maßgeblich involviert.

2.3.3 Von der Rechtspolitik Richtung Rechtswissenschaft

Nachdem sich die Akademie konsolidiert hatte, viele Fachausschüsse ihre Arbeit aufgenommen hatten und damit die rechtspolitische Aufgabe der Akademie im Sinne der konkreten gutachtlichen Unterstützung der Gesetzgebung angelaufen war, begann Kisch zielgerichtet, seine Vision der Akademie für Deutsches Recht stärker umzusetzen. Kischs Interesse galt nämlich nicht so sehr der rechtspolitischen Ausschussarbeit mit der Begutachtung und Ausarbeitung von Gesetzesentwürfen und der damit verbundenen Novellengesetzgebung, sondern er sah den Schwerpunkt der Akademie auf der systematisch wissenschaftlichen Forschung, wie es sich auch in seiner Erstnennung der Forschung bzw. der wissenschaftlichen vor der rechtsgestaltenden Aufgabe

---

[325] Festsitzung zum 75jährigem Bestehen, in: GRUR, 68. Jg. (1966) S. 668ff.

[326] KOCH, PETER, Geschichte der Versicherungswissenschaft in Deutschland, Karlsruhe 1998, S. 175.

[327] Brief GOETZE an LASCH vom 31.8.1934, *BAB AkDR R 61, DZA Bestand Potsdam 30.13, 18.*

[328] KISCH „Bemerkungen über die Organisation der Akademie für Deutsches Recht" vom 14.9.1933, S. 1, *BAB AkDR R 61,5.*

in seinen Reden widerspiegelte.[329] Dies entsprach ganz seiner bisherigen Einstellung, nach der er Praktiker aus ihrer Erfahrung heraus eher für die rechtspolitische Aufgabe mit der Ausformulierung der technischen Einzelheiten für berufen hielt als Wissenschaftler, die eher für die Grundgedanken und den dogmatischen Gehalt zuständig seien[330], auch wenn Kisch Rechtspolitik und Rechtswissenschaft als „aufs innerste" zusammengehörend sah.[331] Kisch selbst war bereits ab 1935 nicht mehr Mitglied in einem Ausschuss der Akademie[332], seinen Vorsitz im Ausschuss für Bürgerliche Rechtspflege hatte er ohnehin schon nach wenigen Monaten im Sommer 1934 abgegeben. Er wollte die Akademie zu einer „Art von Areopag" oder „Senat des deutschen Juristentums" machen[333] und dadurch sowohl die Krise der deutschen Jurisprudenz überwinden, in der sie sich seiner Ansicht nach schon seit Anfang des Jahrhunderts befand, als auch den wissenschaftlichen Einfluss auf die Rechtserneuerung stärken und sozusagen eine neue Rechtslehre und eine wissenschaftlich fundierte, neue Rechtsordnung gewährleisten.[334] Er war der Meinung, dass seit Beginn des Jahrhunderts eine Art „malaise", ein Missbehagen die deutsche Rechtswissenschaft befallen hatte. So sei man z. B. im Bereich der Rechtsdogmatik immer mehr auf die Bahn bloßer Erläuterungen der neuen Kodifikationen, auf unfruchtbare Exegesen geraten. „Der Gedanke der Ganzheit und Einheit der Rechtsordnung" sei durch Detailarbeit an abgeschlossen behandelten Gebieten überschattet und „der Sinn für die großen Zusammenhänge und für die letzten Grundlagen des Erkennens" sei verloren gegangen. „Öde, kleinliche Streitigkeiten der Theorien, der Schulen und Methoden" kennzeichneten diese Zeit des „emsigen und eifrigen, aber mittelmäßigen Epigonentums". Mitverantwortlich für die Krise waren für ihn auch der Liberalismus und der Kapitalismus.

> „Vor allem stand die Rechtswissenschaft, wie große Teile unseres damaligen geistigen Lebens, noch unter dem Banne der das neunzehnte Jahrhundert beherrschenden Weltanschauung des Liberalismus, die auf dem Gebiete des öffentlichen Rechtes weitgehend, auf dem des bürgerlichen und Wirtschaftsrecht restlos das Individuum zum Maßstab und Richtpunkt aller Rechtsordnung erhob, das Gesamtwohl dem Einzelinteresse unterordnete und in der Ordnung der rechtlich geregelten Lebenswerte den materiellen Gütern einen ungehörigen Platz zuwies."[335]

Die politischen und wirtschaftlichen Nöte der Kriegs- und Nachkriegszeit hätten ihr übriges getan und sich ungünstig auf Forschung und Lehre ausgewirkt wie auch gene-

---

[329] „Sie befaßt sich[...] mit Erforschung und Gestaltung des Rechts.", KISCH, Die Arbeiten der Akademie für Deutsches Recht, Berlin 1936, S. 4; oder „Diese Aufgabe aber liegt auf dem Gebiet der wissenschaftlichen Forschung und gutachtlichen Betätigung der gesetzgebenden Stellen", KISCH, Die bisherige Arbeit der Akademie für Deutsches Recht, 3. Vollsitzung vom 17.3.1934, in: JAkDR, 1. Jg. (1933/34), S. 164ff.

[330] So zumindest für die Zivilprozessrechtsreform, vgl. KISCH, 50 Jahre Deutsche Zivilprozeßordnung, in: Judicium, 2. Jg. (1929/30) S. 249ff [261].

[331] KISCH, Rede auf dem 11. Internationalen Kongreß für Strafrecht und Gefängniswesen in Berlin, Festsitzung der Akademie für Deutsches Recht, in: ZAkDR, 2. Jg. (1935) S. 693ff.

[332] Ebd.

[333] KISCH, Die Arbeiten der Akademie für Deutsches Recht, Berlin 1936. S. 4.

[334] KISCH, Die Abteilung für Rechtsforschung der Akademie für Deutsches Recht, *BAB AkDR R 61, 71.*

[335] Ebd. S. 6.

rell die zunehmende Technisierung eine Geringschätzung der Geisteswissenschaft nach sich gezogen hätte. Dies alles zusammen genommen, habe zu einer Krise der Rechtswissenschaft geführt, die es nun im neuen Staat zu überwinden gelte.[336] Diese Aussagen erstaunen auf den ersten Blick insoweit ein wenig, als sich Kisch bis dahin nie so deutlich und so negativ über den Zustand der Rechtswissenschaft geäußert hatte. Allerdings hatte er sich in der Weimarer Republik schon durchaus für die Stärkung der Wissenschaft eingesetzt. Sowohl die Gründung der „Vereinigung Deutscher Zivilprozeßrechtslehrer" als auch sein unermüdlicher Einsatz für eine gründliche, nicht zu praxisorientierte, akademischen Ausbildung waren gerade darauf ausgerichtet, hatten besonders aber im ersten Fall nicht sehr viel bewirkt. Die Vereinigung hatte nie den von ihr angestrebten wissenschaftlichen Einfluss auf die Entwicklung des Zivilprozesses nehmen können wie die Emminger-Novelle 1924 und auch der Entwurf 1931 gezeigt hatten. Kisch versprach sich vom nationalsozialistischen Staat Unterstützung und Verständnis für die Belange der Rechtswissenschaft, die sich dafür auch in dessen Dienst stellte und gab sich damit einer Hoffnung auf eine Symbiose hin, die sich bei der Juristen- und Rechtsfeindlichkeit von Hitler und anderen Parteigrößen[337] im Endeffekt nur als illusionär erweisen konnte.[338]

Mit dem Vorhaben des Ausbaus der Wissenschaft in der Akademie stieß Kisch bei seinen Professorenkollegen und den zunehmend zahlreicheren akademischen Mitarbeitern in der wissenschaftlichen Abteilung der Akademie auf offene Ohren. Bei diesen hatte sich im Laufe der ersten Jahre eine gewisse Unzufriedenheit über die wissenschaftliche Arbeit der Akademie breit gemacht[339], insbesondere da die Akademie auch im rechtspolitischen Bereich nicht so erfolgreich war, wie erhofft. Es waren viele Gesetze, so z. B. auch die rassistischen „Nürnberger Gesetze", ohne Akademiemitwirkung zustande gekommen und die Arbeiten wegen gesellschaftlicher, wirtschaftlicher und technischer Veränderungen als reformbedürftig angesehenen großen Komplex Zivilrecht gingen recht langsam voran, weil das Straf- und Öffentliche Recht als dringlicher für den neuen Staatsaufbau eingestuft wurde.[340] Hatten die Rechtswissenschaftler zunächst noch Verständnis für die organisatorische Konsolidierung und das Fußfassen im rechtsgestaltenden Bereich in den Anfangsjahren gehabt, so wurden jetzt Forderungen nach der von Anfang an geplanten wissenschaftlichen Ausrichtung laut. Dazu kam eine immer größer werdende Anzahl von Ausschüssen, deren Betreuung eine bessere Ausgestaltung der wissenschaftlichen Abteilung erforderte.[341] Auch Kisch

---

[336] Ebd. S. 6ff.

[337] z. B. RÜTHERS, BERND, Die unbegrenzte Auslegung. Zum Wandel der Privatrechtsordnung im Nationalsozialismus, 4. Auflage, Heidelberg 1991, S. 104ff.

[338] Zur Form der illusionären Selbstgleichschaltung vgl. LANGEWIESCHE, DIETER, Die Universität Tübingen in der Zeit des Nationalsozialismus: Formen der Selbstgleichschaltung und Selbstbehauptung, in: Geschichte und Gesellschaft, Zeitschrift für Historische Sozialwissenschaft, 23. Jg. (1997) S. 618ff.

[339] ANDERSON, DENNIS LEROY, The Academy for German Law, 1933 – 1944, New York 1987, S. 348ff.

[340] Ebd. S. 248ff; HATTENHAUER, HANS, Die Akademie für Deutsches Recht (1933 – 1944), in: JuS 26. Jg. (1986) S. 680f.

[341] ANDERSON, DENNIS LEROY, The Academy for German Law, 1933 – 1944, New York 1987, S. 109ff.

hatte zu Beginn der Akademiearbeiten zwar die rechtspolitische Aufgabe als im Vordergrund stehend bezeichnet, aber immer darauf hingewiesen, die rechtswissenschaftliche Tätigkeit nicht außer Acht zu lassen.[342] In einer Rede 1934 kam seine Vorstellung zur Arbeit in der Akademie deutlich zur Sprache.[343] Zum einen mahnte er darin trotz allem „freudigen Eifer"„Besonnenheit und Gründlichkeit" an, denn er war der Ansicht, dass „überstürzte Geschäftigkeit nicht am Platze wäre, wenn es gelte, ein Werk zu schaffen, welches die Rechtsordnung des deutschen Volkes für eine lange Folge von Generationen bestimmen soll." Zum anderen wies er nochmals auf die satzungsmäßig verankerte Arbeitsweise nach den Regeln „wissenschaftlicher Methode" hin und brach eine Lanze für das bisherige Recht, indem er forderte, nicht „frühere Einrichtungen allein darum, weil sie von der Vergangenheit überkommen sind, wahllos zu zerstören und an ihre Stelle Neuerungen bloß um des Neuen willen zu setzen", sondern auch das zu erhalten, „was der Erhaltung würdig" sei. Er sah die Aufgabe der Akademie in einer sehr umfassenden und langwierigen Tätigkeit der Rechtserneuerung begründet, die aber vor allem wissenschaftlich angegangen werden sollte:

> „Wir lassen uns aber an leidenschaftlicher Hingabe für das neue deutsche Rechtsideal von niemandem übertreffen, und wir haben die Hoffnung, daß die stürmische und vorwärtsdrängende Begeisterung der Jugend, die unsere Zukunft ist, auch Raum lassen möge für eine gerechte und vertrauensvolle Würdigung unserer im Ziele gleichgerichteten, in der Methode zum Teil abweichenden, stilleren wissenschaftlichen Arbeit."[344]

Bis 1935/36 war aber im rechtswissenschaftlichen Bereich noch nicht sehr viel erreicht worden. Abgesehen von der Herausgabe der Zeitschrift der Akademie und einer Schriftenreihe, der Stellung von Preisaufgaben und der Veranstaltung zumindest zum Teil wissenschaftlich orientierter Tagungen, sowie gewissen finanziellen Fördermaßnahmen steckte dieser Bereich in der Akademie noch in den Anfängen. Insbesondere auch in dem ebenfalls dazu zählenden Bereich der rechts- und staatswissenschaftlichen Ausbildung konnten noch keine Ergebnisse präsentiert werden. Kisch wollte dies verstärkt ausbauen und erreichen, dass die Akademie eine Zusammenarbeit aller leiten möge,

> „um zunächst die Geschichte des Rechts und der Wirtschaft, namentlich in unserem eigenen Volke, um ferner die philosophischen und methodologischen Grundlagen der Rechtsdogmatik, um endlich die juristisch technischen Einzelheiten auf den verschiedensten Gebieten öffentlichen und Privatrechts einer systematischen und tiefgründigen Durchforschung durchzuführen."[345]

---

[342] KISCH, Die bisherige Arbeit der Akademie für Deutsches Recht, 3. Vollsitzung vom 17.3.1934, in: JAkDR, 1. Jg. (1933/34), S. 164ff.

[343] KISCH, Rede auf der Arbeitstagung der Akademie für Deutsches Recht am 26. Mai 1934, in: JAkDR, 1. Jg. (1933/34) S. 188ff, daraus auch die folgenden Zitate.

[344] Ebd. S. 191.

[345] KISCH, Die Arbeiten der Akademie für Deutsches Recht, Berlin 1936, S. 7.

Zusammen mit seinen jüngeren Kollegen Heinrich Lange[346], Werner Weber[347] und später Wilhelm Felgentraeger[348] und in Kontakt mit dem Akademiedirektor Karl Lasch nahm er sozusagen hinter den Kulissen ohne viel öffentliches Aufsehen die organisatorische Umgestaltung und Reform der Akademie zur Förderung der wissenschaftlichen Forschung 1935 in Angriff, obwohl offiziell gesehen Roland Freisler seit Anfang 1935 der Leiter der wissenschaftlichen Arbeiten der Akademie war[349] und daher eigentlich zuständig. Freislers Unterschrift oder auch nur Name taucht aber in der Korrespondenz zu dieser grundlegenden Reform kaum auf.[350] Insoweit ist dies auch nicht besonders verwunderlich, als zu berücksichtigen ist, dass die Ernennung Freislers durch Frank zur Entlastung Kischs erfolgt war, um ihm das Argument der Arbeitsüberlastung als Rücktrittsgrund zu nehmen[351], keinesfalls aber um ihn seines Einflusses zu berauben. Kisch blieb weiterhin die treibende Kraft im wissenschaftlichen Bereich[352], wenn auch der Posten des Leiters der wissenschaftlichen Arbeit offiziell mit jemand anderem besetzt war; ein Umstand, der Kisch aber gerade entgegen kam, da sich damit die Anfeindungen von außen und die Kritik an der wissenschaftlichen Arbeit der Akademie nicht mehr an seine Adresse richteten.[353] Insgesamt war damit eine Konstellation geschaffen, die Kischs Charakterisierung als eine Art „Graue Eminenz“[354] der Akademie noch im stärkeren Maße zutreffend erscheinen lässt.

2.3.4 Die Einrichtung der Abteilung für Rechtsforschung

Ende 1935 bzw. Anfang 1936 waren die Reformen in Gange gekommen und Kisch hatte Lange und Weber und etwas später Felgentraeger zu seinen Mitarbeitern an den

---

346 LANGE, HEINRICH, 1900 – 1977, Studium Rechtswissenschaften 1919 – 22 in München und Leipzig, 1929 Habilitation, 1933/34 Regierungsrat im sächsischen Volksbildungsministerium, 1934 ord. Prof. in Breslau, 1940 in München, Vorsitzender des Erbrechtsausschusses, Initiator des Volksgesetzbuches. SCHUBERT, WERNER, Einleitung, in: ders. (Hrsg.) Akademie für Deutsches Recht 1933 – 45, Protokolle der Ausschüsse BD. VI, Zivilprozeß und Gerichtsverfassung, Frankfurt am Main 1997, S. 101; vgl. auch WOLF, WILHELM, Vom alten zum neuen Privatrecht. Das Konzept der normgestützten Kollektivierung in den zivilrechtlichen Arbeiten Heinrich Langes (1900 – 1977), Tübingen 1998.

347 WERNER WEBER, 1909 – 1976 in Göttingen, Studium der Rechtswissenschaften, Assessor im preußischen Wissenschaftsministerium, 1935 ord. Prof. f. Öffentliches Recht in Berlin, 1942 – 48 in Leipzig, 1949 in Göttingen, vgl. SCHUBERT, WERNER, Einleitung, in: ders. (Hrsg.) Akademie für Deutsches Recht 1933 – 45, Protokolle der Ausschüsse BD. XV, Religionsrecht, Frankfurt am Main 2003, S. XXXVI.

348 WILHELM FELGENTRAEGER, 1899 –1980, Zivilrechtler, ord. Prof. in Freiburg 1934, 1936 in Marburg, 1940 in Breslau, 1945 in Göttingen, 1949 in Hamburg. Vgl. SCHUBERT, WERNER, Einleitung, in: ders. (Hrsg.) Akademie für Deutsches Recht 1933 – 45, Protokolle der Ausschüsse BD. III, 1, Volksgesetzbuch, Berlin 1988, S. 34.

349 vgl. ZAkDR, 2. Jg. (1935) S. 76.

350 So auch ANDERSON, DENNIS LEROY, The Academy for German Law, 1933 – 1944, New York 1987, S. 107, Fn. 40.

351 Brief KISCH an GERLAND vom 23.2.1935, *Nachlass GERLAND, BAK NL 10, Bd. 17.*

352 ANDERSON, DENNIS LEROY, The Academy for German Law, 1933 – 1944, New York 1987, S. 107.

353 Brief KISCH an GERLAND vom 23.2.1935, *Nachlass GERLAND, BAK NL 10, Bd. 17.*

354 ANDERSON, DENNIS LEROY, The Academy for German Law, 1933 – 1944, New York 1987, S. 105.

wissenschaftlichen Aufgaben in der Akademie berufen.[355] Zwischen Kisch und Lange bestand eine etwas engere Beziehung. Lange war durch Kischs Protektion in die Akademie für Deutsches Recht gekommen[356] und hatte in Folge seiner Zusammenarbeit mit Kisch später auch einen gewissen Einfluss gewonnen, der im kurzzeitigen Vorsitz für die Schaffung des neuen Volksgesetzbuches 1939 gipfelte.[357] Kisch empfahl Lange 1939 an Dekan San Nicolò als Nachfolger für Müller-Erzbach[358] und wurde von Lange auch als Gutachter in dessen Verfahren um eine Wiedereinstellung an der Universität München nach dem Krieg angeführt[359], in welchem er wegen seiner Vergangenheit im sächsischen Volksbildungsministerium und seiner dortigen Verwicklung in die Absetzung jüdischer Kollegen scharf angegriffen wurde.[360] Lange scheint Kisch respektiert und verehrt zu haben. In einer seiner Schriften bezeichnete er ihn als den „getreuen Eckart der deutschen Rechtswissenschaft".[361]

Eine erste organisatorische Maßnahme von Kisch und seinen Mitarbeitern war Ende 1935, Anfang 1936, die Ausschüsse und ihre jeweilig für sie zuständigen Referenten in zwei Abteilungen für Zivilrecht und für Öffentliches Recht zu fassen, deren Leitung zum einen Lange, zum anderen Weber übertragen wurde, um eine bessere und engere Zusammenarbeit zwischen den Ausschüssen zu schaffen.[362] Nachdem sich eine gewisse Unruhe deswegen unter den Ausschussvorsitzenden, die sich in ihrer Stellung angegriffen fühlten, gelegt hatte, planten Kisch und Lange in einem nächsten Schritt die Einrichtung von vier Kommissionen, die Grundfragen der Rechtserneuerung im Bereich Zivilrecht, Zivilverfahrensrecht, Handels- und Wirtschaftsrecht sowie der Studienreform erforschen sollten.[363] Kisch und Lange beschränkten sich dabei auf den Bereich des bürgerlichen Rechts, der ihrer Ansicht nach am dringlichsten sei, da man schon im strafrechtlichen Bereich vom Reichsjustizministerium ausgebootet worden sei und jetzt die Gelegenheit nutzen sollte, im bürgerlichen Recht die Führung zu

---

[355] Niederschrift 1. Sitzung der Klasse II in der Abteilung für Rechtsforschung am 19.6.1937, S. 3, *BAB AkDR R 61, 71.*

[356] LANGE, Darstellung meiner politischen und beruflichen Entwicklung, S. 5, *SpK LANGE, StAM SpK K 1010*, „In dieser für mich ernsten Lage gewährte mir Geheimrat Kisch, München, dadurch seine Hilfe, daß er mich Anfang 1936 zu seiner Unterstützung bei Aufbau der wissenschaftlichen Arbeiten der Akademie für Deutsches Recht heranzog."

[357] WOLF, WILHELM, Vom alten zum neuen Privatrecht. Das Konzept der normgestützten Kollektivierung in den zivilrechtlichen Arbeiten Heinrich Langes (1900 – 1977), Tübingen 1998, S. 34ff.

[358] SAN NICOLÒ, Verteidigungsschrift, S. 6, *SpKA SAN NICOLÒ, StAM K 1250.*

[359] Brief LANGE an Dekan JF vom 26.11.1948, „Es ist mir eine besondere Ehre und Freude, daß Herr Geheimrat Kisch sich bereit erklärt hat der Fakultät über meine wissenschaftliche Haltung und Stellung sein Gutachten zur Verfügung zu stellen. Diesem Gutachten des führenden deutschen Dogmatikers des Zivilrechts unterwerfe ich mich mit Freude." *FakPA LANGE, UAM L-IX-41.*

[360] z. B. Brief ROSENBERG vom 30.4.1946 oder APELT vom 28.4.1946, *FakPA LANGE, UAM L-IX-41.*

[361] LANGE, HEINRICH, Die Entwicklung der Wissenschaft vom Bürgerlichen Recht seit 1933. Eine Privatrechtsgeschichte der neuesten Zeit. Recht und Staat in Geschichte und Gegenwart, Bd. 128, Tübingen 1941, S. 7. Der „getreue Eckart" ist eine Gestalt aus der deutschen Heldensage, der als Beschützer und Warner vor Gefahren auftritt.

[362] ANDERSON, DENNIS LEROY, The Academy for German Law, 1933 – 1944, New York 1987, S. 110f; Entwurf einer Mitteilung an die betroffenen Referenten o. Dat, *BAB AkDR R 61, 71.*

[363] Brief LANGE an LASCH mit Bericht über Besprechung mit KISCH vom 12.3.1936, *BAB AkDR R 61, 86.*

übernehmen. Die Zusammenarbeit zwischen Akademie und gesetzgebenden Stellen, genauer gesagt dem Reichsjustizministerium, funktionierte nämlich bei weitem nicht so gut wie nach außen immer dargestellt wurde.[364] Die Kommissionen sollten als eine Art Oberausschüsse, vornehmlich besetzt mit den jeweils fachlich dazugehörigen Ausschussvorsitzenden[365], die wissenschaftlichen Aufgaben in den einzelnen Bereichen abstecken, planen und leiten und damit eine etwas systematischere wissenschaftliche Rechtserneuerung in Schwung bringen.[366] Kisch stand wegen der Reform des bürgerlichen Rechts auch mit dem Reichsjustizminister Gürtner in Kontakt, um eine bessere Zusammenarbeit zwischen Akademie und Ministerium zu erreichen. Die beiden kannten sich aus den Zeiten, als Gürtner noch bayerischer Justizminister gewesen war, und gehörten der gleichen Juristengeneration an. Kisch achtete Gürtner als einen sehr besonnenen Mann[367] und auch Gürtner dürfte Kisch geschätzt haben.[368] Gürtner war in den ersten Sitzungen des Ausschusses für Bürgerliche Rechtspflege unter Kisch ständiger Gast.[369] Trotz dieser Voraussetzungen zeitigte der persönliche Schriftwechsel aber keine greifbaren Ergebnisse, was aber beim eher gespannten Konkurrenzverhältnis Frank – Gürtner nicht verwunderlich war. Deshalb plante man nun in der Akademie, die eigene Unentbehrlichkeit verstärkt durch Arbeitserfolge zu beweisen.[370]

Im Zuge dieser Planungen zur Verwissenschaftlichung kam es dann im Weiteren zu einer tiefgehenden Umstrukturierung der Akademie. Die Mitglieder wurden neu in drei Abteilungen eingeteilt: *Rechtsgestaltung* mit den bisherigen Ausschüssen, *Rechtsforschung* mit den drei Klassen zur Erforschung von *Geschichte und Grundfragen des Deutschen Rechts*, des *Rechts von Reich und Volk* und des *volksgenössischen Rechtslebens* als Untergliederung und mit nur wissenschaftlich arbeitenden Mitgliedern, und als dritte Abteilung den *Ehrensenat*, in dem die nicht aktiv mitarbeitenden, fördernden Mitglieder zusammengefasst waren.[371] Kischs eigenen Angaben nach sollten gerade durch die Einrichtung des Ehrensenats die der Akademie angehörenden prominenten, nichtwissenschaftlich orientierten Nationalsozialisten an einer politi-

---

[364] FRANK hatte vergeblich versucht, von HITLER eine „Empfehlung an die Reichsministerien" zu erreichen, in der die Beteiligung der Akademie vorgeschrieben war, nachdem die Akademie bei wichtigen Gesetzesvorhaben übergangen worden war wie z. B. bei den „Nürnberger Gesetzen". Zu den Kompetenzstreitigkeiten vgl. PICHINOT, HANS-RAINER, Die Akademie für Deutsches Recht. Aufbau und Entwicklung einer öffentlich-rechtlichen Körperschaft des Dritten Reichs, Kiel 1981, S. 77ff.

[365] Für Zivilrecht waren HEDEMANN, LANGE, MÖSSMER und STOLL, für Zivilverfahrensrecht: BLOMEYER, DE BOOR, BOETTICHER, MICHAELIS, Wirtschaftsrecht: GIESECKE, HUECK, KLAUSING, WÜRDINGER benannt und für die Studienreform vorgesehen SCHMITT, WALZ oder PALANDT, vgl. Brief LANGE an LASCH mit Bericht über Besprechung mit KISCH vom 12.3.1936, *BAB AkDR R 61, 86*; KISCH an FRANK vom 27.8.1936, *BAB AkDR R 61, 71.*

[366] ANDERSON, DENNIS LEROY, The Academy for German Law, 1933 – 1944, New York 1987, S. 112ff.

[367] Brief KISCH an GERLAND vom , *Nachlass GERLAND, BAK NL 10, Bd. 17.*

[368] Vgl. oben 2. Kapitel 3.1.2.

[369] SCHUBERT, WERNER, Einleitung, in: ders. (Hrsg.) Akademie für deutsches Recht 1933 – 1945, Protokolle der Ausschüsse, Bd. VI Zivilprozeß und Gerichtsverfassung, Frankfurt am Main 1997, S. 5.

[370] Niederschrift der Sitzung der Klassensekretäre vom 19. – 21. März 1937, S. 4, *BAB AkDR R 61, 71.*

[371] Anordnung des Präsidenten über den inneren Aufbau der Akademie für Deutsches Recht vom 15.12.1936, in: ZAkDR, 4. Jg. (1937) S. 23; Verwaltungsanordnung vom 1.4.1937, in: ZAkDR, 4. Jg. (1937) S. 405.

schen Einflussnahme auf die sachlichen Arbeit gehindert werden.[372] Die grundlegende Umstrukturierung war von Kisch bereits im Juni auf dem „Internationalen Kongreß für Gewerblichen Rechtsschutz“[373] und konkreter auf der 3. Jahrestagung der Akademie im Oktober 1936 in seiner Rede an die Ausschussvorsitzenden angekündigt worden.[374] Durch eine „Anordnung des Präsidenten über den inneren Aufbau der Akademie für Deutsches Recht“ vom 15. Dezember 1936[375] wurde sie vollzogen und durch eine „Verwaltungsordnung vom 1. April 1937“ organisatorisch umgesetzt.[376] Den ganzen Sommer 1936 über hatten Kisch, Lange, Weber und Lasch an dieser Reform gearbeitet, Frank für ihre Pläne zu gewinnen versucht und auch den Wortlaut der Anordnung vorbereitet.[377] Zugleich hatten sie neue Ausschüsse ins Leben gerufen, und die Aufnahme zahlreicher renommierter Rechtswissenschaftler angeregt, wie Franz Beyerle, Leo Raape, Paul Koschaker, Philipp Heck, Julius Binder, Heinrich Siber, Max Pagenstecher, Alfred Schultze etc., die die Abteilung für Rechtsforschung verstärken sollten.[378] Als Klassensekretäre, denen praktisch die Leitung der Klassen oblag[379], schlug Kisch Frank seine Mitarbeiter Felgentraeger, Weber und Lange vor[380] und dieser ernannte sie wunschgemäß dazu.[381] Die offizielle Konstituierung der Abteilung für Rechtsforschung erfolgte am 19. Juni 1937. Reichsjustizminister Gürtner, der anscheinend eine gewisse Einsicht in die Verhältnisse der Akademie hatte, dankte in seiner Rede so deutlich Kisch für die Idee und Umsetzung der Abteilung für Rechtsforschung, dass man sich in den später stattfindenden Sitzungen der Klassen bemüßigt fühlte, nochmals ausdrücklich auch den Präsidenten Frank als maßgeblichen Initiator zu erwähnen.[382] Kisch war zunächst als Redner für den Einführungsvortrag vorgesehen gewesen, sozusagen als eine letzte Amtshandlung, da zumindest intern ab März 1937 sein Rücktritt schon bekannt war[383], beschränkte sich dann aus gesundheitlichen

---

[372] KISCH, Verteidigungsschrift S. 7, *SpKA KISCH, StAM SpK K 880.*

[373] KISCH, Rede auf dem Internationalen Kongreß für gewerblichen Rechtsschutz, in: ZAkDR, 3. Jg. (1936) S. 610ff.

[374] KISCH, Rede auf der 3. Jahrestagung der Akademie für Deutsches Recht, in: ZAkDR, 3. Jg. (1936) S. 952f.

[375] ZAkDR, 4. Jg. (1937) S. 23.

[376] ZAkDR, 4. Jg. (1937) S. 405.

[377] Briefe KISCH, LANGE, WEBER an FRANK vom 28.8.1936 und o.Dat. mit der Anordnung als Anlage, bzw. KISCH an FRANK vom 27.8.1936, *BAB AkDR R 61, 71.*

[378] Brief KISCH, LANGE, WEBER an FRANK vom 28.8.1936, *BAB AkDR R 61, 71*; Brief LANGE an LASCH vom 23.9.1936, *BAB AkDR R 61, 86.*

[379] Daneben gab es noch für repräsentative Zwecke die sog. Obmänner HEYMANN, FREYTAGH-LORINGHOVEN und HEDEMANN, die bewusst keine Exponenten des Nationalsozialismus sein sollten, sondern wissenschaftlich renommiert. Brief LANGE an LASCH vom 5.9. 1936, *BAB AkDR R 61, 86.*

[380] Brief KISCH an FRANK vom 17.1.1937, *BAB AkDR R 61, 71.*

[381] Ernennung der Klassensekretäre, in: ZAkDR, 4. Jg. (1937) S. 117.

[382] Protokoll der 1. Sitzung der Klasse II am 19.6.1937, S. 4: „Übrigens seien die Ausführungen des Reichsjustizministers Dr. Gürtner, die dieser in der Sitzung am Vormittage gemacht habe, dahin zu ergänzen, daß die Ausgestaltung dieser Gründung nicht ausschließlich auf die Initiative des Geheimrats Kisch, sondern in gleichem Maße auf die Initiative des Präsidenten zurückzuführen sei.“, *BAB AkDR R 61, 81.*

[383] Brief LANGE an LASCH vom 8.3.1937, „[...] Herr Kisch erklärt hat, aus gesundheitlichen Gründen voraussichtlich auch nicht die große Einführungsrede halten zu können, die er uns noch schenken wollte.“, *BAB AkDR R 61, 86.*

Gründen aber nur auf ein schriftliches Geleitwort, in dem er die Aufgaben der Abteilung Rechtsforschung umschrieb. Viele der darin enthaltenen Gedanken entsprechen seiner Vorstellung von Forschung und Wissenschaft, die er größtenteils sein ganzes Leben lang schon vertreten hatte. Der Nationalsozialismus findet explizit kaum Erwähnung und wenn, dann vor allem als eine Art Anstoß und Gelegenheit für die Rechtswissenschaft.[384] Möglicherweise, weil es sozusagen seine letzte Amtshandlung war, enthält das Geleitwort auch einige kritische Bemerkungen und Ermahnungen, z. B. der Wissenschaft mehr Freiraum zu geben und Rücksicht entgegen zu bringen, die Kisch aber mehr in Form von Feststellungen formulierte.

> „Zugleich wird ihr [der Abteilung/ S. A.] die Gewähr gegeben, daß sie ihre Forschungstätigkeit frei von allen hemmenden Einmischungen der Verwaltungsstellen der Akademie entfalten kann, und es wird ihr das Vertrauen entgegengebracht, daß sie auch ohne die Notwendigkeit ständiger Kontrolle durch politische und weltanschauliche Zensurmaßnahmen dem Geiste der neuen Zeit und den Bedürfnissen des neuen Staates aus ehrlicher Überzeugung sich anzupassen vermag."[385]

Trotz dieser kritischen Ansätze, die z. T. ohnehin nur wissenschaftlich-organisatorische Punkte betrafen und damit interne Missstände in der Akademie aufgriffen, darf nicht übersehen werden, dass er die Rechtswissenschaft in den Dienst der neuen Weltanschauung stellte, die Erforschung eines art- und zeitgemäßen Rechts für das Deutsche Volk forderte und die „richtig verstandene Freiheit der Wissenschaft" als in Deutschland gewährleistet proklamierte.[386] Zunächst grenzte Kisch in seinen Ausführungen die Aufgaben negativ ab. Trotz der Betonung der Wissenschaftlichkeit sollte nicht eine Forschung „im luftleeren Raum" betrieben werden, sondern sie sollte an den praktischen Notwendigkeiten der Volksgemeinschaft orientiert sein. Mit seiner Feststellung: „Wissenschaft, die nicht letztlich dem Leben, dem Volke, der Menschheit dient, ist nichts als öde geistige Spielerei." wies Kisch auf die von ihm schon immer vertretene wichtige Verbindung von Theorie und Praxis hin, die ihm auch für viele seiner wissenschaftlichen Arbeiten bescheinigt worden war. Darüber hinaus sollte die Abteilung weder eine Art „Kontrollinstanz" für die Ausschussarbeit der Akademie sein, noch eine Monopolisierung der Rechtswissenschaft anstreben und vor allem auch nicht in die Zuständigkeiten anderer staatlicher Stellen eingreifen. Insbesondere sei sie nicht eine „Lehrstuhlbesetzungsagentur" oder eine „Anstalt zur Lenkung oder Kontrolle des akademischen Unterrichts" und werde sich daher nicht in die Belange der rechts- und staatswissenschaftlichen Fakultäten einmischen. Mit besonderer Härte würde die Leitung der Akademie auch vorgehen, sollte sich herausstellen, dass sich die Abteilung zu einem „Tummelplatz der Cliquenwirtschaft" entwickelt oder für die „Herrschgelüste von Fachpäpsten" missbraucht wird. Sie sollte vielmehr als „Stätte

---

384 ANDERSON, DENNIS LEROY, The Academy for German Law, 1933 – 1944, New York 1987, S. 354.

385 KISCH, Die Abteilung für Rechtsforschung der Akademie für Deutsches Recht, S. 19, *BAB AkDR R 61, 71.*

386 KISCH, Die Abteilung für Rechtsforschung der Akademie für Deutsches Recht, S. 20ff: „Von ihr aber auch, ob die teils ehrlich besorgten, teils agitatorisch vorgeschobenen Bedenken und Bedenklichkeiten in- und ausländischer Beobachter, als sei im gegenwärtigen Deutschland die richtig verstandene Freiheit der Wissenschaft nicht gewährleistet, ihre schlagkräftige Widerlegung erfahren." *BAB AkDR R 61, 71.*

freier Forschung" den akademischen Nachwuchs fördern, nicht nur in finanzieller Hinsicht, sondern vor allem in der „persönlichen Verbindung" und mit „menschlicher Anteilnahme". Auch auf dem Gebiete der Rechtserziehung sollte man nicht untätig bleiben, denn Forschung und Lehre seien aufs engste miteinander verknüpft. Kischs Vorliebe für die Lehre kommt dabei deutlich zu Tage:

> „Lehre ohne Forschung ist öde Schulmeisterei, und der wäre ein schlechter Forscher, der nicht sein Glück, im nahen persönlichen Verhältnis von Lehrer und Schüler der rechtsbeflissenen Jugend die Ergebnisse seiner Forschung unmittelbar zugänglich zu machen."[387]

Die Hauptaufgabe der Abteilung bestünde neben der wissenschaftlichen Unterstützung der Ausschüsse aber in der Erforschung des Rechts und dort gerade auch im Bereich der Rechtsphilosophie, Rechtsgeschichte und Methodologie und „dem großen Gebiet der weltanschaulichen Fundierung des Rechts". Das sollte durch Zurverfügungstellung einer der Wissenschaft ihrem Wesen nach entgegen kommenden flexiblen Organisation und verschiedener logistischer Hilfsdienste erfolgen.

> „Vielmehr kann und will sie nur sein eine, wenn auch geordnete, so doch freie Zusammenfassung freier Geistesarbeiter, bei welcher durch ein Mindestmaß kollektiver Bindungen ein Höchstmaß einzelpersönlicher Leistung erzielt werden soll."[388]

Eine Kehrtwende zeichnete sich diesbezüglich bei seiner früher vertretenen Forderung der Zentralisierung der Rechtsforschung[389] in der Akademie ab. Er warnte nun ausdrücklich davor

> „durch ein Übermaß von Organisation und Einmischung die Schaffensfreude der produktiven Einzelpersönlichkeit zu hemmen, den Wegen des Geistes allzu enge Bahnen zuzuweisen, durch ungehörige fachliche Zensurierung die unbefangene Wahrheitserkenntnis zu hindern, bewährte wissenschaftliche Organisationen, Schriftenreihen, Zeitschriften usw. nur um der Uniformität willen an sich zu ziehen und vor lauter organisatorischer Geschäftigkeit wertvolle Privatinitiative zu unterdrücken."[390]

Ein besonderes Anliegen war Kisch noch der Generationenkonflikt, dessen Ausgleich und Schlichtung er als weitere Aufgabe der neuen Abteilung sah. In der Akademie habe „der vorwärtsstürmende Drang der kämpferischen Jugend mit den Lebenserfahrungen und der ruhig abwägenden Besonnenheit des höheren Alters einen Bund geschlossen". Er kritisierte offen die auch ihn treffende, im Nationalsozialismus vorherrschende Haltung gegenüber dem Alter und verlangte gegenseitige Rücksichtnahme.

> „So kränkend es die Älteren unter uns empfinden müssen, wenn ihnen gar zu oft und gar zu deutlich vorgehalten wird, daß sie einer vergangenen Epoche verschrieben seien und daß sie zum größten Teile während der Kampfjahre nicht zu den tragenden Kräften des

---

[387] KISCH, Die Abteilung für Rechtsforschung der Akademie für Deutsches Recht, S. 8ff, *BAB AkDR R 61, 71.*

[388] Ebd. S. 12ff, *BAB AkDR R 61, 71.*

[389] KISCH, „Bemerkungen über die Organisation der Akademie für Deutsches Recht" vom 14.9.1933, S. 1f, *BAB AkDR R 61, 5.*

[390] KISCH, Die Abteilung für Rechtsforschung der Akademie für Deutsches Recht, S. 14, *BAB AkDR R 61, 71.*

großen Umschwungs gehört hätten, so geschmacklos wäre es auf der anderen Seite, wenn die durch ihr Alter und durch ihre Vergangenheit belasteten Rechtsforscher, statt sich der Zusammenarbeit mit der aufstrebenden neuen Generation aufrichtig zu erfreuen, sich in verletzender Begönnerung oder überheblicher Nörgelei gefallen wollten, wenn sie gar ihre jüngeren Kollegen darüber belehren wollten, was nationalsozialistische Rechts- und Staatsauffassung ist. [391]

Sinn und Zweck der Abteilung für Rechtsforschung, die er durchaus äußerlich noch an alten Wissenschaftsidealen orientiert haben wollte, sollte aber sein, die Rechtswissenschaft mit neuen Inhalten zu füllen und das ganze Recht frei von Bindungen der Vergangenheit nachzuprüfen und neu zu durchdenken.

„Es gilt , die Spreu der sich wie eine ewige Krankheit fortschleppenden Gesetze vom Weizen des gefundenen zeit- und artgemäßen Rechts zu sondern. Es gilt, die reichlich fließenden Quellen des deutschen Volksempfindens von allen Verschüttungen zu befreien und sie der Befruchtung des neuen Rechtes dienstbar zu machen. Es gilt, mit dem unerbittlichen Wahrheitsdrange, ohne den es keine Wissenschaft gibt, und mit dem leidenschaftlichen Streben nach materieller Gerechtigkeit, ohne welche es kein dauerndes Recht geben kann, die Lebensordnung zu erkennen, die dem Wohl des deutschen Volkes am besten frommt, die einen Ausdruck seines Wesens und eine Gewähr seines ewigen Bestandes bildet. Nur die deutschen Rechtsforscher, welche die Zeichen der Zeit verstanden haben, welche bereit und imstande sind, sei es auch unter Preisgabe liebgewordener alter Ideale, aus innerer Überzeugung und vorbehaltloser Aufgeschlossenheit der neuen politischen, wirtschaftlichen und namentlich weltanschaulichen Lage Rechung zu tragen, nur sie werden die großen Hoffnungen zu erfüllen vermögen, die sich an die Gründung der Akademie und ihrer Rechtsforschungsabteilung knüpfen.“[392]

Die Reformvorschläge von Kisch, Lange, Weber und auch Lasch waren von Frank, der sich vielleicht auch als so etwas wie ein Mäzen der Rechtswissenschaft sah, bereitwillig angeordnet und umgesetzt worden, so dass das Ziel, die Akademie als die wissenschaftliche Forschungsstätte zu etablieren, Formen annahm, und die Akademie tatsächlich mehr und mehr renommierte, vor allem auch viele konservative Professoren in ihren Reihen zählte. Höhepunkt dieser wissenschaftlichen Großoffensive, die vor allem dem bürgerlichen Recht galt, war 1939 das Projekt „Volksgesetzbuch“[393], ein Gesetzeswerk aus „neuem Geiste“, das das alte Bürgerliche Gesetzbuch ablösen sollte, und von dem sich die Akademie, respektive Hans Frank selbst, viel Einfluss und Renommee versprach.[394] Bereits die Kommissionen zum Bürgerlichen Recht im Sommer 1936 und dann vor allem die Klasse III, Volksgenössisches Rechtsleben, un-

---

[391] Ebd. S. 16f, *BAB AkDR R 61, 71.*

[392] Ebd. S. 17f, *BAB AkDR R 61, 71.*

[393] Vgl. HATTENHAUER, HANS, Das NS-Volksgesetzbuch, in: BUSCHMANN (Hrsg.), Festschrift für Rudolf Gmür zum 70. Geburtstag, Bielefeld 1983, S. 255ff.

[394] HATTENHAUER, HANS, Die Akademie für Deutsches Recht (1933 – 1944), in: JuS, 26. Jg. (1986) S. 684.

ter Obmann Wilhelm Hedemann[395] und Sekretär Heinrich Lange hatten schon intensiv an der Zivilrechtsreform gearbeitet und Vorarbeiten dazu geleistet.[396]

Kisch scheint sich im Laufe der Planungen für die Abteilung Rechtsforschung allerdings mehr und mehr zurückgezogen zu haben, nicht ohne immer noch maßgebenden Einfluss auszuüben und damit dem Bild einer „Grauen Eminenz" immer stärker zu entsprechen. Zwar war Kisch in alle Diskussionen eingebunden und bei den einzelnen Treffen („Dreierkonferenzen") dabei, auch seine Meinung und Ansichten waren entscheidend, die genauen Ausarbeitungen wurden aber vermutlich vor allem von Lange, Weber und Lasch gemacht. Der interne Briefwechsel zu den Reformen lief zwischen Lange und Lasch. In diesem ist oft, von „unseren Vorschlägen" die Rede, die Kisch vorgelegt wurden und seine Zustimmung fanden.[397] Auch die generelle Denkschrift zur „Lösung der wissenschaftlichen Aufgaben durch die Akademie für Deutsches Recht" vom Januar 1936, die die Schaffung einer wissenschaftlichen Abteilung und den Ausbau der wissenschaftlichen Betätigung zu rechtfertigen versuchte, stammt aller Wahrscheinlichkeit nach nicht von Kisch, da darin auf ihn Bezug genommen und aus seiner Rede zur Proklamation zitiert wird.[398] In dieser Denkschrift wird die wissenschaftliche Betätigung der Akademie als ihre „schönste Aufgabe" propagiert und fast überhöht dargestellt, da „schöpferisch" und von Politik und Tagesgeschehen unabhängig und frei. Sie ermögliche

> „die Entwicklung einer nationalsozialistischen Rechtslehre, die die Zukunft garantieren und über politische Wirksamkeit hinaus durch die zwingende Macht ihrer Geschlossenheit und legischen Unangreifbarkeit den Kampf mit allen bestehenden und sich neubildenden Weltanschauungen auch außerhalb Deutschlands siegreich durchfechten soll."[399]

Darüber hinaus hatte sich der Verfasser auch Gedanken über die Leitung der Abteilung gemacht. Als Leiter der wissenschaftlichen Abteilung verlangte er eine Persönlichkeit mit einem „unanfechtbaren wissenschaftlichen Ruf" und „maßgeblicher Stellung in der Akademie", der am besten wohl der jeweilige Vizepräsident entspräche, da dieser auch die notwendige organisatorische Spitze gewährleiste durch die eine einheitliche Koordination der wissenschaftlichen Abteilung mit den Ausschüssen sicher gestellt sei.[400] Vorgesehen oder gewünscht war damals wohl noch Kisch gewesen, ernannt wurde aber der schon zu diesem Zeitpunkt als „Leiter der wissenschaftlichen Arbeiten" eingesetzte Roland Freisler.[401] Die Vorgehensweise von Kisch, sich immer mehr zurückzuziehen und die Arbeit in die Hände von gleichgesinnten Mitarbeitern zu le-

---

[395] Zu HEDEMANN vgl. MOHNHAUPT, HEINZ, Justus Wilhelm Hedemann als Rechtshistoriker und Zivilrechtler vor und während der Epoche des Nationalsozialismus, in: STOLLEIS/SIMON (Hrsg.), Rechtsgeschichte im Nationalsozialismus, Beiträge zur Geschichte einer Disziplin, Tübingen 1989, S. 107ff.

[396] Vgl. ANDERSON, DENNIS LEROY, The Academy for German Law, 1933 – 1944, New York 1987, S. 371ff.

[397] vgl. Briefwechsel LANGE – LASCH 1936 – 1937, *BAB AkDR R 61, 86.*

[398] Denkschrift ohne Verfasserangabe vom 15.1.1936, *BAB AkDR R 61, 3.*

[399] Denkschrift ohne Verfasserangabe vom 15.1.1936, S. 5, *BAB AkDR R 61, 3.*

[400] Denkschrift ohne Verfasserangabe vom 15.1.1936, S. 27, *BAB AkDR R 61, 3.*

[401] PICHINOT, HANS-RAINER, Die Akademie für Deutsches Recht. Aufbau und Entwicklung einer öffentlich-rechtlichen Körperschaft des Dritten Reichs, Kiel 1981, S. 81f.

gen, lag ganz in seinem Plan, von seinem Posten als Vizepräsident zurückzutreten, auch wenn er dies zunächst geschickt zu verbergen wusste. Lange schrieb dazu später:

> „Das Einzige, was ich Herrn Geheimrat Kisch verübelt habe, war, dass er mir und meinen Kollegen nicht reinen Wein eingeschenkt hat. Sein Ziel war, wie ich bald bemerkte, uns einzuarbeiten, um so rasch als möglich aus diesem Hexenkessel herauszukommen, ohne seine Widerstandsarbeit preiszugeben."[402]

2.4 „Aushängeschild" und aktiver Propagandist der Akademie

Die bereits mehrfach erwähnte Funktion Kischs als „Aushängeschild" erschöpfte sich nicht in der Gründungsphase, sondern war weiterhin für den nationalen Bereich und insbesondere auch für die internationale Ausrichtung wichtig, die in der Satzung der Akademie ausdrücklich mit der Pflege von Beziehungen zu gleichgerichteten Einrichtungen des Auslandes als Aufgabe festgeschrieben war.[403] Dabei beschränkte sich seine Rolle nicht auf passive Indienststellung, sondern auch auf aktive Tätigkeiten. Abgesehen von seinem internationalen wissenschaftlichen Renommee brachte Wilhelm Kisch gerade für den ausländischen Kontakt noch zwei weitere äußerst nützliche Talente mit. Er sprach als Elsässer perfekt Französisch ebenso wie auch Italienisch, erlernt in seiner Studienzeit aus eigenem Interesse für romanische Philologie heraus, daneben noch fließend Englisch und Spanisch[404] und war als überaus eloquenter, unterhaltsamer, charmanter Redner bekannt. So war es nicht verwunderlich, dass gerade ihm sehr oft die Begrüßungsreden, Moderationen und Tischreden zufielen, die er gegebenenfalls den Gästen entsprechend auch in der jeweiligen Fremdsprache hielt oder zumindest mit fremdsprachlichen Zitaten versah, so z. B. eine deutsch/französische Begrüßungsrede auf der Festsitzung der Akademie im Rahmen des „Internationalen Kongreß für Strafrecht und Gefängniswesen" 1935 oder eine Tischrede bei der 6. Vollsitzung der Akademie 1935, in der passend zum Redner des Vormittags einige französische Zitate eingestreut waren.[405] Auch als Tischpartner bei den offiziellen Essen mit den ausländischen Gästen waren seine Sprachkenntnisse, aber zugleich ebenso seine Belesenheit sicher von Vorteil und gern gesehen. Diese Einschätzung belegt eine Sentenz aus einem Brief Kischs an Gerland:

> „Daß ich gerade diesmal nach Berlin reise, [...] hängt damit zusammen, daß zu Ehren des Vortragenden der bevorstehenden Vollversammlung, des Dekans der Pariser Juristischen Fakultät [Donnedieu de Vabres/S.A.], ein Empfang und Abendessen im Kaiserhof und ein Frühstück in der französischen Botschaft stattfinden soll und daß Frank auf meine Anwesenheit besonderen Wert legt, offenbar wegen meines bißchen Französisch."[406]

Von Kisch stammte die zur 3. Jahrestagung 1936 veröffentlichte Schrift „ Die Arbeiten der Akademie für Deutsches Recht", die zugleich auch in französischer und engli-

---

[402] LANGE, Gutachten vom 15.6.1947, S. 3f, *SpKA KISCH, StAM SpK K 880.*
[403] abgedruckt auch JAkDR, 1. Jg. (1933/34) S. 249ff.
[404] Fragebogen des Military Government of Germany vom 10.10.1947, *SpKA KISCH, StAM SpK K 880.*
[405] ZAkDR, 2. Jg. (1935) S. 693ff und S. 190f.
[406] Brief KISCH an GERLAND vom 23.2.1935, *Nachlass GERLAND, BAK NL 10, Bd. 17.*

scher Sprache herausgegeben wurde[407], und eine umfassende Abhandlung über die Tätigkeit der Akademie für die Öffentlichkeit im In- und Ausland war. Kisch betonte darin vor allem auch die wissenschaftliche Ausrichtung und verglich die Akademie mit einer „Art von Areopag" oder „Senat des deutschen Juristentums".[408]

Gerade die internationale Ausrichtung der Akademie war für das nationalsozialistische Regime eine ihrer nützlichsten und wichtigsten Funktionen, wenn nicht sogar die interessanteste, denn im Rahmen dieser Tätigkeit konnte und wurde erfolgreich Propaganda für den neuen nationalsozialistischen Staat gemacht und um Unterstützung und Verständnis geworben.[409] Zum einen versuchte die Akademie dem internationalen rechtlichen Umfeld, aber ebenso auch den eigenen Reihen im Inland, das Bild einer wissenschaftlichen Rechtserneuerung in Deutschland unter Festhalten am Rechtsstaat bei völliger Übereinstimmung und Unterstützung mit dem nationalsozialistischen Regime zu vermitteln. Dies wurde nun schon durch die Akademiemitgliedschaft zahlreicher im In- und Ausland angesehener traditioneller Rechtswissenschaftler, zu denen eben auch Kisch zählte, durch die pompösen, extravaganten Jahrestagungen der ersten Jahre mit zahlreichen Gästen aus Politik und Partei, die eine enge Verbundenheit suggerieren sollten, und durch die Mitarbeit in internationalen Arbeitsgemeinschaften und rechtlichen Vereinigungen zu erreichen gesucht[410], aber natürlich auch immer wieder explizit ausgesprochen, u. a. von Kisch in seinen öffentlichen Reden. Regelmäßig waren darin in den Anfangsjahren als Schlusssequenzen Aussprüche wie folgender enthalten:

> „Und nun, meine Damen und Herren, steigen zum Schluß dieser Tagung unsere Gedanken zu dem Mann, dem die Akademie für Deutsches Recht ihr Entstehen und Dasein verdankt, zu ihrem Beschützer, zu dem Förderer unserer Arbeit, unserem geliebten Führer und Reichskanzler und Erneuerer des deutschen Volkes Adolf Hitler: Sieg-Heil, Sieg-Heil, Sieg-Heil."[411]

Zum anderen warb die Akademie nicht nur im rechtlichen Bereich für das neue Deutschland und seine angeblich friedliebende, zurückhaltende Einstellung, sondern war zugleich auch ein Sprachrohr für die Kritik an der deutschfeindlichen Europa- und Weltpolitik und an der internationalen schlechten Behandlung Deutschlands und versuchte Verständnis für die Handlungen der neuen Regierung zu gewinnen. So stand gerade die Eröffnungsveranstaltung der 1. Vollsitzung der Akademie unter dem The-

---

[407] Die Arbeiten der Akademie für Deutsches Recht, Les Tâches de L'Academie de droit allemand und The Tasks of the Academy for German Law, Berlin 1936. Die Schrift entspricht fast genau seiner Rede gehalten auf dem „Internationalen Kongreß für Gewerblichen Rechtsschutz", in: ZAkDR, 3. Jg. (1936) S. 610ff. Sie wurde nach dem Krieg in der sowjetischen Besatzungszone verboten. Vgl. Deutsche Verwaltung fürs Volksbildung in der sowjetischen Besatzungszone, (Hrsg.), Liste der auszusondernden Literatur, 2. Nachtrag, Berlin 1948, S. 143ff, Nr. 4009.

[408] KISCH, Die Arbeiten der Akademie für Deutsches Recht, Berlin 1936, S. 4.

[409] PICHINOT, HANS-RAINER, Die Akademie für Deutsches Recht. Aufbau und Entwicklung einer öffentlich-rechtlichen Körperschaft des Dritten Reichs, Kiel 1981, S. 150; ANDERSON, DENNIS LEROY, The Academy for German Law, 1933 – 1944, New York 1987, S. 525ff.

[410] Ebd. S. 398ff und 525ff.

[411] KISCH, Moderation der Arbeitstagung bei der „6. Vollsitzung der Akademie für Deutsches Recht am 27. Februar 1935", in: ZAkDR, 2. Jg. (1935) S. 183ff [201].

ma „Deutschlands Gleichberechtigung als Rechtsproblem“ und sollte zur Feststellung rechtlicher Thesen dienen, mit dem Ziel, „die politische Haltung des Reichskanzlers Adolf Hitler und der Reichsregierung im Kampfe um Frieden und Gleichberechtigung zu unterbauen“.[412] Viele internationale Akademieverbindungen liefen parallel zu Hitlers Außenpolitik.[413] Dieses Unternehmen zu unterstützen dürfte Kisch nicht schwer gefallen sein, denn schließlich erhoffte auch er schon lange das Wiedererstarken Deutschlands, und dass Deutschland eine angemessenen Rolle in der Welt einnahm. So war er auch in diesem Sinne propagandistisch tätig in seinen Reden. Beispiele dafür sind in den ersten Jahren zahlreich zu finden.

> „Der erste englische Vortrag, der in unserer Mitte gehalten wird, erfolgt zu einer Zeit, in der zwischen England und dem Deutschen Volke eine Vereinbarung zustande gekommen ist, die zu den besten Hoffnungen über die Zukunft Europas und der Welt berechtigt. Es konnte auch nicht anders kommen. Zwei Völker, so nahe und stammesverwandt zueinander, konnten auf die Dauer nicht in einem Verhältnis des Mißverständnisses oder der Kühle stehen, und wir begrüßen es mit dankbarer Freude, daß nunmehr durch Ihre Staatsmänner und durch die Großzügigkeit unseres Führers und Reichskanzlers der Weg geebnet ist für ein vertrauensvolles, die gegenseitigen Belange durchaus wahrendes, aber auch auf die fremden Belange Rücksicht nehmendes Zusammenarbeiten. Bei dem ganz besonders instinktiven feinen Verständnis des Engländers für Persönlichkeiten konnte es nicht fehlen, daß Ihre Staatsmänner gefühlt haben, daß die Versicherungen unseres Führers und Reichskanzlers nicht irgendeiner diplomatischen Hinterhältigkeit und Schlauheit im alten Fachsinne entspringen, sondern seiner innerlichen Überzeugung und seinem aufrichtigen Willen, gerade mit Ihrem Volke in guten Beziehungen zu stehen.“[414]

Oder folgende Aussage im Rahmen einer Tischrede:

> „England unter seiner neu gestärkten Regierung und die Vereinigten Staaten unter ihrem genialen Präsidenten sind heute die stärksten Bollwerke des Weltfriedens. Aber auf der anderen Seite erheben wir den kategorischen Anspruch, endlich einmal in der ganzen Welt rückhaltlosen Glauben zu finden für die wiederholten feierlichen Versicherungen unseres Führers, daß sich Deutschland zwar die Machtmittel schaffen muß, die für ein in ungünstiger geopolitischer Lage lebendes 65 Millionenvolk unentbehrlich sind, daß wir aber diese Macht nach dem Willen des Führers nur in den Dienst des Friedens und der notwendigen Verteidigung zu stellen gedenken.“[415]

Dieses Vorgehen zeitigte auch Erfolg. So äußerte sich der französische Rechtswissenschaftler Donnedieu de Vabres äußerst lobend zu seinem Eindruck von der 1. Jahrestagung der Akademie 1934:

> „Der Eindruck war auf mich recht stark, insbesondere hat die innere Geschlossenheit der versammelten deutschen Rechtsgelehrten, die der Präsident Dr. Hans Frank durch seine bewunderungswürdige Beredsamkeit in seiner Festrede zu einem überwältigenden

[412] MEYER, K., Die Akademie für Deutsches Recht, in: DJZ, 38. Jg. (1933), Sp. 1528ff.
[413] ANDERSON, DENNIS LEROY, The Academy for German Law, 1933 – 1944, New York 1987, S. 398ff und 525ff.
[414] KISCH, Rede auf der „2. Jahrestagung der Akademie für Deutsches Recht“, in: ZAkDR, 2. Jg. (1935) S. 429ff [447]. Dort war übrigens auch Hitler selbst anwesend, was seine besonders häufige Erwähnung erklären mag.
[415] KISCH, Tischrede vom 30.11.1935 im Rahmen der 9. Vollsitzung, *BAB AkDR R 61, 8.*

Erlebnis tief beeindruckt. [...] Ich bin der festen Überzeugung, daß die Jahrestagung, [...] wesentlich dazu beitragen wird, das Verständnis für Deutschland im Auslande zu wecken."[416]

Noch etwas begeisterter zeigte sich ein dänischer Gast auf der 2. Jahrestagung 1935:

„Ich muß gestehen, daß die offene Tür, die Sie, Exzellenz [Frank/S.A.], mit der Akademie für Deutsches Recht aufgerichtet haben, so bezaubernd ist, daß unsere Kollegen in der ganzen Welt Lust bekommen, durch diese Tür hineinzugehen, und von innen das schöne neue Gebäude des Dritten Reiches zu sehen, um es dann zu verstehen und den Landsleuten in der Heimat zu erzählen, daß hier in Deutschland neue Gedanken herrschen, die moralisch und schön, ethisch und ästhetisch sind, und die die ganze Welt brauchte."[417]

Die Akademie erfuhr dem gemäß viel Zuspruch und Interesse aus dem Ausland[418] und konnte viele ausländische korrespondierende Mitglieder aus z. B. Italien, Frankreich, England, Holland, Polen, Dänemark, Ungarn, Bulgarien vorweisen.[419] Für ihre Tagungen gewann sie regelmäßig wohlgesonnene namhafte ausländische Redner.

Zur nationalsozialistischen Rassenideologie prinzipiell äußerte sich Wilhelm Kisch in seinen Akademiereden nicht. Nur eine Abschrift einer Tischrede im Rahmen der 9. Vollsitzung am 30. November 1935, die unter dem Eindruck des Erlasses der „Nürnberger Gesetze" stand und auf der Frank mit einer Verteidigungsrede Verständnis für die deutsche judenfeindliche Haltung und Gesetzgebung zu erheischen suchte[420], ist überliefert und enthält antisemitische Gedanken. In dieser Rede führte Kisch an die amerikanischen Gäste gerichtet aus:

„Wohl wissen wir, daß gerade in den Vereinigten Staaten eine Gruppe, deren aufgeregte Geschäftigkeit freilich außer Verhältnis zu ihrer sachlichen Bedeutung steht, eifrig bemüht ist, den Versuch einer Trübung des Verhältnisses zwischen ihrem und unserem Lande zu machen. Aber ebenso sicher sind wir, daß dieser Versuch an dem gesunden Sinn des nordamerikanischen Bürgers restlos scheitern wird. Die beste und sicherste Gegenwirkung gegen diese Machenschaften internationaler Schädlinge liegt nach unserer Empfindung darin, daß möglichst viele kluge und urteilsfähige Männer von drüben das neue Deutschland besuchen, um sich aus unmittelbarer Anschauung zu überzeugen, daß hier ein ehrliches, friedliches Werk des Wiederaufbaues verfolgt wird, das nicht nur Deutschland sondern der ganzen Welt zum Segen und Nutzen gereichen wird. In diesem Sinne sind wir den beiden Sendboten aus den beiden großen angelsächsischen Ländern zu besonderem Dank verpflichtet, daß sie mit den besten Waffen, die es gibt, den geistigen

---

[416] Die erste Jahrestagung der Akademie für Deutsches Recht, in: ZAkDR, 1. Jg. (1934) S. 119ff [123].
[417] Tischreden der ausländischen Gäste auf der 2. Jahrestagung der Akademie für Deutsches Recht 1935, in: ZAkDR, 2. Jg. (1935) S. 493f.
[418] Die erste Jahrestagung der Akademie für Deutsches Recht, in: ZAkDR, 1. Jg. (1934) S. 119ff [123].
[419] Vgl. Liste bei PICHINOT, HANS-RAINER, Die Akademie für Deutsches Recht. Aufbau und Entwicklung einer öffentlich-rechtlichen Körperschaft des Dritten Reichs, Kiel 1981, S. 168f.
[420] Die 9. Vollsitzung der Akademie für Deutsches Recht, Berlin am 30. November 1935, in: ZAkDR, 2. Jg. (1935) S. 34ff.

> Waffen, den Kampf für ein gute Sache führen, für das Ziel einer vertrauensvollen und einträchtigen Zusammenarbeit zwischen den arischen Kulturnationen."[421]

Andererseits soll Kisch seinen eigenen Aussagen nach gerade die breite Akademieöffentlichkeit dazu genutzt haben, den Nazismus zu ironisieren, indem er im Rahmen einer sog. Damenrede, den Antisemitismus von Gauleiter Julius Streicher[422] lächerlich machte und bei anderer Gelegenheit sich für eine nicht vorgesehene Hetzrede gegen Juden von Streicher bei einem ausländischen Gast, Donnedieu de Vabres, explizit im Namen der Akademie entschuldigte.[423] Grundsätzlich bestätigt wurden diese Vorfälle von zwei Gutachten im Entnazifizierungsverfahren[424], die bezüglich genauer Zeit- und Inhaltsangaben aber ähnlich vage sind, wie Kischs eigene Angaben dazu, der im ersteren Fall von einem Festessen im Deutschen Museum in München 1935 oder 1936 sprach. Ob sich dies tatsächlich so abgespielt hat, ist nicht mehr feststellbar und die Zeugnisse von ihrem Zweck her auch nur von sehr begrenztem Beweiswert. Antisemitische Tischreden von Streicher sind überliefert[425], der Damentoast von Kisch nicht. Allerdings würde ein solches Vorgehen nicht im Widerspruch zu Kischs Haltung zum Antisemitismus stehen, da ihm der primitive, laute Antisemitismus eines Julius Streichers sicherlich zu weit gegangen ist in diesem akademischen Umfeld, auch wenn Kisch selbst nicht frei von judenfeindlichen Vorurteilen war. So finden sich später in Briefen kurz vor und vor allem während des Krieges immer wieder Aussagen, die eine Beeinflussung und Förderung der deutschfeindlichen Stimmung in anderen Ländern, vor allem in den USA, durch die Juden unterstellten[426] und generell das „Weltjudentum" diffamierten:

> „Wir wären gut beraten, wenn wir uns der Gegnerschaft internationaler kirchlich gesinnter Kreise bewußt blieben und wenn wir sie nicht gering achteten. Von dem Weltjudentum ganz abgesehen, wenn auch natürlich dieses einen argen Stoß dadurch erlitten hat, daß es große Teile Europas nicht mehr finanziell ausnutzen kann.[427]

Zu den Juden in Deutschland und ihrer Behandlung äußerte sich Kisch kaum, aber die antisemitische NS-Propaganda schien nicht ohne Folgen geblieben zu sein. Auch Kisch erwähnte in seinen Briefen die „Judenfrage", die wohl „einer internationalen Regelung zugeführt würde" und bezeichnete Deutschland in diesem Zusammenhang neben Polen, Rumänien, Ungarn und Tschechoslowakei als zu den abgebenden Ländern gehörig.[428] Er schrieb sehr misstrauisch und despektierlich über eine Begegnung

---

[421] KISCH, Tischrede vom 30.11.1935 im Rahmen der 9. Vollsitzung, *BAB AkDR R 61, 8.*

[422] JULIUS STREICHER, 1885 – 1946, Lehrer, Teilnehmer am Hitlerputsch, Gauleiter und radikaler Antisemit, hingerichtet im Rahmen des Nürnberger Kriegsverbrecherprozesses; vgl. UNGER, MICHAEL, Anhang Biogramme, in: RUMSCHÖTTEL, HERMANN/ZIEGLER, WALTER, Staat und Gaue in der NS-Zeit Bayern 1933 – 1945, München 2004, S. 756.

[423] KISCH, Verteidigungsrede S. 14, *SpKA KISCH, StAM SpK K 880.*

[424] Gutachten von HEINRICH LANGE vom 15.6.1947 und von PAUL KUNKEL vom 21.7.1946, *SpKA KISCH, StAM SpK K 880.*

[425] *BAB AkDR R 61, 9.*

[426] Briefe KISCH an GERLAND vom 20.2.1939, 31.5.1940 und 9.11.1940, *Nachlass GERLAND, BAK NL 10, Bd. 18.*

[427] Brief KISCH an GERLAND vom 12.9.1940, *Nachlass GERLAND, BAK NL 10, Bd. 18.*

[428] Brief KISCH an GERLAND vom 20.2.1939, *Nachlass GERLAND, BAK NL 10, Bd. 18.*

mit einigen Juden in seinem Urlaub 1940 und zog auch später immer wieder ihr Verhalten bzw. ihre Stimmung als Indikator für die Lage Deutschlands heran.[429]

> „Gestern Abend erlebte ich übrigens in dem sonst anscheinend keine Juden beherbergenden Hotel eine Gruppe von 5 Passanten, denen man Unrecht getan hätte, wenn man sie für Christen gehalten hätte, dabei fiel mir auf, daß sie während des Abendessens auffallend vergnügt waren. Sind es nur Juden aus einem anderen sie noch duldenden Staat, die es dankbar empfanden, nicht den für ihresgleichen geltenden Maßnahmen unterworfen zu sein? Oder waren es deutsche, die aus ihren internationalen Quellen gute (d. h. für Deutschland schlechte) Nachrichten erhalten hatten? Oder waren es deutsche Juden, die trotz aller Bedrängnis mit der Zähigkeit ihrer tausendjährigen Rasse in die Zukunft schauen, hoffend, daß der gegenwärtige Sturm wie so mancher andere in ihrer langen Geschichte auch einmal überstanden wird.[430]

Sein Umgang mit persönlich bekannten und sein Verhältnis zu den aus dem wissenschaftlichen, akademischen Bereich stammenden Juden wurde jedoch, wie schon die Vorgänge um die Entlassung seiner jüdischen Kollegen gezeigt haben, davon nicht beeinflusst. Er missbilligte z. B. auch die von Frank auf der Tagung der Reichsgruppe der Hochschullehrer des NSRB 1936 propagierten Maßnahmen, jüdische Autoren aus den juristischen Bibliotheken auszusortieren und nicht mehr zu zitieren[431], und war erleichtert darüber, dass die Akademie als solche damit nichts zu tun habe.[432] Kisch verkehrte auch weiterhin mit jüdischen Bekannten und schrieb z. B. 1933 einen Beitrag für die Festschrift zum 70. Geburtstag des Juristen Felix Herzfelders[433] und für die Festschrift von Hermann Isay.[434] Viele weitere Kontakte und Hilfeleistungen sind in seinem Entnazifizierungsverfahren z. T. sehr detailliert aufgezählt und durch Gutachten bestätigt, wie z. B. bezüglich der Familie Silberschmidt vor und nach ihrer Deportation ins Konzentrationslager, konnten aber unabhängig von diesen Akten nicht mehr verifiziert werden. Im Hinblick auf seinen mit Quellen belegbaren Einsatz für die jüdi-

---

[429] Z. B. Brief KISCH an GERLAND vom 23.2.1941, *Nachlass GERLAND, BAK NL 10, Bd. 18.*

[430] Brief KISCH an GERLAND vom 12.9.1940, *Nachlass GERLAND, BAK NL 10, Bd. 18.*

[431] ZELLER, OTTO, Befreiung vom Judentum, Tagung der Reichsgruppe Hochschullehrer des NS.Rechtswahrer-Bundes am 3. und 4. Oktober 1936 in Berlin, in: JW, 65. Jg. (1936) S. 2907ff.

[432] Brief KISCH an GERLAND vom 10.10.1936: „Die Akademie als solche hat mit diesen Dingen, Gott sei Dank, nichts zu tun.“, *Nachlass GERLAND, BAK NL 10, Bd. 18.*

[433] FELIX HERZFELDER, 1863 – 1944, Rechtsanwalt, Mitherausgeber und Kommentator des Erbrechts im „Staudingers Kommentar zum Bürgerlichen Gesetzbuch“, vgl. GÖPPINGER, HORST, Juristen jüdischer Abstammung im Dritten Reich, München 2. Auflage 1990, S. 175, 288. MAX FRIEDLAENDER, jüdischer Rechtsanwalt, berichtet vom Festschrift-Beitrag KISCHS und von einem zwanglosen Abend mit KISCH und einem weiteren jüdischen Rechtsanwalt im Hotel Alpenrose 1934. Vgl. Lebenserinnerungen, S. 140ff, veröffentlicht auf www.brak.de.

[434] HERMANN ISAY, 1873 – 1938, Patentrechtler; KISCH, Kollision zwischen Patent und Gebrauchsmuster, in: Festschrift für Hermann Isay, „Beiträge zum Recht des gewerblichen und geistigen Eigentums des Inlands und Auslands“, Berlin 1933, S. 121ff.

schen Kollegen und ehemaligen Schüler, kann aber davon ausgegangen werden, dass sie sich größtenteils wirklich so ereignet haben.[435]

Darüber hinaus gab sich Wilhelm Kisch aber auch für allgemeine nationalsozialistische Propaganda her, wenn auch nicht in extremen Ausuferungen, sondern eher gemäßigt, so doch trotzdem eindeutig. So beteiligte er sich im November 1935 mit einem Nachruf auf Theodor von der Pfordten[436] in der Zeitschrift der Akademie im Rahmen der Festlichkeiten zur Würdigung der Männer, die beim Hitlerputsch am 9. November 1923, dem „geschichtlich gewordenen Versuch zu einer Wende des Deutschen Schicksals", gefallen waren. Er würdigte den Juristen von der Pfordten unter Zitierung von Hans Frank als

> „der echte Deutsche Mann, der in seinem ‚Aufruf an die Gebildeten Deutschen Blutes', in seinen packenden Worten über ‚den weltanschaulichen Sinn der völkischen Bewegung' nicht müde wurde, für die Leitgedanken des neuen Deutschland zu werben und zu wirken, bis in den Opfertod hinein!"[437]

Zieht man seine früheren Aussagen zum Hitlerputsch heran, so hatte sich Kisch anscheinend gut den neuen Gegebenheiten angepasst, denn 1923 waren sie noch nicht so positiv dem Nationalsozialismus gegenüber gewesen. Kischs späteres Beharren, sich nicht in den Dienst des Nationalsozialismus gestellt und mit seinem Ansehen nicht dessen Zwecke gefördert zu haben, verliert vor dem Hintergrund nicht nur passiver Mitgliedschaft und wissenschaftlicher Arbeit in der Akademie, sondern aktiver Propaganda im Sinne des Regimes an Glaubwürdigkeit. Ob er tatsächlich hinter all diesen Aussagen stand, kann hier eigentlich dahingestellt sein, da es dabei auf die objektive Wirkung ankommt, die ihm jedenfalls bewusst gewesen sein muss. Im Hinblick auf seine sehr nationale Gesinnung muss aber von einer gewissen Kongruenz seiner Aussagen mit seiner persönlichen Einstellung ausgegangen werden, zumindest bezüglich des deutschen Machtanspruchs und des Wiedererstarken Deutschlands. Die nationale Komponente im Nationalsozialismus hatte er schon früher positiv beurteilt[438] und auch jetzt konnte er sich damit noch identifizieren.

---

[435] KISCH gab an, Frau SILBERSCHMIDT bei einem vergeblichen Gesuch für eine Ausreise in die Schweiz geholfen zu haben, nach der Deportation eines Sohnes und der Tochter SILBERSCHMIDTS nach Osten einen Brief an einen früheren Schüler in der Gesetzgebungsabteilung des Generalgouvernements Dr. WEH geschickt und sich darin nach deren Verbleib und nach Interventionsmöglichkeiten erkundigt zu haben. Er verweist auch auf die Deportation von Frau SILBERSCHMIDT nach Theresienstadt. KISCH, Verteidigungsschrift S. 20, *SpKA KISCH, StAM SpK K 880.* Bekannt ist, dass SILBERSCHMIDTS Witwe 1942 nach Theresienstadt, ein Sohn und eine Tochter nach Polen in ein Vernichtungslager deportiert wurden und dort umkamen. Insoweit stimmen KISCHS Angaben mit den Fakten überein. Vgl. GÖPPINGER, HORST, Juristen jüdischer Abstammung im Dritten Reich, München 2. Auflage 1990, S. 228f.

[436] THEODOR VON DER PFORDTEN, 1873 – 1923, Richter am Bayerischen Obersten Landesgericht, vgl. ENGERT, Leben und Wirken und Opfergang des nationalsozialistischen Rechtsvorkämpfers Theodor von der Pfordten. in: ZAkDR, 2. Jg. (1935) S. 49ff.

[437] KISCH, Zum Andenken an Theodor von der Pfordten, in: ZAkDR, 2. Jg. (1935) S. 801.

[438] Vgl. oben 2. Kapitel 2.4.3.

2.5 „Gemäßigter Erneuerer"

Mit seiner Arbeit in der nationalsozialistischen Akademie für Deutsches Recht setzte Kisch sich schon vom äußeren Anschein her für die von den Nationalsozialisten propagierte völkische Rechtserneuerung ein, er proklamierte sie aber auch mehrfach ausdrücklich:

> So wollen wir mit frischem Mut und froher Hoffnung an die Arbeit gehen, voll guten Willens, zu unserem Teile mitzuwirken an der großen und schönen Aufgabe der Erneuerung des deutschen Rechtes im Sinne der unserem Volke geschenkten neuen Weltanschauung.[439]

Weder seine plakativen Aussagen allein beweisen aber, von der propagandistischen Wirkung abgesehen, eine nationalsozialistische, illiberale Rechtseinstellung, noch muss Mahnung zur Mäßigung, Aufbau einer rechtswissenschaftlichen Abteilung, Forderung nach systematisch wissenschaftlicher Arbeit, Festhalten auch am Althergebrachten per se eine antinationalsozialistische, liberale Rechtsordnung zu vertreten oder zu fördern bedeuten, wie von Kisch selbst im nachhinein immer behauptet wurde.[440] Entscheidend für die Einordnung seiner Akademiebetätigung bzw. seines Engagements im Nationalsozialismus überhaupt ist daher auch seine Auffassung und seine konkrete Umsetzung dieser völkischen Rechtserneuerung. Schon zum Ende der Weimarer Republik hin hatte Kisch sich weg von einer liberalen zu einer mehr sozialen Rechtseinstellung entwickelt und Reformen gefordert, die den neuen sozialen, wirtschaftlichen und gesellschaftlichen Entwicklungen Tribut zollen würden ohne die bestehenden Gesetze und ihre dahinterstehenden Grundideen aber völlig zu verwerfen.[441] Unter der Herrschaft des Nationalsozialismus ließ er sich nun von der Idee einer völkischen Rechtserneuerung begeistern und verkündete in seinen Akademiereden:

> Wir sind uns mit voller Klarheit bewußt, daß große Teile unseres geltenden Rechts eines völligen Um- und Neubaues bedürfen, im Sinne einer artgemäßen, volksverbundenen, einfachen und klaren ethisch unterbauten Rechtsordnung, der als Höchstziel das Wohl des deutschen Volkes gesetzt sein muß.[442]

Über die Theorie der Rechtserneuerung und die juristische Methodik äußerte sich Kisch aber nur sehr spärlich, er beschäftigte sich in seinen Reformabhandlungen vor allem mit den konkreten Rechtsgebieten Zivilprozessrecht und, in geringerem Umfang, Patentrecht. Die Untersuchung sowohl seiner Methodik als auch vornehmlich seiner Reformvorschläge im Zivilprozessrecht auf eine illiberale Ausrichtung und rechtsstaatlichen Grundsätzen widersprechende Auffassungen soll seine Position zur völkischen Rechtserneuerung näher beleuchten, die ihm schon in der Literatur zur Zivilprozessreform im Nationalsozialismus die Bezeichnung als „gemäßigter Erneue-

---

[439] KISCH, Rede über die Ausschussarbeit auf der 1. Vollsitzung der Akademie für Deutsches Recht, in: JAkDR, 1. Jg. (1933/34) S. 50ff.
[440] KISCH, Verteidigungsschrift S. 7ff, *SpKA KISCH, StAM SpK K 880.*
[441] Vgl. oben 2. Kapitel 3.2.3.
[442] KISCH, Rede zur Proklamation der Akademie für Deutsches Recht, in: JAkDR, 1. Jg. (1933/34) S. 12ff.

rer“[443] eingebracht hat. Dabei sind sowohl seine Tätigkeit als Vorsitzender des Ausschusses für Bürgerliche Rechtspflege als auch besonders seine Publikationen von Belang. Gerade der von ihm protegierte und unterstützte Mitarbeiter Heinrich Lange vertrat in seinen zivilrechtlichen Arbeiten die so benannte „normgestützte Kollektivierung des Privatrechts“ als eine Methode zur Umwertung der Rechtsordnung nach nationalsozialistischer Wertvorstellungen im Wege kodifikatorischer Gesetzgebung.[444] Die mit dem Nachweis für Lange verbundene Vermutung einer eigenen „Akademierichtung“ in der Zivilistik[445] neben der bis dahin bekannten Methode der Umwertung im Wege weltanschaulich ausgerichteter Rechtsanwendung, die „unbegrenzte Auslegung“, zu der das „konkrete Ordnungsdenken“ von Schmitt und die „konkret-allgemeinen Begriffe“ von Larenz zu zählen sind[446], ist auch für Kisch ein zumindest nicht zu vernachlässigender Ansatz.

2.5.1 „Der deutsche Richter“

Eine sehr programmatische Meinung zur Rechtserneuerung und der Stellung des Richters im Nationalsozialismus äußerte Kisch Anfang 1934 in „Der deutsche Richter“.[447] Diese Abhandlung kann zur sogenannten Aufklärungsliteratur der frühen Jahre gezählt werden, mit der versucht wurde, Einfluss auf die Richter zu nehmen und die nationalsozialistische Rechtserneuerung im Rahmen der Rechtsanwendung zu publizieren.[448] Einwirkung auf die Rechtsanwendung als Methode stellte eine rasch zu verwirklichende Alternative dar, weil eine schnelle Anpassung der Gesetze durch die Gesetzgebung zum einen schon faktisch nicht möglich war und zum anderen von der rechtsfeindlichen Führungselite wegen der normativen Bindungen ohnehin nicht gewollt war, auch wenn nach außen die Schaffung einer neuen volksverbundenen Rechtsordnung suggeriert wurde.[449] In „Der deutsche Richter“[450] sprach sich Kisch für die Umsetzung der Rechtserneuerung im Wege der Rechtsanwendung aus, indem er den neuen Richtertypus des „Richterkönigs“ propagierte. Er vertrat darin im Gegen-

[443] POPP, HANS, Die nationalsozialistische Sicht einiger Institute des Zivilprozeß- und Gerichtsverfassungsrechts, Frankfurt am Main 1986, S. 59; ähnlich SCHUBERT, WERNER, Einleitung, in: ders., (Hrsg.), Akademie für deutsches Recht 1933 – 1945, Protokolle der Ausschüsse, Bd. VI Zivilprozeß und Gerichtsverfassung, Frankfurt am Main 1997, S. 4.
[444] Vgl. WOLF, WILHELM, Vom alten zum neuen Privatrecht. Das Konzept der normgestützten Kollektivierung in den zivilrechtlichen Arbeiten Heinrich Langes (1900 – 1977), Tübingen 1998.
[445] Ebd. S. 350ff.
[446] RÜTHERS, BERND, Entartetes Recht. Rechtslehren und Kronjuristen im Dritten Reich, München 1988, S. 22ff; *ders.*, Die unbegrenzte Auslegung. Zum Wandel der Privatrechtsordnung im Nationalsozialismus, 4. Auflage, Heidelberg 1991.
[447] in: ZAkDR, 1. Jg. (1934) S. 9ff.
[448] RÜTHERS, BERND, Die unbegrenzte Auslegung. Zum Wandel der Privatrechtsordnung im Nationalsozialismus, 4. Auflage, Heidelberg 1991, S. 115.
[449] Ebd. S. 104 und RÜTHERS, BERND, Entartetes Recht. Rechtslehren und Kronjuristen im Dritten Reich, München 1988, S. 22ff.
[450] in: ZAkDR, 1. Jg. (1934) S. 9ff.

satz zu seiner bisherigen rechtspositivistischen Auffassung[451] den Dualismus von Recht und Gesetz und bejahte damit eine überpositiv vorgegebene Rechtsidee. Nach ihm war der neue Staat „gewiß ein Rechtsstaat", zumindest insoweit als dort auch immer noch der Richter „Diener am Recht" und diesem unterworfen sei. Recht war nun aber nicht mehr mit Gesetz gleichzusetzen, sondern das Gesetz nur eine Erscheinungsform des Rechts.

> „Recht ist eine Funktion der Volksseele, wie die Sitte, die Sittlichkeit, die Kunst, die Sprache, der Glaube. Was die Gesamtheit des Volkes als artgemäße und verbindliche Regel seiner äußeren Ordnung anerkennt, ist Recht, auch wenn es nicht in die technische Form des Gesetzes gegossen ist."[452]

Der Richter werde aber nun in seiner Stellung zum Rechtsgestalter und habe damit auch eine „politische" Funktion, denn seine Aufgabe sei die „Anpassung des tatsächlichen Rechtslebens an die aus dem Wesen des deutschen Volkes geborenen letzten und tiefsten Rechtsanschauungen". Er sei nicht mehr nur sturer „Rechtsanwendungs-Automat". Oberste Richtschnur sei dabei aber das „Wohl des Volkes, und nur soweit hierfür erforderlich und hierdurch bedingt, das Wohl der einzelnen Staatsbürger". Beeinflusst durch die neue Weltanschauung änderte sich für ihn der Wertmaßstab zum Gemeinwohl hin und der nationalsozialistische Grundsatz „Gemeinnutz vor Eigennutz" war oberste Devise. Auf die Rechtsanwendung bezogen bedeuteten diese Änderungen nach Kisch, dass nicht nur die vom

> „Gesetz verwandten Rahmenbegriffe (etwa gute Sitte, Treu und Glauben, Billigkeit, Angemessenheit usw.) durch den Richter mit demjenigen materiellen Inhalt ausgefüllt werden der den Anschauungen des im neuen Staate lebenden deutschen Volkes entspricht, sondern, daß auch jenseits der durch das Gesetz umschriebenen Grenzen das zwar ungeschriebene, aber aus der Seele des deutschen Volkes erwachsene und seinen Lebensnotwendigkeiten gemäße Recht durch den deutschen Richter klar erkannt, besser gesagt: sicher erfühlt, und daß es tatkräftig zur Geltung gebracht werde."

Nachdem man sich von „der Theorie der logischen Geschlossenheit des gesetzten Rechts" verabschiedet habe, eine Absage an die auch von Kisch vertretene Begriffsjurisprudenz, komme dem Richter die Funktion eines „Gesetzgebers des Einzelfalles" zu. Er müsse für die zahllosen Einzelfälle, die nicht im Gesetz geregelt seien, auch nicht andeutungsweise oder stillschweigend, eine Lösung finden, die „der Anschauung, die das deutsche Volk für die rechtliche Behandlung solcher Fälle aus sich entwickelt hat", entspreche und dort schon angelegt sei. Damit sei aber ebenso wenig

[451] Noch in KISCH, Grundriss zur Vorlesung über die allgemeinen Lehren des bürgerlichen Rechtes, München 1922 und 1931, S. 11 war zu lesen: „Vielfach wird angenommen, es gebe neben und über dem positiven Recht noch ein anderes, absolutes, ewig geltendes, von Zeit und Raum unabhängiges Recht. Dasselbe wird teils auf die Gottheit zurückgeführt (göttliches Recht) teils auf die Natur der Dinge und das Gebot der Vernunft (Natur- oder Vernunftrecht), teils auf dem Gesetze der sozialen Entwicklung der Menschheit (soziales Ideal, richtiges Recht). In Wahrheit gibt es kein solches Recht, das für alle Zeiten und Verhältnisse passen würde."

[452] KISCH, Der deutsche Richter, in: ZAkDR, 1. Jg. (1934) S. 9ff..

Willkür verbunden wie beim eigentlichen Gesetzgeber, denn auch dieser habe nur „ein im Keime schon vorhandenes Recht“ zu verwirklichen.[453]

Mit diesen Ausführungen in „Der deutsche Richter“ lag Kisch auf der Linie des „konkreten Ordnungsdenken“ von Carl Schmitt[454] als Auslegungsmethode, aber auch als Rechtsquellenlehre im Nationalsozialismus[455], ohne aber explizit darauf Bezug zu nehmen. Schmitt vertrat die Ansicht, dass die Wirklichkeit ihre Ordnung in sich trage und die Ordnung daher der Rechtsnorm vorausgehe.[456] Das in der Lebensordnung liegende überpositive Recht sollte dem gesetzten Recht vorrangig sein bzw. die Rechtsnorm aus der Ordnung und damit der Wirklichkeit ableitbar sein. Die Wirklichkeit bekam rechtssetzende Funktion. Die neue Wirklichkeit war aber der nationalsozialistische Staat mit seiner neuen Weltanschauung, so dass das Gesetz an die politischen Realitäten angepasst werden sollte und konnte. Damit war es nun möglich, altes, gesetztes Recht umzuwerten, indem herkömmliche Begriffe einen neuen an den „Wirklichkeiten“, den konkreten Ordnungen orientierten Inhalt bekamen und die Gesetzeslücken durch die „normative Kraft der konkreten Ordnungen“ gefüllt wurden.[457] Genau dies hatte Kisch aber mit seiner Definition, das Recht das sei, „was die Gesamtheit des Volkes als artgemäße und verbindliche Regel seiner äußeren Ordnung anerkennt“ und mit der Anpassung des Gesetzes an das „aus der Seele des deutschen Volkes erwachsene und seinen Lebensnotwendigkeiten gemäße Recht“ propagiert. Das „konkrete Ordnungsdenken“ lag Kisch vielleicht auch gar nicht so fern, da er sich selbst rechtsphilosophisch zu Savigny[458] und dessen „historischer Schule“ bekannte, auf den Schmitt bei seinen Ausführungen auch Bezug nahm.[459] So hatte Kisch 1931 geschrieben:

> „Das Recht als Funktion der menschlichen Gesellschaft muß sich mit dieser selbst entwickeln und verändern. Es ist immer nur das Produkt einer bestimmten Gemeinschaft auf einer gewissen Stufe der Entwicklung. Diese Erkenntnis, die der Naturrechtsschule abging, verdanken wir der historischen Schule. Denkbar ist allerdings, daß das Recht eines bestimmten Volkes zu einer bestimmten Zeit nicht Schritt gehalten hat mit der Entwikkelung der Kultur und der sozialen Verhältnisse. Die Vorschriften schleppen sich vielfach kraft einer Art ‚vis inertia‘ des Rechts weiter, welches dann, anstatt ein Kulturfaktor zu werden, zu einem Kulturhemmnis wird (‚es schleppen sich Gesetz und Recht wie eine ewige Krankheit fort‘). Hier kann man allerdings feststellen, ob das Recht den Anschauungen und Bedürfnissen seiner Zeit entspricht. Wenn nicht, kann man dem Rechte seiner Zeit ein besseres, sozialeres, idealeres Recht entgegenstellen, wobei man nicht vergessen

---

453 Ebd.

454 u. a. publiziert in SCHMITT, CARL, Über die drei Arten des rechtswissenschaftlichen Denkens, Hamburg 1934.

455 Vgl. RÜTHERS, BERND, Die unbegrenzte Auslegung, 4. Auflage Heidelberg 1991, S. 301.

456 Ebd. S. 293.

457 Ebd. S. 293ff [301]; ders., Entartetes Recht, München 1988, S. 63ff.

458 FRIEDRICH CARL v. SAVIGNY, 1779 – 1861, Rechtshistoriker, Staatsmann, Leitfigur der „historischen Schule“, vgl. NÖRR, DIETER, Friedrich Carl v. Savigny, in: NDB, Bd. 22, Berlin 2003, S. 470.

459 SCHMITT, CARL, Über die drei Arten des rechtswissenschaftlichen Denkens, Hamburg 1934, S. 44ff; vgl. RÜTHERS, BERND, Die unbegrenzte Auslegung. Zum Wandel der Privatrechtsordnung im Nationalsozialismus 4. Auflage Heidelberg 1991, S. 279ff, 295.

darf, daß auch dieses Recht nur für die gegenwärtigen Verhältnisse und vom Standpunkt unserer gegenwärtigen Erkenntnis das bessere ist.[460]

Kisch vertrat damit in diesem Aufsatz insgesamt eine Anpassung der Rechtsordnung an die neue Staatsauffassung durch die Umwertung und Auslegung der Begriffe und Werte im Rahmen der Rechtsanwendung, allerdings nicht an den nationalsozialistischen Ideologien Führertum und Rasse orientiert, sondern am Volkswohl und der Gemeinnützigkeit. Rechtsquelle war bei ihm auch nicht der Führerwille, vielmehr berief er sich auf die „Volksseele" und das daraus „quellende Recht". Mit der damit verbundenen Relativierung der Gesetzesbindung des Richters, der Propagierung der diffusen neuen Rechtsquelle „Volksseele" und dem neuen nationalsozialistischen Rechtsideal „Volkswohl" war aber der Verlust der Rechtssicherheit und der Berechenbarkeit des Rechts als rechtstaatliche Grundsätze vorprogrammiert.[461] Noch 1939 stellte Kisch fest:

> „Sie [neue Werteordnung/S.A.] zwingt zur Aufstellung neuer Begriffe und Kategorien. Und selbst bei der Auslegung althergebrachter Rechtsbegriffe, wie etwa des Rechtsstaates, des Eigentums, der guten Sitten, des Schuldverhältnisses, der Familie, des Rechtsgeschäftes usw. stellt sie neue Anforderungen, weil sich unter der alten Form ein vielfach einschneidend veränderter materieller Gehalt verbirgt."[462]

2.5.2 Vorsitzender im Ausschuss für Bürgerliche Rechtspflege

Entscheidend für Kischs Auffassung der Rechtserneuerung sind vor allem auch seine konkreten Reformvorschläge und daher auch die Einschätzung seiner Tätigkeit als Vorsitzender des Ausschusses für Bürgerliche Rechtspflege. Kisch war gleich im November 1933 von Frank zum Vorsitzenden des Ausschusses für Bürgerliche Rechtspflege ernannt worden, der eine Reform der Rechtspflege im nationalsozialistischem Sinne vorbereiten sollte, und leitete auch den Unterausschuss Vergleichsrecht.[463] Die bereits im Oktober 1933 erlassene Novelle zum Zivilprozessrecht hatte nur geringfügige Änderungen gebracht, die hauptsächlich noch in der Tradition des Entwurfs 1931 standen.[464] Im Hinblick auf die gerade in diesen ersten Zeiten allgemein unstrukturiert und übereilt entfaltete Gesetzgebung der nationalsozialistischen Regierung, mag Mä-

---

[460] KISCH, Grundriss zur Vorlesung über die allgemeinen Lehren des bürgerlichen Rechtes, München 1931, S. 11.

[461] RÜTHERS, BERND, Entartetes Recht. Rechtslehren und Kronjuristen im Dritten Reich München 1988, S. 30.

[462] KISCH, Der deutsche Rechtslehrer, München 1939, S. 47.

[463] Bericht 1. Vollsitzung der Akademie für Deutsches Recht am 5. November 1933, in: JAkDR, 1. Jg. (1933/1934) S. 33ff; Die erste Jahrestagung der Akademie für Deutsches Recht, in: JAkDR, 1. Jg. (1934) S. 119ff. Zum Vergleichsrecht-Ausschuss vgl. auch ANDERSON, DENNIS LEROY, The Academy for German Law, 1933 – 1944, New York 1987, S. 297. Der Ausschuss soll bei der Formulierung der neuen Vergleichsordnung von 1935, RGBl. I, 1935, S. 321, beteiligt gewesen sein.

[464] SCHUBERT, WERNER, Einleitung, in: ders. (Hrsg.) Akademie für deutsches Recht 1933 – 1945, Protokolle der Ausschüsse, Bd. VI Zivilprozeß und Gerichtsverfassung, Frankfurt am Main 1997, S. 32; DAMRAU, JÜRGEN, Die Entwicklung einzelner Prozeßmaximen seit der Reichszivilprozeßordnung von 1877, Paderborn 1975, S. 409.

ßigung ein Punkt gewesen sein, der Kisch zur Übernahme des Vorsitzes veranlasste. So bat z. B. auch Gerland Kisch in einem Brief, seinen Einfluss an maßgebender Stelle geltend zu machen, damit die Überflutung mit neuen, oft nicht durchdachten Gesetzen eingedämmt werde, da ansonsten die Rechtsanwendung überfordert sei.[465] Kisch antwortete darauf mit einer realistischen Einschätzung seiner Rolle in der Akademie:

> „[...] ich bin meinerseits entschlossen, in denjenigen Akademieausschüssen, in denen ich ein Wort mitzureden habe, im Interesse gründlicher Durchdenkung der Probleme nichts überstürzen zu lassen. Auf die Ministerialbürokratie freilich würde es wenig Eindruck machen, wenn ich versuchen wollte, dort zu langsameren Schritten zu mahnen."[466]

Der Ausschuss nahm als einer der ersten Akademieausschüsse seine Arbeit auf mit konstituierender Sitzung vom 20. Januar 1934.[467] Einfluss auf die Besetzung des Ausschusses hatte Kisch wegen des allein Frank zustehenden Entscheidungsrechts nur mittelbar durch Vorschläge. In dem Ausschuss sollten sich Vertreter des Justizministeriums, der Prozessrechtswissenschaft, der Richter und Rechtsanwälte sowie auch der Rechtspfleger und Gerichtsvollzieher vereinigen.[468] Da der Ausschuss insgesamt klein gehalten werden sollte, war die Zahl der Rechtslehrer zunächst auf zwei beschränkt. Kisch schlug dafür Friedrich Lent als Akademiemitglied und Max Pagenstecher als Vertreter der vormaligen „Vereinigung Deutscher Zivilprozeßrechtslehrer" vor.[469] Darüber hinaus plante er aber, sich die Arbeit möglichst vieler Prozessualisten nutzbar zu machen durch Verteilung von Gutachten und durch Bitte um Äußerung zu bestimmten Problemen auch an Nichtausschussmitglieder, und damit die systematische Bearbeitung des gesamten Stoffes durch die Prozessrechtswissenschaft zu erreichen, was er schon auf der Darmstädter Tagung der Prozessrechtslehrer-Vereinigung vorgeschlagen hatte.[470] So bat er z. B. auch in einem Schreiben an den Reichsgerichtspräsidenten Dr. Bumke um gutachtliche Stellungnahme des Reichsgerichts zu verschiedenen Problemen des Prozessrechts.[471]

Hinsichtlich der Arbeitsweise, des Themas und eigentlich auch hinsichtlich des Ergebnisses oblag Kisch in den grundsätzlich strikt nach Führerprinzip organisierten Ausschüssen die Entscheidungsmacht, denn wie er selbst zur Ausschussarbeit allgemein in seinen Reden als Vizepräsident dargelegt hatte, sollten die Meinungsäußerungen der Mitglieder nur „beratende Bedeutung" haben und keine förmlichen Abstimmungen

---

[465] Brief GERLAND an KISCH vom 4.12. 1933, *Nachlass GERLAND, BAK NL 10, Bd. 17.*
[466] Brief KISCH an GERLAND vom 10.12.1933, *Nachlass GERLAND, BAK NL 10, Bd. 17.*
[467] Vgl. Protokoll der 1. Sitzung vom 20.1.1934, in: SCHUBERT, WERNER, (Hrsg.), Akademie für deutsches Recht 1933 – 1945, Protokolle der Ausschüsse, Bd. VI Zivilprozeß und Gerichtsverfassung, Frankfurt am Main 1997, S. 111ff.
[468] Brief KISCH an GERLAND vom 10.11.1933, *Nachlass GERLAND, BAK NL 10, Bd. 17;* Bericht 1. Vollsitzung der Akademie für Deutsches Recht am 5. November 1933, in: JAkDR, 1. Jg. (1933/1934) S. 52.
[469] Brief KISCH an GERLAND vom 3.12.1933, *Nachlass GERLAND, BAK NL 10, Bd. 17.*
[470] Brief KISCH an GERLAND vom 10.11.1933, *Nachlass GERLAND, BAK NL 10, Bd. 17.*
[471] Brief KISCH an BUMKE vom 21.1.1934, SCHUBERT, WERNER, (Hrsg.), Akademie für deutsches Recht 1933 – 1945, Protokolle der Ausschüsse, Bd. VI Zivilprozeß und Gerichtsverfassung, Frankfurt am Main 1997, S. 151.

stattfinden.[472] Kisch wollte zunächst die großen „grundlegenden Probleme“ wie z. B. die Fragen der Organisation der Zivilgerichte, die Beschleunigung des Verfahrens, die Verstärkung des Einflusses des Richters und der Zwangsvollstreckung behandeln, bevor Einzelheiten geklärt würden.[473] Er legte den Beratungen zwar nicht den Entwurf 1931 des Reichsjustizministeriums zugrunde, jedoch wurde dieser „sorgfältig berücksichtigt“.[474] Ziel war es

> „in Einklang mit den Grundanschauungen des nationalsozialistischen Staates die Zivilgerichtsbarkeit zu einem volksnahen, möglichst einfachen und anpassungsfähigen, rasch und dennoch gründlich arbeitenden, die Energie der Rechtsbewährung mit sozialem Geiste verbindenden Instrument im Dienste der Gerechtigkeit und damit der Volksgemeinschaft auszubauen“.[475]

Besondere Bedeutung erfuhren die frühen Sitzungen unter Kisch von Januar bis März 1934 durch die Anwesenheit von Reichsjustizminister Gürtner.[476]

Sehr genau scheint Kisch das Führerprinzip allerdings in den Sitzungen unter seinem Vorsitz nicht genommen zu haben, denn in seinen Berichten über die Arbeit des Ausschusses für Bürgerliche Rechtspflege kommen immer wieder Wendungen vor, wie „völlige Einigkeit bestand“, „hier war eine, allerdings nicht sehr beträchtliche Mehrheit“, „einmütig“, die durchaus auf Abstimmungsverfahren und Gleichberechtigung der Mitglieder hindeuten.[477] Die Beratungsgegenstände und auch die Ergebnisse der Ausschussarbeit unter Kisch[478] unterschieden sich kaum von den Reformdiskussionen, die bereits in den letzten Jahren im Bereich des Zivilprozesses geführt wurden[479] und z. T. damals schon von ihm vertreten wurden, wie z. B. die Ablehnung der Ausweitung der Laienbeteiligung und der Sondergerichtsbarkeiten[480] oder der stärkeren Einführung der Eventualmaxime[481], wie es die Novelle vom Oktober 1933 gebracht hatte. [482] Der Ausschuss hielt generell an der bisherigen Justizorganisation fest, auch wenn Kisch gerade von den Professoren wie auch von den anderen Mitarbeitern seines Ausschusses in seiner Eröffnungsrede gefordert hatte, „sich geistig von etwaigen Bindun-

---

[472] KISCH, Rede auf 1. Vollsitzung vom 5. November 1933, in: JAkDR, 1. Jg. (1933/34) S. 33ff [50].
[473] Ebd. S. 53.
[474] KISCH, Bericht des Ausschusses für bürgerliche Rechtspflege, in: ZAkDR, 2. Jg. (1935) S. 17ff.
[475] Ebd.
[476] SCHUBERT, WERNER, Einleitung, in: ders. (Hrsg.) Akademie für deutsches Recht 1933 – 1945, Protokolle der Ausschüsse, Bd. VI Zivilprozeß und Gerichtsverfassung, Frankfurt am Main 1997, S. 5.
[477] KISCH, Bericht auf der Arbeitstagung der Akademie für Deutsches Recht, 26.Mai 1934, in: JAkDR, 1. Jg. (1933/34) S. 188f. So ähnlich auch in KISCH, Bericht des Ausschusses für bürgerliche Rechtspflege, in: ZAkDR, 2. Jg. (1935) S. 17ff und 59ff.
[478] Vgl. KISCH, Bericht des Ausschusses für bürgerliche Rechtspflege, in: ZAkDR, 2. Jg. (1935) S. 17ff und 59ff.
[479] SCHUBERT, WERNER, Einleitung, in: Ders., (Hrsg.), Akademie für deutsches Recht 1933 – 1945, Protokolle der Ausschüsse, Bd. VI Zivilprozeß und Gerichtsverfassung Frankfurt am Main 1997, S. 5.
[480] KISCH, Rechtswende, in: JW, 55. Jg. (1926) S. 2800ff.
[481] KISCH, Empfiehlt sich im Zivilprozeß die Einführung der vollen Berufung? in: Zweiter Deutscher Juristentag in der Tschechoslowakei, Gutachten, Prag 1925
[482] RGBl. I, S. 780; vgl. DAMRAU, JÜRGEN, Die Entwicklung einzelner Prozeßmaximen seit der Reichszivilprozeßordnung von 1877, Paderborn 1975, S. 408.

gen der Vergangenheit loszulösen" und sich eine „prozessuale Jungfräulichkeit anzueignen, um von Neuem aufzubauen".[483] Ein interessanter und auch Aufsehen erregender Punkt war die eindeutige Ablehnung der Einführung des nationalsozialistischen „Führerprinzips" in der Rechtspflege durch den Ausschuss und die sich daraus entwikkelnden Ereignisse, wenn auch die Mehrheit der deutschen Juristen ohnehin dieser Ansicht war.[484] Das Ergebnis ihrer diesbezüglichen Beratungen hatte Kisch in seinem Bericht zur Ausschussarbeit in der „Zeitschrift der Akademie für Deutsches Recht" Anfang 1935 vorgestellt[485] und es hatte umgehend Widerhall in mehreren Zeitungsartikeln wie „Kollegialgericht – Alleinrichter – Führerprinzip"[486] oder „Führerprinzip oder Kollegialsystem"[487] unter wörtlicher Zitierung der Begründung erfahren, schließlich war Kisch Franks Stellvertreter in der Akademie für Deutsches Recht und wandte sich damit in der Rechtspflege gegen eines der Grundprinzipien der nationalsozialistischen Ideologie.[488] Der Ausschuss lehnte mehrheitlich den „Alleinrichter" in der ersten Instanz ab, für höhere Instanzen stand er einmütig ohnehin nicht wirklich zur Debatte, und hielt weiterhin am Kollegialgericht fest. Begründet wurde dies von Kisch mit der „jahrhundertelangen deutschen Übung", mit dem „größeren Vertrauen" des Mannes aus dem Volke zu dem mehrköpfigen Gericht, mit der „größeren Gewähr für die sachliche Richtigkeit der Entscheidung", die sich aus der gegenseitigen Ergänzung und Kontrolle der Richter ergebe, und mit der Eigenschaft als „unübertreffliches Mittel zur Anleitung und Erziehung des richterlichen Nachwuchses". Er führte aus:

> „Das sogenannte Führerprinzip, das heißt die Konzentrierung der Entscheidung in der Hand eines einzigen Verantwortlichen, sei für das Gebiet der Staatsführung, der Verwaltung, der militärischen Maßnahmen, also überall dort, wo nach dem Bedürfnis des Einzelfalles ein freigestalteter Entschluß zu fassen sei, weniger aber dort am Platze, wo es sich um die bloße Feststellung einer gegebenen tatsächlichen und rechtlichen Lage handele."[489]

Was das Führerprinzip im Zusammenhang mit der Stellung der Beisitzer im Kollegialgericht anging, konnte der Ausschuss dies nur für die prozessleitende Funktion des Vorsitzenden bejahen. Für die Rechtsfindungsaufgabe wurde eine Alleinentscheidungskompetenz des Vorsitzenden und eine nur beratende Stellung der Beisitzer abgelehnt, da es kollegialer Zusammenarbeit widerspräche, wenn nicht alle die volle Verantwortung für die Entscheidung übernähmen und da es zu einer Dämpfung der

---

[483] KISCH, Begrüßungsansprache in der 1. Sitzung vom 20.1.1934, SCHUBERT, WERNER, Einleitung, in: ders. (Hrsg.) Akademie für deutsches Recht 1933 – 1945, Protokolle der Ausschüsse, Bd. VI Zivilprozeß und Gerichtsverfassung, Frankfurt am Main 1997, S. 111.
[484] POPP, HANS, Die nationalsozialistische Sicht einiger Institute des Zivilprozeß- und Gerichtsverfassungsrechts, Frankfurt am Main 1986, S. 92ff.
[485] ZAkDR, 2. Jg. (1935) S. 17ff.
[486] Frankfurter Zeitung, Nr. 5 vom 3. Januar 1935, *Stadtarchiv München, ZA Nr. 10, Akademie für Deutsches Recht.*
[487] Ohne genaue Angaben in: *BAB REM DZA Potsdam R 4901, Bd. 672.*
[488] Schon in seiner Rede „Reform des Zivilprozesses" auf dem Deutschen Juristentag in Leipzig im Oktober 1933 hatte er das Führerprinzip in der Rechtspflege abgelehnt. Vgl. in: SCHRAUT, RUDOLF (Hrsg.), Deutscher Juristentag 1933, Ansprachen und Festvorträge, Berlin 1933, S. 197ff.
[489] KISCH, Bericht des Ausschusses für Bürgerliche Rechtspflege, in: ZAkDR, 2. Jg. (1935) S. 18f.

Arbeitsfreude und zu unangebrachter Lässigkeit der Beisitzer führen könnte.[490] Kischs Aussagen zum Führerprinzip gingen in Form des ihn zitierenden Zeitungsartikels „Führerprinzip oder Kollegialsystem“ beim Reichserziehungs-ministerium ein als unterstützende Begründung des Kurators der Universität Göttingen, der in seinen Entwürfen zu einer neuen Disziplinarordnung die Umsetzung des Führerprinzips im Disziplinarausschuss entgegen der Ansicht des Göttinger Rektors ablehnte und weiterhin das Stimmrecht für die Beisitzer in seinem Entwurf vorschlug. Er schrieb:

> „Mit Bezug auf meine Bemerkung zu Satz 12[491] füge ich mit der Bitte um Kenntnisnahme noch einen Zeitungsartikel bei, nach dem auch der stellvertretende Präsident der Akademie für deutsches Recht Prof. Dr. Kisch, die Einführung des Führergedankens in der Rechtspflege entschieden ablehnt. Meines Erachtens ist auch ein erheblicher Teil der Tätigkeit des Rechtspflegeausschusses an der Universität Straf-Rechtspflege. Daher dürften die Leitgedanken des Aufsatzes auch für die akademischen Disziplinarvorschriften gelten.“[492]

Dieser Vorfall belegt zugleich, dass Kisch als Vizepräsident eine nicht unmaßgebliche Stellung im deutschen Rechtsleben zukam bzw. dass sie ihm zugebilligt wurde, denn immerhin berief sich der Kurator in einer doch stark ideologischen Frage auf seine Meinung. Das Reichserziehungsministerium war über Kischs im Artikel zitierte Aussagen nicht erfreut. Handschriftlich auf dem Zeitungsartikel wurde vermerkt: „Die Meinung von Prof. Kisch ist sicher nicht richtig wiedergegeben. In dieser Form bietet sie manch [...] Angriffspunkte.“[493] Konsequenzen für Kisch sind aber nicht bekannt.

Kisch übergab aus Gründen der Arbeitsüberlastung als mit Satzungsänderung vom Juli 1934 neu bestallter Vizepräsident und wegen seiner gesundheitlichen Beschwerden[494] das Amt des Vorsitzenden bereits im Juni/Juli 1934 an Friedrich Lent, der wiederum 1935 von Erich Volkmar[495] abgelöst wurde.[496] Die Arbeiten des Prozessrechts-

---

[490] Ebd. S. 22.

[491] Satz 12 enthielt bis dahin das Stimmrecht der Beisitzer. Der Rektor hatte aber dazugeschrieben, dass den Beisitzern nur noch beratende Stimme zu geben sei. Der Kurator hingegen hatte im Entwurf angemerkt: „wie bisher vorläufig zu belassen. Die Einführung des Führer-Grundsatzes in die Strafgerichtsbarkeit wird zwar vertreten, aber von den praktischen Juristen in der Fachpresse auf das lebhafteste bekämpft. Mit Einführung warten bis diese Regelung auch im ordentlichen Gerichtsverfahren Gesetz geworden ist. Angleichung an Dienstrafgesetz mit Stimmrecht noch aller beisitzenden Richter.“, Brief Kurator der Universität Göttingen an REM vom 10.1.1935 mit Entwurf der Disziplinarvorschriften, *BAB REM DZA Potsdam R 4901, Bd. 672.*

[492] Brief Kurator der Universität Göttingen an REM vom 10.1.1935, *BAB REM DZA Potsdam R 4901, Bd. 672.*

[493] Kopie des Artikels „Führerprinzip oder Kollegialsystem?“, *BAB REM DZA Potsdam R 4901, Bd. 672.*

[494] Brief KISCH an GERLAND vom 23.2.1935, *Nachlass GERLAND, BAK NL 10, Bd. 17.*

[495] ERICH VOLKMAR, 1879 – 1951, Richter, Ministerialbeamter im Reichsjustizministerium ab 1919, Hauptverantwortlicher für die Teilreformen des Zivilprozessrechts in der Weimarer Republik und im Nationalsozialismus, Vorsitzender des Ausschusses Bürgerliche Rechtspflege 1935 – 1939, Senatspräsident am Reichserbhofgericht 1934. Vgl. SCHUBERT, WERNER, Einleitung, in: ders., (Hrsg.), Akademie für deutsches Recht 1933 – 1945, Protokolle der Ausschüsse, Bd. VI Zivilprozeß und Gerichtsverfassung, Frankfurt am Main 1997, S. 108.

[496] Ebd. S. 3ff. Die Sitzung vom 27.7.1934 leitete bereits LENT. Die letzte Sitzung unter KISCH hat im Rahmen der 1. Jahrestagung am 25.6.1934 stattgefunden. Vgl. Die erste Jahrestagung der Akade-

Ausschusses führten wie bei vielen anderen Ausschüssen der Akademie nicht zu einem konkreten, vollständigen Gesetzesentwurf, geschweige denn zu einer Umsetzung in Gesetzesform. Das einzige Resultat in dieser Richtung war eine gewisse Beeinflussung und Mitbeteiligung bei den Neuerungen im Zwangsvollstreckungsrecht 1934.[497] Der Prozessrechts-Ausschuss gilt als einer der nur wenig ideologisch beeinflussten Ausschüsse in der Akademie.[498]

2.5.3 Publikationen zur Zivilprozessreform

Genaueren Aufschluss als Kischs nur sehr kurze Tätigkeit im Ausschuss für Bürgerliche Rechtspflege geben seine Aufsätze bzw. Vorträge über seine Prozessauffassung zur damaligen Zeit und damit auch darüber, inwieweit seine konkreten Vorstellungen von der völkischen Rechtserneuerung im Zivilprozess seine theoretischen Ausführungen widerspiegelten. Er hielt auf dem Deutschen Juristentag im Oktober 1933 in Leipzig einen richtungsweisenden Vortrag „Reform des Zivilprozesses“[499], äußerte sich 1934 in dem oben erwähnten Aufsatz „Der deutsche Richter“[500] zur Stellung des Richters im neuen Staat sowie Anfang 1935 mit „Ziel und Wege einer Zivilprozessreform“ erneut grundsätzlich zur Prozessreform.[501] 1936 erschienen nochmals zwei Artikel, die sich vor allem mit dem Problem der Einführung der Inquisitionsmaxime beschäftigten und die die Abgrenzung öffentlicher und privater Belange in der Rechtspflege beinhalteten.[502] Kisch benutzte seine Rede zur Zivilprozessreform auf dem Deutschen Juristentag 1933 als Gelegenheit, viele bereits in der Weimarer Zeit diskutierten Reformpunkte aufzugreifen und ihr Verhältnis bzw. ihr Konfliktpotential zum neuen totalitären, autoritären Staat darzustellen. Dabei versuchte er einige der auch von ihm früher vertretenen Reformwünsche in Zusammenhang mit der neuen Weltanschauung zu bringen und sie mit ihr für vereinbar zu erklären. So führte er z. B. aus: „Der Prozeß muß, da der neue Staat nicht bloß ein nationaler, sondern ein sozialer ist,

---

mie für Deutsches Recht, in: ZAkDR, 1. Jg. (1934) S. 119ff. Allerdings muss KISCH auch noch danach zumindest eine zeitlang dabei gewesen sein, da die Berichte über die Ausschussarbeit in den ersten Heften der Zeitschrift der Akademie 1935 von ihm stammen.

[497] Gesetz zur Änderung von Vorschriften über die Zwangsvollstreckung vom 24. Oktober 1934, RGBl. I, S. 1070 und Gesetz zur Verhütung mißbräuchlicher Ausnutzung von Vollstreckungsmöglichkeiten vom 13. Dezember 1934, RGBl. I, S. 1234. ANDERSON, DENNIS LEROY, The Academy for German Law, 1933 – 1944, New York 1987, S. 296, Fn. 378. Zur gleichen Einschätzung kommt auch WERNER SCHUBERT in seiner Einleitung, in: ders., (Hrsg.), Akademie für deutsches Recht 1933 – 1945, Protokolle der Ausschüsse, Bd. VI Zivilprozeß und Gerichtsverfassung, Frankfurt am Main 1997, S. 1.

[498] SCHUBERT, WERNER, Einleitung, in: ders. (Hrsg.) Akademie für deutsches Recht 1933 – 1945, Protokolle der Ausschüsse, Bd. VI Zivilprozeß und Gerichtsverfassung, Frankfurt am Main 1997, S. 1ff; SCHUMANN, Einleitung II, Rz. 131, in: STEIN/JONAS, Kommentar zur Zivilprozeßordnung, 20. Auflage Tübingen 1984: „Die Berichte über die Tätigkeit dieses Ausschusses bewegen sich in den Bahnen des E 31 und lassen eine Distanz zur damaligen politischen Doktrin erkennen.“

[499] in: SCHRAUT, RUDOLF (Hrsg.), Deutscher Juristentag 1933, Ansprachen und Festvorträge, Berlin 1933, S. 197ff.

[500] in: ZAkDR, 1. Jg. (1934) S. 9ff.

[501] in: DJZ, 40. Jg. (1935) S. 1ff.

[502] KISCH, Wahrheitspflicht, Verhandlungsmaxime und Eventualmaxime, in: DJZ 41. Jg. (1936) S. 913ff; Private und öffentliche Belange in der bürgerlichen Rechtspflege, in: DR, 6. Jg. (1936) S. 8ff.

in erster Linie sozial sein." Soziale Ungleichheiten im Prozeß, hervorgerufen durch geringere Prozeßgewandtheit, unterschiedliche soziale oder finanzielle Situationen, sollten nun einer Gleichheit in den Prozesschancen weichen.[503] Seine Darlegungen streiften die verschiedenen Bereiche des Zivilprozesses und der Gerichtsverfassung, die seiner Ansicht nach „von der zum Durchbruch gekommenen Weltanschauung des Nationalsozialismus" beeinflusst werden können und werden müssen. Für ihn war der Prozess immer von den politischen und geistigen Strömungen der Zeit beeinflusst und keineswegs nur eine rein technische Angelegenheit.[504] Dementsprechend forderte er auch noch in seinem 1935 erschienen Aufsatz „Ziel und Wege einer Zivilprozeßreform":

> „Es gilt, die weltanschaulich und staatspolitische Einstellung, der die noch geltende Zivilprozeßordnung größtenteils ihre Gestalt verdankt, durch eine in vieler Hinsicht umgewandelte zu ersetzen."[505]

Die Umgestaltung des Prozesses nach den neuen politischen und weltanschaulichen Vorstellungen war für ihn eine Selbstverständlichkeit und Notwendigkeit und eine dem gemäße partielle Anpassung seiner Prozessvorstellung war die Folge. Die Nationalsozialisten hatten am liberalen Prozessverständnis der ZPO die Eigenschaft des Prozesses als „reine Privatangelegenheit der Parteien" und die damit verbundene Sicht vom Einzelfall her, die zu neutrale Stellung von Richter und Staat, die Politik- und Lebensferne, die Orientierungslosigkeit hinsichtlich eines Wertemaßstabes respektive einer Weltanschauung und ganz generell das sich darin widerspiegelnde „freie Spiel der Kräfte" kritisiert. Der Prozesszweck nach nationalsozialistischer Prozessauffassung war der Schutz der Gemeinschaftsordnung, nicht mehr wie im Liberalismus, der der Privatinteressen. Damit einhergehend, dem neuen totalitären Staat entsprechend, wurde auch die Zurückdrängung des Parteieinflusses und die Stärkung der Richterstellung gefordert, wiewohl dies bereits auch in den letzten Jahren in Diskussion gestanden war.[506] Kisch stellte jetzt konkret, in Abkehr zu seiner früheren Auffassung des wichtigsten Prozesszwecks, des Schutzes privaten Rechts[507], den Schutz öffentlicher, allgemeiner Belange in den Mittelpunkt und bezeichnete sie als die überwiegenden Belange. Diese Auffassung passte seiner Ansicht nach zu den großen Vorstellungen einer Staatstheorie, die den unbedingten Primat des öffentlichen Wohls, den unbedingten Vorrang der öffentlichen vor den privaten Interessen betone und Autorität und

---

[503] KISCH, Reform des Zivilprozesses, in: SCHRAUT, RUDOLF (Hrsg.), Deutscher Juristentag 1933, Ansprachen und Festvorträge, Berlin 1933, S. 202.
[504] So auch schon in: Die soziale Bedeutung des Zivilprozesses, in: Judicium, 1. Jg. (1928) S. 1ff.
[505] KISCH, Ziel und Wege einer Zivilprozeßreform, in: DJZ, 40. Jg. (1935) Sp. 1ff.
[506] VOLKMAR, ERICH, Die Neugestaltung des Zivilprozeßrechts im Geiste nationalsozialistischer Auffassung, in: FRANK, HANS, (Hrsg.), NS-Handbuch für Recht und Gesetzgebung, München 1935, S. 1498 – 1524; POPP, HANS, Die nationalsozialistische Sicht einiger Institute des Zivilprozeß- und Gerichtsverfassungsrechts, Frankfurt am Main 1986, S. 15ff.
[507] KISCH, Die soziale Bedeutung des Zivilprozesses, in: Judicium, 1. Jg. (1928) S. 1ff. Dort bezeichnet er den Schutz der Privatrechte noch als offensichtlichste Prozessfunktion, auch wenn er die Wahrung der Rechtsordnung und die Tendenzen, das Einzelinteresse hinter das Allgemeininteresse zu stellen, schon erwähnte. Ähnlich auch in: Deutsches Zivilprozeßrecht Bd. 1, Berlin 1928, S. 7ff.

Ausschließlichkeit des Staatsgedankens in den Vordergrund rücke.[508] Das Primat des Gemeinwohls gelte vor dem des Individualinteresses[509], ein Satz der die direkte Umsetzung des Punktes 24 des Parteiprogramms „Gemeinnutz geht vor Eigennutz" war und seinen theoretischen Ansätzen für das neue Rechtsideal „Wohl des deutschen Volkes"[510] entsprach. Rassismus oder das Führerprinzip als Hauptideologien des Nationalsozialismus waren aber in seinen Prozessreformvorschlägen kein Thema, wie auch schon die Ergebnisse des Prozessrechtsausschusses unter seinem Vorsitz gezeigt haben. Zwar habe seiner Ansicht nach der Prozess nach wie vor den Charakter eines Streites zweier Individuen, er stehe aber nicht mehr unter dem Zielpunkt der privaten Parteibelange, sondern unter demjenigen des Interesses der Volksgemeinschaft an der Wahrung der Rechtsordnung, namentlich an der Erhaltung und Wiederherstellung des Rechtsfriedens.[511] Der Prozess sei nicht mehr eine Einzelerscheinung, sondern eine „soziale Massenerscheinung", der aufs wesentlichste den Staat und die Allgemeinheit berühre und als öffentliche Angelegenheit als Betätigung staatlicher Autorität und Macht gewertet werden müsse.[512] Eine solche Auffassung führe folgerichtig auch dazu, den Einfluss der Parteien zugunsten einer strafferen Prozessleitung zurückzudrängen.

> „So selbstverständlich die liberale Staatsanschauung die Handhabung des Prozeßinstrumentes weitgehend in die Hand der Parteien legen konnte, es ihnen überlassen konnte, ob sie ihren Prozeß eifrig oder lässig, rasch oder langsam, zweckmäßig oder unpraktisch, ehrlich oder hinterlistig führen möchten, so wenig kann sich ein Staat, der sich zum Sachwalter völkischer und sozialer Gedanken macht, der Verantwortung entziehen, auch die Zivilrechtspflege durch seine Gerichte maßgeblich zu beherrschen. Darum sind alle Verschärfungen der Prozeßleitung, die der Entwurf [1931/S.A.] bringt, vom Standpunkt der neuen Staatsauffassung aus restlos zu billigen."[513]

Trotzdem sprach sich Kisch explizit für die Beibehaltung der Verfügungs- und Dispositionsmaxime abgeleitet aus dem privatrechtlichen Gegenstand des Prozesses aus, sprach den Parteien aber zugleich das Recht ab, das Verfahren maßgeblich im äußeren Betrieb zu beherrschen oder gar die Leitung in der Hand zu halten und den Richter in eine passive Rolle zu drängen: „[...] die künftige Verhandlung wird nicht mehr sein eine Verhandlung der Parteien vor dem Gericht, auch nicht mit dem Gericht, sondern eine Verhandlung des Richters mit und über den Parteien".[514] Wichtige Forderung für den neuen nationalsozialistischen Prozess war auch die Volkstümlichkeit, die ganz generell der Absage an die Wissenschaftlichkeit, an die lebensfernen Konstruktionen und die intellektuellen Begriffsspielereien und „Rechtstüfteleien" im Nationalsozia-

---

[508] KISCH, Reform des Zivilprozesses, in: SCHRAUT, RUDOLF (Hrsg.), Deutscher Juristentag 1933, Ansprachen und Festvorträge, Berlin 1933, S. 203.

[509] KISCH, Ziel und Wege einer Zivilprozeßreform, in: DJZ, 40. Jg. (1935) Sp. 1ff.

[510] KISCH, Der deutsche Richter, in: ZAkDR, 1. Jg. (1934) S. 9ff..

[511] KISCH, Ziel und Wege einer Zivilprozeßreform, in: DJZ, 40. Jg. (1935) Sp. 1ff.

[512] KISCH, Reform des Zivilprozesses, in: SCHRAUT, RUDOLF (Hrsg.), Deutscher Juristentag 1933, Ansprachen und Festvorträge, Berlin 1933, S. 203.

[513] Ebd.

[514] Ebd. S. 202f.

lismus entsprach.[515] Auch Kisch unterstrich die Notwendigkeit, den Prozess volkstümlicher, genauer gesagt einfacher zu gestalten, um „nicht auf den Rechtsuchenden wie ein Schreckgespenst und ein mit Fußangeln besätes Paragraphenfeld zu wirken".[516] Maßgeblicher Faktor dafür war für ihn aber vor allem die Person des Richters:

> „Zum sozialen Prozeß gehört die Volkstümlichkeit, zur Volkstümlichkeit gehört die Einfachheit. Also weg mit all dem formalen Kram, weg mit der großen Kompliziertheit, die heute noch den Prozeß auszeichnet, weg mit einer Sprache, die dem Mann des Volkes nicht verständlich ist, fort mit einem Stil der Gerichtsentscheidung, bei denen man nur den Kopf schütteln kann! [...] Wenn die Parteien und das Publikum vor einem Richter stehen, der den Eindruck überlegener Klugheit und unbestechlichen Dranges zur Wahrheit und Gerechtigkeit macht, einem Richter, der verständnisvoll und geduldig auf das Vorbringen der Parteien und auf die Denkweise des Mannes aus dem Volke eingeht, [...]dann ist für die Volkstümlichkeit der Rechtspflege mehr getan als durch alle noch so schönen und noch so gut gemeinten Gesetze."[517]

Diese Betonung der personellen Komponente in der Rechtspflege war ein von Kisch schon mehrfach in früheren Zeiten geäußerter Gedanke. Allerdings sei der Richter kein über Raum und Zeit gleichbleibender „begrifflich abstrahierter Typus", sondern der Typus müsse sich mit dem des Staates wandeln, für den er Recht spreche. Dafür erfordere es verschiedene Eigenschaften, um dem Typus des jetzt gefragten „königlichen Richters" zu entsprechen.[518] Im Gegensatz zu vielen anderen Rechtswissenschaftlern, die den sensitiven Aspekt überbetonten und wenig Gewicht auf Fachkenntnisse legten[519], verlangte Kisch immerhin vom Richter noch ein ausgiebiges Maß stofflichen Wissens und juristischer Methode neben der jetzt so wichtigen „Intuition", wenn auch er nun vom Erfühlen des Rechts und der Verwirklichung des dem deutschen Volke naturgegebenen und seiner Art entsprechenden Rechtsideals sprach.[520] Entschlusskraft, Verantwortungsfreude, auf Geschlossenheit der Weltanschauung gründende Autorität und vor allem aber Volksverbundenheit zeichneten den neuen Richter aus, denn nur so sei er befähigt, das „aus der Seele des Volkes quellende Recht zu finden und zu handhaben".

Auf der anderen Seite setzte er sich aber auch besonders deutlich für die einem Rechtsstaat eigene verfassungsmäßig verankerte Stellung der Gerichte ein. Seine Ausführungen dazu gleichen einem Appell:

> „Die Rechtsprechung wird durch unabhängige nur den Gesetzen unterworfene Richter ausgeübt. Dieser Leitstern wird auch dem neuen Staat leuchten müssen, der ein Rechtsstaat sein will und sein muß. So sehr die öffentlichen Interessen den privaten vorangehen,

---

[515] POPP, HANS, Die nationalsozialistische Sicht einiger Institute des Zivilprozeß- und Gerichtsverfassungsrechts, Frankfurt am Main 1986, S. 35ff.

[516] KISCH, Ziel und Wege einer Zivilprozeßreform, in: DJZ, 40. Jg. (1935) Sp. 1ff und Reform des Zivilprozesses, in: SCHRAUT, RUDOLF (Hrsg.), Deutscher Juristentag 1933, Ansprachen und Festvorträge, Berlin 1933, S. 201.

[517] Ebd. S. 201.

[518] KISCH, Der deutsche Richter, in: ZAkDR, 1. Jg. (1934) S. 9ff..

[519] POPP, HANS, Die nationalsozialistische Sicht einiger Institute des Zivilprozeß- und Gerichtsverfassungsrechts, Frankfurt am Main 1986, S. 35ff, 98.

[520] KISCH, Der deutsche Richter, in: ZAkDR, 1. Jg. (1934) S. 9ff..

soweit der totale Staat seine Macht ausdehnen mag, irgendeine Grenze, eine rechtliche Grenze gegenüber dem einzelnen Bürger wird er ziehen und die Gewährleistung dieser Grenze, die für den Rechtsstaat kennzeichnend ist, hat ihre letzte Sicherheit in der Unabhängigkeit der Gerichte als Institutionen und in den persönlichen Sicherheiten der richterlichen Stellung.[521]

Kisch verlangte die Unabhängigkeit des Richters nach oben wie nach unten und „alle Eingriffe von unberufener Seite" sollten auf das strengste unterdrückt werden. Er sprach sich zugleich auch für die Beibehaltung der alten Prozessmaximen Mündlichkeit, Unmittelbarkeit, Öffentlichkeit und des beiderseitigen Gehörs aus und bezeichnete sie als Grundsätze, die der neuen Ideologie entsprächen und die der nationalsozialistische Staat daher „unbesehen übernehmen" könne.[522] Aus der Betonung des Gemeinschaftsinteresses vor dem Privatinteresse im Prozess sowie aus der Propagierung des Richterkönigs heraus entwickelte sich die Diskussion um die Abschaffung bzw. Einschränkung der Verhandlungsmaxime im Erkenntnisverfahren zugunsten des Untersuchungsgrundsatzes, der mit den Novellen 1933 für das Zwangsvollstreckungsrecht dort z. T. schon Einzug genommen hatte und auch vom Prozessrechtsausschuss der Akademie in ihren weiteren Verhandlungen dazu 1934 befürwortet wurde.[523] Gerade an diesem Inbegriff des liberalen Prozesses, dem Verhandlungsgrundsatz, entzündete sich ein eng mit der autoritären Staatsauffassung in Zusammenhang stehender Streit[524], denn aus dem neuen Prozesszweck, Wahrung der Gemeinschaftsordnung und des Rechtsfriedens, wurde die Übereinstimmung der gerichtlichen Entscheidung mit der wahren Rechtslage gefordert, die sich nicht immer zwingend mit dem unstreitigen Sachverhalt der Parteien decken würde. Abhilfe sollte hier die Stärkung der Richterstellung durch den Untersuchungsgrundsatz bringen.[525] Hatte Kisch sich anfänglich an die nationalsozialistische Prozessauffassung sprachlich und durch eine partielle Verschärfung seiner sozialen Reformvorstellungen der Weimarer Zeit zum Gemeinwohl hin angepasst, so trat er nun 1936 deutlich für die Beibehaltung der Verhandlungsmaxime ein.[526] Kisch betonte in seinen beiden Aufsätzen „Private und öffentliche Belange in der bürgerlichen Rechtspflege"[527] und in „Wahrheitspflicht, Verhandlungsmaxime, Eventualmaxime"[528], dass mit Ausnahme der familienrechtlichen Angelegenheiten wie Ehe- und Kindschaftsprozesse und Entmündigungsverfahren, der Verhandlungs-

---

[521] KISCH, Reform des Zivilprozesses, in: SCHRAUT, RUDOLF (Hrsg.), Deutscher Juristentag 1933, Ansprachen und Festvorträge, Berlin 1933, S. 199.
[522] Ebd.
[523] DAMRAU, JÜRGEN, Die Entwicklung einzelner Prozeßmaximen seit der Reichszivilprozeßordnung von 1877, Paderborn 1975, S. 409ff.
[524] POPP, HANS, Die nationalsozialistische Sicht einiger Institute des Zivilprozeß- und Gerichtsverfassungsrechts, Frankfurt am Main 1986, S. 46ff.
[525] Ebd. S. 48f.
[526] SCHUBERT, WERNER, Einleitung, in: ders. (Hrsg.) Akademie für deutsches Recht 1933 – 1945, Protokolle der Ausschüsse, Bd. VI Zivilprozeß und Gerichtsverfassung, Frankfurt am Main 1997, S. 4f und 44f; POPP, HANS, Die nationalsozialistische Sicht einiger Institute des Zivilprozeß- und Gerichtsverfassungsrechts, Frankfurt am Main 1986, S. 46ff [59]; DAMRAU, JÜRGEN, Die Entwicklung einzelner Prozeßmaximen seit der Reichszivilprozeßordnung von 1877, Paderborn 1975, S. 413ff.
[527] in: DR, 6. Jg. (1936) S. 8ff.
[528] in: DJZ, 41. Jg. (1936) Sp. 913ff.

grundsatz auch in einem „Prozeßgesetzeswerk des nationalsozialistischen Staates“ noch einen Platz habe:

> „Nicht nur, weil die Volksgemeinschaft kein Interesse daran hat, ihren Bürgern die Verfügung darüber zu entziehen, ob und in welchem Umfang sie ihre Rechte ausüben, verändern oder aufheben wollen. Sondern auch, weil nicht durch die Untätigkeit oder Unzulänglichkeit einer Partei der Prozeß zum Schaden der anderen in die Länge gezogen werden darf.“[529]

Gegen das Hauptargument der Notwendigkeit der materiellen Richtigkeit für die Befriedungsfunktion des Prozesses im Interesse der Gemeinschaft führte Kisch an:

> „Allein bei genauerem Zusehen erweist sich, daß solche „Richtigkeit“ der Entscheidung durch das Interesse der Volksgemeinschaft nicht grundsätzlich erfordert wird. Denn der Zivilprozeß erfüllt seine Aufgabe letztlich dadurch, daß er die Rechtsbeziehungen der streitenden Parteien maßgeblich („rechtskräftig“) festlegt und damit dem Streit und Ungewißheit entrückt; ob die durch das Urteil festgestellte Rechtslage sich mit derjenigen deckt, die vor dem Urteil kraft Privatrechtes bestand, ist für die Befriedungsfunktion des Prozesses grundsätzlich nicht entscheidend.“[530]

Dem Gemeinschaftsinteresse widerspräche es seiner Ansicht nach vielmehr, wenn dem Staat und seinen Behörden die Last der Beschaffung des Prozessmaterials auferlegt werde:

> „Das gemeine Wohl erfordert nicht, sondern es verbietet umgekehrt, daß die Verantwortung für sachgemäße und erschöpfende Beibringung des Tatsachenstoffs den nächstinteressierten Parteien abgenommen und auf den Staat, d. h. auf die Volksgemeinschaft übertragen werde.“[531]

Insbesondere könne auch kein öffentliches Interesse daran bestehen, einen Tatbestand aufzuklären hinsichtlich dessen beide Parteien nicht streiten und nicht streiten wollen. Das Gericht sei auf das zwischen den Parteien streitige Gebiet beschränkt.[532] Darüber hinaus führte Kisch an, dass mit dem vernünftigen und tatkräftigen Gebrauch des richterlichen Fragerechts gemäß § 139 ZPO sich die praktischen Ergebnisse nicht mehr so sehr vom Einsatz des Untersuchungsgrundsatzes unterscheiden würden.[533] Zur neu eingeführten Wahrheitspflicht des § 138 Abs.1 ZPO bestand ihm zufolge kein Widerspruch mit der Verhandlungsmaxime, da dieser den Parteien, nicht dem Richter, die wahrheitsgemäße und vollständige Beschaffung des Prozessmaterials auferlege und der Richter zugleich auch nicht gehalten sei, die Einhaltung von Amts wegen herbeizuführen, sonst gelte ja schon der Untersuchungsgrundsatz.[534] Die herrschende Lehre

---

[529] Ebd. Sp. 916ff.
[530] KISCH, Private und öffentliche Belange in der bürgerlichen Rechtspflege, in: DR, 6. Jg. (1936) S. 8ff [10].
[531] Ebd.
[532] KISCH, Wahrheitspflicht, Verhandlungsmaxime und Eventualmaxime, in: DJZ, 41. Jg. (1936) Sp. 913ff [916].
[533] Ebd.
[534] Ebd.

folgte Kisch in dieser Auseinandersetzung[535] und auch das Reichsgericht griff in die Diskussion ein und bezeichnete den Verhandlungsgrundsatz 1936 als den „obersten Grundsatz der Prozeßordnung".[536] Zugleich betonte Kisch aber in seinen beiden letzten Aufsätzen zum Zivilprozessrecht erneut explizit das Überwiegen der öffentlichen Interessen im Zivilprozess, bezog dies aber vor allem auf die Leitung des Verfahrens durch das Gericht und auf den äußeren Gang des Verfahrens, wobei diese Aktivierung des Gerichts und die Zurückdrängung des Parteieinflusses in keiner Weise dem privatrechtlichen Gegenstand des Prozesses widerspräche.[537]

> „Solange die Privatrechte die Sphäre des bürgerlichen Verkehrs nicht verlassen, ist die freie Gestaltungskraft der Parteien, auch vom Standpunkt der Volksgemeinschaft aus, durchaus natürlich und angemessen. Sobald aber aus Anlaß eines privatrechtlichen Streites die Staatsgewalt im Wege des Zivilprozesses eingeschaltet wird, muß auch der Staat durch seine Gerichte die maßgebliche Einwirkung auf die Gestaltung des öffentlichrechtlichen Verfahrens beanspruchen, in welchem er dem Privaten den Rechtsschutz gewährt."[538]

2.5.4 Kisch als „Akademiejurist"

Abgesehen von seinen Ausführungen im Aufsatz „Der deutsche Richter" und „Der deutsche Rechtslehrer", spielten die methodischen Überlegungen, die dort in Richtung der „unbegrenzten Auslegung", der Umwertung der Begriffe und Werte im Sinne der neuen Weltanschauung im Rahmen der Rechtsanwendung gehen[539], bei Kischs konkreten Reformvorschlägen und Diskussionen keine große Rolle. Sowohl seine Arbeit im Ausschuss für Bürgerliche Rechtspflege, der auf einen Gesetzesentwurf für das Zivilprozessrecht hinarbeitete und die Novellen zu beeinflussten suchte, als auch seine generelle Idee der Akademie als „Parlamentsersatz"[540] und die ausdrückliche Propagierung und Forderung eines „Prozeßgesetzeswerk[es]"[541], eines „Gesetz[es] von großem und kühnem Wurf"[542] zeigen, dass Kisch von einer kodifikatorischen Umsetzung der Rechtserneuerung ausging und das Gesetz immer noch zwar nicht für den einzigen, aber doch den normalen Weg für die Ausgestaltung der Rechtsordnung ansah.[543] Eine große Kodifikation sollte, wenn jetzt auch nichts überstürzt werden sollte, so doch das Endziel sein.

---

535 So formuliert bei DAMRAU, JÜRGEN, Die Entwicklung einzelner Prozeßmaximen seit der Reichszivilprozeßordnung von 1877, Paderborn 1975, S. 415, Fn. 38.

536 RGZ 151, S. 93ff [98], Urteil vom 6.4.1936 zit. nach DAMRAU, JÜRGEN, Die Entwicklung einzelner Prozeßmaximen seit der Reichszivilprozeßordnung von 1877, Paderborn 1975, S. 417, Fn. 46.

537 KISCH, Private und öffentliche Belange in der bürgerlichen Rechtspflege, in: DR, 6. Jg. (1936) S. 8ff [10].

538 Ebd.

539 RÜTHERS, BERND, Die unbegrenzte Auslegung, Zum Wandel der Privatrechtsordnung im Nationalsozialismus,4. Auflage, Heidelberg 1991.

540 KISCH, Die Arbeiten der Akademie für Deutsches Recht, Berlin 1936, S. 10ff.

541 KISCH, Wahrheitspflicht, Verhandlungsmaxime und Eventualmaxime, in: DJZ, 41. Jg. (1936) Sp. 913ff.

542 KISCH, Ziel und Wege einer Zivilprozeßreform, in: DJZ, 40. Jg. (1935) Sp. 1ff.

543 KISCH, Der deutsche Rechtslehrer, München 1939, S. 10: „Und auch in diesem Staat ist die Gesetzgebung, wenn auch nicht der einzige, so doch der normale Weg für die Ausgestaltung der Rechtsordnung, an welche der Rechtswahrer als solcher gebunden erscheint."

„Um so mehr, als es sich an dem gegenwärtigen Wendepunkt unserer Geschichte nicht darum handeln kann, irgendwelche Gesetze oder Entwürfe durch mehr oder minder kunstvolle Flickarbeit aufzufrischen, sondern ein auf die Dauer berechnetes, aus einem Guß geformtes Werk zu schaffen, das gewiß die wertvollen Erfahrungen der Vergangenheit nicht verschmähen darf, das aber im ganzen doch an einem neuen Rechtsideal orientiert werden soll.“[544]

Dies bringt Kisch rein äußerlich auch in Langes „Akademierichtung“ der „normgestützten Kollektivierung des Privatrechts“, die zwar unterstützend und korrigierend ebenfalls auf eine am Gemeinschaftsgedanken orientierte Rechtserneuerung im Wege der Rechtsanwendung mit dem Maßstab eines überpositiven Rechts abzielte, trotzdem aber die Umwertung der Werte im Wege der Gesetzgebung favorisierte.[545]. Entscheidend dabei ist aber, dass Lange das Gesetz nicht mehr als Garantie für rechtliche Freiheit, Rechtssicherheit und Berechenbarkeit der Rechtsfolgen ansah, sondern „als Medium zur Verwirklichung überpositivistischer Wert- und Zweckvorstellungen“.[546] Zielsetzung dieser Rechtserneuerung war die Verwirklichung des Pflicht- und Gemeinschaftsgedankens. Langes Ideen waren zwar z. T. sozial, aber nicht rechtsstaatlich.[547] Ausgangspunkt und Maßstab dieser Methodenbetrachtung ist dabei das Gegensatzpaar liberal mit den Merkmalen rechtlicher Freiheit und Gleichheit und kollektivistisch bzw. illiberal mit z. B. unbegrenzter Eingriffsbefugnis des Staates.[548]

Zur Erneuerung des Privatrechts, der Neukodifikation des BGB, und zum Akademieprojekt „Volksgesetzbuch“ als Langes Betätigungsbereich äußerte Kisch sich kaum bzw. zu letzterem gar nicht. Zu dem Zeitpunkt, ab dem die Erneuerung des Zivilrechts in der Akademie verstärkt in Angriff genommen wurde, war Kisch bereits ausgeschieden.[549] Herangezogen werden können daher nur seine Aussagen zum Zivilprozessrecht, zum Patentrecht und, im Zusammenhang mit diesem zum Sacheigentum, so dass der Vergleich notwendigerweise schon hinkt. Wie sich aus den Ausführungen zum Zivilprozessrecht ergibt, änderte Kisch seine Haltung und ordnete seine Reformvorschläge dem neuen nationalsozialistischen Grundsatz „Gemeinnutz vor Eigennutz“ unter. Eine deutliche Anpassung ist beim Prozesszweck vom Schutz der privaten Rechte zum Schutz der Gemeinschaftsordnung und zur Bewahrung des Rechtsfriedens festzustellen, also die Betonung der öffentlichen Belange vor den privaten, des Gemeinwohls vor dem Individualinteresse. Wie schon im Zivilprozessrecht beim Prozesszweck wandelte Kisch seine bisherige Haltung zur Begründung des Patentrechts ab, indem er den gemeinnützigen Aspekt, den er dem Patentrecht auch früher schon,

[544] KISCH, Ziel und Wege einer Zivilprozeßreform, in: DJZ, 40. Jg. (1935) Sp.
[545] WOLF, WILHELM, Vom alten zum neuen Privatrecht. Das Konzept der normgestützten Kollektivierung in den zivilrechtlichen Arbeiten Heinrich Langes (1900 – 1977), Tübingen 1998, S. 174.
[546] Ebd. S. 120ff und 352.
[547] Ebd. S. 122ff.
[548] Ebd. S. 95ff.
[549] KISCH schied 1937 aus und die Reformoffensive im Zivilrecht begann erst nach der Umstrukturierung der Akademie 1936/37.

aber eben nur als mittelbare Wirkung zugesprochen hatte[550], nun in den Vordergrund und die individualistische Komponente in den Hintergrund rückte.[551] Solche illiberalen Tendenzen sind bei den wenigen Ausführungen zu den Privatrechten allgemein festzustellen, wenn Kisch auch andererseits besonders darauf hinwies, dass auch im neuen Staat die Privatrechte bleiben würden und gerade Gemeinschaftsrecht nicht kommunistisches Recht, auch nicht staatsozialistisches Recht sei. Privatrechte gewährten seiner Ansicht nach immer noch „ihrem Träger eine staatlich gewährleistete und gerichtlich durchführbare Rechtsmacht gegenüber anderen".[552] Geändert hatte sich jetzt die Herleitung:

> „Und sie haben ihre letzte Rechtfertigung nicht in dem individuellen Interesse des einzelnen als solchen, sondern darin, daß es eine Forderung und eine Förderung des Gemeinschaftswohls ist, wenn dem einzelnen Bürger die Möglichkeit einer (in dem dargelegten besonderen Sinne) „freien" Entfaltung seines Bedürfnisses und freien Gestaltung seiner rechtlichen Angelegenheiten verliehen ist."[553]

Auch Kischs Anregung über eine Beschränkung des Sacheigentumsrechts ähnlich dem Patentrecht, wie z. B. die Ermöglichung der Benutzungsrechte Dritter als Gegenstück zur patentrechtlichen Zwangslizenz, als ein „interessantes gesetzgeberisches Problem" nachzudenken[554], weist auf eine Zurückdrängung der Individualrechte hin. Er schlug in der gleichen Abhandlung auch die Möglichkeit zur Entziehung von Sacheigentum als „Gedankengänge" vor, die dem neuen Staat „bei seiner ganzen Grundanschauung" nicht fern liegen sollten, in Fällen, in denen das Sacheigentum „zum Schaden des deutschen öffentlichen Interesses nicht oder nicht ausreichend im Inlande ausgenützt wird", wie z. B. die Unterlassung der Bewirtschaftung von Boden, die zu einer Verknappung der Volksernährung führen würde oder wie die Verschiebung von für die Binnenwirtschaft unentbehrlichen Stoffen ins Ausland.[555]

---

[550] KISCH, Handbuch des deutschen Patentrechts, Mannheim 1923, S. 1: „Die Rechtfertigung dieses Schutzes [Erfinderschutz/S.A.] kann keine andere sein als die der sonstigen Privatrechte. Sie liegt in dem Grundgedanken der geltenden kapitalistischen Wirtschaftsordnung überhaupt. Wenn die Gesetzgebung, wie an körperlichen und sonstigen Gütern, so auch an dem durch eine Erfindung dargestellten wirtschaftlichen Gut dem Einzelnen in Gestalt einer gewährleisteten Ausschlußmacht Nutzung und Verfügung vorbehält, so will sie damit nicht nur dem in der menschlichen Natur tief begründeten egoistischen Streben des Einzelnen nach Alleinherrschaft und Alleingenuß entgegenkommen, sondern sie will dadurch, daß sie dem Einzelnen den Ertrag bestimmter wirtschaftlicher Betätigungen zusichert, den Antrieb des Menschen zur Schaffung und Ausbreitung von Lebensgütern erhöhen und so mittelbar das Gesamtwohl fördern."

[551] KISCH, Der soziale Gehalt des Patentrechts, in: DJZ, 40. Jg. (1935) Sp. 655ff: „das Privatrecht hat seine letzte Rechtfertigung und seine Begrenzung in dem Gemeinschaftsgedanken. Dies gilt für jeder Art, insbesondere für das Sacheigentum, dessen Pflichtinhalt neuerdings besser erkannt worden ist. Es gilt aber auch für das Recht an geistigen Schöpfungen, insbesondere für das Patenrecht."

[552] KISCH, Patentrecht und Sacheigentum, in: DJZ, 41. Jg. (1936) Sp. 666ff.

[553] KISCH, Private und öffentliche Belange in der bürgerlichen Rechtspflege, in: DR, 6. Jg. (1936) S. 8ff.

[554] KISCH, Patentrecht und Sacheigentum, in: DJZ, 41. Jg. (1936) Sp. 666ff.

[555] Ebd.; Zum neuen Eigentumsbegriff im Nationalsozialismus vgl. RÜTHERS, BERND, Die unbegrenzte Auslegung. Zum Wandel der Privatrechtsordnung im Nationalsozialismus, 4. Auflage Heidelberg 1991, S. 351ff.

Demgegenüber stehen Kischs Einsatz für die liberalen Grundsätze der Zivilprozessordnung wie den Dispositionsgrundsatz, vor allem sein engagiertes Eintreten für die Verhandlungsmaxime als Inbegriff der liberalen Prozessauffassung oder das Verteidigen des bisherigen, alten Patentgesetzes als schon „gewissenhaft bemüht, die Befugnisse des einzelnen Patentinhabers so zu umgrenzen, daß hieraus Schäden für die Gemeinschaft nicht entstehen".[556] Er verlangte die Unabhängigkeit des Richters und eine begrenzte und durch die Gerichte gewährleistete Eingriffsbefugnis des Staates.[557] In „Private und öffentliche Belange in der bürgerlichen Rechtspflege" stellte er nochmals deutlich die privaten Belange in der Rechtspflege heraus und vertrat eine dem Staat entzogene Rechtssphäre des Bürgers, die erst mit Anrufung des staatlichen Rechtsschutz seiner Einflussnahme unterliege. Davor habe es der Bürger selbst in der Hand, was er mit seinem Privatrecht anfange, d. h. wie er darüber verfüge.[558] Ihn als „Akademiejuristen" einzuordnen, geht daher von der Rechtsmethodik her zu weit. Zwar weist Kisch wie die „Akademiejuristen" auch eine „strukturelle Konservativität" auf im Hinblick auf eine anzustrebenden Kodifikation[559], er war aber trotz einiger kollektivistischer Ansätze immer auch noch im rechtsstaatlichen, liberalen Rechtsdenken verhaftet. Als die verstärkte Beschäftigung mit dem Zivilrecht in der Akademie nach ihrer Umstrukturierung begann, hatte Kisch sich ohnehin bereits von seinen Ämtern zurückgezogen, nur an den vorbereitenden Arbeiten war er noch beteiligt gewesen.

Festzustellen ist trotzdem, dass Kisch und Lange hinsichtlich der Betonung des Gemeinschaftsgedankens übereinstimmten und Kisch, zunächst zuständig für das Bürgerliche Recht in der Akademie, Lange dort, sei es mit der Berufung zu seinem Mitarbeiter, oder mit der Empfehlung an Frank, Lange zum Klassensekretär zu machen, unterstützte und damit inzident auch Langes Rechtsvorstellungen. Ihnen gemeinsam war auch als Feindbild und als Inbegriff der radikalen nationalsozialistischen Rechtserneuerung, die es für sie in und mit der Akademie zu bekämpfen galt[560], die sogenannte „Kieler Schule", eine an der Kieler Universität mit der geplanten „politischen Stoßtrupp-Fakultät" entstandene Richtung der völkischen Rechtserneuerung, deren Vertreter z. B. den Plan der Zerschlagung des BGB, die Ablehnung von Abstraktionen und Formalismus, die Lehre von der Nichtexistenz individueller Grund- und Freiheitsrechte gegenüber dem Staat, den „Kampf gegen den personalen Begriff des subjektiven Rechts" oder die Umformung des Begriffs der Rechtsfähigkeit propagierten.[561] Diese Gemeinsamkeiten, die Unterstützung und enge Zusammenarbeit mit Lange

---

[556] KISCH, Der soziale Gehalt des Patentrechts, in: DJZ, 40. Jg. (1935) Sp. 655ff.
[557] KISCH, Reform des Zivilprozesses, in: SCHRAUT, RUDOLF (Hrsg.), Deutscher Juristentag 1933, Ansprachen und Festvorträge, Berlin 1933, S. 199.
[558] in: DR, 6. Jg. (1936) S. 8ff.
[559] WOLF, WILHELM, Vom alten zum neuen Privatrecht. Das Konzept der normgestützten Kollektivierung in den zivilrechtlichen Arbeiten Heinrich Langes (1900 – 1977), Tübingen 1998, S. 351.
[560] KISCH, Verteidigungsschrift S. 8, *SpKA KISCH, StAM SpK K 880;* WOLF, WILHELM, Vom alten zum neuen Privatrecht. Das Konzept der normgestützten Kollektivierung in den zivilrechtlichen Arbeiten Heinrich Langes (1900 – 1977), Tübingen 1998, S. 350.
[561] ECKERT, JÖRN, Was war die Kieler Schule?, in: SÄCKER, FRANZ JÜRGEN, (Hrsg.), Recht und Rechtslehre im Nationalsozialismus, Baden Baden 1992, S. 59ff; RÜTHERS, BERND, Entartetes Recht. Rechtslehren und Kronjuristen im Dritten Reicht, München 1988, S. 44. Zur Kieler Schule zählten z. B. ECKARDT, E. HUBER, LARENZ, DAHM und SIEBERT.

bringen Kisch trotz der Unterschiede damit zumindest aber auch in die Nähe der „Akademierichtung".

Die nationalsozialistische Devise „Gemeinnutz vor Eigennutz" und die Propagierung des Volkswohls waren für Kisch ein geeigneter Anknüpfungspunkt für seine sozialen Reformforderungen aus der Weimarer Republik. Der neue Wertmaßstab führte noch zu einer Verschärfung seiner sozialen Einstellung bis hin zu z. T. kollektivistischen Vorstellungen. Dennoch blieb er aber in vielen Bereichen seinen bisherigen Ansichten treu und verteidigte die überkommene, liberale Gesetzgebung, auch wenn er selbst immer wieder gegen den Liberalismus polemisierte.[562] Bei seiner Auffassung zur völkischen Rechtserneuerung schwankte er daher wie bei seiner Haltung zum Nationalsozialismus zwischen der Ablehnung des nationalsozialistischen Rechtsdenkens und der Anpassung daran, besser gesagt zwischen liberalen und kollektivistischen Reformbestrebungen. Seine Einordnung als „gemäßigter Erneuerer" ist insoweit berechtigt.[563]

2.6 „Schlüsselfigur" der Kooperation Akademie und Juristische Fakultät

Ein neben der Rechtserneuerung bestehender Gesichtspunkt bei Kischs Engagement in der Akademie für Deutsches Recht waren die Belange seiner Fakultät. Sowohl Wilhelm Kisch als Ordinarius in München als auch die Juristische Fakultät München insgesamt hatten ein Interesse an einer guten Zusammenarbeit mit der Akademie für Deutsches Recht, die selbst wiederum ebenfalls Nutzen aus einer solchen Allianz ziehen wollte und konnte. Da Kisch Vizepräsident der Akademie war und zugleich auch ein sehr einflussreiches Mitglied der Juristischen Fakultät, war es naheliegend, dass die Verbindungen zwischen den beiden Institutionen Akademie und Juristische Fakultät hauptsächlich über ihn liefen.[564] Nützliche Kooperation, oder überspitzt gesagt, wechselseitige Nutznießerschaft charakterisieren diesbezüglich das Verhältnis von Kisch und Frank auf der personellen Ebene einerseits, als auch andererseits auf der institutionellen Ebene, das Verhältnis der Juristischen Fakultät zur Akademie, das zumindest in den Jahren vor dem Krieg maßgeblich von Kisch geprägt wurde. Frank brauchte ein „Aushängeschild" für seine Akademie und auch die Unterstützung der akademischen Welt, und Kisch und mit ihm die Juristische Fakultät erhofften sich aus der Zusammenarbeit einen gewissen Schutz, Vorteile oder auch Einfluss in Fakultäts-

---

[562] KISCH, Die Abteilung für Rechtsforschung der Akademie für Deutsches Recht, Geleitwort zur konstituierenden Sitzung am 19.6.1937, Berlin 1937, *BAB AkDR R 61, 71:* „Vor allem stand die Rechtswissenschaft, wie große Teile unseres damaligen geistigen Lebens, noch unter dem Banne der das neunzehnte Jahrhundert beherrschenden Weltanschauung des Liberalismus, die auf dem Gebiete des öffentlichen Rechtes weitgehend, auf dem des bürgerlichen und Wirtschaftsrecht restlos das Individuum zum Maßstab und Richtpunkt aller Rechtsordnung erhob, das Gesamtwohl dem Einzelinteresse unterordnete und in der Ordnung der rechtlich geregelten Lebenswerte den materiellen Gütern einen ungehörigen Platz zuwies."

[563] POPP, HANS, Die nationalsozialistische Sicht einiger Institute des Zivilprozeß- und Gerichtsverfassungsrechts, Frankfurt am Main 1986, S. 59; ebenso SCHUBERT, WERNER, Einleitung, in: ders., (Hrsg.), Akademie für deutsches Recht 1933 – 1945, Protokolle der Ausschüsse, Bd. VI Zivilprozeß und Gerichtsverfassung, Frankfurt am Main 1997, S. 4.

[564] BÖHM, HELMUT, Von der Selbstverwaltung zum Führerprinzip. Die Universität München in den ersten Jahren des Dritten Reiches (1933 – 1936), Berlin 1995, S. 382f.

bzw. Universitätsangelegenheiten.[565] Wie Kisch später in seiner Verteidigungsschrift schrieb, war die Sorge um das Wohl der Fakultät bzw. der Universität als eine von den Nationalsozialisten als reaktionär angesehene Einrichtung mitentscheidend für seine persönliche Mitarbeit.[566] Zwei Aspekte spielten bei Kisch und der Juristischen Fakultät eine große Rolle. Zum einen war Hans Frank in der Anfangsphase bis zur Überleitung der Justizverwaltung auf das Reich zum 1. Januar 1935 bayerischer Justizminister[567] und mischte sich in dieser Eigenschaft gerne in die Belange der Juristischen Fakultät ein[568], zum anderen war die Raumnot an der Universität und damit verbunden die Pläne der Akademie für ein großzügig gestaltetes „Haus des Deutschen Rechts" in München ausschlaggebend.

2.6.1 Beiderseitig nützliche Verbindungen

Gerade bei der bereits geschilderten Personallage im Sommersemester 1933 in der Juristischen Fakultät und den damit verbundenen Einmischungen der Ministerien war natürlich die auch von Wilhelm Kisch in seinen Werbebriefen angesprochene Möglichkeit über die Akademie Einfluss auf die Lehrstuhlbesetzungen zu nehmen, ein guter Anreiz für die Münchner Fakultät, ihre Mitarbeit zur Verfügung zu stellen. Dass die Akademie diesen Programmpunkt später nicht mehr so explizit in ihrer Satzung erwähnte und auch nicht mehr offiziell verfolgte[569], änderte nichts daran, dass die Fakultät in München zumindest guten Willen gezeigt, Franks Erwartungen erfüllt und damit Kontakte geknüpft hatte. Ansprechpartner und Kontaktperson war Kisch als Stellvertreter Franks in der Akademie und zumindest bis 1935 als Fakultätsmitglied, aber auch über diesen Zeitpunkt hinaus, wenn auch andere Kollegen Kischs die Zusammenarbeit ebenso unterstützt haben. Über ihn versuchte die Fakultät unerwünschte Maßnahmen und Eingriffe abzuwehren bzw. abzumildern und die eigenen Interessen zu vertreten, so z. B. beim „Fall Bechert" im Rahmen der Berufung für einen Nachfolger für Konrad Beyerle. Bechert, hervorgetreten durch seine Denkschrift zur Studienreform, hatte sich im Herbst 1933 selbst zur Übernahme von Vorlesungen und Übungen im Rahmen der Vakanz des Lehrstuhls Beyerles angeboten und wurde dabei auch vom Justizminister Hans Frank unterstützt. Die Juristische Fakultät allerdings wollte einen solchen politisch motivierten Präzedenzfall eines den grundsätzlichen Voraussetzungen der Habilitation nicht entsprechenden Lehrbeauftragten auf jeden Fall ver-

---

[565] Ebd. S. 223.
[566] KISCH, Verteidigungsschrift S. 4, *SpKA KISCH, StAM SpK K 880.*
[567] PICHINOT, HANS-RAINER, Die Akademie für Deutsches Recht. Aufbau und Entwicklung einer öffentlich-rechtlichen Körperschaft des Dritten Reichs, Kiel 1981, S. 45f.
[568] Brief FRANK an Dekan KISCH vom 3.6.1933, *Wiederbesetzung von Professuren an der JF, UAM L-X-5 Bd.2.*
[569] Z. B. KISCH, Die Abteilung für Rechtsforschung der Akademie für Deutsches Recht, Geleitwort zur konstituierenden Sitzung am 19.6.1937, Berlin 1937, *BAB AkDR R 61, 71;* vgl. auch oben 3. Kapitel, 2.3.4.

meiden.[570] Das Kultusministerium hatte die Fakultät aber schon angewiesen, Bechert zu Vorlesungen heranzuziehen.[571] Die Juristische Fakultät wehrte sich dagegen, indem sie die offenen Lehrveranstaltungen intern besetzte und über Kisch Rücksprache mit Frank, der Bechert unterstützt hatte, halten ließ.[572] Es kam zu einem Kompromiss, bei dem Bechert ein Lehrkurs für „Deutschrechtliche Übungen" zugestanden wurde, zugleich aber die Versicherung des zuständigen Ministerialreferenten erreicht wurde, grundsätzlich an der Habilitation als Voraussetzung fest zu halten.[573]

Mit Gleichschaltung der Länder Anfang 1934 waren auch die Hochschulangelegenheiten auf das Reich übergegangen und mit Einrichtung des Reichsministeriums für Wissenschaft, Erziehung und Volksbildung (Reichserziehungsministerium) zum 1. Mai 1934 die neue zuständige Behörde geschaffen, die allerdings erst 1935 die Berufungsverfahren vollständig an sich zog.[574] Ebenso schwand mit Überleitung der Justizverwaltung auf das Reich zum 1. Januar 1935[575] auch der lokale Einfluss von Hans Frank als bisheriger Justizminister. Das Verhältnis zu dem zuständigen Referenten im Reichserziehungsministerium Karl August Eckardt war angeblich gut, so dass die Fakultät in der Folgezeit ihre Vorstellungen einigermaßen durchsetzen konnte und Kollegen berufen wurden, die ihre Zustimmung fanden.[576] Ob auch hier Kisch noch beteiligt war, ist schwer nachzuvollziehen. Allerdings steht zu beachten, dass Eckardt eine führende Persönlichkeit der sogenannten „Kieler Schule" war, die Kisch seinen eigenen Aussagen im Entnazifizierungsverfahren nach als zu radikale Richtung im Nationalsozialismus zu bekämpfen gesucht hatte.[577] Trotzdem scheint Kisch durchaus ein gutes Verhältnis zu Eckardt gepflegt zu haben, zumindest in dessen Eigenschaft als Referent der Hochschulabteilung im Reichserziehungsministerium und nach außen hin[578], denn er schickte noch vor offizieller Einreichung seiner Pensionierungsunterlagen 1935 diese an Eckardt zur privaten Kenntnisnahme, da ein persönliches Gespräch auf einer Akademieveranstaltung wegen Kischs schlechtem Gesundheitszustand ent-

---

[570] Ein ähnlicher Vorstoß aus dem Justizministerium war anscheindend schon im Mai 1933 erfolgt, als es die Erteilung eines Lehrauftrages für Staatsrecht an einen Ministerialrat anregte. Dies wurde sehr knapp durch die Juristische Fakultät mit dem Hinweis auf das Erfordernis einer Habilitation verweigert und anschließend nicht mehr weiterverfolgt. Vgl. BÖHM, HELMUT, Von der Selbstverwaltung zum Führerprinzip.Die Universität München in den ersten Jahren des Dritten Reiches (1933 – 1936), Berlin 1995, S. 497, Fn. 588.

[571] Schreiben BayKuMi an JF vom 8.11.1933, *Deutsches Privatrecht, UAM Sen 65.*

[572] Schreiben Dekan MEZGER an Rektorat vom 18.11.1933, *Deutsches Privatrecht, UAM Sen 65.*

[573] Schreiben Dekan MEZGER an BayKuMi über Rektorat vom 22.11.1933, *Deutsches Privatrecht, UAM Sen 65.*

[574] WILLOWEIT, DIETMAR, Nationalsozialistische Hochschul- und Wissenschaftspolitik in Bayern, in: Tradition und Perspektive, 150 Jahre Bayrisches Kultusministerium, München 1997, S. 157ff [162].

[575] PICHINOT, HANS-RAINER, Die Akademie für Deutsches Recht. Aufbau und Entwicklung einer öffentlich-rechtlichen Körperschaft des Dritten Reichs, Kiel 1981, S. 45f.

[576] BÖHM, HELMUT, Von der Selbstverwaltung zum Führerprinzip. Die Universität München in den ersten Jahren des Dritten Reiches (1933 – 1936), Berlin 1995, S. 461ff.

[577] KISCH, Verteidigungsschrift S. 8, *SpKA KISCH, StAM SpK K 880.*

[578] KISCH und ECKARDT hatten auch schon im Rahmen der Berufungsverhandlungen 1933 für ECKARDT an die Münchner JF miteinander zu tun gehabt.

fallen musste. In seinem Brief versicherte er Eckardt auch, seine Beruhigung darüber, dass gerade er für die Lehrstuhlbesetzungen zuständig sei.[579]

Auch in finanzieller Hinsicht hoffte Kisch auf die Unterstützung der Akademie. Nach dem Tod Konrad Beyerles wollte die Juristische Fakultät für ihre Seminarbibliothek dessen umfangreiche Privatbücherei erwerben. Kisch, Vorstand des juristischen Seminars, verfasste zu diesem Anliegen eine Denkschrift und arbeitete einen Plan zur Finanzierung aus. Mit der Bitte um einen Zuschuss von etwa einem Drittel des Nettokaufpreises wandte er sich im Herbst 1933 auch an den Führer der Akademie für Deutsches Recht Hans Frank.[580] Der Rest sollte zum Teil vom Verein der Freunde und Förderer der Universität München übernommen[581], sowie von Karl August Eckardt im Rahmen seiner Berufungsverhandlungen für die Nachfolge Beyerles vom Kultusministerium erwirkt werden.[582] Das Vorhaben ließ sich jedoch wahrscheinlich aus finanziellen Gründen nicht verwirklichen, denn letztendlich scheiterten die Berufungsverhandlungen mit Eckardt.[583] Möglicherweise arrangierte die Fakultät sich aber auch mit der Akademie, denn diese kaufte die Bibliothek Konrad Beyerle später selbst auf, ebenso wie die von Karl von Amira, als Grundstock der von ihr geplanten größten deutschen Rechtsbibliothek.[584] Darüber hinaus vertiefte bzw. manifestierte sich diese Verbindung der Fakultät zur Akademie durch die Aufnahme vieler der Münchner Ordinarien in die zunächst aus Elitegründen auf zweihundert, dann auf dreihundert ordentliche Mitglieder begrenzten Reihen der Akademie, in denen neben Wissenschaftlern auch Männer aus der Rechtspraxis, der Wirtschaft und aus der Politik wie z. B. die Reichsminister Franz Gürtner, Joseph Goebbels und Wilhelm Frick oder auch Heinrich Himmler, Reichsführer der SS, sowie Lokalprominenz wie Ministerpräsident Ludwig Siebert und Oberbürgermeister Karl Fiehler vertreten waren. Als wichtiges Kriterium bei der Ernennung fungierte natürlich die politische Einstellung. Diese war bei den Juristen allerdings nicht allein ausschlaggebend. Ebenso entscheidend, wenn nicht sogar entscheidender, war ihr wissenschaftliches Renommee.[585] Mitglieder der ersten Stunde waren neben Wilhelm Kisch auch die Juristen Edmund Mezger, Otto Koellreutter, Franz Exner, Leopold Wenger, Fritz van Calker und die erst etwas später nach München gewechselten Heinrich Mitteis und Claudius Freiherr von Schwerin[586] sowie der Nationalökonom Otto von Zwiedineck-Südenhorst. Dazu kam noch der je-

---

[579] Brief KISCH an ECKARDT vom 20.9.1935, *Nachlass FRANK, BAK NL 110, Bd. 26.*

[580] Brief KISCH an FRANK vom 29.10.1933, *Erweiterung und Neueinrichtung von Seminaren, UAM L-VIII-2 Bd. 4.*

[581] Brief Dekan MEZGER an Verein der Freunde und Förderer der Universität München vom 14.11.1933, *Erweiterung und Neueinrichtung von Seminaren, UAM L-VIII-2 Bd. 4.*

[582] Brief KISCH an Dekan MEZGER vom 29.10.1933, *Erweiterung und Neueinrichtung von Seminaren, UAM L-VIII-2 Bd. 4.*

[583] Da die Verhandlungen mit ECKARDT scheiterten, fiel wahrscheinlich der erhoffte Anteil des Kultusministeriums weg.

[584] WERHAN/FENSCH, Bestand R 61, Akademie für Deutsches Recht, Findbücher zu Beständen des Bundesarchivs Bd. 9, 2. Auflage Koblenz 1976, S. XI.

[585] PICHINOT, HANS-RAINER, Die Akademie für Deutsches Recht. Aufbau und Entwicklung einer öffentlich-rechtlichen Körperschaft des Dritten Reichs, Kiel 1981, S. 14f.

[586] CLAUDIUS Freiherr v. SCHWERIN, 1880 – 1944, Rechtshistoriker, vgl. SIMON, WOLFGANG, Claudius Freiherr von Schwerin. Rechtshistoriker während dreier Epochen deutscher Geschichte, Frankfurt am Main 1991.

weilige Dekan als Vertreter der korporativen Mitglieder Juristische und Staatswirtschaftliche Fakultät.[587] In den kommenden Jahren wurden noch Rudolf Müller-Erzbach, Johannes Heckel, Alfred Hueck, Heinrich Lange, Karl Blomeyer und Marian San Nicolò zu Mitgliedern ernannt, so daß nahezu alle Ordinarien der Münchner Juristischen Fakultät der Akademie angehörten.[588] Mit Ausnahme von Heinrich Mitteis, Leopold Wenger und Franz Exner blieben sie dies auch bis zum Ende der Akademie 1944.[589] Einige von ihnen waren zeitweise Ausschussvorsitzende wie Wilhelm Kisch für Bürgerliches Recht, Alfred Hueck für Arbeitsrecht, Heinrich Lange für Erbrecht, Karl Blomeyer für Hypotheken- und Grundschuldwesen und Fritz van Calker für Rechtsfragen der Bevölkerungspolitik.[590] Die Mitgliedschaft bot durchaus einige Vorteile und Anreize für Wissenschaftler wie Veröffentlichungsmöglichkeiten in der „Zeitschrift der Akademie für Deutsches Recht" und der Schriftenreihe[591], finanzielle Unterstützung, ein gewisses Netzwerk, die Gelegenheit zum wissenschaftlichen Austausch, Auslandskontakte und für einige vielleicht auch ein politisches Alibi bzw. einen Deckmantel für ihre wissenschaftliche Arbeit. Im Gegenzug stieg natürlich das Ansehen der Akademie durch die Gewinnung zahlreicher renommierter Wissenschaftler wie sie insbesondere die Juristische Fakultät München zu bieten hatte.

Wie viel Einfluss Kisch selbst auf die einzelnen Aufnahmen hatte, ist schwer festzustellen.[592] Dass aber auch er anscheinend zunächst gerade eine starke Einbeziehung seiner Münchner Kollegen geplant hatte, ergibt sich aus einem Schreiben von Gerland an Kisch in der Aufbauphase der Akademie im September 1933, in dem Gerland ihn eindringlich davor warnte, die Akademie zu sehr als lokale Münchner Institution zu organisieren und vor allem zu besetzen, da ansonsten die Unterstützung deutschlandweit zu gering und der Kreis in wissenschaftlicher Hinsicht auch nicht weit genug gezogen wäre.

> „Die Rechtsakademie steht und fällt mit der Tatsache, daß sie wirklich eine deutsche Akademie wird. Eine deutsche Akademie kann sie nur werden, wenn sie eine Einrichtung ist, die ihre Kräfte aus ganz Deutschland nimmt, nicht aber wenn sie sich darauf beschränken will, ihre Wirkung auf ganz Deutschland auszudehnen.[593]

---

[587] Ernennungsschreiben AkDR an Staatswirtschaftliche Fakultät vom 16.11.1933, *AkdR, UAM M-N-3c.*

[588] Kein Mitglied war z. B. ERWIN RIEZLER, Professor für Deutsches Bürgerliches Recht und Römisches Recht.

[589] ANDERSON, DENNIS LEROY, The Academy for German Law, 1933 – 1944, New York 1987, S. 542ff.

[590] Ebd. S. 573ff.

[591] HATTENHAUER, HANS, Die Akademie für Deutsches Recht (1933 – 1944), in: JuS, 26. Jg. (1986) S. 681f.

[592] Überliefert ist die Anregung KISCHS zur Aufnahme von SAN NICOLÒ, Brief LASCH an LANGE vom 1.4.1936, „ Allerdings müsse Nicolò vorher noch Mitglied der Akademie werden, was ihm, Kisch, auf seine Anregung hin schon lange zugesagt worden sei." *BAB AkDR R 61, 86.*; KISCH selbst schreibt in seiner Verteidigungsschrift von einigen Professoren, deren Aufnahme er durchgesetzt haben soll wie z. B. EXNER, MITTEIS, MÜLLER-ERZBACH, WENGER. Verteidigungsschrift S. 7, *SpKA KISCH, StAM SpK 880.*

[593] Brief GERLAND an Kisch vom 22.9.1933, *Nachlass GERLAND, BAK NL 10, Bd. 17.*

Ganz so lokal wurde die Rechtsakademie jedoch ohnehin im Weiteren nicht organisiert, wenn auch Frank vielleicht durchaus zunächst den Anschein einer Münchner Organisation erwecken wollte, um Hitler zu täuschen und vor vollendete Tatsachen zu stellen. Frank hatte von Anfang an einen Anspruch auf reichsweite Geltung und Etablierung und dies wurde auch spätestens mit der Erhebung der Akademie zur öffentlich-rechtlichen Körperschaft des Reiches im Juli 1934 erreicht.[594]

Abgesehen von der frühen Unterstützung durch Kisch und die Fakultät in der Gründungsphase und dem Renommeegewinn, zog aber auch die Akademie weiterhin noch Nutzen aus dieser Verbindung. So vertrat Kisch verstärkt die Interessen der Akademie in der Juristischen Fakultät, z. B. bei der Berufung des Nachfolgers für Rudolf Müller-Erzbach. Die Fakultät hatte sich eigentlich in ihrem Votum für Nipperdey, Schmidt-Rimpler und Würdinger ausgesprochen.[595] Allerdings empfahl im Hintergrund Kisch dem Dekan San Nicolò wärmstens Heinrich Lange, zu dieser Zeit noch wichtiger Mitarbeiter der Akademie beim neuen Volksgesetzbuch, als einen der besten Vertreter der jüngeren Zivilisten. San Nicolò hinterfragte damals diese Empfehlung seiner späteren Aussage nach, als in der Nachkriegszeit politische Vorwürfe gegen Lange bekannt geworden waren[596], wegen der „bekannten Einstellung" von Kisch nicht.[597] Kisch stand San Nicolò öfter beratend zur Seite[598], vor allem in Angelegenheiten, die die Akademie betrafen[599], und er hatte San Nicolò sowohl für die Mitgliedschaft in der Akademie als auch als Redner für die 3. Jahrestagung[600] und, wenn auch vergeblich, als Mitglied der deutsch-italienischen Arbeitsgemeinschaft der Akademie empfohlen.[601] Da zu dieser Zeit auch der Schwerpunkt der wissenschaftlichen Arbeit der Akademie nach München verlagert worden war, war ein Ruf an Lange dorthin sicherlich sehr vorteilhaft für die Akademie. Darüber hinaus dürfte bei Kisch auch ein persönliches Moment mitgespielt haben, denn schließlich hatte er Lange schon in der Akademie protegiert und eng mit ihm zusammengearbeitet.[602] Auch im Bayerischen Kultus-

---

[594] HATTENHAUER, HANS, Die Akademie für Deutsches Recht (1933 – 1944), in: JuS, 26. Jg. (1986) S. 680f.

[595] Schreiben Dekan SAN NICOLÒ an REM vom 14.7.1938, *Wiederbesetzung Professur Müller-Erzbach, UAM L-X-4e Bd. 2.*

[596] Gemeint ist LANGES Verwicklung in die Entlassung jüdischer Kollegen in seiner Zeit im sächsischen Volksbildungsministerium, vgl. oben 3. Kapitel, 2.3.4.

[597] SAN NICOLÒ, Verteidigungsschrift, S. 6, *SpKA SAN NICOLÒ, StAM K 1250.*

[598] Brief Dekan San NICOLÒ an KISCH vom 22.6.1939: „Wenn Herr Geheimrat wieder in München sein werden, werde ich mir erlauben, mich wieder bei Ihnen zu melden. Die Berufungsangelegenheiten machen mir große Sorgen." *FakPA KISCH, UAM L-IX-31.*

[599] Brief Dekan SAN NICOLÒ an KISCH vom 3.2.1939 in dessen Anlage sich drei Briefe der Akademie und ein noch zu verschickender Antwortbrief an FRANK befinden zur Durchsicht und Kenntnisnahme, *FakPA KISCH, UAM L-IX-31.*

[600] Brief LASCH an LANGE vom 1.4.1936, „Zu 1) [Lage der Romanistik/S.A.] bringt er [Kisch/S.A.] als Redner San Nicolò in Vorschlag, der sowohl ein glänzender Redner als auch z.Zt. der Beste seines Faches sei und überdies volles Verständnis für die Situation mitbringe. Allerdings müsse Nicolò vorher noch Mitglied der Akademie werden, was ihm, Kisch, auf seine Anregung hin schon lange zugesagt worden sei." *BAB AkDR R 61, 86.*

[601] Brief Dekan SAN NICOLÒ an KISCH vom 23.6.1938, *Umbau des Max-Joseph-Stifts, UAM L-N-3d.*

[602] WOLF, WILHELM, Vom alten zum neuen Privatrecht. Das Konzept der normgestützten Kollektivierung in den zivilrechtlichen Arbeiten Heinrich Langes (1900 – 1977), Tübingen 1998, S. 34ff.

ministerium war man sich des Wunsches der Akademie bewusst, denn noch im Juni 1939 vor Weiterleitung der Fakultätsvorschläge informierte man das zuständige Reichserziehungsministerium:

> „Auch die Akademie für Deutsches Recht hat großes Interesse daran, daß Prof. Dr. Lange nach München übersiedelt, nachdem er bisher zu den Arbeiten der Akademie weitgehend herangezogen worden ist.“ [603]

Dekan San Nicolò schlug daraufhin Lange in einem Schreiben an das Reichserziehungsministerium wegen dessen starken Engagements und wegen seiner Stellung als Klassensekretär in der Akademie für Deutsches Recht sogar gegen den anfänglichen Widerstand der Fakultät selbst neben den Fakultätskandidaten vor.[604]

Darüber hinaus erhielt die Akademie auch von der Universität München als ganzes Unterstützung. Für die Jahrestagungen, die von 1934 bis 1937 und 1940 in München abgehalten wurden[605], stellte die Universität ihre Aula für den Festakt und Hörsäle für die Ausschusssitzungen zur Verfügung.[606] Der Rektor als Hausherr hielt eine Begrüßungsansprache[607] und zahlreiche Professoren schmückten, wie von Hans Frank gewünscht[608], das Bild in ihrer Amtstracht, was dem Ganzen ein sehr festliches Gepränge verlieh und was, wie auch in der Presse erwähnt, die gewollte Propagandawirkung entfaltete.[609] Auch die Universität selbst legte auf die Anwesenheit der Professoren bei solchen Veranstaltungen sehr viel Wert, um die engen Beziehungen zwischen Akademie und Universität zu verdeutlichen.[610] Die prunkvolle Aula gab den Tagungen einen sehr weihevollen Rahmen und Adolf Hitler zeigte sich bei seinem einzigen Besuch 1935 davon sehr angetan. Angeblich soll er damals zum Rektor gesagt haben: „Ein

---

603 Schreiben BayKuMi an REM vom 27.6.1939, *KuMiPA LANGE, BayHStA MK 54844.*

604 Schreiben Dekan SAN NICOLÒ an REM vom 14.7.1938, *Wiederbesetzung Professur Müller-Erzbach, UAM L-X-4e Bd. 2.*

605 1938 fand die 5.Jahrestagung in Berlin statt, 1939 entfiel sie kriegsbedingt.

606 Diverse Raumanforderungen der AkDR und Genehmigungen des Rektors, *AkDR, UAM Sen 869.*

607 Z. B. 1. Jahrestagung der Akademie für Deutsches Recht, in: ZAkDR, 1. Jg. (1934) 119ff; 3. Jahrestagung der Akademie für Deutsches Recht, in: ZAkDR, 3. Jg. (1936) 951ff.

608 Rundbrief Dekan DIETERICH an die Mitglieder der weiteren Staatswirtschaftlichen Fakultät vom 25.6.1935: „Der Herr Minister Dr. Frank hat den Wunsch ausgesprochen, daß bei dem [....] Festakt die Herren der Juristischen und Staatswirtschaftlichen Fakultät in Amtstracht erscheinen möchten.“; *AkDR, UAM M-N-3c*; Dekan KOELLREUTTER an Mitglieder der weiteren Juristischen Fakultät vom 25.10.1937: „Auf meine vorsorgliche Anfrage [...] teilte mir dieselbe [Akademie/S.A.] mit, daß erwartet würde, daß die Talarträger der Fakultät zu dieser Gelegenheit [Richtfest des Haus des Deutschen Rechts/S.A.] im Talar erscheinen würden.“ *AkDR, UAM L-N-3c.*

609 „In dem schönen und wuchtigen Raum bot sich dem Zuschauer ein wundervoll abgetöntes Bild. Das Podium leuchtete in den roten Roben der Professoren, die vordersten Reihen füllten die Gäste im braunen Ehrenkleid, links und rechts vom Podium flatterten die Fahnen des Dritten Reichs und das ernste Schwarz der Mitglieder der Akademie bildete die Folie zu diesem Bild“, 1. Jahrestagung der Akademie für Deutsches Recht, in: ZAkDR, 1. Jg. (1934) S. 119ff.

610 Rundbrief Dekan DIETERICH an die Mitglieder der engeren Staatswirtschaftlichen Fakultät vom 22.6.1934, Einladung im Namen des Rektors zur Vollsitzung der Akademie für Deutsches Recht mit dem dringenden Appell zum vollständigen Erscheinen in Amtstracht. *AkDR, UAM M-N-3c*; ähnlich auch Rundschreiben an Mitglieder der engeren Juristischen Fakultät vom 22.6.1934, *AkDR, UAM L-N-3c.*

geglückter Raum. Griechenlands Stilform bleibt eben immer, wenn richtig angewendet, das einzige für wirkliche Feierräume."[611]

Wilhelm Kisch war maßgeblich beteiligt am Aufbau dieser engen Beziehungen zwischen der Juristischen Fakultät bzw. der Universität und der Akademie, und es war, wie ein Student und späterer Berufskollege von ihm einmal schrieb, wohl in München auch nicht einfach, sich unter Kisch als „Schlüsselfigur" der Akademie zu entziehen.[612]

2.6.2 Das Haus des Deutschen Rechts

Besonders eng ist Kischs Engagement in der Kooperation Akademie und Juristische Fakultät mit dem Haus des Deutschen Rechts verbunden. Schon Jahre lang hatte er als Vorstand versucht, das schlecht ausgestattete Juristische Seminar der Juristischen Fakultät ausbauen zu lassen bzw. neue Räumlichkeiten dafür zu finden, war aber mit seinen Anträgen bis dahin immer am Platzmangel und der Geldnot der Weimarer Zeit gescheitert. Er hatte die Missstände schon in einer Denkschrift 1919 an die Universität und an das Bayerische Kultusministerium angeprangert und um Abhilfe gebeten, da die Fakultät mit diesem Zustand auf Dauer im Verhältnis zu den anderen großen und auch kleineren Universitäten nicht konkurrenzfähig bleibe.[613] Nun bot sich im Zusammenhang mit der Akademie für Deutsches Recht plötzlich eine Lösung dieser langjährigen Problematik. Bereits in der Anfangsphase der Akademie für Deutsches Recht, im September 1933, hatte Dekan Kisch in einem Brief an den Verwaltungsausschuss der Universität die Notlage des Juristischen Seminars nochmals in Erinnerung gebracht. Dabei erwähnte er auch, dass die Akademie für Deutsches Recht plane, in München ein Gebäude in Universitätsnähe zu erwerben, wodurch vielleicht eine Möglichkeit zu gemeinsamer Nutzung entstünde.[614] Von wem die Initiative dazu stammte, ist nicht ganz klar, die Formulierung seines Vorschlags lässt aber darauf schließen, dass es sich um seine eigene Idee gehandelt haben könnte, immerhin versuchte Kisch als Vorstand des Juristischen Seminars schon seit 15 Jahren neue Räume zu bekommen.

> „Es ist nun ein naheliegender Gedanke, diese Akademie, die ihrerseits ohne Bibliothek wohl nicht zu denken ist, in einen gewissen organischen Zusammenhang mit den Anstalten der Juristischen Fakultät zu bringen. Sollte diese Absicht bei der Akademie für Deutsches Recht Anklang finden, so könnte daran gedacht werden, unsere Institute in dem Gebäude der Akademie für Deutsches Recht unterzubringen."[615]

---

611 FRANK, HANS, Im Angesicht des Galgens, München 1953, S. 179.

612 Brief Prof. Dr. HANS THIEME an Prof. Dr. HERMANN NEHLSEN vom 30.1.1982, *Leopold-Wenger Institut für Rechtsgeschichte, LMU.*

613 Denkschrift KISCH an akademischen Senat und BayKuMi vom 29.4.1919, *JS 1914 – 1922, UAM L-VIII-1 Bd. 1.*

614 Brief Dekan KISCH an Verwaltungsausschuss der Universität vom 7.9.1933, *JS 1923 – 1940, UAM L-VIII-1 Bd. 2.*

615 Brief Dekan KISCH an Verwaltungsausschuss der Universität vom 7.9.1933, *JS 1923 – 1940, UAM L-VIII-1 Bd. 2.*

Zugleich regte er auch die Miteinbeziehung der Institute der staatswirtschaftlichen Schwesterfakultät an. Auch sie hatte zu wenig Räume für ihre Institute und Seminare.[616] Dieser Plan fand sich bereits in Kischs vorbereitender Ausarbeitung zur genauen Ausgestaltung der Akademie "Bemerkungen über die Organisation der Akademie für Deutsches Recht" vom 14. September 1933 wieder. Dort schlug er im Hinblick auf die Notwendigkeit einer Bibliothek für die Akademie vor, diese „in einen gewissen Zusammenhang mit den Bibliotheken der Seminare und Institute der Juristischen und Staatswissenschaftlichen Fakultät am Sitze der Akademie zu bringen". Dafür könnte die Akademie ein größeres Gebäude erwerben, in welchem die Seminare und Institute mit Aufnahme fänden und ihre Bibliotheken der Akademie zur Mitbenutzung zur Verfügung stünden.[617] Ab Herbst 1934 wurden die Planungen für ein sog. "Haus des Deutschen Rechts" vorangetrieben. Der stellvertretende Dekan Koellreutter schrieb im September 1934 auf Anraten von Kisch an Ministerpräsident Ludwig Siebert[618] und an das Bayerische Finanzministerium, um im Rahmen eines geplanten Umzugs von Seminaren diese Gesamtlösung noch einmal in Erinnerung zu bringen.[619] Auch die Akademie für Deutsches Recht begann nun mit konkreteren Vorbereitungen und legte ihre Pläne für ein Haus des Deutschen Rechts im April 1935 Hitler vor, der zustimmte. Schließlich hatte auch die Akademie Platzprobleme, denn sie war bisher nur in den Räumen des Bayerischen Justizministeriums mituntergebracht. In der Gründungsphase scheint kurz eine Einquartierung der Geschäftsstelle der Akademie in Räume der Universität, genauer in ein Institut der Juristischen Fakultät vorgesehen gewesen zu sein[620], wurde aber wahrscheinlich wegen mangelnder Kapazitäten nicht verwirklicht.

Geplant war in diesem Haus des Deutschen Rechts, die Bildungs- und Forschungseinrichtungen der Akademie für Deutsches Recht unterzubringen, mit der größten Rechtsbibliothek Deutschlands, einem Lesesaal, einem Festsaal und in Zusammenarbeit mit dem Reichserziehungsministerium auch einer deutschen Rechtsschule[621], an der nach Abschluss des Universitätsstudiums „die jungen Rechtswahrer, die sich als besonders geeignet und weltanschaulich gefestigt erwiesen haben, zu Führern des deutschen Rechtslebens ausgebildet werden sollen".[622] Das Haus des Deutschen Rechts sollte in der „Hauptstadt der Bewegung" als „steingewordener Programm-

---

[616] Brief Staatswirtschaftliche Fakultät an Universitätsbauamt vom 9.12.1935, in dem von einem Platzbedarf von ungefähr 900 Quadratmetern die Rede ist, *Umbau des Max-Joseph-Stifts, UAM L-N-3d.*

[617] KISCH, „Bemerkungen über die Organisation der Akademie für Deutsches Recht" vom 14.9.1933, S. 8, *BAB AkDR R 61, 5.*

[618] SIEBERT, LUDWIG, 1874 – 1942, Jurist und Politiker, bayerischer Ministerpräsident 1933 – 1942, bayerischer Wirtschaftsminister 1936 – 1942, vgl. UNGER, MICHAEL, Anhang Biogramme, in: RUMSCHÖTTEL, HERMANN/ZIEGLER, WALTER, Staat und Gaue in der NS-Zeit Bayern 1933 – 1945, München 2004, S. 755ff.

[619] Brief Dekan KOELLREUTTER an Ministerpräsident SIEBERT vom 18.9.1934, *JS 1923 – 1940, UAM L-VIII-1 Bd. 2.*

[620] Brief Universitätsbauamt an Ministerialbauabteilung vom 27.9.1933, *AkDR, UAM L-N-3c.*

[621] ANDERSON, DENNIS LEROY, The Academy for German Law, 1933 – 1944, New York 1987, S. 128ff.

[622] Haus des Deutschen Rechts, in: ZAkDR, 4. Jg. (1937) S. 181.

punkt[623] der NSDAP" die enge Verbindung zur nationalsozialistischen Bewegung versinnbildlichen.[624] Auch die bayerische Staatsregierung und die Stadt München sagten finanzielle Hilfe für das Projekt zu, wie Kisch in seinem Manuskript zur Organisation der Akademie schon vorausgesagt hatte[625], wenn damit gleichzeitig die Platzprobleme der Universität mitgelöst würden.[626] Bereits im Herbst 1935 hatte man ein geeignetes Objekt gefunden und sich generell verständigt. Die Akademie wollte das Grundstück des Max-Joseph-Stifts, Ludwigstraße stadtauswärts rechts vor dem Siegestor, kaufen und dort im Garten in einem ersten Bauabschnitt 1936 einen Neubau für ihre Zwecke erstellen und in einem zweiten Abschnitt 1937/38 das alte Stiftsgebäude, wo eine Höhere Mädchenschule untergebracht war, renovieren. Dort sollten dann die Juristische und die Staatswirtschaftliche Fakultät unentgeltlich Platz für ihre Seminare bekommen.[627] Im dritten Bauabschnitt sollte ein Gebäude für den Festsaal und im vierten die Rechtsschule errichtet werden.[628] Ob Kisch auch bei den Verhandlungen mit der Stadt, der bayerischen Regierung und den staatlichen Stellen mitgewirkt hat, ist nicht genau bekannt, jedenfalls war er maßgeblich an den Beratungen zwischen Akademie und Juristischer Fakultät beteiligt. Da der Neubau aber zuerst durchgeführt wurde, bestand für die Universität zunächst noch kein großer Handlungsbedarf. Es wurden immer wieder Verhandlungen zwischen der Juristischen Fakultät und der Akademie für Deutsches Recht über die Raumverteilung und ähnliche Fragen geführt[629], bei denen Kisch, der das Bindeglied zwischen Fakultät und Akademie war und die Fakultät über die Entwicklungen auf dem Laufenden hielt, Otto Koellreutter als Dekan und Franz Exner die Vertretung hatten[630], aber ohne schon sehr konkrete Festlegungen zu treffen. Kisch war zwar inzwischen nicht mehr Mitglied des Lehrkörpers, da er zum Wintersemester 1935/36 mit 60 Jahren in Pension gegangen war, nichtsdestotrotz stand er noch in enger Verbindung zur Fakultät.

Am 24. Oktober 1936 erfolgte die Grundsteinlegung für das Haus des Deutschen Rechts im Rahmen der vom 21. – 24. Oktober stattfindenden 3. Jahrestagung der Akademie. Zu diesen Festlichkeiten hatte die Juristische Fakultät zusammen mit der Akademie für Deutsches Recht und dem BNSDJ unter der Leitung von Vizepräsident Wilhelm Kisch und Direktor Karl Lasch, durchgeführt vom Bibliotheksleiter der Akademie Adalbert Utsch, die Ausstellung „Das Recht" vorbereitet, die am 21.Oktober 1936

---

623 Punkt 19 des Parteiprogramms lautete: „Wir fordern Ersatz für das der materialistischen Weltordnung dienende römische Recht durch ein deutsches Gemeinrecht." Zit. nach FRANK, HANS, Einleitung in: ders., (Hrsg.) Nationalsozialistisches Handbuch für Recht und Gesetzgebung, München 1935, S. XIII.

624 Richtfest des „Haus des Deutschen Rechtes", in: JW, 66. Jg. (1937) S. 2895f.

625 KISCH, „Bemerkungen über die Organisation der Akademie für Deutsches Recht" vom 14.9.1933, S. 8f, *BAB AkDR R 61, 5*: „Im Hinblick darauf, daß durch die Aufnahme jener Instituts- und Seminarbibliotheken der Staat entlastet würde, könnte es vielleicht gelingen, einen staatlichen Beitrag für die Anschaffung und die Unterhaltung des Akademiegebäudes zu erzielen."

626 ANDERSON, DENNIS LEROY, The Academy for German Law, 1933 – 1944, New York 1987, S. 130.

627 Aktenvormerkung über Besprechung vom 11.10.1935 mit Vertretern der Universität, der Regierung und der Akademie, *StAM Universitätsbauamt 88.*

628 FRANK, HANS, Das Haus des Deutschen Rechts in München, o.Dat. ca. 1939, S. 10f.

629 Diverse Berichte aus 1935/36, *Umbau des Max-Joseph-Stifts, UAM L-N-3d.*

630 Protokoll der Sitzung der engsten Fakultät vom 13.2.1936, *Protokolle JF 1910 – 1944, UAM L-V-2.*

eröffnet und in der Akademie für Bildende Künste gezeigt wurde. In mehreren Abteilungen, *Das Recht bis zur Machtergreifung* betreut von Claudius Freiherr von Schwerin, *Das Recht im Altertum und das Römische Recht* unter Marian San Nicolò, *Kirchenrecht* geleitet von Johannes Heckel und die Hauptabteilung *Das Recht im Dritten Reich*, betreut von Otto Koellreuter, sollte der Öffentlichkeit die Entwicklung des nationalen Rechts bildlich vermittelt werden.[631] Viele Leihgaben waren vom bayerischen Hauptstaatsarchiv und anderen Münchner Archiven zur Verfügung gestellt worden.[632] Die Ausstellung hatte, obwohl sie bis zum 30. November 1936 lief, nur 8.000 Besucher und war damit schlechter besucht als erhofft.[633]

Auf der Vollversammlung der Akademie in der Aula der Universität am 23. Oktober 1936 wurden Präsident Hans Frank, Schatzmeister Wilhelm Arendts und Vizepräsident Wilhelm Kisch von Rektor Leopold Kölbl wegen ihrer Verdienste um die Verbindung zwischen Universität und Akademie als erste „nach der nationalsozialistischen Revolution“ zu Ehrenbürgern der Universität ernannt.[634] Kisch hielt im Namen der Geehrten eine kurze Dankrede, in der er die engen persönlichen Beziehungen der Geehrten zur Universität aufzeigte und eine gute Zusammenarbeit zwischen Universität und Akademie beim Aufbau des neuen Rechts ankündigte. Dabei stellte er ebenso wie in seinem persönlichen Dankbrief an Rektor Kölbl Hans Frank als Gründer der Akademie in den Vordergrund und betonte, dass in erster Linie diesem wegen seines persönlichen Einsatzes um das Recht die Auszeichnung gebühre.[635] Die Ehrung von Frank und Arendts hatte Kisch bei der Juristischen Fakultät persönlich angeregt[636], die sie wiederum beim Rektor beantragte. Für Kisch selbst lief schon seit seiner Pensionierung 1935 der Antrag auf eine Ehrenpromotion durch die Staatswirtschaftliche Fakultät, die ebenfalls auf der Jahrestagung verliehen werden sollte.[637] Da aber das Ehrenpromotionsrecht im NS-Staat noch nicht geklärt war, regte Dekan Koellreutter auch für Kisch die Ehrenbürgerschaft an, da dieser als stellvertretender Präsident nicht fehlen dürfe und vor allem „an der Errichtung des Haus des Deutschen Rechts stärksten Anteil“ habe und gerade die Juristische und die Staatwirtschaftliche Fakultät an der Errichtung des Hauses des Deutschen Rechts „aufs stärkste interessiert“ seien.[638]

---

[631] 3. Jahrestagung der Akademie für Deutsches Recht, in: ZAkDR, 3. Jg. (1936) S. 951ff.

[632] „Die Ausstellung ‚Das Recht'“ o. Dat., *AkDR, UAM L-N-3c.*

[633] Näheres auch zur Ausstellung bei SIMON, WOLFGANG, Claudius Freiherr von Schwerin, Rechtshistoriker während dreier Epochen deutscher Geschichte, Frankfurt am Main 1991, S. 165ff; ANDERSON, DENNIS LEROY, The Academy for German Law, 1933 – 1944, New York 1987, S. 134.

[634] 3. Jahrestagung der Akademie für Deutsches Recht, in: ZAkDR, 3. Jg. (1936) S. 951ff.

[635] Ebd.; KISCH an Rektor KÖLBL vom 27.10.1936, *Verleihung Ehrenbürgerschaft Frank, Kisch, Arendts, UAM Sen-II-18.*

[636] Protokoll der Sitzung des Fakultätsausschusses vom 6.10.1936, *Protokolle JF 1910 – 1944, UAM L-V-2.*

[637] Staatswirtschaftliche Fakultät an Rektor KÖLBL, 3.10.1936, *Verleihung Ehrenbürgerschaft Frank, Kisch, Arendts, UAM Sen-II-18.*

[638] Antrag Dekan KOELLREUTTER an Rektor KÖLBL vom 8.10.1936, *Verleihung Ehrenbürgerschaft Frank, Kisch, Arendts, UAM Sen-II-18.*

Die Grundsteinlegung erfolgte mit einem riesigen propagandistischen Aufwand.[639] Vor dem Siegestor waren Tribünen aufgebaut und die Festversammlung zog von der Universität dorthin. Für die Professoren waren vor der Haupttribüne Ehrenplätze reserviert und Rektor Kölbl hatte im Vorfeld in einem Rundschreiben nochmals deutlich gemacht, dass er wegen der engen Beziehung zur Akademie eine geschlossene Teilnahme des gesamten Lehrkörpers erwarte, nicht nur der Juristischen und Staatswirtschaftlichen Fakultäten. Eine Verhinderung sollte unter Angabe von zwingenden Gründen vorher angezeigt werden.[640] Viele namhafte Politiker waren anwesend und zahlreiche Reden wurden gehalten. Frank erinnerte an die historische Bedeutung der Ludwigstraße, die auf die Feldherrnhalle zuführt, für die nationalsozialistische Bewegung, und auch der Gauleiter und Kultusminister Adolf Wagner[641] betonte die Bedeutung Münchens als „Hauptstadt der Bewegung". Anschließend wurde vom Reichserziehungsminister Rust der Grundstein gelegt. In der Urkunde für die Grundsteinlegung wurde auch Kisch als Mitarbeiter Franks erwähnt. Dort hieß es:

> „Dem Willen der nationalsozialistischen Bewegung gemäß, die mit der Aufrichtung des neuen Reiches den Grund für die Schaffung eines neuen deutschen Rechtes legte, ist dieses Haus des Deutschen Rechts entstanden. Errichtet wird es von der Akademie für Deutsches Recht, deren Gründer und Präsident Reichsminister Dr. Frank, nebst seinen Mitarbeitern, Geheimrat Dr. Kisch, Generaldirektor Arendts und Direktor Dr. Karl Lasch [...]"

Unterschrieben scheint Kisch die Urkunde aber im Gegensatz zu den anderen dankbar Erwähnten, zu denen u. a. noch die Reichsminister Gürtner, Rust und Schwerin Krosigk gehören, nicht zu haben.[642] Ob er überhaupt am Festakt teilnahm, zu dem sich die Festgesellschaft zu Fuß bewegte, ist wegen seiner Gehbehinderung sehr fraglich.[643] Der Baubeginn selbst verzögerte sich noch etwas und die Einweihung des Hauses des Deutschen Rechts erfolgte erst im Mai 1939.[644]

Der von der Universität schon ersehnte Bauabschnitt II, die Renovierung des alten Max-Joseph-Stifts, wurde ab 1938 intensiver in Angriff genommen. Als Kisch 1937 nach mehrfachen vergeblichen Versuchen als Vizepräsident der Akademie zurücktre-

---

[639] 3. Jahrestagung der Akademie für Deutsches Recht, in: ZAkDR, 3. Jg. (1936) S. 969ff. Die Deutsche Reichspost hatte zu diesem Anlass eine Sonderpostanstalt im Haupteingang des Max-Joseph-Stifts eingerichtet, die eine Festpostkarte und einen Sonderstempel ausgab. Bericht zur Grundsteinlegung des Hauses des Deutschen Rechts, *BAB AkDR R 61, 11.* Darüber hinaus wurden auch von der Nymphenburger Porzellanmanufaktur Schalen mit Adler und Hakenkreuz und Inschrift „Haus des Deutschen Rechts – Grundsteinlegung – 24. X. 1936" hergestellt. ZIFFER, ALFRED, Nymphenburger Moderne. Die Porzellan-Manufaktur im 20. Jahrhundert, München 1997, S. 384f, Abb. 551.

[640] Brief Rektor an Mitglieder des Lehrkörpers vom 17.10.1936, *Verleihung Ehrenbürgerschaft Frank, Kisch, Arendts, UAM Sen-II-18*; in *AkDR, UAM Sen-869* sind die Absagen extra aufgehoben und katalogisiert.

[641] ADOLF WAGNER, 1890 – 1944, Gauleiter Traditionsgau München Oberbayern 1930 – 1944, bayerischer Innenminister und Stellvertreter des bayerischen Ministerpräsidenten 1933 – 1942/44, bayerischer Kultusminister 1936 – 1942/44, vgl. UNGER, MICHAEL, Anhang Biogramme, in: RUMSCHÖTTEL, HERMANN /ZIEGLER, WALTER, Staat und Gaue in der NS-Zeit Bayern 1933 – 1945, München 2004, S. 757.

[642] Kopie der Urkunde mit Unterschriften, *BAB AkDR R 61,11.*

[643] Fotos zur Grundsteinlegung befinden sich im Besitz des UAM.

[644] Ingebrauchnahme des Haus des Deutschen Rechts, in: ZAkDR, 6. Jg. (1939) S. 309.

ten konnte[645], liefen die Verhandlungen nicht mehr offiziell über ihn, sondern hauptsächlich über den damaligen Dekan der Juristischen Fakultät San Nicolò, auch wenn Kisch im Hintergrund immer noch um Rat gefragt wurde und dadurch auch Einfluss nahm.[646] Bei der genaueren Ausgestaltung kam es immer wieder zu Problemen. Da die Universität nicht wie bisher von ihr angenommen das ganze Max-Joseph-Stift zur Verfügung gestellt bekam, sondern nur Teile davon, und da auch ein geplanter Anbau entlang der Veterinärstraße dies nicht ausgleichen konnte[647], wurde der Plan, die Staatswirtschaftlichen Seminare und Institute dort ebenfalls unterzubringen, zugunsten der Juristischen Fakultät aufgegeben, die schließlich in engeren Beziehungen zur Akademie stand.[648]

Diese „engen" Beziehungen scheinen die Juristische Fakultät aber auch beunruhigt zu haben. Denn bei einer Besprechung zur Umgestaltung des Max-Joseph-Stifts im Juni 1938 wurde von Dekan San Nicolò auf Wunsch der Fakultät die Frage nach dem Verhältnis zwischen der Akademie und den juristischen Seminaren explizit angesprochen und eine schriftliche Vereinbarung darüber angeregt. In einem genauen Bericht über die Besprechung an Kisch präzisierte San Nicolò seine Bedenken hinsichtlich der Vereinnahmungsambitionen rein auf das „vielköpfige und expansionslustige Direktionsbüro" der Akademie und beteuerte, dass man „vom Präsidium der Akademie selbstredend nichts zu befürchten" habe[649], wohl auch um sich von Vorwürfen gegen Kisch persönlich als früheren Mitverantwortlichen in der Akademie, der ab und zu noch den Präsidiumssitzungen beiwohnte,[650] zu distanzieren. Die Formulierung der Passage im Bericht lässt darauf schließen, dass auch Kisch diese Bedenken zumindest nachvollziehen konnte, wenn nicht sogar geteilt hat.[651] Insgesamt scheint Kisch aber eher die Akademieinteressen vertreten zu haben, da San Nicolò sich mehrfach fast rechtfertigend auf seine Position als Dekan und Interessensvertreter der Fakultät zurückzog und bedauerte, dass seine Vorbehalte nicht überall den Interessen der Akademie entsprä-

---

645 Brief KISCH an GERLAND vom 12.9.1939, *Nachlass GERLAND, BAK NL 10, Bd. 18.*

646 Brief Dekan SAN NICOLÒ an KISCH vom 23.6.1938: „Ich wäre Herrn Geheimrat außerordentlich dankbar, wenn Sie die Güte hätten, mir Ihre Meinung über mein Handeln [Verhandlungen über das Haus des Deutschen Rechts/S.A.] bekannt zu geben; ich bedaure diesmal mehr denn je, keine Gelegenheit gehabt zu haben, Ihren wertvollen Rat vorher einzuholen.", *Umbau des Max-Joseph-Stifts, UAM L-N-3d;* Brief Dekan SAN NICOLÒ an KISCH vom 3.2.1939 in dessen Anlage sich drei Briefe der Akademie und ein noch zu verschickender Antwortbrief an FRANK befinden zur Durchsicht und Kenntnisnahme, *FakPA KISCH, UAM L-IX-31.*

647 Aktennotiz Dekan SAN NICOLÒ zu Besprechung bei Schatzmeister ARENDTS vom 22.6.1938, *Umbau des Max-Joseph-Stifts, UAM L-N-3d.*

648 Schreiben Universitätsbauamt an Verwaltungsausschuss der Universität vom 16.1.1939, *Haus des Deutschen Rechts und Max-Joseph-Stift, UAM L-VIII-2 Bd. 06.*

649 Brief Dekan SAN NICOLÒ an KISCH vom 23.6.1938, *Umbau des Max-Joseph-Stifts, UAM L-N-3d.*

650 Akademie für Deutsches Recht. Präsidialsitzung, in: MNN Nr. 93 vom 3.April 1938, *Stadtarchiv München ZA Nr. 10 AkDR*; Brief KISCH an GERLAND vom 2.4.1938 und vom 18.11.1940, *Nachlass GERLAND, BAK NL 10, Bd. 18.*

651 Brief Dekan SAN NICOLÒ an KISCH vom 23.6.1938, *Umbau des Max-Joseph-Stifts, UAM L-N-3d.*

chen.[652] So befürwortete Kisch z. B. auch die Überführung der juristischen und staatswirtschaftlichen Bestände der Universitätsbibliothek als gesonderte Abteilung in die Bibliothek der Akademie aus.[653] Hans Frank wollte die größte Rechtsbibliothek Deutschlands im Haus des Deutschen Rechts schaffen und hatte mit dem Kauf der Privatbibliotheken der verstorbenen Professoren v. Amira und Beyerle schon früh dafür einen Grundstock geschaffen. Die Bibliothek zählte um 1937 bereits 60.000 Bände.[654] Die Juristische Fakultät sprach sich geschlossen gegen diese Eingliederung aus, da eine Auswahl in Grenzbereichen schwierig sei und die Bestände auch für die Studierenden anderer Fachrichtungen im Sinne einer Universalität leicht zur Verfügung stehen sollten. Sie sorgte damit für Missstimmung bei der Akademie, die dies für eine längst geklärte Frage gehalten hatte.[655] Im Endeffekt setzte sich die Universität durch, wollte aber zum Ausgleich ca. 1000 Bücher als Handbibliothek für den Lesesaal der Akademie abgeben.[656]

Die Renovierung des Max-Joseph-Stifts fand kriegsbedingt keinen Abschluss[657], wurde aber zumindest in Teilbereichen noch fertiggestellt. Denn Anfang der 40er Jahre zogen noch einige Seminare und Institute der Juristischen Fakultät in das Haus des Deutschen Rechts mit seinem Teilgebäude Max-Joseph-Stift um, so z. B. das Institut für Politik und Öffentliches Recht, das Seminar für Handels- und Industrierecht, das Institut für Deutsche Rechtsgeschichte und auch das strafrechtliche Institut.[658] Aber die Juristische Fakultät konnte ihre neuen Räume nicht lange nutzen. Bei den Bombenangriffen im Sommer 1944 wurde das Universitätshauptgebäude schwer getroffen[659] und auch das Haus des Deutschen Rechts, insbesondere das alte Max-Joseph-Stift stark beschädigt. Alle elf Institute und Seminare der Juristischen Fakultät wurden nahezu zerstört.[660] In den Nachkriegswirren bemühte sich die Juristische Fakultät, das Haus des Deutschen Rechts bzw. das Max-Joseph-Stift für ihre Seminare und Institute wiederzubekommen, was ihr vom Bayerischen Kultusministerium auch zugesagt wurde, und drängte auf einen Wiederaufbau des Max-Joseph-Stifts.[661] Bereits 1950 waren

---

[652] Brief Dekan SAN NICOLÒ an KISCH vom 23.6.1938, *Umbau des Max-Joseph-Stifts, UAM L-N-3d.*

[653] Brief Dekan SAN NICOLÒ an KISCH vom 23.6.1938, *Umbau des Max-Joseph-Stifts, UAM L-N-3d.*

[654] WERHAN/FENSCH, Bestand R 61, Akademie für Deutsches Recht, Findbücher zu Beständen des Bundesarchivs Bd. 9, 2. Auflage Koblenz 1976, S. XI.

[655] Aktennotiz Dekan SAN NICOLÒ zu Besprechung bei Schatzmeister ARENDTS vom 22.6.1938, *Umbau des Max-Joseph-Stifts, UAM, L-N-3d.*

[656] Notiz Dekan SAN NICOLÒ vom 1.7.1938, *Umbau des Max-Joseph-Stifts, UAM L-N-3d.*

[657] ANDERSON, DENNIS LEROY, The Academy for German Law, 1933 – 1944, New York 1987, S. 136.

[658] Brief Dekan MEZGER an Dekan JF Berlin vom 8.2.1944, *JS 1941 – 1950, UAM L-VIII-1 Bd. 03*; Vorlesungsverzeichnisse der Universität München, Winterhalbjahr 1943/44, Sommerhalbjahr 1944, München 1943/44.

[659] BOEHM, LAETITIA, Auf dem Weg zur Gegenwart, in: dies./SPÖRL, JOHANNES (Hrsg.) Ludwig-Maximilians-Universität Ingolstadt – Landshut – München 1472 – 1972, Berlin 1972, S. 363 – 394.

[660] Brief JF an BayKuMi vom 12.6.1946, *JS 1941 –1 950, UAM L-VIII-1 Bd. 03.*

[661] Brief JF an BayKuMi vom 12.6.1946 und BayKuMi an Rektor vom 13.7.1946, *JS 1941 –1 950, UAM L-VIII-1 Bd. 03.*

die Vereinigten Institute der Juristischen Fakultät und zugleich auch die Staatswirtschaftliche Fakultät im ehemaligen Haus des Deutschen Rechts untergebracht.[662] Das Richtfest des Gebäudes, des früheren Max-Joseph-Stifts, wo heute noch die Juristische Fakultät beheimatet ist, wurde aber erst 1959/60 gefeiert.[663] Auch die Bibliothek der Akademie für Deutsches Recht, die während des Krieges im Keller des Amtsgerichts Altötting ausgelagert gewesen war, bemühte sich die Juristische Fakultät, deren Bücherbestände z. T. völlig vernichtet waren, mit Erfolg für sich in Anspruch zu nehmen.[664] Von der Bibliothek der Akademie befinden sich heute noch Bände in den Bibliotheken der Juristischen Fakultät, erkennbar am Stempel der Akademie für Deutsches Recht.

Wilhelm Kischs langjährige Vision eines großen zusammenhängenden Juristischen Seminargebäudes wurde damit Wirklichkeit, und seine langjährigen Bemühungen dahingehend zeitigten im Endeffekt doch noch Erfolg, wenn auch erst nach seinem Tod und unter anderen Umständen und Voraussetzungen.

3. Kischs sonstige Ämter und Publikationen vor dem Krieg

Wilhelm Kisch war zwar hauptsächlich in der Akademie für Deutsches Recht engagiert, aber darüber hinaus auch in anderen staatlichen Organisationen wie dem BNSDJ oder dem Versicherungsbeirat tätig und in der wissenschaftlichen Welt des nationalsozialistischen Staates fest verankert. So war er bei der Erstellung des von Frank herausgegebenen „Nationalsozialistischen Handbuches für Recht und Gesetzgebung" beratend tätig[665] und schrieb z. B. 1936/37 auch einen Beitrag zum Zwangsvollstreckungs-, Konkurs- und Vergleichsrecht für das u. a. vom Reichsminister und Chef der Reichskanzlei Lammers herausgegebene Sammelwerk „Grundlagen, Aufbau und Wirtschaftsordnung des nationalsozialistischen Staates", „das in drei Bänden die weltanschaulichen Grundlagen, das Recht und die Wirtschaft des nationalsozialistischen Deutschlands in Aufsätzen führender Persönlichkeiten aus Partei, Verwaltungspraxis und Wissenschaft behandelt"[666], und zugleich auch als „Ein Handbuch für den Beam-

---

[662] Briefkopf auf Schreiben vom 16.11.1950 und Brief BayKuMi an Rektor vom 6.12.1950, *JS 1941 – 1950, UAM L-VIII-1 Bd. 03.*

[663] BOEHM, LAETITIA, Auf dem Weg zur Gegenwart, in: dies./SPÖRL, JOHANNES, (Hrsg.), Ludwig-Maximilians-Universität Ingolstadt – Landshut – München 1472 – 1972, Berlin 1972, S. 373.

[664] Brief Syndikus der Universität an BayKuMi vom 1.4.1947, *Umbau des Max-Joseph-Stifts, UAM L-N-3d.*

[665] Vorbemerkung von Dr. WILHELM COBLITZ, Schriftleiter des NS-Handbuchs: „Zu danken habe ich ferner dem Direktor des Völkerrechtlichen Instituts der Universität Berlin, Hrn. Prof. Dr. Bruns, Herrn Geheimrat Prof. Dr. Kisch, München und Hrn Prof. Dr. Hedemann, Jena, für manchen, das Zustandekommen des Werkes fördernden guten Rat.", in: FRANK (Hrsg.), Nationalsozialistisches Handbuch für Recht und Gesetzgebung, München 1935, S. VIII. Worin diese Beratertätigkeit bestand und wie intensiv sie war, ist nicht bekannt.

[666] Serienbrief LAMMERS vom 31.5.1937, *BAB Reichskanzlei, R 43 F, 4224.*

ten im nationalsozialistischen Staat" in der Publikationsreihe der Verwaltungsakademie Berlin erschienen war.[667]

Daneben publizierte Kisch weiterhin Aufsätze zum Versicherungsrecht, das seiner Ansicht nach wegen des zugrunde liegenden Gemeinschaftsgedankens ohnehin schon zu den Grundanschauungen des neuen Staates wie „Gemeinnutz vor Eigennutz" passte[668], und hielt z. B. vor der durch Gesetz neu geschaffenen Wirtschaftsgruppe „Privatversicherung" auf deren ersten Kundgebung im Juni 1935 eine Rede zur Ethik im Versicherungswesen, in der er sich deutlich gegen eine weitere Verstaatlichung des Versicherungswesens und für eine Beibehaltung der Privatversicherungen aussprach.[669] In seinem zweiten Nebengebiet Patentrecht beteiligte er sich an der dem neuen Patentgesetz vom 5. Mai 1936[670] vorausgehenden Reformdiskussion[671] und veröffentlichte in der Festschrift der Akademie anlässlich des „Internationalen Kongresses für gewerblichen Rechtsschutz" im Juni 1936 einen Artikel zum Thema „Anmelderprinzip oder Erfinderprinzip?".[672]

3.1 Bund Nationalsozialistischer Deutscher Juristen

Der BNSDJ war die 1928 gegründete, der NSDAP angegliederte, berufsständische Zusammenfassung der Juristen in Deutschland mit dem satzungsmäßigen Zweck der „Verwirklichung des nationalsozialistischen Programms auf dem gesamten Gebiete

---

[667] KISCH, Zwangsvollstreckung, Konkurs- und Vergleichsrecht, Beitrag 42, in: LAMMERS/PFUNDTNER, Der Aufbau des nationalsozialistischen Staates, 2. Bd. Gruppe 2 Die einzelnen Rechtsgebiete, Berlin 1. Auflage 1937, 2. Auflage 1940 und in: LAMMERS/PFUNDTNER, Die Verwaltungsakademie, Ein Handbuch für den Beamten im nationalsozialistischen Staat, Bd. 2, Der Aufbau des nationalsozialistischen Staates, Gruppe 2 Die einzelnen Rechtsgebiete, Loseblattsammlung, 1. Auflage Berlin 1936 und 2. Auflage Berlin 1940.

[668] So z. B. KISCH, Einführungsrede auf der ersten Sitzung des Versicherungsrechtsausschusses am 22.3.1934, wiedergegeben von HANS ULLRICH in seinem Aufsatz „Die deutsche Privatversicherung in Wirtschaft und Recht", in: FRANK, HANS (Hrsg.), Nationalsozialistisches Handbuch für Recht und Gesetzgebung, München 1935, S. 1256 – 1272: „Die Mitglieder dieses Ausschusses brauchten sich nicht erst umstellen, um das Versicherungsrecht dem Ideengut des Nationalsozialismus anzupassen. Denn die Versicherung diene von jeher dem großen Gedanken, der einer der Leitsätze der nationalsozialistischen Welt- und Rechtsauffassung sei, nämlich dem Gedanken, daß das Wohl des Volkes, das Wohl der Gesamtheit den unbedingten Vorrang vor den eigennützigen Belangen des einzelnen beanspruchen müsse."

[669] KISCH, Die Ethik im Versicherungswesen, in: ZfgVw, Bd. 35 (1935) S. 277ff.

[670] RGBl. II, S. 117.

[671] KISCH, Patentabhängigkeitsstreit und Patentamt, in: ZAkDR, 3. Jg. (1936) S. 501ff; Der soziale Gehalt des Patentrechts, in: DJZ, 40. Jg. (1935) Sp. 655ff; Patentrecht und Sacheigentum, in: DJZ, 41. Jg. (1936) Sp. 666ff.

[672] Anmelderprinzip oder Erfinderprinzip? in: Das Recht des schöpferischen Menschen, Festschrift der Akademie für deutsches Recht anlässlich des Kongresses der Internationalen Vereinigung für gewerblichen Rechtsschutz in Berlin vom 1. – 6. Juni 1936, Berlin 1936, S. 127 – 135.

des Rechtslebens".[673] Kisch reichte mit einigen anderen Münchner Kollegen im Oktober 1933 sein Aufnahmegesuch über den Dekan Mezger beim BNSDJ ein[674] und wurde Anfang 1934 als Mitglied aufgenommen.[675] Eine Parteimitgliedschaft hatte er nicht akzeptiert, wohl aber den Beitritt zum BNSDJ. Er war der Ansicht, dass „die meisten Kollegen [...] das Gleiche tun könnten und sollten".[676] Die Gründe für diesen Beitritt, den er in seinem Werbebrief an die Juristischen Fakultäten für die Akademie auch seinen Kollegen nahe gelegt hatte, waren ähnliche wie für seine Akademietätigkeit. Nicht abseits stehen, sondern die Möglichkeit zur Einflussnahme ergreifen und das Misstrauen der neuen Regierung gegenüber den Hochschullehrern besänftigen.

3.1.1 Gaufachberater und Mitglied des Reichsfachgruppenrats der Reichsfachgruppe Hochschullehrer

Im November 1933 wurde als berufsspezifische Untergliederung die Reichsfachgruppe Hochschullehrer im BNSDJ gegründet, zu dessen Leiter Carl Schmitt ernannt wurde. Ihre Aufgabe war, dafür Sorge zu tragen, „dass die juristischen Hochschullehrer von dem nationalsozialistischen Gedankengut erfasst werden", insbesondere da „auch heute noch die deutschen Hochschulen stark von liberalem und vielfach sogar von artfremdem Geist durchsetzt seien" und der Gegner „sich vielfach nationalsozialistisch zu tarnen" verstehe.[677] Gerade bei diesem generellen Verdacht scheint Kisch durchaus nicht so viel Misstrauen in nationalsozialistischen Kreisen entgegengebracht worden zu sein wie er später für sich in Anspruch nahm, schließlich wurde er 1934 zum Mitglied des Reichsfachgruppenrats der Reichsfachgruppe Hochschullehrer im BNSDJ[678], ein Gremium, das die anfallenden beruflich-fachlichen Fragen nach den Gesichtspunkten der nationalsozialistischen Weltanschauung zu bearbeiten hatte[679], und zum Gaufachberater für den Gau München berufen.[680] Von seiner Tätigkeit im Rahmen dieser Ämter ist nicht viel bekannt. Er dürfte aber z. B. an der Tagung des Reichsfach-

---

[673] HEUBER, WILHELM, Der Bund Nationalsozialistischer Deutscher Juristen und die Deutsche Rechtsfront, in: FRANK (Hrsg.) Nationalsozialistisches Handbuch für Recht und Gesetzgebung, München 1935, S. 1566ff; vgl. zum BNSDJ auch GAUWEILER, OTTO, Rechtseinrichtungen und Rechtsaufgaben der Gesamtbewegung, München 1939, S. 48ff; SUNNUS, MICHAEL, Der NS-Rechtswahrerbund 1928 – 1945. Zur Geschichte der nationalsozialistischen Juristenorganisation, Frankfurt am Main 1990.

[674] Schreiben Dekan MEZGER an Gauobmann STOCK vom 20.10.1933 betreffs Einreichung der Aufnahmegesuche von KISCH, MEZGER und EXNER u. a. für den BNSDJ, *BNSDJ, UAM L-N-3b.*

[675] Fragebogen des Military Government of Germany vom 10.10.1947, *SpKA KISCH, StAM SpK K 880.*

[676] Brief KISCH an GERLAND vom 13.9.1933, *Nachlass GERLAND, BAK NL 10, Bd. 17.*

[677] SCHMITT, CARL, Bericht über die Fachgruppe Hochschullehrer im BNSDJ, in: Deutsches Recht 4. Jg. 1934, S. 17.

[678] Weitere Mitglieder waren BRUNS, DAHM, EMGE, HECKEL, HEDEMANN, E. R. HUBER, KLAUSING, LANGE, POPITZ und RITTERBUSCH.

[679] HEUBER, WILHELM, Der Bund Nationalsozialistischer Deutscher Juristen und die Deutsche Rechtsfront, in: FRANK (Hrsg.) Nationalsozialistisches Handbuch für Recht und Gesetzgebung, München 1935, S. 1566ff.

[680] Schreiben Reichsgeschäftsstelle BNSDJ an Thüringisches Kultusministerium vom 14.5.1934 mit Anlage Liste der vorläufigen Gaufachberater. Als Stellvertreter von WILHELM KISCH wurde FRITZ VAN CALKER aufgeführt. *Thüringisches Hauptstaatsarchiv Weimar, Thüringisches Volksbildungsministerium C 155 Bl. 3r und 6r.*

gruppenrates am 9./10. Juni 1934 in Berlin teilgenommen haben, auf der u. a. auch über die Studienreform beraten wurde, da im Bericht dazu von den vollzählig versammelten Gaufachberatern die Rede ist.[681] Mit Übernahme der Deutschen Juristenzeitung durch die Reichsfachgruppe Hochschullehrer als deren künftiges Organ zum Juni 1934 wurde Kisch als Mitglied des Reichsfachgruppenrats Mitarbeiter dieser Zeitschrift[682], für die er allerdings schon bei Übergabe des bisherigen langjährigen Herausgebers Otto Liebmann Ende 1933 an Adolf Baumbach seine ständige Mitarbeit zugesagt hatte.[683] Kisch nahm seine Mitwirkung ernst und publizierte verstärkt in den nächsten Jahren Aufsätze und Besprechungen in dieser Zeitschrift.[684]

Ob Kisch als Gaufachberater München in der Juristischen Fakultät irgendwelche Maßnahmen unternommen hatte, um die Hochschullehrer „mit der nationalsozialistischen Weltanschauung zu durchsetzen", in welcher Form auch immer, ist nicht überliefert. Einzig eine Personalfragebogenaktion des BNSDJ im Sommer 1934 wird in den Akten erwähnt, die über Kisch lief und größere Probleme hervorrief, weil Dekan Mezger Bedenken hinsichtlich deren Zulässigkeit in Bezug auf den Datenschutz hatte und um die Einwilligung des Bayerischen Kultusministeriums nachfragte.[685] Kisch nahm darauf hin auch Rücksprache mit der Geschäftsstelle des BNSDJ, wurde jedoch sehr kurz abgefertigt mit dem Hinweis auf eine Schweigepflicht der BNSDJ-Amtswalter ähnlich der der Staatsbeamten.[686] Letztendlich kam auch die Genehmigung des Ministeriums, die Fragebogen wurden ausgefüllt und an den BNSDJ weitergeleitet.[687]

Insgesamt scheinen diese Ämter Kisch eher unerwünscht und lästig gewesen zu sein, denn sehr viel Einsatz dafür zeigte er nicht und suchte sie auch sehr schnell wieder loszuwerden. Sie waren ihm vermutlich auch zu politisch und hielten ihn nur von seiner wissenschaftlichen Arbeit ab. Wie es zur Übernahme kam und wie lange er sie innehatte, ist nicht genau bekannt. In seinen privaten Briefen aus dieser Zeit erwähnte er sie überhaupt nicht. Er selbst gab später an, 1934 nur ein paar Monate lang Vertreter der Münchner Dozenten gewesen zu sein und freiwillig aufgehört zu haben[688], was insoweit zutreffend sein mag, als dass in den Fakultätsakten zum BNSDJ schon Ende 1934 die Korrespondenz über Dekan Mezger lief und Kisch nicht mehr als Ansprechpartner erwähnt ist.[689] Im Titelblatt der Deutschen Juristenzeitung wurde er allerdings bis Ende 1935 zumindest als Mitglied des Reichsfachgruppenrats geführt.[690] Entscheidenden Einfluss hat Kisch mit diesen Ämtern aber nicht genommen.

---

[681] Bericht über die Tagung des Reichsfachgruppenrates am 9. und 10.Juni 1934 in Berlin, in: DJZ, 39. Jg. (1934) Sp. 855f.
[682] Titelblatt der DJZ, 39. Jg., Heft 11 vom 1. Juni 1934.
[683] BAUMBACH, ADOLF, Zum Eintritt, in: DJZ, 38. Jg. (1933), Sp. 1583ff.
[684] Vgl. Schriftenverzeichnis im Anhang.
[685] Schreiben Dekan MEZGER an BayKuMi vom 2.7.1934, *BNSDJ, UAM L-N-3b.*
[686] Antwortbrief Reichsgeschäftstelle BNSDJ an KISCH vom 18.7.1934, *BNSDJ, UAM L-N-3b.*
[687] Brief Dekan MEZGER an SCHMITT vom 10.12.1934, *BNSDJ, UAM L-N-3b.*
[688] Meldebogen vom 4.5. 1946, *SpKA KISCH, StAM SpK K 880;* Brief KISCH an GRITSCHNEDER vom 19.11.1945, *Privatbesitz GRITSCHNEDER.*
[689] *BNSDJ, UAM L-N-3 b.*
[690] DJZ, 40. Jg. 1935.

3.1.2 Kampf um Gerlands BNSDJ-Mitgliedschaft

Dass Kischs Stellung in der Akademie und seine Zusammenarbeit mit Hans Frank auch nützlich war, wenn Kisch sie auch nie für persönliche Vorteile missbrauchte, zeigen die Vorgänge um die BNSDJ Mitgliedschaft von Heinrich Gerland. Kischs Aufnahme in den BNSDJ war völlig unproblematisch verlaufen. Ganz anders war es aber bei seinem Kollegen und Freund Heinrich Gerland. Ihm wurde die Aufnahme in den BNSDJ vom Gauführer in Weimar verweigert, sein Antrag zurückgestellt. Die Gründe dafür waren politischer Natur. Gerlands Vergangenheit als Mitbegründer und Mitglied der Deutschen Demokratischen Partei sowie judenfreundliche Äußerungen wurden ihm vorgeworfen. Er fühlte sich von dieser Ablehnung in seinem beruflichen Wirken stark behindert und persönlich gekränkt in seiner Ehre als national gesinnter Rechtswissenschaftler.[691] Tatsächlich war die Mitgliedschaft fast zwingend, wenn man als Hochschullehrer weiterhin publizieren wollte; denn oft wurden nur noch Beiträge von BNSDJ-Mitgliedern veröffentlicht[692] und auch die Mitgliedschaft der Akademie für Deutsches Recht sowie zahlreicher anderer Organisationen setzte den BNSDJ-Beitritt voraus.[693] Gerland bat Kisch seinen Einfluss bei Frank geltend zu machen, damit dieser die Aufnahme Gerlands veranlasse. Kisch wendete sich schriftlich an Frank, verbürgte sich für Gerlands nationale und vor allem loyale Haltung zum neuen Staat[694] und erreichte, dass Frank die Geschäftsstelle des BNSDJ anwies, Gerland in den Juristenbund aufzunehmen.[695] Trotz dieser Intervention wurde die Aufnahme immer wieder verzögert und eine lokale politische Kampagne gegen Gerland gestartet.[696] Kisch ließ aber auf Bitten von Gerland nicht locker und versuchte im Weiteren durch persönliche Einflussnahme bei verschiedenen Stellen, wie z. B. dem Thüringischen Gauleiter des BNSDJ Mumme, sich für ihn einzusetzen.[697] Im Juli 1934 zeitigten die großen Bemühungen endlich Erfolg und Gerland wurde in den BNSDJ aufgenommen.[698] Gerlands Aufnahme als Mitglied der Akademie für Deutsches Recht bzw. zumindest seine Berufung in den Prozessrechtsausschuss konnte Kisch allerdings nicht durchsetzen, obwohl Gerland dies gerne gewollt hätte.[699] 1937 kam es erneut zu einer politischen Hetzkampagne gegen Gerland wegen seiner Mitgliedschaft beim BNSDJ, seit

---

691 Brief GERLAND an KISCH vom 2.11.1933, *Nachlass GERLAND, BAK NL 10, Bd. 17.*

692 Brief GERLAND an KISCH vom 5.12.1933 und vom 20.1.1934, in dem er u. a. sein Leid klagt, dass die Juristische Wochenschrift seine Artikel nicht mehr annehme, weil er immer noch nicht BNSDJ-Mitglied sei. *Nachlass GERLAND, BAK NL 10, Bd. 17.*

693 S. o. 3. Kapitel, 2.2.1.

694 Abschrift Brief KISCH an FRANK vom 1.11.1933, *Nachlass GERLAND, BAK NL 10, Bd. 17.* Zuvor hatte KISCH bereits einen sehr regimefreundlichen Zeitungsartikel GERLANDS „Die deutschen Rechtsfakultäten auf dem Leipziger Juristentag" (Berliner Börsenzeitung vom 5. Oktober 1933) auf Wunsch von GERLAND FRANK vorgelegt. Brief KISCH an GERLAND vom 9.10.1933, *Nachlass GERLAND, BAK NL 10, Bd. 17.*

695 Brief KISCH an GERLAND vom 3.12. 1933, *Nachlass GERLAND, BAK NL 10, Bd. 17.*

696 Brief GERLAND an KISCH vom 10.1.1934, *Nachlass GERLAND, BAK NL 10, Bd. 17.*

697 Brief KISCH an GERLAND vom 1.2.1934, *Nachlass GERLAND, BAK NL 10, Bd. 17.*

698 Brief GERLAND an KISCH vom 23.7.1934, *Nachlass GERLAND, BAK NL 10, Bd. 17.*

699 Brief GERLAND an KISCH vom 2.11.1933 und vom 23.7.1934, *Nachlass GERLAND, BAK NL 10, Bd. 17.*

1936 zum NS-Rechtswahrerbund (NSRB) umbenannt[700], bei der Kisch, schon seinen Rücktritt in der Akademie intern vorbereitend, nicht mehr viel Einfluss über Frank geltend machen konnte und Gerland vorschlug, einfach auszutreten.

> „Bei der ganzen Angelegenheit bin ich selbst in einer fatalen Lage insofern, als der Minister, wenn er den Angriff erfährt, es mir natürlich ernstlich verübeln wird, daß ich trotz der vorhandenen Widerstände immer wieder auf ihre Aufnahme gedrängt habe. Dabei ist der gegenwärtige Zeitpunkt umso unglücklicher, als der Leiter des Rechtswahrerbundes ohnehin gegen mich verstimmt sein wird, wegen der Schwierigkeiten, in die er durch meinen Rücktritt von meinen Akademieämtern versetzt worden ist, so daß ich kaum in der Lage sein werde, ihn zurzeit mit einem Anliegen zu kommen."[701]

Das folgende Ehrengerichtsverfahren gegen Gerland wurde aber eingestellt und er emeritierte in allen Ehren 1939.[702]

3.2 Versicherungs- und Bausparkassenbeirat

Kischs langjährige Mitgliedschaft im Versicherungsbeirat des Reichsaufsichtsamtes für Privatversicherung und seit seiner Gründung 1931 zusätzlich im Bausparkassenbeirat überstand auch die Änderungen im Rahmen der politischen Umwälzungen durch das Gesetz vom 22. April 1933. Das Gesetz ordnete das Ende der Amtszeit der Mitglieder dieser Gremien zum 31. Mai 1933 und eine Neubesetzung der Gremien an.[703] Im Vorfeld hatte die Studiengesellschaft für Bausparkassenwesen e.V. schon auf die Auflösung gedrängt und auch bereits Vorschläge für die Neubesetzung gemacht. Die neuen Mitglieder sollten „nicht nur positive Einstellung zur nationalen Bewegung, sondern vor allem auch durch Sachkenntnis erforderliche Eignung besitzen."[704] Kisch hat diesen Anforderungen offensichtlich entsprochen, denn dem Brief der Studiengesellschaft an das Preußische Ministerium für Wirtschaft und Arbeit, der eine Eingabe an das Reichswirtschaftsministerium enthielt, war eine Liste A mit Mitgliedern des bisherigen Beirats, deren Wiederernennung die Studiengesellschaft für erwünscht hielt, beigelegt, die auch Kischs Namen aufwies.[705] Kisch wurde wieder neu in den Bausparkassenbeirat berufen, ebenso wie auch in den Versicherungsbeirat. Die Tagungen fanden noch bis 1937 statt und dann nach einer „Umbildungspause" erst wie-

---

700 GAUWEILER, OTTO, Rechtseinrichtungen und Rechtsaufgaben der Gesamtbewegung, München 1939, S. 48.

701 Brief KISCH an GERLAND vom 25.4.1937, *Nachlass GERLAND, BAK NL 10, Bd. 18.*

702 Einstellungsbeschluss Gauehrengericht Thüringen vom 10.6.1938, da die vorgebrachten Anschuldigungen bei Aufnahme schon bekannt gewesen seien und nun nicht mehr nachträglich noch geltend gemacht werden könnten. *Nachlass GERLAND, BAK NL 10, Bd. 49;* vgl. auch HEIBER, HELMUT, Universität unterm Hakenkreuz. Teil I Der Professor im Dritten Reich, München 1991, S. 224f.

703 Gesetz über den Versicherungsbeirat und den Beirat der Bausparkassen vom 22.4.33, RGBl. I, 1933 S. 215.

704 Brief Studiengesellschaft an Preußisches Ministerium für Handel und Gewerbe vom 13.4.1933, *Preuß. Ministerium für Handel und Gewerbe, betr. die privaten Bausparkassen, GStA Berlin, Rep. 120 A XI Fach 1 Nr. 38 a Bd. 3.*

705 Brief Studiengesellschaft an Preußisches Ministerium für Handel und Gewerbe vom 13.4.1933, *Preuß. Ministerium für Handel und Gewerbe, betr. die privaten Bausparkassen, GStA Berlin, Rep. 120 A XI Fach 1 Nr. 38 a Bd. 3.*

der in der Nachkriegszeit.[706] Seiner eigenen Aussage nach legte Kisch diese beiden Ämter selbst ca. 1937 nieder.[707] Ob diese Niederlegung mit der faktischen Einstellung der Sitzungen Ende 1937 koinzidierte oder tatsächlich schon vorher im Rahmen der Abgabe seiner Akademieämter erfolgte, ist offen.[708]

4. Distanzierung durch Rücktritt?

Kisch ließ sich 1935 frühzeitig freiwillig auf eigenen Antrag pensionieren und zog sich 1937 aus seinen Ämtern in der Akademie zurück. Auch aus dem BNSDJ/NSRB[709] trat er aus. Er gab später an, die zunehmende Radikalisierung, die er als Jurist mit dem Ermächtigungsgesetz 1933 allerdings schon voraussehen hätte müssen und vermutlich auch vorausgesehen hatte[710], und die Einsicht, dass Mäßigung nicht möglich war, hätten zu diesen Schritten geführt.[711] Seine Einordnung dieser Vorgänge als deutliche Distanzierung aus politischen Motiven und als Beweis für seine antinationalsozialistische Haltung kann jedoch bei näherer Betrachtung der Umstände und vor allem bei den verbleibenden Verbindungen zum nationalsozialistischen Regime in der Zeit danach nicht vollständig überzeugen.

4.1 Freiwillige Pensionierung

Für viele völlig überraschend[712] beantragte Wilhelm Kisch mit Schreiben vom 18. September 1935 im Alter von 60 Jahren seine Versetzung in den dauernden Ruhestand aus gesundheitlichen Gründen.[713] Der Antrag wurde vom Bayerischen Kultusministerium befürwortet und das dafür zuständige Reichserziehungsministerium übersandte nach reibungsloser Genehmigung am 5. November 1935 die Abschiedsurkunde zur Pensionierung zum 1. Oktober 1935 „mit Anerkennung und besonderem Dank des Führers".[714] Kisch hatte in seinem Gesuch seine sich stetig verschlechternde Bewe-

---

[706] SEIDLER, KURT, Die Aufgabe des Versicherungsbeirats und des Beirats für Bausparkassenwesen im Wandel der Zeit, in: Veröffentlichungen des Bundesaufsichtsamtes für das Versicherungs- und Bausparwesen, 7. Jg. (1958) S. 287ff.

[707] Beilage zum Fragebogen des Military Government vom 10.10.1947, „diese vor dem Naziregime angetretenen beiden Funktionen habe ich in der Nazizeit niedergelegt, vor ca. 10 Jahren", *SpKA KISCH, StAM SpK K 880.*

[708] Eine Einsichtnahme in die Protokolle beim Bundesaufsichtsamt für Versicherungswesen war nicht möglich.

[709] Der BNSDJ wurde 1936 in Nationalsozialistischer Rechtswahrerbund (NSRB) umbenannt. Vgl. GAUWEILER, OTTO, Rechtseinrichtungen und Rechtsaufgaben der Gesamtbewegung, München 1939, S. 48.

[710] Sogar schon vor 1932 hatte KISCH bemerkt: „Der Mann hat weder das geistige Format noch die Nerven um Reichskanzler zu spielen. Versucht er es doch, so wird er, glaube ich, recht bald genötigt sein, mit Hilfe seiner Anhänger seine Unzulänglichkeit durch Gewaltstreiche zu maskieren." Brief KISCH an GERLAND vom 11.8.1932, *Nachlass GERLAND, BAK NL 10, Bd. 17.*

[711] KISCH, Verteidigungsschrift S. 10ff, *SpKA KISCH, StAM SpK K 880.*

[712] Wilhelm Kisch in: Frankfurter Zeitung Nr. 1-2 vom 1.1.1936: „Als vor einigen Wochen bekannt wurde, daß Wilhelm Kisch aus dem akademischen Lehramt der Universität München, [...] auszuscheiden beabsichtige, [...] kam dieser Entschluß des erst Zweiundsechzigjährigen überraschend." *Stammakt KISCH, UAM E-II-1991.*

[713] *KuMiPA KISCH, BayHStA MK 43875.*

[714] *REM PA KISCH, BAB R 4901, K 224.*

gungshemmung und die ebenfalls daraus resultierenden asthmatischen Beschwerden als Begründung angeführt und zwei Atteste beigelegt, die die von einer Fortsetzung seiner Tätigkeit ausgehenden gesundheitlichen Risiken für ihn bestätigten. Diese offiziell angegebenen Gründe entsprachen den Tatsachen, denn Kisch litt mit fortschreitendem Alter immer stärker an seiner Behinderung und den damit verbundenen Folgeerkrankungen wie Atemnot und Kreislaufproblemen. Seine Lehrtätigkeit und seine sonstigen zahlreichen Verpflichtungen, insbesondere auch in der Akademie, fielen ihm zunehmend schwerer.[715] Nur ein paar Monate vor seiner Pensionierung hatte er privat schon starke Bedenken wegen seines Gesundheitszustands geäußert:

> „Mein körperliches Befinden gestaltet sich nachgerade so, daß ich meine Vorlesungstätigkeit (auch über das durch die Studienordnung uns aufgezwungene Maß hinaus) stark abbaue, während der mir noch verbleibenden voraussichtlich nicht mehr sehr zahlreichen Semester der Aktivität die paar Vorlesungen schlecht und recht absolviere und mich im übrigen tunlichst entlaste. [...] Jedenfalls wird mir der tägliche Gang bis ans Katheder physisch immer beschwerlicher. Und verhältnismäßig am wohlsten fühlt man sich noch am Schreibtisch."[716]

Mit einer nicht mehr allzu langen Dienstzeit hatte er daher schon länger gerechnet. Eine Kur in Hohenschwangau in den Sommersemesterferien 1935 hatte aber zu keiner Besserung mehr geführt, weshalb er seinen Pensionierungsantrag vorverlegte.[717] Neben den gesundheitlichen Problemen machte Kisch das von ihm so geliebte Unterrichten nach den nationalsozialistischen Studien- und Universitätsreformen in diesen Zeiten wohl auch keine Freude mehr. So schrieb er schon Ende 1934 zur kommenden Studienreform frustriert und stark zweifelnd:

> „Was man von dort [Berlin/S.A.] hört, ist einigermaßen abenteuerlich: daß man das BGB mit dem Familienrecht beginnt, daß der allgemeine Teil verschwindet, [...]daß man das Praktikum in demselben Semester wie die Vorlesung hört, daß für jede Vorlesung ein bestimmtes Semester vorgeschlagen wird, [...] das alles sind Dinge, die unseren bisherigen rechtspädagogischen Anschauungen so schnurstracks zuwiderlaufen, daß man sich fragt, ob man dann dreißig Jahre mit Blindheit geschlagen durch die ganze Vorlesungsarbeit seines Lebens hindurchgegangen ist.[...] Jetzt die völlige Zerschlagung unserer pädagogischen Arbeit, bei der man nur wünschen möchte, im Zuge der sicherlich einschneidenden Personalveränderungen der nächsten Zeit gleich mitemeritiert zu werden."[718]

Noch pessimistischer gestimmt war er nach der Einführung der neuen Studienordnung, die gerade im zivilrechtlichen Bereich eine völlige Umgestaltung der bisherigen Vorlesungseinteilung enthielt und die Eckardt als Verantwortlicher an der von seiner „Kieler Richtung" propagierten Zerschlagung des BGB und der Neueinteilung des Privatrechts in Einzelgebiete orientiert hatte:[719]

---

715 Diverse Briefe KISCH an GERLAND 1934/35 z. B. vom *Nachlass GERLAND, BAK NL 10, Bd. 17, 18.*
716 Brief KISCH an GERLAND vom 17.5.1935, *Nachlass GERLAND, BAK NL 10, Bd. 18.*
717 Brief KISCH an GERLAND vom 29.9.1935, *Nachlass GERLAND, BAK NL 10, Bd. 18.*
718 Brief KISCH an GERLAND vom 27.12.1934, *Nachlass GERLAND, BAK NL 10, Bd. 17.*
719 Vgl. ECKARDT, KARL AUGUST, Das Studium der Rechtswissenschaften, Hamburg 1935.

„Die neue Studienordnung hat sich gerade in diesem Übergangssemester und gerade für uns Zivilisten verheerend ausgewirkt. Ich habe jetzt etwa den zehnten Teil der Hörerzahlen, die ich früher in den entsprechenden Vorlesungen aufweisen konnte. Was aber weit schlimmer ist: infolge der fehlenden Grundlage, welche diese Hörer in der – nunmehr fortgefallenen – Vorlesung über den Allgemeinen Teil gehabt hätten, machen die Leute einen unglücklichen und verständnislosen Eindruck. Es wird viel Mühe kosten, im Rahmen der neuen Studienordnung den Unterricht in den privatrechtlichen Fächern so zu gestalten, daß eine ordentliche Ausbildung herauskommt. Ob wir alten Dogmatiker noch der Aufgabe gewachsen sind, ist eine Frage, die ich mir [...] vorlege.[720]

Die Universität hatte sich in den zwei Jahren nach dem Machtwechsel zu sehr für Kisch verändert und gerade in der Juristischen Fakultät war ein fast vollständiger Personalwechsel in den letzten Jahren erfolgt. Viele seiner jahrelangen alten Kollegen waren verstorben, emeritiert oder eben aus dem Dienst entfernt worden. Diese Tatsache erleichterte seinen Fortgang, wie er selbst schrieb, auch einigermaßen.[721] Ironischerweise machte Kisch sich für eine schnelle Durchsetzung seines Gesuchs die nationalsozialistische Personalpolitik und Denkweise zu eigen, über die er sich ansonsten privat, aber auch öffentlich in seinen Akademiereden beschwerte. Zum einen verwies er in seinem Antrag nämlich darauf, dass seine Versetzung in den Ruhestand die Verjüngung des Lehrkörpers in der Fakultät beschleunigen würde und zum anderen führte er aus: „Auch möchte ich in einer Zeit, die mit Recht auf volle körperliche Leistungsfähigkeit besonderes Gewicht legt, bei der akademischen Jugend keine peinlichen Eindrücke erwecken."[722] Gerade aber die Geringschätzung des Alters und der damit verbundenen Erfahrung im neuen Staat kränkte ihn persönlich sehr und war auch ein Grund für seinen Pensionierungswunsch, bzw. eine Tatsache, die ihm diesen Schritt vereinfachte: „Bei der Wertung, die man ohnehin uns Alten entgegenbringt, wird man es eigentlich begrüßen müssen, wenn man der jüngeren Generation die Aufgabe zuweist, to make the best of it."[723] Seine körperlichen Unzulänglichkeiten, die er immer mit stoischer Fassung und Gelassenheit getragen hatte[724], wurden ihm im Nationalsozialismus noch deutlicher vor Augen geführt[725], und die zahlreichen sich daraus ergebenden Einschränkungen machten ihm vielleicht doch mehr zu schaffen als bisher.

Etwas deutlicher in Richtung Distanzierung stellt sich seine Pensionierung dar oder ist zumindest interpretierbar, wenn man in seinem 1939 erschienenen Buch „Der deutsche Rechtslehrer" die Passage zur Freiheit der Lehre und zur Kritikmöglichkeit des Rechtslehrers am Staat liest. So geht Kisch darin davon aus, dass der Hochschullehrer aufgrund seiner Treuepflicht als Beamter mehr noch als der normale Staatsbürger ge-

[720] Brief KISCH an GERLAND vom 22.4.1935, *Nachlass GERLAND, BAK NL 10, Bd. 18.*

[721] Brief KISCH an GERLAND vom 29.9.1935, *Nachlass GERLAND, BAK NL 10, Bd. 18.*

[722] Pensionierungsgesuch KISCH vom 18.9.1935, *KuMiPA KISCH, BayHStA MK 43875.*

[723] Brief KISCH an GERLAND vom 17.5.1935, *Nachlass GERLAND, BAK NL 10, Bd. 18.*

[724] LENT, FRIEDRICH, Wilhelm Kisch (Nachruf), in: JZ ,1952, S. 349f.

[725] So wurde eine schwere körperliche Behinderung als Handicap für geistige Leistungsfähigkeit und die charakterliche Entwicklung gesehen. Körperliche Fitness wurde als Voraussetzung für geistige Tätigkeit jeder Art betrachtet, so z. B. für das Richteramt. Vgl. PALANDT/RICHTER/STAEGEL, Justizausbildungsordnung Anm 1 und 2 zu § 3 JAO, zitiert nach POPP, HANS, Die nationalsozialistische Sicht einiger Institute des Zivilprozeß- und Gerichtsverfassungsrechts, Frankfurt am Main 1986, S. 97, Fn. 379, 380.

halten sei, dem nationalsozialistischen Staat kritiklos zu dienen und dass er nur Beamter sein und bleiben kann, wenn er dessen Grundanschauungen nicht nur nach außen vertritt, sondern innerlich auch bejaht.[726] Treffe letzteres nicht zu, so bleibe dem Hochschullehrer wegen des totalitären Anspruchs des neuen Staates als einzig richtiger, ehrenvoller Ausweg nur die Niederlegung seines Amtes.

> „Ein anständiger und charaktervoller Mann kann auch sein, wer die nationalsozialistische Anschauung im ganzen oder einzelne Teile derselben in seinem Gewissen nicht bejahen zu können glaubt, nicht aber auch, wer trotz solcher Einstellung vom Staat ein Lehr – und Forschungsamt übernimmt, welches ihm nur unter der gegenteiligen Voraussetzung übertragen sein will."[727]

Dass diese Passage autobiographische Züge hat und auf seine eigene Einstellung hinweist, steht zu vermuten, schließlich teilte Kisch viele der nationalsozialistischen Grundideen nicht wie das Führerprinzip und den Totalitarismus oder auch die Wissenschaftsfeindlichkeit und war gerade mit der Entwicklung im Universitäts- und Wissenschaftsbereich sehr unzufrieden. Eine eigentlich damit beschriebene innere Emigration setzte er aber, selbst wenn er es im nachhinein so sehen wollte, mit seiner weiteren Betätigung in den Jahren von 1935 bis 1939 nicht konsequent um. Rückzug aus dem und Abstinenz vom öffentlichen Leben kennzeichnen die Jahre nach seiner Pensionierung nicht, auch wenn sein Einsatz und seine Präsenz in der Öffentlichkeit zurückging.

Etwas seltsam mutet es auch auf den ersten Blick an, dass er nicht emeritiert wurde, die eigentlich übliche Art des Ausscheidens bei Professoren, die ihnen die weitere Zugehörigkeit zur Hochschule, das Recht Vorlesungen zu halten sowie Prüfungs- und Hörgelder und volles Gehalt sicherte. Oft wurde diese Tatsache als Indiz für eine besonders deutliche Distanzierung angeführt[728], denn damit bestanden tatsächlich keine „beamtenmäßigen Bindungen" mehr für Kisch zum nationalsozialistischen Staat, wie er es beabsichtigt hatte.[729] Seinen eigenen Aussagen von 1935 nach stand ihm eine Emeritierung aber mit 60 Jahren nicht zu[730], und er wollte es auch nicht:

> „Da ich im 61. Lebensjahr stehe, habe ich auf Emeritierung kein Anrecht. Ich würde es als kränkend empfinden, wenn ich etwa auf Grund des Hochschullehrergesetzes emeritiert würde und damit attestiert bekäme, dass mein Abgang im Interesse des Neuaufbaus unserer Hochschulen liegt."[731]

Deutlich manifestierte sich der Unterschied zwischen Pensionierung und Emeritierung als im Februar 1936 die Juristische Fakultät versuchte, Kisch erneut die wissenschaftliche Leitung des Juristischen Seminars zu übertragen. Das Kultusministerium lehnte dies mit dem kurzen Hinweis ab, dass Kisch nicht mehr dem Lehrkörper der Univer-

---

[726] KISCH, Der deutsche Rechtslehrer, München 1939, S. 50ff.
[727] Ebd. S. 53.
[728] Z. B. LANGE, Gutachten vom 15. Juni 1947, S. 5, *SpKA KISCH, StAM SpK 880.*
[729] KISCH, Verteidigungsschrift S. 13, *SpKA KISCH, StAM SpK K 880.*
[730] Brief KISCH an GERLAND vom 29.9.1935, *Nachlass GERLAND, BAK NL 10, Bd. 18.*
[731] Brief KISCH an ECKARDT im REM vom 20.9.1935 als Anlage eines Briefes von KISCH an FRANK vom 22.9.1935, *Nachlass FRANK, BAK NL 110, Bd. 26* und auch privat ähnlich Brief KISCH an GERLAND vom 29.9.1935, *Nachlass GERLAND, BAK NL 10, Bd. 18.*

sität angehöre.[732] Mit der Pensionierung nahm Kisch darüber hinaus finanzielle Einbußen in Kauf, aber die damaligen Umstände schienen ihm wohl der Mühen und Anstrengungen auch nicht mehr wert. Er hatte, wie er schrieb, schon begonnen, sich im Hinblick auf die Lehrtätigkeit und die Veränderungen zu „desinteressieren".[733] Infolge seiner Pensionierung zog Kisch dann mit seiner Schwester knapp ein halbes Jahr später in eine andere Wohnung in die Georgenstraße um.[734]

Alles zusammen genommen, beruhte Kischs Entschluss sich pensionieren zu lassen vermutlich auf mehreren Gründen. Zweifelsohne hieß er die verschiedenen nationalsozialistischen Reformen in der Universität nicht gut und war von ihnen genervt, außerdem war seine Tätigkeit für ihn nicht mehr so erfüllend wie früher. Ein reiner Vorwand um die „beamtenmäßige Bindung" loszuwerden, wie später behauptet[735], waren seine gesundheitlichen Beschwerden aber kaum, denn in seinen Briefen aus der fraglichen Zeit ist die stetige Verschlechterung seines Zustands nachzuvollziehen. Insbesondere wenn man auch die von ihm in der Zeit nach seiner Pensionierung geäußerten Bemerkungen miteinbezieht, scheint der gesundheitliche Aspekt bei seiner Pensionierung tatsächlich im Vordergrund gestanden zu haben, selbst unter Berücksichtigung der Tatsache, dass Kisch in seinen privaten Briefen kaum schriftlich seine Ablehnung des nationalsozialistischen Staates niedergelegt hätte. Kisch war über seine Pensionierung sehr erleichtert, zugleich aber auch etwas wehmütig:

> „In einigen Tagen, wenn die Vorlesungen wieder anfangen, werde ich mir zum ersten Male so recht bewußt werden, daß meine Berufsuhr abgelaufen ist. Eine sonderbar gemischte Stimmung! Immerhin überwiegt wesentlich das Gefühl der Erleichterung. Denn schon während der letzten Semester kam ich eigentlich, solange die Vorlesungen nicht abgeschlossen waren, innerlich nie zur vollen Ruhe aus der Besorgnis heraus, ob es mir gelingen werde, bis zu Ende durchzuhalten. Auf der anderen Seite denkt man doch wieder mit einer gewissen Wehmut an die Zeiten, da man der studierenden Jugend etwas geben und ihr näher sein durfte, - eine Empfindung, die freilich in den letzten Semestern, wenigstens bei mir, nicht mehr so stark vorhanden war wie in früheren Jahren. Es sind doch grundstürzende Wandelungen im ganzen Gefüge der Hochschule eingetreten."[736]

Nichtsdestotrotz bereute er später seinen Entschluss nie, was er z. T. auch auf seine Herkunft und den damit verbundenen französischen Einfluss zurückführte, denn so schrieb er später an Gerland zu dessen Emeritierung:

> „Ich selbst habe von dem ersten Tage meines Eintritts in den Ruhestand das Gefühl der Erleichterung empfunden und die Freiheit rückhaltlos als solche genossen. Daß es bei Ihnen nicht ganz ebenso bestellt zu sein scheint, hat glaube ich, nicht nur seinen Grund in dem mehr äußerlichen Umstand, daß Sie in den letzten Jahren viel frischer waren und daher mehr Freude an der Berufsausübung hatten, die für mich zuletzt mit recht unliebsam fühlbaren physischen Anstrengungen und Beschwerden verbunden war, sondern auch darin, daß Sie als echter Deutscher das Ideal in der Arbeit bis zum letzten Athemzug erblicken, während ich kraft meiner Herkunft wohl die [...] speziell französische Einstel-

---

[732] Brief BayKuMi an Rektorat vom 10.2.1936, *Stammakt KISCH, UAM E-II-1991.*
[733] Brief KISCH an GERLAND vom 17.5.1935, *Nachlass GERLAND, BAK NL 10, Bd. 18.*
[734] Brief KISCH an GERLAND vom 7.4.1936, *Nachlass GERLAND, BAK NL 10, Bd. 18.*
[735] KISCH, Verteidigungsschrift S. 13, *SpKA KISCH, StAM SpK K 880.*
[736] Brief KISCH an GERLAND vom 28.10.1935, *Nachlass GERLAND, BAK NL 10, Bd. 17.*

lung wenigstens in der einen Beziehung teile, daß man sich von seinem Beruf in einem Alter trennt, in welchem man den Ertrag seines aktiven Lebens noch etwas in Muße zu genießen vermag.[737]

Zu seinem Ausscheiden regte die Juristische Fachschaft bei der Fakultät die Veranstaltung eines Kameradschaftsabends und die Überreichung eines Buches mit gesammelten Erinnerungen seiner Schüler und Kollegen zur Person von Kisch und mit Anekdoten aus seiner Dienstzeit an.[738] Die Festgabe sollte gerade keine Festschrift im üblichen Sinne sein mit wissenschaftlichen Beiträgen. Eine solche hatte Kisch zu seinem 60. Geburtstag schon abgelehnt und „in den ersten Anfängen unterdrückt", da dies nur für die Beteiligten einen großen Aufwand bedeutet hätte.[739] Der Kameradschaftsabend fand wegen dringender Akademieaufgaben in seiner Abwesenheit statt[740], die Festgabe[741] wurde ihm erst nach einigen Verzögerungen 1937 im Rahmen einer, wie ausdrücklich von ihm gewünscht, nur kleinen Feierstunde überreicht.[742]

Auch die Staatswirtschaftliche Fakultät wollte Kisch zu seinem Ausscheiden ehren und beschloss einstimmig, ihm die Ehrendoktorwürde zu verleihen. Sie sollte seine Verdienste um das versicherungswissenschaftliche Seminar, seine erfolgreiche Lehrtätigkeit im Rahmen der rechtlichen Ausbildung der Volkswirte und die gute Zusammenarbeit würdigen.[743] Der Antrag wurde abgelehnt, da im neuen Staat die Erwägungen zum Ehrenpromotionsrecht noch nicht abgeschlossen seien[744], so dass man dann auf die Ehrenbürgerschaft im Rahmen der Grundsteinlegung für das Haus des Deutschen Rechts auswich.

Kischs Lehrstuhl blieb zunächst unbesetzt. Die Fakultät konnte keinen Vorschlag machen, da es schwierig sei, Persönlichkeiten zu finden, „die Kisch in seiner wissenschaftlichen Bedeutung und in seiner ganz ungewöhnlichen Anziehungskraft als akademischer Lehrer einigermaßen zu ersetzen in der Lage wären".[745] Viele Namen wurden genannt, aber keiner fand die volle Zustimmung der Fakultät, so dass beschlossen wurde, die Besetzung einstweilen zurückzustellen. Dem Kultusministerium gegenüber begründete man diesen Beschluss damit, dass wegen der neuen Studienreform im

---

[737] Brief KISCH an GERLAND vom 20.1.1940, *Nachlass GERLAND, BAK NL 10, Bd. 18.*

[738] Rundschreiben Dekan KOELLREUTTER vom 16.12.35 an Mitglieder der weiteren Fakultät und v. ZWIEDINECK, WEBER, TERHALLE und STRIEDER der Staatswirtschaftlichen Fakultät, *FakPA KISCH, UAM L-IX-31.*

[739] Brief KISCH an GERLAND vom 25.12.1936, *Nachlass GERLAND, BAK NL 10, Bd. 18.*

[740] Kameradschaftsabend für Geheimrat Kisch, in: Münchner Zeitung Nr. 36 vom 5.3.1936, *KuMiPA KISCH, BayHStA MK 43875.*

[741] Diese Festgabe scheint ein Einzelexemplar gewesen zu sein und ist vermutlich bei der Ausbombung von KISCHS Wohnung im Krieg verloren gegangen. Auch intensive Nachforschungen führten leider zu keinem Ergebnis.

[742] Sitzung Fakultätsausschuss vom 13.2.37, *Protokolle JF 1910 –1944,UAM L-V-2 und* Bericht von Dekan KOELLREUTTER an Fakultät vom 23.4.1937, *Wiederbesetzung Professur KISCH, UAM L-X-4b Bd.2.*

[743] Auszug aus Niederschrift über Sitzung der Staatswirtschaftlichen Fakultät vom 20.12.35, *Stammakt KISCH, UAM E-II-1991.*

[744] Brief REM an Rektor KÖLBL vom 5.2.1936, *Stammakt KISCH, UAM E-II-1991.*

[745] Bericht RIEZLER vom 30.12.1935, *Wiederbesetzung Professur KISCH, UAM L-X-4b Bd.2.*

Moment kein Bedürfnis bestehe.[746] Ab 1936 wurde die ordentliche Professur Kischs nur noch als außerordentliche Professur geführt, zugunsten der Umwandlung einer außerordentlichen Professur für physikalische Chemie in eine ordentliche und ging damit der Juristischen Fakultät verloren.[747] Seine Pensionierung nahm Kisch auch zugleich zum Anlass, bei Frank um die Annahme seines Rücktritts von den Ämtern in der Akademie zu bitten.[748]

4.2 Rücktritt als Vizepräsident der Akademie

Wilhelm Kisch legte im Laufe des Jahres 1937[749] sein Amt in der Akademie als Vizepräsident nieder. Sein Rücktritt wurde offiziell auf der 4. Jahrestagung der Akademie in München im Oktober 1937 mit der neutralen Begründung „auf eigenen Wunsch" bekannt gegeben und zugleich sein sich schon im Amt befindlicher Nachfolger Carl August Emge[750] vorgestellt. Als Anerkennung für die geleisteten Dienste überreichte Frank Kisch im Auftrag Hitlers die Goethemedaille für Kunst und Wissenschaft, und der ebenfalls anwesende italienische Justizminister Solmi ehrte ihn mit einer hohen italienischen Auszeichnung.[751] Die Gründe für die italienische Auszeichnung sind nicht ganz klar, allerdings bestanden der Politik entsprechend enge Verbindungen der Akademie mit Italien und im Zusammenhang mit der 4. Jahrestagung wurde auch die Arbeitsgemeinschaft für die deutsch-italienischen Rechtsbeziehungen der Akademie gegründet.[752] Darüber hinaus war Kisch in Italien nicht unbekannt, schließlich hatte er schon Veröffentlichungen in italienischer Sprache gemacht und pflegte gute Bezie-

---

[746] Brief Dekan KOELLREUTTER an BayKuMi vom 12.2.1936, *Wiederbesetzung Professur KISCH, UAM L-X-4b Bd. 2.*

[747] *Wiederbesetzung Professur KISCH, UAM L-X-4b Bd. 2.*

[748] Brief KISCH an FRANK vom 22.9.1935, *Nachlass FRANK, BAK NL 110, Bd. 26.*

[749] Ein exaktes Datum ist nicht bekannt. Genau diese Formulierung findet sich auch in: Präsidialsitzung der Akademie für Deutsches Recht, in: Nacht-Ausgabe, Deutsches Nachrichtenbüro, 4. Jg. (1937) Nr. 1699 vom 14.12.1937, *BAB Reichskanzlei R 43 II, 1510a.*

[750] CARL AUGUST EMGE, 1866 – 1970, Rechtsphilosoph, Professor in Jena und Berlin, vgl. z. B. TILITZKI, CHRISTIAN, Der Rechtsphilosoph Carl August Emge. Vom Schüler Hermann Cohens zum Stellvertreter Hans Franks, in: Archiv für Rechts- und Sozialphilosophie, 89. Jg. (2003) S. 459ff.

[751] Vierte Jahrestagung der Akademie, in: ZAkDR, 4. Jg. (1937) S. 693. Ein Foto der Überreichung des italienischen Ordens befindet sich im 6. Jg. der ZAkDR 1939. Aus einem Briefwechsel zwischen Reichskanzlei, RJM und AkDR von Dez. 1939 – Febr. 1940 über die Genehmigung zum Tragen eines italienischen Großoffizierskreuzes des Ordens der Krone von Italien (*BAB RJM, R 3001, 198)* schließt DENNIS LEROY ANDERSON, The Academy for German Law, 1933 – 1944, New York 1987, S. 124, dass KISCH 1940 nochmals einen italienischen Orden verliehen bekam. Nachdem nirgends über eine weitere Ordensverleihung im Rahmen der Akademie berichtet ist, KISCH in einem privaten Brief an GERLAND vom 20.11.1937 *(Nachlass GERLAND, BAK NL 10, Bd. 18)* seinen Orden als Großoffizierskreuz bezeichnete ebenso wie LASCH in seinem Bericht „4. Jahrestagung der Akademie für Deutsches Recht", in: DR, 7. Jg. (1937) S. 434, ist wohl eher davon auszugehen, dass es sich um ein und denselben Orden handelt. Fraglich ist dabei nur, wieso die Angelegenheit erst mehr als zwei Jahre später in der Reichskanzlei behandelt wurde.

[752] PICHINOT, HANS-RAINER, Die Akademie für Deutsches Recht. Aufbau und Entwicklung einer öffentlich-rechtlichen Körperschaft des Dritten Reichs, Kiel 1981, S. 112ff.

hungen zur dortigen Rechtswissenschaft.[753] Er selbst ging, wie auch schon bei der Ehrenbürgerschaft der Universität, davon aus, dass die Auszeichnungen mehr Hans Frank und der Akademie galten als ihm selbst.[754] Die Verleihung der Goethemedaille hatte Frank persönlich in die Wege geleitet.[755] Dieses nach außen so unscheinbar und unauffällig inszenierte Ausscheiden[756], in der Literatur zur Akademie für Deutsches Recht als „single most important personnel change until 1942" bezeichnet[757], war im Inneren nicht so reibungslos für Kisch verlaufen[758] und wurde von der Akademie auch nicht ganz unproblematisch gesehen, schließlich gingen mit Kisch eine der wissenschaftlich-organisatorischen Triebfedern[759] und das jahrelange Aushängeschild verloren. Insbesondere befürchtete man auch, dass die Öffentlichkeit die offiziell angegebenen gesundheitlichen Beschwerden als Grund nicht glauben würde und auf eine Krise der Akademie schließen könnte. Deshalb war der geplante Rücktritt, obwohl intern mindestens ab März 1937 bekannt, auch erst nach der Ernennung eines neuen Vizepräsidenten auf der Jahrestagung öffentlich gemacht worden. [760]

Kisch war schon jahrelang, mehr oder weniger eigentlich schon seit Anfang der Akademiearbeit, bestrebt gewesen, sein Amt als Stellvertreter bzw. seine gesamten Ämter in der Akademie loszuwerden. Bereits im Winter 1933 hatte er davon gesprochen nur kurz mitzuarbeiten bis die Akademie gut funktioniere[761], Mitte 1934 legte er sein Amt als Vorsitzender des Zivilprozessrechts-Ausschusses nieder, Anfang 1935 gab Kisch das Amt des Leiters der wissenschaftlichen Arbeiten an Freisler ab[762], ab 1935 war er nicht mehr aktiv in der Ausschussarbeit tätig[763] und mit der Mitteilung seiner Pensio-

---

[753] KISCH, I tipi di polizze d'assicurazione con particolare riguardo al diritto germanica, Assicurazioni, Rom 1936. Der italienische Rechtswissenschaftler CALAMANDREI hatte z. B. einen von KISCH übersetzten Aufsatz „Das Urteil als Vollstreckungsakt" im Judicium, 2. Jg. (1929/30) S. 317ff veröffentlicht und war auch für einen Band für die Reihe „Das Zivilprozeßrecht der Kulturstaaten" angedacht gewesen, zu dessen Übersetzung sich KISCH bereit gefunden hatte. Vgl. Brief KISCH an MENDELSSOHN BARTHOLDY vom 7.7.1923, *Nachlass MENDELSSOHN BARTHOLDY, SBB PK Musikabt. Mendelssohnarchiv.* KISCH schrieb später auch einen Beitrag „Die gewillkürte Prozeßstandschaft" für die Festschrift für FRANCESCO CARNELUTTI, Padua 1950.

[754] Brief KISCH an GERLAND vom 20.11.1937, *Nachlass GERLAND, BAK NL 10, Bd. 18.*

[755] Brief FRANK an REMin RUST vom 14.6.1937, *REM PA KISCH, BAB R 4901 K 224.*

[756] Abgesehen von der Erwähnung des Ausscheidens in der Begrüßungsrede von Frank auf der Jahrestagung und der Ordensverleihung gab es anscheinend keine weiteren offiziellen Feierlichkeiten oder Ehrungen. Selbst die Berichterstattung dazu ist nur äußerst knapp gehalten.

[757] ANDERSON, DENNIS LEROY, The Academy for German Law, 1933 – 1944, New York 1987, S. 123.

[758] KISCH schrieb von Unruhe und Verstimmungen im Rahmen der Bemühungen, ihn zur Fortsetzung seines Amtes zu bewegen. Brief KISCH an GERLAND vom 12.9.1937, *Nachlass GERLAND, BAK NL 10, Bd. 18.*

[759] ANDERSON, DENNIS LEROY, The Academy for German Law, 1933 – 1944, New York 1987, S. 123, bezeichnet ihn sogar als „major force".

[760] Niederschrift der Sitzung der Klassensekretäre der AkDR vom 19. – 21.3.1937, *BAB AkDR R 61, 71.*

[761] Brief KISCH an GERLAND vom 10.12.1933, *Nachlass GERLAND, BAK NL 10, Bd. 17.* Wortlaut s. o. 3. Kapitel, 2.2.

[762] Brief KISCH an GERLAND vom 23.2. 1935, *Nachlass GERLAND, BAK NL 10, Bd. 17.*

[763] KISCH, Rede auf dem 11. Internationalen Kongreß für Strafrecht und Gefängniswesen in Berlin, Festsitzung der Akademie für Deutsches Recht, in: ZAkDR, 2. Jg. (1935) S. 693ff.

nierung 1935 an Frank bat er zugleich um die Annahme seines Rücktritts.[764] Im Rahmen der Umstrukturierung 1936/37 zog sich Kisch immer mehr zurück und überließ vieles seinen Mitarbeitern Lange, Weber und Felgentraeger.[765] In seinen Reden allerdings spiegelt sich dieser Rückzug nicht sehr deutlich wider. Kisch machte z. B. 1936 immer noch Propaganda für eine nationalsozialistische Rechtserneuerung und die Bereitschaft am „Erneuerungswerk des Führers des deutschen Volkes Adolf Hitler zu unserem Teil beizutragen"[766]:

> „Die Akademie ist eine Schöpfung des Nationalsozialismus. Ihre rechtsgestaltende Arbeit muß daher begreiflicherweise an den Grundanschauungen dieser Bewegung ausgerichtet sein. Ihre im Statut, aber auch im Gesetz festgelegte Aufgabe wird dahin bestimmt, „die neue Gestaltung des deutschen Rechtslebens zu fördern und das nationalsozialistische Programm auf dem gesamten Gebiet des Rechtslebens zu verwirklichen. Es ist ja nur eine Selbstverständlichkeit, dass eine Körperschaft, die an der Formung des deutschen Rechts mitzuwirken berufen ist, dieses Recht den weltanschaulichen Ideen und Idealen des neuen Reiches anpassen muss, welches eben das Reich des Nationalsozialismus ist."[767]

Auch seine letzte Amtshandlung, das Geleitwort zur konstituierenden Sitzung der Abteilung für Rechtsforschung im Juni 1937[768], ist kein Zeugnis der Ablehnung, sondern steht in der Tradition seiner Akademiereden mit ihren Mahnungen zur Mäßigung und zur Wissenschaftlichkeit im Dienste des Nationalsozialismus und eines neuen art- und zeitgemäßen Rechts für das Deutsche Volk, wenn auch darin zugleich einige Kritikpunkte enthalten waren.[769] Wie viele explizite Rücktrittsgesuche Kisch in diesen Jahren eingereicht hat, ist nicht bekannt; er selbst berichtete von sehr vielen, die z. T. vom Verwaltungsdirektor Lasch unterschlagen worden seien.[770] Begründet waren sein schrittweiser Rückzug und die Rücktrittsgesuche an Frank mit seinen gesundheitlichen Problemen und dem damit verbundenen Unvermögen, als Stellvertreter eine wirkliche Entlastung sein zu können.[771] Auch privat sprach Kisch immer von den mit der Akademiearbeit verbundenen körperlichen Anstrengungen und Mühen und erklärte z. B. seinem Kollegen Gerland gegenüber seinen Rücktritt vom Vorsitz des Prozessrechtsausschusses mit gesundheitlichen Problemen.[772] Zu seinen eigenen gesundheitlichen Beschwerden kam erschwerend hinzu, dass Kischs Schwester Elisabeth, die bei ihm wohnte und ihm als einzige Angehörige sehr nahe stand[773], 1934 an einer unheilbaren Darmaffektion erkrankte und nach dreijährigem Leiden im Juli 1937 verstarb. Ihre

---

[764] Brief KISCH an FRANK vom 22.9.1935, *Nachlass FRANK, BAK NL 110, Bd. 26.*

[765] Vgl. oben 3. Kapitel 2.2.3.

[766] KISCH, Die Arbeiten der Akademie für Deutsches Recht, Berlin 1936, S. 20.

[767] Ebd. S. 12.

[768] Die Abteilung für Rechtsforschung der Akademie für Deutsches Recht, Geleitwort zur konstituierenden Sitzung am 19.6.1937, Berlin 1937, *BAB AkDR R 61, 71.*

[769] Vgl. oben 3. Kapitel 2.3.4 Die Einrichtung der Abteilung für Rechtsforschung.

[770] KISCH, Verteidigungsschrift S. 11, *SpKA KISCH, StAM SpK K 880.*

[771] Brief KISCH an FRANK vom 22.9.1935, *Nachlass FRANK, BAK NL 110, Bd. 26;* zur Ablösung als Leiter der wissenschaftlichen Arbeiten, Brief KISCH an GERLAND vom 23.2.1935, *Nachlass GERLAND, BAK NL 10, Bd. 17.*

[772] Briefe KISCH an GERLAND 1933 – 1937, z. B. vom 23.2.1935 für den Rücktritt vom Ausschussvorsitz, *Nachlass GERLAND, BAK NL 10, Bd. 17, 18.*

[773] Notizen zu Gespräch IRMGARD ROTHENBÜCHER, Tochter von ERWIN RIEZLER, mit NICOLAUS TURNER vom 28.4.1991, *Privatbesitz TURNER..*

Krankheit und ihr Tod belasteten Kisch sehr.[774] Frank nahm die Rücktrittsgesuche von Kisch bis 1937 nie an, sondern versuchte ihn zu entlasten und überhäufte ihn zu seinem 60. Geburtstag 1934 mit Aufmerksamkeiten und u. a. einem Artikel in der „Zeitschrift der Akademie für Deutsches Recht“[775], um ihm den Abschied schwer zu machen und ihn weiterhin in der Akademie zu halten.[776] Auch Hitler gratulierte Kisch bei dieser Gelegenheit, würdigte Kischs Verdienste um die Rechtswissenschaft und ließ ihm über Frank sein Bild im Silberrahmen mit Widmung überreichen.[777]

Die Vorgänge um Kischs erfolgreichen Rücktritt 1937 bzw. um dessen endgültige Annahme durch Frank sind nicht völlig aufzuklären. In einem Dankbrief Kischs an Frank vom 2. November 1937 sind als Grund schwere Ischias-Beschwerden erwähnt[778], die sich auch schon das ganze Jahr über[779] und auch in den kommenden Jahren in der Privatkorrespondenz Kischs nachvollziehen lassen und ihn immer wieder sehr lange ans Bett fesselten und zu Kuren zwangen.[780] Damit Kisch an seiner Verabschiedung auf der 4. Jahrestagung der Akademie hatte teilnehmen können, hatte er sich gegen die Schmerzen eine Spritze geben lassen müssen.[781] Kisch selbst betonte im nachhinein immer nur den Aspekt der Distanzierung vom Nationalsozialismus bei seinem Rücktritt. Er wollte sich, weil die Radikalisierung im neuen Staat immer deutlicher geworden sei und sich die Vergeblichkeit seines Unterfangens, im Rechtsbereich mäßigend zu wirken, gezeigt habe, von der Akademie und dem Nationalsozialismus lösen.[782] Allerdings gab es auch einige Personen in seinem Umfeld, die diese Einschätzung nicht teilten, seine Mitarbeit in der Akademie mit Unverständnis verfolgt hatten und die von ihr befremdet gewesen waren. Einem ehemaligen Schüler gegenüber verteidigte sich Kisch später auf dessen Anfrage, wieso er die Stellung in der Akademie angenommen habe, mit folgenden Worten:

> „Wenn Sie berichten, daß verschiedene Leute nicht recht verstehen, warum ich den Posten in der Akademie übernommen habe, so erinnert mich das an die berühmte französische Redewendung die zum ersten Male von Cyrano gebraucht und dann von Molière übernommen wurde: mais aussi, qu'allait-il faire en cette galère? Die Sache wäre in der Tat überraschend, wenn ich zu den Leuten gehörte, die den gewiß viel gefahrloseren Weg

---

[774] Brief KISCH an GERLAND vom 22.7.1937 und an EVA GERLAND vom 2.8.1937, *Nachlass GERLAND, BAK NL 10, Bd. 18.*

[775] Der stellvertretende Präsident der Akademie für Deutsches Recht Geheimrat Univ. Prof. Dr. Wilhelm Kisch, München, 60 Jahre, in: ZAkDR, 2. Jg. (1935) S. 26.

[776] Brief KISCH an GERLAND vom 23.2.1935, *Nachlass GERLAND, BAK NL 10, Bd. 17.*

[777] Diverse Zeitungsberichte, z. B. Zum 60. Geburtstag, in: Völkischer Beobachter Nr. 346 vom 12.12.34; Der Führer gratuliert Geheimrat Kisch, in: Berliner Börsenzeitung Nr. 581 vom 12.12.34, *BayHStA Sammlung Personen (Kisch) 5165.*

[778] Brief KISCH an FRANK vom 2.11. 1937, zit. nach ANDERSON, DENNIS LEROY, The Academy for German Law, 1933 – 1944, New York 1987, S. 123.

[779] Brief KISCH an GERLAND vom 3.4.1937, in dem KISCH von einem Kollaps spricht, von dem er sich auch noch nicht erholt habe. *Nachlass GERLAND, BAK NL 10, Bd. 18.*

[780] Briefe KISCH an GERLAND 1937 – 1939, *Nachlass GERLAND, BAK NL 10, Bd. 18.* Daneben wird KISCHS Leiden auch in der Korrespondenz KIßKALT – GERLAND 1937/1938 mehrfach erwähnt. GERLAND und KIßKALT kannten sich aus der Deutschen Akademie, Vorläuferorganisation der heutigen Goethe-Institute, in München, *Nachlass GERLAND, BAK NL 10, Bd. 38.*

[781] Brief KISCH an GERLAND vom 3.11.1937, *Nachlass GERLAND, BAK NL 10, Bd. 18.*

[782] KISCH, Verteidigungsschrift S. 13, *SpKA KISCH, StAM SpK K 880.*

bequemer Abstention vorziehen. Wer sich dafür verantwortlich fühlte, nicht bei Seite zu stehen, wenn es galt zu verhindern, daß gar zuviel juristisches Porzellan zerschlagen wurde, konnte nicht anders handeln als ich es getan habe. Daß nur wenig erreicht werden konnte, ist nicht meine Schuld und ich habe, als ich dies erkannte, auch sogleich die Folgerungen daraus gezogen."[783]

Diese Antwort enthält eine Rücktrittsbegründung, die nicht ganz schlüssig erscheint, denn zum einen wollte er schon von Anfang an wieder austreten[784], also unabhängig von den politischen Entwicklungen, zum anderen hatte er 1937 endlich mit der Umstrukturierung der Akademie die Voraussetzungen für das von ihm angestrebte wissenschaftliche Arbeiten geschaffen, was nicht gerade einen Tiefpunkt für die Akademie darstellte. Vielmehr begann damit verstärkt die auch Kisch interessierende Arbeit im zivilrechtlichen Bereich. Spekulativ, aber eigentlich näher liegend wäre daher die Begründung, er habe sich zurückgezogen, weil die angestrebte Organisation erreicht war und die gesundheitlichen Beschwerden zu stark waren. Allerdings gibt es für eine Reihe akademieinterner Unstimmigkeiten, die Kisch zu einem Rücktritt mitveranlasst haben könnten, einige Anhaltspunkte auch außerhalb seiner eigenen Aussagen in der Nachkriegszeit dazu.[785] Zum einen sollen Kompetenzprobleme mit dem NSRB und eine schwere Kränkung durch Paul Ritterbusch[786], Leiter der Fachgruppe Hochschullehrer im NSRB, mitverantwortlich gewesen sein.[787] Die Kränkung soll Kisch zum Anlass genommen haben, seinen Rücktritt durchzusetzen. Ein Treffen von Kisch, Ritterbusch und Frank am 14. Februar 1937 in Berlin ist dokumentiert[788], und nur wenig später, auf einer Sitzung der Klassensekretäre Mitte März 1937 wurde Kischs sicherer Rücktritt erstmals erwähnt. Zugleich wurde ein Konkurrenzproblem mit Ritterbusch und dem NSRB angesprochen, das sich ergeben hatte, da Ritterbusch für seine Arbeitsgemeinschaften nahezu dieselben Wissenschaftler herangezogen hatte, die auch in der Akademie tätig waren oder werden sollten, was größere Verwirrungen unter den Rechtslehrern verbreitete.[789] Auch Anfeindungen wegen seiner fehlenden Parteizugehörigkeit sollen Kisch zu schaffen gemacht haben.[790]

Kisch, der seinen Nachfolger Emge Frank nicht explizit, sondern nur als einen von mehreren Kandidaten vorgeschlagen hatte, betonte privat, dass Emge gerade wegen

---

[783] Brief KISCH an GRITSCHNEDER vom 5.11.1945, *Privatbesitz GRITSCHNEDER.*

[784] Brief KISCH an GERLAND vom 10.12.1933, *Nachlass GERLAND, BAK NL 10, Bd. 17.*

[785] KISCH verweist selbst auch auf interne Probleme. Verteidigungsschrift S. 10, *SpKA KISCH, StAM SpK K 880.*

[786] PAUL RITTERBUSCH, 1900 – 1945, Staatsrechtler, Wissenschaftsorganisator, profilierter nationalsozialistischer Wissenschaftsfunktionär, Referent im REM, vgl. OTTO, MARTIN, Paul Ritterbusch, in: NDB Bd. 21, Berlin 2002, S. 668f.

[787] KISCH, Verteidigungsschrift S. 14; im Zeugnis LANGE vom 15.6.1947, S. 4 wurde von wüsten Beschimpfungen KISCHS als Reaktionär und Saboteur berichtet. *SpKA KISCH, StAM SpK K 880.*

[788] Eintragung in FRANKS Terminkalender am 14.2.1937, *Nachlass FRANK, BAK NL 110, Bd. 9.*

[789] Niederschrift der Sitzung der Klassensekretäre der AkDR vom 19. – 21.3.1937, *BAB AkDR R 61, 71.*

[790] KISCH, Verteidigungsschrift S. 13 und LANGE, Gutachten vom 15.6.1947, *SpKA KISCH, StAM SpK K 880*; KISCH wurde mehrfach zum Parteibeitritt von FRANK und auch von KERRL, Preuß. Justizminister, aufgefordert. Vgl. Brief KISCH an GRITSCHNEDER vom 5.11.1945, *Privatbesitz GRITSCHNEDER.*.

seiner längeren Parteizugehörigkeit nicht unter solchen Hemmungen stehen werde wie er selbst.[791] Ein weiterer Hinweis, dass Kisch nicht nur aus gesundheitlichen Gründen ausschied, ergibt sich aus einem Briefwechsel zwischen Lange und Frank, in dem Lange anscheinend andere Motive für Kischs Ausscheiden erwähnte, worauf Frank in seiner Antwort diesen Vorwurf weit von sich wies und nochmals betonte, dass Kisch nur aus gesundheitlichem Anlasse zurückgetreten sei.[792] Welche Rücktrittsgründe Lange andeutete, ist nicht bekannt, da nur das Antwortschreiben Franks noch existiert. Da Lange, wie Franks Antwort vermuten lässt, in seinem Brief aber wohl generell finanzielle Unregelmäßigkeiten und interne Probleme in der Akademie anprangerte[793], dürften sie ebenfalls in dieser Richtung gelegen haben. Lange hatte an anderer Stelle die Lage in der Akademie auch wie folgt charakterisiert:

> „Es hat sich gezeigt, daß eine langjährige Tätigkeit in der Akademie die Arbeitslust nicht fördert. Das Übertragen von Sonderaufgaben, die plötzliche Zuziehung zu Frühstücken und Empfängen und vor allem die vielen Reisen minderten die Neigung zu regelmäßiger und intensiver Arbeit und entzieht die Tätigkeit weitgehend stärkerer Überwachung.“[794]

Frank hingegen war von dem schlechten Gesundheitszustand Kischs sehr überzeugt. So hatte er sich zu dessen Ausscheiden vehement für eine Ehrung Kischs beim Reichserziehungsministerium eingesetzt und sich zunächst um den Adlerschild des Deutschen Reiches für Kisch als „diesem in der lebenden Generation der deutschen Rechtswissenschaft fast einzig dastehenden Mann“ bemüht, obwohl diese Ehrung bekanntermaßen erst ab dem 70. Lebensjahr verliehen wurde. Da er, wie er an Reichserziehungsminister Rust schrieb, aber sehr stark um den Gesundheitszustand von Kisch besorgt war und fürchtete, dass Kisch dieses Alter ohnehin nicht mehr erreichen werde, hatte er Rust um Unterstützung gebeten[795], die ihm dieser auch bereitwillig zusagte.[796] Ergebnis dieses doch von relativ hoher Stelle angeregten Unterfangens war zwar nicht der Adlerschild, aber die Goethemedaille.

Betrachtet man diese in der Akademie und deren Umfeld vorhandenen Probleme, so ist es nicht verwunderlich, dass Kisch von seiner Arbeit in der Akademie genervt war. Feststellen zu müssen, dass das ganze in die Akademie investierte Engagement im

---

[791] Brief KISCH an GERLAND vom 12.9.1937. KISCH äußerte später noch, dass er den Eindruck habe, dass EMGE der „richtige Mann am richtigen Platz“ sei. Brief KISCH an GERLAND vom 3.11.1937, *Nachlass GERLAND, BAK NL 10, Bd. 18.*

[792] Brief FRANK an LANGE vom 4.9.1939 unter Bezugnahme auf ein Schreiben LANGES vom 21.8.1939: „Ferner befinden Sie sich in einem Irrtum über den Rücktritt des Herrn Geheimrat Dr. Kisch. Ich kenne auf Grund von zahlreichen Briefen und mündlichen Äußerungen des Herrn Geheimrat Kisch die Vorgänge seines Rücktritts sehr genau und muß Sie darauf aufmerksam machen, daß hierfür ganz andere Gründe maßgeblich gewesen sind.“ *SpKA LANGE, StAM SpK 1010.*

[793] Zu Problemen der Organisation und Finanzierung vgl. PICHINOT, HANS-RAINER, Die Akademie für Deutsches Recht. Aufbau und Entwicklung einer öffentlich-rechtlichen Körperschaft des Dritten Reichs, Kiel 1981, S. 84ff.

[794] LANGE o. Dat., *BAB AkDR R 61, 103,* zitiert nach PICHINOT, HANS-RAINER, Die Akademie für Deutsches Recht. Aufbau und Entwicklung einer öffentlich-rechtlichen Körperschaft des Dritten Reichs, Kiel 1981, S. 89f.

[795] Brief FRANK an REMin RUST vom 14.6.1937, *REM PA KISCH, BAB R 4901 K 224.*

[796] Brief REMin RUST an FRANK vom 21.7.1937, *REM PA KISCH, BAB R 4901 K 224.*

Endeffekt nicht den erhofften, mäßigenden Einfluss auf die Gesetzgebung hervorbrachte, dass statt wissenschaftlicher Arbeit oftmals die Propaganda im Vordergrund stand, dass statt Alter, Erfahrung und wissenschaftlichem Ansehen plötzlich Jugend und Parteizugehörigkeit zählten, und dass interne und externe Streitereien, Kompetenzprobleme und Machtgerangel die Arbeit in der Akademie erschwerten, verbitterte Kisch. Dies entsprach wohl kaum seinem Bild einer Akademie des Rechts.[797] Die auch von Kisch propagierte Funktion der Akademie als eine Art Parlamentsersatz[798] hatte sich nicht erfüllt, die Beteiligung der Akademie bei neuen Gesetzen war äußerst gering geblieben.[799] Ebenfalls in Richtung Frustration und Unzufriedenheit als Rücktrittsgründe weist eine kurze Sentenz in einem Brief Wilhelm Kißkalts 1938 an den ihm aus der Deutschen Akademie bekannten Heinrich Gerland:

> „Sie schreiben selbst von einem Klange aus einer vergangenen Welt, und ich las jüngst im Plutarch eine Bemerkung des achtzigjährigen Cato ‚es ist schwer, sich mit Leuten zu verständigen, die einer anderen Generation angehören'. Bei uns ist es nicht nur die Generation! Und deshalb glaube ich, daß unser Freund Kisch und ich doch das bessere Teil erwählt haben mit dem Entschluß, uns aus allen öffentlichen Stellen still und unvermerkt zurückzuziehen und sie denen überlassen, die glauben es besser machen zu können. Einer so ausgesprochenen Kampfnatur wie Ihnen mag das schwer fallen; vielleicht kommen sie aber doch noch darauf."[800]

Die Wahrheit über Kischs Rücktrittsgründe dürfte wie bei seiner Pensionierung irgendwo zwischen seiner eigenen Aussagen, dass er sich distanzieren wollte, persönlicher Frustration und den gesundheitlichen Beschwerden liegen. Ähnlich wie das mäßigende Eingreifen nur ein Motiv von vielen für seine Betätigung in der Akademie war neben der Hoffnung auf eine Rechtserneuerung, nationaler Euphorie, beruflichen oder auch persönlichen Eitelkeiten, Obrigkeitsloyalität, Förderung der Rechtswissenschaft und Hoffnung auf Vorteile für die Juristische Fakultät München, waren auch für seinen Rücktritt mehrere Beweggründe verantwortlich. Nicht am leichtesten wogen die offiziell angegebenen gesundheitlichen Probleme. Seine Beschwerden waren in der Vergangenheit schon oft Grund für die Ablehnung[801] oder Niederlegung[802] von ar-

---

[797] Einige dieser z. T. unpolitischen Kritikpunkte deutete KISCH in seiner letzten Rede, Die Abteilung für Rechtsforschung der Akademie für Deutsches Recht, Geleitwort zur konstituierenden Sitzung am 19.6.1937, an und mahnte zur Beilegung. *BAB AkDR R 61, 71.* Vgl. auch oben 2.3.4 Die Einrichtung der Abteilung für Rechtsforschung.

[798] KISCH, Begrüßungsrede auf der Festsitzung der Akademie für Deutsches Recht anlässlich des „Internationalen Kongresses für Strafrecht und Gefängniswesen", in: ZAkDR, 2. Jg. (1935) S. 693ff; Die Arbeiten der Akademie für Deutsches Recht, Berlin 1936, S. 10ff. Auch FRANK hat in seinen Erinnerungen diese Funktion als Gründungsgrund angegeben, da mit Zusammenfallen der Legislative und Exekutive durch das Ermächtigungsgesetz keine parlamentarische Beratung mehr gegeben gewesen sei. FRANK, HANS, Im Angesicht des Galgens, München 1953, S. 175.

[799] ANDERSON, DENNIS LEROY, The Academy for German Law, 1933 – 1944, New York 1987, S. 524ff.

[800] Brief KIßKALT an GERLAND vom 17.10.1938, *Nachlass GERLAND, BAK NL 10, Bd. 38.*

[801] Z. B. das Rektorat der LMU oder die Mitgliedschaft im Vorstand der Vereinigung Deutscher Zivilprozeßrechtslehrer. Vgl. oben 2. Kapitel.

[802] Vgl. die Niederlegung der akademischen Ämter im Sommer 1919, die Ablehnung der Mitgliedschaft im Vorstand der Vereinigung Deutscher Zivilprozeßrechtslehrer oder des Vorsitzes im Verein für gewerblichen Rechtsschutz und Urheberrecht 1934.

beitsintensiven Ämtern und Pflichten gewesen. Die auch in der Akademie mit solchen Ämtern verbundenen zahlreichen Reisen und Großveranstaltungen belasteten ihn aufgrund der oftmals vorherrschenden schlechten, für ihn wegen seiner Behinderung aber so wichtigen Beförderungslage und den minderwertigen Unterbringungen sehr und waren ihm deshalb schon von jeher ein Übel gewesen.[803] Selbst Heinrich Lange bestätigte in seinem Gutachten für Kischs Entnazifizierungsverfahren, in dem er von Sabotagearbeit, mäßigender Einflussnahme und Distanzierung spricht, die gesundheitliche Komponente:

> „Seine Rücktrittsgesuche waren nicht nur formale Erklärungen, sondern waren durchaus ernst gemeint, ja er suchte nach jeder Gelegenheit, um dieses bei seiner Gesundheit für ihn aufreibende Amt loszuwerden."[804]

4.3 Austritt aus dem NS-Rechtswahrerbund

Mit Rücktritt von seinen Akademieämtern trat Kisch auch aus dem NSRB aus. Dieser Schritt unterscheidet sich von seinem Rückzug aus der Akademie im Hinblick darauf, dass mit der NSRB-Mitgliedschaft für ihn eigentlich kein Aufwand verbunden war und somit gesundheitliche Gründe keine Rolle spielten. Er kann als ein Akt der Distanzierung gesehen werden, wenn auch gerade hier persönliche Befindlichkeiten zu vermuten sind. Die genauen Vorgänge und Hintergründe sind unbekannt, die einzigen Überlieferungen dazu finden sich in Kischs Spruchkammerakten. Kisch erwähnte in seiner Verteidigungsschrift Unstimmigkeiten mit dem Vertreter der Hochschullehrer im Rechtswahrerbund Paul Ritterbusch, der auch in die Vorgänge, die zum endgültigen Rücktritt Kischs als Vizepräsident führten, involviert gewesen sein soll[805], und machte dessen radikalen Kurs für seinen Austritt verantwortlich. Auf Ritterbuschs Initiative wurde Kisch seiner Aussage nach bei seinem Ausscheiden zur Kaschierung des Vorfalls auch zum Ehrenmitglied des Rechtswahrerbundes ernannt, was er allerdings zunächst zu verhindern suchte und schließlich nur gegen seinen Willen wurde.[806] Unter Berücksichtigung der persönlichen Ressentiments und den zwischen Akademie und Rechtswahrerbund tatsächlich sich abspielenden Macht- und Konkurrenzkämpfen[807] ist dies ein glaubhaftes Szenario, wenn auch Näheres nicht mehr zu ergründen ist.

4.4 Verbleibende Verbindungen

Einen offenen Bruch oder auch eine klare Distanzierung hatte Kisch mit seinen gesundheitlichen Rücktrittsgründen vermieden, so dass es nicht erstaunlich ist, dass er für die nationalsozialistische Welt weiterhin vertrauenswürdig war oder zumindest nicht weniger vertrauenswürdig als vorher, wenn man das generelle Misstrauen der Nationalsozialisten gegen die als reaktionär verschrieenen älteren Ordinarien berücksichtigt. Im Reichserziehungsministerium stand Kisch 1939 immer noch auf der Liste

---

[803] Brief KISCH an GERLAND vom 17.5.1936, *Nachlass GERLAND, BAK NL 10, Bd. 18.*

[804] LANGE, HEINRICH, Gutachten vom 15.6.1947, S. 3f, *SpKA KISCH, StAM SpK K 880.*

[805] Siehe oben 3. Kapitel, 4.2.

[806] KISCH, Verteidigungsschrift S. 14, *SpKA KISCH, StAM SpK K 880.*

[807] dazu vgl. auch LANGE, HEINRICH, Die Entwicklung der Wissenschaft vom Bürgerlichen Recht seit 1933. Eine Privatrechtsgeschichte der neuesten Zeit. Tübingen 1941, S. 9ff.

der Professoren für ein Votum im Verfahrensrecht, vermutlich für Berufungen[808], und selbst noch 1940 zog man ihn für einen dringlichen Einsatz im zu diesem Zeitpunkt von den Deutschen besetzten Elsass-Lothringen in Betracht.[809] Der dafür angeforderte Bericht der zuständigen Organisation Blütenstraße der NSDAP in München zur politischen Zuverlässigkeit enthielt nichts Negatives und beschrieb Kisch als unauffällig.[810] Besondere Erwähnung fand das ihm verliehene Bild Hitlers mit Silberrahmen, dem sowohl in diesem Bericht, als auch später, als es z. B. um die Unbedenklichkeit einer Vermeldung seines 70. Geburtstags 1944 in der Presse ging, immer wieder eine große Aussagekraft zugeschrieben wurde.[811] Allein diese Ehrung reichte anscheinend als Argument für seine Regimetreue schon aus.

Waren dies sozusagen passive Verbindungen, auf die Kisch nur bedingt Einfluss nehmen konnte, für die er sich nicht selbst entschieden hatte und von denen er vermutlich nicht einmal wusste, so blieben dennoch genügend Aktivitäten in der Folgezeit, zu denen er sich bewusst entschloss. Abgesehen auch von den weitergeführten Mitgliedschaften in der NS-Volkswohlfahrt und im Reichsluftschutzbund[812] zog Kisch sich in den Jahren nach seinem Ausscheiden nicht völlig zurück, sondern blieb lose mit der Akademie und Hans Frank persönlich verbunden. Er passte sich bei und mit seinen verbleibenden Tätigkeiten weiterhin der nationalsozialistischen Herrschaft an, wenn er auch wesentlich weniger in Erscheinung trat und die Übernahme von Ämtern generell vermied.[813] Auch wenn einige seiner Kontakte mit Einsamkeit und dem Wunsch nach Gesellschaft erklärt werden können - nach dem Tod seiner Schwester lebte Kisch allein und wegen seiner gesundheitlichen Beschwerden konnte er teilweise monatelang die Wohnung nicht verlassen[814] - so weisen seine Publikationen „Der deutsche Rechtslehrer“ 1939 und der Beitrag „Zivilprozeßrecht“ zur Festschrift für Adolf Hitler zum 50. Geburtstag weiterhin Anpassung und Zugeständnisse an das nationalsozialistische Regime auf und propagieren die Umsetzung der neuen durch den Nationalsozialismus entstandenen Werteordnung im Recht.[815] Zu berücksichtigen ist natürlich,

---

[808] Liste vom 19.5.1939, *BAB REM R 4901, DZA POTSDAM Bd. 622.*

[809] Briefwechsel Gauleitung der NSDAP Baden mit Gauleitung Oberbayern Herbst 1940, *BAB BDC WI AO 500.* Was für ein Einsatz dies war und wieso KISCH nicht tätig wurde, ist nicht bekannt. Möglicherweise sollte KISCH als Elsässer an der 1941 wiedereröffneten deutschen Reichsuniversität Straßburg lehren.

[810] Bericht Org. Blütenstraße der NSDAP an Gauleitung Oberbayern vom 13.11.1940: „Ausführliches Gesamturteil: Über Wilhelm Kisch ist nichts Nachteiliges bekannt. Nach von uns nicht nachkontrollierbaren Meldungen soll Justizminister Frank öfters bei K. zu Gast gewesen sein, ferner soll er ein Bild des Führers mit dessen persönlicher Widmung besitzen.“, *BAB BDC WI AO 500.*

[811] Notiz vom 22.11.1944, *KuMiPA KISCH, BayHStA MK 43875.*

[812] Fragebogen des Military Government of Germany vom 10.10.1947, *SpKA KISCH, StAM SpK K 880.*

[813] So lehnte KISCH z. B. das Amt eines Senators in der Deutschen Akademie in München ab. Brief KIßKALT an GERLAND vom 31.10.1938: „Zu den Berufungen bemerke ich noch vertraulich, dass Kisch die ihm angebotene Würde eines Senators abgelehnt hat, weil er aus seiner Zurückgezogenheit nicht mehr heraus möchte.“ *Nachlass GERLAND, BAK NL 10, Bd. 38.* Einfaches Mitglied war KISCH aber in der Deutschen Akademie. Vgl. Fragebogen des Military Government of Germany vom 10.10.1947, *SpKA KISCH, StAM SpK K 880.*

[814] Briefe KISCH an GERLAND 1938 – 1944, *Nachlass GERLAND, BAK NL 10, Bd. 18, 19.*

[815] KISCH, Der deutsche Rechtslehrer, München 1939, S. 44ff.

dass bei solchem Handeln in diesen Zeiten Angst eine nicht unbedeutende Rolle gespielt haben mag. Kisch hatte wegen seiner starken gesundheitlichen Beschwerden sogar große Angst vor einer Inhaftierung und war vermutlich deswegen auch darauf bedacht, dem Regime keinen Angriffspunkt zu liefern.[816] Kischs in den ersten Kriegsjahren zum Ausdruck kommende Euphorie über die militärischen Anfangserfolge, den Sieg gegen Frankreich als Erbfeind[817] und die Wiedergewinnung seines Heimatlandes Elsass-Lothringen, sowie über das damit verbundene Wiedererstarken Deutschlands spricht aber ebenfalls eine deutliche Sprache. Von einer Ablehnung des Regimes war in dieser Phase nicht viel zu spüren. Der außenpolitische Erfolg scheint auch bei ihm die innenpolitischen Probleme und ideologischen Kritikpunkte in den Hintergrund gedrängt zu haben.[818]

4.4.1 Akademie für Deutsches Recht

Trotz der Niederlegung seiner Ämter war Kisch immer noch einfaches Mitglied der Akademie und blieb es auch bis zu ihrer Auflösung 1944 durch den Hans Frank nachgefolgten Präsidenten Otto Thierack.[819] Hans Frank, seit 1939 Generalgouverneur in Polen, war 1942 nach seinen vier Reden gegen Willkür und Polizeistaat und für den Rechtsstaat und die Unabhängigkeit des Richters, von denen er eine am 20. Juli 1942 an der Universität München gehalten hatte, seiner rechtspolitischen Ämter enthoben worden und hatte ein Redeverbot erhalten.[820] Neuer Präsident der Akademie wurde der Nachfolger Franz Gürtners im Reichsjustizministerium, Otto Thierack, der an wissenschaftlicher Arbeit wenig Interesse zeigte und noch mehr auf die Dienlichmachung des Rechts für die Politik Wert legte.[821] Kischs vereinzelte nähere Verbindungen zur Akademie brachen kurz nach dem Ende der Präsidentschaft Franks ab, wobei in Kriegszeiten der Akademiebetrieb ohnehin stark eingeschränkt war.[822]

---

[816] Brief Dr. IRENE WÜRDINGER an Verfasserin vom 16.07.2003, *Privatbesitz Verfasserin.*

[817] Allein schon diese feindliche Einstellung den Franzosen gegenüber schloss es aus, dass KISCH, wie in einem Nachruf später angegeben, zwischen den Kriegen als Präsident der Deutsch-Französischen-Gesellschaft in München wertvolle Dienste für die Verständigung beider Völker leistete. So KÖTTER, H. W., Wilhelm Kisch, in: NJW 5. Jg. (1952) S. 374. Nachfragen bei der Deutsch-Französischen Gesellschaft in München ergaben keine Verbindungen zu KISCH, da sie ohnehin, wie wohl diese Gesellschaften allgemein, erst nach dem Zweiten Weltkrieg 1960 gegründet wurde.

[818] Brief KISCH an GERLAND z. B. vom 16.7.1940, vom 23.8.1940, in dem er von „unserer Führung" spricht, vom 9.9. 1940, *Nachlass GERLAND, BAK NL 10, Bd. 18.*

[819] Vgl. Mitgliederverzeichnis im Anhang bei ANDERSON, DENNIS LEROY, The Academy for German Law, 1933 – 1944, New York 1987.

[820] SCHUDNAGIES, CHRISTIAN, Hans Frank. Aufstieg und Fall des NS-Juristen und Generalgouverneurs, Frankfurt am Main 1989, 61ff.

[821] HATTENHAUER, HANS, Die Akademie für Deutsches Recht (1933 – 1944), in: JuS, 26. Jg. (1986) S. 684.

[822] WERHAN/FENSCH, Bestand R 61, Akademie für Deutsches Recht, Findbücher zu Beständen des Bundesarchivs Bd. 9, 2. Auflage Koblenz 1976, S. IX und ANDERSON, DENNIS LEROY, The Academy for German Law, 1933 – 1944, New York 1987, S. 467ff.

Obwohl Kisch sehr froh war, endlich die Akademieämter losgeworden zu sein[823], übernahm er trotzdem für die 5. Jahrestagung 1938 einen Vortrag zur deutsch-österreichischen Rechtsangleichung, den er aber dann krankheitsbedingt wegen eines Ischias-Rückfalls absagen musste.[824] Noch im Vorfeld hatte er zwar Gerland gegenüber geäußert, weder an der Jahrestagung noch am Juristentag in Leipzig 1938 teilnehmen zu wollen[825] und dass ihn der Vortrag auch in keiner Weise locke[826], hatte den Vortrag aber trotzdem zunächst angenommen. In den folgenden Jahren hielt sich Kisch allgemein mit öffentlichen Auftritten bzw. Ämtern zurück, denn er wollte auf jeden Fall vermeiden, wieder einsatzfähig zu erscheinen und infolgedessen wieder von der Akademie in Anspruch genommen zu werden.[827] Dennoch fand er sich hin und wieder bei den Präsidiumssitzungen der Akademie ein, z. B. im April 1938 oder auch im November 1940[828], um, wie er schrieb, keine zu große „Abstention" deutlich werden zu lassen[829] und vermutlich auch, um über die Fortschritte beim Haus des Deutschen Rechts auf dem Laufenden zu bleiben. An der Entwicklung des Haus des Deutschen Rechts war er weiterhin über den damaligen Dekan der Juristischen Fakultät San Nicolò beteiligt, der ihn diesbezüglich immer wieder um Rat fragte und informierte.[830] Auch wenn Kisch die kommenden Jahrestagungen vor allem wegen seiner Abneigung gegen Großveranstaltungen und gegen die damit verbundenen Unannehmlichkeiten sowie wegen seines Desinteresses, oder wie er selbst sagte, *„ex omnibus causis et quibusdam aliis"* konsequent mied und auch wenn er auch nicht davor zurückschreckte, gegebenenfalls dafür einen gesundheitlichen Vorwand zu benutzen[831], so wurde er später doch immer noch zu Repräsentationszwecken herangezogen. 1942 fragte die Auslandsabteilung der Akademie bei ihm an, ob er gewillt wäre, dem spanischen Prof. DeHeredia, Gast der Akademie, ein Gespräch zu gewähren, und kurz darauf, im Oktober 1942, ob er den Pressechef der geflohenen iranischen Regierung empfangen würde. Beide Anfragen bejahte Kisch.[832]

4.4.2 Die Beziehung Kisch – Frank

Kischs Engagement in der Akademie für Deutsches Recht und damit seine Hauptbetätigung im Nationalsozialismus war sehr eng mit Hans Frank verbunden. Ohne die För-

---

[823] Dr. OTTO GRITSCHNEDER, ehemaliger Student bei KISCH, berichtet von einem Besuch bei KISCH zuhause, bei dem die Haushälterin FANNY HIRSCHLE ihm mitteilte, dass man nun endlich aus der Akademie draußen sei. Tonbandaufnahme vom 29.2.2004, *Privatbesitz Verfasserin.*

[824] Brief KISCH an GERLAND vom11.5.1938, *Nachlass GERLAND, BAK NL 10, Bd. 18.*

[825] Brief KISCH an GERLAND vom 2.4.1938, *Nachlass GERLAND, BAK NL 10, Bd. 18.*

[826] Brief KISCH an GERLAND vom 11.5.1938, *Nachlass GERLAND, BAK NL 10, Bd. 18.*

[827] Brief KISCH an GERLAND vom 23.8.1938, *Nachlass GERLAND, BAK NL 10, Bd. 18.*

[828] Meldung, Präsidialsitzung der Akademie für Deutsches Recht, Deutsches Nachrichtenbüro. Berlin 1.4.1938, *BAB RJM R 3001, 198;* Teilnehmerliste der Präsidiumssitzung vom 23.11.1940, *Nachlass FRANK, BAK NL 110, Bd. 65.*

[829] Brief KISCH an GERLAND vom 18.11.1940, *Nachlass GERLAND, BAK NL 10, Bd. 18.*

[830] Vgl. oben 3. Kapitel, 2.6.2.

[831] Briefe KISCH an GERLAND vom 24.10.1941 und 5.11.1941, Kisch hatte sich bei der letzten Teilnahme an einer Präsidiumssitzung eine heftige Grippe geholt und wollte eine Wiederholung auf jeden Fall vermeiden. *Nachlass GERLAND, BAK NL 10, Bd. 18.*

[832] Briefwechsel AkDR mit KISCH im August/September 1942 und im Oktober 1942, *BAB AkDR R 61, 18.*

derung und Rückendeckung von Hans Frank hätte Wilhelm Kisch mit Sicherheit nicht solchen Einfluss und solches Ansehen im Nationalsozialismus bekommen. Frank hatte Kisch zu seinem Stellvertreter in der Akademie für Deutsches Recht gemacht und hatte, wenn auch nicht uneigennützig, an Kisch als Vizepräsident festgehalten. Kisch galt zwar als national und „auf dem Boden des neuen Staates stehend", gehörte aber der älteren Generation von Professoren an, die eher als liberal, reaktionär und in alten Traditionen verhaftet angesehen wurden.[833] Politisch war er nie hervorgetreten und vor 1933 hatte er dem Nationalsozialismus weder besondere Unterstützung zukommen lassen, noch vorauseilend Konzepte für nationalsozialistische Rechtsideen publiziert. Im parteipolitischen Sinne war er daher sicher nicht die erste Wahl für höhere Posten, im Hinblick auf die geplante wissenschaftliche Ausrichtung aber von Hans Frank geschickt ausgesucht. Daneben hatte Frank Kisch auch erfolgreich für die Besetzung des Justizprüfungsamtes beim Oberlandesgericht München vorgeschlagen.[834] Dass die Stellung als Vizepräsident allein, auch ohne Franks direkte Einmischung, den Zugang zu anderen Ämtern, so war Kisch z. B. Gaufachberater beim BNSDJ, Vorsitzender des Vereins für Gewerblichen Rechtsschutz und Urheberrecht, und Ehrungen wie die italienische Auszeichnung oder die Ehrenbürgerschaft beeinflusst hat, ist wohl anzunehmen. Nach seinem Rücktritt als Vizepräsident blieb Kisch nicht nur in losem Kontakt mit der Akademie, sondern auch zu Frank brach zunächst die Verbindung nicht vollständig ab. Auf Wunsch Franks schrieb Kisch 1939 sein Buch „Der deutsche Rechtslehrer" und widmete es Frank.[835] Zur Geburt von Franks Sohn Niklas 1939 übersandte Kisch ein Gratulationsschreiben und Blumen.[836] Noch 1942 schrieb er privat an Frank zu dessen von Hitler infolge der vier Reden gegen Willkür und für den Rechtsstaat angeordnetem Ausscheiden aus der Akademie[837]:

> „[...] ist es mir ein herzliches Bedürfnis, Ihnen nochmals für das Vertrauen zu danken, das Sie mir bei der Gründung und dem ersten Aufbau der Akademie stets geschenkt haben. Ich verbinde damit die Hoffnung und den Wunsch, daß auch künftighin die von Ihnen ins Leben gerufene Akademie bei der Neugestaltung unserer Rechtsordnung und bei der Betreuung der deutschen Rechtswissenschaft von dem Geiste der Gerechtigkeit und dem idealen Schwunge getragen bleibe, den Sie ihr als Ihr Gründer und Leiter eingeflößt haben."[838]

Frank auf der anderen Seite bedankte sich besonders höflich bei Kisch für dessen Glückwünsche zur Geburt seines Sohnes mit einer nur vereinzelt verwendeten, im Gegensatz zu allen anderen Dankesbriefen unterstrichenen Grußformel: „Verbleibe ich

---

[833] so z. B. SCHMITT, CARL, Bericht über die Fachgruppe Hochschullehrer im BNSDJ, in: Deutsches Recht, 4. Jg. 1934, S. 17.

[834] Mitteilung FRANK an OLG München vom 24.10.1934, dass seinen Vorschlägen entsprechend vom RJM die Mitglieder des Justizprüfungsamtes ernannt worden seien, u. a. auch KISCH. *BAB REM R 4901, Bd. 842.*

[835] Näheres s. unten 3. Kapitel, 4.4.3.

[836] Dankbrief FRANK an KISCH für Gratulation und Blumen vom 3.4.1939, *Nachlass FRANK, BAK NL 110, Bd. 43.*

[837] FRANK wurde aller seiner rechtspolitischen Ämter enthoben und erhielt außerdem ein Redeverbot. Vgl. SCHUDNAGIES, CHRISTIAN, Hans Frank. Aufstieg und Fall des NS-Juristen und Generalgouverneurs, Frankfurt am Main 1989, S. 61ff.

[838] Brief KISCH an FRANK vom 25.8.1942, *Nachlass FRANK, BAK NL 110, Bd. 17.*

ihr ergebener"[839] und schickte Kisch z. B. auch eine persönliche Einladung zur Jahrestagung der Akademie 1941.[840] Dass Frank und Kisch über die Zusammenarbeit in der Akademie und diese späteren vereinzelten Briefe hinaus engeren privaten Kontakt pflegten, erscheint auf den ersten Blick unwahrscheinlich, denn dafür waren sie zu unterschiedlich sowohl in ihrer politischen Ausrichtung als auch in ihrer ganzen Lebensstellung. Allerdings sind in einem geheimen Bericht der zuständigen Ortsgruppe der NSDAP in München von 1940 „nicht nachkontrollierbare Meldungen" erwähnt, nach denen der Justizminister Frank bei Kisch öfter zu Gast gewesen sein soll.[841] Dies mag aber, falls zutreffend, zumindest zu Akademiezeiten beruflicher Natur gewesen sein, denn Kisch empfing wegen seiner Behinderung oftmals seine Gesprächspartner, Mitarbeiter oder Kollegen zuhause.[842] Weitere Hinweise auf eine engere freundschaftliche Beziehung bestehen nicht.[843] Mit Franks Ausscheiden aus der Akademie endete jeglicher Kontakt, soweit ersichtlich.[844] Ihre berufliche Beziehung war auf Seiten Franks von großer Verehrung geprägt, seitens Kisch war sie eher zurückhaltend, respektvoll. Daneben schwang aber bei Kisch eine gewisse Bewunderung und eine große Dankbarkeit für Frank und dessen Idee „Akademie" mit.[845] Er betonte nicht nur bei jeder sich bietenden Gelegenheit in seinen Akademiereden, dass „es allein das Verdienst unseres verehrten Präsidenten ist, wenn sich die Juristen noch als Stand, und zwar als hochangesehener Stand, ihren Aufgaben widmen können", und dass Frank auch von vornherein „den großen und wichtigen Gedanken festgehalten und verwirklicht hat, daß auch die Wissenschaft nicht beiseite stehen darf, wenn es gilt an dem Aufbaue eines neuen Rechts zu arbeiten"[846], sondern schrieb auch ohne zwingende Veranlassung den oben erwähnten Dankbrief beim Ausscheiden Franks aus der Akademie 1942. Aus diesen Gründen fühlte sich Kisch Frank anscheinend verpflichtet und setzte vermutlich auch deswegen seine Rücktrittsabsichten jahrelang nicht konsequent durch.[847] Nicht nur er wollte Frank beeinflussen, sondern auch er wurde damit von Frank beeinflusst.[848] Kischs und Franks gegenseitiger Respekt und ihre Dankbarkeit manifestierte sich in ihrem wechselseitigen Einsatz für die Verleihung von Auszeichnungen, wie die Ehrenbürgerschaft an Frank und die Goethemedaille für Kisch. Auch der Rummel um Kischs 60. Geburtstag 1934 mit vielen Zeitungsartikeln und der Über-

---

[839] Brief FRANK an KISCH vom 3.4.1939, *Nachlass FRANK, BAK NL 110, Bd. 43.*

[840] Brief KISCH an GERLAND vom 24.10.1941, *Nachlass GERLAND, BAK NL 10, Bd. 18.*

[841] Bericht NSDAP Ortsgruppe München vom 9.11.1940. Nähere zeitliche Angaben sind darin aber nicht enthalten. *BAB BDC WI AO 500 KISCH.*

[842] Vgl. Briefwechsel KISCH - GERLAND, *Nachlass GERLAND, BAK NL 10, Bd. 17, 18, 19.*

[843] KISCH erwähnt in seinen privaten Briefen nie einen Besuch FRANKS bei ihm zuhause und auch sonstige Hinweise auf eine nähere Bekanntschaft sind nicht zu finden. Briefwechsel KISCH – GERLAND 1933 – 1944, *Nachlass GERLAND, BAK NL 10, Bd. 17,18, 19.*

[844] Dies konnte nur hinsichtlich des Nachlasses von FRANK geklärt werden, KISCHS private Korrespondenz wurde bei einem Bombenangriff 1944 vernichtet.

[845] Vgl. z. B. Proklamationsrede auf dem Juristentag in Leipzig 1933, in: JAkDR, 1933/34, S. 12ff.

[846] KISCH, Rede auf der „Arbeitstagung der Akademie für Deutsches Recht" am 26.5.1934, in: JAkDR, 1. Jg. (1933/34) S. 186ff [225].

[847] So war KISCH z. B. sehr darauf bedacht, FRANK mit seinem Rücktritt keine zu großen Probleme zu bereiten, stellte ihm sehr viel Bedenkzeit für die Nachfolgerauswahl zur Verfügung. Vgl. Brief KISCH an FRANK vom 22.9.1935, *Nachlass FRANK, BAK NL 110, Bd. 26.*

[848] Brief Prof. Dr. FILBINGER an Verfasserin vom 12.2.2003, *Privatbesitz Verfasserin.*

reichung des Hitler-Bildes war größtenteils von Hans Frank initiiert[849], wenn auch Kischs Stellung als angesehener Professor ihr übriges in München tat. Kisch zog aus eigener Initiative über seine Ämter hinaus, soweit bekannt, keine persönlichen Vorteile aus seiner Beziehung zu Hans Frank, nutzte aber die Kontakte um z. B. Heinrich Gerland zur BNSDJ-Mitgliedschaft zu verhelfen. Eine ihm angebotene Vergütung für sein Amt als Vizepräsident in der Akademie hat er immer abgelehnt.[850] Öffentliche Kritik an Frank ist von Kisch nicht bekannt, sieht man von einigen launigen Bemerkungen in seinen Akademiereden zur ständigen Abwesenheit Franks ab.[851] Kisch war immer bereit, die Lorbeeren Frank zu überlassen, war sich dessen Geltungsbedürfnisses durchaus bewusst und hielt sich im Hintergrund. In seinen Reden sprach er oft „im Namen und Auftrag des Präsidenten" und flocht Floskeln wie „nach dem Willen ihres Gründers und Leiters" ein.[852] Dafür konnte Kisch hinter den Kulissen viele seiner Vorstellungen und Pläne in der Akademie umsetzen, solange der Schein des Führerprinzips gewahrt blieb. Privat allerdings soll sich Kisch durchaus kritisch über Frank geäußert haben.[853]

Im Rechtsbereich waren beide in zwei Punkten nicht so weit voneinander entfernt. Frank wollte bzw. proklamierte den „nationalsozialistischen Rechtsstaat", mit einer in sich schlüssigen Rechtsordnung basierend auf der nationalsozialistischen Ideologie, aber auch mit einer Gesetzesbindung frei von Willkür und mit unabhängigen Gerichten.[854] Kisch wollte die rechtsstaatlichen Prinzipien wie die Unabhängigkeit der Gerichte aufrecht erhalten und dabei eine maßvolle Rechtserneuerung, ein neues Recht für das deutsche Volk, wenn auch weit mehr im alten Recht verhaftet und weit weniger nationalsozialistisch geprägt als Frank, sondern vor allem sozial am Gemeinwohl orientiert ausgestaltet.[855] Insoweit waren sie beide, wenn auch aus unterschiedlichen Gründen gegen die nationalsozialistische Führungsebene, die das Recht nur als Macht- oder Propagandamittel missbrauchte und je nach den Umständen ausnutzte oder eben

[849] Brief KISCH an GERLAND vom 23.2.1935, „Auch hat man mir, wie ich vermute den Abgang (Rücktritt von Akademieämtern/S.A.) dadurch etwas schwer machen wollen, daß man mir aus Anlaß meines 60. Geburtstages allerhand Annehmlichkeiten erwiesen hat.", *Nachlass GERLAND, BAK NL 10, Bd. 17.*

[850] Ergibt sich aber nur aus Brief KISCH an Spruchkammer des Landkreises Garmisch-Partenkirchen vom 4.2.1947, *SpKA KISCH, StAM SpK 880.*

[851] KISCH, Tischrede auf der 10. Vollsitzung am 28.2.1936, *BAB AkDR, R 61, 9.*

[852] Z. B. KISCH, Rede auf der 2. Arbeitstagung, 2. Jahrestagung der Akademie für Deutsches Recht vom 26. bis 29. Juni 1935 in München, in: ZAkDR, 2. Jg. (1935) S. 429ff [440].

[853] FRIEDLAENDER, MAX, Lebenserinnerungen, S. 143f, veröffentlicht auf www.brak.de.

[854] So stellen sich zumindest seine Ansichten dar, wenn man seine vier Reden 1942 heranzieht. Allerdings mögen auch Kompetenzprobleme mit der SS in seinem Generalgouvernement für diese Reden mitverantwortlich gewesen sein. SCHUDNAGIES, CHRISTIAN, Hans Frank. Aufstieg und Fall des NS-Juristen und Generalgouverneurs, Frankfurt am Main 1989; ANDERSON zählt FRANK zu den Juristen und Verantwortlichen, die als überzeugte Nationalsozialisten die Machtergreifung als Gelegenheit zu signifikanten Rechtsreformen sahen und ein völlig neues Recht nach NS-Ideologie wollten. In: The Academy for German Law, 1933 – 1944, New York 1987, S. 22f.

[855] Vgl. z. B. KISCH, Reform des Zivilprozesses, in: SCHRAUT, RUDOLF (Hrsg.), Deutscher Juristentag 1933, Ansprachen und Festvorträge, Berlin 1933, S. 197ff.

ignorierte.[856] Beide wurden vom neuen rechtsfeindlichen System des Dritten Reichs enttäuscht. Daneben strebten beide die stärkere Einbeziehung der Rechtswissenschaftler in das Unterfangen Rechtserneuerung an; Frank als Machtfaktor oder als so etwas wie eine „Hausmacht" und Kisch aus Sorge um das Recht und auch ein wenig aus gekränkter Eitelkeit heraus. Dadurch war aber ein Minimalkonsens vorhanden, der eine Zusammenarbeit in der Akademie getragen hatte.

4.4.3 „Der Deutsche Rechtslehrer"

Einer überzeugten Distanzierung vom Nationalsozialismus widerspricht auch Kischs 1939 in der Schriftenreihe der Akademie, Gruppe Rechtsgrundlagen und Rechtsphilosophie Nr. 9, erschienenes Werk „Der deutsche Rechtlehrer". Schon die Umstände der Entstehung, auf Auftrag und Bitten von Frank hin[857], die Widmung „Dem Präsidenten der Akademie für Deutsches Recht Herrn Reichsminister Dr. Hans Frank in Verehrung zugeeignet" und das Vorwort mit dem Dank an diesen als Persönlichkeit, die durch die Gründung der Akademie aber auch des Rechtswahrerbundes „der deutschen Rechtwissenschaft neue und schöne Wirkungsmöglichkeiten geschenkt hat" ebenso auch die ausschließliche Zitierung von Franks Werken in den spärlichen Fußnoten, lassen trotz aller darin enthaltenen mehr oder minder offenen Kritik an der nationalsozialistischen Wissenschafts- und Bildungspolitik Zweifel an seiner Ablehnung aufkommen, besonders im Hinblick darauf, dass Frank zu den exponierten Personen des Nationalsozialismus gehörte. Zugegebenermaßen wurden solche Widmungen im Nationalsozialismus auch verwendet, um die eigentliche Intention oder den kritischen Inhalt eines Werkes zu verschleiern und zu kaschieren. Da Kisch aber noch drei Jahre später Frank gegenüber freiwillig seinen Dank für das ihm gewährte Vertrauen in der Akademie ausdrückte[858], ist doch von einer gewissen Authentizität der Widmung auszugehen. Die Akademie für Deutsches Recht sorgte nach dem Erscheinen des Buches für die Verbreitung dieser Schrift und schickte es mit Einverständnis von Kisch z. B. an die Geschäftsstellen des NS-Studentenbundes in München und Berlin.[859]

Kischs später geäußerte Intention, mit dem Buch den Stand der Rechtslehrer und das bisherige Universitätssystem in Schutz zu nehmen gegen die Angriffe und Versuche im Nationalsozialismus, die Rechtslehrer zu bloßen Schulmeistern und die Fakultäten zu reinen Fachschulen herabzuwürdigen[860], lässt sich inhaltlich nachvollziehen. Seine Aussagen zur Rechtserziehung als Hauptaufgabe des Rechtslehrers, sieht man von einigen nationalsozialistischen Begrifflichkeiten und Verbrämungen ab, entsprachen durchwegs seinen Ansichten, die er schon in der Weimarer Republik, z. B. in „Wandlungen im Rechtsunterricht" 1931 oder auch in der Zeit nach dem Zweiten Weltkrieg in „Juristische Pädagogik" 1948 vertrat.[861] Er verteidigte das bisherige Unterrichtssy-

[856] RÜTHERS, BERND, Die unbegrenzte Auslegung. Zum Wandel der Privatrechtsordnung im Nationalsozialismus, 4. Auflage, Heidelberg 1991, S. 104ff.
[857] Entwurf einer Beilage zum Formblatt betreffend Prof. Dr. Wilhelm KISCH, S. 3, Beilage zum Brief KISCH an GRITSCHNEDER vom 19.11.1945, *Privatbesitz GRITSCHNEDER.*
[858] Brief KISCH an FRANK vom 25.8.1942, *Nachlass FRANK, BAK NL 110, Bd. 17.*
[859] Brief Akademie an NS-Studentenbund vom 7.1.1939, *BAB BDC WI AO 500.*
[860] Brief KISCH an EVA GERLAND vom 11.6.1948, *Nachlass GERLAND, BAK NL 10, Bd. 19.*
[861] Vgl. dazu oben 2. Kapitel, 2.1.

stem und die Universitäten und versuchte sie als für den neuen Staat mit seiner nationalsozialistischen Weltanschauung wertvoll und praktikabel darzustellen und sie mit ihm in Einklang zu bringen. Kischs Buch fand in der akademischen Welt daher auch verständlicherweise Anklang, und er wurde dafür in einer Besprechung von Erik Wolf in eine Reihe mit Fichte und Max Weber gestellt.[862] Bei aller z. T. doch sehr offenen, wenn auch konziliant formulierten Kritik z. B. an der Kürzung der Gehälter und an der Berufungspraxis, an der politischen Beurteilung der Dozenten und den damit verbundenen Verleumdungen und Seilschaften, aber auch an der überstürzten Gesetzgebung in den Anfangszeiten und an der Parteizensur [863], ist als Grundtenor dennoch Anpassung und die Bereitschaft, besser gesagt das Pflichtgefühl zu konstatieren, den nationalsozialistischen Staat zu unterstützen, wenn er es denn zulassen und den Rechtswissenschaftlern ihre Stellung und ihr Betätigungsfeld lassen würde. Kisch beschwerte sich erneut bitter darüber, dass den Rechtswissenschaftlern so großes Misstrauen entgegengebracht werde, obwohl sie sich zum neuen Staat bekannt hätten und zu einer Mitarbeit bereit seien:

> „Gerade für die Rechtslehrer der älteren und mittleren Generation ist es nicht weniger als eine Schicksalsfrage, nicht auf unabsehbare Zeit unter der Tatsache leiden zu müssen, daß sie einen Teil ihrer Lebensarbeit unter anderen Verhältnissen haben leisten müssen und daß sie zum größeren Teil – oft genug nur infolge der Weltabgeschiedenheit des Gelehrten – die Zeichen der sich anbahnenden neuen politischen Zeit nicht verstanden haben. Wenn sich nun solche Männer rückhaltlos auf den Boden des nationalsozialistischen Staates gestellt haben, so entspricht es der Großzügigkeit und Weitherzigkeit eines in sich gefestigten Systems, ihnen die Vergangenheit nicht nachzutragen und ihnen die förderliche Mitarbeit an den großen Aufgaben des neuen Staates nicht durch Anzweifelung ihres guten Willens zu erschweren.[864]

Der Durchbruch der neuen Weltanschauung gebe der Rechtwissenschaft neue Impulse und eine große, lockende Aufgabe. Mit der Beseitigung alter Staats- und Rechtsideologien und dem Aufkommen neuer Vorstellungen müssten nun alte Rechtseinrichtungen gestürzt werden und durch neue ersetzt werden. Neben der neuen gedanklichen Systematisierung gelte es nun für die Rechtswissenschaft, den materiellen Grundgehalt und die Einzelfolgerungen der großen leitenden Gedanken des Nationalsozialismus, wie z. B. Gemeinnutz vor Eigennutz oder die autoritäre Staatsführung, auf dem Gebiete des völkischen und staatlichen Lebens zu erkennen und darzustellen. Zusammengefasst:

> „Es gilt, die ganze Masse des überkommenen Rechtes auf seinen Einklang oder seine Unverträglichkeit mit der Ideologie des Nationalsozialismus nachzuprüfen und zu sichten, Unbrauchbares oder gar Schädliches auszuscheiden, neuen Rechtsvorstellungen

---

[862] WOLF, ERIK, Rezension: KISCH, Der deutsche Rechtslehrer, in: Zeitschrift für die gesamte Strafrechtswissenschaft Bd. 60 (1941) S. 331ff. Auch sehr positiv, aber nur auf die Aussagen zur Rechtserziehung beschränkt: WEIMAR, in: JW, 68. Jg. (1939) S. 396.
[863] KISCH, Der deutsche Rechtslehrer, München 1939, S. 74ff, 82ff, 52ff.
[864] Ebd. S. 75.

Raum zu schaffen, kurz das rechtswissenschaftliche Gebäude auf vielfach neue Grundlagen zu stellen.[865]

Verbunden mit dieser Aufgabe der Rechtswissenschaft problematisierte Kisch auch die Freiheit der Wissenschaft im Nationalsozialismus. Er ging davon aus, dass Wissenschaft an und für sich nie voraussetzungslos sei, sondern jede wissenschaftliche Tätigkeit unter dem Einfluss der geistigen Grundhaltung ihres Vertreters bedingt durch die Weltanschauung stehe. Besonders deutlich zeige sich die Abhängigkeit von der weltanschaulichen Grundlage aber bei der Rechtswissenschaft. Das Rechtssystem sei immer Produkt bzw. Bestandteil einer bestimmten Weltanschauung gewesen und gerade der Nationalsozialismus als ausgeprägte, geschlossene Weltanschauung bedinge daher auch die von der Rechtswissenschaft zu erforschende Rechtsordnung. Dadurch könne die Rechtswissenschaft nicht voraussetzungslos sein, was jedoch nicht dazu führe, dass sie nun unfreier sei als in irgendeiner anderen Weltanschauung.

> „Ist sie darum unfreier als die auf dem Boden irgendeiner anderen Weltanschauung erwachsene Rechtswissenschaft? Gewiß nicht! Denn, indem sie mit den jeder äußeren Beeinflussung und jedem anderen als dem geistigen Zwang entzogenen Mitteln der Logik und Methodik die Folgerungen aus dem bewußt gewählten Ausgangspunkt der nationalsozialistischen Weltanschauung erforscht und feststellt, waltet sie ebenso „frei" wie jede andere Rechtswissenschaft. Nur ist sie sich dieses ihres frei gewählten Ausgangspunktes und des Zusammenhangs ihrer Ergebnisse mit der zugrunde gelegten Weltanschauung deutlich bewußt und behauptet nicht, frei von Voraussetzungen zu sein, wie dies manches frühere rechtswissenschaftliche System in seltsamer Selbsttäuschung von sich vorgab."[866]

Kisch kam mit seiner Vorstellung der Abhängigkeit unproblematisch zu einer zwingenden Indienststellung der Rechtswissenschaft für den Nationalsozialismus als der weltanschaulichen Grundlage der neuen Rechtsordnung.

> „Gerade dem Wesen der Rechtswissenschaft als solcher entspricht es aber, daß sie in besonderem Sinne voraussetzungsmäßig gebunden ist, weil ihr der Gegenstand in Gestalt der Rechtsordnung eines bestimmten Volkes auf einer bestimmten zeitlichen Entwicklungsstufe gewissermaßen vorgezeichnet ist. Bei Erforschung dieses Gegenstandes kann sie, um zu logisch und methodisch einwandfreien, in diesem Sinne „richtigen" Ergebnissen zu gelangen, nicht anders als von der weltanschaulichen Grundlage eben dieser bestimmten Rechtsordnung auszugehen, indem sie festzustellen sucht, welche Gestaltung des Rechtes diesem ideologischen Ausgangspunkt gemäß ist, welche nicht.

Eine Kritikmöglichkeit für die beamteten Rechtswissenschaftler an der nationalsozialistischen Weltanschauung in und durch Forschung und vor allem Lehre verneinte Kisch aus Gründen des Strebens des Staates nach Selbsterhaltung. Er stellte diesbezüglich den nationalsozialistischen Staat mit vielen anderen Staaten unterschiedlichster Staatsformen gleich und verwies darauf, dass z. B. auch in einer Demokratie das Amt eines Rechtslehrers kaum einem Gegner der herrschenden Staatsauffassung überlassen werden würde, insoweit sei auch dort die Wissenschafts- und Meinungsfreiheit eingeschränkt, wenn sie es vielleicht nicht zugeben würden.[867] Zensur war für ihn daher im

---

[865] Ebd. S. 44ff.
[866] Ebd. S. 48ff.
[867] Ebd. S. 50ff.

nationalsozialistischen Staat, „der das Wohl des Volkes zur obersten Richtschnur erhebt und die Entscheidung darüber was diesem Wohle zuträglich oder abträglich ist, für sich in Anspruch nimmt", konsequent.[868] Dabei habe aber seiner Ansicht nach „Vertrauen gegen Vertrauen!" zu gelten.

Kisch sah Kritikpunkte im neuen Staat, kam jedoch über ein Rügen einzelner Aspekte hinaus nicht zu einer grundsätzlichen Anzweifelung der nationalsozialistischen Staatsauffassung und ihrer Umsetzung im Recht, sondern nahm sie als gegeben hin. Damit zeigte sich aber, dass er selbst 1939 immer noch glaubte, durch mäßigende Einflussnahme und kleine Veränderungen den Nationalsozialismus entradikalisieren zu können und es möglich sei, ihn in eine Form zu bringen, die akzeptabel wäre. Die Verfänglichkeit der in diesem Buch gemachten Aussagen haben Kisch in der Nachkriegszeit als das Entnazifizierungsverfahren drohte, stark beschäftigt und beunruhigt, da sie seiner Ansicht nach leicht falsch zu deuten seien. So bat er z. B. Eva Gerland, Ehefrau seines befreundeten Kollegen Heinrich Gerlands, um die Vernichtung ihres Exemplars und ließ sich von mehreren Bekannten den antinationalsozialistischen Inhalt seiner Ausführungen durch Gutachten bezeugen.[869]

4.4.4 Sein Beitrag in der Hitler-Festschrift 1939

Eine ebenfalls nicht ins Bild einer Distanzierung passende Tatsache ist sein Beitrag für die Festschrift zum 50. Geburtstag von Adolf Hitler am 20. April 1939, gewidmet von der Deutschen Wissenschaft unter dem Reichserziehungsminister Rust. [870] Neben den Rechtswissenschaftlern v. Schwerin, Walz, Berber, Lange, Heymann, Siebert und v. Gleispach[871] schrieb auch Kisch eine kurze Abhandlung zu seinem Hauptgebiet Zivilprozessrecht. Sie legten damit „dem Führer und Reichskanzler Rechenschaft über ihre Arbeit im Rahmen der der deutschen Wissenschaft gestellten Aufgabe" ab.[872] Über das Zustandekommen und die Hintergründe von Kischs Mitarbeit ist nichts bekannt. Kisch selbst äußerte sich nie über diesen Beitrag, auch nicht in seiner privaten Korrespondenz mit Gerland. Ebenso wenig wurde der Artikel später im Entnazifizierungsverfahren problematisiert[873] oder sonst in einem Nachruf oder einer Zeitzeugenaussage erwähnt. Wieso Kisch an einer Festschrift für Hitler mitarbeitete, wenn er sich doch angeblich zurückziehen wollte und er ohnehin nicht sehr viel für Festschriften übrig hatte, ist nicht nachvollziehbar. Eine besonders exponierte Stellung, wie die Vizepräsi-

---

[868] Ebd. S. 52.

[869] *SpKA KISCH, StAM SpK K 880.*

[870] Zivilprozeßrecht, in: Deutsche Wissenschaft. Arbeit und Aufgabe. Festschrift für Adolf Hitler zum 20. April 1939, Leipzig 1939, S. 70f.

[871] Von den Beiträgen sind nur der von v. SCHWERIN in: SIMON, WOLFGANG, Claudius Freiherr von Schwerin, Rechtshistoriker während dreier Epochen deutscher Geschichte, Frankfurt am Main 1991, und der von LANGE in: WOLF, WILHELM, Vom alten zum neuen Privatrecht. Das Konzept der normgestützten Kollektivierung in den zivilrechtlichen Arbeiten Heinrich Langes (1900 – 1977), Tübingen 1998, bis jetzt behandelt. Vgl. dazu auch RÜCKERT, JOACHIM, Abbau und Aufbau der Rechtswissenschaft nach 1945, in: NJW, 48. Jg. (1995) 1251ff.

[872] Einleitung, in: Deutsche Wissenschaft. Arbeit und Aufgabe. Festschrift für Adolf Hitler zum 20. April 1939, Leipzig 1939, S. 70f.

[873] KISCH hatte ihn auf seiner beigelegten Veröffentlichungsliste im Entnazifizierungsverfahren nicht angegeben. *Vgl. SpKA KISCH, StAM SpK K 880.*

dentschaft, die ihn für eine Mitarbeit prädestiniert hätte und ihn zu einer solchen gezwungen haben könnte, hatte er nicht mehr inne. Vermutlich galt Kisch immer noch als einer der führenden Zivilprozessrechtler im Nationalsozialismus, schließlich hatte ihn das federführende Reichserziehungsministerium auch noch auf der Liste der Gutachter in Berufungsverfahren für das Zivilprozessrecht[874], und wurde deshalb angefragt. Dass der Artikel selbst sachlich, nahezu frei von Propaganda gehalten war, nur einen kurzen Bericht über den damaligen Stand der Forschung im Zivilprozess und die noch zu bewältigenden Probleme gab und Kischs gemäßigte Haltung zur Zivilprozessreform aufzeigte, auch wenn er sich wiederum deutlich für ein Vorgehen der öffentlichen vor den privaten Belangen in der Rechtspflege aussprach, kann im Hinblick auf die Person, der das Werk gewidmet war, allerdings nur von geringem Interesse sein.

4.5 Mangelnde Distanzierung

Betrachtet man Kischs Rücktritte und die Zeit danach, so bestätigt sich seine eigene Interpretation einer Distanzierung vom Nationalsozialismus nur bedingt. Zum einen erwiesen sich die offiziell angegebenen gesundheitlichen Gründe als wesentlich ausschlaggebender und zutreffender als von ihm selbst später eingeräumt[875], zum anderen pflegte Kisch auch danach noch vereinzelt Verbindungen zum Nationalsozialismus und veröffentlichte Publikationen, die nicht ins Bild einer klaren Distanzierung passen. Ablehnung radikaler Aspekte des Nationalsozialismus, Desillusionierung, Verfall der nationalen Euphorie standen hinter Kischs Entscheidungen und wurden von den gesundheitlichen Gründen, wie beabsichtigt, mitkaschiert, stellten aber nicht die alleinig ausschlaggebenden Motivationen dar. Auch Enttäuschung, Frustration, zu hohe Arbeitsbelastung und rein persönliche Befindlichkeiten waren zu einem nicht geringen Teil mitverantwortlich für seine Entschlüsse. Seine Rücktritte und die Zeit danach offenbaren sich nur als Fortsetzung seiner bisherigen ambivalenten Haltung zum Nationalsozialismus, die einerseits zwar vorsichtige, unauffällige, partielle Ablehnung, aber andererseits opportunistische, zielgerichtete Anpassung umfasste. Trotz seiner Bedenken gegen den Nationalsozialismus schaffte Kisch es nicht, sich wirklich deutlich und dauerhaft zu distanzieren, und seine tatsächlich dies beabsichtigenden Handlungen verlieren durch seine Inkonsequenz und durch „Rückfälle" an Glaubwürdigkeit. Schon zu damaliger Zeit stieß sein widersprüchliches Verhalten auf Unverständnis, wie die Erinnerungen des jüdischen Rechtsanwalts Max Friedlaender dokumentieren, die er 1939 zu notieren begann:

> „Kisch machte aus seinem Herzen keine Mördergrube, kritisierte aufs freieste seinen Präsidenten (Justizminister Frank) und die Naziwirtschaft überhaupt, ließ sich (entsetzt) von meinem Rudi erzählen, dessen juristische Begabung er sehr lobte, und sparte schließlich nicht mit Erzählungen aus seinem Leben, die er köstlich wiederzugeben verstand. Kisch ist dann auch, wie er uns damals voraussagte, alsbald von der Bildfläche verschwunden, aber nicht, wie man nach seinen Reden glauben mußte, definitiv und wegen grundsätzlicher Differenzen. Er tauchte eines Tages wieder auf, ich las von ihm eine Rede, worin er

---

[874] Liste vom 19.5.1939, *BAB REM R 4901, DZA POTSDAM Bd. 622.*

[875] Vgl. diverse Briefe KISCH an GERLAND 1934/35, *Nachlass GERLAND, BAK NL 10, Bd. 17, 18.* Sogar in einigen Gutachten im Entnazifizierungsverfahren werden gesundheitliche Beschwerden ausdrücklich erwähnt. Vgl. Gutachten LANGE vom 15.6.1947, S. 3f, *SpKA KISCH, StAM SpK K 880.*

von unserem „herrlichen Führer" sprach, und zu seinem 60ten Geburtstag schickte ihm der herrliche Führer sein Bild im Silberrahmen. Das hielt ihn nicht ab, mir für einen kurzen Gruße auf einer Visitenkarte in einem selbstgeschriebenen längeren Brief äußerst herzlich zu danken mit der Bitte, auch meinen „hochbegabten Sohn", seinen „einstigen Schüler" vielmals von ihm zu grüßen. Auch an Herzfelder schrieb er einen ganz individuell gehaltenen freundschaftlichen Dankesbrief voller Lobpreisungen. Was mag in der Seele dieser Menschen, die so handeln, vorgehen, wenn sie überhaupt so etwas wie eine Seele haben?"[876]

Unabhängig von den Beweggründen und trotz aller Ungereimtheiten bleibt aber die Tatsache, dass Kisch von sich aus sich seiner öffentlichen Ämter entledigte und damit insbesondere mit den Akademieämtern den Hauptteil seiner Betätigung im und auch für den Nationalsozialismus einstellte. Einen schon früheren, offenen Bruch hatte er seinen Aussagen nach immer wegen seiner Schwester Elisabeth, die im Juli 1937 nach zweijähriger, schwerer Krankheit verstarb, vermieden.[877] Allerdings brachte er auch nach ihrem Tod nie den Mut auf, sich endgültig zu lösen, wie seine Kontakte in den darauffolgenden Jahren zeigen. Ob Kisch ohne die Möglichkeit, seine schlechte Gesundheit als Grund anzugeben, seine Ämter niedergelegt hätte, erscheint fraglich.

5. Einsame Kriegsjahre (1939 – 1945)

Als sehr national eingestellter Mann meldete sich Kisch zu Kriegsbeginn als Ruhestandsbeamter für Tätigkeiten wie Übersetzungen oder Bearbeitung von Rechtsfragen, die er von zuhause aus erledigen könnte, bei der Universität.[878] Für ihn entwickelte sich der Zweiten Weltkrieg in den Anfangsjahren zu einem Ausgleich für Versailles und die Zeit danach. Der Einmarsch in Frankreich war für Kisch eine große Genugtuung und Anlass, wieder nationalen Optimismus und Euphorie zu verbreiten. Die damit in Aussicht genommene Wiedergewinnung Elsass-Lothringens bedeutete für ihn als Reichsländer sehr viel:

> „Jedenfalls stehe ich heute, wie wohl jeder von uns, unter dem Eindruck des deutschen Einzugs in Paris; ich gestehe, daß ich bei der Rundfunkmeldung dieses Ereignisses die Zähne habe zusammenbeißen müssen, um Haltung zu bewahren. Wie wird uns alten Reichsländern erst zu Mute sein, wenn wir vernehmen, daß deutsche Truppen an dem Straßburger Münster vorbeiziehen und daß auf unserer alten Universität die deutsche Fahne weht."[879]

Die Kriegserfolge ließen die innenpolitischen Probleme und die Vorbehalte gegen den Nationalsozialismus abflauen und erzeugten eine Identifikation mit dem Regime.[880] In Kischs Briefen an Gerland spiegelte sich diese neue Zuversicht und das Einheitsgefühl in der vermehrten Verwendung von den Wörtern „wir" und „unsere Führung" wider.

[876] FRIEDLAENDER, MAX, Lebenserinnerungen, S. 143f, veröffentlicht auf www.brak.de. Die zeitliche Abfolge der Ereignisse ist von FRIEDLAENDER wohl nicht ganz korrekt wiedergegeben, ändert aber an der Aussagekraft seiner Einschätzung von KISCH nichts.

[877] KISCH, Verteidigungsschrift S. 11, *SpKA KISCH, StAM SpK K 880.*

[878] Brief KISCH an Rektor vom 7.9.1939, *FakPA KISCH, UAM L-IX-31.*

[879] Brief KISCH an GERLAND vom 14.6.1940, *Nachlass GERLAND, BAK NL 10, Bd. 18.*

[880] HEIBER, HELMUT, Universität unterm Hakenkreuz. Teil 1 Der Professor im Dritten Reich, München 1991, S. 497.

Besonders Kisch mit seiner reichsländischen Herkunft und seinen Revanchegefühlen Frankreich gegenüber, ließ sich von diesen Anfangserfolgen blenden und spekulierte schon über die Nachkriegssituation in Europa und über die Verteilung der Kolonien.[881]

Kisch lebte sehr zurückgezogen in den Kriegsjahren, widmete sich seinen Sprachstudien und fand etwas Abwechslung im Klavierspielen und in den häufigen Besuchen seiner Kollegen und Freunde.[882] Abgesehen von seinen jährlichen Kuraufenthalten in Bad Schachen am Bodensee und in Tutzing am Starnberger See bis 1943 verließ Kisch das Haus krankheitsbedingt kaum mehr.[883] Durch seine zahlreichen Verbindungen zu seinen ehemaligen Studenten und die Lektüre ausländischer Zeitungen wie der „Popolo d'Italia" erhielt er jedoch viele Informationen zur Kriegslage aus den verschiedensten Ländern und diskutierte das Kriegsgeschehen und die Aussichten ausführlich in seinem Briefwechsel mit seinem Kollegen Gerland. Kisch war vermutlich durch diese Briefkontakte zu ehemaligen Studenten in z. T. höheren Positionen, wie z. B. zu einem Legationsrat an der deutschen Botschaft in Washington[884], oder an verschiedenen Kriegsschauplätzen[885] sowie in besetzten Gebieten[886] etwas besser informiert als die Masse der deutschen Bevölkerung. Die schlechte Entwicklung des Krieges müsste ihm daher schon früh aufgefallen sein und tatsächlich finden sich in seinen Briefen in den späteren Kriegsjahren, vor allem nach Kriegseintritt Russlands, den er in der Nachkriegszeit als das „tragische Ereignis" bezeichnete, das die „katastrophale Wendung" herbeigeführt hat[887], vermehrt vorsichtig pessimistische Passagen.[888] Trotzdem schrieb er auch immer noch von „unserer Führung", war vom zuversichtlichen Ton der „Führerrede" beeindruckt[889] und siegeszuversichtlich[890] und wartete auf den in Vorbereitung sich befindenden „Vergeltungsschlag".[891] Kischs Briefe waren insgesamt aber eher neutral formuliert und enthielten wenig eindeutige Wertungen. Viele, vor allem innenpolitische Vorfälle und Entwicklungen wie z. B. früher schon der Röhm-Putsch, die Reichskristallnacht oder dann die Juden-Deportationen oder auch in München die Zerschlagung der „Weißen Rose" fanden keine Erwähnung. Plakative Anmerkungen

---

[881] Briefe KISCH an GERLAND im Sommer 1940, *Nachlass GERLAND, BAK NL 10, Bd. 18.*

[882] Briefe KISCH an GERLAND 1939 – 1944, *Nachlass GERLAND, BAK NL 10, Bd. 18, 19.* Laut Gespräch mit ILSE TJADINA WEGNER vom 27.7.2003 soll z. B. KARL VOßLER oft zu Gast gewesen sein.

[883] Briefe KISCH an GERLAND 1939 – 1944, *Nachlass GERLAND, BAK NL 10, Bd. 18, 19.*

[884] Brief KISCH an GERLAND vom 18.11.1941, *Nachlass GERLAND, BAK NL 10, Bd. 18.*

[885] Brief KISCH an GERLAND vom 25.1.1943, in dem er über einen Brief eines Schülers berichtete, der in ROMMELS Armee diente, *Nachlass GERLAND, BAK NL 10, Bd. 18.*

[886] Brief KISCH an GERLAND vom Okt. 1942, in dem KISCH einen Brief eines ehemaligen Schülers aus dem Warthgau erwähnt, *Nachlass GERLAND, BAK NL 10, Bd. 19.*

[887] Brief KISCH an EVA GERLAND vom 6.6.1949, *Nachlass GERLAND, BAK NL 10, Bd. 19.*

[888] z. B. Brief KISCH an GERLAND vom 23.6.1942, in dem er Bedenken wegen des Winterfeldzugs gegen Russland äußerte, *Nachlass GERLAND, BAK NL 10, Bd. 19.*

[889] Briefe KISCH an GERLAND vom 25.4.1942 und vom 9.11.1942, *Nachlass GERLAND, BAK NL 10, Bd. 19.*

[890] Briefe KISCH an GERLAND vom 11.6.1942 und vom 9.3.1943, *Nachlass GERLAND, BAK NL 10, Bd. 19.*

[891] Brief KISCH an GERLAND vom 23.10.1943 und vom 16.1.1944, *Nachlass GERLAND, BAK NL 10, Bd. 19.*

wie: „Sie wissen, daß ich ebenso wie Sie von unserem Endsieg überzeugt bin."[892], oder Andeutungen, dass man bei einem nächsten Treffen viel zu bereden hätte[893], lassen bei Kischs bekanntem Hang zur Ironie[894] und vor allem der damaligen Angst vor Denunzierung[895] den Schluss zu, dass nicht alles in seinen Briefen wörtlich zu nehmen war oder überhaupt ausgesprochen wurde, besonders eben nicht mögliche Kritik. Laut dem letzten überlieferten Brief vor Kriegsende an seinen Kollegen San Nicolò, glaubte Kisch angeblich selbst noch Anfang Mai 1945, nicht einmal eine Woche vor der bedingungslosen Kapitulation Deutschlands am 8. Mai, auf die Rettung durch die propagierte Wunderwaffe:

> „Insbesondere ist es mir immer wieder eine Beruhigung zu hören, daß Gegenmaßnahmen im Gange sind, die eine gewisse Zeit zum Anlaufen brauchen, die aber zu gegebener Zeit den Feind überraschen und vom deutschen Boden vertreiben werden."[896]

Bei einer solchen Bemerkung zu diesem Zeitpunkt kann kaum mehr von einer wirklichen Überzeugung ausgegangen werden, selbst wenn Kisch mit seiner sehr nationalen Einstellung eine Niederlage als notwendiges Pendant zur Befreiung vom Nationalsozialismus bei weitem nicht so wünschenswert erschienen sein mag, wie er später in der Nachkriegszeit immer beteuert hatte.[897] Kisch war dafür, ähnlich seiner Einschätzungen im Verlauf des Ersten Weltkriegs, viel zu realistisch eingestellt.

Wie national er dachte, in welchem alten Feindbilddenken er aber immer noch verhaftet war und vor allem, wem er die Schuld am Krieg gab, zeigt eine Sentenz, die er im Februar 1945 geschrieben hatte:

> „Wenn man sieht, in welche Misere dieser Krieg ganz Europa gebracht hat, so fragt man sich, ob nicht England nachgerade zur der Einsicht kommt, daß es besser daran getan hätte, Deutschland den ehrlich erarbeiteten Aufstieg nicht zu mißgönnen. Eine gewisse vergeltende Gerechtigkeit mag allerdings darin gefunden werden, daß England selbst aus diesem Kriege nicht gestärkt hervorgehen wird; daß es insbesondere im Fall eines alli-

---

892 Brief KISCH an GERLAND vom 15.10.1944: „Sie wissen, daß ich ebenso wie Sie von unserem Endsieg überzeugt bin.", *Nachlass GERLAND, BAK NL 10, Bd. 19.*

893 Z. B. Brief KISCH an GERLAND vom 10.1.1942, *Nachlass GERLAND, BAK NL 10, Bd. 19.*

894 Z. B. Aktennotiz vom Gespräch NICOLAUS TURNER mit Dr. FRITZ OSTLER am 27.3.1991, *Privatbesitz TURNER;* Zeugnis KARL ENGISCH vom 27.2.1947, *SpKA KISCH, StAM SpK K 880.*

895 Manchen Briefen von KISCH lagen wohl sensiblere Berichte durch Dritte z. B. über Bombenschäden bei, um deren Vernichtung oder Zurücksendung er dann bat. Z. B. Brief KISCH an GERLAND vom 15.10.1944, *Nachlass GERLAND, BAK NL 10, Bd. 19.*

896 Brief KISCH an SAN NICOLÒ vom 1.5.1945, *Teilnachlass SAN NICOLÒ, Bayerische Akademie der Wissenschaften München.*

897 In der Nachkriegszeit beschrieb KISCH die Lage wie folgt: „Wie einmütig haben wir uns immer wieder über den Wahnsinn des damaligen Systems, über die Aussichtlosigkeit des Krieges und über das fürchterliche Dilemma ausgesprochen, in welchem sich damals Deutschland befand, und kraft dessen ihm bloß die schmerzliche Alternative zwischen Verlust des Krieges und Weiterbestand der nationalsozialistischen Diktatur in verschärfter Form bevorstand. Und wie sehr ersehnten wir beide den Zeitpunkt, daß wir durch den Einmarsch der Feinde vor weiterem Unheil bewahrt werden würden." *Brief KISCH an EVA GERLAND, Nachlass GERLAND, BAK NL 10, Bd. 19.*

ierten Sieges bestenfalles den russischen Beelzebub gegen den deutschen Teufel eingetauscht hat."[898]

Als im Laufe des Krieges die Bombenangriffe auf München stärker geworden waren, hatte Kisch seine Wertgegenstände und Teile seines Mobiliars zum Bruder seiner Haushälterin Fanny Hirschle ins Württembergische ausgelagert.[899] Nachdem kurzzeitig eine obdachlose Familie in seine Wohnung miteinquartiert worden war[900], wurde auch Kischs eigene Wohnung bei einem Angriff am 13. Juli 1944 ausgebombt.[901] Kisch, der wegen seiner gesundheitlichen Beschwerden nicht oder nicht immer in den Luftschutzkeller gehen konnte[902], wurde von seinem sich auf der Durchreise in München befindenden ehemaligen Schüler Hans Würdinger aus dem brennenden Haus gerettet[903] und kam zusammen mit Fanny Hirschle in Garmisch bei Wilhelm Kißkalt unter.[904] Mit Kißkalt war Kisch jahrelang schon bekannt und hatte mit ihm nach seiner Pensionierung einmal wöchentlich Schach gespielt.[905] In Garmisch verlebte Kisch das letzte Kriegsjahr und die ersten Nachkriegsjahre unter sehr beengten Raumverhältnissen, stark deprimiert von dem Verlust seiner Bibliothek und der damit fehlenden Möglichkeit zu wissenschaftlicher Arbeit und ohne die für ihn so wichtigen Besuche seiner Freunde und Bekannten.[906] Daneben machte ihm auch die schlechte Ernährungslage wegen seiner Magenprobleme schwer zu schaffen. Besonders hart traf ihn kurz nach seinem 70. Geburtstag[907] im Dezember 1944 dann der überraschende Tod Heinrich Gerlands, mit dem ihn eine 50jährige Freundschaft und ein gerade in den Kriegsjahren sich noch intensivierender brieflicher Gedankenaustausch verbunden hatte.[908]

Kisch publizierte in den Kriegsjahren noch bis 1942, aber auch nur sehr eingeschränkt. Abgesehen von zwei gedruckten Gutachten im gewerblichen Rechtsschutz[909] und einigen kleineren Aufsätzen zum Versicherungsrecht schrieb Kisch unter größter Diskretion, da es als Überraschung für die Öffentlichkeit geplant war,[910] im Auftrag der Münchner Rückversicherungs-Gesellschaft als einziges großes Werk den Jubiläums-

---

898 Brief KISCH an HANS WÜRDINGER vom 5.2.1945, *Nachlass HANS WÜRDINGER, Privatbesitz Familie WÜRDINGER.*

899 Brief KISCH an GERLAND vom 15.9.1943, *Nachlass GERLAND, BAK NL 10, Bd. 19.*

900 Briefe KISCH an GERLAND Frühjahr 1943, *Nachlass GERLAND, BAK NL 10, Bd. 19.*

901 Fragebogen des Military Government of Germany vom 10.10.1947, *SpKA KISCH, StAM SpK K 880;* Brief KISCH an GERLAND vom 1.8.1944, *Nachlass GERLAND, BAK NL 10, Bd. 19.*

902 Brief KISCH an GERLAND vom 22.12.1940, *Nachlass GERLAND, BAK NL 10, Bd. 18.*

903 Gespräch mit ILSE TJADINA WEGNER vom 23.06.2003.

904 Brief KISCH an GERLAND vom 15.10.1944, *Nachlass GERLAND, BAK NL 10, Bd. 19.*

905 Brief KIßKALT an GERLAND vom 17.1.1938, *Nachlass GERLAND, BAK NL 10, Bd. 38.*

906 Gespräch mit Rudolf MEUSCHEL, Enkel von WILHELM KIßKALT vom 3.6.2003 und Gespräch mit ILSE TJADINA WEGNER vom 23.6.2003, die KISCH in Garmisch mehrfach besuchte.

907 Dazu erschien ein kleiner Zeitungsartikel „Münchner Rechtslehrer 70 Jahre alt" und Rektor WÜST gratulierte KISCH im Namen der Universität, obwohl KISCH im Vorfeld darum gebeten hatte mit Rücksicht auf die Schwere der Kriegszeiten von Glückwünschen abzusehen. *Stammakt KISCH, UAM E-II-1991.*

908 Brief KISCH an EVA GERLAND vom 30.12.1944, *Nachlass GERLAND, BAK NL 10, Bd. 19.*

909 Vgl. Schriftenverzeichnis im Anhang.

910 Brief KISCH an GERLAND vom 18.11.1940, *Nachlass GERLAND, BAK NL 10, Bd. 18.*

band „50 Jahre Allianz. Ein Beitrag zur Geschichte der deutschen Privatversicherung“[911], der heute noch als eine der bedeutendsten unternehmensgeschichtlichen Darstellungen bezeichnet wird.[912] Darüber hinaus übernahm er vor seiner zwangsweisen Umsiedelung nach Garmisch vereinzelt noch Privatgutachten.[913] Das von ihm später als Entlastung angeführte, angeblich stark politische Gutachten für die Oberrheinischen Energiewerke, zur Abwehr einer Übernahme durch die von Nationalsozialisten geführte Badenwerke AG[914] schrieb er zwar tatsächlich 1942, zog es dann kurzfristig aber zurück, da er Bedenken bekam und seinen Namen dafür nicht hergeben wollte.[915]

6. Kischs Tätigkeit im Nationalsozialismus im Rückblick

Kischs Tätigkeit im Nationalsozialismus wurde von vielen seiner Freunde, Bekannten und Kollegen später in Aussagen, Nachrufen und in den gerade zur Entlastung ausgestellten Zeugnissen für das Entnazifizierungsverfahren als eindeutig antinationalsozialistisch, als Sabotage, als zäher Widerstand und übereinstimmend als Versuch, mäßigenden Einfluss auszuüben, dargestellt.[916] Unter ihnen befand sich auch der jüdische Jurist Walter Strauß, der während der nationalsozialistischen Herrschaft im Untergrund gelebt hatte und in der Nachkriegszeit Staatsekretär im Bundesjustizministerium wurde.[917] Er schrieb in seinem Nachruf für Kisch:

> „Als das Jahr 1933 kam, näherte Kisch sich seinem 60. Lebensjahr. Von den Ereignissen in seinem human-universellen Wesen tief erschüttert, ließ er sich zur Übernahme der Leitung der Akademie für Deutsches Recht bewegen, in der Hoffnung und mit dem Willen, durch seinen Einsatz die Tätigkeit der Akademie in bewahrende und wissenschaftlich vertretbare Bahnen zu lenken. Indessen mußter er sehr bald einsehen, daß auch ihm das nicht erreichbar war. Mit dem ihm eigenen moralischen Mut erzwang er, wie er mir selbst einmal schilderte, 1935 unter schwierigsten Umständen seinen Rücktritt und nicht nur dies: er stellte seine Vorlesungen, an denen er mit allen Fasern seines Herzens hing, freiwillig ein. In dem Konflikt zwischen den ewigen Gesetzen der Wissenschaft und den totalen Anforderungen des damaligen Staatswesens sah er hierin den einzig möglichen Ausweg.“[918]

---

[911] Hrsg. Münchner Rückversicherung, München 1940.

[912] KOCH, PETER, Geschichte der Versicherungswissenschaft in Deutschland, Karlsruhe 1998, S. 152.

[913] Z. B. Brief KISCH an GERLAND vom 9.10.1941, in dem ein Gutachten zum Vergaberecht erwähnt wird, *Nachlass GERLAND, BAK NL 10, Bd. 18*. Brief KISCH an GERLAND vom 25.4.1942, in dem er von der Abfassung eines versicherungsrechtlichen Gutachtens spricht, *Nachlass GERLAND, BAK NL 10, Bd. 19*.

[914] Zeugnis STEINLE vom 9.10.1946, ehemaliger elsässischer Student und Syndikus der Energiewerke, *SpKA KISCH, StAM SpK K 880*.

[915] Brief KISCH an GERLAND vom 6.4.1942, *Nachlass GERLAND, BAK NL 10, Bd. 19*.

[916] Vgl. z. B. LENT, FRIEDRICH, Wilhelm Kisch (Nachruf), in: JZ, 7. Jg. (1952) S. 349f; Gespräch mit ILSE TJADINA WEGNER vom 23.06.2003; Brief EYERMANN an TURNER vom 21.9.1990, *Privatbesitz TURNER;* KOCH, PETER, Wilhelm Kisch, in: NDB, Bd. 11, Berlin 1977, S. 683, Gutachten zur Entnazifizierung von z. B. FANNY HIRSCHLE, ELSIE KÜHN-LEITZ, FRANZ BEYERLE u. a., *SpKA KISCH, StAM SpK K 880*.

[917] WALTER STRAUß, 1900 – 1976, vgl. GÖPPINGER, HORST, Juristen jüdischer Abstammung im Dritten Reich, München 2. Auflage 1990, S. 362.

[918] STRAUß, WALTER, Wilhelm Kisch zum Gedächtnis, in: GRUR, 54. Jg. (1952) S. 201.

Nur sehr wenige standen seinem Engagement kritischer gegenüber, wie z. B. der Rechtsanwalt Max Friedlaender in seinen Memoiren[919] oder auch Kischs Münchner Kollege Erwin Riezler. Riezler war zumindest der Ansicht, dass Kisch dem Irrtum erlegen sei, durch Mitarbeit Dinge zum Guten wenden zu können und dass er dabei übersehen habe, dass Distanz die einzige Möglichkeit sei.[920] Heinrich Lange beschrieb die Zusammenarbeit in der Akademie in seinem Gutachten für Kischs Entnazifizierungsverfahren als eine Art Geheimbund in der Akademie zur antinationalsozialistischen Sabotage mit dem Ziel, die Akademie vor radikalen Kräften zu schützen, insbesondere vor den Einflüssen der „Kieler Schule" und sie in die Hände konservativer Hochschullehrerkreise zu legen.[921] Langes Beschreibung war in Teilen, so z. B. hinsichtlich der radikalen „Kieler Schule" und der Einbeziehung möglichst vieler konservativer Hochschullehrer zutreffend. Diese Ausrichtung der Akademie veranlasste Hitler auch zu der Bemerkung, er werde diese „Oppositionsbude" niederreißen lassen.[922] Hinsichtlich der strikt antinationalsozialistischen Haltung ist sie aber nicht richtig, wenn man Kischs engagierten propagandistischen Einsatz für das neuen Regime und für eine völkische Rechtserneuerung, seine, wenn auch gemäßigte, aber doch am „Gemeinnutz vor Eigennutz" orientierte Reformhaltung und zugleich Langes eigene kollektivistische Vorstellung der Rechtsgestaltung betrachtet.

Kisch war, wenn auch vor allem im Hintergrund, maßgeblich am Aufbau und an der Organisation der nationalsozialistischen Institution Akademie für Deutsches Recht beteiligt. Er vertrat als Vizepräsident die Akademie in der Öffentlichkeit und machte in seinen Reden Propaganda für das neue Regime im In- und Ausland. In seinen Publikationen und Reden zur Zivilprozessreform, aber auch zur Rechtsreform allgemein, äußerte er sich programmatisch im Sinne der neuen Weltanschauung und setzte sich auch für die Belange des Nationalsozialismus ein, wenn auch noch althergebrachte, liberale Gedanken und Ansätze aus der Weimarer Zeit seine Prozess- und Rechtsauffassung insgesamt prägten. Im Inneren versuchte er der Akademie mehr eine rechtswissenschaftliche als eine rechtspolitische Ausrichtung zu geben und sie zu einer Zentralstelle der Rechtsforschung unter der Herrschaft der Professoren zu machen. Kisch wirkte mit seiner wissenschaftlichen Ausrichtung der Akademie, der Umstrukturierung und seiner Personalpolitik dort mäßigend und trug dazu bei, dass die Akademie in vielen Ausschüssen tatsächlich wissenschaftlich orientiert und nur bedingt parteipolitisch bzw. von nationalsozialistischen Ideologien beeinflusst arbeitete[923], unterstützte aber im Ganzen gesehen die Rechtserneuerung nach der nationalsozialistischen Weltanschauung.

---

919 FRIEDLAENDER, MAX, Lebenserinnerungen, S. 143f, veröffentlicht auf www.brak.de: „Was mag in der Seele dieser Menschen, die so handeln, vorgehen, wenn sie überhaupt so etwas wie eine Seele haben?". Vgl. näher oben unter 3. Kapitel, 4.5.

920 Notiz zu Gespräch IRMGARD ROTHENBÜCHER, Tochter RIEZLERS, mit NICOLAUS TURNER vom 28.4.1991, *Privatbesitz TURNER.*

921 LANGE, Gutachten vom 15. Juni 1947, *SpKA KISCH, StAM SpK K 880*, ähnlich auch WEBER, Gutachten vom 29. 4.1946, *SpKA LANGE, StAM SpK K 1010.*

922 FRANK, HANS, Im Angesicht des Galgens, München 1953, S. 342.

923 ANDERSON, DENNIS LEROY, The Academy for German Law, 1933 – 1944, New York 1987, S. 535ff.

Die Hoffnung auf längst überfällige Rechtsreformen veranlassten Kisch, wie so viele seiner Kollegen, zu einer Art „illusionären Selbstgleichschaltung" verbunden mit der fast naiven Erwartung einer möglichen Symbiose mit den neuen Machthabern im Rechtsbereich.[924] Er ließ sich und seinen Namen für die nationalsozialistischen Zwekke der Akademie missbrauchen und erfüllte seine Funktion als „Aushängeschild" perfekt. Kischs Rückzug aus den öffentlichen Ämtern, oftmals als Distanzierung aus politischen Gründen und Konsequenz seiner Einsicht, mit seiner mäßigenden Absicht gescheitert zu sein, beschrieben[925], brachte im Hinblick auf Kischs verbleibende Verbindungen danach nicht den Abstand vom nationalsozialistischen Regime, der zu erwarten gewesen wäre. Kisch war tatsächlich der irrigen Annahme anheim gefallen, mitzumachen könnte Schlimmeres in der Rechtserneuerung verhüten und den Einfluss der Wissenschaft retten helfen.[926] Dabei übersah er aber, bzw. nahm billigend in Kauf, dass das Mitmachen an und für sich schon dazu beitrug, dass sich der nationalsozialistische Staat etablieren konnte.[927] Mit der Vorstellung, nur Radikalismen und schlimmere Auswüchse verhindern zu müssen, ist im Rückschluss darüber hinaus auch die bedenkliche Auffassung verbunden, der Nationalsozialismus könnte partiell entradikalisiert in einer gemäßigten Form akzeptabel sein.[928]

Kisch war aber kein überzeugter Nationalsozialist.[929] Dagegen spricht schon seine vehemente Weigerung, Parteimitglied zu werden, seine Kritik und Ablehnung vieler nationalsozialistischer Maßnahmen und Eingriffe insbesondere in Universität und Wissenschaft, in gewissem Umfange auch seine Rücktritte ebenso wie sein Einsatz für rassisch und politisch Verfolgte, selbst unter Einbeziehung seiner antisemitischen Äußerungen im abstrakt wirtschaftlich-politischen Bereich. Dagegen spricht darüber hinaus auch Kischs Persönlichkeit. Er gehörte dem Bildungsbürgertum an, war sozial und humanitär eingestellt, feinsinnig, geistvoll und gebildet. Hitler und der Nationalsozialismus waren ihm dementsprechend auch zu primitiv.[930] Kischs Tätigkeit im National-

---

924 LANGEWIESCHE, DIETER, Die Universität Tübingen in der Zeit des Nationalsozialismus: Formen der Selbstgleichschaltung und Selbstbehauptung, in: Geschichte und Gesellschaft, Zeitschrift für Historische Sozialwissenschaft, 23. Jg. (1997) S. 618ff.

925 z. B. KOCH, PETER, Wilhelm Kisch, in: NDB, Bd. 11, Berlin 1977, S. 683; Zeugnis HANS WÜRDINGER vom 15.15.1.1946, *SpKA KISCH, StAM SpK K 880.*

926 Brief KISCH an GERLAND vom 10.12.1933, in dem er davon spricht zu radikalen Strömungen entgegenwirken zu wollen, *Nachlass GERLAND, BAK NL 10, Bd. 18.*

927 Genau diesen Vorwurf machte er später in seiner Verteidigungsschrift auch den ausländischen Staaten, die mit der Fortsetzung ihrer Beziehungen zu Deutschland das nationalsozialistische Regime gestärkt hätten. KISCH, Verteidigungsschrift S. 5, *SpKA KISCH, StAM SpK K 880.*

928 HELMUT HEIBER charakterisiert als ein mögliches Motiv der Mitläufer, bei ihm auch „Gleichgültige" genannt, die naive, irrige Annahme, durch ihre Beteiligung Auswüchse eindämmen oder zu Radikales verhindern zu können und damit den NS-Staat und das Volk anständig zu machen. In: ders., Universität unterm Hakenkreuz. Teil 1 Der Professor im Dritten Reich, München 1991, S. 499.

929 In keiner einzigen Überlieferung und keiner Aussage von Zeitzeugen wird dies in Frage gestellt.

930 Gespräch mit ILSE TJADINA WEGNER vom 23.06.2003; Gespräch mit Professor MATTHIAS SCHMOECKEL, Patensohn von ERIKA KÖHLER, Studentin bei KISCH, die später kleinere Rechtsangelegenheiten für ihn erledigte, am 24.7.2003; zahlreiche Gutachten im Entnazifizierungsverfahren, die ähnlich argumentieren und bei KISCHS Persönlichkeit und gesellschaftlicher Stellung diesbezüglich glaubwürdig sind. Z. B. Zeugnis KARL ENGISCH vom 27.2.1947: „[...] human, überlegen, ironisch, sicher, jedenfalls ganz und gar nicht der Typus, der sich zum Nationalsozialismus hingezogen fühlen konnte." *SpKA KISCH, StAM SpK K 880.*

sozialismus war aber trotzdem in weiten Teilen von Anpassung und bereitwilliger Zusammenarbeit geprägt, und er selbst war in der akademischen Welt des Dritten Reichs fest verankert. Die nationale Komponente der neuen Weltanschauung mit den Versprechungen auf nationale Erneuerung, Ausgleich für die Schmach von Versailles, aber auch wirtschaftlichen Aufschwung hatte ihn, als sehr national und konservativ denkenden Menschen, angesprochen und zur Unterstützung des neuen nationalsozialistischen Staates mitveranlasst. Zu sehr noch im obrigkeitsstaatlichen Denken verhaftet, hatte er als Beamter die Maßnahmen im Universitätsbereich zwar nicht begrüßt und z. T. vorsichtig im Sinne der akademischen Selbstbehauptung bekämpft, aber sich doch mit ihnen weitgehend bis zu seinem Ausscheiden arrangiert. Persönliche Vorteile spielten bei Kisch, der längst am Höhepunkt seiner Karriere stand, keine Rolle; persönliche Motive allerdings insofern schon, als dass er zuerst von der in der Weimarer Republik nur geringen Einbeziehung der Rechtswissenschaftler in die Gesetzgebung und dann der Geringschätzung des Alters und der Erfahrung durch die neuen Machthaber sowie von deren Zweifeln an der Loyalität der älteren Ordinarien gekränkt war. Vorteile für die Universität versprach er sich von einer Zusammenarbeit der Universität, genauer gesagt der Juristischen Fakultät mit der Akademie für Deutsches Recht und er betätigte sich als Bindeglied und Schlüsselfigur dieser gegenseitigen Nutznießerschaft.

Trotz seiner Vorbehalte und seiner Sorge um das Recht stellte Kisch sich selbst vor allem in den ersten Jahren in den Dienst des neuen nationalsozialistischen Staates, unterstützte die Nutzbarmachung der Rechtswissenschaft für den Nationalsozialismus und reihte sich damit in die große Masse der Mitläufer ein. Die Intensität seiner gerade am Anfang bereitwilligen Anpassung nahm im Laufe der Jahre zwar ab und seine Kritik, aber auch seine Enttäuschung nahmen zu, zu einer eindeutiger Distanzierung und einem offenem Bruch kam es allerdings nie.

4. Kapitel
Die letzten Lebensjahre in der Nachkriegszeit
(1945 – 1952)

1. Rückkehr nach München

In den ersten beiden Nachkriegsjahren musste Kisch weiterhin in seinem „Exil" in Garmisch bleiben und hegte kaum noch Hoffnung auf eine Rückkehr nach München, da dies neben einer Rückkehrbewilligung eine nur schwer zu bekommende Wohnungszuweisung erforderte. Wider Erwarten konnte er jedoch mit seiner Haushälterin Fanny schon im Mai 1947 wieder nach München übersiedeln. Eine ehemalige Schülerin von Kisch hatte ihre Wohnung wieder aufgebaut, ihm dort freundlicherweise zwei Zimmer zur Untermiete angeboten und die schwierigen Formalitäten geklärt. Der Umzug erfolgte wegen der Gefahr des Verfalls der Zuweisung innerhalb kürzester Zeit und noch vor der endgültigen Fertigstellung der Wohnung.[1] Kischs in Kriegszeiten ausgelagerte Möbel und Wertgegenstände konnten erst nach und nach aus dem Württembergischen zurücktransportiert werden.[2] Kisch war über seine Heimkehr nach München sehr erleichtert, denn nun war er seiner „Verbannung" entkommen und konnte wieder vermehrt Besuche alter Kollegen und Freunde empfangen. Er begann sich wieder seiner wissenschaftlichen Arbeit zu widmen, die ihm in den letzten Jahren mangels Zugang zu Literatur und eigener Bibliothek verwehrt gewesen war. Darüber hinaus frischte er seine Sprachstudien auf und fing an Russisch zu lernen.[3]

2. Kischs Entnazifizierung

Schon kurz nach Kriegsende waren die Maßnahmen der Alliierten zur Entnazifierung angelaufen. Kischs Pensionszahlungen wurden zum 1. August 1945 eingefroren bis zur Überprüfung, ob eine nationalsozialistische Betätigung vorlag, die eine Entziehung rechtfertigen würde gemäß dem Maßstab, der für die Entlassung von Beamten aus ihrem Amte galt.[4] Von solchen Entlassungen erfuhr Kisch reihenweise von seinen ehemaligen Kollegen der Münchner Juristischen Fakultät, die alle bis auf Exner und Düll aus dem Amt entfernt wurden.[5] Den in seinen Augen überzogenen Anfangsmaßnahmen stand Kisch generell sehr kritisch gegenüber:

> „Ich habe persönlich gegen das allzu radikale Vorgehen gegen NS.Mitläufer allerhand Bedenken insofern, als ich mir sagen muß: das verflossene Regime hatte sich durch seine Grausamkeit und Korruption eigentlich so sehr selbst um jeden Kredit gebracht, daß es für die Masse unseres Volkes als erledigt anzusehen gewesen wäre. Ich fürchte nun, daß

---

[1] Brief KISCH an GRITSCHNEDER vom 14.8.1947, *Privatbesitz GRITSCHNEDER;* Brief KISCH an EVA GERLAND vom 25.12.1947, *Nachlass GERLAND, BAK NL 10, Bd. 19.* Brief KISCH an HANS WÜRDINGER vom 18.5.1947, *Nachlass HANS WÜRDINGER, Privatbesitz Familie WÜRDINGER.*
[2] Brief KISCH an HANS WÜRDINGER vom 6.6.1947, *Nachlass HANS WÜRDINGER, Privatbesitz Familie WÜRDINGER.*
[3] Brief KISCH an EVA GERLAND vom 23.3.1948, *Nachlass GERLAND, BAK NL 10, Bd. 19.*
[4] Brief KISCH an GRITSCHNEDER vom 19.11.1945, *Privatbesitz GRITSCHNEDER.*
[5] Brief KISCH an EVA GERLAND vom 27.2.1946, *Nachlass GERLAND, BAK NL 10, Bd. 19.*

> man durch allzu straffes Vorgehen Märtyrer und damit eine Schicht von Desperados schafft die Deutschland innerlich nicht zur Ruhe kommen lassen."[6]

Insbesondere fühlte er sich auch selbst ungerecht behandelt, und hielt es für „etwas unwürdig", „sich für Dinge rechtfertigen zu müssen, die man vor seinem Gewissen vertreten kann".[7] Dennoch verfasste er schon im Herbst 1945 prophylaktisch eine mehrseitige, von ihm auch ins Englische übersetzte Verteidigungsschrift, die er einem etwaigen Fragebogen im Rahmen der Überprüfung beilegen wollte.[8] Ein ehemaliger Schüler, der bereits als Rechtsanwalt bestätigt war und dem er diese Verteidigungsschrift übersandt hatte, machte einige Verbesserungsvorschläge und wies daraufhin, dass positive Zeugnisse von Pfarreien und vor allem von Personen, die durch die nationalsozialistische Rassegesetzgebung Leid erfahren hätten, hilfreich wären.[9] Diesem Ratschlag konnte Kisch aber nur bedingt nachkommen. Zwar hatte er jüdischen Kollegen und Schülern geholfen oder versucht zu helfen, viele von ihnen waren aber verstorben, verschleppt worden oder ins Ausland emigriert.[10]

Mit dem „Gesetz zur Befreiung von Nationalsozialismus und Militarismus" vom 5. März 1946, amtlich auch Befreiungsgesetz abgekürzt, wurde die Entnazifizierung in der amerikanischen Besatzungszone gesetzlich geregelt.[11] Gemäß Art. 6 BefrG i.V.m. der beigefügten Anlage, Teil A, lit. N, Klasse 1, Nr. 1, galt Kisch als ehemaliger Vizepräsident der Akademie für Deutsches Recht als Hauptschuldiger und war damit in die höchstmögliche Verantwortlichkeitsgruppe eingestuft. Zugleich führte die Klassifizierung beweisrechtlich dazu, dass Kisch die gesetzliche Vermutung des Art. 6 BefrG nach Art. 34 BefrG selbst zu entkräften hatte. Kisch war über seine Einordnung sehr bestürzt und zugleich sehr empört:

> „Natürlich werde ich mich zur Wehr setzen. Aber es ist schon schlimm genug, daß sich ein Mann in meinen Jahren- dazu noch in Gesellschaft von unzweifelhaften Kriminellen – wie ein Schwerverbrecher zu verantworten hat."[12]

Die für Hauptschuldige gem. Art. 14 BefrG vorgesehenen Sühnemaßnahmen wie z. B. langjähriges Arbeitslager, Vermögenseinziehung, Berufsverbot, ängstigten ihn sehr und er bezeichnete sie als „totale wirtschaftliche, soziale, politische und – bei meinen Gesundheitsverhältnissen – auch physische Existenzvernichtung".[13] Wie groß Kischs Angst vor dem Gefängnis war[14], zeigt auch eine Art Abschiedsbrief, den er an seine Freunde schrieb, als er im Juni 1946 eine Vorladung erhielt und fälschlich davon aus-

---

[6] Brief KISCH an HANS WÜRDINGER vom 4.11.1945, *Nachlass HANS WÜRDINGER, Privatbesitz Familie WÜRDINGER.*

[7] Brief KISCH an GRITSCHNEDER vom 19.11.1945, *Privatbesitz GRITSCHNEDER.*

[8] Brief KISCH an GRITSCHNEDER vom 19.11.1945 mit der Anlage Verteidigungsschrift, *Privatbesitz GRITSCHNEDER.*

[9] Brief GRITSCHNEDER an KISCH vom 23.11.1945, *Privatbesitz GRITSCHNEDER.*

[10] Brief KISCH an GRITSCHNEDER vom 5.12.1945, irrtümlich mit 5.11.1945 datiert, *Privatbesitz GRITSCHNEDER.*

[11] BayGVBl. 1946, S. 145ff.

[12] Brief KISCH an EVA GERLAND vom 31.3.1946, *Nachlass GERLAND, BAK NL 10, Bd. 19.*

[13] Brief KISCH an EVA GERLAND vom 31.3.1946, *Nachlass GERLAND, BAK NL 10, Bd. 19.*

[14] Brief Dr. IRENE WÜRDINGER an Verfasserin vom 16.7.2003, *Privatbesitz Verfasserin.*

ging, ähnlich wie sein Hausherr Wilhelm Kißkalt im Herbst 1945, in längere Haft überführt zu werden.[15]

Kisch wandte sich wegen seiner Einstufung als Hauptbeschuldigter an die Universität München und bat sie, ihn von der Liste der Ehrenbürger zu streichen, um die Universität dadurch nicht zu belasten.[16] Der Rektor der Universität Voßler und der Dekan der Juristischen Fakultät Müller-Erzbach hielten eine Streichung allerdings nicht für notwendig, solange nicht über Kischs Entnazifizierungsverfahren entschieden sei.[17] Zahlreiche Kollegen und ehemalige Schüler bestätigten Kisch seine antinationalsozialistische Haltung in Zeugnissen für sein Entnazifizierungsverfahren[18] und Kisch tat selbiges z. B. auch für Heinrich Lange[19], Marian San Nicolò[20] oder als Zeuge im Verfahren für Wilhelm Arendts[21], ehemaliger Schatzmeister der Akademie für Deutsches Recht. Kisch war zumindest nach außen hin überzeugt, politisch unbelastet zu sein, bat auch seine Bekannten um Hilfe[22], wollte aber nicht, dass andere sich für ihn bei Dritten verwendeten. So schrieb er an den Dekan der Juristischen Fakultät München in der Angst, eine frühere Schülerin könnte für ihn dort bei einer Unterredung um Intervention gebeten haben:

> „Auch wenn ich bezüglich meines Verhaltens in den letzten dreizehn Jahren nicht ein so gutes Gewissen hätte, wie ich es habe und nach den zahlreichen mir zur Verfügung stehenden Zeugnissen haben darf, würde ich es unter meiner Würde halten, zu Interventionen meine Zuflucht zu nehmen, die für den Angegangenen, der selbstverständlich nur nach Pflicht und Gewissen handeln kann und will, ebenso verletzend sein müssten wie sie demütigend wären für Denjenigen in dessen vermeintlichen Interesse sie unternommen würden."[23]

Kischs Entnazifizierungsverfahren lief zunächst nur schleppend an. Als er 1947 nach München übersiedelte, beantragte er, es von Garmisch an die zuständige Spruchkammer nach München zu überweisen.[24] Dort legte er sein Verfahren mit seiner ausführlichen Verteidigungsschrift und den Zeugnissen zunächst dem für Hochschullehrer zuständigen Vorprüfungsausschusses I für den Bereich des Kultusministeriums zur Begutachtung vor.[25] Der Vorprüfungsausschuss gab nach Durchsicht der Unterlagen die Empfehlung ab, Kisch als nicht betroffen oder unbelastet oder zumindest als entlastet

---

[15] Brief KISCH an seine Freunde vom 18.6.1946, in dem er sie bat, ihm ein gutes Andenken zu bewahren, falls er die Haft nicht überstehe, *Nachlass HANS WÜRDINGER, Privatbesitz WÜRDINGER.*
[16] Brief KISCH an Rektor VOßLER vom 8.3.1946, *Stammakt KISCH, UAM E-II-1991.*
[17] Brief Rektor VOßLER an KISCH vom 13.4.1946, *Stammakt KISCH, UAM E-II-1991.*
[18] KISCHS Verteidigungsschrift liegen über 40 Zeugnisse bei. *SpKA KISCH, StAM SpK K 880.*
[19] SpKA LANGE, *StAM SpK K 1010.*
[20] SpKA SAN NICOLÒ *StAM SpK K 1250.*
[21] SpKA ARENDTS, *StAM SpK K 34.*
[22] Z. B. Brief KISCH an EVA GERLAND vom 7.7.1946, *Nachlass GERLAND, BAK NL 10, Bd. 19.*
[23] Brief KISCH an Dekan APELT vom 25.8.1946, *FakPA KISCH, UAM L-IX-31.*
[24] Antrag vom 8.10.1947, *SpKA KISCH, StAM SpK K 880.*
[25] Antrag vom 28.12.1947, *SpKA KISCH, StAM SpK K 880.*

wegen konsequenten Verhaltens zu erklären.[26] Kischs Spruchkammerverfahren[27] wurde im abgekürzten schriftlichen Verfahren durchgeführt. Der öffentliche Kläger hatte Kisch als Hauptschuldigen wegen seiner Eigenschaft als Vizepräsident der Akademie für Deutsches Recht und zugleich noch fälschlicherweise als Dekan der Juristischen Fakultät für die Jahre von 1933 – 1937 als Belasteten nach Art. 10 BefrG i.V.m. der Anlage, Teil A, lit. O, Klasse II, Nr. 3[28], angeklagt. In seiner Anklageschrift hatte der Kläger allerdings bereits selbst angeführt, dass der Betroffene die Rechtsvermutung einer Belastung nach allen rechtlichen Gesichtpunkten anhand beweiskräftiger Dokumente glaubhaft widerlegt habe, hatte auf das Gutachten des Vorprüfungsausschusses verwiesen und auf „nicht betroffen“ plädiert.[29] Der Spruch der Kammer lautete: „Dr. Wilhelm Kisch wird als vom Gesetz nicht betroffen erklärt.“ Die Kammer sprach Kisch damit von jeglicher Verantwortung frei, bestätigte Kischs eigene Interpretation seiner Tätigkeit im Nationalsozialismus und begründete dies wie folgt:

> „Aus dem von dem Betroffenen vorgelegten Beweismaterial ergibt sich einwandfrei, daß der Betroffene zu keiner Zeit ein Anhänger der Nazi-Ideologie war und ihr auch keinerlei Förderung angedeihen ließ. Es ergibt sich dies schon daraus, daß er trotz seiner Eigenschaft als Hochschullehrer niemals eine Bindung mit dem Nationalsozialismus (Partei oder Gliederung) eingegangen ist. Auch in seiner Eigenschaft als Vizepräsident der Akademie für Deutsches Recht und als Dekan der Juristischen Fakultät hat er als idealer und einwandfreier Rechtslehrer nur der Rechtswissenschaft selbst gedient und dienen wollen. [...] Auch die amtlichen Ermittlungen haben keinerlei Nachweis irgendeiner politischen Belastung des Betroffenen ergeben, im Gegenteil er konnte überzeugend nachweisen, daß er gerade in seiner Eigenschaft als Rechtslehrer der Rechtsgestaltung des Nationalsozialismus feindlich gegenüber gestanden und ihr eindeutigen Widerstand entgegengesetzt hat.“ [30]

Der Berufungshauptkläger verzichtete auf eine Berufung, wies aber darauf hin, dass die Spruchformel, „nicht belastet“ hätte heißen müssen[31]; eine Formulierung die das BefrG aber nicht vorsah, sondern nur in der amtlich autorisierten Kommentierung Erwähnung fand.[32] Die Spruchformel war formell korrekt.

---

[26] Gutachten des Vorprüfungsausschusses I, *SpKA KISCH, StAM SpK K880.*

[27] KISCHS Rechtsanwalt im Spruchkammerverfahren war Dr. FRITZ OSTLER, ein ehemaliger Schüler von ihm. Er führte später in einem Artikel „Das Gesetz zur Befreiung von Nationalsozialismus und Militarismus vom 5. März 1946 und sein Vollzug. Persönliche Erfahrungen und Erinnerungen, in: NJW, 49. Jg. (1996) S. 821ff, KISCHS Verfahren unter der Überschrift „Härten der Praxis“ als Beispielsfall an.

[28] Anhang Teil A, lit. O, Klasse II, Nr. 3 lautete: Rektoren von Universitäten und Vorstände von Kuratorien, Leiter von Lehrerausbildungsschulen und Leiter von Institutionen im Universitätsrang seit 1934, soweit sie nicht unter Klasse I fallen.

[29] Klageschrift vom 4.8.1948, *SpKA KISCH, StAM SpK K 880.*

[30] Spruch der Spruchkammer III München vom 25.8.1948, *SpKA KISCH, StAM SpK K 880.*

[31] Berufungsverzicht des Berufungshauptklägers vom 14.9.1948, *SpKA KISCH, StAM SpK K 880.*

[32] Nicht Betroffene waren nach dem amtlich autorisierten Kommentar Personen, „welche von vornherein ohne Einleitung eines Verfahrens als unbelastet und daher als nicht unter das Gesetz fallend anzusehen sind“. Nicht Belastete waren Personen, welche zunächst wegen Aufführung in der Anlage zum Gesetz Teil A als unter das Gesetz fallend anzusehen waren, dann aber in einem gegen sie eingeleiteten Verfahren die gegen sie sprechenden Vermutungen widerlegt haben und frei von Belastung befunden worden sind. Die dritte Spruchmöglichkeit „entlastet“ nach Art. 13 BefrG, bezeichnete jemanden,

3. Seine letzten Werke

Nach der durch den Krieg und die Zerstörung seiner Bibliothek erzwungenen Schaffenspause arbeitete Kisch in den Nachkriegsjahren wieder wissenschaftlich, schrieb Privatgutachten[33] und publizierte noch mehrere Arbeiten in seinen früheren Tätigkeits- und Interessensgebieten. Im Zivilprozessrecht beteiligte er sich mit einem Beitrag „Die gewillkürte Prozeßstandschaft" an der Festschrift für den italienischen Prozessrechtler Francesco Carnelutti[34], und im Patentrecht verfasste er zwei Aufsätze für die Zeitschrift „Gewerblicher Rechtschutz und Urheberrecht", Organ der Deutschen Arbeitsgemeinschaft für gewerblichen Rechtsschutz und Urheberrecht, deren Vorstand er 1933/34 gewesen war.[35] Seine 1928 – 1941 in der „Juristischen Rundschau für Privatversicherung" erschienene Beitragsreihe zum Versicherungsverein auf Gegenseitigkeit überarbeitete und erweiterte Kisch 1951, wie von Anfang an gedacht, zu einer monographischen Gesamtdarstellung „Das Recht des Versicherungsvereins auf Gegenseitigkeit".[36] Versicherungsrecht in seiner Verbindung zum bürgerlichen Recht behandelte er nochmals in seinem 1952 veröffentlichten Buch „Der Versicherungsschein. Zugleich ein Beitrag zu der Lehre von dem Vertragschluß und den rechtserheblichen Urkunden".[37]

Sein Artikel zum 50jährigen Jubiläum des BGB[38], das fast zeitgleich mit Kischs Habilitation in Kraft getreten war und damit dieselbe Geltungsdauer hatte wie Kischs wissenschaftliche Karriere, spiegelt viel von seinem juristischen Leben und seinen Einstellungen wider. Der Reichsländer Kisch kennzeichnete das streng systematische BGB im Vergleich zum eleganten französischen *Code civil*, mit dem er in Straßburg noch viel befasst gewesen war, „weniger als juristisches Kunstwerk denn als ein gediegenes Stück solider juristischer Handwerksarbeit".[39] Der praxisorientierte Begriffsjurist Kisch konzedierte zwar eine gewisse „mangelnde Anschaulichkeit" und „übertriebene Begriffsfreude", führte aber zugleich aus, dass „die sog. Gemeinverständlichkeit eines Gesetzes oft genug auf Kosten der Präzision und der begrifflichen Klarheit erzielt wird, wie sie nun einmal zum Wesen eines brauchbaren Rechtssatzes gehört".[40] Kisch sprach als Romanist, wenn er zur Beeinflussung des BGB durch das römische Recht bemerkte:

---

der aufgrund seiner formellen Zugehörigkeit zur NSDAP vom Gesetz betroffen war, aber aktiv Widerstand geleistet und dadurch Nachteile erlitten hatte. SCHULLZE, ERICH, Gesetz zur Befreiung von Nationalsozialismus und Militarismus mit Ausführungsvorschriften, 3. Auflage München 1948, Anm. 3c zu Art. 4 BefrG, Anm. 3c zu Art. 4 BefrG und Anm. 1 zu Art. 6 BefrG.

[33] Brief KISCH an EVA GERLAND vom 5.12.1949, *Nachlass GERLAND, BAK NL 10, Bd. 19.*

[34] Padua 1950.

[35] Der Staat und die Entstehung von Schutzrechten an Geistesschöpfungen, in: GRUR, 53. Jg. (1951) 175ff; Die Patentgemeinschaft, in: GRUR, 54. Jg. (1952) S. 267ff.

[36] Vgl. Vorwort, in: Das Recht des Versicherungsvereins auf Gegenseitigkeit, Berlin 1951.

[37] Abhandlungen der Geistes- und Sozialwissenschaftlichen Klasse, Jahrgang 1951, Nr. 13, Akademie der Wissenschaften und der Literatur, Mainz 1952.

[38] KISCH, Fünfzig Jahre Bürgerliches Gesetzbuch, in: NJW, 3. Jg. (1950) S. 1ff.

[39] Ebd.

[40] Ebd.

> „Daß aber im Schuldrecht die unvergängliche, gedankliche Leistung der römischen Juristen nutzbar gemacht worden ist, ist ein entschiedener Vorzug, den das BGB mit den meisten Kulturnationen teilt." [41]

Seine soziale Grund- und Reformauffassung äußerte sich in der Feststellung:

> „Schwerer wiegt der Vorwurf, daß bei allen anzuerkennenden Ansätzen zum Schutz des wirtschaftlich Schwachen das BGB den sozialen Belangen weiter Volksmassen nicht genügend Rechnung getragen habe. [...] Und bei der nicht zu umgehenden Umarbeitung des BGB wird es ein Hauptanliegen sein, [...] den sozialen Gedanken allenthalben mit Warmherzigkeit zur Geltung zu bringen."[42]

Der in diesem Zusammenhang stehende Satz: „Es wird das allzu exklusive Privateigentum gegenüber den Interessen der Öffentlichkeit zurückzudrängen sein.", deutet darüber hinaus auf eine Kontinuität in Kischs Rechtsdenken hin, das sich besonders ab 1933, aber auch schon Ende der Zwanziger Jahre, immer mehr von einer liberalen zu einer verstärkt sozialen z. T. sogar kollektivistischen Rechtsauffassung mit einer besonderen Betonung der öffentlichen Belange vor den privaten Belangen entwickelte hatte. Kisch äußerte in diesem Aufsatz auch die Ansicht, dass die Akademie für Deutsches Recht im Nationalsozialismus, oder wie er es umschrieb, „in der kurzen Zeit der autoritären Staatsführung", das Zentralgesetz BGB vor der Atomisierung in unüberschaubar viele Sondergesetze für jedes Lebensverhältnis, gerettet habe. Das an Stelle des BGB von der Akademie geplante „Volksgesetzbuch" erwähnte er allerdings nicht.

Eine Art „pädagogisches Testament"[43] schrieb Kisch mit seinem Beitrag „Juristische Pädagogik" für die Festschrift für Leo Raape.[44] Darin fasste er seine Ansichten darüber, was zu einem guten Rechtsunterricht gehört und was einen guten Rechtslehrer auszeichnet, zusammen; ein Thema, das Kisch immer sehr am Herzen gelegen war und für das er sich sehr eingesetzt hatte.[45] Kisch war der Meinung, dass die Lehrtätigkeit des Hochschullehrers „in der Bilanz seines Lebenswerkes an Bedeutung und Tiefe der Einwirkung kaum hinter der wissenschaftlichen Leistung zurückbleibt". Besonders aufschlussreich ist in diesem Aufsatz die Passage zur menschlich-ethischen Erziehung des Rechtsnachwuchs. In Abkehr zu seiner lange vertretenen Auffassung des Rechtspositivismus, noch 1931 explizit in seinem vorlesungsbegleitenden Skript geäußert[46], verlangte Kisch von einem Rechtslehrer nun:

> „Er muß sie lehren, in der Gerechtigkeit die letzte und höchste Norm zu erblicken, mag man nun ihre Quelle in den Tiefen der menschlichen Natur oder in der übereinstimmenden Anschauung der zivilisierten Nationen oder in dem Gebote der Gottheit finden, daß

---

[41] Ebd.

[42] Ebd. Ein sozialere Ausgestaltung hatte KISCH z. B. auch schon seit der Weimarer Republik für das Zivilprozessrecht gefordert. Vgl. oben 2. Kapitel, 2.2 u. 3.2.

[43] STRAUß, WALTER, Wilhelm Kisch zum Gedächtnis, in: GRUR, 54. Jg. (1952) S. 201.

[44] KISCH, Juristische Pädagogik, in: Festschrift für Leo Raape zum 70. Geburtstag, 14. Juni 1948, Hamburg 1948, S. 363ff.

[45] Vgl. dazu oben 2. Kapitel 2.1.

[46] KISCH, Grundriss zur Vorlesung über die allgemeinen Lehren des bürgerlichen Rechtes, München 1922 und 1931, S. 11.

ohne sie keine Gemeinschaft freier Menschen bestehen kann, daß sie alles Denken und Handeln des Juristen beherrschen muß, daß sie sogar über dem geschriebenen Recht steht, daß das Gesetz letztlich auch nur ein technisches Mittel zu ihrer Verwirklichung ist, und daß der Dienst an der Gerechtigkeit das Wesen, die Würde und den Stolz des Juristenberufs ausmacht."[47]

Die Hinwendung zu naturrechtlichen Rechtstheorien verwundert bei Kischs langjähriger rechtspositivistischer Einstellung ein wenig und ihre vage Formulierung, was nun die übergesetzliche Gerechtigkeitsidee sei, lässt zweifeln, ob Kisch tatsächlich seine Auffassung geändert hat. Dem widersprechen vor allem auch seine Äußerungen in „Fünfzig Jahre Bürgerliches Gesetzbuch", die in die rechtsphilosophische Richtung der ein Naturrecht ablehnenden „historischen Schule" gehen.[48] Vielmehr scheint dieser Absatz doch eher ein Tribut an die neue Strömung in der juristischen Welt gewesen zu sein, die als Konsequenz der Schreckensherrschaft der Nationalsozialisten sich den naturrechtlichen Theorien zuwandte und den Rechtspositivismus als den Makel der Juristen geißelte, der die nationalsozialistische Herrschaft gefördert bzw. begünstigt haben soll.[49] Obwohl Kisch 1934 in „Der deutsche Richter" sich, vermutlich vom Zeitgeist geprägt, z. T. vom Rechtspositivismus distanziert und die Unterscheidung zwischen Gesetz und Recht und der damit verbundenen Möglichkeit zur Umwertung bzw. Auslegung der Gesetze im Sinne des neuen Gerechtigkeitsideals „Wohl des deutschen Volkes" als der übergesetzlichen Idee propagiert hatte[50], hatte er sich doch im selbigen Aufsatz und später 1939 in „Der deutsche Rechtslehrer" immer auch noch für eine starke Bindung des Richters bzw. des „Rechtswahrers" an die Gesetze der neuen nationalsozialistischen Machthaber ausgesprochen.[51] Damit ist auch Kisch dieser Vorwurf des zu positivistischen Denkens zu machen, denn schließlich befolgte er infolgedessen widerstandslos die neuen Gesetze, stellte sie nicht in Frage und lehrte sie bis zu seiner Pensionierung.

---

[47] KISCH, Juristische Pädagogik, in: Festschrift für Leo Raape zum 70. Geburtstag, 14. Juni 1948, Hamburg 1948, S. 368.

[48] NJW, 3. Jg. (1950) S. 1ff: „Wir haben längst den Kinderglauben abgetan, als ob irgendein Gesetz eine abgeschlossene, für ganze Folgen künftiger Generationen unveränderte Geltung beanspruchende Regelung bringen könne. Das Recht selbst ist stetiger Entwicklung und Wandlung unterworfen. Das Gesetz aber kann höchstens ein Versuch sein, dem Recht eines bestimmten Entwicklungszeitpunktes eine feste äußere Gestalt zu geben."

[49] Z. B. RADBRUCH, GUSTAV, Gesetzliches Unrecht und überpositives Recht, in: Süddeutsche Juristenzeitung, 1. Jg. (1946) S. 65ff. Dazu auch WEINKAUFF, HERMANN, Die deutsche Justiz und der Nationalsozialismus, Ein Überblick, in: WEINKAUFF/WAGNER, Die Deutsche Justiz und der Nationalsozialismus, Quellen und Darstellungen zur Zeitgeschichte Bd. 16/1, Stuttgart 1968.

[50] in: ZAkDR, 1. Jg. (1934) S. 9ff.

[51] KISCH, Der deutsche Richter, in: ZAkDR, 1. Jg. (1934) S. 9ff: „Zwar verbietet es die Autorität des totalen Staates, daß das durch ihn selbst mittels der hierzu bestimmten legislatorischen Organe geschaffene Gesetzesrecht von seinem eigenen Richter mißachtet werde. Insofern ist es auch heute zutreffend, daß der Richter dem Gesetz unterworfen ist."; KISCH, Der deutsche Rechtslehrer, München 1939, S. 10: Dagegen muß sich gerade der gewissenhafte Rechtslehrer vor der naheliegenden Gefahr hüten, seine Schüler unter Mißverständnis des Schlagwortes von dem Kampf gegen den Positivismus zu überheblicher und gänzlich unangebrachter Geringschätzung des positiven Gesetzes zu verleiten. Denn dieses Gesetz ist doch auch seinerseits eine Willenskundgebung des nationalsozialistischen Staates, welche als solche die Anerkennung und den Gehorsam des Rechtswahrers beanspruchen muß."

4. Die letzten Jahre bis zum Tod

Zu seinem 75. Geburtstag im Dezember 1949, in dessen Vorfeld er darum gebeten hatte, wegen seiner misslichen persönlichen und gesundheitlichen Umstände von Glückwünschen Abstand zu nehmen[52], erfuhr Kisch nochmals eine große Ehrung. Die Rechts- und Staatswissenschaftliche Fakultät Hamburg verlieh ihm auf Anregung seines jetzt dort lehrenden Schülers Hans Würdinger, mit dessen Familie Kisch eng befreundet war und die ihn in den Nachkriegsjahren auch unterstützte[53], die Ehrendoktorwürde in Staatswissenschaften[54], eine Auszeichnung, die ihm Jahre zuvor zu seiner Pensionierung schon seitens der Münchner Staatswirtschaftlichen Fakultät verliehen hätte werden sollen, die ihm aber im Nationalsozialismus versagt geblieben war. Nach Kischs Umzug im Frühjahr 1950 in eine eigene Wohnung in der Türkenstraße und somit in sein altes Stadtviertel, wo er bis zu seiner Ausbombung im Krieg gelebt hatte, waren ihm noch knapp zwei Jahre vergönnt.[55] Bis zuletzt arbeitend, starb er im Alter von 77 Jahren am 9. März 1952 an seinem Schreibtisch sitzend an einem Herzschlag, nachdem ihn am Vormittag noch sein ehemaliger Kollege Edmund Mezger besucht hatte.[56] Kisch wurde in aller Stille neben seiner Schwester Elisabeth auf dem Münchner Nordfriedhof beigesetzt ohne den großen Rummel, den er schon zu Lebzeiten verabscheut hatte.[57] Sein Leben und sein Wirken, vor allem aber seine Person wurden dennoch in zahlreichen Nachrufen von Kollegen und Schülern gewürdigt.[58] Sie spiegeln wissenschaftliche Anerkennung ebenso wie die große ihm entgegengebrachte Verehrung und den nachhaltigen Einfluss wider, den Kisch auf seine Studenten hatte, fachlich wie persönlich.

---

[52] Brief KISCH „An Freunde und Bekannte! An Kollegen und frühere Schüler!", Beilage zu Brief KISCH an EVA GERLAND vom 5.12.1949, *Nachlass GERLAND, BAK NL 10, Bd. 19.*

[53] Gespräch mit ILSE TJADINA WEGNER vom 23.6.2003 und mit Dr. IRENE WÜRDINGER vom 1.7.2003.

[54] Brief KISCH an HANS WÜRDINGER vom 17.12.1949, *Nachlass HANS WÜRDINGER, Privatbesitz Familie WÜRDINGER*; Brief Dekan Rechts- und Staatswissenschaftliche Fakultät Hamburg an Dekan JF München vom 22.11.1949, *FakPA KISCH, UAM L-IX-31.*

[55] Brief KISCH an HANS WÜRDINGER vom 13.5.1950, *Nachlass HANS WÜRDINGER, Privatbesitz Familie WÜRDINGER.*

[56] Gespräch mit Frau TJADINA WEGNER vom 27.7.2003; In memoriam Wilhelm Kisch, in: Münchner Merkur vom 12.3.1952, Nr. 62.

[57] Todesanzeige Wilhelm Kisch, in: Süddeutsche Zeitung Nr. 62 vom 13.3.1952 und Münchner Merkur Nr. 61 vom 11.3.1952, *Stammakt KISCH, UAM E-II-1991.*

[58] STRAUß, WALTER, Wilhelm Kisch zum Gedächtnis, in: GRUR, 54. Jg. (1952) S. 201; TETZNER, HEINRICH, Wilhelm Kisch, in: JR, 6. Jg. (1952) S. 238; LENT, FRIEDRICH, Wilhelm Kisch, in: JZ, 7. Jg. (1952) S. 349f; Prof. Dr. Wilhelm Kisch, in: Versicherungswirtschaft, Bd. 7 (1952) S. 150; KÖTTER, H. W., Wilhelm Kisch, in: NJW, 5. Jg. (1952) S. 374; „In memoriam Wilhelm Kisch", in: Münchner Merkur vom 12.3.1952, Nr. 62.

Zusammenfassung

Diese Betrachtungen zu Kischs Leben und Wirken in vier Epochen deutscher Zeitgeschichte beleuchten natürlich nur einen kleinen Aspekt der damaligen Geschehnisse. Sie zeigen den Lebensweg einer Einzelperson, eines Rechtswissenschaftlers, seine Entwicklungen in dieser Zeitspanne und aus dieser Perspektive heraus die Auswirkungen der geschichtlichen Ereignisse und Umstände auf Kisch. Zugleich stellen sie auch die Einwirkung dar, die sein Handeln auf das zeitgeschichtliche Geschehen in seinem Lebenskreis hatte, konkret im Wirkungskreis Universität und Rechtsleben mit den Stationen: Reichsuniversität Straßburg als Arbeitsuniversität mit nationaler Mission, Ludwig-Maximilians-Universität München als zweitgrößte Hochschule Deutschlands und nationalsozialistische Akademie für Deutsches Recht.

Wilhelm Kisch wurde im Reichsland Elsass-Lothringen als Sohn einer katholischen Familie aus Luxemburg geboren und verbrachte dort mehr als die Hälfte seines Lebens. Seine Herkunft aus dem nach dem Deutsch-Französischen-Krieg annektierten Elsass-Lothringen prägte ihn maßgeblich und führte neben einerseits perfektem Französisch und französischer Lebensart, andererseits zu einem starken, weil vielleicht oftmals auch angezweifelten, deutschen Nationalgefühl und überzeugtem Patriotismus. Trotz der Kisch als katholischem Elsässer entgegengebrachten antikatholischen und auch antielsässischen Vorurteile und Vorbehalte an der ansonsten eher liberal geltenden Straßburger Universität begann dort dank seiner glänzenden wissenschaftlichen Leistungen und seiner verbürgten deutschen Gesinnung schon in sehr jungen Jahren seine akademische Karriere. Viele seiner bekannten zivilprozessualen und privatrechtlichen Werke stammen aus dieser Zeit, da gerade die Tätigkeit an der eher kleinen Arbeitsuniversität Straßburg seine literarische Arbeit begünstigte. Erst im Ersten Weltkrieg wechselte er nach jahrelangem Warten auf einen Ruf an die Universität München, an der seine akademische Karriere in der Weimarer Zeit ihren Höhepunkt erreichte. Wilhelm Kisch genoss dort sehr schnell einen ausgezeichneten Ruf als Lehrer, als Jurist und als Kollege und war in der gesamten Universität als juristischer Berater hoch angesehen. Er beeinflusste als jahrelanger Vorstand maßgeblich die Entwicklung des Juristischen Seminars und damit auch der Juristischen Fakultät. Seine wissenschaftliche Betätigung verlegte sich mehr noch auf das Versicherungsrecht, vor allem in seiner Verbindung zum Zivilrecht, sowie auf den Gewerblichen Rechtsschutz. Er machte sich durch Gutachtertätigkeit auf diesen Gebieten in der Praxis einen Namen. Kisch etablierte diese Rechtsbereiche verstärkt an der Universität München, auch wenn er das Zivilprozessrecht nie aus den Augen verlor. Als Mitbegründer und einflussreiches Mitglied der „Vereinigung Deutscher Zivilprozeßrechtslehrer" setzte er sich, nachdem er jahrelang wenig Reformbedarf gesehen hatte, zum Ende der Weimarer Zeit für eine den gesellschaftlichen, sozialen und wirtschaftlichen Entwicklungen entsprechende, sozialere Ausgestaltung des Prozessrechts ein, ohne aber die liberalen Grundsätze der Zivilprozessordnung anzutasten. Seine wissenschaftlichen Werke waren gekennzeichnet von der von ihm als Begriffsjuristen gepflegten Herausarbeitung klarer, präziser Grundbegriffe innerhalb einer logisch, systematischen, geschlossenen Rechtsordnung. Ein Zitat von ihm selbst trifft seine eigene Arbeitsweise am besten: „Der Wahrheitsgehalt einer wissenschaftlichen Erkenntnis bewährt sich an ihrer klaren und überzeugenden Darstellung."[1] Diese Devise galt nicht nur für seine Werke, sondern vor allem auch für seine Lehrtätigkeit. Kisch war ein pädagogisches Ausnahmetalent, bei den Studenten äußerst beliebt, und seine Vorlesungen waren fakultätsübergreifend ausnehmend gut besucht. Seine Lehrbücher und Fallsammlungen im Zivil- und Prozeßrecht wurden von Generationen von Studenten benutzt. Er selbst äußerte zu seiner erfolgreichen Lehrtätigkeit einmal: „Ich hoffe deshalb mit Erfolg zu lehren, weil ich die Menschen liebe."[2] Nicht nur praktisch, sondern auch theoretisch setzte er sich mit dem akademischen Unterricht und der juristischen Pädagogik sein Leben lang auseinander und verfasste zu den immer wieder auftauchenden Reformbestrebungen zahlreiche kritische Aufsätze, in denen er sich für das geltende Unterrichtssystem aussprach.

Die deutsche Niederlage im Ersten Weltkrieg und die politischen Umwälzungen hatten Kisch als nationalgesinnten Mann schwer getroffen. Die daraus folgenden Krisen politischer wie auch wirtschaftlicher Art und insbesondere der Versailler Vertrag, der für ihn als Reichsländer signifikant mit dem Verlust seiner Heimat verbunden war, ließen ihn, der der Interessenspolitik der Parteien immer schon eher ablehnend gegenüber gestanden und in den obrigkeitsstaatlichen Traditionen der Kaiserzeit aufgewachsen war, sich nie wirklich mit der neuen Demokratie der Weimarer Republik versöhnen. Er war ein fast typischer Vertreter der alten kaiserzeitlichen Geheimrats-Gesellschaft - nicht umsonst hatte er sich hartnäckig um den Titel bemüht - bzw. des „Mandarinentums"[3], reaktionär, national, unpolitisch und antidemokratisch eingestellt. Weniger nahe kam Kisch dieser Gruppe mit seiner Haltung zum Antisemitismus. Von seinen eigenen Erfahrungen mit Vorurteilen und von der judenfreundlichen Atmosphäre der Straßburger Universität geprägt, stand er dem latenten, stillen Antisemitismus in der akademischen Welt negativ gegenüber, nicht ohne aber doch vereinzelt im abstrakt wirtschaftlich-politischen Bereich gewissen Vorurteilen anheim zu fallen. Mit dieser Einstellung lehnte er zwar den Nationalsozialismus zunächst als zu radikal und gerade im wirtschaftlichen Bereich für Deutschland verheerend ab, gestand ihm aber auch eine nützliche, begrüßenswert nationale Komponente in diesen Zeiten der nationalen Misere zu. Gekoppelt mit der Distanz zu oder allenfalls in den besten Zeiten skeptischer Akzeptanz der Weimarer Republik, dem Wunsch nach autoritärer Führung in den Krisenzeiten, der fast wohlwollenden Haltung zum „nationalen Überschäumen" und der tief sitzenden Angst vor den Kommunisten war Kisch mitverantwortlich für die Schaffung eines Klimas, in dem der Nationalsozialismus sich ausbreiten und letztendlich die Herrschaft übernehmen konnte.

Nach der Machtergreifung 1933 betätigte sich Kisch trotz seiner Vorbehalte für den Nationalsozialismus, vor allem aufgrund seiner nationalen, obrigkeitsstaatlichen Ein-

---

[1] Zitat KISCH, handschriftlich niedergeschrieben von unbekannt, möglicherweise MÜLLER-ERZBACH auf der ersten Seite in einem Bibliotheksexemplar von STEIN/JONAS, Zivilprozeßordnung, 17. Auflage, neu bearbeitet von SCHÖNKE, Bd. 1, Tübingen 1953, gefunden in der Bibliothek für Rechtsgeschichte in der JF München.

[2] KISCH, zitiert nach ZIERSCH, WALTER, Wilhelm Kisch. Ein Münchner Rechtsgelehrter und Hochschullehrer, in: MNN vom 9.9.1931, Nr. 244.

[3] RINGER, FRITZ K., Die Gelehrten. Der Niedergang der deutschen Mandarine 1890 – 1933, Stuttgart 1983.

stellung. Seine Tätigkeit war von seiner Mitarbeit in der Akademie für Deutsches Recht geprägt und überraschte insbesondere bei seiner Stellung als älterer Ordinarius ein wenig. Kisch ließ sich von Hans Frank als „Aushängeschild“ für diese 1933 gegründete nationalsozialistische Einrichtung gewinnen und war bis 1937 deren Vizepräsident. Als eine Art „Graue Eminenz“ der Akademie zeigte er sich im Hintergrund für die wissenschaftliche Organisation verantwortlich, trat aber zugleich nach außen bei seinen Reden propagandistisch für das neue Regime ein. Zwar engagierte Kisch sich nie parteipolitisch, passte sich jedoch an das neue Regime an und stellte sich in den ersten Jahren in seinen Dienst. Sein Hauptaugenmerk galt der Rechtswissenschaft und ihrer Aufgabe im neuen System. Er sah den Umbruch, die „nationale Revolution“ als neue Möglichkeit für einen Aufschwung der seit Jahren darniederliegenden Rechtswissenschaft und wollte ihr einen maßgeblichen Einfluss verschaffen bei der geplanten Rechtserneuerung. Vor allem die Verbindung der Juristischen Fakultät München, deren Dekan er zur Zeit der Machtergreifung war, zur Akademie liefen über Kisch als Bindeglied und „Schlüsselfigur“ dieser Zusammenarbeit. Die Kooperation gipfelte in dem gemeinsamen Projekt „Haus des Deutschen Rechts“: Das Juristische Seminar sollte in diesem „Haus des Deutschen Rechts“ zusammen mit den Einrichtungen der Akademie untergebracht werden, ein langjähriges Raumproblem der Fakultät sollte damit eine Lösung finden. Trotz seiner deutlichen Anpassung ist Kisch zu konzedieren, dass er eine gemäßigte Richtung der völkischen Rechtserneuerung zu etablieren und zu radikale Bestrebungen im Rechtsbereich abzuwehren versuchte. Seine Reformvorschläge im Zivilprozessrecht waren immer noch an den liberalen Prozess- und Rechtsstaatsgrundsätzen orientiert, wenn sie auch nun der Ideologie von „Gemeinnutz vor Eigennutz“ und dem Volkswohl als überpositive Rechtsidee angepasst waren. Sein Einsatz für rassisch verfolgte Kollegen, Bekannte und Schüler sowie seine Kritik an den nationalsozialistischen Maßnahmen im Wissenschafts- und Universitätsbereich zeugten gleichzeitig auch immer von einer ambivalenten Haltung dem Nationalsozialismus gegenüber.

Seine akademische Laufbahn endete mit seiner freiwilligen, frühzeitigen Pensionierung 1935, und seine aktive Mitarbeit in der Akademie mit dem Rücktritt als Vizepräsident 1937. Die Jahre danach trat Wilhelm Kisch nur noch selten in Erscheinung, hielt aber entgegen seiner später erklärten Distanzierungsabsicht weiter Verbindungen zur nationalsozialistischen akademischen Welt und vermied jeden Anschein eines offenen Bruches. Die Bezeichnung als „Mitläufer“ für Kischs Haltung in der Zeit des Nationalsozialismus ist daher angebracht – ihn als Nationalsozialisten zu klassifizieren würde allerdings zu weit gehen. Das Entnazifizierungsverfahren in der Nachkriegszeit überstand Kisch als „nicht betroffen“ erklärt und, seiner Meinung nach zurecht, völlig unbeschadet.

Schriftenverzeichnis Wilhelm Kisch

Das Schriftenverzeichnis gründet sich auf die Durchsicht verschiedenster Bibliothekskataloge und der einzelnen Zeitschriften und Periodika sowie auf Kischs eigenes Verzeichnis im Spruchkammerverfahren und der Übersicht zu seinen versicherungsrechtlichen Werken im Anhang von „Das Recht des Versicherungsvereins auf Gegenseitigkeit“, Berlin 1951.

1899

Begriff und Wirkungen der besonderen Streitgenossenschaft, Dissertation, Straßburg 1899

Der Begriff der Nebenintervention und seine Consequenzen nach deutschem Recht, **in:** Grünhut's Zeitschrift, Bd. 26 (1899) S. 315ff

1900

Die Wirkungen der nachträglichen eintretenden Unmöglichkeit der Erfüllung bei gegenseitigen Verträgen nach dem Bürgerlichen Gesetzbuche des Deutschen Reichs, Abhandlungen zum Privatrecht und Zivilprozeßrecht des Deutschen Reiches, Bd. VII, Habilitation, Jena 1900

1901

Rezension: Oertmann, Das Recht der Schuldverhältnisse, Commentar zum Bürgerlichen Gesetzbuch, Berlin 1899 **in:** Grünhut's Zeitschrift, Bd. 28 (1901) S. 257ff

Rezension: Schmidt, Die Aenderungen des Civilprozeßrechts nach den Novellen des Jahres 1898, LeipzZig 1898 **in:** Grünhut's Zeitschrift, Bd. 28 (1901) S. 261ff

Rezension: Wach/Laband, Zur Lehre der Rechtskraft, **in:** Grünhut's Zeitschrift, Bd. 28 (1901) S. 508ff

Rezension: Willenbücher, Grundriß des Prozeß- und Zwangsvollstreckungsverfahren nach der deutschen Civilprozeßordnung mit Beispielen, 2. Auflage, Berlin 1900, **in:** ZZP, Bd. 28 (1901) S. 220ff

Rezension: Seeckt, Beitrag zur Lehre von der Testamentsvollstreckung unter Berücksichtigung des Bürgerlichen Gesetzbuches und der abgeänderten Civilprozeßordnung, Leipzig, **in:** ZZP, Bd. 28 (1901) S. 223ff

Rezension: Bülow, Geständnisrecht, **in:** Göttingische Gelehrte Anzeigen Nr. 7 (1901) S. 206

1902

Der Schadensersatz wegen Nichterfüllung bei gegenseitigen Verträgen, **in:** Iherings Jahrbücher, Bd. 44 (1902) S. 68ff

Rezension: Leonhard, Der allgemeine Theil des bürgerlichen Gesetzbuches in seinem Einflusse auf die Fortentwicklung der Rechtswissenschaft, **in:** Grünhut's Zeitschrift, Bd. 29 (1902) S. 303ff

Rezension: Kleineidam, Unmöglichkeit und Unvermögen nach dem bürgerlichen Gesetzbuch, **in:** Grünhut's Zeitschrift, Bd. 29 (1902) S. 311ff

Rezension: Hölder, Commentar zum bürgerlichen Gesetzbuch, **in:** Grünhut's Zeitschrift, Bd. 29 (1902) S. 320ff

Rezension: Dernburg, Das bürgerliche Recht des Deutschen Reiches und Preußens, **in:** Grünhut's Zeitschrift, Bd. 29 (1902) S. 328ff

Rezension: Cosack, Lehrbuch des deutschen bürgerlichen Rechts, **in:** Grünhut's Zeitschrift, Bd. 29 (1902) S. 335ff

Rezension: Planck, Bürgerliches Gesetzbuch nebst Einführungsgesetz, **in:** Grünhut's Zeitschrift, Bd. 29 (1902) S. 342ff

Rezension: Endemann, Einführung in das Studium des bürgerlichen Gesetzbuches, **in:** Grünhut's Zeitschrift, Bd. 29 (1902) S. 513ff

Rezension: Enneccerus/Lehmann, Das bürgerliche Recht, **in:** Grünhut's Zeitschrift, Bd. 29 (1902) S. 524ff

Rezension: Schollmeyer, Das Recht der Schuldverhältnisse, **in:** Grünhut's Zeitschrift, Bd. 29 (1902) S. 531ff

Rezension: Skedl, Das österreichische Civilprozeßrecht, **in:** Grünhut's Zeitschrift, Bd. 29 (1902) S. 745ff

1903

Beiträge zur Urteilslehre, **in:** Festschrift für August Sigmund Schultze zum 70. Geburtstag, 28.4.1903, gewidmet von der Rechts- und Staatswissenschaftlichen Fakultät der Kaiser-Wilhelms-Universität in Straßburg, Leipzig 1903, Neudruck 1969

Beiträge zur Urteilslehre, Erweiterte Version, Leipzig 1903

Rezension: Rosenberg, Beweislast nach der Civilprozeßordnung und dem Bürgerlichen Gesetzbuch, Berlin 1900, **in:** ZZP, Bd. 30 (1903) S. 532ff

Rezension: Pick, Lohnbeschlagnahme nach österreichischem und deutschem Recht, Wien 1900, **in:** ZZP, Bd. 30 (1903) S.539ff

1905

Elsaß-Lothringisches Landesprivatrecht, 2. Ergänzungsband in der Reihe Dernburg, Das bürgerliche Recht des Deutschen Reichs und Preußens, Halle 1905

Rezension: Degenkolb, Das Anerkenntnisurteil, Leipzig 1902, **in:** ZZP, Bd. 34 (1905) S. 381ff

1908

Unsere Gerichte und ihre Reform, Leipzig 1908

Die bestimmte Bezeichnung der Eidestatsache, **in:** Festschrift für Paul Laband, Tübingen 1908, sowie Sonderabdruck

1909

Praktikum des Zivilprozeßrechts, Fallsammlung, Leipzig 1909

Die Unterwerfung unter das Börsenschiedsgericht, **in:** RheinZ, 1.Jg. (1909) S. 13ff

Vermeidung des Konkurses durch Vergleich, **in:** Das Recht, 13. Jg. (1909) Sp. 681ff

Deutsches Zivilprozeßrecht, Band I - III, 1. Auflage Leipzig 1909 und 2. Auflage Leipzig 1911, 3. Auflage Berlin 1922 und 4. Auflage Berlin 1929 – 34

1910

Rezension: Crome, System des deutschen bürgerlichen Rechts, IV. Immaterialgüterrecht, Familienrecht, 1908, **in:** RheinZ, 2. Jg. (1910) S. 264

Rezension: Mendelssohn-Bartholdy, Das Imperium des Richters, 1908 **in:** RheinZ, 2. Jg. (1910) S. 276

Rezension: Molitor, Gesetz betreffend die Ausführung des Bürgerlichen Gesetzbuches in Elsass-Lothringen, 2. Auflage 1. Lieferung, 1909, **in:** RheinZ, 2. Jg. (1910) S. 267

Rede zum 50. Doktorjubiläum von August Sigmund Schultze, in: Straßburger Akademische Mitteilungen für die Studierenden der Kaiser-Wilhelms-Universität in Straßburg im Elsaß, Straßburg, Sommersemester 1910 VIII. Jg. Nr. 3 vom 12.5.1910, S. 18f

1911

Vorwort **in:** Heim, F. F., (Hrsg.) Das elsaß-lothringische Verfassungsgesetz, Straßburg 1911

Das Reichsgericht und der Boykott, **in:** DJZ, 16. Jg. (1911) Sp. 1349ff

1912

Die Parteiänderung im Zivilprozeß, Abhandlungen zum Privatrecht und Zivilprozeß des Deutschen Reiches, XXIV. Band, München 1912

Gattungsschuld und Wahlschuld. Eine begriffliche Abgrenzung, München 1912

1913

Die Veräußerung der versicherten Sache, **in:** Das Recht, 17. Jg. (1913) Sp. 7ff

Ist die Fremdversicherung Vertrag zugunsten Dritter?, **in:** Das Recht, 17. Jg. (1913) Sp. 317ff

Die Rechtsstellung des Nießbrauchers bei Versicherung der Sache, **in:** Das Recht, 17. Jg. (1913) Sp. 763ff und 789ff

Subjektives Versicherungsinteresse und Versicherung „für wen es angeht", **in:** Iherings Jahrbuch, Bd. 63 (1913) S. 361ff

Zum Verhältnis von VVG § 69 zu HGB § 25, **in:** Mitteilungen der öffentlichen Feuer-Versicherungs-Anstalten, (1913) S. 68ff

Rezension: Kretzschmar, Die Zwangsversteigerung und die Zwangsverwaltung, 1911 **in:** RheinZ, 5. Jg. (1913) S. 572

Das Privatrecht und Prozeßrecht, **in:** Soergel, Theodor, (Hrsg.) Festschrift der Rundschau für den deutschen Juristenstand, ‚Das Recht' zum 25jährigen Regierungsjubiläum Seiner Majestät des Deutschen Kaisers Wilhelm II., Hannover 1913

1914

Der Tatbestand der Doppelversicherung, **in:** RheinZ, 6. Jg. (1914) S. 369ff und 571ff

Verfügung über die Versicherungsforderung bei hypothekarischer Belastung, **in:** LeipzZ, 8. Jg. (1914) S. 30ff

Eine unzweckmäßige Bestimmung des Versicherungsvertragesgesetzes (§ 60 Abs. 2. S. 2), **in:** LeipzZ, 8. Jg. (1914) S. 263ff

Vertragsermäßigung wegen Doppelversicherung, **in:** Zeitschrift für das gesamte Handelsrecht und Konkursrecht, Bd. 75 (1914) S. 221ff

Der Tatbestand der Veräußerung der versicherten Sache, **in:** WuRVers, Bd. 3 (1914) S. 68ff

Rezension: Fischbach, Treuhänder und Treuhandgeschäfte, 1912, **in:** RheinZ, 6. Jg. (1914) S. 171

Rezension: Molitor, Das Gesetz betreffend die Ausführung des Bürgerlichen Gesetzbuchs in Elsaß-Lothringen, 2. Auflage 1912, **in:** RheinZ, 6. Jg. (1914) S. 187ff

Rezension: Schreiber, Die Autonomie der deutschen Standesherrschaften Badens, **in:** RheinZ, 6. Jg. (1914) S. 183f

1915

Falsche Anzeigen der Veräußerung einer versicherten Sache, **in:** LeipzZ, 9. Jg. (1915) S. 104ff

Rücktritt und Anfechtung wegen unrichtiger Gefahrenanzeige beim Versicherungsvertrag, **in:** WuRVers, Bd. 4 (1915) S. 30ff

Vertragsmäßige Erweiterung der Rechtskraft?, **in:** LeipzZ, 9. Jg. (1915) S. 1501ff

1916

Eintritt des Versicherers in den Entschädigungsanspruch des Versicherten, **in:** LeipzZ, 10. Jg. (1916) S. 13ff

Zum Eintritt des Versicherers in den Entschädigungsanspruch des Versicherten, **in:** ZfgVw, Bd. 16 (1916) S. 349

Die Pflicht des Versicherers zum Ersatz der Rettungskosten, **in:** WuRVers, Bd. 5 (1916) S. 268f

Die Schutzfähigkeit des Versicherungsinteresses, **in:** Archiv für bürgerliches Recht, Bd. 40 (1916) S. 1ff

1917

Das Rücktrittsrecht des Versicherers in den Fällen des § 21 VVG, **in:** LeipzZ, 11. Jg. (1917) Sp. 1303

Zur Lehre von der Gefahrenanzeige im Versicherungsrecht, **in:** LeipzZ, 11. Jg. (1917) Sp. 16f

Bindung des Versicherers an den Versicherungsschein, **in:** LeipzZ, 11. Jg. (1917) Sp. 1105ff

Über die verschiedene Bedeutung des Wortes Gefahr im Versicherungsrecht, **in:** ZfgVw, Bd. 17 (1917) S. 488ff und Sonderabdruck

Fälle aus dem bürgerlichen Recht, Fallsammlung, 1. Auflage München 1917 – 8. Auflage München 1932

Die rechtliche Bedeutung des Schiedsgutachtens im Versicherungssachen, **in:** RheinZ, 9. Jg. (1917/18) S. 12ff

Aufgaben der versicherungsrechtlichen Wissenschaft, **in:** Hanseatische Rechts-Zeitschrift, 1. Jg. (1917/18) Sp. 131ff

1918

Rezension: Nußbaum, Gesetzliche Neuordnung des schiedsgerichtlichen Verfahrens, **in:** JW, 47. Jg. (1918) S. 256

Die juristische Natur der Rechte des Hypothekengläubigers an der Versicherungsforderung, Sonderabdruck aus WuRVers, Berlin 1918

Die Provision bei der laufenden Rückversicherung, **in:** ZfgVw, Bd. 18 (1918) S. 144ff und Sonderabdruck

Die Pflicht des Nießbrauchers zur Versicherung und Prämientragung, **in:** WuR-Vers, Bd. 7 (1918) S. 213ff

Geschäftsbesorgung nach Ableben von Kriegsbeteiligten, **in:** Zeitschrift für Rechtspflege in Bayern, 14. Jg. (1918) S. 1ff

Versicherungsschein und Zwangsvollstreckung, **in:** Das Recht, 22. Jg. (1918) S. 7ff

Beweislast bei verletzter Gefahranzeigepflicht im Versicherungsrecht, **in:** LeipzZ, 12. Jg. (1918) S. 600ff

Anmerkung zu Reichsgerichtsentscheidung zum Schiedsverfahren, **in:** JW, 47. Jg. (1918) S. 137

1919

Das Recht am Versicherungsschein, **in:** LeipzZ, 13. Jg. (1919) S. 6ff

Beleihungspflicht der Versicherungsgesellschaften, **in:** LeipzZ, 13. Jg. (1919) S. 577ff

Anmerkungen zu Reichsgerichtsentscheidungen zum Schiedsverfahren, **in:** JW, 48. Jg. (1919) S. 45, 109, 249, 574

Die verbindliche Kraft des Versicherungsscheins, **in:** Iherings Jahrbuch, Bd. 68 (1919) S. 233ff

Rezension: Kluckhohn, Die Verfügung zugunsten Dritter, 1914 **in:** KrVJSch, Bd. 54 (1919) S. 119ff

Rezension: Krüger, Das Reichsgesetz, betreffend die Erwerbs- und Wirtschaftsgenossenschaften, Kommentar zum praktischen Gebrauch für Juristen und Genossenschaften, 1915 **in:** KrVJSch, Bd. 54 (1919) S. 163ff

Rezension: Nußbaum, Die Zwangsversteigerung und Zwangsverwaltung, 1916 **in:** KrVJSch, Bd. 54 (1919) S. 167ff

Rezension: Weisweiler, Geschichte des rhein-preußischen Notariats, Bd. 1 Die französische Zeit, 1916, **in:** KrVJSch, Bd. 54 (1919) S. 170ff

Rezension: Ketterle, Begriff der Rechtsnachfolge im Sinne der §§ 265 und 325 ZPO, 1916 **in:** KrVJSch, Bd. 54 (1919) S. 174

Rezension: Hartung, Der richterliche Eid, 1916, **in:** KrVJSch, Bd. 54 (1919) S. 179ff

1920

Die Wiederherstellungsklausel beim Versicherungsvertrag, **in:** WuRVers, Bd. 9 (1920) S. 1ff und Sonderabdruck

Gefahrerhöhung infolge Veräußerung der versicherten Sache, **in:** ZfgVw, Bd. 20 (1920) S. 216ff

Die Kündigungsfrist nach § 70 Abs. 2 VVG, **in:** Mitteilungen der öffentlichen Versicherungs-Anstalten, 1920, S. 248

Anmerkungen zu Reichsgerichts- und Oberlandesgerichtsentscheidungen zum Schiedsverfahren und Versicherungsrecht, **in:** JW, 49. Jg. (1920) S. 49, 156, 648, 703, 896

Handbuch des Privatversicherungsrechts, Lehre von der Versicherungsgefahr Bd. II, München 1920

Grundriß zur Vorlesung über Schuldverhältnisse, Mannheim 1920

Welche Rechte erwachsen den Haftpflichtversicherungs-Gesellschaften aus der erheblichen Erhöhung der Versicherungsschäden?, München 1920

1921

Einfluß der erhöhten Versicherungsleistung auf die Prämie insbesondere bei der Haftpflichtversicherung, **in:** ZfgVw, Bd. 21 (1921) S. 188ff und Sonderabdruck

Anmerkungen zu Reichsgerichtsentscheidungen zum Zivilprozessrecht, Schiedsverfahren, Versicherungsrecht, Warenzeichenrecht **in:** JW, 50. Jg. (1921) S. 41, 106, 344, 633, 748, 835, 1248, 1320, 1539

Befriedigung der Hypothek aus der Versicherungsforderung, **in:** WuRVers, Bd. 10 (1921) S.1ff

Zum Wesen der rechtlichen Interessen im Zivilprozeß, **in:** Das Recht, 25. Jg. (1921) Sp. 25ff

1922

Gutachten über den Unterricht im Zivilprozeß, **in:** Wach/Kisch/Mendelssohn Bartholdy/Stein, Der Zivilprozeß, Mannheim 1922, S. 14ff

Grundriss zur Vorlesung über die allgemeinen Lehren des bürgerlichen Rechtes, München 1922 .

Handbuch des Privatversicherungsrechts, Lehre von dem Versicherungsinteresse Bd. III, München 1922

Anmerkungen zu Reichsgerichts- und Oberlandesgerichtsentscheidungen zum Versicherungsrecht und Patentrecht **in:** JW, 51. Jg. (1922) S. 98, 221, 481, 1216, 1217

Erfindung und Entdeckung, **in:** Mitteilungen des Verbandes Deutscher Patentanwälte, Bd. 22, (1922) S. 37

Patentvernichtung und Revision, **in:** Zeitschrift für Industrierecht, Bd. 17 (1922) S. 45

Erfinderrecht aus fremder Erfindertat, **in:** GRUR, 27. Jg. (1922) S. 21f

Abhängige Erfindungen, **in:** JW, 51. Jg. (1922) S. 1177

Zwangslizenzen im Patentrecht, **in:** LeipzZ, 16. Jg. (1922) S. 209

Herbeiführung des Versicherungsfalles durch Unterlassung, **in:** Hanseatische Rechts-Zeitschrift, 5. Jg. (1922) S. 169ff

Zur Lehre von der Mitversicherung, **in:** ZfgVw, Bd. 22 (1922) S. 295

1923

Der Gegenstand der Eideszuschiebung, **in:** RheinZ, 12. Jg. (1923) S. 389

Anmerkungen zu Reichsgerichts- und Landgerichtsentscheidungen zum Zivilprozessrecht und Schiedsverfahren, **in:** JW, 52. Jg. (1923) S. 92, 508, 601, 842

Handbuch des deutschen Patentrechts, Bd. 1 Reihe Handbücher des Gewerbliche Rechtsschutzes, Mannheim 1923

Welche Rechte erwachsen den Haftpflichtversicherungsgesellschaften aus der erheblichen Erhöhung der Versicherungsschäden, Gutachten, 1923

Unter welchen Voraussetzungen ist gegenüber dem rechtskräftigen Schiedsspruch im Verfahren über die Vollstreckungsgegenklage der Einwand der Nichtigkeit des Verfahrens noch zulässig, **in:** JW, 52.Jg. (1923) S. 601 Anm.13

Unwirksame Urteile, **in:** LeipzZ, 17. Jg. (1923) S. 625ff

Mantelschuldverträge, namentlich in der Versicherung, **in:** Das Recht, 27. Jg. (1923) Sp. 6ff

1924

Grundriß des deutschen Konkursrechts, Mannheim 1. Auflage 1924 – 12/13. Auflage 1935

Eine Anregung an die Versicherungspraxis, **in:** ZfgVw, Bd. 24 (1924) S. 15ff

Zur Frage der Haftung der Versicherungsgesellschaft für die Deckungszusage, **in:** Neumanns Zeitschrift für Versicherungswesen, (1924) S. 214ff

Klageverzicht und Erledigung der Hauptsache, **in:** Das Recht, 28. Jg. (1924) S. 1ff

Anmerkungen zu Reichsgerichts- und Oberlandesgerichtsentscheidungen zum Schiedsverfahren Patentrecht und Versicherungsrecht, **in:** JW, 53. Jg. (1924) S. 182, 215, 906,1158, 1177, 1182, 1373, 1430, 1540

Der Schiedsmann im Versicherungsrecht, zugleich ein Beitrag zum bürgerlichen Recht, Versicherungswissenschaftliche Abhandlungen Bd. 4, Mannheim 1924

Neuerungen im deutschen Patentrecht, **in:** Hanseatische Rechts-Zeitschrift, 7. Jg. (1924) S. 1ff

Versicherungsunterricht an den Bayerischen Hochschulen, **in:** Deutsche Versicherungs-Zeitung, 1924 S. 50ff

Schadensersatzanspruch des Bauunternehmers, **in:** Zeitschrift für Rechtspflege in Bayern, Bd. 17 (1924) S. 9ff

Versicherungswissenschaft und Versicherungspraxis, **in:** MANES, ALFRED (Hrsg.), Die Jubiläumstagung des Vereins zur Feier des 25. Wiederkehr seines Gründungstages 1899, 26. September 1924, Veröffentlichungen des Deutschen Vereins für Versicherungs-Wissenschaft, Heft 34, Berlin 1924, S. 35 – 43

1925

Empfiehlt sich im Zivilprozeß die Einführung der vollen Berufung? **in:** Zweiter Deutscher Juristentag in der Tschechoslowakei, Gutachten, Prag 1925

Anmerkungen zu Reichsgerichts- und Oberlandesgerichtsentscheidungen zum Schiedsverfahren und Zivilprozessrecht, **in:** JW, 54. Jg. (1925) S. 773, 809, 824, 826, 837, 2324, 2344, 2345, 2347, 2348, 2451, 2608

1926

Das juristische Seminar, **in:** v. Müller, Alexander, (Hrsg.) Die Wissenschaftlichen Anstalten der Ludwig-Maximilians-Universität zu München, München 1926, S. 23 – 26

Zum Kausalproblem im Versicherungsrecht, **in:** WuRVers, Bd. 15 (1926) S. 1ff und Sonderabdruck

Einige Bemerkungen zum Wesen des Schiedsvertrages, **in:** ZZP, Bd. 51 (1926) S. 321

Ein neuer Versicherungstypus, **in:** Zentralblatt für Handelsrecht, 1. Jg. (1926) S. 326 und Sonderabdruck

Das Recht des Mitgliedes auf Überschußanteil beim Versicherungsverein auf Gegenseitigkeit, **in:** ZfgVw, Bd. 26 (1926) S. 392ff und Sonderabdruck

Zum Nachprüfungsrecht des Reichsgerichts, **in:** JR, Bd. 2 (1926) S. 459f

Die Aufwertung der Versicherungsforderung nach deutschem Recht, **in:** Österreichische Revue, Bd. 51 (1926) Nr. 22ff

Rechtsgutachten über die Beseitigung der Nachschußpflicht, München 1926

Die Rechtsprechung der letzten 25 Jahre im Versicherungswesen, **in:** Versicherungspraxis Jubiläumsausgabe (1926) S. 20f

Anmerkungen zu Reichsgerichts- und Oberlandesgerichtsentscheidungen zum Schiedsverfahren, Zivilprozessrecht, Patentrecht und Versicherungsrecht, **in:** JW, 55. Jg. (1926) S. 40, 554, 1451, 1599, 1600, 1606, 1609, 2219, 2472

Rechtswende, **in:** JW, 55. Jg. (1926) S. 2800

1927

Das Wesen des Mitgliedsbeitrages bei dem Versicherungsverein auf Gegenseitigkeit, **in:** Neumanns Zeitschrift für Versicherungswesen, (1927) S. 18ff

Adolf Wach/Franz Klein, Vortrag gehalten bei der Gedenkfeier des Berliner Anwaltvereins anläßlich der Tagung der Vereinigung Deutscher Zivilprozeßrechtslehrer am 18. Oktober 1926, hrsg. vom Berliner Anwaltsverein 1927

Schadensersatz und Bereicherung bei Patentverletzung **in:** LeipzZ, 21. Jg. (1927) S. 667ff

Bereicherungsanspruch bei gutgläubiger Patentverletzung, **in:** Isay (Hrsg.), Abhandlungen zum Arbeitsgebiete des Reichspatentamtes, Festgabe zur Feier des 50jährigen Bestehens des Reichspatentamtes, Berlin 1927, S. 92ff

Die Ausstellung des Versicherungsscheins, **in:** Festgabe für Alfred Manes, aus Anlaß seiner 25jährigen Tätigkeit als Vorstand des Deutschen Vereins für Versicherungs-Wissenschaft, Berlin 1927, S. 125ff

Das Prinzip der Gleichbehandlung der Mitglieder beim Versicherungsverein auf Gegenseitigkeit, **in:** Archiv für Rechts- und Wirtschaftsphilosophie, Bd. 20 (1926/27) S. 214ff

Anmerkungen zu Reichsgerichts- und Oberlandesgerichtsentscheidungen zum Schiedsverfahren und Patentrecht, **in:** JW, 56. Jg. (1927) S. 520, 666, 725, 812, 1101, 1375, 1484, 1557, 2001, 2137, 2156

Rechtsanwaltschaft und gewerblicher Rechtschutz, **in:** JW, 56. Jg. (1927) S. 1546

1928

Ein großdeutscher Jurist Franz Klein, **in:** MNN, 1928, Nr. 250

Die Rettungspflicht des Versicherungsnehmers, **in:** Versicherung und Geldwirtschaft, Beiheft aus Wirtschaft und Recht der Versicherung, (1928) S. 1ff

Eine Frage aus dem internationalen Rückversicherungsrecht, **in:** Assekuranz-Jahrbuch von Lengyel, Bd. 47 (1928) S. 1ff

Zweck und gesetzliche Regelung des Gegenseitigkeitsverein, Beiträge zum Gegenseitigkeitsverein, **in:** JRPV, 5. Jg. (1928) S. 317ff

Bemerkungen zur Speditionsversicherung, **in:** Zentralblatt für Handelsrecht, 3. Jg. (1928) S. 271ff

Zur Vereinstheorie: Vereinsmitgliedschaft mit eingekapseltem Sonderrechtsverhältnis, **in:** Archiv für Rechts- und Wirtschaftsphilosophie, Bd. 22 (1928/29) S. 43ff

Anmerkungen zu Reichsgerichts- und Oberlandesgerichtsentscheidungen zum Schiedsverfahren und Zivilprozeßrecht, **in:** JW, 57. Jg. (1928) S. 705, 712, 713, 735, 2019, 2134, 2136, 2155

Die soziale Bedeutung des Zivilprozesses, Vortrag gehalten am 10.1.28 in der Münchner Juristischen Studiengesellschaft, **in:** Judicium, 1. Jg. (1928) S. 1ff

Rezension: Rümelin, Rechtspolitik und Doktrin in der bürgerlichen Rechtspflege, Rede gehalten bei der akademischen Preisverteilung am 6. November 1926, Tübingen 1926, **in:** AcP, Bd. 129, (1928) S. 246ff

Rezension: Walsmann, Die Anschlußberufung, **in:** Judicium, 1.Jg. (1928) S. 320ff

Lettre d'Allemagne, **in:** La Propriété industrielle, Revue officielle du bureau international pour la protection de la propriété industrielle, 44. Jg. (1928) S. 254

1929

Allgemeine Bemerkungen, (zu Schiffer'schen Vorschläge zur Justizreform), **in:** Judicium, 2. Jg. (1929/30) S. 3ff

Fünfzig Jahre Deutsche Zivilprozeßordnung, **in:** Judicium, 2. Jg. (1929/30) S. 249ff

Das Reichsgericht und der Parteibegriff, in: Reichsgerichtspraxis im deutschen Rechtsleben, Beitrag in Festgabe der juristischen Fakultäten zum 50jährigen Bestehen des Reichsgerichts am 1.10.1929, Bd. VI Zivilprozeßrecht, Berlin 1929, S. 15ff

Der Zivilprozeß im Akademischen Unterricht, **in:** DJZ, 34. Jg. (1929) Sp. 121ff

Veräußerung der versicherten Sache beim Gegenseitigkeitsverein, **in**: Die öffentlich-rechtliche Versicherung, 61 Jg. (1929) S. 1ff

Die juristische Natur des Gegenseitigkeitsvereins, Beiträge zum Gegenseitigkeitsverein, **in:** JRPV, 6. Jg. (1929) S. 41ff

Einzelanwendungen des Handelsrecht auf den Gegenseitigkeitsverein, Beiträge zum Gegenseitigkeitsverein, **in:** JRPV, 6. Jg. (1929) S. 269ff

Einfluß der Bestandsübertragung auf die Versicherungsverträge, **in:** JRPV, 6. Jg. (1929) S. 341ff

Rezension: Wieland, Scheckformularfälschung und Zahlung gekreuzter Schecks, Festgabe der juristischen Fakultät der Universität Basel zum 80. Geb. vom Paul Speiser, 1926, **in:** KrVJSch, Bd. 58 (1929) S. 140

Anmerkungen zu Reichsgerichts- und Oberlandesgerichtsentscheidungen zum Schiedsverfahren und Patentrecht, **in:** JW, 58. Jg. (1929) S. 871, 878, 1065, 1190, 1191, 1247, 1596

Rezension: Müller, Chemie und Patentrecht, Berlin 1928, **in:** JW, 58. Jg. (1929) S. 2250

Der Anteil der Rechtsanwaltschaft an den Reichsjustizgesetzen, **in:** JW, 58. Jg. (1929) S. 2557

1930

Artikel zu Gefahr, Interesse, Mitversicherung, Rettungspflicht, **in:** Manes, Alfred (Hrsg.) Versicherungslexikon, 3. Auflage Berlin 1930, Sp. 612ff, 790ff, 1079ff, 1283ff

Einfluß der Fusion und Bestandsübertragung auf die Versicherungsverträge nach deutschem Recht, **in:** Versicherungsarchiv, Bd. 1 (1930) S. 24ff

Die Reform der Juristischen Ausbildung, **in:** JW, 59. Jg. (1930) S. 2175ff

Ersparnismaßnahmen im Zivilprozeß, **in:** JW, 59. Jg. (1930) S. 602

Zur Frage der Unionspriorität, **in:** GRUR, 35. Jg. (1930) S. 901f

Rechtswidrigkeit und Vorsatz bei der Haftpflichtversicherung,, **in:** Zentralblatt für Handelsrecht, Bd. 5 (1930) S. 284ff

Wandlungen im Rechtsunterricht, **in:** MNN vom 26. März 1930, Nr. 83

Der Hochschulunterricht im Zivilprozeß, **in:** LeipzZ, 24. Jg. (1930) S. 1137ff

Zur Reform des Rechtsstudiums, **in:** DJZ, 35. Jg. (1930) Sp. 795ff

Obligatorische Nachschußpflicht beim Gegenseitigkeitsverein, **in:** JRPV, 7. Jg. (1930) S. 69ff

Die Entstehung des Gegenseitigkeitsvereins, Beiträge zum Gegenseitigkeitsverein, **in:** JRPV, 7. Jg. (1930) S. 361ff

Anmerkungen zu Reichsgerichts-, Oberlandesgerichts- und Landgerichtsentscheidungen zum Schiedsverfahren, Versicherungs- und Patentrecht, **in:** JW, 59. Jg. (1930) S. 1088 1669, 1674, 1675, 1682, 2776, 2803, 3364, 3628

Rezension: Bruck, Das Privatversicherungsrecht, Mannheim 1930 **in:** JW, 59. Jg. (1930) S. 3604

Rezension: Pinkernelle, Die Arbitrageklausel, Hamburg 1928, in: Archiv für Rechts- und Wirtschaftsphilosophie, Bd. 23 (1929/30) S. 125

1931

Die Bedeutung des Versicherungsscheins für die Übertragung der Versicherungsforderung, **in:** Die öffentlich-rechtliche Versicherung, Bd. 63 (1931) S. 1ff, 16ff

Die Satzung des Gegenseitigkeitsvereins, Beiträge zum Gegenseitigkeitsverein **in:** JRPV, 8. Jg. (1931) S. 81ff

Der Vorstand des Gegenseitigkeitsvereins, Beiträge zum Gegenseitigkeitsverein **in:** JRPV, 8. Jg. (1931) S. 329ff

Schiedsvertrag bei ungültigem Hauptvertrag, **in:** Judicium, 3. Jg. (1931) S. 53ff

Parteien, Prozeßverbindungen und Parteiänderung im Zivilprozeßentwurf, **in:** Judicium, 3. Jg. (1931) S. 235ff

Das Mahnverfahren im Zivilprozeßentwurf, **in:** LeipzZ, 25. Jg. (1931) S. 1353ff

Der Entwurf einer ZPO, Das Schiedsgerichtsverfahren, **in:** JW, 60. Jg. (1931) S. 3508

Anmerkungen zu Reichsgerichts- und Oberlandesgerichtsentscheidungen zum Schiedsverfahren, Zivilprozeßrecht und Patentrecht sowie zu Entscheidung des Reichspatentamtes, **in:** JW, 60. Jg, (1931) S. 154, 444, 491, 1104, 1800, 1826, 1877, 1878, 1879, 1881, 2118, 3102, 3356

Das deutsche Recht in Elsaß-Lothringen, **in:** Süddeutsche Monatshefte, 29. Jg. (1931), S. 178f

Bemerkungen über Inhalt und Form des Versicherungsscheines, **in:** Versicherungsarchiv, Bd. 2 (1931) S. 55ff

Die neue bayerische Prüfungsordnung, **in:** DJZ, 36. Jg. (1931) S. 913ff

Konkurs des Versicherungsnehmers bei der Neuwertversicherung, **in:** Versicherungspraxis, (1931) S. 68, S. 83f

Lettre d'Allemagne, **in:** La Propriété industrielle, Revue officielle du bureau international pour la protection de la propriété industrielle, 47. Jg. (1931) S. 145ff

Grundriß zur Vorlesung über die allgemeinen Lehren des bürgerlichen Rechts, München 1922 und 1931

1932

Bemerkungen zum Zivilprozeßentwurf auf der 7. Tagung der Vereinigung Deutscher Zivilprozeßrechtslehrer, **in:** Judicium, 4. Jg. (1932) S. 251ff (290)

Parteibeitritt in der Berufungsinstanz, **in:** Festgabe für Richard Schmidt zum 70. Geburtstag am 19. Januar 1932, Leipzig 1932

Richard Schmidt als Prozessualist, **in:** Zeitschrift für Politik, Bd. 21 (1932) S. 12ff

Das Verfahren zur Ermittlung des Versicherungsschadens, **in:** WuRVers, Bd. 21 (1932) S. 1 – 112

Die Änderungen des deutschen Versicherungsaufsichtsgesetz, **in:** Österreichische Revue, 57. Jg. (1932) S. 104, 117ff

Hagelversicherung durch Gegenseitigkeitsvereine, **in:** Versicherungsarchiv, Bd. 3 (1932/33) S. 105ff

Konkursabsonderungsrecht der Bausparer, **in:** Deutsche Bausparkassenzeitung, Nr. 15 (1932)

Das Feststellungsurteil, **in:** Zeitschrift für ausländisches und internationales Privatrecht, 6. Jg. (1932) S. 45ff

Der Aufsichtsrat des Gegenseitigkeitsverein, Beiträge zum Gegenseitigkeitsverein **in:** JRPV, 9. Jg. (1932) S. 301ff

Die neue Auflage der Bruck'schen Kommentar zum VVG, **in:** Die öffentlichrechtliche Versicherung, 64. Jg. (1932) S. 245

Rezension Staudingers Kommentar zum Bürgerlichen Gesetzbuch und dem Einführungsgesetz, 9. Aufl. Bd. I – VII, 1925 – 1931, **in:** KrVJSch, Bd. 61 (1932) S. 356ff

Anmerkungen zu Reichsgerichts- und Oberlandesgerichtsentscheidungen zum Schiedsverfahren , Versicherungsrecht und Patentrecht , **in:** JW, 61. Jg, (1932) S. 185, 1731, 1820, 1824, 1826, 1837, 2151, 2513

1933

Beiträge zum Schiedsverfahren, Klagerücknahme, Klageänderung, Widerklage, Klageverbindungen, Beiträge zum Zivilprozeß 13., hrsg. Kisch/Mendelssohn Bartholdy/Pagenstecher, Mannheim 1933

Ausschluß der Kündigung des Erwerbers einer bei einer öffentlichen Anstalt versicherten Sache, **in:** Die öffentlich-rechtliche Versicherung, 65. Jg. (1933) S. 113ff

Kündigung des Erwerbers bei öffentlichen Versicherungsanstalten, **in:** Die öffentlich-rechtliche Versicherung, 65. Jg. (1933) S. 226

Das oberste Organ des Gegenseitigkeitsvereins, Beiträge zum Gegenseitigkeitsverein, **in:** JRPV, 10. Jg. (1933) S.213ff

Die Ausbildung im Zivilprozeßrecht, **in:** DR, 3. Jg. (1933) S. 203

Kollision zwischen Patent und Gebrauchsmuster, **in:** Festschrift für Hermann Isay, „Beiträge zum Recht des gewerblichen und geistigen Eigentums des Inlands und Auslands", Berlin 1933, S. 121ff

Bagatellverfahren und Rechtspfleger, **in:** JW, 62. Jg. (1933) S. 2866ff

Anmerkungen zu Reichsgerichts-, Oberlandesgerichts- und Landgerichtsentscheidungen zum Schiedsverfahren , Versicherungsrecht und Patentrecht sowie zu Entscheidung des Reichspatentamtes, **in:** JW, 62. Jg. (1933) S. 217, 734, 1349, 1394, 1647, 1796, 1875, 2127, 2211

Reform des Zivilprozesses, **in:** Schraut, Rudolf (Hrsg.), Deutscher Juristentag 1933, Ansprachen und Festvorträge, Berlin 1933, S. 197ff

Rede auf der Sondertagung der Dekane, **in:** Schraut, Rudolf (Hrsg.), Deutscher Juristentag 1933, Ansprachen und Festvorträge, Berlin 1933, S. 33ff

Erweiterungen des Absonderungsrechtes im Konkurse?, **in:** Judicium, 5. Jg. (1933) Sp. 321ff

Rede zur Proklamation der Akademie für Deutsches Recht, **in:** JAkDR, 1. Jg. (1933/34) S. 12ff, und **in:** Schraut, Rudolf (Hrsg.), Deutscher Juristentag 1933, Ansprachen und Festvorträge, Berlin 1933, S. 222ff

1934

Rede „Die bisherige Arbeit der Akademie für Deutsches Recht" im Rahmen der 3. Vollsitzung, **in:** JAkDR, 1. Jg. (1933/34) S. 164ff

Bericht zum Ausschuss für Bürgerliche Rechtspflege auf der Arbeitstagung der Akademie für Deutsches Recht am 26. Mai 1934, **in:** JAkDR, 1. Jg. (1933/34) S. 186ff

Der deutsche Richter, **in:** ZAkDR, 1. Jg. (1934) S. 9ff

Probleme des Schiedsgerichtswesen, **in:** DJZ, 39. Jg. (1934) Sp. 6ff

Anderweitige Versicherung als Gefahrerhöhung, **in:** DJZ, 39. Jg, (1934) Sp. 833ff

Die Mitgliedschaft und ihre Begründung, Beiträge zum Gegenseitigkeitsverein, **in:** JRPV, 11.Jg. (1934) S. 337ff

Anmerkungen zu Reichsgerichts- und Oberlandesgerichtsentscheidungen zum Zivilprozeßrecht und Patentrecht, **in:** JW, 63. Jg. (1934) S. 163, 2615, 3145

1935

Geleitwort zum Jahrbuch 1935, **in:** JAkDR, 2. Jg. (1935) S. V ff

Grundsätzliches zum Begriff des Versicherungsfalles, **in:** ZfgVw, Bd. 35 (1935) S. 83ff

Grundsätzliches zum Tatbestand des Versicherungsfalles, **in:** ZfgVw, Bd. 35 (1935) S. 183ff

Die Ethik im Versicherungswesen, **in:** ZfgVw, Bd. 35 (1935) S. 277, Sonderdruck und Vortrag in Dresden anläßlich der Kundgebung der Wirtschaftsgruppe Privatversicherung am 21.6.1935

Einige Bemerkungen zu § 67 VVG, **in:** JRPV, 12. Jg. (1935) S. 177ff

Bericht des Ausschusses für bürgerliche Rechtspflege, **in:** ZAkDR, 2. Jg. (1935) S. 17ff und 59ff

Begrüßungsrede auf der Festsitzung der Akademie für Deutsches Recht anläßlich des „11. Internationalen Kongreß für Strafrecht und Gefängniswesen", **in:** ZAkDR, 2. Jg. (1935) S. 693ff

Zum Andenken an Theodor von der Pfordten, **in:** ZAkDR, 2. Jg. (1935) S. 801

Der soziale Gehalt des Patentrechts, **in:** DJZ, 40.Jg. (1935) Sp. 655ff

Ziel und Wege einer Zivilprozeßrechtsreform, **in:** DJZ, 40. Jg. (1935) Sp. 1ff

Rezension: Baumbach, Kurzkommentar zur Zivilprozeßordnung, 10. Auflage, München 1935, **in:** DJZ, 40. Jg. (1935), Sp. 171ff

Rezension: Geigel, Der Haftpflichtprozeß, München 1935, **in:** DJZ, 40. Jg. (1935) Sp. 429f

Lettre d'Allemagne, **in:** La Propriété industrielle, Revue officielle du bureau international pour la protection de la propriété industrielle, Bd. 51 (1935) S. 56

Anmerkungen zu Reichsgerichtsentscheidungen zum Schiedsverfahren und Patentrecht, **in:** JW, 64. Jg. (1935) S. 345, 858, 3307, 3493

Die mehrfache Versicherung desselben Interesses, Veröffentlichungen des Deutschen Vereins für Versicherungswissenschaft, Heft 35, Berlin 1935

Der Übergang der Entschädigungsansprüche des Versicherungsnehmers auf die Versicherer, **in:** WuRVers, Bd. 24 (1935) Heft 2

1936

Vorwort, **in:** ZAkDR, 3. Jg. (1936) S. 1

Patentabhängigkeitsstreit und Patentamt, **in:** ZAkDR, 3. Jg. (1936) 501ff

Patentrecht und Sacheigentum, **in:** DJZ, 41. Jg. (1936) Sp. 666ff

Rückwirkung der Patentnichtigkeitserklärung, **in:** GRUR, 41. Jg. (1936) S. 277

Rede „Die Arbeiten der Akademie für Deutsches Recht" auf dem „Internationalen Kongreß für gewerblichen Rechtsschutz", **in:** ZAkDR, 3. Jg. (1936) 605ff [610f]

Anmelderprinzip oder Erfinderprinzip? **in:** Das Recht des schöpferischen Menschen, Festschrift der Akademie für Deutsches Recht anläßlich des Kongresses der Internationalen Vereinigung für gewerblichen Rechtsschutz in Berlin vom 1. – 6. Juni 1936, Berlin 1936, S. 127 – 135

I tipi di polizze d'assicurazione con particolare riguardo al diritto germanica, Assicurazioni, Rom 1936

Beginn, Übergang und Ende der Mitgliedschaft, Beiträge zum Gegenseitigkeitsverein, **in:** JRPV, 13.Jg. (1936) S. 129ff

Die Auskunftspflicht des Versicherungsnehmers im Schadensfall, **in:** Die Bank, 1936

Treu und Glauben im Versicherungsverkehr, **in:** JW, 65. Jg. (1936) S. 149ff

Anmerkung zu Reichsgerichtsentscheidung zum Patentrecht, **in:** JW, 65. Jg. (1936) S. 183

Wahrheitspflicht, Verhandlungsmaxime und Eventualmaxime, **in:** DJZ, 41. Jg. (1936) Sp. 913ff

Private und öffentliche Belange in der bürgerlichen Rechtspflege, **in:** DR, 6. Jg. (1936) S. 8ff

Die Arbeiten der Akademie für Deutsches Recht, (Les Tâches de L'Academie de droit allemand und The Tasks of the Academy for German Law), Berlin 1936

Zwangsvollstreckung, Konkurs- und Vergleichsrecht, Beitrag 42, **in:** Lammers/Pfundtner, (Hrsg.) Die Verwaltungsakademie, Ein Handbuch für den Beamten im nationalsozialistischen Staat, Bd. 2, Der Aufbau des nationalsozialistischen Staates, Gruppe 2, Die einzelnen Rechtsgebiete, 1. Auflage Berlin 1936 und 2. Auflage Berlin

1937

Die Abteilung für Rechtsforschung der Akademie für Deutsches Recht, Geleitwort zur konstituierenden Sitzung am 19.6.1937, Berlin 1937

Die Folgen der Mitgliedschaft im allgemeinen, Beiträge zum Gegenseitigkeitsverein, **in:** JRPV, 14. Jg. (1937) S. 129ff

Der Einfluß des Versicherungsfalles auf die Versicherungssumme, **in:** ZfgVw, Bd. 37 (1937) S. 185ff

Anerkennung ausländischer Urteile als Gesetzgebungsproblem, **in:** ZAkDR, 4. Jg. (1937) S. 705

Anmerkungen zu Reichsgerichts- und Oberlandesgerichtsentscheidungen zum Schiedsverfahren und Zivilprozeßrecht, **in:** JW, 66. Jg. (1937) S. 556, 3325

1938

Versicherung und Gemeinschaftsgedanke, **in**: Kernfragen der Versicherungsrechtsprechung, 1938, S. 1ff

Verhältnis von Mitgliedschaft und Versicherung, Beiträge zum Gegenseitigkeitsverein, **in:** JRPV, 15. Jg. (1936) S. 49ff

1939

Herbeiführung des Versicherungsfalles durch den gesetzlichen Vertreter des Versicherungsnehmers, **in:** Helmut Leveche, Die Selbstentzündung von Fetten, Ölen und Wachsen, ihre Verhütung und Ermittlung, 1939

Zivilprozeßrecht, **in:** Deutsche Wissenschaft, Arbeit und Aufgabe, Festschrift für Adolf Hitler zum 20.4.1939, Leipzig 1939, S. 70f

Der deutsche Rechtslehrer, Schriftenreihe der Akademie für Deutsches Recht, Gruppe Rechtsgrundlagen und Rechtsphilosophie Bd. 9, München 1939

Schuldhafte Herbeiführung des Schadensversicherungsfalles bei Mehrheit der Interessenten, **in:** ZfgVw, Bd. 39 (1939) S. 4ff

Verantwortlichkeit des Versicherungsnehmers für gesetzliche Vertreter, **in:** WuR-Vers, Bd. 28 (1939) 1ff

1940

Die Taxierung des Versicherungswertes, Berlin 1940

50 Jahre Allianz, Ein Beitrag zur Geschichte der deutschen Privatversicherung, hrsg. von Münchner Rückversicherungsgesellschaft, München 1940

Das Prinzip der Gleichbehandlung der Mitglieder, Beiträge zum Gegenseitigkeitsverein, **in:** JRPV, 17. Jg. (1940) S. 25ff, 33ff, 57ff

Zur Vervollkommnung der Haftpflichtversicherung, **in:** ZfgVw, Bd. 40 (1940) S. 329ff

1941

Der Versicherungsführer, **in:** Entwicklungslinien und Grundgedanke deutscher Versicherung, Festschrift für Karl Samwer zum 80. Geburtstag, Berlin 1941, S. 1ff

Die Beitragspflicht der Mitglieder, Beiträge zum Gegenseitigkeitsverein, **in:** JRPV, 18. Jg. (1941) S. 29ff

Besitzstand und Verwirkung, Ein Beitrag zum Recht der Bierbezeichnung, Rechtsgutachten, Berlin 1941

1942

Rechtsprobleme der Freieislieferung durch die Brauereien, Sonderdruck aus der „Allgemeinen Brauer- und Hopfenzeitung" Jahrgang 1942

1948

Juristische Pädagogik, **in:** Festschrift für Leo Raape zum 70. Geburtstag, 14. Juni 1948, Hamburg 1948, S. 363ff

1949

Nachruf Adolf Baumbach, 25.3.1945, **in:** NJW, 2. Jg. (1949) S. 217f

Anmerkung zur Amtsgerichtsentscheidung zum Konkursrecht, **in:** NJW, 2. Jg. (1949) S. 757f

1950

Die gewillkürte Prozeßstandschaft, **in:** Festschrift für Francesco Carnelutti, Padua 1950

Fünfzig Jahre Bürgerliches Gesetzbuch, **in:** NJW, 3. Jg. (1950) S. 1ff

1951

Das Recht des Versicherungsvereins auf Gegenseitigkeit, Heft 8 der Schriftenreihe des Instituts für Versicherungswissenschaft an der Universität Köln, Berlin 1951

Vorwort, **in**: Tetzner, Heinrich, Kommentar zum Patentgesetz und zum Gebrauchsmustergesetz, 2. Auflage Nürnberg 1951

Der Staat und die Entstehung von Schutzrechten an Geistesschöpfungen, **in:** GRUR, 53. Jg. (1951) 175ff

1952

Der Versicherungsschein. Zugleich ein Beitrag zu der Lehre von dem Vertragschluß und den rechtserheblichen Urkunden, Akademie der Wissenschaften und der Literatur, Abhandlungen der Geistes- und Sozialwissenschaftlichen Klasse Nr. 13, Mainz 1952

Die Patentgemeinschaft, **in:** GRUR, 54. Jg. (1952) S. 267ff

(Mit-)Herausgeberschaft

- Kritische Vierteljahresschrift für Gesetzgebung und Rechtswissenschaft“ 1916 – 1935

- Versicherungspraxis

- Judicium, Vierteljahresschrift für die gesamte Zivilrechtspflege, Organ der Vereinigung Deutscher Zivilprozeßrechtslehrer 1928 – 1933

- Zentralblatt für Handelsrecht 1928 – 1933

- Leitung der deutschen Abteilung der Revista de derecho processal civil ab 1932 – unbekannt

- Deutsche Juristenzeitung 1934 – 1935

- Kisch, Zivilrechtliche und prozeßrechtliche Abhandlungen, Straßburg 1907 – 1913: Bd. 1 O. Fischbach, Das Sammelvermögen 1907, Bd. 2 A. Mendelssohn-Bartholdy, Das Imperium des Richters 1908, Bd. 3 Robert Schuman, Streitbefangenheit und Rechtsnachfolge als Voraussetzungen der §§ 265 und 266 der Zivilprozeßordnung 1910, Bd. 4 Simon, Fernand, Die Schadensersatzansprüche bei Körperverletzung und Tötung im Zweikampf, 1913

- Wach/Kisch/Mendelssohn-Bartholdy/Pagenstecher, Das Zivilprozeßrecht der Kulturstaaten, Eine Vorarbeit zur deutschen Prozeßreform, Mannheim 1923 – 1932: Heusler Andreas, Der Zivilprozeß der Schweiz, 1923, Wrede R. A., Zivilprozeßrecht Schwedens und Finnlands, 1924, Klein Franz, Der Zivilprozeß Österreichs 1927, Munch-Petersen, Der Zivilprozeß Dänemarks, 1932

- Kisch/Mendelssohn-Bartholdy/Pagenstecher, Beiträge zum Zivilprozeß, Mannheim 1923 – 1937, 17 Bd.

Quellen- und Literaturverzeichnis

1. Ungedruckte Quellen

a) Archives departementales du Bas-Rhin Strasbourg (AdBR)

Bestand Université Strasbourg (AL 103):
Matricules générales 1887 – 1896, paq. 2
Acta betreffend Beförderungen zu Professoren, paq. 61, Nr. 207
Gesellige Vereinigung der Dozenten, paq. 61, Nr. 208
Berufungsakten JF, paq. 73, Nr. 253, 254
Ordensverzeichnis 1913 – 1914, paq. 79-80, Nr. 277
Personalakte Kisch (PA KISCH), paq. 100, Nr. 485
Personalakte Schultze (PA SCHULTZE), paq. 119, Nr. 704
Bismarck-Stipendien-Stiftung, paq. 315, Nr. 1336

b) Bayerische Akademie der Wissenschaften

Teilnachlass Marian San Nicolò

c) Bayerisches Hauptstaatsarchiv München (BayHStA)

Bestand Kultusministerium (MK):
PA Wilhelm Kisch, MK 43875
PA Heinrich Lange, MK 54844
PA Hans Nawiasky, MK 44070
PA Karl Neumeyer, MK 17878
PA Wilhelm Silberschmidt, MK 17986
Juristische Fakultät Lehrstellen vol. III, MK 69280
Juristische Studiengesellschaft München, MK 40519
Bestand Finanzministerium (MF):
Schiedssache des vorm. Königshauses u. des Wittelsbacher-Ausgleichsfonds gegen bayr. Staat (Schiedssache WAF), MF 70357
Bestand Justizministerium (MJu):
Auseinandersetzung mit dem vorm. Bayr. Königshaus, Vollzug 1923 – 1931, MJu 13615
Sammlung Personen, (Kisch) 5165

d) Bayerisches Staatsbibliothek, Abteilung Handschriften

Nachlass Karl von Amira, AMIRIANA VIII
Nachlass Karl Voßler, ANA 350

e) Bundesarchiv Berlin (BAB)

Bestand Akademie für Deutsches Recht, R 61, 1, 3, 5, 8, 9, 11, 18, 29, 81, 86, 106

Bestand DZA Potsdam, Akademie für Deutsches Recht, 30.13, 13, 15, 17, 18, 34, 36
Bestand Reichskanzlei R 43 II, 1510a; R 43 F, 4224
Bestand Reichserziehungsministerium R 4901, PA Kisch K 224
DZA Potsdam Reichserziehungsministerium Bd. 622, 672, 842
Bestand Reichsjustizministerium R 3001,198
Berlin Document Center, Akten Wissenschaftler WI AO 500

f) Bundesarchiv Koblenz (BAK)

Nachlass Heinrich Gerland, NL 10, Bd. 17, 18, 19, 38, 49
Nachlass Hans Frank, NL 110, Bd. 7, 9, 17, 26, 43, 65

g) Byzantinisches Institut Abtei Scheyern

Nachlass Albrecht Ehrhard

h) Geheimes Staatsarchiv für Preußischen Kulturbesitz Berlin (GStA Berlin)

Preußisches Kultusministerium, Anstellung und Besoldung der außerordentlichen und ordentlichen Professoren der juristischen Fakultät Juli 1916 bis September 1921, Rep. 76 V a Sekt. 2 Titel IV
Preußisches Ministerium für Handel und Gewerbe, betr. die privaten Bausparkassen, Rep. 120 A XI Fach 1 Nr. 38 a Bd. 3

i) Leopold-Wenger-Institut für Rechtsgeschichte, LMU

Brief Dr. Fritz Ostler an Prof. Dr. Hermann Nehlsen vom 12.01.1989
Brief Prof. Dr. Hans Thieme an Prof. Dr. Hermann Nehlsen vom 30.1.1982

j) Max-Planck-Institut für Europäische Rechtsvergleichung Frankfurt (MPIER)

Nachlass Karl Rothenbücher, NL 1

k) Privatbesitz Dr. Otto Gritschneder

Korrespondenz mit Wilhelm Kisch

l) Privatbesitz Familie Würdinger

Nachlass Prof. Dr. Hans Würdinger, Korrespondenz mit Wilhelm Kisch

m) Privatbesitz Nicolaus Turner

Korrespondenz mit Golo Mann, Dr. Fritz Ostler, Dr. Erich Eyermann, Dr. Tula Huber-Simons und Prof. Dr. Hermann Schultze von Lasaulx

Notizen zu Gespräch mit Dr. Fritz Ostler vom 27.3.1991
Auszug aus privaten Erinnerungen von Dr. Fritz Ostler
Notizen zu Gespräch mit Frau Irmgard Rothenbücher vom 28.4.1991
Vorlesungsmitschrift Kisch, BGB Allgemeiner Teil, Sommersemester 1926, von Prof. Dr. Hans Thieme

n) Privatbesitz der Verfasserin

Korrespondenz mit Prof. Dr. Hans Filbinger
Korrespondenz mit Dr. Irene Würdinger
Tonbandaufnahme Aussage Dr. Otto Gritschneder vom 29.2.2004

o) Staatsarchiv München (StAM)

Spruchkammerakten (SpKA):
Wilhelm Arendts SpK K 34
Wilhelm Kisch, SpK K 880
Heinrich Lange, SpK K 1010
Marian San Nicolò, SpK K 1250
Universitätsbauamt München, 88 Max-Joseph-Stift

p) Staatsbibliothek zu Berlin, Preußischer Kulturbesitz (SBB PK)

Nachlass Josef Kohler, Korrespondenz mit Kisch, Kriegsverlust

Musikabteilung mit Mendelssohnarchiv (Musikabt. Mendelssohnarchiv)
Nachlass Albrecht Mendelssohn Bartholdy, Korrespondenz mit Kisch 1907 – 1933

www.kalliope.staatsbibliothek-berlin.de: Personendaten, soweit nichts anderes angegeben.

q) Stadtarchiv München

Bestand Bürgermeister und Rat:	Nr. 841 Deutsche Juristentage 1867 – 1936
Sammlung Zeitungsausschnitte:	Nr. 263, Wilhelm Kisch
	Nr. 10, Akademie für Deutsches Recht

r) Thüringisches Hauptstaatsarchiv Weimar

Bestand Thüringisches Volksbildungsministerium, C 155

s) Universitätsarchiv Berlin (Wilhelm-v.Humboldt-Universität, UAB)

Juristische Fakultät, Jur. F. 16/1
Juristische Fakultät, Jur. F. 17
Juristische Fakultät, Jur. F. 496

t) Universitätsarchiv Erlangen (UAE)

Personalakte Hellwig, A2/1 Nr. H 54

u) Universitätsarchiv München (UAM)

Bestand Juristische Fakultät (L):

Personalakte Kisch (FakPA KISCH), L-IX–31
Personalakte Lange (FakPA LANGE), L- IX-41
Personalakte Loewenstein (FakPA LOEWENSTEIN), L-IX-43
Personalakte Neumeyer (FakPA NEUMEYER), L-IX-52
Personalakte Silberschmidt (FakPA SILBERSCHMIDT), L-IX-66
Seminare der JF und Erweiterung des Juristischen Seminars 1914 – 1922 (JS 1914 – 1922), L-VIII-1 Bd. 01
Seminare und Institute der JF 1923 – 1940 (JS 1923 – 1940), L-VIII-1 Bd. 02
Seminare und Institute der JF 1941 – 1950 (JS 1941 – 1950), L-VIII-1 Bd. 03.
Erweiterung und Neuerrichtung von Seminaren 1925 – 1941, L-VIII-2 Bd. 04
Erweiterung und Neueinrichtung von Seminaren 1916 – 1940, L- VIII-2 Bd. 05
Unterbringung von Seminaren u. Instituten im Haus des Deutschen Rechts u. im Max- Joseph-Stift 1935 – 1941 (Haus des Deutschen Rechts und Max-Joseph-Stift), L-VIII-2 Bd. 06
Bund Nationalsozialistischer Deutscher Juristen (BNSDJ), L-N-3b
Akademie für Deutsches Recht, L-N-3c
Umbau des Max-Joseph-Stifts, L-N-3d
Einladungen zu Kongressen, L-N-12a
Studienreform 1930 und 1933, L-N-23 d
Allgemeine und verschiedene Angelegenheiten 1914 – 1922 (JF 1914 – 1922), L-II-25
Protokolle der Juristischen Fakultät 1910 – 1944, L-V-2
Promotionsakten, L-Np-Wintersemester 1920/21
Promotionsakten, L-Np-Sommersemester 1922
Promotionsakten, L-Np-Wintersemester 1927/28
Wiederbesetzung Professur v. Frank, L-X-2a Bd. 1/I
Neubesetzungen, L-X-2a Bd. 1/II
Wiederbesetzung Professur v. Beling, L-X-2b Bd. 2.
Wiederbesetzung Professur Rothenbücher, L-X-3c Bd. 1
Wiederbesetzung Professur Kisch, L-X-4b Bd. 2
Wiederbesetzung Professur Rabel, L-X-4c Bd. 2.
Wiederbesetzung Professur Müller-Erzbach, L-X-4e Bd. 2
Wiederbesetzung Professur Beyerle, L-X-4g Bd. 2
Wiederbesetzung von Professuren an der JF, L-X-5 Bd. 2
Auskünfte in Berufungsfragen, L-X-5 Bd. 4.

Bestand Akademischer Senat (Sen/G/D):

Verleihung Ehrenbürgerschaft Frank, Kisch, Arendts, Sen-II-18
Akademie für Deutsches Recht (AkDR), Sen 869

Vorgänge an der Universität und Verhalten der Studierenden anlässlich der politischen Unruhen/Hitlerputsch 1923/24, G XVI 22/1. Fasc
Studentenversammlung im Lichthof, G XVI 22/2. Fasc.
Deutsches Privatrecht, Sen 65
Universitätsreform Aktionsausschuss, Sen 728/1, 1
Prüfung für Versicherungsverständige, Sen 640
Senatsniederschriften vom 1.1.1918 – 31.7.1920, D-III-93
Beschwerdesachen von Dozenten und Beamten, D-XV-23d

Personalstammakten (E):
Wilhelm Kisch, E-II-1991
Karl Loewenstein, E-II-2308
Hans Nawiasky, E-II 2556
Karl Neumeyer, E-II-2576
Wilhelm Silberschmidt, E-II-3160
Alexander Wilkens, E-II-3583

Bestand Staatswirtschaftliche Fakultät (M):
Akademie für Deutsches Recht, M-N-3c

Bestand Philosophische Fakultät, Sektion II (OC):
Nachfolger v. Wettstein, OC-X-5d

Stipendienreferenten Generalia 1868 – 1940, I I-00a

Wohlhaupter, Eugen, Vom tätigen Leben, Bilder einer Erinnerung, o.Dat., Slg. XX O13

v) Universitätsbibliothek München, Handschriftenabteilung

Teilmanuskript Zivilprozeßrecht von Wilhelm Kisch
Brief Kisch an Direktor Kirchner vom 21.10.1941

w) Internetseite der Bundesrechtsanwaltskammer www.brak.de

Friedlaender, Max, Lebenserinnerungen

2. Gedruckte Quellen

Akademie für Deutsches Recht, in: DR, 3. Jg. (1933) S. 91f

Amtliches Verzeichnis des Personals und der Studenten der Kaiser-Wilhelms-Universität Straßburg für das Winterhalbjahr 1893/94, Winterhalbjahr 1894/95, Winterhalbjahr 1902/03, Winterhalbjahr 1907/08, Sommerhalbjahr 1910, Sommerhalbjahr 1913, Straßburg 1893, 1894, 1902, 1907, 1910, 1913

An alle Mitglieder!, in: GRUR, 39. Jg. (1934) S. 331

Anordnung des Präsidenten über den inneren Aufbau der Akademie für Deutsches Recht vom 15.12.1936, in: ZAkDR, 4. Jg. (1937) S. 23

ANRICH, GUSTAV, Zwei typische Elsässer, in: Süddeutsche Monatshefte, 29. Jg. (1931) S. 167ff

Arbeitstagung der Akademie für Deutsches Recht am 26. Mai 1934, in: JAkDR, 1. Jg. (1933/34) S. 186ff

Baubeginn Haus des Deutschen Rechts, in: ZAkDR, 4. Jg. (1937) S. 181

BAUMBACH, ADOLF, Zum Eintritt, in: DJZ, 38. Jg. (1933) Sp. 1583ff

BAYERLE, GEORG, Der große Juristentag in Leipzig, in: DR, 3. Jg. (1933) S. 194ff

Bericht der Gesellschaft der Freunde und Förderer der Universität München (Münchner Universitätsgesellschaft) 1922 – 26, München 1926

Bericht über die Tagung des Reichsfachgruppenrates am 9. und 10. Juni 1934 in Berlin, in: DJZ, 39. Jg. (1934) Sp. 855f

BLOMEYER, Tagungsbericht Vereinigung Deutscher Zivilprozeßrechtslehrer, in: DJZ, 31. Jg. (1926) Sp. 1622ff

COBLITZ, WILHELM, Vorbemerkung, in: FRANK, HANS (Hrsg.), Nationalsozialistisches Handbuch für Recht und Gesetzgebung, München 1935, S. VIII

DANCKELMANN, Der Deutsche Juristentag in Leipzig, in: DJZ, 38. Jg. (1933) Sp. 1313

Das deutsche Führerlexikon, Berlin 1934/35

DE BOOR, HANS OTTO, Zur Lehre vom Parteiwechsel und vom Parteibegriff, Sonderausgabe der Festschrift der Leipziger Juristenfakultät für Dr. Heinrich Siber zum 10. April 1940 Bd. II, Leipzig 1943, S. 43ff

Der stellvertretende Präsident der Akademie für Deutsches Recht Geheimrat Univ. Prof. Dr. Wilhelm Kisch, München, 60 Jahre, in: ZAkDR, 2. Jg. (1935) S. 26

Deutsche Verwaltung fürs Volksbildung in der sowjetischen Besatzungszone, (Hrsg.), Liste der auszusondernden Literatur, 2. Nachtrag, Berlin 1948

Die Akademie für Deutsches Recht gegründet, in: Völkischer Beobachter, 28. Juni 1933, Nr. 179

Die Aufwertungsansprüche der Wittelsbacher, in: Münchner Post vom 13.12.1928, Nr. 289

Die erste Jahrestagung der Akademie für Deutsches Recht, in: ZAkDR, 1. Jg. (1934) S. 119ff

Die Gründung am 26. Juni 1933, in: JAkDR, 1. Jg. (1933/34) S. 7ff

Die Hetze in München, in: Bayerischer Kurier vom 13.11.1923, Nr. 316

Die 9. Vollsitzung der Akademie für Deutsches Recht, Berlin am 30. November 1935, in: ZAkDR, 2. Jg. (1935) S. 34ff

Die Schiffer'schen Vorschläge zur Justizreform, Vorbemerkung der Herausgeber, Judicium, 2. Jg. (1929/30) S. 3

DORN, Versicherungswissenschaft, in: MANES, ALFRED, (Hrsg.), Versicherungslexikon, 3. Auflage Berlin 1930, Sp. 1849ff

3. Jahrestagung der Akademie für Deutsches Recht, in: ZAkDR, 3. Jg. (1936) S. 951ff

3. Vollsitzung vom 17. März 1934, in: JAkDR, 1. Jg. (1933/34) S. 136ff

ECKARDT, KARL AUGUST, Das Studium der Rechtswissenschaften, Hamburg 1935

EMGE, CARL, Das Problem einer deutschen Rechtsphilosophie, in: FRANK, HANS, (Hrsg.), Nationalsozialistischen Handbuch für Recht und Gesetzgebung, München 1935, S. 29 – 32

ENDEMANN, Rezension: KISCH, Elsaß-Lothringisches Landesprivatrecht 1905, in: DJZ, 11. Jg. (1906) S. 605

-, Rezension: KISCH, Handbuch des Deutschen Patentrechts, Mannheim 1923, in: JW, 58. Jg. (1927) S. 88

ENGERT, Leben und Wirken und Opfergang des nationalsozialistischen Rechtsvorkämpfers Theodor von der Pfordten, in: ZAkDR, 2. Jg. (1935) S. 49ff

Erklärung des Vorstandes der Vereinigung Deutscher Zivilprozeßrechtslehrer zur Denkschrift des Preuß. Ministers für Wissenschaft, Kunst und Volksbildung i. S. der Reform des juristischen Studiums in Preußen, DJZ, 35. Jg. (1930) Sp. 746

Ernennung der Klassensekretäre, in: ZAkDR, 4. Jg. (1937) S. 117

1. Vollsitzung vom 5. November 1933, in: JAkDR, 1. Jg. (1933/34) S. 33ff

FERNAND, SIMON, Die Schadensersatzansprüche bei Körperverletzung und Tötung im Zweikampf, Zivilrechtliche und prozeßrechtliche Abhandlungen, Bd. 4, hrsg. von KISCH, Straßburg 1913

Festsitzung zum 75jährigem Bestehen, in: GRUR, 68. Jg. (1966) S. 668ff

FICKER, Jahresbericht 1912/13 in: Das Stiftungsfest der Kaiser-Wilhelm-Universität Straßburg am 2.5.1913, Straßburg 1913

-, Bericht der Kriegstelle, in: Das Stiftungsfest der Kaiser-Wilhelm-Universität Straßburg am 1.5.1915, Straßburg 1915

FISCHBACH, Das Sammelvermögen, Zivilrechtliche und prozeßrechtliche Abhandlungen, Bd. 1, hrsg. von KISCH, Straßburg 1907

FISCHER, Rezension: KISCH, Fälle aus dem bürgerlichen Recht, 3. Auflage München 1922, in: JW, 51. Jg. (1922) S. 439

FITTING, Jahresbericht 1895/96, in: Das Stiftungsfest der Kaiser-Wilhelm-Universität Straßburg am 1.5.1896, Straßburg 1896

FRANK, HANS, Das Haus des Deutschen Rechts in München, o. Dat. ca.1939

-, Einleitung, in: ders. (Hrsg.), Nationalsozialistisches Handbuch für Recht und Gesetzgebung, München 1935, XIII-XXIV

-, Im Angesicht des Galgens, München 1953

-, Rede zur Proklamation der „Akademie für Deutsches Recht“, in: JAkDR, 1. Jg. (1933/34) S. 24ff

-, Vorwort , in: JAkDR, 1. Jg. (1933/34) S. 5f

FREUDENTHAL, Rezension: KISCH, Deutsches Zivilprozeßrecht, Leipzig 1909, in: RheinZ, 2. Jg. (1911) S. 152

50. Geburtstag von Geheimrat Dr. Kisch in: München-Augsburger Abendzeitung vom 16.12.1924, Nr. 344

GAUWEILER, OTTO, Rechtseinrichtungen und Rechtsaufgaben der Gesamtbewegung, München 1939

Geheimrat Dr. Kisch, 50. Geburtstag, in: MNN vom 14.12.1924, Nr. 341

GERLAND, HEINRICH, Die deutschen Rechtsfakultäten auf dem Leipziger Juristentag, in: Berliner Börsenzeitung vom 5. Oktober 1933

Gliederung der Akademie für Deutsches Recht, in: DR, 3. Jg. (1933) 205f

GOLDSCHMIDT, JAMES, Die Vereinigung Deutscher Zivilprozeßrechtslehrer, in: DJZ, 28. Jg. (1923) Sp. 351

GROH, Vereinigung Deutscher Zivilprozeßrechtslehrer. Tagung in Darmstadt am 16. und 17. September 1932, in: Judicium, 4. Jg. (1932) Sp. 251ff

Gründungsbericht Juristische Studiengesellschaft München, in: JW, 48. Jg. (1919) S. 86f

Hachenburg, MAX, Die besondere Streitgenossenschaft, Mannheim 1889

HAGEN, OTTO, Rezension: KISCH, Handbuch des Privatversicherungsrechts, 2. Bd. Die Lehre von der Versicherungsgefahr, München 1920, in: JW, 49. Jg. (1920) S. 949

-, Rezension: KISCH, Der Schiedsmann im Versicherungsrecht, Mannheim 1924, in: JW, 54. Jg. (1925) S. 726.

Hauptversammlung der Deutschen Arbeitsgemeinschaft für gewerblichen Rechtsschutz und Urheberrecht e.V. vom 15. November 1934, in: GRUR, 40. Jg. (1935) S. 30ff

HEIM, FRANZ FELZIAN, (Hrsg.), Das elsass-lothringische Verfassungsgesetz, Straßburg 1911

HEIMBERGER, Rezension: KISCH, Praktikum des Zivilprozeßrechts, Leipzig 1909, in: RheinZ, 2. Jg. (1911) S. 154

HEINEMANN, HUGO, Totenliste, in: Sozialistische Monatshefte, 1918, S. 1226

HEINSHEIMER, Rezension: KISCH, Praktikum des Zivilprozeßrechts, Leipzig 1909, in: DJZ, 15. Jg. (1910) Sp. 266

HEITZ, ROBERT, Souvenirs de jadis et de naguère, Strasbourg 1963

HEUBER, WILHELM, Der Bund Nationalsozialistischer Deutscher Juristen und die Deutsche Rechtsfront, in: FRANK, HANS, (Hrsg.), Nationalsozialistisches Handbuch für Recht und Gesetzgebung, München 1935, S. 1566ff

HEUSLER, Der Zivilprozeß der Schweiz, Reihe: Das Zivilprozeßrecht der Kulturstaaten, Eine Vorarbeit zur deutschen Prozeßreform, hrsg. WACH/ KISCH/MENDELS-SOHN BARTHOLDY/PAGENSTECHER, Mannheim 1923

HEUSS-KNAPP, ELLY, Ausblick vom Münsterturm, Erlebtes aus dem Elsaß und dem Reich, Berlin 1934

HOSEUS HEINRICH, Die Kaiser-Wilhelms-Universität zu Straßburg, ihr Recht und ihre Verwaltung, Festschrift zum 1. Mai 1897 der Universität Straßburg, Straßburg 1897

Im Kolleg bei Geheimrat Kisch, in: Süddeutsche Sonntags-Post vom 19.2.1933

Ingebrauchnahme des „Haus des Deutschen Rechts", in: ZAkDR, 6. Jg. (1939) S. 309

„In memoriam Wilhelm Kisch", in: Münchner Merkur vom 12.03.1952, Nr. 62

„Internationaler Kongreß für gewerblichen Rechtsschutz", in: ZAkDR, 3. Jg. (1936) S. 387ff

Jahrbücher der Universität München, Bd. 1913 – 1919, Bd. 1919 – 1925, Bd. 1925 – 1926, Bd. 1926 – 1927, München 1913 – 1926

Kameradschaftsabend für Geheimrat Kisch, in: Münchner Zeitung vom 5.3.1936, Nr. 36

KLEIN, FRANZ, Der Zivilprozeß Österreichs, Reihe: Das Zivilprozeßrecht der Kulturstaaten, Eine Vorarbeit zur deutschen Prozeßreform, hrsg. WACH/KISCH/MENDELS-SOHN BARTHOLDY/ PAGENSTECHER, Mannheim 1927

KOHLER, JOSEF, Einleitung, in: RheinZ, 1. Jg. (1909) S. 4

Kollegialgericht – Alleinrichter – Führerprinzip, in: Frankfurter Zeitung vom 3. Januar 1935, Nr. 5

KREIENBERG, ROLF, Vizepräsident Geheimrat Kisch: Wesen und Aufgaben der Akademie für Deutsches Recht. Eine Unterredung mit dem Gelehrten, in: Deutsche Studenten-Zeitung, Nr. 13 vom 28.6.1934

Kurze Anzeigen: KISCH, Elsaß-Lothringisches Landesprivatrecht, Halle 1905, in: Archiv für bürgerliches Recht, Bd. 26 (1905) S. 368

LABAND, PAUL, Die Thronfolge im Fürstenthum Lippe, Freiburg 1891

LANGE, HEINRICH, Die Entwicklung der Wissenschaft vom Bürgerlichen Recht seit 1933. Eine Privatrechtsgeschichte der neuesten Zeit. Recht und Staat in Geschichte und Gegenwart Bd. 128, Tübingen 1941

LASCH, KARL, Die Akademie für Deutsches Recht, in: FRANK, HANS (Hrsg.), Nationalsozialistisches Handbuch für Recht und Gesetzgebung, München 1935, S. 1572ff

-, 4. Jahrestagung der Akademie für Deutsches Recht, in: DR, 7. Jg. (1937) S. 434

LENEL, OTTO, Jahresbericht 1896/97, in: Das Stiftungsfest der Kaiser-Wilhelms-Universität Straßburg am 1.5.1897, Straßburg 1897

-, Praktikum des Bürgerlichen Rechts. Praktische Rechtsfragen zum Gebrauch bei Übungen und Vorlesungen, 11. Auflage Leipzig 1929

LENT, FRIEDRICH, Wilhelm Kisch (Nachruf), in: JZ, 7. Jg. (1952) S. 349f

LEVIN, Rezension: WREDE, Das Zivilprozeßrecht Schwedens und Finnlands, Reihe: Das Zivilprozeßrecht der Kulturstaaten, Eine Vorarbeit zur deutschen Prozeßreform, hrsg. WACH/KISCH/MENDELSSSOHN BARTHOLDY/ PAGENSTECHER, in: JW, 54. Jg. (1925) S. 727

MANES, ALFRED (Hrsg.), Die Jubiläumstagung des Vereins zur Feier des 25. Wiederkehr seines Gründungstages 1899 26. September 1924, Veröffentlichungen des Deutschen Vereins für Versicherungs-Wissenschaft, Heft 34, Berlin 1924

MANN, GOLO, Erinnerungen und Gedanken. Eine Jugend in Deutschland, Frankfurt am Main 1986

MAYER, OTTO, Die Kaiser-Wilhelms-Universität Straßburg, Ihre Entstehung und Entwicklung, Elsaß-Lothringische Hausbücherei Bd. 3, Im Auftrage der Straßburger Wissenschaftlichen Gesellschaft in Heidelberg, Berlin 1922

MENDELSSOHN BARTHOLDY, ALBRECHT, Das Imperium des Richters, Zivilrechtliche und prozeßrechtliche Abhandlungen, Bd. 2, Straßburg 1908

-, Die Begründung eines wissenschaftlichen Verbandes deutscher Zivilprozeßrechtslehrer, in: RheinZ, 11. Jg. (1919/20) S. 401ff

-, Der akademische Unterricht im Zivilprozeß, in: RheinZ, 12. Jg. (1923) S. 216f

-, Rezension: KISCH, Deutsches Zivilprozeßrecht, 1. Bd., 4. Auflage Berlin 1929, in: Judicium, 2. Jg. (1929/30) S. 193

MEYER, K., Die Akademie für Deutsches Recht, in: DJZ, 38. Jg. (1933) Sp. 1528ff

MITTELSTAEDT, Rezension: KISCH, Handbuch des Deutschen Patentrechts 1923, in: GRUR, 28. Jg. (1923) S. 229ff

MUNCH-PETERSEN, Der Zivilprozeß Dänemarks, Reihe: Das Zivilprozeßrecht der Kulturstaaten, Eine Vorarbeit zur deutschen Prozeßreform, hrsg. WACH/KISCH/ MENDELSSOHN BARTHOLDY/PAGENSTECHER, Mannheim 1932

NOCKHER, Professor Dr. Wilhelm Kisch, in: München-Augsburger Abendzeitung vom 12.12.1934, Nr. 338

NUßBAUM, Vereinigung Deutscher Zivilprozeßrechtslehrer, in: JW, 51. Jg. (1922) S. 15f

OERTMANN, PAUL, Rezension KISCH, Die Wirkung der nachträglich eintretenden Unmöglichkeit der Erfüllung bei gegenseitigen Verträgen nach dem BGB für das Deutsche Reich, in: Archiv für Bürgerliches Recht, Bd. 20 (1902) S. 83ff

PAGENSTECHER, MAX, Rezension KISCH, Deutsches Zivilprozeßrecht, 4. Auflage, Berlin 1929, in: JW, 59. Jg. (1930) S. 119

PETERSEN, Aufsichtsamt, in: MANES, ALFRED, (Hrsg.), Versicherungslexikon, 3. Auflage Berlin 1930, Sp. 191ff.

Prof. Dr. Wilhelm Kisch (Nachruf), in: Versicherungswirtschaft, 1952 S. 150

RADBRUCH, GUSTAV, Gesetzliches Unrecht und überpositives Recht, in: Süddeutsche Juristenzeitung, 1. Jg. (1946) S. 65ff

REDSLOB, ROBERT, Alma mater, Mes souvenirs des Universités allemandes, Strasbourg 1958

-, Entre la France et L'Allemagne, souvenirs d'un alsacien, Paris 1933

Resolution der Vereinigung Deutscher Zivilprozeßrechtslehrer bei ihrer Jahresversammlung in Leipzig 1921, in: RheinZ, 11. Jg. (1921/22) S. 336

Richtfest des „Haus des Deutschen Rechts", in: JW, 66. Jg. (1937) S. 2895f

RÜMELIN, Rezension: WACH/KISCH/MENDELSSOHN BARTHOLDY/ STEIN, Der Zivilprozeß, Berlin 1922, in: AcP, Bd. 121, (1923) S. 141

SATTELMACHER, Rezension: KISCH, Fälle aus dem bürgerlichen Recht, 7. und 8. Auflage 1932, in: JW 62. Jg. (1933) S. 2511

Satzung der Akademie für Deutsches Recht, in: JAkDR, 1. Jg. (1933/34) S. 249ff

Satzung der Akademie für Deutsches Recht, in: JAkDR, 2. Jg. (1935) S. 187ff

Satzungen der Deutschen Arbeitsgemeinschaft für Gewerblichen Rechtsschutz und Urheberrecht, in: GRUR, 39. Jg. (1934)

SCHERER, EMIL CLEMENS, Der Katholizismus in der Reichslandepoche, in: Süddeutsche Monatshefte, 29. Jg. (1931) S. 191ff

SCHIFFER, EUGEN, Die deutsche Justiz. Grundzüge einer durchgreifenden Reform, Berlin 1928

SCHIMA HANS, Vereinigung Deutscher Zivilprozeßrechtslehrer, Tagung in Wien vom 27. – 29. Oktober 1928, in: Judicium, 1.Jg. (1928) S. 178ff

SCHMITT, CARL, Bericht über die Fachgruppe Hochschullehrer im BNSDJ, in: DR, 4. Jg. (1934) S. 17

-, Über die drei Arten des rechtswissenschaftlichen Denkens, Hamburg 1934

Schriftleitung JW, Rezension: Judicium, 1. Jg. (1928) Heft 1 und 2, in: JW, 58. Jg. (1929) S. 843

SCHRUTKA-RECHTENSTAMM, Rezension: KISCH, Begriff und Wirkung der besonderen Streitgenossenschaft, in: Grünhut's, Bd. 29 (1902) S. 364ff

SCHULLZE, ERICH, Gesetz zur Befreiung von Nationalsozialismus und Militarismus mit Ausführungsvorschriften, 3. Auflage München 1948

SCHULTZE, AUGUST SIGMUND, Die rechtliche Stellung des sogenannten Nebenintervenienten im Rechtsstreit, in: ZZP, Bd. 2 (1880) S. 20ff

-, Das Deutsche Konkursrecht in seinen juristischen Grundlagen, Berlin 1880

-, Privatrecht und Process in ihrer Wechselbeziehung. Grundlinien einer geschichtlichen Auffassung des heutigen Civilprocessrechts, Freiburg 1883

-, Rezension: KISCH, Praktikum des Zivilprozeßrechts, Leipzig 1909 in: ZZP, Bd. 40 (1910) S. 141

SCHUMAN, ROBERT, Streitbefangenheit und Rechtsnachfolge als Voraussetzungen der §§ 265 und 266 der Zivilprozeßordnung, Zivilrechtliche und prozeßrechtliche Abhandlungen, Bd. 3, hrsg. von KISCH, Straßburg 1910

SCHWANDER, RUDOLF, Elsaß-Lothringen, in: Süddeutsche Monatshefte, 29. Jg. (1931) S. 161ff

6. Vollsitzung der Akademie für Deutsches Recht am 27. Februar 1935, in: ZAkDR, 2. Jg. (1935) S. 183ff

SELIGSOHN, Rezension: KISCH, Handbuch des Deutschen Patentrechts, Mannheim 1923, in: Zeitschrift für das gesamte Handelsrecht und Konkursrecht, Bd. 87 (1924) S. 349ff

Sitzung der Ausschussvorsitzenden vom 6. Dezember 1933, in: JAkDR, 1. Jg. (1933/34) S. 64ff

SOERGEL, Vorwort, in: Festschrift der Rundschau für den deutschen Juristenstand zum 25jährigen Regierungsjubiläum Seiner Majestät des Deutschen Kaisers Wilhelm II., Hannover 1913, S. 4ff

SPITTA, Jahresbericht 1901/1902, in: Das Stiftungsfest der Kaiser-Wilhelms-Universität Straßburg am 1.5.1902, Straßburg 1902

v. STAFF, Vom zweiten deutschen Juristentag in der Tschechoslowakei, Volle oder beschränkte Berufung im zivilrechtlichen Verfahren?, in: ZZP, Bd. 50 (1926) S. 69ff

STEUBER, Rezension: KISCH, Fälle aus dem bürgerlichem Recht, 5./6. Auflage 1928, in: JW, 58. Jg. (1929) S. 1868

STRAUß, WALTER, Wilhelm Kisch zum Gedächtnis, in: GRUR, 54. Jg. (1952) S. 201

Studentische Kundgebung, in: München-Augsburger Abendzeitung vom 13.11.1923,

TETZNER, HEINRICH, Wilhelm Kisch (Nachruf), in: JR, 6. Jg. (1952) S. 238

ULLRICH, HANS, Die deutsche Privatversicherung in Wirtschaft und Recht, in: FRANK, HANS, (Hrsg.), Nationalsozialistisches Handbuch für Recht und Gesetzgebung, München 1935, S. 1256 – 1272

Verwaltungsanordnung vom 1.4.1937, in: ZAkDR, 4. Jg. (1937) S. 405

Verzeichnisse der Vorlesungen welche an der Kaiser-Wilhelms-Universität Straßburg im Winterhalbjahr 1893/94 – Sommerhalbjahr 1916 gehalten werden, Straßburg 1893 – 1916

Vierte Jahrestagung der Akademie, in: ZAkDR, 4. Jg. (1937) S. 693

VOLKMAR, ERICH, Die Neugestaltung des Zivilprozeßrechts im Geiste nationalsozialistischer Auffassung, in: FRANK, HANS, (Hrsg.), Nationalsozialistisches Handbuch für Recht und Gesetzgebung, München 1935, S. 1498 – 1524

Vorlesungsverzeichnisse der Universität München, Winterhalbjahr 1918/1919 – Winterhalbjahr 1934/35, Winterhalbjahr 1943/44, Sommerhalbjahr 1944, München 1918 – 1934, 1943/44

WACH, ADOLF, Die Neuordnung des Rechtsstudiums und der Zivilprozeß in: WACH/KISCH/MENDELSSOHN BARTHOLDY/STEIN, Der Zivilprozeß, Mannheim, Berlin, Leipzig 1922, S. 7ff

WACHENFELD, FRIEDRICH, Die notwendige Streitgenossenschaft des § 59 C.P.O., Hannover 1894

-, Rezension: KISCH, Begriff und Wirkung der besonderen Streitgenossenschaft, 1899 in: ZZP, Bd. 33, (1906) S. 94ff

WEIMAR, Rezension: KISCH, Der deutsche Rechtslehrer, 1939 in: JW, 68. Jg. (1939) S. 396

Wilhelm Kisch, in: Frankfurter Zeitung vom 1.1.1936, Nr. 1-2

Wilhelm Kisch, 60. Geburtstag, in: MNN vom 12.12.1934, Nr. 346

WINDELBAND, Jahresbericht 1894/95 in: Das Stiftungsfest der Kaiser-Wilhelm-Universität Straßburg am 1.5.1895, Straßburg 1895

Wissenschaftlichen Institut der Elsaß-Lothringer im Reiche an der Universität Frankfurt a.M., (Hrsg.), Bericht über die erste Zusammenkunft der „Losen Vereinigung der ehemaligen Strassburger Studenten und Dozenten" in Frankfurt a. M. vom 8. bis 10. Juni 1928, Frankfurt 1928

WOLF, ERIK, Rezension: KISCH, Der deutsche Rechtslehrer, München 1939, in: Zeitschrift für die gesamte Strafrechtswissenschaft, Bd. 60 (1941) S. 331ff

WREDE, Das Zivilprozeßrecht Schwedens und Finnlands, Reihe: Das Zivilprozeßrecht der Kulturstaaten, Eine Vorarbeit zur deutschen Prozeßreform, hrsg. WACH/KISCH/MENDELSSOHN BARTHOLDY/PAGENSTECHER, Mannheim 1924

ZELLER, OTTO, Befreiung vom Judentum, Tagung der Reichsgruppe Hochschullehrer des NS.Rechtswahrer-Bundes am 3. und 4. Oktober 1936 in Berlin, in: JW, 65. Jg. (1936) S. 2907ff

ZIEGLER, Jahresbericht 1899/1900, in: Das Stiftungsfest der Kaiser-Wilhelm-Universität Straßburg am 1.5.1900, Straßburg 1900, S. 11f

ZIERSCH, WALTER, Wilhelm Kisch, Ein Münchner Rechtsgelehrter und Hochschullehrer, in: MNN vom 9.9.1931, Nr. 244

2. Jahrestagung der Akademie für Deutsches Recht, in: ZAkDR, 2. Jg. (1935) S. 429ff

V. ZWIEDINECK-SÜDENHORST, OTTO, Rede zur Proklamation der Akademie für Deutsches Recht, in: JakDR, 1. Jg. (1933/34) S. 17ff

3. Literatur

ANDERSON, DENNIS LEROY, The Academy for German Law 1933 – 1944, New York 1987

ANGENHEISTER, GUSTAV, Georg Gerland, in: NDB, Bd. 6, Berlin 1964, S. 305

BARTEAU, HARRY C., Historical Dictionary of Luxembourg, European Historical Dictionaries No. 14, London 1996

BECKER/DAHMS/WEGELER, Die Universität Göttingen unter dem Nationalsozialismus. Das verdrängte Kapitel ihrer 250jährigen Geschichte, München 1987

BEHREND,MICHAEL, Wissenschaft und Tagespolitik. Unruhen und Konflikte im Vorfeld der nationalsozialistischen „Machtergreifung", unveröff. Magisterarbeit, München, 1999

BENZ, WOLFGANG, Von der Entrechtung zur Verfolgung und Vernichtung. Jüdische Juristen unter dem nationalsozialistischen Regime, in: HEINRICHS/FRANZKI/ SCHMALZ/STOLLEIS, Deutsche Juristen jüdischer Herkunft, München 1993, S. 813ff

BERNECKER, WALTER L., Die Revolution 1918/1919, Von der Monarchie zur Republik, in: Stammen, Theo (Hrsg.), Die Weimarer Republik, Das schwere Erbe Bd. 1 1918 –1923, 2. Auflage München 2001

Bibliothèque Nationale et Universitaire de Strasbourg, L'Université de Strasbourg XIIIe – XX siècle, La Ville, la Région, L'Europe, Exposition 14 octobre – 30 novembre 1988

BÖHM, HELMUT, Von der Selbstverwaltung zum Führerprinzip. Die Universität München in den ersten Jahren des Dritten Reiches (1933 – 1936), Berlin 1995

BOEHM, LAETITA, Auf dem Weg zur Gegenwart, in: BOEHM/SPÖRL, Ludwig-Maximilians-Universität Ingolstadt – Landshut – München 1472 – 1972, Berlin 1972, S. 363 – 394

BRUN, GEORG, Leben und Werk des Rechtshistorikers Heinrich Mitteis unter besonderer Berücksichtigung seines Verhältnisses zum Nationalsozialismus, Frankfurt am Main 1991

BUCHHEIT, GERD, Richter in roter Robe. Freisler, Präsident des Volksgerichtshofs, München 1968.

CRAIG, JOHN E., Scholarship and Nation Building, The Universities of Strasbourg an Alsatian Society 1870 – 1939, Chicago 1984

DAMRAU, JÜRGEN, Die Entwicklung einzelner Prozeßmaximen seit der Reichszivilprozeßordnung von 1877, Paderborn 1975

DANNREUTHER, DIETER, Der Zivilprozeß als Gegenstand der Rechtspolitik im Deutschen Reich 1871 – 1945, Frankfurt am Main 1987

DEGENER, HERMANN A. L., (Hrsg.), August Sigmund Schultze, Wer ist's? Unsere Zeitgenossen, 4. Ausgabe, Leipzig 1909, S. 339

-, Wilhelm Kisch, Wer ist's? Unsere Zeitgenossen, 10. Ausgabe, Leipzig 1955, S. 816

DENIS, MARIE-NOELE, Vivre a Strasbourg professeurs et etudiants, in: JONAS/GERARD/DENIS/WEIDMANN, Strasbourg, capitale du Reichsland Alsace-Lorraine et sa nouvelle université 1871 – 1918, Strasbourg 1995

DÜRSELEN, FLORIAN G., Franz Beyerle 1885 – 1977. Leben, Ära und Werk eines Rechtshistorikers, Frankfurt 2005

ECKERT, JÖRN, Was war die Kieler Schule?, in: SÄCKER, FRANZ JÜRGEN, (Hrsg.), Recht und Rechtslehre im Nationalsozialismus, Baden Baden 1992, S. 37 – 70

EIßER, GEORG, Heinrich Gerland, in: NDB, Bd. 6, Berlin 1964, S. 306

FALTER, JÜRGEN W., Die Wahlen des Jahres 1932/33 und der Aufstieg totalitärer Parteien, in: HOLTMANN, EVERHARD, Die Weimarer Republik. Das Ende der Demokratie, Bd. 3, 1929 – 33, 1. Auflage München 1995, S. 271 – 314

FRIEDRICH, MANFRED, Robert Redslob, in: NDB, Bd. 21, Berlin 2003, S. 251

FRÖHLER, LUDWIG, Erich Eyermann, in: Juristen im Portrait, Verlag und Autoren in 4 Jahrzehnten, Festschrift zum 225jährigen Jubiläum des Verlages C.H. Beck, München 1988, S. 302ff

GÖPPINGER, HORST, Juristen jüdischer Abstammung im Dritten Reich, 2. Auflage München 1990

GRUCHMANN, LOTHAR, Justiz im Dritten Reich 1933 – 1940. Anpassung und Unterwerfung in der Ära Gürtner, München 1988

GRÜTTNER, MICHAEL, Machtergreifung als Generationskonflikt. Die Krise der Hochschulen und der Aufstieg des Nationalsozialismus, in: vom Bruch/ Kaderas, (Hrsg.), Wissenschaften und Wissenschaftspolitik: Bestandsaufnahmen zu Formationen, Brüchen und Kontinuitäten im Deutschland des 20. Jahrhunderts, Stuttgart 2002, S. 339 – 353

HAAS, EBERHARD/EWIG, EUGEN, Max O. Friedlaender. Wegbereiter und Vordenker des Anwaltsrechts, in: HEINRICHS/FRANZKI/SCHMALZ/STOLLEIS, (Hrsg.), Deutsche Juristen jüdischer Herkunft, München 1993, S. 555ff

HATTENHAUER, HANS, Das NS-Volksgesetzbuch, in: BUSCHMANN, W. (Hrsg.), Festschrift für Rudolf Gmür zum 70. Geburtstag, Bielefeld 1983, S. 255ff

-, Die Akademie für Deutsches Recht (1933 – 1944), in: JuS, 26. Jg. (1986) S. 680f.

HAMMERSTEIN, NOTKER, Antisemitismus und deutsche Universitäten 1871 –1933, Frankfurt a. Main 1995

HECHT, CORNELIA, Deutsche Juden und Antisemitismus in der Weimarer Republik, Bonn 2003

HEIBER, HELMUT, Universität unterm Hakenkreuz. Teil I Der Professor im Dritten Reich, München 1991

HENCKEL,WOLFRAM, Zur Geschichte der Zivilprozeßrechtslehrervereinigung 1920 – 1933, in: Holzhammer/Jelinek/Böhm, Festschrift für H. W. Fasching zum 65. Geburtstag, Wien 1988, S. 213ff

HENGSTENBERG, WILHELM, Albert Ehrhard, in: NDB, Bd. 4, Berlin 1959, S. 357

HENSE, THOMAS, Konrad Beyerle. Sein Wirken für Wissenschaft und Politik im Kaiserreich und Weimarer Republik, Frankfurt am Main 2002

HERRMANN, FLORIAN, Hans Nawiasky, in: NEHLSEN/BRUN (Hrsg.), Münchner rechtshistorische Studien zum Nationalsozialismus, Frankfurt am Main 1996, S. 411 – 444

JASPER, GOTTHARD, Die große Koalition 1928 – 1930, in: HOLTMANN, EVERHARD, Die Weimarer Republik. Das Ende der Demokratie, Bd. 3, 1929 – 33, 1. Auflage München 1995, S. 19 –56

JONAS, STÉPHANE, La ville Strasbourg et son université, in: JONAS/GERARD/ DENIS/WEIDMANN, Strasbourg, capitale du Reichsland Alsace-Lorraine et sa nouvelle université 1871 – 1918, Strasbourg 1995, S. 27ff

KEGEL, GERHARD, Ernst Rabel. Vorkämpfer des Weltkaufrechts, in: HEINRICHS/FRANZKI /SCHMALZ/STOLLEIS, Deutsche Juristen jüdischer Herkunft, München 1993, S. 571ff

KILLY/VIERHAUS (Hrsg.), Wilhelm Kisch, in: Deutsche Biographische Enzyklopädie, Bd. 5, München 1997, S. 558

KIM, HYUNG-BAE/V. BIEBERSTEIN, WOLFGANG (Hrsg.), Zivilrechtslehrer deutscher Sprache. Lehrer – Schüler – Werke, Seoul, München 1988

KINDER/HILGEMANN, dtv-Atlas zur Weltgeschichte, Bd. II, 23. Auflage München 1989

KOCH, HANS-ALBRECHT, Karl Voßler in: KILLY/VIERHAUS, (Hrsg.), Deutsche Biographische Enzyklopädie, Bd. 10, München 1999, S. 260

KOCH, PETER, Wilhelm Kisch, in: NDB, Bd. 11, Berlin 1977, S. 683

-, 75 Jahre Versicherung an der Ludwig-Maximilians-Universität in München, Schriftenreihe des Vereins zur Förderung der Versicherungswissenschaft in München e.V., Heft 29 München 1986

-, 75 Jahre Versicherung an der Universität München, in: Versicherungswirtschaft, 1986 S. 1504ff

-, Geschichte der Versicherungswissenschaft in Deutschland, hrsg. vom Deutschen Verein für Versicherungswissenschaft e.V. aus Anlaß seines 100jährigen Bestehens, Karlsruhe 1998

KÖTTER, H. W., Wilhelm Kisch, in: NJW, 5. Jg. (1952) S. 374

KOSCH, WILHELM, Wilhelm Kisch, in: Das katholische Deutschland, Biographisches und bibliographisches Lexikon, Bd. 2, Augsburg 1937, S. 484

KRULL, BERTHE, Zwischen Hörsaal und Bühne: Studentin in München, Berlin und Frankfurt, in: NASS, KLAUS OTTO (Hrsg.), Elsie Kühn-Leitz, Mut zur Menschlichkeit, Bonn 1994, S. 24ff

KÜHNEL, FRANZ, Hans Schemm, Gauleiter und Kultusminister (1891 – 1935), Nürnberg 1985

KUNKEL WOLFGANG, Der Professor im Dritten Reich, in: Die deutsche Universität im Dritten Reich, Vortragsreihe Universität München, München 1966

LANDAU, PETER, Juristen jüdischer Herkunft im Kaiserreich und in der Weimarer Republik, in: HEINRICHS/FRANZKI/SCHMALZ/STOLLEIS, Deutsche Juristen jüdischer Herkunft, München 1993, S. 133ff

-, Die deutschen Juristen und der nationalsozialistische Juristentag in Leipzig 1933, in: Zeitschrift für neuere Rechtsgeschichte, 16. Jg. (1994) S. 373 – 390

LANGEWIESCHE, DIETER, Die Universität Tübingen in der Zeit des Nationalsozialismus: Formen der Selbstgleichschaltung und Selbstbehauptung, in: Geschichte und Gesellschaft, Zeitschrift für Historische Sozialwissenschaft, 23. Jg. (1997) S. 618ff

LÜDTKE GERHARD (Hrsg.), Kürschner's Deutscher Gelehrten Kalender, 4. Jg., Berlin 1931

MOHNHAUPT, HEINZ, Justus Wilhelm Hedemann als Rechtshistoriker und Zivilrechtler vor und während der Epoche des Nationalsozialismus, in: STOLLEIS/SIMON (Hrsg.), Rechtsgeschichte im Nationalsozialismus, Beiträge zur Geschichte einer Disziplin, Tübingen 1989, S. 107ff

MÜLLER, RAINER ALBERT, Wilhelm Kisch, in: Bosl's Bayerische Biographie, Regensburg 1983, S. 418

MÜLLER, WINFRIED, Das Bayerische Staatsministerium für Unterricht und Kultus, in: RUMSCHÖTTEL, HERMANN/ZIEGLER, WALTER, Staat und Gaue in der NS-Zeit Bayern 1933 – 1945, München 2004, S. 197 – 215

NEHLSEN, HERMANN, In memoriam Karl August Eckardt, in: SZGerm, Bd. 104 (1987) S. 497 – 536

-, Karl August Eckardt, in: NEHLSEN/BRUN (Hrsg.), Münchner rechtshistorische Studien zum Nationalsozialismus, Frankfurt am Main 1996, S. 181 – 225

NÖRR, DIETER, Friedrich Carl v. Savigny, in: NDB, Bd. 22, Berlin 2003, S. 470

NUNN, CHRISTIAN, Rudolf Müller-Erzbach 1874 – 1959. Von der realen Methode über die Interessensjurisprudenz zum kausalen Rechtsdenken, Frankfurt am Main 1998

ORTNER, HELMUT, Der Hinrichter Roland Freisler, Wien 1993

OSTLER, FRITZ, Das Gesetz zur Befreiung von Nationalsozialismus und Militarismus vom 5. März 1946 und sein Vollzug. Persönliche Erfahrungen und Erinnerungen, in: NJW, 49. Jg. (1996) S. 821ff

OTTO, MARTIN, Paul Ritterbusch, in: NDB, Bd. 21, Berlin 2002, S. 668f

PAULY, WALTER, Paul Laband. Staatslehre als Wissenschaft, in: HEINRICHS/FRANZKI/SCHMALZ/STOLLEIS, Deutsche Juristen jüdischer Herkunft, München 1993, S. 301ff.

PENNERA, CHRISTIAN, Robert Schuman, La jeunesse et les débuts politiques d'un grand européen, de 1886 à 1924, Éditions Pierron 1985

PICHINOT, HANS-RAINER, Die Akademie für Deutsches Recht, Aufbau und Entwicklung einer öffentlich-rechtlichen Körperschaft des Dritten Reichs, Kiel 1981

POPP, HANS, Die nationalsozialistische Sicht einiger Institute des Zivilprozeß- und Gerichtsverfassungsrecht, Frankfurt am Main 1986

QUARITSCH, HELMUT, (Hrsg.), Complexio Oppositorium. Über Carl Schmitt, Berlin 1988

PRÄG/JACOBMEYER (Hrsg.), Das Diensttagebuch des deutschen Gouverneurs in Polen 1939 – 1945, Stuttgart 1975

RAMM, JOACHIM, Eugen Schiffer. Wegbereiter der Justizreform, in: HEINRICHS/FRANZKI/SCHMALZ/STOLLEIS, (Hrsg.), Deutsche Juristen jüdischer Herkunft, München 1993, S. 455ff

REINERS, LUDWIG, Stilkunst. Ein Lehrbuch deutscher Prosa, München 1991

ROCHEFORT, ROBERT, Robert Schuman, Paris 1968

ROTH, HERBERT, Gewillkürter Parteiwechsel und Bindung an Prozeßlagen, in: NJW, 41. Jg. (1988) S. 2977ff

RINGER, FRITZ K. Die Gelehrten, Der Niedergang der deutschen Mandarine, 1890 – 1933, Stuttgart 1983

RÜCKERT, JOACHIM, Abbau und Aufbau der Rechtswissenschaft nach 1945, in: NJW, 48. Jg. (1995) 1251ff

RÜTHERS, BERND, Entartetes Recht. Rechtslehren und Kronjuristen im Dritten Reich, München 1988

-, Die unbegrenzte Auslegung. Zum Wandel der Privatrechtsordnung im Nationalsozialismus, 4. Auflage, Heidelberg 1991

SCHÄFER, HERWIG, Juristische Lehre und Forschung an der Reichsuniversität Straßburg 1941 – 1944, Beiträge zur Rechtsgeschichte des 20. Jahrhunderts Bd. 23, Tübingen 1999

SCHAEFER, RAINER, Parlamentarische Lähmungskrise und Etablierung der Präsidialkabinette, in: HOLTMANN, EVERHARD, Die Weimarer Republik. Das Ende der Demokratie, Bd. 3, 1929 – 33, 1. Auflage München 1995, S. 315 – 354.

SCHILDT, AXEL, Das Kabinett Kurt von Schleicher, in: HOLTMANN, EVERHARD, Die Weimarer Republik. Das Ende der Demokratie, Bd. 3, 1929 – 33, 1. Auflage München 1995, S. 391 – 444

SCHMIDT, JÖRG, Otto Koellreutter 1883 – 1972. Sein Leben, sein Werk, seine Zeit, Frankfurt am Main 1995

SCHMOECKEL, MATTHIAS, Helmut Nicolai, in: NDB, Bd. 19, Berlin 1999, S. 204f

SCHNABEL, FRANZ, Friedrich Althoff, in: NDB Bd. 1, Berlin 1953, S. 222ff

SCHUBERT, WERNER, (Hrsg.), Akademie für Deutsches Recht 1933 – 45. Protokolle der Ausschüsse, Bd. I, Aktienrecht, Berlin 1986

-, (Hrsg.) Akademie für Deutsches Recht 1933 –45, Protokolle der Ausschüsse BD. III, 1, Volksgesetzbuch, Berlin 1988

-, (Hrsg.) Akademie für Deutsches Recht 1933 – 1945 Protokolle der Ausschüsse, Bd. VI, Zivilprozeß und Gerichtsverfassung, Ausschüsse der ADR und „Ämter" des Reichsjustizministeriums von 1933 – 44, Frankfurt am Main 1997

-, (Hrsg.), Akademie für Deutsches Recht 1933 – 1945 Protokolle der Ausschüsse, Bd. IX, Ausschüsse für den gewerblichen Rechtsschutz, für Urheber- und Verlagsrecht sowie Kartellrecht, 1934 – 43, Frankfurt am Main, 1999

-, (Hrsg.), Akademie für Deutsches Recht 1933 – 1945 Protokolle der Ausschüsse, Bd. XIII, Ausschüsse für Versicherungswesen/-recht und für Versicherungsagenten- und Versicherungsmaklerrecht 1934 – 43, Frankfurt am Main 2002

-, (Hrsg.) Akademie für Deutsches Recht 1933 –45 Protokolle der Ausschüsse BD. XV, Religionsrecht, Frankfurt am Main 2003

SCHUMANN, Einleitung II, in: STEIN/JONAS, Kommentar zur Zivilprozeßordnung, 20. Auflage Tübingen 1984

SCHUDNAGIES, CHRISTIAN, Hans Frank. Aufstieg und Fall des NS-Juristen und Generalgouverneurs, Frankfurt am Main 1989

SCHWAB, KARL-HEINZ, Leo Rosenberg. Der große Prozeßualist in: HEINRICHS/FRANZKI/SCHMALZ/STOLLEIS, Deutsche Juristen jüdischer Herkunft, München 1993, S. 667ff

SCHWABE, KLAUS, Wissenschaft und Kriegsmoral, Die deutschen Hochschullehrer und die politischen Grundfragen des Ersten Weltkrieges, Göttingen 1969

SEIDLER, KURT, Die Aufgabe des Versicherungsbeirats und des Beirats für Bausparkassenwesen im Wandel der Zeit, in: Veröffentlichungen des Bundesaufsichtsamtes für das Versicherungs- und Bausparwesen, 7. Jg. 1958, S. 287ff

SEIFERT, ARNO, In den Kriegen und Krisen des 20. Jahrhundert, S 315 – 362, in: BOEHM/SPÖRL, Ludwig-Maximilians-Universität, Ingolstadt – Landshut – München, 1472 – 1972, Berlin 1972

SIMON, WOLFGANG, Claudius Freiherr von Schwerin, Rechtshistoriker während dreier Epochen deutscher Geschichte, Frankfurt am Main 1991

SUNNUS, MICHAEL, Der NS-Rechtswahrerbund 1928 – 1945. Zur Geschichte der nationalsozialistischen Juristenorganisation, Frankfurt am Main 1990

TELP, JAN, Ausmerzung und Verrat. Zur Diskussion um Strafzwecke und Verbrechensbegriffe im Dritten Reich, Frankfurt 1999

THOMANN, Nouveau dictionnaire de biographie alsacienne n 20, hrsg. Fédération des Sociétés d'Histoire et d' Archéologie d'Alsace, Strasbourg 1993

TILITZKI, CHRISTIAN, Der Rechtsphilosoph Carl August Emge. Vom Schüler Hermann Cohens zum Stellvertreter Hans Franks, in: Archiv für Rechts- und Sozialphilosophie, 89. Jg. (2003) S. 459ff

TOMMISSEN, PIET, Bausteine einer wissenschaftlichen Biographie. Periode: 1888 – 1933, in: QUARITSCH, HELMUT, (Hrsg.), Complexio Oppositorium Über Carl Schmitt, Berlin 1988, S. 71 – 100

TÖPNER, KURT, Zusammenbruch und staatlicher Neuaufbau nach 1918 im Urteil Deutscher Hochschullehrer, Erlangen 1966

UNGER, DAGMAR, Adolf Wach (1843 – 1926) und das liberale Zivilprozessrecht, Berlin 2005

UNGER, MICHAEL, Anhang Biogramme zu Schemm, Streicher, Wagner, S. 753ff, in: RUMSCHÖTTEL, HERMANN/ZIEGLER, WALTER, Staat und Gaue in der NS-Zeit Bayern 1933 – 1945, München 2004

VOGEL, KLAUS, Karl Neumeyer: In den Tod getrieben, in: LANDAU/NEHLSEN, Große jüdische Gelehrte an der Münchner Juristischen Fakultät, Ebelsbach 2001, S. 97 – 111

VOGLER, BERNARD, Préface, in: JONAS/GERARD/DENIS/WEIDMANN, Strasbourg, capitale du Reichsland Alsace-Lorraine et sa nouvelle université 1871 – 1918, Strasbourg 1995, S. 7ff

VULETIC, ALEKSANDAR-S., Zwischen Normalität und Vertreibung: Die deutschen Juden in den zwanziger und dreißiger Jahren, in: MICHALKA, WOLFGANG/VOGT MARTIN (Hrsg.), Judenemanzipation und Antisemitismus in Deutschland im 19. und 20. Jahrhundert, Eggingen 2003, S. 117 – 137

WERHAN, WALTER/FENSCH, ELSA, Bestand R 61 Akademie für Deutsches Recht. Findbücher zum Bestand des Bundesarchivs, 2. Auflage, Koblenz 1976

WEINKAUFF, HERMANN, Die deutsche Justiz und der Nationalsozialismus, Ein Überblick, in: WEINKAUFF/WAGNER, Die Deutsche Justiz und der Nationalsozialismus, Quellen und Darstellungen zur Zeitgeschichte Bd. 16/1, Stuttgart 1968

WILHELM, JÜRGEN, Die Stammeskultur der Ordinarienuniversität, in: BAETHGE, MARTIN/EßBACH, WOLFGANG (Hrsg.), Soziologie: Entdeckungen im Alltäglichen, Hans Paul Bahrdt, Festschrift zu seinem 65. Geburtstag, Frankfurt 1983, S. 477 – 495

WILLOWEIT, DIETMAR, Nationalsozialistische Hochschul- und Wissenschaftspolitik in Bayern, in: Tradition und Perspektive, 150 Jahre Bayrisches Kultusministerium, München 1997

WOLF, WILHELM, Vom alten zum neuen Privatrecht. Das Konzept der normgestützten Kollektivierung in den zivilrechtlichen Arbeiten Heinrich Langes (1900 – 1977), Tübingen 1998

ZIFFER, ALFRED, Nymphenburger Moderne. Die Porzellan-Manufaktur im 20. Jahrhundert, München 1997

Abkürzungsverzeichnis

AcP	Archiv für civilistische Praxis
AdBR	Archives departementales du Bas-Rhin Strasbourg
AkDR	Akademie für Deutsches Recht
BAB	Bundesarchiv Berlin
BAK	Bundesarchiv Koblenz
BayFinMi	Bayerisches Staatsministerium für Finanzen, im Text auch: Bayerisches Finanzministerium
BayGVBl.	Bayerisches Gesetz- und Verordnungsblatt
BayHStA	Bayerisches Hauptsstaatsarchiv München
BayJuMi	Bayerisches Staatsministerium der Justiz, im Text auch: Bayerisches Justizministerium
BayKuMi	Bayerisches Staatsministerium für Unterricht und Kultus, im Text auch: Bayerisches Kultusministerium
BBG	Gesetz zur Wiederherstellung des Berufsbeamtentums
BNSDJ	Bund Nationalsozialistischer Deutscher Juristen (ab 1936 NSRB)
DDP	Deutsche Demokratische Partei
Ders.	Derselbe
DJZ	Deutsche Juristenzeitung
DR	Deutsches Recht
FakPA	Fakultätspersonalakte
Grünhut's Zeitschrift	Grünhut's Zeitschrift für das Privat- und öffentliche Recht der Gegenwart
GRUR	Gewerblicher Rechtsschutz und Urheberrecht
GStA Berlin	Geheimes Staatsarchiv für Preußischen Kulturbesitz Berlin
JAkDR	Jahrbuch der Akademie für Deutsches Recht
JF	Juristische Fakultät
JR	Juristische Rundschau
JRPV	Juristische Rundschau für die Privatversicherung
JS	Juristisches Seminar
JW	Juristische Wochenschrift

KrVjSch	Kritische Vierteljahresschrift für Gesetzgebung und Rechtswissenschaft
LeipzZ	Leipziger Zeitschrift für Deutsches Recht
LMU	Ludwig-Maximilians-Universität München
MNN	Münchner Neueste Nachrichten
MPIER	Max-Planck-Institut für Europäische Rechtsvergleichung Frankfurt
m.w.N.	mit weiteren Nachweisen
NDB	Neue Deutsche Biographie
NJW	Neue Juristische Wochenschrift
NSDAP	Nationalsozialistische Deutsche Arbeiterpartei
NSRB	Nationalsozialistischer Rechtswahrerbund (bis 1936 BNSDJ)
o. Dat.	ohne Datum
PA	Personalakte
PreußKuMi	Preußisches Kultusministerium
REM	Reichsministerium für Wissenschaft, Erziehung und Volksbildung, im Text auch: Reichserziehungsministerium
RGBl.	Reichsgesetzblatt
RheinZ	Rheinische Zeitschrift für Zivil- und Prozeßrecht (des In- und Auslandes)
RJM	Reichsjustizministerium
SBB PK	Staatsbibliothek Berlin, Preußischer Kulturbesitz
SpKA	Spruchkammerakte
StAM	Staatsarchiv München
SZGerm	Zeitschrift der Savigny-Stiftung für Rechtsgeschichte, Germanistische Abteilung
UAB	Universitätsarchiv Berlin, Humboldt-Universität
UAE	Universitätsarchiv Erlangen
UAM	Universitätsarchiv München
WuRVers	Wirtschaft und Recht der Versicherung
ZAkDR	Zeitschrift der Akademie für Deutsches Recht
ZfgVw	Zeitschrift für die gesamte Versicherungswissenschaft
ZZP	Zeitschrift für Zivilprozeß

RECHTSHISTORISCHE REIHE

Band 1 Studien zu den germanischen Volksrechten. Gedächtnisschrift für Wilhelm Ebel. Vorträge gehalten auf dem Fest-Symposion anläßlich des 70. Geburtstages von Wilhelm Ebel am 16. Juni 1978 in Göttingen. Götz Landwehr (Hrsg.) 1982.

Band 2 Hans Poeschel: Die Statuten der Banken, Sparkassen und Kreditgenossenschaften in Hamburg und Altona von 1710 bis 1889. 1978.

Band 3 Thomas Kolbeck: Juristenschwemmen, Untersuchungen über den juristischen Arbeitsmarkt im 19. und 20. Jahrhundert. 1978.

Band 4 Norbert Hempel: Richterleitbilder in der Weimarer Republik. 1978.

Band 5 Rolf Stratmann: Die Scheinbußen im mittelalterlichen Recht. 1978.

Band 6 Martin C. Lockert: Die niedersächsischen Stadtrechte zwischen Aller und Weser. Vorkommen und Verflechtungen. Eine Bestandsaufnahme. 1979.

Band 7 Joachim Rückert/Wolfgang Friedrich: Betriebliche Arbeiterausschüsse in Deutschland, Großbritannien und Frankreich im späten 19. und frühen 20. Jahrhundert. Eine vergleichende Studie zur Entwicklung des kollektiven Arbeitsrechts. 1979.

Band 8 Peter Bender: Die Rezeption des römischen Rechts im Urteil der deutschen Rechtswissenschaft. 1979.

Band 9 Friedrich Karl Alsdorf: Untersuchungen zur Rechtsgestalt und Teilung deutscher Ganerbenburgen. 1980.

Band 10 Dietmar Willoweit/Winfried Schich (Hrsg.): Studien zur Geschichte des sächsisch-magdeburgischen Rechts in Deutschland und Polen (Sammelband). 1980.

Band 11 Brigitte Hempel: Der Entwurf einer Polizeiordnung für das Herzogtum Sachsen-Lauenburg aus dem Jahre 1591. 1980.

Band 12 Klaus-Detlev Godau-Schüttke: Rechtsverwalter des Reiches. Staatssekretär Dr. Curt Joël. 1981.

Band 13 Rainer Polley: Anton Friedrich Justus Thibaut (AD 1772-1840) in seinen Selbstzeugnissen und Briefen. Teil 1: Abhandlung. Teil 2: Briefwechsel. Teil 3: Register zum Briefwechsel. 1982.

Band 14 Michael Wettengel: Der Streit um die Vogtei Kelkheim 1275-1276. Ein kanonischer Prozeß.1981.

Band 15 Otto Wilhelm Krause: Naturrechtler des sechzehnten Jahrhunderts. Ihre Bedeutung für die Entwicklung eines natürlichen Privatrechts. 1982.

Band 16 Helga Spindler: Von der Genossenschaft zur Betriebsgemeinschaft. Kritische Darstellung der Sozialrechtslehre Otto von Gierkes. 1982.

Band 17 Holger Otte: Gustav Radbruchs Kieler Jahre 1919-1926. 1982.

Band 18 Rüdiger Teuner: Die fuldische Ritterschaft 1510-1656. 1982.

Band 19 Gerhard Dilcher/Rudolf Hoke/Gian Savino Pene Vidari/Hans Winterberg (Hrsg.): Grundrechte im 19. Jahrhundert. 1982.

Band 20 Karl-Hans Schloßstein: Die westfälischen Fabrikengerichtsdeputationen - Vorbilder, Werdegang und Scheitern. 1982.

Band 21 Birger Schulz: Der Republikanische Richterbund (1921-1933). 1982.

Band 22 Engelbert Krause: Die gegenseitigen Unterhaltsansprüche zwischen Eltern und Kindern in der deutschen Privatrechtsgeschichte. 1982.

Band 23 Meent W. Francksen: Staatsrat und Gesetzgebung im Großherzogtum Berg (1806-1813). 1982.

Band 24 Gerd von Sonnleithner: Bearbeitung des Handelsrechts durch Ignaz von Sonnleithner in seinem "Leitfaden über das österreichische Handels- und Wechselrecht". 1982.

Band 25 Rudolf Palme: Rechts-, Wirtschafts- und Sozialgeschichte der inneralpinen Salzwerke bis zu deren Monopolisierung. 1983.

Band 26 Helen Bosshard: Pestalozzis Staats- und Rechtsverständnis und seine Stellung in der Aufklärung. 1983.

Band 27 Jens Jessen: Die Selbstzeugnisse der deutschen Juristen. Erinnerungen, Tagebücher und Briefe. Eine Bibliographie. 1983.

Band 28 Günter Martin Jensen: Das Domanium Waldeck. Die rechtliche Zuordnung eines Fürstenvermögens. 1984.

Band 29 Johann Heinrich Kumpf: Petitionsrecht und öffentliche Meinung im Entstehungsprozeß der Paulskirchenverfassung 1848/49. 1983.

Band 30 Sabine Frey: Rechtsschutz der Juden gegen Ausweisungen im 16. Jahrhundert. 1983.

Band 31 Dietrich Joswig: Die germanische Grundstücksübertragung. 1984.

Band 32 Andreas Baryli: Konzessionssystem contra Gewerbefreiheit. Zur Diskussion der österreichischen Gewerberechtsreform 1835 bis 1860. 1984.

Band 33 Gerhard Oberkofler: Studien zur Geschichte der österreichischen Rechtswissenschaft. 1984.

Band 34 Rudolf Lauda: Kaufmännische Gewohnheit und Burgrecht bei Notker dem Deutschen. Zum Verhältnis von literarischer Tradition und zeitgenössischer Realität in der frühmittelalterlichen Rhetorik. 1984.

Band 35 Jens Jensen: Die Ehescheidung des Bischofs Hans von Lübeck von Prinzessin Julia Felicitas von Württemberg-Weiltingen AD 1648-1653. Ein Beitrag zum protestantischen Ehescheidungsrecht im Zeitalter des beginnenden Absolutismus. 1984.

Band 36 Horst Schröder: Friedrich Karl von Savigny. Geschichte und Rechtsdenken beim Übergang vom Feudalismus zum Kapitalismus in Deutschland. 1984.

Band 37 Andreas Hatzung: Dogmengeschichtliche Grundlagen und Entstehung des zivilrechtlichen Notstands. 1984.

Band 38 Matthias Klasen: Das Billwerder Landrecht. Landrecht und Landgericht in den Hamburger Elbmarschen. 1985.

Band 39 Rainer Jamin: Aufbau, Tätigkeit und Verfahren der Auseinandersetzungsbehörden bei der Durchführung der preußischen Agrarreformen. 1985.

Band 40 Henry Winter: Teilschuld, Gesamtschuld und unechte Gesamtschuld. Zur Konzeption der §§ 420 ff. BGB - Ein Beitrag zur Entstehungsgeschichte des BGB. 1985.

Band 41 Hermann Eichler: Verfassungsbewegung in Amerika und Europa. 1985.

Band 42 Dagmar Bandemer: Heinrich Albert Zachariae. Rechtsdenken zwischen Restauration und Reformation. 1985.

Band 43 Eva-Christine Frentz: Das Hamburgische Admiralitätsgericht (1623-1811). Prozeß und Rechtsprechung. 1985.

Band 44 Karl Lillig: Rechtsetzung im Herzogtum Pfalz-Zweibrücken während des 18. Jahrhunderts. Ein Beitrag zur Geschichte der territorialen Rechtsbildung. 1985.

Band 45 Walter Weber: Die Entwicklung der Sparkassen zu selbständigen Anstalten des öffentlichen Rechts. Ein Beitrag zur Entwicklung des Anstaltsbegriffs im 19. Jahrhundert. 1985.

Band 46 Bärbel Baum: Der Stabreim im Recht. Vorkommen und Bedeutung des Stabreims in Antike und Mittelalter. 1986.

Band 47 Hans Popp: Die nationalsozialistische Sicht einiger Institute des Zivilprozeß- und Gerichtsverfassungsrechts. 1986.

Band 48 John Karl-Heinz Montag: Die Lehrdarstellung des Handelsrechts von Georg Friedrich von Martens bis Meno Pöhls. Die Wissenschaft des Handelsrechts im ersten Drittel des 19. Jahrhunderts. 1986.

Band 49 Volker D. Anhäusser: Das internationale Obligationenrecht in der höchstrichterlichen Rechtsprechung des 19. Jahrhunderts. 1986.

Band 50 Udo Beer: Die Juden, das Recht und die Republik. Verbandswesen und Rechtsschutz 1919-1933. 1986.

Band 51 Herbert Grziwotz: Der moderne Verfassungsbegriff und die "Römische Verfassung" in der deutschen Forschung des 19. und 20. Jahrhunderts. 1986.

Band 52 Ralf Conradi: Karl Friedrich Eichhorn als Staatsrechtslehrer. Seine Göttinger Vorlesung über "Das Staatsrecht der deutschen Bundesstaaten" nach einer Kollegmitschrift aus dem Wintersemester 1821/22. 1987.

Band 53 Dieter Dannreuther: Der Zivilprozeß als Gegenstand der Rechtspolitik im Deutschen Reich 1871-1945. Ein Beitrag zur Geschichte des Zivilprozeßrechts in Deutschland. 1987.

Band 54 Stephan Felix Pauly: Organisation, Geschichte und Praxis der Gesetzesauslegung des (Königlich) Preußischen Oberverwaltungsgerichtes 1875-1933. 1987.

Band 55 Rüdiger Schulz: Die Entstehung des Seerechts des Allgemeinen Deutschen Handelsgesetzbuches unter besonderer Berücksichtigung der Bestimmungen über die Reederei, den Schiffer und die Schiffsmannschaft. 1987.

Band 56 Reinhold Reis: Deutsches Privatrecht in den Weistümern der Zenten Schriesheim und Kirchheim. 1987.

Band 57 Jürgen Christoph: Die politischen Reichsamnestien 1918-1933. 1987.

Band 58 Gerhard Oberkofler/Eduard Rabofsky: Hans Kelsen im Kriegseinsatz der k.u.k.-Wehrmacht. Eine kritische Würdigung seiner militärtheoretischen Angebote. 1988.

Band 59 Arne Wulff: Staatssekretär Prof. Dr. Dr. h.c. Franz Schlegelberger. 1876-1970. 1991.

Band 60 Gerhard Köbler (Hrsg.): Wege europäischer Rechtsgeschichte. Karl Kroeschell zum 60. Geburtstag. 1987.

Band 61 Rüdiger Hütte: Der Gemeinschaftsgedanke in den Erbrechtsreformen des Dritten Reichs. 1988.

Band 62 Markus Göldner: Politische Symbole der europäischen Integration. Fahne, Hymne, Hauptstadt, Paß, Briefmarke, Auszeichnungen. 1988.

Band 63 Wolfgang Kröner: Freiheitsstrafe und Strafvollzug in den Herzogtümern Schleswig, Holstein und Lauenburg von 1700 bis 1864. 1988.

Band 64 Werner Gaile: Die Norder Theelacht. 1988.

Band 65 Karl v. Kempis: Andreas Gaill (1526-1587). Zum Leben und Werk eines Juristen der frühen Neuzeit. 1988.

Band 66 Wolf-Rüdiger Osburg: Die Verwaltung Hamburgs in der Franzosenzeit. 1811-1814. 1988.

Band 67 Christian Schudnagies: Hans Frank. Aufstieg und Fall des NS-Juristen und Generalgouverneurs. 1988.

Band 68 Otmar Jung: Senatspräsident Freymuth. Richter, Sozialdemokrat und Pazifist in der Weimarer Republik. Eine politische Biographie. 1989.

Band 69 Joachim Lohner: Das landeshauptmannschaftliche Gericht in Oberösterreich zu Beginn der Neuzeit. Eine Darstellung des oberösterreichischen Prozeßrechts am obersten Territorialgericht des Landes anhand der oberösterreichischen Landtafel.1989.

Band 70 Bernd Klemann: Rudolf von Jhering und die Historische Rechtsschule. 1989.

Band 71 Adalbert Langer: Männer um die österreichische Zivilprozeßordnung 1895. Zusammenspiel / Soziales Ziel. 1990.

Band 72 Robert-Dieter Klee: Die Landessuperintendentur Lauenburg. Ursprung und Entwicklung sowie Ende der Sonderstellung des Kirchenkreises Herzogtum Lauenburg durch die nordelbische Kirchenvereinigung. 1989.

Band 73 Heinrich Herrmann: Die Gehöferschaften im Bezirk Trier. 1989.

Band 74 Wilhelm Brauneder, Franz Baltzarek (Hrsg.): Modell einer neuen Wirtschaftsordnung. Wirtschaftsverwaltung in Österreich 1914-1918. 1991.

Band 75 Thomas Dreyer: Die "Assecuranz- und Haverey-Ordnung" der Freien und Hansestadt Hamburg von 1731. 1990.

Band 76 Bernhard Sendler: Die Rechtssprache in den süddeutschen Stadtrechtsreformationen. 1990.

Band 77 Brigitte Lehmann: Ehevereinbarungen im 19. und 20. Jahrhundert. 1990.

Band 78 Michael Sunnus: Der NS-Rechtswahrerbund (1928-1945). Zur Geschichte der nationalsozialistischen Juristenorganisation. 1990.

Band 79 Stefan Schulz: Die historische Entwicklung des Rechts an Bienen. (§§ 961-964 BGB). 1990.

Band 80 Gerhard Lingelbach, Heiner Lück (Hrsg.): Deutsches Recht zwischen Sachsenspiegel und Aufklärung. Rolf Lieberwirth zum 70. Geburtstag dargebracht von Schülern, Freunden und Kollegen, herausgegeben von Gerhard Lingelbach und Heiner Lück. 1991.

Band 81 Manfred Krohn: Die deutsche Justiz im Urteil der Nationalsozialisten 1920-1933. 1991.

Band 82 Angelika Kühn: Privilegierung nationaler Minderheiten im Wahlrecht der Bundesrepublik Deutschland und Schleswig-Holsteins. 1991.

Band 83 Georg Brun: Leben und Werk des Rechtshistorikers Heinrich Mitteis unter besonderer Berücksichtigung seines Verhältnisses zum Nationalsozialismus. 1991.

Band 84 Wolfgang Simon: Claudius Freiherr von Schwerin. Rechtshistoriker während dreier Epochen deutscher Geschichte. 1991.

Band 85 Friedrich-Carl Wachs: Das Verordnungswerk des Reichsdemobilmachungsamtes. Stabilisierender Faktor zu Beginn der Weimarer Republik. 1991.

Band 86 Jens-Uwe Petersen: Die Vorgeschichte und die Entstehung des Mieterschutzgesetzes von 1923 nebst der Anordnung für das Verfahren vor dem Mieteinigungsamt und der Beschwerdestelle. 1991.

Band 87 Ulrike Haibach: Familienrecht in der Rechtssprache. Die historische Entwicklung zentraler Ausdrücke des geltenden Familienrechts. 1991.

Band 88 Joern Christian Nissen: Die Beratungen des Seeversicherungsausschusses der Akademie für Deutsches Recht zu einem neuen Seeversicherungsgesetz (1934-1939). Ein Beitrag zur Entwicklung der allgemeinen Lehren des Seeversicherungsrechts unter besonderer Berücksichtigung des Handelsgesetzbuchs und der Allgemeinen Deutschen Seeversicherungs-Bedingungen 1919. 1991.

Band 89 Diethard Bühler: Die Entstehung der allgemeinen Vertragsschluß-Vorschriften im Allgemeinen Deutschen Handelsgesetzbuch (ADHGB) von 1861. Ein Beitrag zur Kodifikationsgeschichte des Privatrechts im 19. Jahrhundert. 1991.

Band 90 Gerhard Oberkofler: Die Vertreter des Römischen Rechts mit deutscher Unterrichtssprache an der Karls-Universität in Prag. Vom Vormärz bis 1945. 1991.

Band 91 Ulrich Andermann: Ritterliche Gewalt und bürgerliche Selbstbehauptung. Untersuchungen zur Kriminalisierung und Bekämpfung des spätmittelalterlichen Raubrittertums am Beispiel norddeutscher Hansestädte. 1991.

Band 92 Heinz Marcus Hanke: Luftkrieg und Zivilbevölkerung. Der kriegsvölkerrechtliche Schutz der Zivilbevölkerung gegen Luftbombardements von den Anfängen bis zum Ausbruch des Zweiten Weltkrieges. 1991.

Band 93 Kirsten Kraglund: Familien- und Erbrecht. Materielles Recht und Methoden der Rechtsanwendung in der Rechtsprechung des Oberappellationsgerichts der vier Freien Städte Deutschlands zu Lübeck. 1991.

Band 94 Reinhard Lorenz: Die politische und rechtliche Stellung des Proletariats in Preußen in der Zeit zwischen den Reformen und der Revolution 1848/49. 1991.

Band 95 Eric Hilgendorf: Die Entwicklungsgeschichte der parlamentarischen Redefreiheit in Deutschland. 1991.

Band 96 Hans J. Reiter: Die Handelsgesellschaft Villeroy & Boch von der Gründung 1836 bis zum Jahr 1878. 1992.

Band 97 Martin Johannes Heller: Reform der deutschen Rechtssprache im 18. Jahrhundert. 1992.

Band 98 Michael Kotulla: Die Tragweite der Grundrechte der revidierten preußischen Verfassung vom 31.01.1850. 1992.

Band 99 Michael Siefener: Hexerei im Spiegel der Rechtstheorie. Das crimen magiae in der Literatur von 1574 bis 1608. 1992.

Band 100 Andreas Ebert-Weidenfeller: Hamburgisches Kaufmannsrecht im 17. und 18. Jahrhundert. Die Rechtsprechung des Rates und des Reichskammergerichtes. 1992.

Band 101 Enno Bommel: Die Entstehung der Verwirkungslehre in der Krise des Positivismus. 1992.

Band 102 Ralph Steppacher: Die Berücksichtigung der bäuerlichen Postulate bei der Entstehung des ZGB und der Revision des OR. Ein Beitrag zur schweizerischen Kodifikationsgeschichte (1893-1912). 1992.

Band 103 Martin Fleckenstein: Die Todesstrafe im Werk Carl Joseph Anton Mittermaiers (1787-1867). Zur Entwicklungsgeschichte eines Werkbereichs und seiner Bedeutung für Theorie- und Methodenbildung. 1992.

Band 104 Jörn Eckert: Der Kampf um die Familienfideikommisse in Deutschland. Studien zum Absterben eines Rechtsinstitutes. 1992.

Band 105 Jörg Grotkopp: Beamtentum und Staatsformwechsel. Die Auswirkungen der Staatsformwechsel von 1918, 1933 und 1945 auf das Beamtenrecht und die personelle Zusammensetzung der deutschen Beamtenschaft. 1992.

Band 106 Andreas Rohde: Die Garantiehaftung des Vermieters und ihr Verhältnis zum Unmöglichkeitsrecht in dogmengeschichtlicher und modernrechtlicher Sicht. 1992.

Band 107 Tjark Siefke Kunstreich: Gesamtvertretung. Eine historisch-systematische Darstellung. 1992.

Band 108 Jürgen Krüger: Blindheit und Königtum. Die Blindheit des Königs Georg V. von Hannover als verfassungsrechtliches Problem. 1992.

Band 109 Wolfgang Putschek: Ständische Verfassung und autoritäre Verfassungspraxis in Österreich 1933-1938 mit Dokumentenanhang. Verfassung und Verfassungswirklichkeit. Mit einem Anhang: Denkschriften von Rechtsanwalt Dr. Erich Führer 1936/37. 1993.

Band 110 Klaus Hofmann: Die Verdrängung der Juden aus öffentlichem Dienst und selbständigen Berufen in Regensburg 1933-1939. 1993.

Band 111 Franz Kilger: Die Entwicklung des Telegraphenrechts im 19. Jahrhundert mit besonderer Berücksichtigung der technischen Entwicklung. Telegraphenrecht im 19. Jahrhundert. 1993.

Band 112 Wilhelm Brauneder (Hrsg.): Heiliges Römisches Reich und moderne Staatlichkeit. 1993.

Band 113 Thomas Heinrich: Das preußische Nichtehelichenrecht: Von der Aufklärung zur Reaktion. 1993.

Band 114 Gerald Kohl: Jagd und Revolution. Das Jagdrecht in den Jahren 1848 und 1849. 1993.

Band 115 Christian Schudnagies: Der Kriegs- oder Belagerungszustand im Deutschen Reich während des Ersten Weltkrieges. Eine Studie zur Entwicklung und Handhabung des deutschen Ausnahmezustandsrechts bis 1918. 1994.

Band 116 Elisabeth Bellmann: Die Internationale Kriminalistische Vereinigung (1889-1933). 1994.

Band 117 Julia Pfannkuch: Volksrichterausbildung in Sachsen 1945-1950. 1993.

Band 118 Jörg Offen: Von der Verwaltungsgemeinschaft des BGB von 1896 zur Zugewinngemeinschaft des Gleichberechtigungsgesetzes von 1957. 1994.

Band 119 Dorothee Kohlhas-Müller: Untersuchungen zur Rechtsstellung Theoderichs des Großen. 1995.

Band 120 Monika Rose: Das Gerichtswesen des Herzogtums Pfalz-Zweibrücken im 18. Jahrhundert. Ein Beitrag zur territorialen Gerichtsbarkeit im Alten Reich. 1994.

Band 121 Jörn Eckert / Hans Hattenhauer (Hrsg.): Bibel und Recht. Rechtshistorisches Kolloquium 9. - 13. Juni 1992 an der Christian-Albrechts-Universität zu Kiel. 1994.

Band 122 Robert Martin Mizia: Der Rechtsbegriff der Autonomie und die Begründung des Privatfürstenrechts in der deutschen Rechtswissenschaft des 19. Jahrhunderts. 1995.

Band 123 Walther Graf von Plettenberg: Das Fortleben des Liber Iudiciorum in Asturien/León (8.-13. Jh.). 1994.

Band 124 Wolfgang Schulz: Das deutsche Börsengesetz. Die Entstehungsgeschichte und wirtschaftlichen Auswirkungen des Börsengesetzes von 1896. 1994.

Band 125 Frank Hagemann: Der Untersuchungsausschuß Freiheitlicher Juristen. 1949-1969. 1994.

Band 126 Andreas Rethmeier: "Nürnberger Rassegesetze" und Entrechtung der Juden im Zivilrecht. 1995.

Band 127 Edith Grether: Die Poesie der Throne. Die Juristen in der Fruchtbringenden Gesellschaft. 1995.

Band 128 Anna Bartels-Ishikawa: Der Lippische Thronfolgestreit. Eine Studie zu verfassungsrechtlichen Problemen des Deutschen Kaiserreiches im Spiegel der zeitgenössischen Staats. 1995.

Band 129 Jörg Schmidt: Otto Koellreutter 1883-1972. Sein Leben, sein Werk, seine Zeit. 1995.

Band 130 Christian Hattenhauer: Wahl und Krönung Franz II. AD 1792. Das Heilige Reich krönt seinen letzten Kaiser - Das Tagebuch des Reichsquartiermeisters Hieronymus Gottfried von Müller und Anlagen. 1995.

Band 131 Jutta v. der Decken: Das Seearbeitsrecht im Hamburger Stadtrecht von 1301 bis 1603. 1995.

Band 132 Detlev Schmidt: Die Reform des Rechts der Handelsvertreter von 1953. 1995.

Band 133 Gabi Roßdeutscher: Privatautonomie im Scheidungsrecht. Scheidungsbezogene Vereinbarungen in den letzten 200 Jahren. 1995.

Band 134 Harald Kahlenberg: Leben und Werk des Rechtshistorikers Walther Merk. Ein Beispiel für das Verhältnis von Rechtsgeschichte und Nationalsozialismus. 1995.

Band 135 Michael Steitz: Adelbert Düringer am Reichsgericht (1902-1915). Seine aktienrechtlichen Entscheidungen und sein Einfluß auf das Aktienrecht in Deutschland. 1995.

Band 136 Christian Becker: Beata Justorum Translatio. Juristen in schleswig-holsteinischen Leichenpredigten. 1996.

Band 137 Christoph Seiler: Vom Allgemeinen Landrecht zum Bürgerlichen Gesetzbuch. Dargestellt am Beispiel der höchstrichterlichen Judikatur zum kaufrechtlichen Sachmängelgewährleistungsrecht. 1996.

Band 138 Bernd Mayer: Die Vertrauensmännerausschüsse auf den preußischen Steinkohlegruben an der Saar. Entstehung und Wirken. Eine rechtshistorische Untersuchung. 1996.

Band 139 Rochus Scholl: Juden und Judenrecht im Herzogtum Pfalz-Zweibrücken. Ein Beitrag zur Rechtsgeschichte eines deutschen Kleinstaates am Ende des alten Reiches. 1996.

Band 140 Meike Bursch: Judentaufe und frühneuzeitliches Strafrecht. Die Verfahren gegen Christian Treu aus Weener/Ostfriesland 1720-1728. 1996.

Band 141 Markus Hillenbrand: Fürstliche Eheverträge. Gottorfer Hausrecht 1544-1773. 1996.

Band 142 Ulf Häder: Das gemeinschaftliche Oberappellationsgericht thüringischer Staaten in Jena. Ein Beitrag zur Geschichte des Gerichtswesens im 19. Jahrhundert. 1996.

Band 143 Andreas Bauer: Das Gnadenbitten in der Strafrechtspflege des 15. und 16. Jahrhunderts. Dargestellt unter besonderer Berücksichtigung von Quellen der Vorarlberger Gerichtsbezirke Feldkirch und des Hinteren Bregenzerwaldes. 1996.

Band 144 Christian Wirth: Der Jurist Johann Andreas Georg Friedrich Rebmann zwischen Revolution und Restauration. 1996.

Band 145 Stefanie Müller: Die Rechtsprechung des Hanseatischen Oberlandesgerichts zum persönlichen Eherecht in Hamburgischen Gerichtsfällen von 1879-1900. 1996.

Band 146 Jean-Nicolas Morisset: Der Frachtvertrag in der *Ordonnance de la marine* von 1681. 1996.

Band 147 Dirk Lentfer: Die Glogauer Landesprivilegien des Andreas Gryphius von 1653. 1996.

Band 148 Wencke Mull: Die Haftung für Einsturzschäden nach den §§ 836-838 BGB in der Rechtsprechung des Reichsgerichts. 1996.

Band 149 Renate Zelger: Teufelsverträge. Märchen, Sage, Schwank, Legende im Spiegel der Rechtsgeschichte. 1996.

Band 150 Guido Kraß: Das Arrestverfahren in Frankfurt am Main im Spätmittelalter. 1996.

Band 151 F. Benedict Heyn: Die Entwicklung des Eisenbahnfrachtrechts von den Anfängen bis zur Einführung des Allgemeinen Deutschen Handelsgesetzbuches (ADHGB). 1996.

Band 152 Thomas Lang: Die Staats- und Verfassungslehre Carl Salomo Zachariaes. 1996.

Band 153 Michael Hebeis: Karl Anton von Martini (1726-1800). Leben und Werk. 1996.

Band 154 Gerald Hubert: Die Diskussion um die rechtliche Natur der Bizone in den Jahren 1947-1949. 1996.

Band 155 Christof Horn: Die Rechtsprechung des Reichsgerichts in Ehescheidungssachen der Jahre 1900 bis 1905. 1996.

Band 156 Hermann Nehlsen / Georg Brun (Hrsg.): Münchener rechtshistorische Studien zum Nationalsozialismus. 1996.

Band 157 Jan Otto Clemens Kehrberg: Die Entwicklung des Elektrizitätsrechts in Deutschland. Der Weg zum Energiewirtschaftsgesetz von 1935. 1997.

Band 158 Johannes Tradt: Der Religionsprozeß gegen den Zopfschulzen (1791-1799). Ein Beitrag zur protestantischen Lehrpflicht und Lehrzucht in Brandenburg-Preußen gegen Ende des 18. Jahrhunderts. 1997.

Band 159 Dietmar Olsen: Das kaufrechtliche Sachmängelgewährleistungsrecht des Code civil in der Rechtsprechung deutscher Gerichte im 19. Jahrhundert. Ein Beitrag zur Ablösung der Partikularrechte durch das BGB. 1997.

Band 160 Ulrich Bernhardt: Die Deutsche Akademie für Staats- und Rechtswissenschaft „Walter Ulbricht" 1948-1971. 1997.

Band 161 Claudia Susan Hoppe: Die Bürgschaft im Rechtsleben Hamburgs von 1600 bis 1900. 1997.

Band 162 Franz-Rudolf Ecker: Die Entwicklung des Bergrechts im Saarbrücker Steinkohlenrevier bis zum Ende des 18. Jahrhunderts. Ein Vergleich mit dem älteren deutschen Bergrecht. 1997.

Band 163 Anne Katrin Rückert: Politik und Privatrecht in der „konservativen Revolution". 1997.

Band 164 Gisbert Laube: Der Reichskunstwart. Geschichte einer Kulturbehörde 1919-1933. 1997.

Band 165 Nicolas Lührig: Die Diskussion über die Reform der Juristenausbildung von 1945 bis 1995. 1997.

Band 166 Regula Gerber Jenni: Die Emanzipation der mehrjährigen Frauenzimmer. Frauen im bernischen Privatrecht des 19. Jahrhunderts. 1997.

Band 167 Mischa A. Färber: Das gemeinschaftliche Testament in der höchstrichterlichen Rechtsprechung zum Allgemeinen Preußischen Landrecht und zum BGB. Ein Beitrag zur Ablösung der Partikularrechte durch das BGB. 1997.

Band 168 Catherine Antoinette Gasser: Philipp Lotmar 1850-1922. Professor der Universität Bern. Sein Engagement für das Schweizerische Arbeitsrecht. 1997.

Band 169 Lars Immisch: Der sozialistische Richter in der DDR und seine Unabhängigkeit. Der Versuch eines Rechtsvergleiches zum Unabhängigkeitsbegriff in der bundesdeutschen Rechtsordnung. 1997.

Band 170 Jessica Jacobi: Besitzschutz vor dem Reichskammergericht. Die friedenssichernde Funktion der Besitzschutzklagen am Reichskammergericht im 16. Jahrhundert, dargestellt anhand von Kameralisten. 1998.

Band 171 Ewald Hügemann: Die Geschichte des öffentlichen und privaten Mietpreisrechts vom Ersten Weltkrieg bis zum Gesetz zur Regelung der Miethöhe von 1974. 1998.

Band 172 Lutz Rentzow: Die Entstehungs- und Wirkungsgeschichte der Vernewerten Landesordnung für das Königreich Böhmen von 1627. 1998.

Band 173 Sabine Stürmer: Mühlenrecht im Herzogtum Pfalz-Zweibrücken während des 18. Jahrhunderts. Ein Beitrag zum Wirtschaftsrecht eines deutschen Kleinstaates im Alten Reich. 1998.

Band 174 Mario Bogisch: *Nemo testis in re sua.* Das Problem der Zeugnisfähigkeit bei der Anwendung der deutschen Zivilprozeßordnung von 1877. 1998.

Band 175 Rainer Oßwald: Pactane sunt servanda? Freiwilligkeit, Zwang und Unverbindlichkeitserklärungen im islamischen Vertragsrecht malikitischer Schule. 1998.

Band 176 Bettina Kern: Der preußische BGB-Entwurf von 1842. 1998.

Band 177 Inken Fuhrmann: Die Diskussion über die Einführung der fakultativen Zivilehe in Deutschland und Österreich seit Mitte des 19. Jahrhunderts. 1998.

Band 178 Annette Rieck: Der Heilige Ivo von Hélory (1247-1303). Advocatus pauperum und Patron der Juristen. 1998.

Band 179 Frank Bottenberg: Die Hamburgische Strafprozeßordnung von 1869. 1998.

Band 180 Matthias Krauß: Das kursächsische Postrecht von seinen Anfängen bis zum Ende des Alten Reichs. 1998.

Band 181 Torsten Schmidt: Die Entmündigung von den Anfängen des BGB bis zu ihrer Ablösung durch das Institut der Betreuung. 1998.

Band 182 Christian Nunn: Rudolf Müller-Erzbach. 1874-1959. Von der realen Methode über die Interessenjurisprudenz zum kausalen Rechtsdenken (Leben und Werk). 1998.

Band 183 Christian Ortloff: Das staatskirchenrechtliche System Wilhelm Traugott Krugs. Glaubens- und Gewissensfreiheit – eine Forderung der Vernunft. 1998.

Band 184 Christian Hattenhauer: Schuldenregulierung nach dem Westfälischen Frieden. Der sog. § *de indaganda* und seine Umsetzung im Jüngsten Reichsabschied (AD 1648 und 1654). 1998.

Band 185 Werner Schubert: Preußen im Vormärz. Die Verhandlungen der Provinziallandtage von Brandenburg, Pommern, Posen, Sachsen und Schlesien sowie – im Anhang – von Ostpreußen, Westfalen und der Rheinprovinz (1841-1845). 1998.

Band 186 Silvia Schumacher: Das Rechtsverhältnis zwischen Eltern und Kindern in der Privatrechtsgeschichte. 1999.

Band 187 Kai Sommer: Die Strafbarkeit der Homosexualität von der Kaiserzeit bis zum Nationalsozialismus. Eine Analyse der Straftatbestände im Strafgesetzbuch und in den Reformentwürfen (1871-1945). 1998.

Band 188 Jan Erik Backhaus: Volksrichterkarrieren in der DDR. 1999.

Band 189 Ralf Ruhnau: Die Fürstlich Thurn und Taxissche Privatgerichtsbarkeit in Regensburg. Ein Kuriosum der deutschen Rechtsgeschichte. 1999.

Band 190 Antonio Grilli: Die französische Justizorganisation am linken Rheinufer 1797-1803. 1999.

Band 191 Stephanie Kammerloher-Lis: Die Entstehung des Gesetzes über die religiöse Kindererziehung vom 15. Juli 1921. 1999.

Band 192 Jan Telp: Ausmerzung und Verrat. Zur Diskussion um Strafzwecke und Verbrechensbegriffe im Dritten Reich. 1999.

Band 193 Kurt von Pannwitz: Die Entstehung der Allgemeinen Deutschen Wechselordnung. Ein Beitrag zur Geschichte der Vereinheitlichung des deutschen Zivilrechts im 19. Jahrhundert. 1999.

Band 194 Sylvia Busch: Die Entstehung der Allgemeinen Gerichtsordnung für die Preussischen Staaten von 1793/95. Ein Beitrag zur Geschichte der Kodifikationsbewegung und der Reform des Zivilprozesses in Preußen im 18. Jahrhundert. 1999.

Band 195 Dirk Bieresborn: Klage und Klageerwiderung im deutschen und englischen Zivilprozeß. Eine rechtshistorische und rechtsvergleichende Untersuchung unter besonderer Berücksichtigung der Beeinflussung durch das römisch-kanonische Verfahren. 1999.

Band 196 Andreas Thier / Guido Pfeifer / Philipp Grzimek (Hrsg.): Kontinuitäten und Zäsuren in der Europäischen Rechtsgeschichte. Europäisches Forum Junger Rechtshistorikerinnen und Rechtshistoriker München 22.-24. Juli 1998. 1999.

Band 197 Franz Smola: Die Fürstlich Liechtenstein'sche Kunstsammlung. Rechtsfragen zur Verbringung der Sammlung von Wien nach Vaduz in den Jahren 1944/45. 1999.

Band 198 Frank Martin Krauss: Das geteilte Eigentum im 19. und 20. Jahrhundert. Eine Untersuchung zum Fortbestand des Teilungsgedankens. 1999.

Band 199 Matthias Frey: Die spanische Aktiengesellschaft im 18. Jahrhundert und unter dem Código de Comercio von 1829. 1999.

Band 200 Alexandra Gilde: Die Stellung der Frau im Reichsstrafgesetzbuch von 1870/71 und in den Reformentwürfen bis 1919 im Urteil der bürgerlichen Frauenbewegung. Eine Analyse ausgewählter Straftatbestände. 1999.

Band 201 Malte Dießelhorst / Arne Duncker: Hans Kohlhase. Die Geschichte einer Fehde in Sachsen und Brandenburg zur Zeit der Reformation. 1999.

Band 202 Jörg Hillmann: Territorialrechtliche Auseinandersetzungen der Herzöge von Sachsen-Lauenburg vor dem Reichskammergericht im 16. Jahrhundert. 1999.

Band 203 Carsten Engler: Die Kommanditgesellschaft (KG) und die stille Gesellschaft im Allgemeinen Deutschen Handelsgesetzbuch (ADHGB) von 1861. 1999.

Band 204 Vesta Hoffmann-Steudner: Die Rechtsprechung des Reichsgerichts zu dem Scheidungsgrund des § 49 EheG (EheG 1938) in den Jahren 1938-1945. 1999.

Band 205 Michaela Thiele: Die Auflösung von Arbeitsverhältnissen aufgrund Anfechtung und außerordentlicher Kündigung nach der Rechtsprechung des Reichsarbeitsgerichts (1927-1945). 2000.

Band 206 Peter Landau / Hermann Nehlsen / Mathias Schmoeckel (Hrsg.): Karl von Amira zum Gedächtnis. 1999.

Band 207 Marcus Flinder: Die Entstehungsgeschichte des Zivilgesetzbuches der DDR. 1999.

Band 208 Boris Franz Leo Bromm: Die Entstehungsgeschichte des Berufs des Handelsvertreters. Unter besonderer Berücksichtigung der Sozialgesetzgebung in den Jahren von 1871-1933. 2000.

Band 209 Winfried C. J. Eberstein: Das Tierschutzrecht in Deutschland bis zum Erlaß des Reichs-Tierschutzgesetzes vom 24. November 1933. Unter Berücksichtigung der Entwicklung in England. 1999.

Band 210 Patrick Deller: Der „nach dem Vertrage" vorausgesetzte Gebrauch (§ 459 Absatz 1 Satz 1 BGB). Eine kaufrechtliche Untersuchung unter Berücksichtigung rechtshistorischer wie rechtsvergleichender Grundlagen. 2000.

Band 211 Eckard Freiherr von Bodenhausen: Haftung des Geschäftsherrn für Verrichtungsgehilfen im Straßen- und Schienenverkehr. Eine Analyse der Entscheidungen des Reichsgerichts zu § 831 BGB (1900-1945). 2000.

Band 212 Birte Gast: Der Allgemeine Teil und das Schuldrecht des Bürgerlichen Gesetzbuchs im Urteil von Raymond Saleilles (1855-1912). 2000.

Band 213 Hansjörg Michael Huber: Koloniale Selbstverwaltung in Deutsch-Südwestafrika. Entstehung, Kodifizierung und Umsetzung. 2000.

Band 214 Ulf Björner: Die Verfassungsgerichtsbarkeit im Norddeutschen Bund und Deutschen Reich (1867-1918). Eine rechtshistorische Untersuchung über Gerichtsbarkeit im Spannungsfeld von Politik und Recht innerhalb der von Bismarck geschaffenen deutschen Bundesstaaten. 2000.

Band 215 Mathias Freiherr von Rosenberg: Friedrich Carl von Savigny (1779-1861) im Urteil seiner Zeit. 2000.

Band 216 Reinhard Binder-Krieglstein: Österreichisches Adelsrecht 1868-1918/19. Von der Ausgestaltung des Adelsrechts der cisleithanischen Reichshälfte bis zum Adelsaufhebungsgesetz der Republik unter besonderer Berücksichtigung des adeligen Namensrechts. 2000.

Band 217 Claudia-Regine Nerius: Johannes Lehmann-Hohenberg (1851-1925). Eine Studie zur völkischen Rechts- und Justizkritik im Deutschen Kaiserreich. 2000.

Band 218 Ludger Meuten: Die Erbfolgeordnung des Sachsenspiegels und des Magdeburger Rechts. Ein Beitrag zur Geschichte des sächsisch-magdeburgischen Rechts. 2000.

Band 219 Christoph Alexander von Wilcken: Die Reformbestrebungen zum Genossenschaftsgesetz in der Frühzeit der Bundesrepublik. Die Beratungen der Sachverständigenkommission zur *Überprüfung des Genossenschaftsrechts* 1954 bis 1958 und der *Referentenentwurf* von 1962. 2000.

Band 220 Verein Junger RechtshistorikerInnen Zürich (Hrsg.): ¿Rechtsgeschichte(n)? ¿Histoire(s) du droit? ¿Storia/storie del diritto? ¿Legal Histori(es)? Europäisches Forum Junger Rechtshistorikerinnen und Rechtshistoriker Zürich 28.-30. Mai 1999. 2000.

Band 221 Hans Christian Schüler: Die Entstehungsgeschichte der Bundesnotarordnung vom 24. Februar 1961. 2000.

Band 222 Nils-Eberhard Schramm: Die Vereinigung demokratischer Juristen (1949-1999). 2000.

Band 223 Silke Anke Torp: Das Rechtsverhältnis zwischen den Eltern und ihren Kindern. Dienstleistungspflicht, Aussteuer und Ausstattung. Eine Analyse der Rechtsprechung des Reichsgerichts und des Reichsarbeitsgerichts zu den Vorschriften der §§ 1616 bis 1625 des Bürgerlichen Gesetzbuches in der Zeit von 1900 bis 1945. 2000.

Band 224 Martin Jürgen Maaß: Die Geschichte des Eigentumsvorbehalts, insbesondere im 18. und 19. Jahrhundert. 2000.

Band 225 Stefanie Langer: Rechtswissenschaftliche Itinerarien. Lebenswege namhafter europäischer Juristen vom 11. bis zum 18. Jahrhundert. 2000.

Band 226 Ulrich Schmitz: Der Unterhaltsanspruch des nichtehelichen Kindes gegen seinen Erzeuger. Die rechtsgeschichtliche und dogmatische Entwicklung im deutschen Recht. 2000.

Band 227 Sebastian Günther: Friedrich Carl von Savigny als Grundherr. 2000.

Band 228 Henning Ibs: Hermann J. Held (1890-1963). Ein Kieler Gelehrtenleben in den Fängen der Zeitläufe. 2000.

Band 229 Matthias Rücker: Wirtschaftswerbung unter dem Nationalsozialismus. Rechtliche Ausgestaltung der Werbung und Tätigkeit des Werberats der deutschen Wirtschaft. 2000.

Band 230 Hendrik Sandmann: Die Entwicklung von Begriff und Inhalt des Wirtschaftchsrechts durch die Rechtswissenschaft in der Weimarer Republik. 2000.

Band 231 Sibylle Müller: Gibt es Menschenrechte bei Samuel Pufendorf? 2000.

Band 232 Karin Olechowski-Hrdlicka: Die gemeinsamen Angelegenheiten der Österreichisch-Ungarischen Monarchie. Vorgeschichte – Ausgleich 1867 – Staatsrechtliche Kontroversen. 2001.

Band 233 Johannes Mierau: Die juristischen Abschluß- und Diplomprüfungen in der SBZ/DDR. Ein Einblick in die Juristenausbildung im Sozialismus. 2001.

Band 234 Jörg Wolff (Hrsg.): Stillstand, Erneuerung und Kontinuität. Einsprüche zur Preußenforschung. 2001.

Band 235 Friedo Schröder: Die anwaltliche Tätigkeit während der nationalsozialistischen Herrschaft. Eine Analyse der anwaltlichen Argumentation in Zivilprozessen anhand der vorhandenen Prozeßakten der Landgerichte Frankenthal, Wiesbaden, Limburg und Frankfurt und der Handakten der *jüdischen Konsulenten* des OLG-Bezirks Frankfurt. 2001.

Band 236 Der Code pénal des Königreichs Westphalen von 1813 mit dem Code pénal von 1810 im Original und in deutscher Übersetzung. Herausgegeben und mit einer Einleitung versehen von Werner Schubert. 2001.

Band 237 Klaus Richter: Deutsches Kolonialrecht in Ostafrika 1885-1891. 2001.

Band 238 Kai von Lewinski: Deutschrechtliche Systembildung im 19. Jahrhundert. 2001.

Band 239 Alexander Herzog: Sittenwidrige Rechtsgeschäfte in der höchstrichterlichen Rechtsprechung aus den Jahren 1948-1965. 2001.

Band 240 Claudia Rönnau: Die Beratungen des Wasserrechtsausschusses der Akademie für Deutsches Recht zu einem Reichswassergesetz (1934-1941). Ein Beitrag zur Dogmatik der Begriffe *Gemeingebrauch* und *Sondergebrauch* in der Zeit des Nationalsozialismus. 2001.

Band 241 Momme Rohlack: Kriegsgesellschaften (1914-1918). Arten, Rechtsformen und Funktionen in der Kriegswirtschaft des Ersten Weltkrieges. 2001.

Band 242 Rolf Geyer: Der Gedanke des Verbraucherschutzes im Reichsrecht des Kaiserreichs und der Weimarer Republik (1871-1933). Eine Studie zur Geschichte des Verbraucherrechts in Deutschland. 2001.

Band 243 Felix Lorenz Benjamin Lehmann: Der Rote Adlerorden. Entstehung und rechtliche Grundlagen (1705-1918). 2002.

Band 244 Marc Ludwig: Der Pfändungsschutz für Lohneinkommen. Die Entstehungs- und Entwicklungsgeschichte der Vorschriften zum Schutz vor Lohnpfändung in Deutschland. 2001.

Band 245 Alexander Wachter: Dorfschule zwischen Pastor und Schulmeister. Zur Säkularisierung des niederhessischen Schulwesens im 19. Jahrhundert. 2001.

Band 246 Richard Scholz: Analyse der Entstehungsbedingungen der reichsgerichtlichen Aufwertungsrechtsprechung. Untersuchung unter besonderer Berücksichtigung der konservativen Geldpolitik der Reichsbank und der Inflationspolitik der Reichsregierung. 2001.

Band 247 Judith Laeverenz: Märchen und Recht. Eine Darstellung verschiedener Ansätze zur Erfassung des rechtlichen Gehalts der Märchen. 2001.

Band 248 Christina Schenk: Bestrebungen zur einheitlichen Regelung des Strafvollzugs in Deutschland von 1870 bis 1923. 2001.

Band 249 Nils Werner: Die Prozesse gegen die Landvolkbewegung in Schleswig-Holstein 1929/32. Ein Beitrag zur Justizkritik in der späten Weimarer Republik. 2001.

Band 250 Wolfgang Walter: Das Duell in Bayern. Ein Beitrag zur bayerischen Strafrechtsgeschichte. 2002.

Band 251 Jörn Eckert / Kjell Å. Modéer (Hrsg.): Geschichte und Perspektiven des Rechts im Ostseeraum. Erster Rechtshistorikertag im Ostseeraum 8.–12. März 2000. 2001.

Band 252 Jan Könighaus: Die Inauguration der Christian-Albrechts-Universität zu Kiel 1665. Symbolgehalt und rechtliche Bedeutung des Universitätszeremoniells. 2002.

Band 253 Andreas Görgen: Rechtssprache in der Frühen Neuzeit. Eine vergleichende Untersuchung der Fremdwortverwendung in Gesetzen des 16. und 17. Jahrhunderts. 2002.

Band 254 Ralf Schäfer: Die Rechtsstellung der Haigerlocher Juden im Fürstentum Hohenzollern-Sigmaringen von 1634-1850. Eine rechtsgeschichtliche Untersuchung. 2002.

Band 255 Regine Schmalhorst: Die Tierhalterhaftung im BGB von 1896. Die Entstehung und Änderung des § 833 BGB sowie eine Analyse der Rechtsprechung des Reichsgerichts bis 1908. 2002.

Band 256 Thomas Hense: Konrad Beyerle. Sein Wirken für Wissenschaft und Politik in Kaiserreich und Weimarer Republik. 2002.

Band 257 Christian Mahlmann: Die Strafrechtswissenschaft der DDR. Klassenkampftheorie und Verbrechenslehre. 2002.

Band 258 Henning Kahmann: Die Bankiers von Jacquier & Securius 1933–1945. Eine rechtshistorische Fallstudie zur "Arisierung" eines Berliner Bankhauses. Mit einem Geleitwort von John Kornblum. 2002.

Band 259 Volker Friedrich Drecktrah: Die Gerichtsbarkeit in den Herzogtümern Bremen und Verden und in der preußischen Landdrostei Stade von 1715 bis 1879. 2002.

Band 260 Andreas Klass: Standes- oder Leistungselite? Eine Untersuchung der Karrieren der Wetzlarer Anwälte des Reichskammergerichts (1693-1806). 2002.

Band 261 Wolfgang Eder: Das italienische Tribunale Speciale per la Difesa dello Stato und der deutsche Volksgerichtshof. Ein Vergleich zwischen zwei politischen Gerichtshöfen. 2002.

Band 262 Albrecht Cordes / Bernd Kannowski (Hrsg.): Rechtsbegriffe im Mittelalter. 2002.

Band 263 Thomas Hildebrandt: Die Brandenburgischen Provinziallandtage von 1841, 1843, und 1845 anhand ausgewählter Verhandlungsgegenstände. 2002.

Band 264 Jan Finzel: Georg Adam Struve (1619-1692) als Zivilrechtler. 2003.

Band 265 Björn Carsten Frenzel: Das Selbstverständis der Justiz nach 1945. Analyse der Rolle der Justiz unter Berücksichtigung der Reden zur *Wiedereröffnung* der Bundes- und Oberlandesgerichte. 2003.

Band 266 Nils Reichhelm: Die marxistisch-leninistische Staats- und Rechtstheorie Karl Polaks. 2003.

Band 267 Raik Schneider: Altrechtliche Personenzusammenschlüsse. Ihre Entwicklung unter besonderer Berücksichtigung des Rechts des Großherzogtums Sachsen-Weimar-Eisenach sowie der Herzogtümer Sachsen-Meiningen und Sachsen-Gotha. 2003.

Band 268 Anke Meier: Die Geschichte des deutschen Konkursrechts, insbesondere die Entstehung der Reichskonkursordnung von 1877. 2003.

Band 269 Stefan Jens Jordan: Leben und Werk des Tübinger Rechtsprofessors Wilhelm Gottlieb Tafinger 1760-1813. 2003.

Band 270 Stefanie Hubig: Die historische Entwicklung des § 23 ZPO. Zum Ursprung und Fortleben des Vermögensgerichtsstandes im deutschen Prozeßrecht des 19. Jahrhunderts. 2003.

Band 271 Michael G. Perband: Der Grundsatz der freien Beweiswürdigung im Zivilprozeß (§ 286 ZPO) in der Rechtsprechung des Reichsgerichts. 2003.

Band 272 Mathias Bouveret: Die Stellung des Staatsoberhauptes in der parlamentarischen Diskussion und Staatsrechtslehre von 1848 bis 1918. 2003.

Band 273 Barbara Széchényi: Rechtliche Grundlagen bayerischer Zensur im 19. Jahrhundert. 2003.

Band 274 Sylvia Scharfenberg: Die Entstehungsgeschichte des Beurkundungsgesetzes vom 28. August 1969. 2003.

Band 275 Urte Nesemann: Die schwedische Familiengesetzgebung von 1734 bis zu den Reformgesetzen von 1915 bis 1920 und deren Einfluss auf die Gesetzgebungsprojekte der Weimarer Republik. Unter besonderer Berücksichtigung der Rechtsstellung der Frau und des unehelichen Kindes. 2003.

Band 276 Alexandra Brück: Die Polizeiordnung Herzog Christians von Braunschweig-Lüneburg vom 6. Oktober 1618. 2003.

Band 277 Torsten Landwehr: Das Kommissionsgeschäft in Rechtswissenschaft, Gesetzgebung und Rechtspraxis vom 16. bis zum Ende des 18. Jahrhunderts. 2003.

Band 278 Tassilo Wilhelm Maria Englert: Deutsche und italienische Zivilrechtsgesetzgebung von 1933–1945. Parallelen in der Rechtsetzung und gegenseitige Beeinflussung unter besonderer Berücksichtigung des Familien- und Erbrechts. 2003.

Band 279 Tobias Prang: Der Schutz der Versicherungsnehmer bei der Auslegung von Versicherungsbedingungen durch das Reichsgericht. 2003.

Band 280 Thorsten Lieb: Privileg und Verwaltungsakt. Handlungsformen der öffentlichen Gewalt im 18. und 19. Jahrhundert. 2004.

Band 281 Michael Rühling: Das Ladenschlussgesetz vom 28. November 1956. Vorgeschichte, Entstehung des Gesetzes und weitere Entwicklung. 2004.

Band 282 Kathrin Nawotki: Die schleswigsche Deichstavengerechtigkeit. Vom 17. Jahrundert bis in die Gegenwart. Eine gewohnheitsrechtliche Superfizies an nordfriesischen Deichgrundstücken und ihre Entwicklung. 2004.

Band 283 Erik Nils Voigt: Die Gesetzgebungsgeschichte der militärischen Ehrenstrafen und der Offizierehrengerichtsbarkeit im preußischen und deutschen Heer von 1806 bis 1918. 2004.

Band 284 Dorothea Riedi Hunold: Die Einführung der allgemeinen Wechselfähigkeit in der Schweiz in der zweiten Hälfte des 19. Jahrhunderts. Unter besonderer Berücksichtigung der politischen, wirtschaftlichen und sozialen Verhältnisse. 2004.

Band 285 Thomas Gergen: Pratique juridique de la paix et trêve de Dieu à partir du concile de Charroux (989–1250). Juristische Praxis der Pax und Treuga Dei ausgehend vom Konzil von Charroux (989–1250). 2004.

Band 286 Kathrin Bethkenhagen: Die Entwicklung des Luftrechts bis zum Luftverkehrsgesetz von 1922. 2004.

Band 287 Heiko Lüpkes: Die Verbrechen der Diener des Staats im Allgemeinen Landrecht für die Preußischen Staaten von 1794 und ihre Entwicklung zu den Vergehen und Verbrechen im Amte im Strafgesetzbuch für die Preußischen Staaten von 1851. 2004.

Band 288 Mirco Peter Hirsch: Von der Erbbescheinigung des Preußischen Rechts zum Erbschein des Bürgerlichen Gesetzbuchs. 2004.

Band 289 Bettina Günther: Die Behandlung der Sittlichkeitsdelikte in den Policeyordnungen und der Spruchpraxis der Reichsstädte Frankfurt am Main und Nürnberg im 15. bis 17. Jahrhundert. 2004.

Band 290 Seunghyeon Seong: Der Begriff der *nicht gehörigen Erfüllung* aus dogmengeschichtlicher und rechtsvergleichender Sicht. 2004.

Band 291 Steffen-Werner Meyer: Bemühungen um ein Reichsgesetz gegen den Büchernachdruck. Anläßlich der Wahlkapitulation Leopolds II. aus dem Jahre 1790. 2004.

Band 292 Ulrich Löffler: Instrumentalisierte Vergangenheit? Die nationalsozialistische Vergangenheit als Argumentationsfigur in der Rechtsprechung des Bundesverfassungsgerichts. 2004.

Band 293 Norbert Koch: Die Entwicklung des deutschen privaten Immissionsschutzrechts seit Beginn der Industrialisierung. Unter besonderer Berücksichtigung des Einflusses der höchstrichterlichen Rechtsprechung. 2004.

Band 294 Julius Ludwig Pfeiffer: Das Tierschutzgesetz vom 24. Juli 1972. Die Geschichte des deutschen Tierschutzrechts von 1950 bis 1972. 2004.

Band 295 Bert-Hagen Strodthoff: Die richterliche Frage- und Erörterungspflicht im deutschen Zivilprozeß in historischer Perspektive. 2004.

Band 296 Tim Kannewurf: Die Höfeordnung vom 24. April 1947. Entstehungsgeschichte und Einordnung in die Entwicklung des Anerbenrechts. 2004.

Band 297 Steffi Heine: Die Methodendiskussion nach Inkrafttreten des Bürgerlichen Gesetzbuches und die Gründung des Vereins *Recht und Wirtschaft*. 2004.

Band 298 Anne Marlene Simon-Holtorf: Geschichte des Familienwahlrechts in Frankreich (1871 bis 1945). 2004.

Band 299 Jürgen Busch: Das Germanenbild der deutschen Rechtsgeschichte. Zwischen Wissenschaft und Ideologie. Mit einem Vorwort von Herwig Wolfram. 2004.

Band 300 Jan Kohlmann: Der Marsch zu den Gräbern von Karl und Rosa. Geschichte eines Gedenktages. 2004.

Band 301 Christian Rainer Schlicht: Die kumulative Schuldübernahme in der Rechtsprechung des Reichsgerichts und in der zeitgenössischen Literatur. 2004.

Band 302 Hans Peter Glöckner: Positive Vertragsverletzung. Die Geburt eines Rechtsinstituts. 2006.

Band 303 João Manuel Azevedo Alexandrino Fernandes: Die Theorie der Interpretation des Gesetzes bei Francisco Suárez. 2005.

Band 304 René Funk: Die Wahlprüfung der volksgewählten Abgeordneten der Volksvertretungen im Frühkonstitutionalismus. Eine Untersuchung der Wahlprüfung in den Kammern der Abgeordneten des Großherzogtums Baden, des Königreichs Württemberg und des Großherzogtums Hessen. 2005.

Band 305 Carolin O'Sullivan. Die Ahndung von Rechtsbrüchen der Seeleute im mittelalterlichen hamburgischen und hansischen Seerecht (1301–1482). 2005.

Band 306 Martin Jürgens: Staat und Reich bei Ernst Rudolf Huber. Sein Leben und Werk bis 1945 aus rechtsgeschichtlicher Sicht. 2005.

Band 307 Florian G. Dürselen: Franz Beyerle (1885–1977). Leben, Ära und Werk eines Rechtshistorikers. 2005.

Band 308 Kai Bandilla: Urheberrecht im Kaiserreich. Der Weg zum Gesetz betreffend das Urheberrecht an Werken der Literatur und Tonkunst vom 19. Juni 1901. 2005.

Band 309 Stefan Mieth: Die Entwicklung des Denkmalrechts in Preußen 1701–1947. 2005.

Band 310 Catharina Lodemann: Die Geschichte des französischen *acte de gouvernement*. 2005.

Band 311 Christina Wicke: Kodifikationsbestrebungen und Wissenschaft in Hessen-Darmstadt im vorkonstitutionellen Zeitalter. Zu der Beteiligung der Gießener Rechtsprofessoren an den Gesetzgebungsarbeiten in Hessen-Darmstadt in der Zeit zwischen 1769 und 1820. 2005.

Band 312 Christiane Chlosta: Nur dem Gesetz unterworfen? Eine rechtsgeschichtliche Untersuchung zu Idee und Wirklichkeit richterlicher Gesetzestreue unter besonderer Berücksichtigung der Aufwertungsrechtsprechung und des richterlichen Prüfungsrechts. 2005.

Band 313 Kathrin Dirr: Hoheitsrechtliche Streitigkeiten zwischen den Kölner Erzbischöfen und der Stadt Köln auf Grundlage reichskammergerichtlicher Verfahren des 16. und 17. Jahrhunderts. 2005.

Band 314 Michael Racky: Die Diskussion über Gewaltenteilung und Gewaltentrennung im Vormärz. 2005.

Band 315 Petra Thiemrodt: Die Entstehung des Staatshaftungsgesetzes der DDR. Eine Untersuchung auf der Grundlage von Materialien der DDR-Gesetzgebungsorgane mit zeitgeschichtlichen Bezügen. 2005.

Band 316 Julius F. Reiter: Entstehung und staatsrechtliche Theorie der italienischen *Carta del Lavoro*. 2005.

Band 317 André Book: Die Justizreform in der Frühzeit der Bundesrepublik. Die Beratungen der Kommission zur Vorbereitung einer Reform der Zivilgerichtsbarkeit in den Jahren 1955 bis 1961. 2005.

Band 318 Frank Zentz: Das amerikanische Strafverfahren als Element der Besatzungspolitik in Deutschland. Erziehung zur Demokratie durch den *Court of Appeals* 1948–1955. 2005.

Band 319 Friederike Quaisser: Mietrecht im 19. Jahrhundert. Ein Vergleich der mietrechtlichen Konzeptionen im Allgemeinen Landrecht für die Preußischen Staaten von 1794 und dem gemeinen Recht. 2005.

Band 320 Stefan Burghard: Professor Dr. Wilhelm Kahl – Leben zwischen Wissenschaft und Politik. 2005.

Band 321 Günter Baranowski: Die *Russkaja Pravda* – ein mittelalterliches Rechtsdenkmal. 2005.

Band 322 Christina Schneider: Die SS und „das Recht". Eine Untersuchung anhand ausgewählter Beispiele. 2005.

Band 323 Werner Schubert (Hrsg.): Zivilprozessreform in der Weimarer Zeit. Quellen zur Emminger-Zivilprozessverordnung vom 13.2.1924 und zu den Arbeiten der Zivilprozesskommission des Reichsjustizministeriums (1922–1930). Eingeleitet und herausgegeben von Werner Schubert. 2005.

Band 324 Felix Gaul: Der Jurist Rudolf Isay (1886–1956). Ein verantwortungsbewusster Vermittler im Spannungsfeld zwischen dynamischer Rechtsschöpfung, ökonomischem Wandel und technischem Fortschritt. 2005.

Band 325 Konstanze Braun: Dr. Otto Georg Thierack (1889–1946). 2005.

Band 326 Eckart Klein / Stefan Chr. Saar / Carola Schulze (Hrsg.): Zwischen Rechtsstaat und Diktatur. Deutsche Juristen im 20. Jahrhundert. 2006.

Band 327 Stefan Botor: Das *Berliner Sühneverfahren* – Die letzte Phase der Entnazifizierung. 2006.

Band 328 Andreas Köhler: Die Sorgerechtsregelungen bei Ehescheidung seit 1945. Scheidungsstrafe und verordnete Gemeinsamkeit. 2006

Band 329 Lars Düwel: Die Nichtigkeit und Anfechtbarkeit der Ehe in der Rechtsprechung des Reichsgerichts zwischen 1900 und 1945. 2006.

Band 330 Katalin Polgar: Das Oberappellationsgericht der vier freien Städte Deutschlands (1820–1879) und seine Richterpersönlichkeiten. 2007.

Band 331 Julia Schweitzer: Schiffer und Schiffsmann in den Rôles d'Oléron und im Llibre del Consolat de Mar. Ein Vergleich zweier mittelalterlicher Seerechtsquellen. 2007.

Band 332 Diana-Catharina Kurtz: Das Institut der Adoption im preußischen Allgemeinen Landrecht und im französischen Code civil zwischen Rezeption römisch-rechtlicher Prinzipien und verändertem Familienverständnis. 2006.

Band 333 Dino Joakim Duderstadt: Spiel, Wette und Differenzgeschäft (§§ 762–764 BGB) in der Rechtsprechung des Reichsgerichts und in der zeitgenössischen Literatur. 2007.

Band 334 Ronald Hoffmann: Die Domänenfrage in Thüringen. Über die vermögensrechtlichen Auseinandersetzungen mit den ehemaligen Landesherren in Thüringen nach dem Ersten Weltkrieg. 2006.

Band 335 Joachim Windmüller: *Ohne Zwang kann der Humanismus nicht existieren...* – „Asoziale" in der DDR. 2006.

Band 336 Sven Christian Gläser: Die Mediatisierung der Grafschaft Wertheim. Der juristische Kampf eines kleinen Reichsstandes gegen den Verlust der Landesherrschaft und seine Folgen. 2006.

Band 337 Benjamin Schleyer: Friedrich Wilhelm Bornemann (1798–1864). Eine Juristenkarriere im Preußen des 19. Jahrhunderts. 2006.

Band 338 Die Reform des Ehescheidungsrechts von 1976. Quellen zum Ersten Gesetz vom 14.6.1976 zur Reform des Ehe- und Familienrechts (Parlamentarische Ausschussprotokolle – Anglikanische Denkschrift von 1966 zur Scheidungsrechtsreform – Schlussabstimmung 1969 in der Eherechtskommission des Bundesministeriums der Justiz). Eingeleitet und herausgegeben von Werner Schubert. 2006.

Band 339 Andreas Feld: Das Bayerische Gesetz zum Schutz des Eigentums an Erzeugnissen der Literatur und Kunst gegen Nachdruck vom 15.04.1840. Vorgeschichte und Zustandekommen. 2007.

Band 340 Bernd Wörner: Adelbert Düringers Einfluß als Richter am Reichsgericht in Leipzig auf dem Gebiet des Personengesellschaftsrechts. 2007.

Band 341 Jan Jelle Kähler: Französisches Zivilrecht und französische Justizverfassung in den Hansestädten Hamburg, Lübeck und Bremen (1806–1815). 2007.

Band 342 Jörn Eckert / Pia Letto-Vanamo / Kjell Å. Modéer (Hrsg.): Juristen im Ostseeraum. Dritter Rechtshistorikertag im Ostseeraum 20.–22. Mai 2004. 2007.

Band 343 Ferdinand von Weyhe: A.E. Wassermann. Eine rechtshistorische Fallstudie zur „Arisierung" zweier Privatbanken. 2007.

Band 344 Martin Klaus Römermann: Kündigungen und Kündigungsschutz im Franquismus. 2007.

Band 345 Thomas Hoffmann: Der Landrechtsentwurf David Hilchens von 1599. Ein livländisches Rechtszeugnis polnischer Herrschaft. 2007.

Band 346 Ingo Ullmann: Die rechtliche Behandlung holsteinischer Leibeigener um die Mitte des 18. Jahrhunderts. Dargestellt unter besonderer Berücksichtigung der Schmoeler Leibeigenschaftsprozesse von 1738 bis 1743 sowie von 1767 bis 1777. 2007.

Band 347 Petra Fischer-Langosch: Die Entstehungsgeschichte des Familiengesetzbuches der DDR von 1965. 2007.

Band 348 Lasse O. Johannsen: Die rechtliche Behandlung ausreisewilliger Staatsbürger in der DDR. 2007.

Band 349 Ralf Schlottau: Deutsche Kolonialrechtspflege. Strafrecht und Strafmacht in den deutschen Schutzgebieten 1884 bis 1914. 2007.

Band 350 Hartwig Brandt / Ewald Grothe (Hrsg.): Rheinbündischer Konstitutionalismus. 2007.

Band 351 Nora Lutze: Der Verwandtenunterhalt nach den §§ 1601 bis 1603 und §§ 1610 bis 1612 BGB in der Rechtsprechung des Reichsgerichts. Unter Berücksichtigung der Entstehung des BGB. 2007.

Band 352 Frank Thiäner: Das Verhältnis von Aufsichtsrat und Abschlussprüfern in der rechtshistorischen Entwicklung bis 1937. 2007.

Band 353 Britta Heymann: Ernst Melsheimer (1897–1960). Eine juristische Karriere in verschiedenen staatlichen Systemen. Mitarbeiter im Preußischen Justizministerium in der Weimarer Republik, im Justizministerium Preußens und des Reiches sowie Richter am Kammergericht in der NS-Zeit und Erster Generalstaatsanwalt der Deutschen Demokratischen Republik. 2007.

Band 354 Susanne Adlberger: Wilhelm Kisch – Leben und Wirken (1874–1952). Von der Kaiser-Wilhelms-Universität Straßburg bis zur nationalsozialistischen Akademie für Deutsches Recht. 2007.

Band 355 Moritz Waibel: Josef Berchtold (1833–1894). Ein Leben gegen den Ultramontanismus. 2007

www.peterlang.de

Jörn Eckert / Pia Letto-Vanamo / Kjell Å. Modéer (Hrsg.)

Juristen im Ostseeraum

Dritter Rechtshistorikertag im Ostseeraum
20.–22. Mai 2004

Frankfurt am Main, Berlin, Bern, Bruxelles, New York, Oxford, Wien, 2007.
238 S., 3 Abb., zahlr. Tab.
Rechtshistorische Reihe. Verantwortlicher Herausgeber: Werner Schubert.
Bd. 342
ISBN 978-3-631-56046-4 · br. € 42.50*

Der dritte Rechtshistorikertag im Ostseeraum fand im Mai 2004 in Helsinki/Turku statt und behandelte das Thema *Juristen im Ostseeraum.* Der Band enthält die auf diesem Kolloquium gehaltenen Referate über die Gründung des Tribunals in Wismar (1653), Laien als Richter in Finnland, Frauen als Rechtswissenschaftler in Dänemark und über die nordische Richterkultur des 20. Jahrhunderts. Ferner werden behandelt der schwedische Jurist und Politiker Nils Herlitz (1888–1978), der Rechtswissenschaftler M. Colonius aus Turku (1738–1817) und J.F.M. Kierulff (1806–1896) aus Lübeck. Weitere Beiträge gehen ein auf das Ende des Ancien Régime in der Justizverfassung Mecklenburgs mit Einführung der Reichsjustizgesetze von 1877/78 und auf die juristischen Fachzeitschriften in den baltischen Ostseeprovinzen im 19. Jahrhundert.

Aus dem Inhalt: Nachruf auf den Mitbegründer des Rechtshistorikertags im Ostseeraum Jörn Eckert (1954–2006) · Juristenkultur im Ostseeraum: Schweden: Netzwerk des Juristen N. Herlitz · D. Nehrman (1695–1769) und das Gesetzbuch von 1734 · Schwedische Richterleitbilder · Juristische Methode und der Richter · Finnland: Laienrichter in der Vergangenheit und Gegenwart · Rechtswissenschaft in Turku im 18. und beginnenden 19. Jahrhundert · Deutschland: Justizreform in Mecklenburg · Oberappellationsgericht in Lübeck unter Kierulff

www.ingramcontent.com/pod-product-compliance
Ingram Content Group UK Ltd.
Pitfield, Milton Keynes, MK11 3LW, UK
UKHW021917290926
8980IPUK00015B/1312

9 783631 564622